Jesús Salva
Una solución simple a nuestro problema

Toda persona que nace, está destinada a morir; pero la vida no acaba con la muerte. La biblia dice que después de la muerte habrá un juicio donde cada quien dará cuenta de su vida a Dios (Hebreos 9:27). Cuando Dios creó a Adán y Eva a su propia imagen en el huerto del Edén, les dio una vida abundante y la libertad para escoger entre el bien y el mal. Ellos eligieron desobedecer a Dios y seguir su propio camino. Como consecuencia, la muerte fue introducida en la raza human, no solo la muerte física, sino también la muerte espiritual. Por esta razón, todos los seres humanos quedaron separados de Dios. *"Por cuanto todos pecaron y no alcanzan la gloria de Dios"* (Romanos 3:23).

Las personas han tratado de superar esta separación de muchas maneras, entre ellas: haciendo el bien, por medio de la religión o filosofía, o viviendo moral y rectamente. Sin embargo, ninguna de estas cosas es suficiente para cruzar la barrera de la separación entre Dios y la humanidad, porque Dios es santo y la gente es pecadora.

Esta separación espiritual se ha convertido en la condición natural y normal de las personas y debido a ello han sido condenadas: *"El que cree en El no es condenado; pero el que no cree, ya ha sido condenado, porque no ha creído en el nombre del unigénito Hijo de Dios"* (Juan 3:18). Solo hay un solución a este problema: *"Respondió Jesús y le dijo: 'En verdad, en verdad te digo que el que no nace de nuevo no puede ver el reino de Dios'"* (Juan 3:3); es decir, es necesario nacer de nuevo en el sentido espiritual. Dios mismo ha provisto los medios que hacen posible que alguien nazca de nuevo, y este es el plan que Él tiene para nosotros porque nos ama.

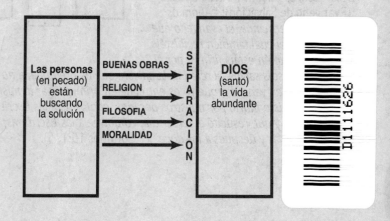

El plan de Dios: la salvación

Jesucristo dijo: *"Porque de tal manera amó Dios al mundo, que dio a su Hijo unigénito, para que todo aquel que cree en El, no se pierda mas tenga vida eterna"* (Juan 3:16).

"El que cree en el Hijo tiene vida eterna; pero el que no obedece al Hijo no verá la vida, sino que la ira de Dios permanece en él" (Juan 3:36).

Pero Jesucristo también dijo: *"El ladrón sólo viene para robar y matar y destruir; yo he venido para que tengan vida, y para que la tengan en abundancia"* (Juan 10:10). *"... Yo soy el camino, y la verdad, y la vida; nadie viene al Padre sino por mí"* (Juan 14:6).

"Y en ningún otro hay salvación, porque no hay otro nombre bajo el cielo dado a los hombres, en el cual podamos ser salvos" (Hechos 4:12).

Cuando Jesucristo murió en la cruz, Él murió por nosotros, estableciendo así un puente que une a Dios y la humanidad. Debido a este sacrificio, toda persona que nace de nuevo puede tener verdadera comunión con Dios.

Jesucristo está vivo hoy

Después de que Jesucristo murió en la cruz en el Calvario, donde recibió el castigo que nosotros merecíamos, la Biblia dice que fue sepultado en una tumba. Pero Él no permaneció allí: ¡Él resucitó! Para todos aquellos que creen en Jesucristo, la resurrección es una garantía de que también serán resucitados a la vida eterna en la presencia de Dios. ¡Esta es una muy buena noticia! ¡(Evangelio de Salvación)! *"Ahora os hago saber, hermanos, el evangelio que os prediqué, el cual también recibisteis, en el cual también estáis firmes, por el cual también sois salvos, si retenéis la palabra que os prediqué, a no ser que hayáis creído en vano. Porque yo os entregué en primer lugar lo mismo que recibí: que Cristo murió por nuestros pecados, conforme a las Escrituras; que fue sepultado y que resucitó al tercer día, conforme a las Escrituras; que se apareció a Cefas y después a los doce"* (1 Corintios 15:1, 5).

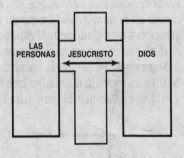

Cómo recibir el amor y el plan de Dios

En su misericordia, Dios ha determinado que la salvación sea gratuita; para recibirla, lo único que debes hacer es:

1. Admite tu problema: estar separado de Dios por el pecado. Reconoce que has pecado, que necesitas la solución de Dios y arrepiéntete.

2. Cree y confiesa que Jesucristo murió en la cruz por tus pecados, fue sepultado y resucitó de entre los muertos.

3. Pídele a Jesucristo que entre en tu corazón y Él te dará la salvación y el Espíritu Santo para guiar tu vida.

4. Recibir a Jesucristo ahora como tu Señor, Dios y Salvador personal de tu vida.

En Romanos 10:9 y 13 la Biblia nos dice: "que *si confiesas con tu boca a Jesús por Señor, y crees en tu corazón que Dios le resucitó de entre los muertos, serás salvo;* [...] *TODO AQUEL QUE INVOQUE EL NOMBRE DEL SEÑOR SERA SALVO"*.

Un modelo de oración para recibir a Jesucristo

Señor Jesús:

Sé que he pecado contra ti y que no vivo dentro de tu plan. Por esto me arrepiento y te pido perdón. Creo que tú moriste y resucitaste por mí, y al hacerlo, pagaste el castigo por mis pecados. Deseo alejarme del pecado, cambia mi vida y entra en mi corazón como mi Señor, Dios y Salvador personal y dame vida eterna. Envía tu Espíritu Santo y ayúdame ahora a seguirte, obedecerte y a descubrir tu perfecta voluntad para mi vida. Amen.

Mi decisión personal

El día _____, yo, _____, reclamé las promesas de Dios y acepté a Jesucristo como mi Señor, Dios y Salvador personal y nací de nuevo.

Tú tienes vida eterna

Cuando tú invocaste al Señor, Él escuchó. Todos tus pecados han sido perdonados (Colosenses 1:14), ahora tú eres un hijo de Dios (Juan 1:12), naciste de nuevo (Juan 3:3), no serás juzgado (Juan 5:24), ahora tienes vida eterna (Juan 3:16) y recibiste el poder de Dios (Hechos 1:8 y 1 Corintios 1:18).

"echando toda vuestra ansiedad sobre El, porque El tiene cuidado de vosotros" (1 Pedro 5:7). *"Si confesamos nuestros pecados, El es fiel y justo para perdonarnos los pecados y para limpiarnos de toda maldad"* (1 Juan 1:9).

Su promesa cumplida

"Entonces Jesús decía a los judíos que habían creído en El: Si vosotros permanecéis en mi palabra, verdaderamente sois mis discípulos; y conoceréis la verdad, y la verdad os hará libres. [...] Así que, si el Hijo os hace libres, seréis realmente libre" (John 8:31-32, 36).

"El que tiene al Hijo tiene la vida, y el que no tiene al Hijo de Dios, no tiene la vida. Estas cosas os he escrito a vosotros que creéis en el nombre del Hijo de Dios, para que sepáis que tenéis vida eterna" (1 Juan 5:12, 13).

"Pero el Consolador, el Espíritu Santo, a quien el Padre enviará en mi nombre, El os enseñará todas las cosas, y os recordará todo lo que os he dicho" (Juan 14:26).

Este es el comienzo de la vida abundante que Jesucristo vino a ofrecer, porque Dios desea restaurar lo que se perdió en el jardín del Edén. ¡Ahora están salvos y estarán con Él en el cielo para siempre!

"De modo que si alguno está en Cristo, nueva criatura es; las cosas viejas pasaron; he aquí, son hechas nuevas" (2 Corintios 5:17).

¿Qué debo hacer ahora?

Ora y lee la Biblia todos los días para estar en comunión con el Señor, comenzando con el Evangelio de Juan en este Nuevo Testamento. Asiste a una iglesia cristiana que predique y enseñe la Palabra de Dios. Únete a un estudio Bíblico con un grupo de hermanos cristianos y permanece en el compañerismo con otros creyentes, para apoyarse y fortalecerse unos a otros. Comparte a Jesucristo con otros y testifica lo que Él ha hecho en tu vida.

"Y se dedicaban continuamente a las enseñanzas de los apóstoles, a la comunión, al partimiento del pan y a la oración. [...] alabando a Dios y hallando favor con todo el pueblo. Y el Señor añadía cada día al número de ellos los que iban siendo salvos" (Hechos 2:42, 47).

Nuevo Testamento «Jesús Salva»
Publicado por Editorial Vida – 2017
Nashville, Tennessee
Copyright © 1999 por The Lockman Foundation
Derechos Reservados (All Rights Reserved)

La Biblia de las Américas

Copyright © 1986, 1995, 1997 by The Lockman Foundation
La Habra, California 90631
Sociedad no comercial (A Corporation Not for Profit)
Derechos Reservados (All Rights Reserved)
http://www.lbla.com

Prefacio

LA BIBLIA DE LAS AMERICAS es una traducción fiel de las Sagradas Escrituras según fueron escritas originalmente en hebreo, arameo y griego. Se ha producido con el propósito de ofrecer al mundo de habla hispana la riqueza y el poder de la Palabra de Dios en forma tal que sea un verdadero tesoro devocional y un instrumento práctico de estudio.

Esta versión es producto de la intensa labor y dedicación de un considerable número de eruditos de distintas denominaciones cristianas, representantes de varios países de Hispanoamérica, de España y de los Estados Unidos. Se publica con la firme convicción de que las Sagradas Escrituras, según fueron escritas en los idiomas originales, fueron inspiradas por Dios, y puesto que son su eterna Palabra, hablan con renovado poder a cada generación para impartir la sabiduría que lleva a la salvación en Cristo, equipando al creyente para disfrutar de una vida abundante y feliz en la tierra, y constituyéndolo en testimonio viviente de la verdad para la gloria eterna de Dios.

El Comité Editorial ha observado dos principios básicos: En primer lugar, ha tratado de ceñirse en todo lo posible a los idiomas originales de las Sagradas Escrituras, y en segundo lugar, ha observado las reglas de la gramática moderna en una dimensión continental contemporánea, usando un estilo ágil y ameno, procurando mantener la mayor belleza literaria. LA BIBLIA DE LAS AMERICAS se ofrece en la seguridad de que los que buscan el mensaje y el conocimiento de las Sagradas Escrituras, hallarán aquí una traducción clara y fidedigna de la verdad revelada por Dios en su Palabra.

Principios de Traducción

En el texto de LA BIBLIA DE LAS AMERICAS se ha procurado usar la gramática y terminología del español moderno. Algunos términos bíblicos, universalmente apreciados y aceptados en su forma arcaica, se han preservado en toda su belleza si expresan el sentido del idioma original.

En casos en que una traducción literal oscureciera notablemente el significado al lector moderno, la expresión se ha aclarado en lenguaje contemporáneo. En estos casos la traducción literal se ha indicado mediante una nota numerada.

Los pasajes que están escritos en forma poética en los textos de los idiomas originales, están escritos en esa forma en esta versión.

TEXTO GRIEGO. Se ha prestado gran atención a los últimos manuscritos descubiertos para determinar el mejor texto posible. En general se ha seguido el texto del Novum Testamentum Graece de Nestle-Aland en su vigésima sexta edición.

3 4 5 6 7 8 9 LSC 22 21 20 19

En cuanto a las voces, modos y tiempos del griego que no tienen equivalencias exactas en castellano, los editores se han guiado por las reglas de la gramática española moderna al traducir los verbos. La fuerza y el sentido cronológico de los tiempos se han respetado consistentemente prestando cuidadosa atención al contexto.

Los asteriscos (⋆) se ponen en el Nuevo Testamento en aquellos verbos que en griego indican el presente histórico, pero que se han traducido en esta versión en tiempo pasado de acuerdo con el contexto.

PASAJES PARALELOS. Tanto en el Antiguo como en el Nuevo Testamento los pasajes paralelos han sido cuidadosamente revisados, manteniéndose la unidad de estilo y expresión de cada pasaje.

Formato General

PARRAFOS. Se indican con números o letras en negrita.

PUNTUACION Y SIMBOLOS ORTOGRAFICOS. Se usan de acuerdo con las normas editoriales contemporáneas. El diálogo se introduce con dos puntos. Las comillas se usan para indicar citas internas.

MAYUSCULAS PARA INDICAR DEIDAD. El pronombre personal El (con mayúscula) se refiere siempre a la Deidad. También se usan mayúsculas en los sustantivos referentes a la Deidad, que normalmente no las requieren. Véase Apocalipsis 5:5,6.

MAYUSCULAS PARA INDICAR CITAS. En el Nuevo Testamento se escriben en mayúscula las palabras que son citas del Antiguo Testamento.

BASTARDILLA. Se usa en el texto para indicar palabras que no aparecen en los manuscritos originales, pero que están lógicamente implícitas, o que se añaden para completar el sentido.

NOTAS. Se enumeran consecutivamente dentro de la página y al pie de la misma. Las notas son aclaratorias y no contienen interpretaciones teológicas. Indican equivalencias, explicaciones, otras posibles traducciones del mismo texto y traducciones literales que en el texto resultarían ambiguas.

LIBROS DEL NUEVO TESTAMENTO

Genealogía de Jesucristo

1 Libro de la genealogía de Jesucristo, hijo de David[a], hijo de Abraham. [a]*2 Sam. 7:12-16; Sal. 89:3, 4*

2 Abraham engendró a Isaac, Isaac a Jacob, y Jacob a Judá y a sus hermanos;

3 Judá engendró, de Tamar, a Fares y a Zara, [a]Fares engendró a Esrom, y Esrom a Aram; [a]*Rut 4:18-22; 1 Crón. 2:1-15*

4 Aram engendró a Aminadab, Aminadab a Naasón, y Naasón a Salmón;

5 Salmón engendró, de Rahab, a Booz, Booz engendró, de Rut, a Obed, y Obed engendró a Isaí;

6 Isaí engendró al rey David.

Y David engendró a Salomón[a] de la *que había sido mujer* de Urías. [a]*2 Sam. 11:27; 12:24*

7 Salomón engendró a Roboam[a], Roboam a Abías, y Abías a Asa; [a]*1 Crón. 3:10*

8 Asa engendró a Josafat, Josafat a Joram, y Joram a Uzías;

9 Uzías engendró a Jotam, Jotam a Acaz, y Acaz a Ezequías;

10 Ezequías engendró a Manasés, Manasés a Amón, y Amón a Josías;

11 Josías engendró a Jeconías y a sus hermanos durante la deportación a Babilonia[a]. [a]*2 Rey. 24:14, 15; Jer. 27:20*

12 Después de la deportación a Babilonia[a], Jeconías engendró a Salatiel, y Salatiel a Zorobabel; [a]*2 Rey. 24:14, 15; Jer. 27:20*

13 Zorobabel engendró a Abiud, Abiud a Eliaquim, y Eliaquim a Azor;

14 Azor engendró a Sadoc, Sadoc a Aquim, y Aquim a Eliud;

15 Eliud engendró a Eleazar, Eleazar a Matán, y Matán a Jacob;

16 Jacob engendró a José, el marido de María, de la cual nació Jesús, llamado el Cristo[a]. [a]*Mat. 27:17, 22; Luc. 2:11*

17 De manera que todas las generaciones desde Abraham hasta David son catorce generaciones; y desde David hasta la deportación a Babilonia[a], catorce generaciones; y desde la deportación a Babilonia[a] hasta Cristo, catorce generaciones. [a]*2 Rey. 24:14, 15; Jer. 27:20*

Nacimiento de Jesucristo

18 Y el nacimiento de Jesucristo fue como sigue. Estando su madre María[a] desposada con José, antes de que se consumara el matrimonio, se halló que había concebido por *obra del* Espíritu Santo. [a]*Mat. 12:46; Luc. 1:27*

19 Y José su marido, siendo un *hombre* justo y no queriendo difamarla, quiso abandonarla en secreto[a]. [a]*Deut. 22:20-24; 24:1-4*

20 Pero mientras pensaba en esto, he aquí que se le apareció en sueños un ángel del Señor, diciendo: José, hijo de David[a], no temas recibir a María tu mujer, porque lo que se ha engendrado en ella es del Espíritu Santo. [a]*Luc. 2:4*

21 Y dará a luz un hijo, y le pondrás por nombre Jesús, porque El salvará a su pueblo de sus pecados[a]. [a]*Luc. 2:11; Juan 1:29*

22 Todo esto sucedió para que se cumpliera lo que el Señor había hablado por medio del profeta[a], diciendo: [a]*Luc. 24:44; Rom. 1:2-4*

23 HE AQUI, LA VIRGEN CONCEBIRA Y DARA A LUZ UN HIJO, Y LE PONDRAN POR NOMBRE EMMANUEL[a], que traducido significa: DIOS CON NOSOTROS[b]. [a]*Isa. 7:14* [b]*Isa. 8:10*

24 Y cuando despertó José del sueño, hizo como el ángel del Señor le había mandado, y tomó consigo a su mujer;

25 y la conservó virgen hasta que dio a luz un hijo; y le puso por nombre Jesús[a]. [a]*Luc. 2:21*

Visita de los magos

2 Después de nacer Jesús[a] en Belén de Judea, en tiempos del rey Herodes, he aquí, unos magos del oriente llegaron a Jerusalén, diciendo: [a]*Miq. 5:2; Luc. 2:4-7*

2 ¿Dónde está el Rey de los judíos[a] que ha nacido? Porque vimos su estrella en el oriente y hemos venido a adorarle. [a]*Jer. 23:5; 30:9*

3 Cuando *lo* oyó el rey Herodes, se turbó, y toda Jerusalén con él.

4 Entonces, reuniendo a todos los principales sacerdotes y escribas del pueblo, indagó de ellos dónde había de nacer el Cristo.

5 Y ellos le dijeron: En Belén de Judea[a], porque así está escrito por el profeta: [a]*Juan 7:42*

6 "Y TU, BELEN[a], TIERRA DE JUDA,
DE NINGUN MODO ERES LA MAS PEQUEÑA
ENTRE LOS PRINCIPES DE JUDA;
PORQUE DE TI SALDRA UN GOBERNANTE
QUE PASTOREARA A MI PUEBLO ISRAEL."
[a]*Miq. 5:2; Juan 7:42*

7 Entonces Herodes llamó a los magos en secreto y se cercioró con ellos del tiempo en que había aparecido la estrella[a]. [a]*Núm. 24:17*

8 Y enviándolos a Belén, dijo: Id y buscad con diligencia al niño; y cuando *le* encontréis, avisadme para que yo también vaya y le adore.

9 Y habiendo oído al rey, se fueron; y he aquí, la estrella que habían visto en el oriente iba delante de ellos, hasta que llegó y se detuvo sobre *el lugar* donde estaba el niño.

10 Cuando vieron la estrella, se regocijaron sobremanera con gran alegría.

11 Y entrando en la casa, vieron al niño con su madre María, y postrándose le adoraron[a]; y abriendo sus tesoros le presentaron obsequios de oro, incienso y mirra. [a]*Mat. 14:33*
12 Y habiendo sido advertidos *por Dios* en sueños[a] que no volvieran a Herodes, partieron para su tierra por otro camino. [a]*Job 33:15, 16; Mat. 1:20*

Huida a Egipto

13 Después de haberse marchado ellos, un ángel del Señor[*] se le apareció* a José en sueños, diciendo: Levántate, toma al niño y a su madre y huye a Egipto, y quédate allí hasta que yo te diga; porque Herodes va a buscar al niño para matarle. [a]*Mat. 2:12, 19; Hech. 5:19*
14 Y él, levantándose, tomó de noche al niño y a su madre, y se trasladó a Egipto;
15 y estuvo allá hasta la muerte de Herodes, para que se cumpliera lo que el Señor habló por medio del profeta, diciendo: DE EGIPTO LLAME A MI HIJO[a]. [a]*Ex. 4:22, 23; Núm. 24:8*

La matanza de los niños

16 Entonces Herodes, al verse burlado por los magos, se enfureció en gran manera, y mandó matar a todos los niños que había en Belén y en todos sus alrededores, de dos años para abajo, según el tiempo que había averiguado de los magos[a]. [a]*Isa. 59:7; Mat. 2:1*
17 Entonces se cumplió lo que fue dicho por medio del profeta Jeremías, cuando dijo:
18 SE OYO UNA VOZ EN RAMA,
　LLANTO Y GRAN LAMENTACION;
　RAQUEL QUE LLORA A SUS HIJOS,
　Y QUE NO QUISO SER CONSOLADA
　PORQUE *ya* NO EXISTEN[a]. [a]*Jer. 31:15*

Retorno a Nazaret

19 Pero cuando murió Herodes, he aquí, un ángel del Señor se apareció* en sueños[a] a José en Egipto, diciendo: [a]*Mat. 1:20; 2:12, 13, 22*
20 Levántate, toma al niño y a su madre y vete a la tierra de Israel, porque los que atentaban contra la vida del niño han muerto.
21 Y él, levantándose, tomó al niño y a su madre, y vino a la tierra de Israel.
22 Pero cuando oyó que Arquelao reinaba sobre Judea en lugar de su padre Herodes, tuvo miedo de ir allá; y advertido *por Dios* en sueños[a], partió para la región de Galilea; [a]*Mat. 2:12, 13, 19*
23 y llegó y habitó en una ciudad llamada Nazaret[a], para que se cumpliera lo que fue dicho por medio de los profetas: Será llamado Nazareno. [a]*Luc. 1:26; 2:39*

Predicación de Juan el Bautista

3 [a]En aquellos días llegó* Juan el Bautista predicando en el desierto de Judea, diciendo: [a]*Mar. 1:3-8; Luc. 3:2-17*

2 Arrepentíos[a], porque el reino de los cielos se ha acercado. [a]*Mat. 4:17*
3 Porque este es aquel a quien se refirió el profeta Isaías, diciendo:
VOZ DEL QUE CLAMA EN EL DESIERTO:
"PREPARAD EL CAMINO DEL SEÑOR,
HACED DERECHAS SUS SENDAS[a]."
　　[a]*Isa. 40:3; Luc. 1:17, 76*
4 Y él, Juan, tenía un vestido de pelo de camello y un cinto de cuero a la cintura[a]; y su comida era de langostas y miel silvestre. [a]*2 Rey. 1:8; Zac. 13:4*
5 Acudía entonces a él Jerusalén, toda Judea y toda la región alrededor del Jordán[a]; [a]*Mar. 1:5; Luc. 3:3*
6 y confesando sus pecados, eran bautizados[a] por él en el río Jordán. [a]*Mat. 3:11, 13-16; Mar. 1:5*
7 Pero cuando vio que muchos de los fariseos[a] y saduceos[b] venían para el bautismo, les dijo: ¡Camada de víboras! ¿Quién os enseñó a huir de la ira que vendrá? [a]*Mat. 16:1* [b]*Mat. 22:23*
8 Por tanto, dad frutos dignos de arrepentimiento[a]; [a]*Luc. 3:8; Hech. 26:20*
9 y no presumáis que podéis deciros a vosotros mismos: "Tenemos a Abraham por padre", porque os digo que Dios puede levantar hijos a Abraham de estas piedras. [a]*Luc. 3:8; 16:24*
10 Y el hacha ya está puesta a la raíz de los árboles; por tanto, todo árbol que no da buen fruto es cortado y echado al fuego[a]. [a]*Sal. 92:12-14; Mat. 7:19*
11 Yo a la verdad os bautizo con agua para arrepentimiento[a], pero el que viene detrás de mí es más poderoso que yo, a quien no soy digno de quitarle las sandalias; El os bautizará con el Espíritu Santo y con fuego. [a]*Mar. 1:4, 8; Luc. 3:16*
12 El bieldo está en su mano[a] y limpiará completamente su era; y recogerá su trigo en el granero, pero quemará la paja en fuego inextinguible. [a]*Isa. 30:24; 41:16*

Bautismo de Jesús

13 [a]Entonces Jesús llegó* de Galilea al Jordán, a *donde estaba* Juan, para ser bautizado por él. [a]*Mar. 1:9-11; Luc. 3:21, 22*
14 Pero Juan trató de impedírselo, diciendo: Yo necesito ser bautizado por ti, ¿y tú vienes a mí?
15 Y respondiendo Jesús, le dijo: Permít*elo* ahora; porque es conveniente que cumplamos así toda justicia[a]. Entonces *Juan* se lo permitió*. [a]*Sal. 40:7, 8; Juan 4:34*
16 Después de ser bautizado, Jesús salió del agua inmediatamente; y he aquí, los cielos se abrieron, y él vio al Espíritu de Dios que descendía como una paloma y venía sobre El[a]. [a]*Mar. 1:10; Luc. 3:22*

17 Y he aquí, *se oyó* una voz de los cielos que decía: Este es mi Hijo amado en quien me he complacido[a]. [a]*Sal. 2:7; Isa. 42:1*

Jesús es tentado

4 [a]Entonces Jesús fue llevado por el Espíritu al desierto para ser tentado por el diablo. [a]*Mar. 1:12, 13; Luc. 4:1-13*
2 Y después de haber ayunado cuarenta días y cuarenta noches[a], entonces tuvo hambre. [a]*Ex. 34:28; 1 Rey. 19:8*
3 Y acercándose el tentador[a], le dijo: Si eres Hijo de Dios[b], di que estas piedras se conviertan en pan. [a]*1 Tes. 3:5* [b]*Mat. 14:33*
4 Pero El respondiendo, dijo: Escrito está: "No solo de pan vivirá el hombre, sino de toda palabra que sale de la boca de Dios[a]." [a]*Deut. 8:3*
5 Entonces el diablo le llevó* a la ciudad santa[a], y le puso sobre el pináculo del templo, [a]*Neh. 11:1, 18; Dan. 9:24*
6 y le dijo*: Si eres Hijo de Dios, lánzate abajo, pues escrito está:
"A sus angeles te encomendara",
y:
"En las manos te llevaran,
   no sea que tu pie tropiece en piedra[a]."
   [a]*Sal. 91:11, 12*
7 Jesús le dijo: También está escrito: "No tentaras al Señor tu Dios[a]." [a]*Deut. 6:16*
8 Otra vez el diablo le llevó* a un monte muy alto, y le mostró* todos los reinos del mundo[a] y la gloria de ellos, [a]*Mat. 16:26; 1 Jn. 2:15-17*
9 y le dijo: Todo esto te daré, si postrándote me adoras[a]. [a]*1 Cor. 10:20, 21*
10 Entonces Jesús le dijo*: ¡Vete, Satanás! Porque escrito está: "Al Señor tu Dios adoraras, y solo a El serviras[a]." [a]*Deut. 6:13; 10:20*
11 El diablo entonces le dejó*; y he aquí, ángeles vinieron y le servían[a]. [a]*Mat. 26:53; Luc. 22:43*

Jesús va a Galilea

12 Cuando El oyó que Juan había sido encarcelado[a], se retiró a Galilea; [a]*Mat. 14:3; Mar. 1:14*
13 y saliendo de Nazaret, fue y se estableció en Capernaúm[a], que está junto al mar, en la región de Zabulón y de Neftalí; [a]*Mat. 11:23; Mar. 1:21*
14 para que se cumpliera lo dicho por medio del profeta Isaías, cuando dijo:
15 ¡Tierra de Zabulon y tierra de Neftali, camino del mar, al otro lado del Jordan, Galilea de los gentiles[a]! [a]*Isa. 9:1*
16 El pueblo asentado en tinieblas vio una gran luz, y a los que vivian en region y sombra de muerte,

una luz les resplandecio[a]. [a]*Isa. 9:2; 60:1-3*
17 Desde entonces Jesús comenzó a predicar[a] y a decir: Arrepentíos, porque el reino de los cielos se ha acercado. [a]*Mar. 1:14, 15*

Llamamiento de los primeros discípulos

18 [a]Y andando junto al mar de Galilea, vio a dos hermanos, Simón, llamado Pedro, y Andrés su hermano, echando una red al mar, porque eran pescadores. [a]*Mar. 1:16-20; Luc. 5:2-11*
19 Y les dijo*: Seguidme, y yo os haré pescadores de hombres.
20 Entonces ellos, dejando al instante las redes, le siguieron.
21 Y pasando de allí, vio a otros dos hermanos, Jacobo[a], *hijo* de Zebedeo, y Juan su hermano, en la barca con su padre Zebedeo, remendando sus redes, y los llamó. [a]*Mat. 10:2; 20:20*
22 Y ellos, dejando al instante la barca y a su padre, le siguieron.

La fama de Jesús se extiende

23 Y *Jesús* iba por toda Galilea, enseñando[a] en sus sinagogas y proclamando el evangelio del reino, y sanando toda enfermedad y toda dolencia en el pueblo. [a]*Mat. 9:35; 13:54*
24 Y se extendió su fama por toda Siria[a]; y traían a El todos los que estaban enfermos, afectados con diversas enfermedades y dolores, endemoniados, epilépticos y paralíticos; y El los sanaba. [a]*Mar. 7:26; Luc. 2:2*
25 Y le siguieron grandes multitudes[a] de Galilea, Decápolis, Jerusalén y Judea, y *del* otro lado del Jordán. [a]*Mar. 3:7, 8; Luc. 6:17*

El Sermón del monte

5 [a]Y cuando vio las multitudes, subió al monte; y después de sentarse, sus discípulos se acercaron a El. [a]*Mat. 5-7; Luc. 6:20-49*
2 Y abriendo su boca[a], les enseñaba, diciendo: [a]*Mat. 13:35; Hech. 8:35*

Las bienaventuranzas

3 Bienaventurados los pobres en espíritu[a], pues de ellos es el reino de los cielos. [a]*Mat. 5:3-12; Luc. 6:20-23*
4 Bienaventurados los que lloran[a], pues ellos serán consolados. [a]*Isa. 61:2; Juan 16:20*
5 Bienaventurados los humildes[a], pues ellos heredarán la tierra. [a]*Sal. 37:11*
6 Bienaventurados los que tienen hambre y sed de justicia[a], pues ellos serán saciados. [a]*Isa. 55:1, 2; Juan 4:14*
7 Bienaventurados los misericordiosos, pues ellos recibirán misericordia[a]. [a]*Prov. 11:17; Mat. 6:14, 15*
8 Bienaventurados los de limpio corazón[a], pues ellos verán a Dios. [a]*Sal. 24:4*
9 Bienaventurados los que procuran la paz, pues ellos serán llamados hijos de Dios[a]. [a]*Mat. 5:45; Luc. 6:35*

10 Bienaventurados aquellos que han sido perseguidos por causa de la justicia[a], pues de ellos es el reino de los cielos. ᵃ*1 Ped. 3:14*

11 Bienaventurados seréis cuando os insulten[a] y persigan, y digan todo género de mal contra vosotros falsamente, por causa de mí. ᵃ*1 Ped. 4:14*

12 Regocijaos y alegraos, porque vuestra recompensa en los cielos es grande, porque así persiguieron a los profetas[a] que fueron antes que vosotros. ᵃ2 *Crón. 36:16; Mat. 23:37*

13 Vosotros sois la sal de la tierra; pero si la sal se ha vuelto insípida[a], ¿con qué se hará salada *otra vez?* Ya para nada sirve, sino para ser echada fuera y pisoteada por los hombres. ᵃ*Mar. 9:50; Luc. 14:34, 35*

14 Vosotros sois la luz del mundo[a]. Una ciudad situada sobre un monte no se puede ocultar; ᵃ*Prov. 4:18; Juan 8:12*

15 ni se enciende una lámpara y se pone debajo de un almud, sino sobre el candelero, y alumbra a todos los que están en la casa[a]. ᵃ*Mar. 4:21; Luc. 8:16*

16 Así brille vuestra luz delante de los hombres, para que vean vuestras buenas acciones[a] y glorifiquen a vuestro Padre que está en los cielos. ᵃ*1 Ped. 2:12*

Jesús cumple la ley y los profetas

17 No penséis que he venido para abolir la ley o los profetas[a]; no he venido para abolir, sino para cumplir. ᵃ*Mat. 7:12*

18 Porque en verdad os digo que hasta que pasen el cielo y la tierra[a], no se perderá ni la letra más pequeña ni una tilde de la ley hasta que toda se cumpla. ᵃ*Mat. 24:35; Luc. 16:17*

19 Cualquiera, pues, que anule uno solo de estos mandamientos, *aun* de los más pequeños, y así *lo* enseñe a otros, será llamado muy pequeño en el reino de los cielos; pero cualquiera que *los* guarde y *los* enseñe, éste será llamado grande en el reino de los cielos[a]. ᵃ*Mat. 11:11*

20 Porque os digo que si vuestra justicia no supera *la* de los escribas y fariseos[a], no entraréis en el reino de los cielos. ᵃ*Luc. 18:11, 12*

Enseñanza de Jesús sobre el odio

21 Habéis oído que se dijo a los antepasados: "No mataras[a]" y: "Cualquiera que cometa homicidio será culpable ante la corte." ᵃ*Ex. 20:13; Deut. 5:17*

22 Pero yo os digo que todo aquel que esté enojado con su hermano será culpable ante la corte; y cualquiera que diga: "Raca[a]" a su hermano, será culpable delante de la corte suprema; y cualquiera que diga: "Idiota", será reo del infierno de fuego. ᵃ*Deut. 16:18; 2 Crón. 19:5, 6*

23 Por tanto, si estás presentando tu ofrenda[a] en el altar, y allí te acuerdas que tu hermano tiene algo contra ti, ᵃ*Mat. 5:24*

24 deja tu ofrenda allí delante del altar, y ve, reconcíliate primero con tu hermano[a], y entonces ven y presenta tu ofrenda. ᵃ*Rom. 12:17, 18*

25 Reconcíliate pronto con tu adversario mientras vas con él por el camino, no sea que tu adversario te entregue al juez, y el juez al alguacil, y seas echado en la cárcel[a]. ᵃ*Prov. 25:8, 9; Luc. 12:58*

26 En verdad te digo que no saldrás de allí hasta que hayas pagado el último centavo[a]. ᵃ*Luc. 12:59*

Enseñanza de Jesús sobre el adulterio

27 Habéis oído que se dijo: "No cometeras adulterio[a]." ᵃ*Ex. 20:14; Deut. 5:18*

28 Pero yo os digo que todo el que mire a una mujer para codiciarla ya cometió adulterio con ella en su corazón[a]. ᵃ2 *Sam. 11:2-5; Job 31:1*

29 Y si tu ojo derecho te es ocasión de pecar, arráncalo y écha*lo* de ti; porque te es mejor que se pierda uno de tus miembros, y no que todo tu cuerpo sea arrojado al infierno[a]. ᵃ*Mat. 5:22; 18:9*

30 Y si tu mano derecha te es ocasión de pecar, córtala y écha*la* de ti; porque te es mejor que se pierda uno de tus miembros, y no que todo tu cuerpo vaya al infierno[a]. ᵃ*Mat. 5:22; 18:8*

31 También se dijo: "Cualquiera que repudie a su mujer, que le de carta de divorcio[a]." ᵃ*Deut. 24:1, 3; Jer. 3:1*

32 Pero yo os digo que todo el que repudia a su mujer, a no ser por causa de infidelidad, la hace cometer adulterio; y cualquiera que se casa con una mujer repudiada, comete adulterio[a]. ᵃ*Mat. 19:9; Mar. 10:11, 12*

Enseñanza de Jesús sobre el juramento falso

33 También habéis oído que se dijo a los antepasados: "No juraras falsamente, sino que cumpliras tus juramentos al Señor[a]." ᵃ*Lev. 19:12; Núm. 30:2*

34 Pero yo os digo: no juréis de ninguna manera[a]; ni por el cielo, porque es el trono de Dios[b]; ᵃ*Sant. 5:12* ᵇ*Isa. 66:1*

35 ni por la tierra, porque es el estrado de sus pies[a]; ni por Jerusalén, porque es la ciudad del gran Rey[b]. ᵃ*Isa. 66:1* ᵇ*Sal. 48:2*

36 Ni jurarás por tu cabeza, porque no puedes hacer blanco o negro ni un solo cabello.

37 Antes bien, sea vuestro hablar: "Sí, sí" o "No, no"; y lo que es más de esto, procede del mal[a]. ᵃ*Mat. 6:13; 13:19, 38*

Enseñanza de Jesús sobre la venganza

38 Habéis oído que se dijo: "Ojo por ojo y diente por diente[a]." ᵃ*Ex. 21:24; Lev. 24:20*

39 ᵃPero yo os digo: no resistáis al que es malo; antes, a cualquiera que te abofetee en la mejilla derecha, vuélvele también la otra. ªLuc. 6:29, 30; 1 Cor. 6:7

40 Y al que quiera ponerte pleito y quitarte la túnica, déjale también la capa.

41 Y cualquiera que te obligue a ir una milla, ve con él dos.

42 Al que te pida, da*le;* y al que desee pedirte prestado no le vuelvas la espalda^a. ªDeut. 15:7-11; Luc. 6:34, 35

El amor verdadero y su recompensa

43 Habéis oído que se dijo: "AMARAS A TU PROJIMO^a y odiarás a tu enemigo^b." ªLev. 19:18 ᵇDeut. 23:3-6

44 Pero yo os digo: amad a vuestros enemigos y orad por los que os persiguen^a, ªLuc. 6:27, 28; 23:34

45 para que seáis hijos de vuestro Padre que está en los cielos^a; porque El hace salir su sol sobre malos y buenos, y llover sobre justos e injustos. ªMat. 5:9; Luc. 6:35

46 Porque si amáis a los que os aman, ¿qué recompensa tenéis^a? ¿No hacen también lo mismo los recaudadores de impuestos? ªLuc. 6:32

47 Y si saludáis solamente a vuestros hermanos, ¿qué hacéis más *que otros?* ¿No hacen también lo mismo los gentiles?

48 Por tanto, sed vosotros perfectos como vuestro Padre celestial es perfecto^a. ªLev. 19:2; Deut. 18:13

La verdadera observancia de la religión

6 Cuidad de no practicar vuestra justicia delante de los hombres para ser vistos por ellos^a; de otra manera no tendréis recompensa de vuestro Padre que está en los cielos. ªMat. 6:5, 16; 23:5

Las ofrendas

2 Por eso, cuando des limosna, no toques trompeta delante de ti, como hacen los hipócritas en las sinagogas y en las calles, para ser alabados por los hombres^a. En verdad os digo *que ya* han recibido su recompensa. ªMat. 6:5, 16; 23:5

3 Pero tú, cuando des limosna, que no sepa tu *mano* izquierda lo que hace tu derecha,

4 para que tu limosna sea en secreto; y tu Padre, que ve en lo secreto, te recompensará^a. ªJer. 17:10; Mat. 6:6, 18

La oración

5 Y cuando oréis, no seáis como los hipócritas; porque a ellos les gusta ponerse en pie y orar en las sinagogas y en las esquinas de las calles^a, para ser vistos por los hombres. En verdad os digo *que ya* han recibido su recompensa. ªMar. 11:25; Luc. 18:11, 13

6 Pero tú, cuando ores, entra en tu aposento, y cuando hayas cerrado la puerta^a, ora a tu Padre que está en secreto, y tu Padre, que ve

en lo secreto, te recompensará. ªIsa. 26:20; Mat. 26:36-39

7 Y al orar, no uséis repeticiones sin sentido, como los gentiles, porque ellos se imaginan que serán oídos por su palabrería^a. ª1 Rey. 18:26, 27

8 Por tanto, no os hagáis semejantes a ellos; porque vuestro Padre sabe lo que necesitáis antes que vosotros le pidáis^a. ªSal. 38:9; 69:17-19

El Padre nuestro

9 ªVosotros, pues, orad de esta manera: "Padre nuestro que estás en los cielos, santificado sea tu nombre. ªLuc. 11:2-4

10 "Venga tu reino. Hágase tu voluntad^a, así en la tierra como en el cielo. ªMat. 26:42; Luc. 22:42

11 "Danos hoy el pan nuestro de cada día^a. ªProv. 30:8; Isa. 33:16

12 "Y perdónanos nuestras deudas, como también nosotros hemos perdonado a nuestros deudores^a. ªEx. 34:7; Sal. 32:1

13 "Y no nos metas en tentación, mas líbranos del mal^a. Porque tuyo es el reino y el poder y la gloria para siempre jamás. Amén." ªMat. 5:37; Juan 17:15

14 Porque si perdonáis a los hombres sus transgresiones, también vuestro Padre celestial os perdonará a vosotros^a. ªMat. 7:2; Mar. 11:25, 26

15 Pero si no perdonáis a los hombres, tampoco vuestro Padre perdonará vuestras transgresiones^a. ªMat. 18:35

El ayuno

16 Y cuando ayunéis^a, no pongáis cara triste, como los hipócritas; porque ellos desfiguran sus rostros para mostrar a los hombres que están ayunando. En verdad os digo *que ya* han recibido su recompensa. ªIsa. 58:5

17 Pero tú, cuando ayunes, unge tu cabeza y lava tu rostro^a, ªRut 3:3; 2 Sam. 12:20

18 para no hacer ver a los hombres que ayunas, sino a tu Padre que está en secreto; y tu Padre, que ve en lo secreto, te recompensará^a. ªMat. 6:4, 6

El verdadero tesoro

19 No os acumuléis tesoros en la tierra, donde la polilla y la herrumbre destruyen, y donde ladrones penetran y roban^a; ªProv. 23:4; Mat. 19:21

20 sino acumulaos tesoros en el cielo^a, donde ni la polilla ni la herrumbre destruyen, y donde ladrones no penetran ni roban; ªMat. 19:21; Luc. 12:33

21 porque donde esté tu tesoro^a, allí estará también tu corazón. ªLuc. 12:34

22 ªLa lámpara del cuerpo es el ojo; por eso, si tu ojo está sano, todo tu cuerpo estará lleno de luz. ªLuc. 11:34, 35

23 Pero si tu ojo está malo[a], todo tu cuerpo estará lleno de oscuridad. Así que, si la luz que hay en ti es oscuridad, ¡cuán grande *no será* la oscuridad! [a]*Mat. 20:15; Mar. 7:22*

24 Nadie puede servir a dos señores[a]; porque o aborrecerá a uno y amará al otro, o se apegará a uno y despreciará al otro. No podéis servir a Dios y a las riquezas. [a]*1 Rey. 18:21; Luc. 16:13*

25 [a]Por eso os digo, no os preocupéis por vuestra vida, qué comeréis o qué beberéis; ni por vuestro cuerpo, qué vestiréis. ¿No es la vida más que el alimento y el cuerpo *más* que la ropa? [a]*Luc. 12:22-31*

26 Mirad las aves del cielo, que no siembran, ni siegan, ni recogen en graneros, y *sin embargo,* vuestro Padre celestial las alimenta[a]. ¿No sois vosotros de mucho más valor que ellas? [a]*Job 35:11; 38:41*

27 ¿Y quién de vosotros, por ansioso[a] que esté, puede añadir una hora al curso de su vida? [a]*Mat. 6:25, 28, 31, 34; Luc. 10:41*

28 Y por la ropa, ¿por qué os preocupáis[a]? Observad cómo crecen los lirios del campo; no trabajan, ni hilan; [a]*Mat. 6:25, 27, 31, 34; Luc. 10:41*

29 pero os digo que ni Salomón[a] en toda su gloria se vistió como uno de éstos. [a]*1 Rey. 10:4-7; 2 Crón. 9:4-6, 20-22*

30 Y si Dios viste así la hierba del campo, que hoy es y mañana es echada al horno, ¿no hará mucho más por vosotros, hombres de poca fe[a]? [a]*Mat. 8:26; 14:31*

31 Por tanto, no os preocupéis[a], diciendo: "¿Qué comeremos?" o "¿qué beberemos?" o "¿con qué nos vestiremos?" [a]*Mat. 6:25, 27, 28, 34; Luc. 10:41*

32 Porque los gentiles buscan ansiosamente todas estas cosas; que vuestro Padre celestial[a] sabe que necesitáis todas estas cosas. [a]*Mat. 6:8; Fil. 4:19*

33 Pero buscad primero su reino y su justicia, y todas estas cosas os serán añadidas[a]. [a]*Mat. 19:28; Mar. 10:29, 30*

34 Por tanto, no os preocupéis[a] por el *día de* mañana; porque el *día de* mañana se cuidará de sí mismo. Bástele a cada día sus propios problemas. [a]*Mat. 6:25, 27, 28, 31; Luc. 10:41*

El juicio hacia los demás

7 [a]No juzguéis para que no seáis juzgados. [a]*Luc. 6:37, 38, 41, 42; Rom. 14:10, 13*

2 Porque con el juicio con que juzguéis, seréis juzgados; y con la medida con que midáis, se os medirá[a]. [a]*Mar. 4:24; Luc. 6:38*

3 ¿Y por qué miras la mota que está en el ojo de tu hermano, y no te das cuenta de la viga que está en tu propio ojo[a]? [a]*Rom. 2:1*

4 ¿O cómo puedes decir a tu hermano: "Déjame sacarte la mota del ojo", cuando la viga está en tu ojo[a]? [a]*Luc. 6:42*

5 ¡Hipócrita! Saca primero la viga de tu ojo, y entonces verás con claridad para sacar la mota del ojo de tu hermano.

6 No deis lo santo a los perros[a], ni echéis vuestras perlas delante de los cerdos, no sea que las huellen con sus patas, y volviéndose os despedacen. [a]*Mat. 15:26*

La oración recibirá respuesta

7 [a]Pedid, y se os dará; buscad, y hallaréis; llamad, y se os abrirá. [a]*Luc. 11:9-13*

8 Porque todo el que pide, recibe; y el que busca, halla; y al que llama, se le abrirá.

9 ¿O qué hombre hay entre vosotros que *si* su hijo le pide pan, le dará una piedra,

10 o si le pide un pescado, le dará una serpiente?

11 Pues si vosotros, siendo malos, sabéis dar buenas dádivas a vuestros hijos, ¿cuánto más vuestro Padre que está en los cielos dará cosas buenas a los que le piden[a]? [a]*Sal. 84:11; Isa. 63:7*

12 Por eso, todo cuanto queráis que os hagan los hombres[a], así también haced vosotros con ellos, porque esta es la ley y los profetas[b]. [a]*Luc. 6:31* [b]*Mat. 22:40*

Dos puertas y dos sendas

13 Entrad por la puerta estrecha[a], porque ancha es la puerta y amplia es la senda que lleva a la perdición, y muchos son los que entran por ella. [a]*Luc. 13:24*

14 Porque estrecha es la puerta y angosta la senda que lleva a la vida, y pocos son los que la hallan.

Cómo conocer a los falsos profetas

15 Cuidaos de los falsos profetas[a], que vienen a vosotros con vestidos de ovejas, pero por dentro son lobos rapaces. [a]*Mat. 24:11, 24; Mar. 13:22*

16 Por sus frutos los conoceréis. ¿Acaso se recogen uvas de los espinos o higos de los abrojos? [a]*Mat. 7:20; 12:33*

17 Así, todo árbol bueno da frutos buenos; pero el árbol malo da frutos malos[a]. [a]*Mat. 12:33, 35*

18 Un árbol bueno no puede producir frutos malos, ni un árbol malo producir frutos buenos.

19 Todo árbol que no da buen fruto, es cortado y echado al fuego[a]. [a]*Mat. 3:10; Luc. 3:9*

20 Así que, por sus frutos los conoceréis[a]. [a]*Mat. 7:16; 12:33*

21 No todo el que me dice: "Señor, Señor[a]", entrará en el reino de los cielos, sino el que hace la voluntad de mi Padre que está en los cielos. [a]*Luc. 6:46*

22 Muchos me dirán[a] en aquel día: "Señor, Señor, ¿no profetizamos en tu nombre, y en tu nombre echamos fuera demonios, y en tu

nombre hicimos muchos milagros?"
^a*Mat. 25:11, 12; Luc. 13:25*
23 Y entonces les declararé: "Jamás os conocí; APARTAOS DE MI^a, LOS QUE PRACTICAIS LA INIQUIDAD." ^a*Sal. 6:8; Mat. 25:41*

Los dos cimientos

24 ^aPor tanto, cualquiera que oye estas palabras mías y las pone en práctica, será semejante a un hombre sabio que edificó su casa sobre la roca; ^a*Luc. 6:47-49; Mat. 16:18*
25 y cayó la lluvia, vinieron los torrentes, soplaron los vientos y azotaron aquella casa; pero no se cayó, porque había sido fundada sobre la roca.
26 Y todo el que oye estas palabras mías y no las pone en práctica, será semejante a un hombre insensato que edificó su casa sobre la arena;
27 y cayó la lluvia, vinieron los torrentes, soplaron los vientos y azotaron aquella casa; y cayó, y grande fue su destrucción.
28 Cuando Jesús terminó estas palabras, las multitudes se admiraban de su enseñanza^a;
^a*Mat. 13:54; 22:33*
29 porque les enseñaba como *uno* que tiene autoridad, y no como sus escribas.

Curación de un leproso

8 Y cuando bajó del monte, grandes multitudes le seguían.
2 ^aY he aquí, se le acercó un leproso y se postró ante El, diciendo: Señor, si quieres, puedes limpiarme. ^a*Mar. 1:40-44; Luc. 5:12-14*
3 Y extendiendo *Jesús* la mano, lo tocó, diciendo: Quiero; sé limpio. Y al instante quedó limpio de su lepra^a. ^a*Mat. 11:5; Luc. 4:27*
4 Entonces Jesús le dijo*: Mira, no se lo digas a nadie, sino ve^a, muéstrate al sacerdote y presenta la ofrenda que ordenó Moisés, para *que te sirva de* testimonio a ellos. ^a*Mar. 1:44; Luc. 5:14*

Jesús sana al criado del centurión

5 ^aY cuando entró Jesús en Capernaúm se le acercó un centurión suplicándole, ^a*Luc. 7:1-10*
6 y diciendo: Señor, mi criado está postrado en casa, paralítico^a, sufriendo mucho. ^a*Mat. 4:24*
7 Y *Jesús* le dijo*: Yo iré y lo sanaré.
8 Pero el centurión respondió y dijo: Señor, no soy digno de que entres bajo mi techo; mas solamente di la palabra y mi criado quedará sano.
9 Porque yo también soy hombre bajo autoridad^a, con soldados a mis órdenes; y digo a éste: "Ve", y va; y al otro: "Ven", y viene; y a mi siervo: "Haz esto", y *lo* hace. ^a*Mar. 1:27; Luc. 9:1*

10 Al oír*lo* Jesús, se maravilló y dijo a los que *le* seguían: En verdad os digo que en Israel no he hallado en nadie una fe tan grande.
11 Y os digo que vendrán muchos del oriente y del occidente, y se sentarán *a la mesa* con Abraham, Isaac y Jacob en el reino de los cielos. ^a*Isa. 49:12; 59:19*
12 Pero los hijos del reino^a serán arrojados a las tinieblas de afuera^b; allí será el llanto y el crujir de dientes. ^a*Mat. 13:38* ^b*Mat. 22:13*
13 Entonces Jesús dijo al centurión: Vete; así como has creído^a, te sea hecho. Y el criado fue sanado en esa *misma* hora. ^a*Mat. 9:22, 29*

Jesús sana a la suegra de Pedro y a muchos otros

14 ^aAl llegar Jesús a casa de Pedro, vio a la suegra de éste que yacía en cama con fiebre. ^a*Mar. 1:29-34; Luc. 4:38-41*
15 Le tocó la mano, y la fiebre la dejó; y ella se levantó y le servía.
16 Y al atardecer, le trajeron muchos endemoniados^a; y expulsó a los espíritus con *su* palabra, y sanó a todos los que estaban enfermos^b, ^a*Mat. 4:24* ^b*Mat. 4:23*
17 para que se cumpliera lo que fue dicho por medio del profeta Isaías cuando dijo: EL MISMO TOMO NUESTRAS FLAQUEZAS Y LLEVO NUESTRAS ENFERMEDADES^a. ^a*Isa. 53:4*

Lo que demanda el discipulado

18 Viendo Jesús una multitud a su alrededor, dio orden^a de pasar al otro lado. ^a*Mar. 4:35; Luc. 8:22*
19 ^aY un escriba se *le* acercó y le dijo: Maestro, te seguiré adondequiera que vayas. ^a*Luc. 9:57-60*
20 Y Jesús le dijo*: Las zorras tienen madrigueras y las aves del cielo nidos, pero el Hijo del Hombre^a no tiene dónde recostar la cabeza. ^a*Dan. 7:13; Mat. 9:6*
21 Otro de los discípulos le dijo: Señor, permíteme que vaya primero y entierre a mi padre.
22 Pero Jesús le dijo*: Sígueme, y deja que los muertos entierren a sus muertos^a. ^a*Mat. 9:9; Mar. 2:14*

Jesús calma la tempestad

23 ^aCuando entró Jesús en la barca, sus discípulos le siguieron. ^a*Mar. 4:36-41; Luc. 8:22-25*
24 Y de pronto se desató una gran tormenta en el mar, de modo que las olas cubrían la barca; pero Jesús estaba dormido.
25 Y llegándose a El, le despertaron, diciendo: ¡Señor, sálva*nos*^a, que perecemos! ^a*Mat. 8:2; 9:18*
26 Y El les dijo*: ¿Por qué estáis amedrentados, hombres de poca fe^a? Entonces se levantó, reprendió a los vientos y al mar, y sobrevino una gran calma. ^a*Mat. 6:30; 14:31*

27 Y los hombres se maravillaron, diciendo: ¿Quién es éste, que aun los vientos y el mar le obedecen?

Los endemoniados gadarenos

28 ªCuando llegó al otro lado, a la tierra de los gadarenos, le salieron al encuentro dos endemoniados que salían de los sepulcros, violentos en extremo, de manera que nadie podía pasar por aquel camino. ªMar. 5:1-17; Luc. 8:26-37

29 Y gritaron, diciendo: ¿Qué tenemos que ver contigo, Hijo de Diosª? ¿Has venido aquí para atormentarnos antes del tiempo? ªJue. 11:12; 2 Sam. 16:10

30 A cierta distancia de ellos había una piara de muchos cerdos paciendo;

31 los demonios le rogaban, diciendo: Si vas a echarnos fuera, mándanos a la piara de cerdos.

32 Entonces El les dijo: ¡Id! Y ellos salieron y entraron en los cerdos; y he aquí que la piara entera se precipitó por un despeñadero al mar, y perecieron en las aguas.

33 Los que cuidaban la piara huyeron; y fueron a la ciudad y lo contaron todo, incluso lo de los endemoniadosª. ªMat. 4:24

34 Y toda la ciudad salió al encuentro de Jesús; y cuando le vieron, le rogaron que se fuera de su comarcaª. ªAmós 7:12; Hech. 16:39

Curación de un paralítico

9 Y subiendo Jesús en una barca, pasó al otro lado y llegó a su ciudadª. ªMat. 4:13; Mar. 5:21

2 ªY le trajeron un paralítico echado en una camilla; y Jesús, viendo la fe de ellos, dijo al paralítico: Anímate, hijo, tus pecados te son perdonados. ªMar. 2:3-12; Luc. 5:18-26

3 Y algunos de los escribas decían para sí: Este blasfemaª. ªMar. 3:28, 29

4 Y Jesús, conociendo sus pensamientosª, dijo: ¿Por qué pensáis mal en vuestros corazones? ªMat. 12:25; Luc. 6:8

5 Porque, ¿qué es más fácil, decir: "Tus pecados te son perdonados", o decir: "Levántate, y andaª"? ªMat. 9:2, 6; Mar. 2:5, 9

6 Pues para que sepáis que el Hijo del Hombreª tiene autoridad en la tierra para perdonar pecados (entonces dijo* al paralítico): Levántate, toma tu camilla y vete a tu casa. ªMat. 8:20; Juan 5:27

7 Y él levantándose, se fue a su casa.

8 Pero cuando las multitudes vieron esto, sintieron temor, y glorificaron a Diosª, que había dado tal poder a los hombres. ªMat. 5:16; 15:31

Llamamiento de Mateo y la cena en su casa

9 ªCuando Jesús se fue de allí, vio a un hombre llamado Mateo, sentado en la oficina de los tributos, y le dijo*: ¡Sígueme! Y levantándose, le siguió. ªMar. 2:14-22; Luc. 5:27-38

10 Y sucedió que estando El sentado a la mesa en la casa, he aquí, muchos recaudadores de impuestos y pecadores llegaron y se sentaron a la mesa con Jesús y sus discípulos.

11 Y cuando vieron esto, los fariseos dijeron a sus discípulos: ¿Por qué come vuestro Maestro con los recaudadores de impuestos y pecadoresª? ªMat. 11:19; Mar. 2:16

12 Al oír El esto, dijo: Los que están sanos no tienen necesidad de médico, sino los que están enfermosª. ªMar. 2:17; Luc. 5:31

13 Mas id, y aprended lo que significa: "MISERICORDIA QUIERO Y NO SACRIFICIOª"; porque no he venido a llamar a justos, sino a pecadores. ªOs. 6:6

Pregunta sobre el ayuno

14 Entonces se le acercaron* los discípulos de Juan, diciendo: ¿Por qué nosotros y los fariseos ayunamosª, pero tus discípulos no ayunan? ªLuc. 18:12

15 Y Jesús les dijo: ¿Acaso los acompañantes del novio pueden estar de luto mientras el novio está con ellos? Pero vendrán días cuando el novio les será quitado, y entonces ayunarán.

16 Y nadie pone un remiendo de tela nueva en un vestido viejo; porque el remiendo al encogerse tira del vestido y se produce una rotura peor.

17 Y nadie echa vino nuevo en odres viejos, porque entonces los odres se revientan, el vino se derrama y los odres se pierden; sino que se echa vino nuevo en odres nuevos, y ambos se conservan.

Curación de una mujer y resurrección de la hija de un oficial

18 ªMientras les decía estas cosas, he aquí, vino un oficial de la sinagoga y se postró delante de El, diciendo: Mi hija acaba de morir; pero ven y pon tu mano sobre ella, y vivirá. ªMar. 5:22-43; Luc. 8:41-56

19 Y levantándose Jesús, lo siguió, y también sus discípulos.

20 Y he aquí, una mujer que había estado sufriendo de flujo de sangre por doce años, se le acercó por detrás y tocó el borde de su mantoª; ªNúm. 15:38; Deut. 22:12

21 pues decía para sí: Si tan sólo toco su mantoª, sanaré. ªMat. 14:36; Mar. 3:10

22 Pero Jesús, volviéndose y viéndola, dijo: Hija, ten ánimo, tu fe te ha sanadoª. Y al instante la mujer quedó sana. ªMat. 9:29; 15:28

23 Cuando entró Jesús en la casa del oficial, y vio a los flautistasª y al gentío en ruidoso desorden, ª2 Crón. 35:25; Jer. 9:17

24 les dijo: Retiraos, porque la niña no ha

muerto[a], sino que está dormida. Y se burlaban de El. [a]*Juan 11:13; Hech. 20:10*

25 Pero cuando habían echado fuera a la gente[a], El entró y la tomó de la mano; y la niña se levantó[b]. [a]*Hech. 9:40* [b]*Mar. 9:27*

26 Y esta noticia se difundió por toda aquella tierra[a]. [a]*Mat. 4:24; 9:31*

Curación de dos ciegos y un mudo

27 Al irse Jesús de allí, dos ciegos le siguieron, gritando y diciendo: ¡Hijo de David[a], ten misericordia de nosotros! [a]*Mat. 1:1; 12:23*

28 Y después de haber entrado en la casa, se acercaron a El los ciegos, y Jesús les dijo*: ¿Creéis que puedo hacer esto? Ellos le respondieron*: Sí, Señor.

29 Entonces les tocó los ojos, diciendo: Hágase en vosotros según vuestra fe[a]. [a]*Mat. 8:13; 9:22*

30 Y se les abrieron los ojos. Y Jesús les advirtió rigurosamente[a], diciendo: Mirad que nadie *lo* sepa. [a]*Mat. 8:4*

31 Pero ellos, en cuanto salieron, divulgaron su fama por toda aquella tierra[a]. [a]*Mat. 4:24; 9:26*

32 Y al salir ellos de allí, he aquí, le trajeron un mudo[a] endemoniado. [a]*Mat. 12:22, 24*

33 Y después que el demonio había sido expulsado, el mudo habló; y las multitudes se maravillaban, y decían: Jamás se ha visto cosa igual en Israel[a]. [a]*Mar. 2:12*

34 Pero los fariseos decían: El echa fuera los demonios por el príncipe de los demonios[a]. [a]*Mat. 12:24; Mar. 3:22*

Ministerio de Jesús

35 Y Jesús recorría todas las ciudades y aldeas, enseñando en las sinagogas de ellos[a], proclamando el evangelio del reino y sanando toda enfermedad y toda dolencia. [a]*Mat. 4:23*

36 Y viendo las multitudes, tuvo compasión de ellas, porque estaban angustiadas y abatidas como ovejas que no tienen pastor[a]. [a]*Núm. 27:17; Ezeq. 34:5*

37 Entonces dijo* a sus discípulos: La mies es mucha, pero los obreros pocos[a]. [a]*Luc. 10:2*

38 Por tanto, rogad al Señor de la mies que envíe obreros a su mies.

Llamamiento de los doce apóstoles

10 Entonces llamando a sus doce discípulos[a], *Jesús* les dio poder sobre los espíritus inmundos para expulsarlos y para sanar toda enfermedad y toda dolencia. [a]*Mar. 3:13-15; 6:7*

2 [a]Y los nombres de los doce apóstoles son éstos: primero, Simón, llamado Pedro, y Andrés su hermano; y Jacobo, el *hijo* de Zebedeo, y Juan su hermano; [a]*Mar. 3:16-19; Luc. 6:14-16*

3 Felipe y Bartolomé[a]; Tomás[b] y Mateo, el recaudador de impuestos; Jacobo, el *hijo* de Alfeo, y Tadeo; [a]*Juan 1:43* [b]*Juan 11:16*

4 Simón el cananita, y Judas Iscariote[a], el que también le entregó. [a]*Mat. 26:14; Luc. 22:3*

Jesús envía a los doce

5 A estos doce envió Jesús después de instruirlos, diciendo: No vayáis por *el* camino de *los* gentiles, y no entréis en *ninguna* ciudad de los samaritanos[a]. [a]*2 Rey. 17:24; Luc. 9:52*

6 Sino id más bien a las ovejas perdidas[a] de la casa de Israel. [a]*Mat. 15:24*

7 Y cuando vayáis, predicad diciendo: "El reino de los cielos se ha acercado[a]." [a]*Mat. 3:2*

8 Sanad enfermos, resucitad muertos, limpiad leprosos, expulsad demonios; de gracia recibisteis, dad de gracia.

9 [a]No os proveáis de oro, ni de plata, ni de cobre *para llevar* en vuestros cintos, [a]*Mar. 6:8-11; Luc. 9:3-5*

10 ni de alforja para el camino, ni de dos túnicas, ni de sandalias, ni de bordón; porque el obrero es digno de su sostén[a]. [a]*1 Cor. 9:14; 1 Tim. 5:18*

11 Y en cualquier ciudad o aldea donde entréis, averiguad quién es digno en ella, y quedaos allí hasta que os marchéis.

12 Al entrar en la casa, dadle vuestro saludo *de paz*[a]. [a]*1 Sam. 25:6; Sal. 122:7, 8*

13 Y si la casa es digna, que vuestro *saludo de* paz venga sobre ella; pero si no es digna, que vuestro *saludo de* paz se vuelva a vosotros.

14 Y cualquiera que no os reciba ni oiga vuestras palabras, al salir de esa casa o de esa ciudad, sacudid el polvo de vuestros pies[a]. [a]*Hech. 13:51*

15 En verdad os digo que en el día del juicio[a] será más tolerable *el castigo* para la tierra de Sodoma y Gomorra que para esa ciudad. [a]*Mat. 7:22; 11:22, 24*

Advertencias a los doce

16 Mirad, yo os envío como ovejas en medio de lobos[a]; por tanto, sed astutos como las serpientes e inocentes como las palomas. [a]*Luc. 10:3*

17 Pero cuidaos de los hombres, porque os entregarán a los tribunales[a] y os azotarán en sus sinagogas; [a]*Mat. 5:22*

18 y hasta seréis llevados delante de gobernadores y reyes por mi causa, como un testimonio a ellos y a los gentiles.

19 [a]Pero cuando os entreguen, no os preocupéis de cómo o qué hablaréis; porque a esa hora se os dará lo que habréis de hablar. [a]*Mar. 13:11-13; Luc. 21:12-17*

20 Porque no sois vosotros los que habláis, sino el Espíritu de vuestro Padre que habla en vosotros[a]. [a]*Luc. 12:12; Hech. 4:8*

21 Y el hermano entregará a la muerte al hermano, y el padre al hijo[a]; y los hijos se levantarán contra los padres, y les causarán la muerte. [a]*Mat. 10:35, 36*

22 Y seréis odiados de todos por causa de mi nombre[a], pero el que persevere hasta el fin, ése será salvo. [a]*Mat. 24:9; Juan 15:18*

23 Pero cuando os persigan en esta ciudad, huid a la otra; porque en verdad os digo: no terminaréis *de recorrer* las ciudades de Israel antes que venga el Hijo del Hombre[a]. [a]*Mat. 16:27, 28*

Palabras de aliento a los doce

24 Un discípulo no está por encima del maestro, ni un siervo por encima de su señor[a]. [a]*Luc. 6:40; Juan 13:16*

25 Le basta al discípulo llegar a ser como su maestro, y al siervo como su señor. Si al dueño de la casa lo han llamado Beelzebú[a], ¡cuánto más a los de su casa! [a]2 *Rey. 1:2; Mat. 12:24, 27*

26 Así que no les temáis, porque nada hay encubierto que no haya de ser revelado, ni oculto que no haya de saberse[a]. [a]*Mar. 4:22; Luc. 8:17*

27 Lo que os digo en la oscuridad, habladlo en la luz[a]; y lo que oís al oído, proclamadlo desde las azoteas. [a]*Luc. 12:3*

28 Y no temáis a los que matan el cuerpo, pero no pueden matar el alma; más bien temed a aquel[a] que puede *hacer* perecer tanto el alma como el cuerpo en el infierno. [a]*Heb. 10:31*

29 ¿No se venden dos pajarillos por un cuarto[a]? Y *sin embargo*, ni uno de ellos caerá a tierra sin *permitirlo* vuestro Padre. [a]*Luc. 12:6*

30 Y hasta los cabellos de vuestra cabeza están todos contados[a]. [a]*1 Sam. 14:45; 2 Sam. 14:11*

31 Así que no temáis; vosotros valéis más que muchos pajarillos[a]. [a]*Mat. 12:12*

32 Por tanto, todo el que me confiese delante de los hombres, yo también le confesaré delante de mi Padre que está en los cielos[a]. [a]*Luc. 12:8; Apoc. 3:5*

33 Pero cualquiera que me niegue delante de los hombres[a], yo también lo negaré delante de mi Padre que está en los cielos. [a]*Mar. 8:38; Luc. 9:26*

El costo del discipulado

34 [a]No penséis que vine a traer paz a la tierra; no vine a traer paz, sino espada. [a]*Luc. 12:51-53*

35 Porque vine a PONER AL HOMBRE CONTRA SU PADRE, A LA HIJA CONTRA SU MADRE, Y A LA NUERA CONTRA SU SUEGRA[a]; [a]*Miq. 7:6; Mat. 20:21*

36 y LOS ENEMIGOS DEL HOMBRE *serán* LOS DE SU MISMA CASA[a]. [a]*Miq. 7:6; Mat. 10:21*

37 El que ama al padre o a la madre más que a mí, no es digno de mí; y el que ama al hijo o a la hija más que a mí, no es digno de mí[a]. [a]*Deut. 33:9; Luc. 14:26*

38 Y el que no toma su cruz y sigue en pos de mí, no es digno de mí[a]. [a]*Mat. 16:24; Mar. 8:34*

39 El que ha hallado su vida, la perderá; y el que ha perdido su vida por mi causa, la hallará[a]. [a]*Mat. 16:25; Mar. 8:35*

40 El que os recibe a vosotros, a mí me recibe; y el que me recibe a mí, recibe al que me envió[a]. [a]*Mar. 9:37; Luc. 9:48*

41 El que recibe a un profeta como profeta, recibirá recompensa de profeta; y el que recibe a un justo como justo, recibirá recompensa de justo[a]. [a]*Mat. 25:44-46*

42 Y cualquiera que como discípulo dé de beber aunque sólo sea un vaso de agua fría a uno de estos pequeños, en verdad os digo que no perderá su recompensa[a]. [a]*Mat. 25:40; Mar. 9:41*

Jesús sale a enseñar y predicar

11 Y sucedió que cuando terminó Jesús de dar instrucciones a sus doce discípulos[a], se fue de allí a enseñar y predicar en las ciudades de ellos. [a]*Mat. 7:28*

Jesús y los discípulos de Juan

2 [a]Y al oír Juan en la cárcel de las obras de Cristo, mandó por medio de sus discípulos [a]*Luc. 7:18-35; Mat. 4:12*

3 a decirle: ¿Eres tú el que ha de venir[a], o esperaremos a otro? [a]*Sal. 118:26; Mat. 11:10*

4 Y respondiendo Jesús, les dijo: Id y contad a Juan lo que oís y veis:

5 los CIEGOS RECIBEN LA VISTA y los cojos andan, los leprosos quedan limpios, los sordos oyen[a], los muertos son resucitados y a los POBRES SE LES ANUNCIA EL EVANGELIO. [a]*Isa. 35:5, 6; Mat. 8:3*

6 Y bienaventurado es el que no se escandaliza de mí[a]. [a]*Mat. 5:29; 13:57*

Jesús habla de Juan el Bautista

7 Mientras ellos se marchaban, Jesús comenzó a hablar a las multitudes acerca de Juan: ¿Qué salisteis a ver en el desierto[a]? ¿Una caña sacudida por el viento? [a]*Mat. 3:1*

8 Mas, ¿qué salisteis a ver? ¿Un hombre vestido con *ropas* finas? Mirad, los que usan *ropas* finas están en los palacios de los reyes.

9 Pero, ¿qué salisteis a ver? ¿A un profeta[a]? Sí, os digo, y uno que es más que un profeta. [a]*Mat. 14:5; 21:26*

10 Este es de quien está escrito:

"HE AQUÍ, YO ENVÍO MI MENSAJERO DELANTE DE TU FAZ,

QUIEN PREPARARÁ TU CAMINO DELANTE DE TI[a]." [a]*Mal. 3:1; Mar. 1:2*

11 En verdad os digo que entre los nacidos de mujer no se ha levantado *nadie* mayor que Juan el Bautista; sin embargo, el más pequeño en el reino de los cielos es mayor que él.

12 Y desde los días de Juan el Bautista[a] hasta ahora, el reino de los cielos sufre violencia, y

los violentos lo conquistan por la fuerza.
ᵃ*Luc. 16:16*
13 Porque todos los profetas y la ley profetizaron hasta Juan.
14 Y si queréis aceptar*lo*, él es Elíasᵃ, el que
había de venir. ᵃ*Mal. 4:5; Mat. 17:10-13*
15 El que tiene oídos, que oigaᵃ. ᵃ*Mat. 13:9, 43;
Mar. 4:9, 23*
16 Pero, ¿con qué compararé a esta generación? Es semejante a los muchachos que se
sientan en las plazas, que dan voces a los
otros,
17 y dicen: "Os tocamos la flauta, y no bailasteis; entonamos endechas, y no os lamentas-
teis."
18 Porque vino Juan que no comía ni bebíaᵃ,
y dicen: "Tiene un demonioᵇ." ᵃ*Luc. 1:15*
ᵇ*Mat. 9:34*
19 Vino el Hijo del Hombre, que come y
bebe, y dicen: "Mirad, un hombre glotón y
bebedor de vino, amigo de recaudadores de
impuestos y de pecadoresᵃ." Pero la sabiduría
se justifica por sus hechos. ᵃ*Mat. 9:11;
Luc. 5:29-32*

Ayes sobre ciudades de Galilea

20 Entonces comenzó a increpar a las ciudades en las que había hecho la mayoría de sus
milagros, porque no se habían arrepentidoᵃ.
ᵃ*Luc. 10:13-15*
21 ¡ᵃAy de ti, Corazín! ¡Ay de ti, Betsaida!
Porque si los milagros que se hicieron en
vosotras se hubieran hecho en Tiro y en
Sidón, hace tiempo que se hubieran arrepentido en cilicio y ceniza. ᵃ*Luc. 10:13-15*
22 Por eso os digo que en el día del juicio
será más tolerableᵃ *el castigo* para Tiro y
Sidón que para vosotras. ᵃ*Mat. 10:15; 12:36*
23 Y tú, Capernaúmᵃ, ¿acaso serás elevada
hasta los cielos? ¡Hasta el Hadesᵇ descende-
rás! Porque si los milagros que se hicieron en
ti se hubieran hecho en Sodoma, *ésta* hubiera
permanecido hasta hoy. ᵃ*Mat. 4:13* ᵇ*Mat. 16:18*
24 Sin embargo, os digo que en *el día del juicio*ᵃ será más tolerable *el castigo* para la tierra
de Sodoma que para ti. ᵃ*Mat. 10:15*

La gran invitación

25 ᵃEn aquel tiempo, hablando Jesús, dijo: Te
alabo, Padre, Señor del cielo y de la tierra,
porque ocultaste estas cosas a sabios e inteligentes, y las revelaste a los niños. ᵃ*Luc. 10:21, 22*
26 Sí, Padreᵃ, porque así fue de tu agrado.
ᵃ*Luc. 22:42; 23:34*
27 Todas las cosas me han sido entregadas
por mi Padreᵃ; y nadie conoce al Hijo, sino el
Padre, ni nadie conoce al Padre, sino el Hijo, y
aquel a quien el Hijo *se lo* quiera revelar.
ᵃ*Mat. 28:18; Juan 3:35*

28 Venid a mí, todos los que estáis cansados
y cargados, y yo os haré descansarᵃ. ᵃ*Jer. 31:25;
Juan 7:37*
29 Tomad mi yugo sobre vosotros y aprended
de míᵃ, que soy manso y humilde de corazón,
y HALLAREIS DESCANSO PARA VUESTRAS ALMASᵇ.
ᵃ*Juan 13:15* ᵇ*Jer. 6:16*
30 Porque mi yugo es fácil y mi carga ligeraᵃ.
ᵃ*1 Jn. 5:3*

Jesús, Señor del día de reposo

12 ᵃPor aquel tiempo Jesús pasó por entre
los sembrados en el día de reposo; sus
discípulos tuvieron hambre, y empezaron a
arrancar espigas y a comer. ᵃ*Mar. 2:23-28;
Luc. 6:1-5*
2 Y cuando lo vieron los fariseos, le dijeron:
Mira, tus discípulos hacen lo que no es lícito
hacer en el día de reposoᵃ. ᵃ*Mat. 12:10; Luc. 13:14*
3 Pero El les dijo: ¿No habéis leído lo que
hizo David cuando él y sus compañeros tuvieron hambre,
4 cómo entró en la casa de Dios y comieron
los panes consagradosᵃ, que no les era lícito
comer, ni a él ni a los que estaban con él, sino
sólo a los sacerdotes? ᵃ*1 Sam. 21:6*
5 ¿O no habéis leído en la ley, que en los
días de reposo los sacerdotes en el templo pro-
fanan el día de reposo y están sin culpa?
6 Pues os digo que algo mayor que el templo
está aquíᵃ. ᵃ*2 Crón. 6:18; Isa. 66:1, 2*
7 Pero si hubierais sabido lo que esto significa: "MISERICORDIA QUIERO Y NO SACRIFICIOᵃ",
no hubierais condenado a los inocentes.
ᵃ*Os. 6:6; Mat. 9:13*
8 Porque el Hijo del Hombreᵃ es Señor del
día de reposo. ᵃ*Mat. 8:20; 12:32, 40*

Jesús sana al hombre de la mano seca

9 ᵃPasando de allí, entró en la sinagoga de
ellos. ᵃ*Mar. 3:1-6; Luc. 6:6-11*
10 Y he aquí, *había allí* un hombre que tenía
una mano seca. Y para poder acusarle, le preguntaron, diciendo: ¿Es lícito sanar en el día
de reposoᵃ? ᵃ*Mat. 12:2; Luc. 13:14*
11 Y El les dijo: ¿Qué hombre habrá de vosotros que tenga una sola oveja, si ésta se le cae
en un hoyo en el día de reposo, no le echa mano
y la sacaᵃ? ᵃ*Luc. 14:5*
12 Pues, ¡cuánto más vale un hombre que una
ovejaᵃ! Por tanto, es lícito hacer bien en el día
de reposo. ᵃ*Mat. 10:31*
13 Entonces dijo* al hombre: Extiende tu
mano. Y él la extendió, y le fue restauradaᵃ,
sana como la otra. ᵃ*Mat. 8:3; Hech. 28:8*
14 Pero cuando los fariseos salieron, se con-
fabularon contra El, *para ver* cómo podrían
destruirleᵃ. ᵃ*Mat. 26:4; Mar. 14:1*

Jesús, el siervo escogido

15 Mas Jesús, sabiéndo*lo*, se retiró de allí. Y muchos le siguieron, y los sanó a todos[a].

[a]*Mat. 4:23*

16 Y les advirtió que no revelaran quién era El[a]; [a]*Mat. 8:4; 9:30*

17 para que se cumpliera lo que fue dicho por medio del profeta Isaías, cuando dijo:

18 MIRAD, MI SIERVO, A QUIEN HE ESCOGIDO[a];
MI AMADO EN QUIEN SE AGRADA MI ALMA[b];
SOBRE EL PONDRE MI ESPIRITU,
Y A LAS NACIONES PROCLAMARA JUSTICIA.

[a]*Isa. 42:1* [b]*Mat. 3:17*

19 NO CONTENDERA, NI GRITARA[a],
NI HABRA QUIEN EN LAS CALLES OIGA SU VOZ.

[a]*Isa. 42:2*

20 NO QUEBRARA LA CAÑA CASCADA,
NI APAGARA LA MECHA QUE HUMEA[a],
HASTA QUE LLEVE A LA VICTORIA LA JUSTICIA.

[a]*Isa. 42:3*

21 Y EN SU NOMBRE PONDRAN LAS NACIONES SU ESPERANZA[a]. [a]*Rom. 15:12*

Jesús y Beelzebú

22 [a]Entonces le trajeron un endemoniado ciego y mudo, y lo sanó, de manera que el mudo hablaba y veía. [a]*Luc. 11:14, 15; Mat. 9:32, 34*

23 Y todas las multitudes estaban asombradas, y decían: ¿Acaso no es éste el Hijo de David[a]? [a]*Mat. 9:27*

24 Pero cuando los fariseos *lo* oyeron, dijeron: Este no expulsa los demonios sino por Beelzebú, el príncipe de los demonios[a].

[a]*Mat. 9:34*

25 [a]Y conociendo *Jesús* sus pensamientos, les dijo: Todo reino dividido contra sí mismo es asolado, y toda ciudad o casa dividida contra sí misma no se mantendrá en pie. [a]*Mar. 3:23-27; Luc. 11:17-22*

26 Y si Satanás expulsa a Satanás[a], está dividido contra sí mismo; ¿cómo puede entonces mantenerse en pie su reino? [a]*Mat. 4:10; 13:19*

27 Y si yo expulso los demonios por Beelzebú[a], ¿por quién *los* expulsan vuestros hijos[b]? Por tanto, ellos serán vuestros jueces. [a]*Mat. 9:34* [b]*Hech. 19:13*

28 Pero si yo expulso los demonios por el Espíritu de Dios, entonces el reino de Dios ha llegado a vosotros.

29 ¿O cómo puede alguien entrar en la casa de un *hombre* fuerte y saquear sus bienes, si primero no lo ata? Y entonces saqueará su casa.

30 El que no está conmigo, está contra mí; y el que no recoge conmigo, desparrama[a].

[a]*Mar. 9:40; Luc. 9:50*

31 [a]Por eso os digo: todo pecado y blasfemia será perdonado a los hombres, pero la blasfemia contra el Espíritu no será perdonada.

[a]*Mar. 3:28-30; Luc. 12:10*

32 Y a cualquiera que diga una palabra contra el Hijo del Hombre, se le perdonará; pero al que hable contra el Espíritu Santo, no se le perdonará ni en este siglo[a] ni en el venidero.

[a]*Mat. 13:22, 39; Mar. 10:30*

33 O haced bueno el árbol y bueno su fruto, o haced malo el árbol y malo su fruto; porque por el fruto se conoce el árbol[a]. [a]*Mat. 7:16-18; Luc. 6:43, 44*

34 ¡Camada de víboras[a]! ¿Cómo podéis hablar cosas buenas siendo malos? Porque de la abundancia del corazón habla la boca.

[a]*Mat. 3:7; 23:33*

35 El hombre bueno de *su* buen tesoro saca cosas buenas; y el hombre malo de *su* mal tesoro saca cosas malas[a]. [a]*Prov. 10:20, 21; 25:11, 12*

36 Y yo os digo que de toda palabra vana que hablen los hombres, darán cuenta de ella en el día del juicio[a]. [a]*Mat. 10:15*

37 Porque por tus palabras serás justificado, y por tus palabras serás condenado.

Escribas y fariseos demandan señal

38 Entonces le respondieron algunos de los escribas y fariseos, diciendo: Maestro, queremos ver una señal de parte tuya[a]. [a]*Mat. 16:1; Mar. 8:11, 12*

39 Pero respondiendo El, les dijo: [a]Una generación perversa y adúltera demanda señal, y ninguna señal se le dará, sino la señal de Jonás el profeta; [a]*Luc. 11:29-32; Mat. 16:4*

40 porque como ESTUVO JONAS EN EL VIENTRE DEL MONSTRUO MARINO TRES DIAS Y TRES NOCHES[a], así estará el Hijo del Hombre tres días y tres noches en el corazón de la tierra[b]. [a]*Jon. 1:17* [b]*Mat. 16:21*

41 Los hombres de Nínive se levantarán con esta generación en el juicio y la condenarán, porque ellos se arrepintieron con la predicación de Jonás; y mirad, algo más *grande* que Jonás está aquí. [a]*Jon. 3:5*

42 La Reina del Sur[a] se levantará con esta generación en el juicio y la condenará, porque ella vino desde los confines de la tierra para oír la sabiduría de Salomón; y mirad, algo más *grande* que Salomón está aquí. [a]*1 Rey. 10:1; 2 Crón. 9:1*

43 [a]Cuando el espíritu inmundo sale del hombre, pasa por lugares áridos buscando descanso y no *lo* halla. [a]*Luc. 11:24-26*

44 Entonces dice: "Volveré a mi casa de donde salí"; y cuando llega, *la* encuentra desocupada, barrida y arreglada.

45 Va entonces, y toma consigo otros siete espíritus más depravados que él, y entrando, moran allí; y el estado final de aquel hombre resulta peor que el primero[a]. Así será también con esta generación perversa. [a]*2 Ped. 2:20*

La madre y los hermanos de Jesús

46 ªMientras El aún estaba hablando a la multitud, he aquí, su madre y sus hermanos estaban afuera, deseando hablar con El. ªMar. 3:31-35; Luc. 8:19-21

47 Y alguien le dijo: He aquí, tu madre y tus hermanos están afuera deseando hablar contigo.

48 Pero respondiendo El al que se lo decía, dijo: ¿Quién es mi madre, y quiénes son mis hermanos?

49 Y extendiendo su mano hacia sus discípulos, dijo: ¡He aquí mi madre y mis hermanos!

50 Porque cualquiera que hace la voluntad de mi Padre que está en los cielos, ése es mi hermano y mi hermana y mi madre.

Parábolas sobre el reino

13 Ese mismo día salió Jesús de la casa y se sentó ªa la orilla del mar. ªMar. 4:1-12

2 Y se congregaron *junto* a El grandes multitudes, por lo que subió a una barcaª y se sentó; y toda la multitud estaba de pie en la playa. ªLuc. 5:3

Parábola del sembrador

3 Y les habló muchas cosas en parábolasª, diciendo: He aquí, el sembrador salió a sembrar; ªMat. 13:10; Mar. 4:2

4 y al sembrar, parte *de la semilla* cayó junto al camino, y vinieron las aves y se la comieron.

5 Otra parte cayó en pedregales donde no tenía mucha tierra; y enseguida brotó porque no tenía profundidad de tierra;

6 pero cuando salió el sol, se quemó; y porque no tenía raíz, se secó.

7 Otra parte cayó entre espinos; y los espinos crecieron y la ahogaron.

8 Y otra parte cayó en tierra buena y dio★ fruto, algunas *semillas* a ciento por uno, otras a sesenta y otras a treintaª. ªGén. 26:12; Mat. 13:23

9 El que tiene oídos, que oigaª. ªMat. 11:15

Propósito de las parábolas

10 Y acercándose los discípulos, le dijeron: ¿Por qué les hablas en parábolas?

11 Y respondiendo El, les dijo: Porque a vosotros se os ha concedido conocer los misterios del reino de los cielos, pero a ellos no se les ha concedidoª. ªMat. 19:11; 20:23

12 Porque a cualquiera que tiene, se le dará *más*, y tendrá en abundancia; pero a cualquiera que no tiene, aun lo que tiene se le quitaráª. ªMat. 25:29; Mar. 4:25

13 Por eso les hablo en parábolas; porque viendo no ven, y oyendo no oyen ni entiendenª. ªDeut. 29:4; Isa. 42:19, 20

14 Y en ellos se cumple la profecía de Isaías que dice:

"ªAL OIR OIREIS, Y NO ENTENDEREIS;

Y VIENDO VEREIS, Y NO PERCIBIREIS; ªIsa. 6:9, 10; Mar. 4:12

15 PORQUE EL CORAZON DE ESTE PUEBLO SE HA VUELTO INSENSIBLE

Y CON DIFICULTAD OYEN CON SUS OIDOS;

Y SUS OJOS HAN CERRADO,

NO SEA QUE VEAN CON LOS OJOS,

Y OIGAN CON LOS OIDOS,

Y ENTIENDAN CON EL CORAZON,

Y SE CONVIERTAN,

Y YO LOS SANEª." ªIsa. 6:10

16 ªPero dichosos vuestros ojos, porque ven, y vuestros oídos, porque oyen. ªLuc. 10:23, 24

17 Porque en verdad os digo que muchos profetas y justos desearon ver lo que vosotros veis, y no *lo* vieronª; y oír lo que vosotros oís, y no *lo* oyeron. ªJuan 8:56; Heb. 11:13

Explicación de la parábola del sembrador

18 ªVosotros, pues, escuchad la parábola del sembrador. ªMar. 4:13-20; Luc. 8:11-15

19 A todo el que oye la palabra del reinoª y no *la* entiende, el maligno viene y arrebata lo que fue sembrado en su corazón. Este es aquel en quien se sembró la semilla junto al camino. ªMat. 4:23

20 Y aquel en quien se sembró la semilla en pedregales, éste es el que oye la palabra y enseguida la recibe con gozo;

21 pero no tiene raíz *profunda* en sí mismo, sino que *sólo* es temporal, y cuando por causa de la palabra viene la aflicción o la persecución, enseguida tropieza y *cae*ª. ªMat. 11:6

22 Y aquel en quien se sembró la semilla entre espinos, éste es el que oye la palabra, mas las preocupaciones del mundo y el engaño de las riquezasª ahogan la palabra, y se queda sin fruto. ªMat. 19:23; 1 Tim. 6:9, 10, 17

23 Pero aquel en quien se sembró la semilla en tierra buena, éste es el que oye la palabra y la entiende, éste sí da fruto y produce, uno a ciento, otro a sesenta y otro a treintaª. ªMat. 13:8

Parábola del trigo y la cizaña

24 *Jesús* les refirió otra parábola, diciendo: El reino de los cielosª puede compararse a un hombre que sembró buena semilla en su campo. ªMat. 13:31, 33, 45, 47; 18:23

25 Pero mientras los hombres dormían, vino su enemigo y sembró cizaña entre el trigo, y se fue.

26 Cuando el trigo brotó y produjo grano, entonces apareció también la cizaña.

27 Y los siervos del dueño fueron y le dijeron: "Señor, ¿no sembraste buena semilla en tu campo? ¿Cómo, pues, tiene cizaña?"

28 El les dijo: "Un enemigo ha hecho esto". Y los siervos le dijeron★: "¿Quieres, pues, que vayamos y la recojamos?"

29 Pero él dijo*: "No, no sea que al recoger la cizaña, arranquéis el trigo junto con ella.

30 "Dejad que ambos crezcan juntos hasta la siega; y al tiempo de la siega diré a los segadores: 'Recoged primero la cizaña y atadla en manojos para quemarla, pero el trigo recogedlo en mi granero[a].' " [a]*Mat. 3:12*

Parábola del grano de mostaza

31 Les refirió otra parábola, diciendo: [a]El reino de los cielos es semejante a un grano de mostaza, que un hombre tomó y sembró en su campo, [a]*Mar. 4:30-32; Luc. 13:18, 19*

32 y que de todas las semillas es la más pequeña; pero cuando ha crecido, es la mayor de las hortalizas, y se hace árbol, de modo que LAS AVES DEL CIELO vienen y ANIDAN EN SUS RAMAS[a]. [a]*Sal. 104:12; Ezeq. 17:23*

Parábola de la levadura

33 Les dijo otra parábola: [a]El reino de los cielos es semejante a la levadura que una mujer tomó y escondió en tres medidas de harina hasta que todo quedó fermentado. [a]*Luc. 13:21; Mat. 13:24*

34 Todo esto habló Jesús en parábolas a las multitudes, y nada les hablaba sin parábola[a], [a]*Mar. 4:34; Juan 10:6*

35 para que se cumpliera lo dicho por medio del profeta, cuando dijo:

ABRIRE MI BOCA EN PARABOLAS;
HABLARE DE COSAS OCULTAS DESDE LA
FUNDACION DEL MUNDO[a]. [a]*Sal. 78:2*

Explicación de la parábola del trigo y la cizaña

36 Entonces dejó a la multitud y entró en la casa[a]. Y se le acercaron sus discípulos, diciendo: Explícanos la parábola de la cizaña del campo[b]. [a]*Mat. 13:1* [b]*Mat. 15:15*

37 Y respondiendo El, dijo: El que siembra la buena semilla es el Hijo del Hombre[a], [a]*Mat. 8:20*

38 y el campo es el mundo; y la buena semilla son los hijos del reino[a], y la cizaña son los hijos[b] del maligno; [a]*Mat. 8:12* [b]*Juan 8:44*

39 y el enemigo que la sembró es el diablo, y la siega es el fin del mundo[a], y los segadores son los ángeles. [a]*Mat. 12:32; 13:22, 40, 49*

40 Por tanto, así como la cizaña se recoge y se quema en el fuego, de la misma manera será en el fin del mundo[a]. [a]*Mat. 12:32; 13:22, 39, 49*

41 El Hijo del Hombre[a] enviará a sus ángeles, y recogerán de su reino a todos los *que son* piedra de tropiezo y a los que hacen iniquidad; [a]*Mat. 8:20*

42 y los echarán en el horno de fuego[a]; allí será el llanto y el crujir de dientes[b]. [a]*Mat. 13:50* [b]*Mat. 8:12*

43 Entonces LOS JUSTOS RESPLANDECERAN COMO EL SOL[a] en el reino de su Padre. El que tiene oídos, que oiga. [a]*Dan. 12:3*

Parábolas del tesoro escondido y la perla de gran valor

44 El reino de los cielos es semejante a un tesoro escondido en el campo, que al encontrarlo un hombre, *lo vuelve* a esconder, y de alegría por ello, va, vende todo lo que tiene[a] y compra aquel campo. [a]*Mat. 13:46*

45 El reino de los cielos[a] también es semejante a un mercader que busca perlas finas, [a]*Mat. 13:24*

46 y al encontrar una perla de gran valor, fue y vendió todo lo que tenía y la compró.

Parábola de la red barredera

47 El reino de los cielos[a] también es semejante a una red barredera que se echó en el mar, y recogió *peces* de toda clase; [a]*Mat. 13:44*

48 y cuando se llenó, la sacaron a la playa; y se sentaron y recogieron los *peces* buenos en canastas, pero echaron fuera los malos.

49 Así será en el fin del mundo[a]; los ángeles saldrán, y sacarán a los malos de entre los justos, [a]*Mat. 13:39, 40*

50 y los arrojarán en el horno de fuego[a]; allí será el llanto y el crujir de dientes. [a]*Mat. 13:42*

Parábola del dueño de casa

51 ¿Habéis entendido todas estas cosas? Ellos le dijeron*: Sí.

52 Y El les dijo: Por eso todo escriba que se ha convertido en un discípulo del reino de los cielos es semejante al dueño de casa que saca de su tesoro cosas nuevas y cosas viejas.

Jesús enseña en Nazaret

53 Y sucedió que cuando Jesús terminó estas parábolas, se fue de allí[a]. [a]*Mat. 7:28*

54 [a]Y llegando a su pueblo, les enseñaba en su sinagoga[b], de tal manera que se maravillaban y decían: ¿Dónde *obtuvo* éste esta sabiduría y *estos* poderes milagrosos? [a]*Mar. 6:1-6* [b]*Mat. 4:23*

55 ¿No es éste el hijo del carpintero? ¿No se llama su madre María, y sus hermanos[a] Jacobo, José, Simón y Judas? [a]*Mat. 12:46*

56 ¿No están todas sus hermanas[a] con nosotros? ¿Dónde, pues, *obtuvo* éste todas estas cosas? [a]*Mar. 6:3*

57 Y se escandalizaban a causa de El[a]. Pero Jesús les dijo: No hay profeta sin honra, sino en su propia tierra y en su casa[b]. [a]*Mat. 11:6* [b]*Mar. 6:4*

58 Y no hizo muchos milagros allí a causa de la incredulidad de ellos.

Muerte de Juan el Bautista

14 [a]Por aquel tiempo, Herodes el tetrarca oyó la fama de Jesús, [a]*Mar. 6:14-29*

2 y dijo a sus sirvientes: Este es Juan el Bautista[a]. El ha resucitado de entre los muertos, y por eso es que poderes milagrosos actúan en él. ᵃ*Mat. 16:14; Mar. 6:14*

3 Porque ᵃHerodes había prendido a Juan, lo había atado y puesto en la cárcel por causa de Herodías, mujer de su hermano Felipe; ᵃ*Mar. 6:14-29; Mar. 8:15*

4 porque Juan le decía: No te es lícito tenerlaᵃ. ᵃ*Lev. 18:16; 20:21*

5 Y aunque Herodes quería matarlo, tenía miedo al pueblo, porque consideraban a Juan como un profetaᵃ. ᵃ*Mat. 11:9*

6 Pero cuando llegó el cumpleaños de Herodes, la hija de Herodías danzó ante *ellos* y agradó a ᵃHerodes. ᵃ*Mar. 6:14-29; Mar. 8:15*

7 Por lo cual le prometió con juramento darle lo que ella pidiera.

8 Ella, instigada por su madre, dijo*: Dame aquí, en una bandeja la cabeza de Juan el Bautista.

9 Y aunque el rey se entristeció, a causa de sus juramentos y de sus invitados, ordenó que se *la* dieran;

10 y mandó decapitar a Juan en la cárcel.

11 Y trajeron su cabeza en una bandeja y se la dieron a la muchacha, y ella *se la* llevó a su madre.

12 Los discípulos de Juan llegaron y recogieron el cuerpo y lo sepultaron; y fueron y se lo comunicaron a Jesús.

Alimentación de los cinco mil

13 ᵃAl oírlo Jesús, se retiró de allí en una barca, solo, a un lugar desierto; y cuando las multitudes *lo* supieron, le siguieron a pie desde las ciudades. ᵃ*Mar. 6:32-44; Luc. 9:10-17*

14 Y al desembarcar, vio una gran multitud, y tuvo compasión de ellos y sanó a sus enfermosᵃ. ᵃ*Mat. 4:23*

15 Al atardecer se le acercaron los discípulos, diciendo: El lugar está desierto y la hora es ya avanzada; despide, pues, a las multitudes para que vayan a las aldeas y se compren alimentos.

16 Pero Jesús les dijo: No hay necesidad de que se vayan; dadles vosotros de comer.

17 Entonces ellos le dijeron*: No tenemos aquí más que cinco panes y dos pecesᵃ. ᵃ*Mat. 16:9*

18 El *les* dijo: Traédmelos acá.

19 Y ordenando a la muchedumbre que se recostara sobre la hierba, tomó los cinco panes y los dos peces, y levantando los ojos al cielo, bendijo *los alimentos*ᵃ, y partiendo los panes, se los dio a los discípulos y los discípulos a la multitud. ᵃ*1 Sam. 9:13; Mat. 15:36*

20 Y comieron todos y se saciaron. Y recogieron lo que sobró de los pedazos: doce cestas llenasᵃ. ᵃ*Mat. 16:9; Mar. 6:43*

21 Y los que comieron fueron unos cinco mil hombres, sin *contar* las mujeres y los niños.

Jesús anda sobre el mar

22 ᵃEnseguida hizo que los discípulos subieran a la barca y fueran delante de El a la otra orilla, mientras El despedía a la multitud. ᵃ*Mar. 6:45-51; Juan 6:15-21*

23 Después de despedir a la multitud, subió al monte a solas para orarᵃ; y al anochecer, estaba allí solo. ᵃ*Mar. 6:46; Luc. 6:12*

24 Pero la barca estaba ya a muchos estadios de tierra, y era azotada por las olas, porque el viento era contrario.

25 Y a la cuarta vigiliaᵃ de la noche, *Jesús* vino a ellos andando sobre el mar. ᵃ*Mat. 24:43; Mar. 13:35*

26 Y los discípulos, viéndole andar sobre el mar, se turbaron, y decían: ¡Es un fantasmaᵃ! Y de miedo, se pusieron a gritar. ᵃ*Luc. 24:37*

27 Pero enseguida Jesús les habló, diciendo: Tened ánimo, soy yoᵃ; no temáisᵇ. ᵃ*Mat. 9:2* ᵇ*Mat. 17:7*

28 Respondiéndole Pedro, dijo: Señor, si eres tú, mándame que vaya a ti sobre las aguas.

29 Y El dijo: Ven. Y descendiendo Pedro de la barca, caminó sobre las aguas, y fue hacia Jesús.

30 Pero viendo la fuerza del viento tuvo miedo, y empezando a hundirse gritó, diciendo: ¡Señor, sálvame!

31 Y al instante Jesús, extendiendo la mano, lo sostuvo y le dijo*: Hombre de poca fe, ¿por qué dudasteᵃ? ᵃ*Mat. 6:30; 8:26*

32 Cuando ellos subieron a la barca, el viento se calmó.

33 Entonces los que estaban en la barca le adoraron, diciendo: En verdad eres Hijo de Diosᵃ. ᵃ*Mat. 4:3*

34 ᵃTerminada la travesía, bajaron a tierra en Genesaret. ᵃ*Mar. 6:53-56; Juan 6:24, 25*

35 Y cuando los hombres de aquel lugar reconocieron a Jesús, enviaron *a decirlo* por toda aquella comarca de alrededor y le trajeron todos los que tenían *algún* mal.

36 Y le rogaban que les dejara tocar siquiera el borde de su manto; y todos los que *lo* tocaban quedaban curadosᵃ. ᵃ*Mat. 9:21; Mar. 3:10*

Discusión con algunos escribas y fariseos

15 ᵃEntonces se acercaron* a Jesús *algunos* escribas y fariseos de Jerusalén, diciendo: ᵃ*Mar. 7:1-23*

2 ¿Por qué tus discípulos quebrantan la tradición de los ancianos? Pues no se lavan las manos cuando comen panᵃ. ᵃ*Luc. 11:38*

3 Y respondiendo El, les dijo: ¿Por qué también vosotros quebrantáis el mandamiento de Dios a causa de vuestra tradición?

4 Porque Dios dijo: "Honra a *tu* padre y a *tu* madre," y: "Quien hable mal de *su* padre o de *su* madre, que mueraᵇ." ᵃ*Ex. 20:12* ᵇ*Ex. 21:17*

5 Pero vosotros decís: "Cualquiera que diga a *su* padre o a *su* madre: 'Es ofrenda *a Dios* todo lo mío con que pudieras ser ayudado',
6 no necesitará más honrar a su padre o a su madre." Y *así* invalidasteis la palabra de Dios por causa de vuestra tradición.
7 ¡Hipócritas! Bien profetizó Isaías de vosotros cuando dijo:
8 "ESTE PUEBLO CON LOS LABIOS ME HONRA,
 PERO SU CORAZON ESTA MUY LEJOS DE MI[a].
  [a]*Isa. 29:13*
9 "MAS EN VANO ME RINDEN CULTO,
 ENSEÑANDO COMO DOCTRINAS PRECEPTOS DE
 HOMBRES[a]." [a]*Col. 2:22*

Lo que contamina al hombre

10 Y llamando junto a sí a la multitud, les dijo: Oíd y entended:
11 no es lo que entra en la boca lo que contamina al hombre; sino lo que sale de la boca, eso es lo que contamina[a] al hombre.
[a]*Mat. 15:18; Hech. 10:14, 15*
12 Entonces, acercándose los discípulos, le dijeron*: ¿Sabes que los fariseos se escandalizaron cuando oyeron tus palabras?
13 Pero El contestó y dijo: Toda planta que mi Padre celestial no haya plantado, será desarraigada[a]. [a]*Isa. 60:21; 61:3*
14 Dejadlos; son ciegos guías de ciegos[a]. Y si un ciego guía a otro ciego, ambos caerán en el hoyo[b]. [a]*Mat. 23:16, 24* [b]*Luc. 6:39*
15 Respondiendo Pedro, le dijo: Explícanos la parábola[a]. [a]*Mat. 13:36*
16 Y El dijo: ¿También vosotros estáis aún faltos de entendimiento?
17 ¿No entendéis que todo lo que entra en la boca va al estómago y luego se elimina?
18 Pero lo que sale de la boca proviene del corazón[a], y eso es lo que contamina al hombre. [a]*Mat. 12:34; Mar. 7:20*
19 Porque del corazón provienen malos pensamientos, homicidios, adulterios, fornicaciones, robos, falsos testimonios y calumnias[a].
[a]*Gál. 5:19*
20 Estas cosas son las que contaminan al hombre; pero comer sin lavarse las manos no contamina al hombre.

Jesús sana a la hija de una cananea

21 Saliendo Jesús de allí, se retiró a la región de Tiro y de Sidón[a]. [a]*Mat. 11:21*
22 Y he aquí, una mujer cananea que había salido de aquella comarca, comenzó a gritar, diciendo: Señor, Hijo de David, ten misericordia de mí; mi hija está terriblemente endemoniada[a]. [a]*Mat. 4:24*
23 Pero El no le respondió palabra. Y acercándose sus discípulos, le rogaban, diciendo: Atiéndela, pues viene gritando tras nosotros.
24 Y respondiendo El, dijo: No he sido enviado sino a las ovejas perdidas de la casa de Israel[a]. [a]*Mat. 10:6*
25 Pero acercándose ella, se postró ante El[a], diciendo: ¡Señor, socórreme! [a]*Mat. 8:2*
26 Y El respondió y dijo: No está bien tomar el pan de los hijos, y echárselo a los perrillos.
27 Pero ella dijo: Sí, Señor; pero también los perrillos comen de las migajas que caen de la mesa de sus amos.
28 Entonces, respondiendo Jesús, le dijo: Oh mujer, grande es tu fe[a]; que te suceda como deseas. Y su hija quedó sana desde aquel momento. [a]*Mat. 9:22*

Jesús sana a muchos junto al mar de Galilea

29 [a]Y pasando Jesús de allí, vino junto al mar de Galilea, y subiendo al monte, se sentó allí.
[a]*Mat. 15:29-31; Mar. 7:31-37*
30 Y vinieron a El grandes multitudes trayendo consigo cojos, lisiados, ciegos, mudos y muchos otros *enfermos* y los pusieron a sus pies y El los sanó[a]; [a]*Mat. 4:23*
31 de modo que la muchedumbre se maravilló al ver que los mudos hablaban, los lisiados quedaban restaurados, los cojos caminaban y los ciegos veían; y glorificaron al Dios de Israel[a]. [a]*Mat. 9:8*

Alimentación de los cuatro mil

32 [a]Entonces Jesús, llamando junto a sí a sus discípulos, *les* dijo: Tengo compasión de la multitud, porque hace ya tres días que están conmigo y no tienen qué comer; y no quiero despedirlos sin comer, no sea que desfallezcan en el camino. [a]*Mar. 8:1-10; Mat. 14:13-21*
33 Y los discípulos le dijeron*: ¿Dónde conseguiríamos nosotros en el desierto tantos panes para saciar a una multitud tan grande?
34 Jesús entonces les dijo*: ¿Cuántos panes tenéis? Y ellos respondieron: Siete, y unos pocos pececillos.
35 Y El mandó a la multitud que se recostara en el suelo;
36 y tomó los siete panes y los peces; y después de dar gracias, *los* partió y empezó a dar*los* a los discípulos, y los discípulos a las multitudes. [a]*Mat. 14:19; 26:27*
37 Y comieron todos y se saciaron; y recogieron de lo que sobró de los pedazos, siete canastas llenas[a]. [a]*Mat. 16:10; Mar. 8:8, 20*
38 Los que comieron fueron cuatro mil hombres, sin *contar* las mujeres y los niños.
39 Y después de despedir a la muchedumbre, subió a la barca y fue a la región de Magadán[a].
[a]*Mar. 8:10*

Fariseos y saduceos piden señal

16 [a]Entonces los fariseos y los saduceos se acercaron *a Jesús,* y para ponerle a

prueba le pidieron que les mostrara una señal del cielo. ªMar. 8:11-21

2 Pero respondiendo El, les dijo: Al caer la tarde decís: "Hará buen tiempo, porque el cielo está rojizoª." ªLuc. 12:54, 55

3 Y por la mañana: "Hoy habrá tempestad, porque el cielo está rojizo y amenazador." ¿Sabéis discernir el aspecto del cielo, pero no podéis discernir las señales de los tiemposª? ªLuc. 12:56

4 Una generación perversa y adúlteraª busca señal, y no se le dará señal, sino la señal de Jonás. Y dejándolos, se fue. ªMat. 12:39; Luc. 11:29

La levadura de los fariseos y saduceos

5 Los discípulos, al pasar al otro lado, se habían olvidado de tomar panes.

6 Y Jesús les dijo: Estad atentos y guardaosª de la levadura de los fariseos y saduceos. ªMat. 16:11; Mar. 8:15

7 Y ellos discutían entre sí, diciendo: Lo dice porque no tomamos panes.

8 Pero Jesús, dándose cuenta, dijo: Hombres de poca feª, ¿por qué discutís entre vosotros que no tenéis pan? ªMat. 6:30; 8:26

9 ¿Todavía no entendéis ni recordáis los cinco panes de los cinco mil, y cuántas cestas recogisteisª? ªMat. 14:17-21

10 ¿Ni los siete panes de los cuatro mil, y cuántas canastas recogisteisª? ªMat. 15:34-38

11 ¿Cómo es que no entendéis que no os hablé de los panes? Pero guardaos de la levadura de los fariseos y saduceosª. ªMat. 3:7; 16:6, 12

12 Entonces entendieron que no les había dicho que se guardaran de la levadura de los panes, sino de la enseñanza de los fariseos y saduceosª. ªMat. 3:7; 5:20

La confesión de Pedro

13 ªCuando llegó Jesús a la región de Cesarea de Filipo, preguntó a sus discípulos, diciendo: ¿Quién dicen los hombres que es el Hijo del Hombre? ªMar. 8:27-29; Luc. 9:18-20

14 Y ellos dijeron: Unos, Juan el Bautistaª; y otros, Elíasᵇ; pero otros, Jeremías o uno de los profetas. ªMat. 14:2 ᵇMat. 17:10

15 El les dijo*: Y vosotros, ¿quién decís que soy yo?

16 Respondiendo Simón Pedro, dijo: Tú eres el Cristo, el Hijoª del Dios vivienteᵇ. ªMat. 4:3 ᵇSal. 42:2

17 Y Jesús, respondiendo, le dijo: Bienaventurado eres, Simón, hijo de Jonás, porque esto no te lo reveló carne ni sangre, sino mi Padre que está en los cielos. ª1 Cor. 15:50; Gál. 1:16

18 Yo también te digo que tú eres Pedroª, y sobre esta roca edificaré mi iglesia; y las puertas del Hadesᵇ no prevalecerán contra ella. ªMat. 4:18 ᵇMat. 11:23

19 Yo te daré las llaves del reino de los cielos; y lo que ates en la tierra, será atado en los cielos; y lo que desates en la tierra, será desatado en los cielosª. ªMat. 18:18; Juan 20:23

20 Entonces ordenó a los discípulosª que a nadie dijeran que El era el Cristo. ªMat. 8:4; Mar. 8:30

Jesús anuncia su muerte y resurrección

21 ªDesde entonces Jesucristo comenzó a declarar a sus discípulos que debía ir a Jerusalén y sufrir muchas cosas de parte de los ancianos, de los principales sacerdotes y de los escribas, y ser muerto, y resucitar al tercer día. ªMar. 8:31-9:1; Luc. 9:22-27

22 Y tomándole aparte, Pedro comenzó a reprenderle, diciendo: ¡No lo permita Dios, Señor! Eso nunca te acontecerá.

23 Pero volviéndose El, dijo a Pedro: ¡Quítate de delante de mí, Satanásª! Me eres piedra de tropiezo; porque no estás pensando en las cosas de Dios, sino en las de los hombres. ªMat. 4:10

Condiciones para seguir a Jesús

24 Entonces Jesús dijo a sus discípulos: Si alguno quiere venir en pos de mí, niéguese a sí mismo, tome su cruzª y sígame. ªMat. 10:38; Luc. 14:27

25 Porque el que quiera salvar su vida, la perderá; pero el que pierda su vida por causa de mí, la hallaráª. ªMat. 10:39

26 Pues ¿qué provecho obtendrá un hombre si gana el mundo entero, pero pierde su alma? O ¿qué dará un hombre a cambio de su alma?

27 Porque el Hijo del Hombre ha de venir en la gloria de su Padreª con sus ángeles, y ENTONCES RECOMPENSARA A CADA UNO SEGUN SU CONDUCTA. ªMat. 10:23; 24:3, 27, 37, 39

28 En verdad os digo que hay algunos de los que están aquí que no probarán la muerte hasta que vean al Hijo del Hombre venir en su reinoª. ªMat. 10:23; 24:3, 27, 37, 39

La transfiguración

17 ªSeis días después, Jesús tomó* consigo a Pedroᵇ, a Jacobo y a Juan su hermano, y los llevó* aparte a un monte alto; ªMar. 9:2-8 ᵇMat. 26:37

2 y se transfiguró delante de ellos; y su rostro resplandeció como el sol, y sus vestiduras se volvieron blancas como la luz.

3 Y he aquí, se les aparecieron Moisés y Elías hablando con El.

4 Entonces Pedro, tomando la palabra, dijo a Jesús: Señor, bueno es estarnos aquí; si quieres, haré aquí tres enramadas, una para ti, otra para Moisés y otra para Elíasª. ªMar. 9:5; Luc. 9:33

5 Mientras estaba aún hablando, he aquí, una nube luminosa los cubrió; y una voz salió

de la nube^a, diciendo: Este es mi Hijo amado en quien me he complacido; a El oíd.
^a2 Ped. 1:17, 18

6 Cuando los discípulos oyeron *esto*, cayeron sobre sus rostros y tuvieron gran temor.

7 Entonces se *les* acercó Jesús, y tocándolos, dijo: Levantaos y no temáis^a. ^aMat. 14:27

8 Y cuando alzaron sus ojos no vieron a nadie, sino a Jesús solo.

Elías y Juan el Bautista

9 ^aMientras descendían del monte, Jesús les ordenó, diciendo: No contéis a nadie la visión hasta que el Hijo del Hombre haya resucitado de entre los muertos^b. ^aMar. 9:9-13 ^bMat. 16:21

10 Y sus discípulos le preguntaron, diciendo: ¿Por qué, pues, dicen los escribas que Elías^a debe venir primero? ^aMal. 4:5; Mat. 11:14

11 Y respondiendo El, dijo: Elías ciertamente viene, y restaurará todas las cosas;

12 pero yo os digo que Elías ya vino y no lo reconocieron, sino que le hicieron todo lo que quisieron. Así también el Hijo del Hombre^a va a padecer *a manos* de ellos. ^aMat. 8:20; 17:9, 22

13 Entonces los discípulos entendieron que les había hablado de Juan el Bautista.

Jesús sana a un muchacho epiléptico

14 ^aCuando llegaron a la multitud, se le acercó un hombre, que arrodillándose delante de El, dijo: ^aLuc. 9:37-42

15 Señor, ten misericordia de mi hijo, porque es epiléptico^a y sufre terriblemente, porque muchas veces cae en el fuego y muchas en el agua. ^aMat. 4:24

16 Y lo traje a tus discípulos y ellos no pudieron curarlo.

17 Respondiendo Jesús, dijo: ¡Oh generación incrédula y perversa! ¿Hasta cuándo estaré con vosotros? ¿Hasta cuándo os tendré que soportar? Traédmelo acá.

18 Y Jesús lo reprendió y el demonio salió de él, y el muchacho quedó curado desde aquel momento.

19 Entonces los discípulos, llegándose a Jesús en privado, dijeron: ¿Por qué nosotros no pudimos expulsarlo?

20 Y El les dijo*: Por vuestra poca fe; porque en verdad os digo que si tenéis fe^a como un grano de mostaza, diréis a este monte: "Pásate de aquí allá", y se pasará; y nada os será imposible. ^aMat. 21:21, 22; Mar. 11:23, 24

21 Pero esta clase no sale sino con oración y ayuno^a. ^aMar. 9:29

Jesús anuncia otra vez su muerte

22 ^aMientras andaban juntos por Galilea, Jesús les dijo: El Hijo del Hombre va a ser entregado en manos de los hombres. ^aMar. 9:30-32; Luc. 9:44, 45

23 Y le matarán^a, y al tercer día resucitará. Y ellos se entristecieron mucho. ^aMat. 16:21; 17:9

Pago del impuesto del templo

24 Cuando llegaron a Capernaúm, se acercaron a Pedro los que cobraban *el impuesto de dos dracmas*^a y dijeron: ¿No paga vuestro maestro las dos dracmas?^a ^aEx. 30:13; 38:26

25 El dijo*: Sí. Y cuando él llegó a casa, Jesús se le anticipó, diciendo: ¿Qué te parece, Simón? ¿De quiénes cobran tributos^a o impuestos^b los reyes de la tierra, de sus hijos o de los extraños? ^aRom. 13:7 ^bMat. 22:17, 19

26 Y cuando respondió: De los extraños, Jesús le dijo: Entonces los hijos están exentos.

27 Sin embargo, para que no los escandalicemos^a, ve al mar, echa el anzuelo, y toma el primer pez que salga; y cuando le abras la boca hallarás un estáter; tómalo y dáselo por ti y por mí. ^aMat. 5:29, 30; 18:6, 8, 9

El mayor en el reino de los cielos

18 ^aEn aquel momento se acercaron los discípulos a Jesús, diciendo: ¿Quién es, entonces, el mayor en el reino de los cielos? ^aMar. 9:33-37; Luc. 9:46-48

2 Y El, llamando a un niño, lo puso en medio de ellos,

3 y dijo: En verdad os digo que si no os convertís y os hacéis como niños^a, no entraréis en el reino de los cielos. ^aMat. 19:14; Mar. 10:15

4 Así pues, cualquiera que se humille como este niño, ése es el mayor en el reino de los cielos.

5 Y el que reciba a un niño como éste en mi nombre, a mí me recibe.

6 Pero al que^a haga tropezar a uno de estos pequeñitos que creen en mí, mejor le sería que le colgaran al cuello una piedra de molino de *las que mueve un* asno, y que se ahogara en lo profundo del mar. ^aMar. 9:42; Luc. 17:2

¡Ay de los que son piedras de tropiezo!

7 ¡Ay del mundo por *sus* piedras de tropiezo! Porque es inevitable que vengan piedras de tropiezo^a; pero ¡ay de aquel hombre por quien viene el tropiezo! ^aLuc. 17:1; 1 Cor. 11:19

8 Y si tu mano o tu pie te es ocasión de pecar, córtatelo y échalo de ti; te es mejor entrar en la vida manco o cojo, que teniendo dos manos y dos pies, ser echado en el fuego eterno^a. ^aMat. 5:30; Mar. 9:43

9 Y si tu ojo te es ocasión de pecar, arráncatelo y échalo de ti. Te es mejor entrar en la vida con un solo ojo, que teniendo dos ojos, ser echado en el infierno de fuego^a. ^aMat. 5:22, 29; Mar. 9:47

10 Mirad que no despreciéis a uno de estos pequeñitos, porque os digo que sus ángeles en los cielos contemplan siempre el rostro de mi Padre^a que está en los cielos. ^aHech. 12:15; Luc. 1:19

11 Porque el Hijo del Hombre ha venido a salvar lo que se había perdido[a]. [a]*Luc. 19:10*

Parábola de la oveja perdida

12 ¿Qué os parece? [a]Si un hombre tiene cien ovejas y una de ellas se ha descarriado, ¿no deja las noventa y nueve en los montes, y va en busca de la descarriada? [a]*Luc. 15:4-7*

13 Y si sucede que la halla, en verdad os digo que se regocija más por ésta que por las noventa y nueve que no se han descarriado.

14 Así, no es la voluntad de vuestro Padre que está en los cielos que se pierda uno de estos pequeñitos.

Sobre la exhortación y la oración

15 Y si tu hermano peca[a], ve y repréndelo a solas; si te escucha, has ganado a tu hermano. [a]*Lev. 19:17; Luc. 17:3*

16 Pero si no *te* escucha, lleva contigo a uno o a dos más, para que TODA PALABRA SEA CONFIRMADA POR BOCA DE DOS O TRES TESTIGOS[a]. [a]*Deut. 19:15; Juan 8:17*

17 Y si rehúsa escucharlos, dilo a la iglesia; y si también rehúsa escuchar a la iglesia, sea para ti como el gentil[a] y el recaudador de impuesto. [a]*2 Tes. 3:6, 14, 15*

18 En verdad os digo: todo lo que atéis en la tierra, será atado en el cielo; y todo lo que desatéis en la tierra, será desatado en el cielo[a]. [a]*Mat. 16:19; Juan 20:23*

19 Además os digo, que si dos de vosotros se ponen de acuerdo sobre cualquier cosa que pidan *aquí* en la tierra, les será hecho por mi Padre[a] que está en los cielos. [a]*Mat. 7:7*

20 Porque donde están dos o tres reunidos en mi nombre, allí estoy yo en medio de ellos[a]. [a]*Mat. 28:20*

Importancia del perdón

21 Entonces se *le* acercó Pedro, y le dijo: Señor, ¿cuántas veces pecará mi hermano contra mí[a] que yo haya de perdonarlo? ¿Hasta siete veces[b]? [a]*Mat. 18:15* [b]*Luc. 17:4*

22 Jesús le dijo*: No te digo hasta siete veces, sino hasta setenta veces siete[a]. [a]*Gén. 4:24*

Parábola de los dos deudores

23 Por eso, el reino de los cielos[a] puede compararse a cierto rey que quiso ajustar cuentas con sus siervos[b]. [a]*Mat. 13:24* [b]*Mat. 25:19*

24 Y al comenzar a ajustar*las*, le fue presentado uno que le debía diez mil talentos.

25 Pero no teniendo él *con qué* pagar[a], su señor ordenó que lo vendieran[b], junto con su mujer e hijos y todo cuanto poseía, y que se *le* pagara la deuda. [a]*Luc. 7:42* [b]*Ex. 21:2*

26 Entonces el siervo cayó postrado ante él[a], diciendo: "Ten paciencia conmigo y todo te lo pagaré." [a]*Mat. 8:2*

27 Y el señor de aquel siervo tuvo compasión, y lo soltó y le perdonó la deuda[a]. [a]*Luc. 7:42*

28 Pero al salir aquel siervo, encontró a uno de sus consiervos que le debía cien denarios, y echándole mano, *lo* ahogaba, diciendo: "Paga lo que debes."

29 Entonces su consiervo, cayendo *a sus pies*, le suplicaba, diciendo: "Ten paciencia conmigo y te pagaré."

30 Sin embargo, él no quiso, sino que fue y lo echó en la cárcel hasta que pagara lo que debía.

31 Así que cuando vieron sus consiervos lo que había pasado, se entristecieron mucho, y fueron y contaron a su señor todo lo que había sucedido.

32 Entonces, llamándolo su señor, le dijo*: "Siervo malvado, te perdoné toda aquella deuda porque me suplicaste.

33 ¿No deberías tú también haberte compadecido de tu consiervo, así como yo me compadecí de ti[a]?" [a]*Mat. 6:12; Ef. 4:32*

34 Y enfurecido su señor, lo entregó a los verdugos hasta que pagara todo lo que le debía.

35 Así también mi Padre celestial hará con vosotros[a], si no perdonáis de corazón cada uno a su hermano. [a]*Mat. 6:14*

Jesús en Judea

19 Y aconteció que cuando Jesús terminó estas palabras, partió de Galilea y se [a]fue a la región de Judea, al otro lado del Jordán; [a]*Mar. 10:1-12*

2 y le siguieron grandes multitudes, y los sanó allí[a]. [a]*Mat. 4:23*

Enseñanza de Jesús sobre el divorcio

3 Y se acercaron a El *algunos* fariseos para probarle, diciendo: ¿Es lícito a un hombre divorciarse de su mujer[a] por cualquier motivo? [a]*Mat. 5:31*

4 Y respondiendo El, dijo: ¿No habéis leído que aquel que *los* creó, desde el principio LOS HIZO VARON Y HEMBRA[a], [a]*Gén. 1:27; 5:2*

5 y añadió: "POR ESTA RAZON EL HOMBRE DEJARA A *SU* PADRE Y A *SU* MADRE Y SE UNIRA A SU MUJER[a], Y LOS DOS SERAN UNA SOLA CARNE"? [a]*Gén. 2:24; Ef. 5:31*

6 Por consiguiente, ya no son dos, sino una sola carne. Por tanto, lo que Dios ha unido, ningún hombre lo separe.

7 Ellos le dijeron*: Entonces, ¿por qué mandó Moisés DARLE CARTA DE DIVORCIO Y REPUDIARLA[a]? [a]*Deut. 24:1-4; Mat. 5:31*

8 El les dijo*: Por la dureza de vuestro corazón, Moisés os permitió divorciaros de vuestras mujeres; pero no ha sido así desde el principio.

9 Y yo os digo que cualquiera que se divorcie de su mujer[a], salvo por infidelidad, y se case con otra, comete adulterio. [a]*Mat. 5:32*

10 Los discípulos le dijeron*: Si así es la relación del hombre con su mujer, no conviene casarse.

11 Pero El les dijo: No todos pueden aceptar este precepto[a], sino *sólo* aquellos a quienes les ha sido dado. [a]*1 Cor. 7:7, 17*

12 Porque hay eunucos que así nacieron desde el seno de su madre, y hay eunucos que fueron hechos eunucos por los hombres, y *también* hay eunucos que a sí mismos se hicieron eunucos por causa del reino de los cielos. El que pueda aceptar *esto,* que *lo* acepte.

Jesús bendice a los niños

13 [a]Entonces le trajeron *algunos* niños para que pusiera las manos sobre ellos y orara; y los discípulos los reprendieron. [a]*Mar. 10:13-16; Luc. 18:15-17*

14 Pero Jesús dijo: Dejad a los niños[a], y no les impidáis que vengan a mí, porque de los que son como éstos es el reino de los cielos. [a]*Mat. 18:3; Mar. 10:15*

15 Y después de poner las manos sobre ellos, se fue de allí.

El joven rico

16 [a]Y he aquí se le acercó uno y dijo: Maestro, ¿qué bien haré para obtener la vida eterna? [a]*Mat. 10:17-30; Luc. 18:18-30*

17 Y El le dijo: ¿Por qué me preguntas acerca de lo bueno? *Sólo* Uno es bueno; pero si deseas entrar en la vida[a], guarda los mandamientos. [a]*Lev. 18:5; Neh. 9:29*

18 El le dijo*: ¿Cuáles? Y Jesús respondió: NO MATARAS; NO COMETERAS ADULTERIO; NO HURTARAS; NO DARAS FALSO TESTIMONIO[a]; [a]*Ex. 20:13-16; Deut. 5:17-20*

19 HONRA A *tu* PADRE Y A *tu* MADRE[a]; y AMARAS A TU PROJIMO COMO A TI MISMO[b]. [a]*Ex. 20:12* [b]*Lev. 19:18*

20 El joven le dijo*: Todo esto lo he guardado; ¿qué me falta todavía?

21 Jesús le dijo: Si quieres ser perfecto, ve y vende lo que posees[a] y da a los pobres, y tendrás tesoro en los cielos; y ven, sígueme. [a]*Luc. 12:33; 16:9*

22 Pero al oír el joven estas palabras, se fue triste, porque era dueño de muchos bienes.

Peligro de las riquezas

23 Y Jesús dijo a sus discípulos: En verdad os digo que es difícil que un rico entre en el reino de los cielos[a]. [a]*Mat. 13:22; Mar. 10:23, 24*

24 Y otra vez os digo que es más fácil que un camello pase por el ojo de una aguja, que el que un rico entre en el reino de Dios[a]. [a]*Mar. 10:25; Luc. 18:25*

25 Al oír *esto,* los discípulos estaban llenos de asombro, y decían: Entonces, ¿quién podrá salvarse?

26 Pero Jesús, mirándo*los,* les dijo: Para los hombres eso es imposible, pero para Dios todo es posible[a]. [a]*Gén. 18:14; Job 42:2*

27 Entonces respondiendo Pedro, le dijo: He aquí, nosotros lo hemos dejado todo y te hemos seguido; ¿qué, pues, recibiremos?

28 Y Jesús les dijo: En verdad os digo que vosotros que me habéis seguido, en la regeneración, cuando el Hijo del Hombre se siente en el trono de su gloria, os sentaréis también sobre doce tronos[a] para juzgar a las doce tribus de Israel. [a]*Luc. 22:30; Apoc. 3:21*

29 Y todo el que haya dejado casas, o hermanos, o hermanas, o padre, o madre, o hijos o tierras por mi nombre[a], recibirá cien veces más, y heredará la vida eterna. [a]*Mat. 6:33; Mar. 10:29, 30*

30 Pero muchos primeros serán últimos, y los últimos, primeros[a]. [a]*Mat. 20:16; Mar. 10:31*

Parábola de los obreros de la viña

20 Porque el reino de los cielos es semejante a un hacendado que salió muy de mañana para contratar obreros para su viña[a]. [a]*Mat. 21:28, 33*

2 Y habiendo convenido con los obreros en un denario al día, los envió a su viña.

3 Y salió como a la hora tercera, y vio parados en la plaza a otros *que estaban* sin trabajo;

4 y a éstos les dijo: "Id también vosotros a la viña, y os daré lo que sea justo." Y ellos fueron.

5 Volvió a salir como a la hora sexta y a la novena, e hizo lo mismo.

6 Y saliendo como a la *hora* undécima, encontró a otros parados, y les dijo*: "¿Por qué habéis estado aquí parados todo el día sin trabajar?"

7 Ellos le dijeron*: "Porque nadie nos contrató." El les dijo*: "Id también vosotros a la viña."

8 Y al atardecer[a], el señor de la viña dijo* a su mayordomo: "Llama a los obreros y págales *su* jornal, comenzando por los últimos hasta los primeros." [a]*Lev. 19:13; Deut. 24:15*

9 Cuando llegaron los que *habían sido contratados* como a la hora undécima, cada uno recibió un denario.

10 Y cuando llegaron los que *fueron contratados* primero, pensaban que recibirían más; pero ellos también recibieron un denario cada uno.

11 Y al recibirlo, murmuraban contra el hacendado,

12 diciendo: "Estos últimos han trabajado *sólo* una hora, pero los has hecho iguales a nosotros que hemos soportado el peso y el calor abrasador del día[a]." [a]*Jon. 4:8; Luc. 12:55*

13 Pero respondiendo él, dijo a uno de ellos: "Amigo[a], no te hago ninguna injusticia; ¿no conviniste conmigo en un denario? [a]Mat. 22:12; 26:50

14 "Toma lo que es tuyo, y vete; pero yo quiero darle a este último lo mismo que a ti.

15 "¿No me es lícito hacer lo que quiero con lo que es mío? ¿O es tu ojo malo[a] porque yo soy bueno?" [a]Deut. 15:9; Mat. 6:23

16 Así, los últimos serán primeros, y los primeros, últimos[a]. [a]Mat. 19:30; Mar. 10:31

Jesús anuncia su muerte por tercera vez

17 [a]Cuando Jesús iba subiendo a Jerusalén, tomó aparte a los doce *discípulos,* y por el camino les dijo: [a]Mar. 10:32-34; Luc. 18:31-33

18 He aquí, subimos a Jerusalén, y el Hijo del Hombre será entregado[a] a los principales sacerdotes y escribas, y le condenarán a muerte; [a]Mat. 16:21

19 y le entregarán a los gentiles para burlarse *de Él,* azotar*le* y crucificar*le,* y al tercer día resucitará[a]. [a]Mat. 16:21

Petición de los hijos de Zebedeo

20 [a]Entonces se le acercó la madre de los hijos de Zebedeo con sus hijos, postrándose *ante Él* y pidiéndole algo. [a]Mar. 10:35-45

21 Y Él le dijo: ¿Qué deseas? Ella le dijo*: Ordena que en tu reino estos dos hijos míos se sienten[a] uno a tu derecha y el otro a tu izquierda. [a]Mat. 19:28

22 Pero respondiendo Jesús, dijo: No sabéis lo que pedís. ¿Podéis beber la copa[a] que yo voy a beber? Ellos le dijeron*: Podemos. [a]Isa. 51:17, 22; Jer. 49:12

23 El les dijo*: Mi copa ciertamente beberéis[a], pero sentarse a mi derecha y a *mi* izquierda no es mío el concederlo, sino que es para quienes ha sido preparado por mi Padre[b]. [a]Hech. 12:2 [b]Mat. 25:34

24 Al oír *esto,* los diez se indignaron contra los dos hermanos.

25 [a]Pero Jesús, llamándolos junto a sí, dijo: Sabéis que los gobernantes de los gentiles se enseñorean de ellos, y que los grandes ejercen autoridad sobre ellos. [a]Luc. 22:25-27

26 No ha de ser así entre vosotros, sino que el que quiera entre vosotros llegar a ser grande, será vuestro servidor[a], [a]Mat. 23:11; Mar. 9:35

27 y el que quiera entre vosotros ser el primero, será vuestro siervo;

28 así como el Hijo del Hombre no vino para ser servido[a], sino para servir y para dar su vida en rescate por muchos. [a]Mat. 26:28; Juan 13:13

Curación de dos ciegos de Jericó

29 [a]Al salir de Jericó, le siguió una gran multitud. [a]Mar. 10:46-52; Luc. 18:35-43

30 Y he aquí, dos ciegos que estaban sentados junto al camino, al oír que Jesús pasaba, gritaron, diciendo: ¡Señor, Hijo de David[a], ten misericordia de nosotros! [a]Mat. 9:27

31 Y la gente los reprendía para que se callaran, pero ellos gritaban más aún, diciendo: ¡Señor, Hijo de David[a], ten misericordia de nosotros! [a]Mat. 9:27

32 Deteniéndose Jesús, los llamó, y dijo: ¿Qué queréis que yo haga por vosotros?

33 Ellos le dijeron*: Señor, *deseamos* que nuestros ojos sean abiertos.

34 Entonces Jesús, movido a compasión, tocó los ojos de ellos, y al instante recobraron la vista, y le siguieron.

La entrada triunfal

21 [a]Cuando se acercaron a Jerusalén y llegaron a Betfagé, *junto* al monte de los Olivos, Jesús entonces envió a dos discípulos, [a]Mar. 11:1-10; Luc. 19:29-38

2 diciéndoles: Id a la aldea *que está* enfrente de vosotros, y enseguida encontraréis un asna atada y un pollino con ella; desatad*la* y traéd*melos.*

3 Y si alguien os dice algo, decid: "El Señor los necesita"; y enseguida los enviará.

4 [a]Esto sucedió para que se cumpliera lo dicho por medio del profeta, cuando dijo: [a]Mar. 11:7-10; Luc. 19:35-38

5 DECID A LA HIJA DE SION:
"MIRA, TU REY VIENE A TI,
HUMILDE Y MONTADO EN UN ASNA,
Y EN UN POLLINO, HIJO DE BESTIA DE CARGA[a]."
[a]Isa. 62:11; Zac. 9:9

6 Entonces fueron los discípulos e hicieron tal como Jesús les había mandado,

7 y trajeron el asna y el pollino; pusieron sobre ellos sus mantos, y *Jesús* se sentó encima.

8 La mayoría de la multitud tendió sus mantos en el camino[a]; otros cortaban ramas de los árboles y las tendían por el camino. [a]2 Rey. 9:13

9 Y las multitudes que iban delante de El, y las que iban detrás, gritaban, diciendo:
¡Hosanna al Hijo de David!
¡BENDITO EL QUE VIENE EN EL NOMBRE DEL SEÑOR[a]!
¡Hosanna en las alturas! [a]Sal. 118:26
[b]Luc. 2:14

10 Cuando El entró en Jerusalén, toda la ciudad se agitó, y decían: ¿Quién es éste?

11 Y las multitudes contestaban: Este es el profeta Jesús[a], de Nazaret de Galilea. [a]Mat. 21:26; Mar. 6:15

Jesús echa a los mercaderes del templo

12 [a]Y entró Jesús en el templo y echó fuera a todos los que compraban y vendían en el templo, y volcó las mesas de los cambistas y los asientos de los que vendían las palomas. [a]Mar. 11:15-18; Luc. 19:45-47

13 Y les dijo*: Escrito está: "MI CASA SERA LLAMADA CASA DE ORACION[a]", pero vosotros la estáis haciendo CUEVA DE LADRONES[b]. [a]*Isa. 56:7* [b]*Jer. 7:11*

14 Y en el templo se acercaron a El *los* ciegos y *los* cojos, y los sanó[a]. [a]*Mat. 4:23*

15 Pero cuando los principales sacerdotes y los escribas vieron las maravillas que había hecho, y a los muchachos que gritaban en el templo y que decían: ¡Hosanna al Hijo de David[a]!, se indignaron [a]*Mat. 9:27*

16 y le dijeron: ¿Oyes lo que éstos dicen? Y Jesús les respondió*: Sí, ¿nunca habéis leído: "DE LA BOCA DE LOS PEQUEÑOS Y DE LOS NIÑOS DE PECHO TE HAS PREPARADO ALABANZA[a]"? [a]*Sal. 8:2; Mat. 11:25*

17 Y dejándolos, salió fuera de la ciudad, a Betania[a], y se hospedó allí. [a]*Mat. 26:6; Mar. 11:1, 11, 12*

La higuera estéril

18 [a]Por la mañana, cuando regresaba a la ciudad, tuvo hambre. [a]*Mar. 11:12-14, 20-24*

19 Y al ver una higuera junto al camino, se acercó a ella, pero no halló nada en ella sino sólo hojas, y le dijo*: Nunca jamás brote fruto de ti. Y al instante se secó la higuera[a]. [a]*Luc. 13:6-9*

20 Al ver *esto*, los discípulos se maravillaron y decían: ¿Cómo es que la higuera se secó al instante?

21 Respondiendo Jesús, les dijo: En verdad os digo que si tenéis fe[a] y no dudáis, no sólo haréis lo de la higuera, sino que aun si decís a este monte: "Quítate y échate al mar", *así* sucederá. [a]*Mat. 17:20; Mar. 11:23*

22 Y todo lo que pidáis en oración, creyendo, lo recibiréis[a]. [a]*Mat. 7:7*

La autoridad de Jesús puesta en duda

23 [a]Cuando llegó Jesús al templo, los principales sacerdotes y los ancianos del pueblo se le acercaron mientras enseñaba, diciendo: ¿Con qué autoridad haces estas cosas, y quién te dio esta autoridad? [a]*Mar. 11:27-33; Luc. 20:1-8*

24 Y respondiendo Jesús, les dijo: Yo también os haré una pregunta, que si me la contestáis, yo también os diré con qué autoridad hago estas cosas.

25 ¿De dónde era el bautismo de Juan?, ¿del cielo o de los hombres? Y ellos discurrían entre sí, diciendo: Si decimos: "Del cielo", El nos dirá: "Entonces, ¿por qué no le creísteis?"

26 Y si decimos: "De los hombres", tememos a la multitud; porque todos tienen a Juan por profeta[a]. [a]*Mat. 11:9; Mar. 6:20*

27 Y respondiendo a Jesús, dijeron: No sabemos. El a su vez les dijo: Tampoco yo os diré con qué autoridad hago estas cosas.

28 Pero, ¿qué os parece? Un hombre tenía dos hijos, y llegándose al primero, *le* dijo: "Hijo, ve, trabaja hoy en la viña[a]." [a]*Mat. 20:1; 21:33*

29 Y respondiendo él, dijo: "No quiero;" *pero* después, arrepentido, fue.

30 Y llegándose al otro, le dijo lo mismo; pero él respondió y dijo: "Yo *iré*, señor"; y no fue.

31 ¿Cuál de los dos hizo la voluntad del padre? Ellos dijeron*: El primero. Jesús les dijo*: En verdad os digo que los recaudadores de impuestos y las rameras entran en el reino de Dios antes que vosotros[a]. [a]*Luc. 7:29, 37-50*

32 Porque Juan vino a vosotros en camino de justicia y no le creísteis, pero los recaudadores de impuestos y las rameras le creyeron[a]; y vosotros, viendo *esto*, ni siquiera os arrepentisteis después para creerle. [a]*Luc. 3:12*

Parábola de los labradores malvados

33 [a]Escuchad otra parábola. [a]Había *una vez* un hacendado que PLANTO UNA VIÑA Y LA CERCO CON UN MURO, Y CAVO EN ELLA UN LAGAR Y EDIFICO UNA TORRE, la arrendó a unos labradores y se fue de viaje. [a]*Mar. 12:1-12; Luc. 20:9-19*

34 Y cuando se acercó el tiempo de la cosecha, envió sus siervos[a] a los labradores para recibir sus frutos. [a]*Mat. 22:3*

35 Pero los labradores, tomando a los siervos, a uno lo golpearon, a otro lo mataron y a otro lo apedrearon.

36 Volvió a mandar otro grupo de siervos[a], mayor que el primero; y les hicieron lo mismo. [a]*Mat. 22:4*

37 Finalmente les envió a su hijo, diciendo: "Respetarán a mi hijo."

38 Pero cuando los labradores vieron al hijo, dijeron entre sí: "Este es el heredero; venid, matémoslo y apoderémonos de su heredad."

39 Y echándole mano, *lo* arrojaron fuera de la viña y *lo* mataron.

40 Cuando venga, pues, el dueño de la viña, ¿qué hará a esos labradores?

41 Ellos le dijeron*: Llevará a esos miserables a un fin lamentable, y arrendará la viña a otros labradores[a] que le paguen los frutos a su tiempo. [a]*Mat. 8:11, 12; Hech. 13:46*

42 Jesús les dijo*: ¿Nunca leísteis en las Escrituras:
"LA PIEDRA QUE DESECHARON LOS
    CONSTRUCTORES,
   ESA, EN PIEDRA ANGULAR SE HA CONVERTIDO;
   ESTO FUE HECHO DE PARTE DEL SEÑOR,
   Y ES MARAVILLOSO A NUESTROS OJOS[a]"?
[a]*Sal. 118:22, 23; Hech. 4:11*

43 Por eso os digo que el reino de Dios os será quitado y será dado a una nación que produzca sus frutos.

44 Y el que caiga sobre esta piedra será hecho pedazos; pero sobre quien ella caiga[a], lo esparcirá como polvo. [a]*Isa. 8:14, 15*

45 Al oír sus parábolas los principales sacerdotes y los fariseos, comprendieron que hablaba de ellos.
46 Y cuando procuraron prenderle, tuvieron miedo de la multitud[a], porque le tenían por profeta[b]. [a]*Mat. 21:26* [b]*Mat. 21:11*

Parábola del banquete de bodas

22 Tomando Jesús la palabra, les habló otra vez en parábolas, diciendo:
2 [a]El reino de los cielos puede compararse a un rey que hizo un *banquete* de bodas para su hijo. [a]*Mat. 13:24; 22:2-14*
3 Y envió a sus siervos[a] a llamar a los que habían sido invitados a las bodas, pero no quisieron venir. [a]*Mat. 21:34*
4 De nuevo envió otros siervos[a], diciendo: Decid a los que han sido invitados: "Ved, ya he preparado mi banquete; he matado mis novillos y animales cebados, y todo está aparejado; venid a las bodas." [a]*Mat. 21:36*
5 Pero ellos no hicieron caso y se fueron: uno a su campo, otro a sus negocios,
6 y los demás, echando mano a los siervos, los maltrataron y los mataron.
7 Entonces el rey se enfureció, y enviando sus ejércitos, destruyó a aquellos asesinos e incendió su ciudad.
8 Luego dijo* a sus siervos: "La boda está preparada, pero los que fueron invitados no eran dignos.
9 "Id, por tanto, a las salidas de los caminos[a], e invitad a las bodas a cuantos encontréis." [a]*Ezeq. 21:21; Abd. 14*
10 Y aquellos siervos salieron a los caminos, y reunieron a todos los que encontraron, tanto malos como buenos; y el salón de bodas se llenó de comensales.
11 Pero cuando el rey entró a ver a los comensales, vio allí a uno que no estaba vestido con traje de boda[a], [a]*2 Rey. 10:22; Zac. 3:3, 4*
12 y le dijo*: "Amigo[a], ¿cómo entraste aquí sin traje de boda?" Y él enmudeció. [a]*Mat. 20:13; 26:50*
13 Entonces el rey dijo a los sirvientes: "Atadle las manos y los pies, y echadlo a las tinieblas de afuera; allí será el llanto y el crujir de dientes[a]." [a]*Mat. 8:12; 25:30*
14 Porque muchos son llamados, pero pocos *son* escogidos[a]. [a]*Mat. 24:22; 2 Ped. 1:10*

El pago del impuesto al César

15 [a]Entonces se fueron los fariseos y deliberaron entre sí cómo atraparle, *sorprendiéndole* en *alguna* palabra. [a]*Mar. 12:13-17; Luc. 20:20-26*
16 Y le enviaron* sus discípulos junto con los herodianos[a], diciendo: Maestro, sabemos que eres veraz y que enseñas el camino de Dios con verdad, y no buscas el favor de nadie, porque eres imparcial. [a]*Mar. 3:6; 8:15*

17 Dinos, pues, qué te parece: ¿Es lícito pagar impuesto[a] al César[b], o no? [a]*Mat. 17:25* [b]*Luc. 2:1*
18 Pero Jesús, conociendo su malicia, dijo: ¿Por qué me ponéis a prueba, hipócritas?
19 Mostradme la moneda[a] que se usa para *pagar ese* impuesto. Y le trajeron un denario. [a]*Mat. 17:25*
20 Y El les dijo*: ¿De quién es esta imagen y esta inscripción?
21 Ellos le dijeron*: Del César. Entonces El les dijo*: Pues dad al César lo que es del César, y a Dios lo que es de Dios[a]. [a]*Mar. 12:17; Luc. 20:25*
22 Al oír *esto*, se maravillaron; y dejándole, se fueron[a]. [a]*Mar. 12:12*

Pregunta sobre la resurrección

23 [a]Ese día se le acercaron *algunos* saduceos (los que dicen que no hay resurrección), y le preguntaron, [a]*Mar. 12:18-27; Luc. 20:27-40*
24 diciendo: Maestro, Moisés dijo: "SI ALGUNO MUERE SIN TENER HIJOS, SU HERMANO, COMO PARIENTE MAS CERCANO, SE CASARA CON SU MUJER Y LEVANTARA DESCENDENCIA A SU HERMANO[a]." [a]*Deut. 25:5*
25 Ahora bien, había entre nosotros siete hermanos; y el primero se casó, y murió; pero no teniendo descendencia, le dejó la mujer a su hermano;
26 de igual manera también el segundo, y el tercero, hasta el séptimo.
27 Y después de todos, murió la mujer.
28 Por tanto, en la resurrección, ¿de cuál de los siete será mujer? Porque todos ellos la tuvieron.
29 Pero Jesús respondió y les dijo: Estáis equivocados por no comprender las Escrituras ni el poder de Dios[a]. [a]*Juan 20:9*
30 Porque en la resurrección, ni se casan[a] ni son dados en matrimonio, sino que son como los ángeles de Dios en el cielo. [a]*Mat. 24:38; Luc. 17:27*
31 Y en cuanto a la resurrección de los muertos, ¿no habéis leído lo que os fue dicho por Dios, cuando dijo:
32 "YO SOY EL DIOS DE ABRAHAM, Y EL DIOS DE ISAAC, Y EL DIOS DE JACOB[a]"? El no es Dios de muertos, sino de vivos. [a]*Ex. 3:6*
33 Al oír *esto*, las multitudes se admiraban de su enseñanza[a]. [a]*Mat. 7:28*

El gran mandamiento

34 [a]Pero al oír los fariseos que *Jesús* había dejado callados a los saduceos, se agruparon; [a]*Mar. 12:28-31; Luc. 10:25-37*
35 y uno de ellos, intérprete de la ley[a], para ponerle a prueba le preguntó: [a]*Luc. 7:30; 10:25*
36 Maestro, ¿cuál es el gran mandamiento de la ley?

37 Y El le dijo: AMARAS AL SEÑOR TU DIOS CON TODO TU CORAZON, Y CON TODA TU ALMA, Y CON TODA TU MENTE[a]. [a]*Deut. 6:5*

38 Este es el grande y el primer mandamiento.

39 Y el segundo es semejante a éste: AMARAS A TU PROJIMO COMO A TI MISMO[a]. [a]*Lev. 19:18; Mat. 19:19*

40 De estos dos mandamientos dependen toda la ley y los profetas[a]. [a]*Mat. 7:12*

Jesús, Hijo y Señor de David

41 [a]Estando reunidos los fariseos, Jesús les hizo una pregunta, [a]*Mar. 12:35-37; Luc. 20:41-44*

42 diciendo: ¿Cuál es vuestra opinión sobre el Cristo? ¿De quién es hijo? Ellos le dijeron*: De David[a]. [a]*Mat. 9:27*

43 El les dijo*: Entonces, ¿cómo es que David en el Espíritu[a] le llama "Señor", diciendo: [a]*2 Sam. 23:2; Apoc. 1:10*

44 "DIJO EL SEÑOR A MI SEÑOR:
'SIENTATE A MI DIESTRA,
HASTA QUE PONGA A TUS ENEMIGOS DEBAJO DE TUS PIES[a]' "? [a]*Sal. 110:1; Mat. 26:64*

45 Pues si David le llama "Señor", ¿cómo es El su hijo?

46 Y nadie pudo contestarle ni una palabra[a], ni ninguno desde ese día se atrevió a hacerle más preguntas. [a]*Mar. 12:34; Luc. 14:6*

Jesús denuncia a los escribas y fariseos

23 [a]Entonces Jesús habló a la muchedumbre y a sus discípulos, [a]*Mar. 12:38, 39; Luc. 20:45, 46*

2 diciendo: Los escribas y los fariseos[a] se han sentado en la cátedra de Moisés.
[a]*Deut. 33:3, 4; Esd. 7:6, 25*

3 De modo que haced y observad todo lo que os digan; pero no hagáis conforme a sus obras, porque ellos dicen y no hacen.

4 Atan cargas pesadas[a] y difíciles de llevar, y las ponen sobre las espaldas de los hombres, pero ellos ni con un dedo quieren moverlas.
[a]*Luc. 11:46; Hech. 15:10*

5 Sino que hacen todas sus obras para ser vistos por los hombres[a]; pues ensanchan sus filacterias[b] y alargan los flecos *de sus mantos*;
[a]*Mat. 6:1, 5, 16* [b]*Ex. 13:9*

6 aman el lugar de honor en los banquetes[a] y los primeros asientos en las sinagogas,
[a]*Luc. 11:43; 14:7*

7 y los saludos respetuosos en las plazas y ser llamados por los hombres Rabí[a]. [a]*Mat. 23:8; 26:25, 49*

8 Pero vosotros no *dejéis que* os llamen Rabí; porque uno es vuestro Maestro y todos vosotros sois hermanos. [a]*Mat. 23:7; 26:25, 49*

9 Y no llaméis *a nadie* padre vuestro en la tierra, porque uno es vuestro Padre[a], el que está en los cielos. [a]*Mat. 6:9; 7:11*

10 Ni *dejéis que* os llamen preceptores; porque uno es vuestro Preceptor, Cristo.

11 Pero el mayor de vosotros será vuestro servidor[a]. [a]*Mat. 20:26*

12 Y cualquiera que se ensalce, será humillado, y cualquiera que se humille, será ensalzado[a]. [a]*Luc. 14:11; 18:14*

Ocho ayes contra los escribas y fariseos

13 Pero, ¡ay de vosotros, escribas y fariseos, hipócritas!, porque cerráis el reino de los cielos[a] delante de los hombres, pues ni vosotros entráis, ni dejáis entrar a los que están entrando. [a]*Luc. 11:52*

14 ¡Ay de vosotros, escribas y fariseos, hipócritas!, porque devoráis las casas de las viudas[a], aun cuando por pretexto hacéis largas oraciones; por eso recibiréis mayor condenación. [a]*Mar. 12:40; Luc. 20:47*

15 ¡Ay de vosotros, escribas y fariseos, hipócritas!, porque recorréis el mar y la tierra para hacer un prosélito[a], y cuando llega a serlo, lo hacéis hijo del infierno dos veces más que vosotros. [a]*Hech. 2:10; 6:5*

16 ¡Ay de vosotros, guías ciegos[a]!, que decís: "No es nada el que alguno jure por el templo; pero el que jura por el oro del templo, contrae obligación." [a]*Mat. 15:14; 23:24*

17 ¡Insensatos y ciegos!, porque ¿qué es más importante[a]: el oro, o el templo que santificó el oro? [a]*Ex. 30:29*

18 También *decís:* "No es nada el que alguno jure por el altar; pero el que jura por la ofrenda que está sobre él, contrae obligación."

19 ¡Ciegos!, porque ¿qué es más importante[a]: la ofrenda, o el altar que santifica la ofrenda? [a]*Ex. 29:37*

20 Por eso, el que jura por el altar, jura por él y por todo lo que está sobre él;

21 y el que jura por el templo, jura por él y por el que en él habita[a]; [a]*1 Rey. 8:13; Sal. 26:8*

22 y el que jura por el cielo, jura por el trono de Dios[a] y por el que está sentado en él.
[a]*Isa. 66:1; Mat. 5:34*

23 ¡Ay de vosotros, escribas y fariseos, hipócritas[a]!, porque pagáis el diezmo de la menta, del eneldo y del comino, y habéis descuidado los *preceptos* de más peso de la ley: la justicia, la misericordia y la fidelidad; y éstas son las cosas que debíais haber hecho, sin descuidar aquéllas. [a]*Mat. 23:13; Luc. 11:42*

24 ¡Guías ciegos[a], que coláis el mosquito y *os* tragáis el camello! [a]*Mat. 23:16*

25 ¡Ay de vosotros, escribas y fariseos, hipócritas!, porque limpiáis el exterior del vaso y del plato[a], pero por dentro están llenos de robo y de desenfreno. [a]*Mar. 7:4; Luc. 11:39, 40*

26 ¡Fariseo ciego! Limpia primero lo de adentro del vaso y del plato[a], para que lo de

afuera también quede limpio. ªMar. 7:4;
Luc. 11:39, 40

27 ¡Ay de vosotros, escribas y fariseos, hipó-
critasª!, porque sois semejantes a sepulcros
blanqueados, que por fuera lucen hermosos,
pero por dentro están llenos de huesos de
muertos y de toda inmundicia. ªLuc. 11:44;
Hech. 23:3
28 Así también vosotros, por fuera parecéis
justos a los hombres, pero por dentro estáis
llenos de hipocresía y de iniquidad.
29 ¡Ay de vosotros, escribas y fariseos, hipó-
critasª!, porque edificáis los sepulcros de los
profetas y adornáis los monumentos de los
justos, ªLuc. 11:47, 48
30 y decís: "Si nosotros hubiéramos vivido en
los días de nuestros padres, no hubiéramos
sido sus cómplices en *derramar* la sangre de
los profetas."
31 Así que dais testimonio en contra de vosotros mismos, que sois hijos de los que asesina-
ron a los profetasª. ªMat. 23:34, 37; Hech. 7:51, 52
32 Llenad, pues, la medida *de la culpa* de
vuestros padres.
33 ¡Serpientes! ¡Camada de víborasª! ¿Cómo
escaparéis del juicio del infierno? ªMat. 3:7;
Luc. 3:7
34 ªPor tanto, mirad, yo os envío profetas,
sabios y escribas: de ellos, a unos los mataréis
y crucificaréis, y a otros los azotaréis en vuestras sinagogas y los perseguiréis de ciudad en
ciudad, ªMat. 23:34-36; Luc. 11:49-51
35 para que recaiga sobre vosotros *la culpa
de* toda la sangre justa derramada sobre la tierra, desde la sangre del justo Abel hasta la
sangre de Zacarías, hijo de Berequíasª, a quien
asesinasteis entre el templo y el altarᵇ. ªZac. 1:1
ᵇ2 Crón. 24:21
36 En verdad os digo que todo esto vendrá
sobre esta generaciónª. ªMat. 10:23; 24:34

Lamentación sobre Jerusalén

37 ¡Jerusalén, Jerusalén, la que mata a los
profetas y apedrea a los que son enviados a
ella! ¡Cuántas veces quise juntar a tus hijos,
como la gallina junta sus pollitos debajo de
sus alas, y no quisiste! ªLuc. 13:34, 35
38 He aquí, vuestra casaª se os deja desierta.
ª1 Rey. 9:7, 8; Jer. 22:5
39 Porque os digo que desde ahora *en adelante* no me veréis más hasta que digáis:
"Bᴇɴᴅɪᴛᴏ ᴇʟ ǫᴜᴇ ᴠɪᴇɴᴇ ᴇɴ ɴᴏᴍʙʀᴇ ᴅᴇʟ Sᴇɴᴏʀª."
ªSal. 118:26; Mat. 21:9

Profecía sobre la destrucción del templo

24 ªCuando salió Jesús del templo, *y se
iba*, se le acercaron sus discípulos para
mostrarle los edificios del templo. ªMar. 13;
Luc. 21:5-36
2 Mas respondiendo El, les dijo: ¿Veis todo
esto? En verdad os digo: no quedará aquí piedra sobre piedra que no sea derribadaª.
ªLuc. 19:44

Señales antes del fin

3 Y estando El sentado en el monte de los
Olivosª, se le acercaron los discípulos en privado, diciendo: Dinos, ¿cuándo sucederá esto,
y cuál *será* la señal de tu venida y de la consumación de *este siglo*? ªMat. 21:1
4 Respondiendo Jesús, les dijo: Mirad que
nadie os engañeª. ªJer. 29:8
5 Porque muchos vendrán en mi nombreª,
diciendo: "Yo soy el Cristo", y engañarán a
muchos. ªMat. 24:11, 24; Hech. 5:36, 37
6 Y habréis de oír de guerras y rumores de
guerrasª. ¡Cuidado! No os alarméis, porque es
necesario que *todo esto* suceda; pero todavía
no es el fin. ªApoc. 6:4
7 Porque se levantará nación contra naciónª,
y reino contra reino, y en diferentes lugares
habrá hambre y terremotos. ª2 Crón. 15:6;
Isa. 19:2
8 Pero todo esto *es sólo el* comienzo de
doloresª. ªMat. 24:8-20; Luc. 21:12-24
9 Entonces os entregarán a tribulaciónª, y os
matarán, y seréis odiados de todas las naciones por causa de mi nombreᵇ. ªMat. 10:17
ᵇMat. 10:22
10 Muchos tropezarán entonces *y caeránª*, y
se traicionarán unos a otros, y unos a otros se
odiarán. ªMat. 11:6
11 Y se levantarán muchos profetas falsosª, y
a muchos engañarán. ªMat. 7:15; 24:24
12 Y debido al aumento de la iniquidad, el
amor de muchos se enfriará.
13 Pero el que persevere hasta el fin, ése será
salvoª. ªMat. 10:22
14 Y este evangelio del reino se predicaráª en
todo el mundo como testimonio a todas las
nacionesᵇ, y entonces vendrá el fin. ªMat. 4:23
ᵇLuc. 2:1

La abominación de la desolación

15 Por tanto, cuando veáis la ᴀʙᴏᴍɪɴᴀᴄɪᴏɴ ᴅᴇ
ʟᴀ ᴅᴇꜱᴏʟᴀᴄɪᴏɴª, de que se habló por medio del
profeta Daniel, colocada en el lugar santo (el
que lea, que entienda), ªDan. 9:27; 11:31
16 entonces los que estén en Judea, huyan a
los montes;
17 el que esté en la azotea, no baje a sacar las
cosas de su casaª; ª1 Sam. 9:25; 2 Sam. 11:2
18 y el que esté en el campo, no vuelva atrás
a tomar su capa.
19 Pero, ¡ay de las que estén encinta y de las
que estén criando en aquellos díasª! ªLuc. 23:29
20 Orad para que vuestra huida no suceda en
invierno, ni en día de reposo;
21 porque habrá entonces una gran tribulaciónª, tal como no ha acontecido desde el principio del mundo hasta ahora, ni acontecerá
jamás. ªDan. 12:1; Joel 2:2

22 Y si aquellos días no fueran acortados, nadie se salvaría; pero por causa de los escogidos, aquellos días serán acortados[a]. [a]*Mat. 22:14; 24:24, 31*

23 Entonces si alguno os dice: "Mirad, aquí está el Cristo", o "Allí *está*", no *le* creáis[a]. [a]*Luc. 17:23*

24 Porque se levantarán falsos Cristos y falsos profetas, y mostrarán grandes señales y prodigios[a], para así engañar, de ser posible, aun a los escogidos[b]. [a]*Juan 4:48* [b]*Mat. 22:14*

25 Ved que os lo he dicho de antemano.

26 Por tanto, si os dicen: "Mirad, El está en el desierto", no vayáis; *o* "Mirad, El está en las habitaciones interiores", no *les* creáis.

27 Porque así como el relámpago sale del oriente[a] y resplandece hasta el occidente, así será la venida del Hijo del Hombre. [a]*Luc. 17:24*

28 Donde esté el cadáver, allí se juntarán los buitres[a]. [a]*Job 39:30; Hab. 1:8*

29 Pero inmediatamente después de la tribulación de esos días, EL SOL SE OSCURECERA[a], LA LUNA NO DARA SU LUZ, LAS ESTRELLAS CAERAN del cielo y las potencias de los cielos serán sacudidas. [a]*Isa. 13:10; 24:23*

30 Entonces aparecerá en el cielo la señal del Hijo del Hombre[a]; y entonces todas las tribus de la tierra harán duelo, y verán al HIJO DEL HOMBRE QUE VIENE SOBRE LAS NUBES DEL CIELO[b] con poder y gran gloria. [a]*Mat. 24:3* [b]*Dan. 7:13*

31 Y El enviará a sus ángeles con UNA GRAN TROMPETA[a] y REUNIRAN a sus escogidos de los cuatro vientos, desde un extremo de los cielos hasta el otro. [a]*Ex. 19:16; Deut. 30:4*

Parábola de la higuera

32 Y de la higuera aprended la parábola: cuando su rama ya se pone tierna y echa las hojas, sabéis que el verano está cerca.

33 Así también vosotros, cuando veáis todas estas cosas, sabed que El está cerca, a las puertas[a]. [a]*Sant. 5:9; Apoc. 3:20*

34 En verdad os digo que no pasará esta generación[a] hasta que todo esto suceda. [a]*Mat. 10:23; 16:28*

35 El cielo y la tierra pasarán[a], mas mis palabras no pasarán. [a]*Mat. 5:18; Mar. 13:31*

36 Pero de aquel día y hora nadie sabe[a], ni siquiera los ángeles del cielo, ni el Hijo, sino sólo el Padre. [a]*Mar. 13:32; Hech. 1:7*

37 Porque como en los días de Noé, así será la venida del Hijo del Hombre[a]. [a]*Mat. 16:27; 24:3, 30, 39*

38 Pues así como en aquellos días antes del diluvio estaban comiendo y bebiendo, casándose y dándose en matrimonio[a], hasta el día en que entró Noé en el arca[b], [a]*Mat. 22:30* [b]*Gén. 7:7*

39 y no comprendieron hasta que vino el diluvio y se los llevó a todos; así será la venida del Hijo del Hombre[a]. [a]*Mat. 16:27; 24:3, 30, 37*

40 Entonces estarán dos en el campo; uno será llevado y el otro será dejado.

41 Dos *mujeres*[a] *estarán* moliendo en el molino; una será llevada y la otra será dejada. [a]*Luc. 17:35*

42 Por tanto, velad[a], porque no sabéis en qué día vuestro Señor viene. [a]*Mat. 24:43, 44; 25:10, 13*

43 Pero comprended esto: si el dueño de la casa[a] hubiera sabido a qué hora de la noche iba a venir el ladrón[b], hubiera estado alerta y no hubiera permitido que entrara en su casa. [a]*Mat. 24:42, 44* [b]*Mat. 14:25*

44 Por eso, también vosotros estad preparados[a], porque a la hora que no pensáis vendrá el Hijo del Hombre. [a]*Mat. 24:42, 43; 25:10, 13*

Parábola del siervo fiel y del infiel

45 ¿Quién es, pues, el siervo fiel y prudente a quien su señor puso sobre los de su casa para que les diera la comida a su tiempo?[a] [a]*Luc. 12:42-46*

46 Dichoso aquel siervo a quien, cuando su señor venga, lo encuentre haciendo así.

47 De cierto os digo que lo pondrá sobre todos sus bienes[a]. [a]*Mat. 25:21, 23*

48 Pero si aquel siervo *es* malo, *y* dice en su corazón: "Mi señor tardará";

49 y empieza a golpear a sus consiervos, y come y bebe con los que se emborrachan,

50 vendrá el señor de aquel siervo el día que no *lo* espera, y a una hora que no sabe,

51 y lo azotará severamente y le asignará un lugar con los hipócritas; allí será el llanto y el crujir de dientes[a]. [a]*Mat. 8:12*

Parábola de las diez vírgenes

25 Entonces el reino de los cielos será semejante[a] a diez vírgenes que tomando sus lámparas[b], salieron a recibir al novio. [a]*Mat. 13:24* [b]*Juan 18:3*

2 Y cinco de ellas eran insensatas, y cinco prudentes[a]. [a]*Mat. 7:24; 10:16*

3 Porque las insensatas, al tomar sus lámparas, no tomaron aceite consigo,

4 pero las prudentes[a] tomaron aceite en frascos junto con sus lámparas. [a]*Mat. 7:24; 10:16*

5 Al tardarse el novio, a todas les dio sueño y se durmieron.

6 Pero a medianoche se oyó un clamor: "¡Aquí está el novio! Salid a recibir*lo*.

7 Entonces todas aquellas vírgenes se levantaron y arreglaron sus lámparas.

8 Y las insensatas dijeron a las prudentes: "Dadnos de vuestro aceite, porque nuestras lámparas se apagan."

9 Pero las prudentes[a] respondieron, diciendo: "No, no sea que no haya suficiente para nosotras y para vosotras; id más bien a los que venden y comprad para vosotras." [a]*Mat. 7:24; 10:16*

10 Y mientras ellas iban a comprar, vino el

novio, y las que estaban preparadas[a] entraron con él al *banquete* de bodas[b], y se cerró la puerta. [a]*Mat. 24:42* [b]*Luc. 12:35, 36*

11 Después vinieron también las otras vírgenes, diciendo: "Señor, señor, ábrenos[a]." [a]*Mat. 7:21; Luc. 13:25*

12 Pero respondiendo él, dijo: "En verdad os digo que no os conozco."

13 Velad, pues, porque no sabéis ni el día ni la hora[a]. [a]*Mat. 24:42*

Parábola de los talentos

14 [a]Porque *el reino de los cielos es* como un hombre que al emprender un viaje, llamó a sus siervos y les encomendó sus bienes. [a]*Mat. 25:14-30; Luc. 19:12-27*

15 Y a uno le dio cinco talentos, a otro dos, y a otro uno, a cada uno conforme a su capacidad; y se fue de viaje[a]. [a]*Mat. 21:33*

16 El que había recibido los cinco talentos[a], enseguida fue y negoció con ellos y ganó otros cinco talentos. [a]*Mat. 18:24; Luc. 19:13*

17 Asimismo el que *había recibido* los dos *talentos* ganó otros dos.

18 Pero el que había recibido uno, fue y cavó en la tierra y escondió el dinero de su señor.

19 Después de mucho tiempo vino* el señor de aquellos siervos, y arregló* cuentas con ellos[a]. [a]*Mat. 18:23*

20 Y llegando el que había recibido los cinco talentos[a], trajo otros cinco talentos, diciendo: "Señor, me entregaste cinco talentos; mira, he ganado otros cinco talentos." [a]*Mat. 18:24; Luc. 19:13*

21 Su señor le dijo: "Bien, siervo bueno y fiel; en lo poco fuiste fiel, sobre mucho te pondré; entra en el gozo de tu señor[a]." [a]*Mat. 24:45, 47; 25:23*

22 Llegando también el de los dos talentos[a], dijo: "Señor, me entregaste dos talentos; mira, he ganado otros dos talentos." [a]*Mat. 18:24; Luc. 19:13*

23 Su señor le dijo: "Bien, siervo bueno y fiel; en lo poco fuiste fiel, sobre mucho te pondré; entra en el gozo de tu señor[a]." [a]*Mat. 24:45, 47; 25:21*

24 Pero llegando también el que había recibido un talento[a], dijo: "Señor, yo sabía que eres un hombre duro, que siegas donde no sembraste y recoges donde no esparciste, [a]*Mat. 18:24; Luc. 19:13*

25 y tuve miedo, y fui y escondí tu talento en la tierra; mira, *aquí* tienes lo que es tuyo."

26 Pero su señor respondió, y le dijo: "Siervo malo y perezoso, sabías que siego donde no sembré, y que recojo donde no esparcí.

27 "Debías entonces haber puesto mi dinero en el banco, y al llegar yo hubiera recibido mi dinero con intereses.

28 "Por tanto, quitadle el talento y dádselo al que tiene los diez talentos."

29 Porque a todo el que tiene, *más* se le dará, y tendrá en abundancia; pero al que no tiene, aun lo que tiene se le quitará[a]. [a]*Mat. 13:12; Mar. 4:25*

30 Y al siervo inútil, echadlo en las tinieblas de afuera; allí será el llanto y el crujir de dientes[a]. [a]*Mat. 8:12; 22:13*

El juicio final

31 Pero cuando el Hijo del Hombre venga en su gloria, y todos los ángeles con El[a], entonces se sentará en el trono de su gloria; [a]*Mat. 16:27, 28; 1 Tes. 4:16*

32 y serán reunidas delante de El todas las naciones; y separará a unos de otros, como el pastor separa las ovejas de los cabritos[a]. [a]*Ezeq. 34:17, 20; Mat. 13:49*

33 Y pondrá las ovejas a su derecha y los cabritos a su izquierda[a]. [a]*Ecl. 10:2*

34 Entonces el Rey dirá a los de su derecha: "Venid, benditos de mi Padre, heredad el reino preparado para vosotros[a] desde la fundación del mundo. [a]*Mat. 5:3; 19:29*

35 "Porque tuve hambre, y me disteis de comer[a]; tuve sed, y me disteis de beber; fui forastero, y me recibisteis; [a]*Isa. 58:7; Ezeq. 18:7, 16*

36 estaba desnudo, y me vestisteis[a]; enfermo, y me visitasteis; en la cárcel, y vinisteis a mí." [a]*Isa. 58:7; Ezeq. 18:7, 16*

37 Entonces los justos le responderán, diciendo: "Señor, ¿cuándo te vimos hambriento, y te dimos de comer, o sediento, y te dimos de beber?

38 "¿Y cuándo te vimos *como* forastero, y te recibimos, o desnudo, y te vestimos?

39 "¿Y cuándo te vimos enfermo, o en la cárcel, y vinimos a ti?"

40 Respondiendo el Rey, les dirá: "En verdad os digo que en cuanto lo hicisteis a uno de estos hermanos míos, *aun a los más* pequeños, a mí lo hicisteis." [a]*Prov. 19:17; Mat. 10:42*

41 Entonces dirá también a los de su izquierda: "Apartaos de mí[a], malditos, al fuego eterno que ha sido preparado para el diablo y sus ángeles. [a]*Mat. 7:23*

42 "Porque tuve hambre, y no me disteis de comer, tuve sed, y no me disteis de beber;

43 fui forastero, y no me recibisteis; estaba desnudo, y no me vestisteis; enfermo, y en la cárcel, y no me visitasteis."

44 Entonces ellos también responderán, diciendo: "Señor, ¿cuándo te vimos hambriento, o sediento, o *como* forastero, o desnudo, o enfermo, o en la cárcel, y no te servimos?"

45 El entonces les responderá, diciendo: "En verdad os digo que en cuanto no lo hicisteis a

uno de los más pequeños de éstos, tampoco a mí lo hicisteis."

46 Y éstos irán al castigo eterno, pero los justos a la vida eterna[a]. [a]*Mat. 19:29; Juan 3:15, 16, 36*

Complot para prender y matar a Jesús

26 Cuando Jesús terminó todas estas palabras[a], dijo a sus discípulos: [a]*Mat. 7:28*

2 [a]Sabéis que dentro de dos días se celebra la Pascua, y el Hijo del Hombre será entregado para ser crucificado. [a]*Mar. 14:1, 2; Luc. 22:1, 2*

3 Entonces los principales sacerdotes y los ancianos del pueblo se reunieron en el patio del sumo sacerdote[a] llamado Caifás. [a]*Mat. 26:58, 69; 27:27*

4 Y tramaron entre ellos prender a Jesús con engaño y matar*le*[a]. [a]*Mat. 12:14*

5 Pero decían: No durante la fiesta, para que no haya un tumulto en el pueblo[a]. [a]*Mat. 27:24*

Jesús ungido en Betania

6 [a]Y hallándose Jesús en Betania, en casa de Simón el leproso, [a]*Mar. 14:3-9; Luc. 7:37-39*

7 se le acercó una mujer con un frasco de alabastro de perfume muy costoso, y lo derramó sobre su cabeza cuando estaba sentado *a la mesa*.

8 Pero al ver *esto*, los discípulos se indignaron, y decían: ¿Para qué este desperdicio?

9 Porque este *perfume* podía haberse vendido a gran precio, y *el dinero* habérselo dado a los pobres.

10 Pero Jesús, dándose cuenta, les dijo: ¿Por qué molestáis a la mujer? Pues buena obra ha hecho conmigo.

11 Porque a los pobres siempre los tendréis con vosotros, pero a mí no siempre me tendréis[a]. [a]*Deut. 15:11; Mar. 14:7*

12 Pues al derramar ella este perfume sobre mi cuerpo, lo ha hecho a fin de prepararme para la sepultura[a]. [a]*Juan 19:40*

13 En verdad os digo: Dondequiera que este evangelio se predique, en el mundo entero, se hablará también de lo que ésta ha hecho, en memoria suya[a]. [a]*Mar. 14:9*

Traición de Judas

14 [a]Entonces uno de los doce, llamado Judas Iscariote, fue a los principales sacerdotes, [a]*Mar. 14:10, 11; Luc. 22:3-6*

15 y dijo: ¿Qué estáis dispuestos a darme para que yo os lo entregue? Y ellos le pesaron treinta piezas de plata[a]. [a]*Ex. 21:32; Zac. 11:12*

16 Y desde entonces buscaba una oportunidad para entregarle.

Preparación de la Pascua

17 [a]El primer *día de la fiesta* de los panes sin levadura, se acercaron los discípulos a Jesús, diciendo: ¿Dónde quieres que te hagamos los preparativos para comer la Pascua? [a]*Mar. 14:12-16; Luc. 22:7-13*

18 Y El respondió: Id a la ciudad, a cierto *hombre*[a], y decidle: "El Maestro dice: 'Mi tiempo está cerca; *quiero* celebrar la Pascua en tu casa con mis discípulos.' " [a]*Mar. 14:13; Luc. 22:10*

19 Entonces los discípulos hicieron como Jesús les había mandado, y prepararon la Pascua.

Jesús identifica al traidor

20 [a]Al atardecer, estaba El sentado *a la mesa* con los doce discípulos. [a]*Mar. 14:17-21*

21 Y mientras comían, dijo: En verdad os digo que uno de vosotros me entregará[a]. [a]*Luc. 22:21-23; Juan 13:21, 22*

22 Y ellos, profundamente entristecidos, comenzaron a decirle uno por uno: ¿Acaso soy yo, Señor?

23 Respondiendo El, dijo: El que metió la mano conmigo en el plato, ése me entregará[a]. [a]*Juan 13:18-26*

24 El Hijo del Hombre se va, según está escrito de El[a]; pero ¡ay de aquel hombre por quien el Hijo del Hombre es entregado! Mejor le fuera a ese hombre no haber nacido. [a]*Mat. 26:31, 54, 56; Mar. 9:12*

25 Y respondiendo Judas[a], el que le iba a entregar, dijo: ¿Acaso soy yo, Rabí? *Y* El le dijo: Tú *lo* has dicho. [a]*Mat. 26:14*

Institución de la Cena del Señor

26 [a]Mientras comían, Jesús tomó pan, y habiéndo*lo* bendecido, *lo* partió, y dándose*lo* a los discípulos, dijo: Tomad, comed; esto es mi cuerpo. [a]*Mar. 14:22-25; Luc. 22:17-20*

27 Y tomando una copa, y habiendo dado gracias, se *la* dio, diciendo: Bebed todos de ella;

28 porque esto es mi sangre del nuevo pacto[a], que es derramada por muchos para el perdón de los pecados. [a]*Heb. 9:20*

29 Y os digo que desde ahora no beberé más de este fruto de la vid, hasta aquel día cuando lo beba nuevo con vosotros en el reino de mi Padre.

30 [a]Y después de cantar un himno, salieron hacia el monte de los Olivos. [a]*Mar. 14:26-31; Luc. 22:31-34*

Jesús predice la negación de Pedro

31 Entonces Jesús les dijo*: Esta noche todos vosotros os apartaréis por causa de mí, pues escrito está: "HERIRE AL PASTOR, Y LAS OVEJAS DEL REBAÑO SE DISPERSARAN[a]." [a]*Zac. 13:7; Juan 16:32*

32 Pero después de que yo haya resucitado, iré delante de vosotros a Galilea[a]. [a]*Mat. 28:7, 10, 16; Mar. 16:7*

33 Entonces Pedro, respondiendo, le dijo: Aunque todos se aparten por causa de ti, yo nunca me apartaré.

34 Jesús le dijo: En verdad te digo que esta

misma noche, antes que el gallo cante, me negarás tres veces[a]. [a]*Mat. 26:75; Mar. 14:30*

35 Pedro le dijo*: Aunque tenga que morir[a] contigo, jamás te negaré. Todos los discípulos dijeron también lo mismo. [a]*Juan 13:37*

Jesús en Getsemaní

36 [a]Entonces Jesús llegó* con ellos a un lugar que se llama Getsemaní, y dijo* a sus discípulos: Sentaos aquí mientras yo voy allá y oro. [a]*Mar. 14:32-42; Luc. 22:40-46*

37 Y tomando consigo a Pedro y a los dos hijos de Zebedeo[a], comenzó a entristecerse y a angustiarse. [a]*Mat. 4:21; 17:1*

38 Entonces les dijo*: Mi alma está muy afligida[a], hasta el punto de la muerte; quedaos aquí y velad conmigo. [a]*Juan 12:27*

39 Y adelantándose un poco, cayó sobre su rostro, orando y diciendo: Padre mío, si es posible, que pase de mí esta copa[a]; pero no sea como yo quiero, sino como tú *quieras*[b]. [a]*Mat. 20:22* [b]*Mat. 26:42*

40 Vino* entonces a los discípulos y los halló* durmiendo, y dijo* a Pedro: ¿Conque no pudisteis velar una hora conmigo[a]? [a]*Mat. 26:38*

41 Velad y orad para que no entréis en tentación; el espíritu está dispuesto, pero la carne es débil[a]. [a]*Mar. 14:38*

42 Apartándose de nuevo, oró por segunda vez, diciendo: Padre mío, si ésta no puede pasar sin que yo la beba, hágase tu voluntad[a]. [a]*Mat. 26:39; Mar. 14:36*

43 Y vino otra vez y los halló durmiendo, porque sus ojos estaban cargados *de sueño.*

44 Dejándolos de nuevo, se fue y oró por tercera vez, diciendo otra vez las mismas palabras.

45 Entonces vino* a los discípulos y les dijo*: ¿Todavía estáis durmiendo y descansando? He aquí, ha llegado la hora[a], y el Hijo del Hombre es entregado en manos de pecadores. [a]*Mar. 14:41; Juan 12:27*

46 ¡Levantaos! ¡Vamos! Mirad, está cerca el que me entrega.

Arresto de Jesús

47 [a]Mientras todavía estaba El hablando, he aquí, Judas, uno de los doce, llegó acompañado de una gran multitud con espadas y garrotes, de parte de los principales sacerdotes y de los ancianos del pueblo. [a]*Mar. 14:43-50; Luc. 22:47-53*

48 Y el que le entregaba les había dado una señal, diciendo: Al que yo bese, ése es; prendedle.

49 Y enseguida se acercó a Jesús y dijo: ¡Salve, Rabí! Y le besó. [a]*Mat. 23:7; 26:25*

50 Y Jesús le dijo: Amigo*, *haz* lo que viniste a hacer. Entonces ellos se acercaron, echaron mano a Jesús y le prendieron. [a]*Mat. 20:13; 22:12*

51 Y sucedió que uno de los que estaban con Jesús, extendiendo la mano, sacó su espada[a], e hiriendo al siervo del sumo sacerdote, le cortó la oreja. [a]*Luc. 22:38*

52 Entonces Jesús le dijo*: Vuelve tu espada a su sitio, porque todos los que tomen la espada, a espada perecerán[a]. [a]*Gén. 9:6; Apoc. 13:10*

53 ¿O piensas que no puedo rogar a mi Padre, y El pondría a mi disposición ahora mismo más de doce legiones[a] de ángeles[b]? [a]*Mar. 5:9, 15* [b]*Mat. 4:11*

54 Pero, ¿cómo se cumplirían entonces las Escrituras[a] de que así debe suceder? [a]*Mat. 26:24*

55 En aquel momento Jesús dijo a la muchedumbre: ¿Como contra un ladrón habéis salido con espadas y garrotes para arrestarme? Cada día solía sentarme en el templo para enseñar[a], y no me prendisteis. [a]*Mar. 12:35; 14:49*

56 Pero todo esto ha sucedido para que se cumplan las Escrituras[a] de los profetas. Entonces todos los discípulos le abandonaron y huyeron. [a]*Mat. 26:24*

Jesús ante el concilio

57 [a]Y los que prendieron a Jesús le llevaron ante el sumo sacerdote Caifás, donde estaban reunidos los escribas y los ancianos. [a]*Mar. 14:53-65; Juan 18:12, 13, 19-24*

58 Y Pedro le fue siguiendo de lejos[a] hasta el patio del sumo sacerdote[b], y entrando, se sentó con los alguaciles para ver el fin *de todo aquello.* [a]*Juan 18:15* [b]*Mat. 26:3*

59 Y los principales sacerdotes y todo el concilio[a] procuraban obtener falso testimonio contra Jesús, con el fin de darle muerte, [a]*Mat. 5:22*

60 y no *lo* hallaron a pesar de que se presentaron muchos falsos testigos. Pero más tarde se presentaron dos[a], [a]*Deut. 19:15*

61 que dijeron: Este declaró: "Yo puedo destruir el templo de Dios y en tres días reedificarlo." [a]*Mat. 27:40; Mar. 14:58*

62 Entonces el sumo sacerdote, levantándose, le dijo: ¿No respondes nada? ¿Qué testifican éstos contra ti?

63 Mas Jesús callaba. Y el sumo sacerdote le dijo[a]: Te conjuro por el Dios viviente que nos digas si tú eres el Cristo, el Hijo de Dios. [a]*Mat. 26:63-66; Luc. 22:67-71*

64 Jesús le dijo*: Tú *mismo* lo has dicho; sin embargo, os digo que desde ahora veréis AL HIJO DEL HOMBRE SENTADO A LA DIESTRA DEL PODER, Y VINIENDO SOBRE LAS NUBES DEL CIELO[a]. [a]*Dan. 7:13; Mat. 16:27, 28*

65 Entonces el sumo sacerdote rasgó sus vestiduras, diciendo: ¡Ha blasfemado! ¿Qué necesidad tenemos de más testigos[a]? He aquí, ahora mismo habéis oído la blasfemia; [a]*Núm. 14:6; Mar. 14:63*

66 ¿qué os parece? Ellos respondieron y dijeron: ¡Es reo de muerte[a]! [a]Lev. 24:16; Juan 19:7

67 Entonces le escupieron en el rostro y le dieron de puñetazos; y otros le abofeteaban[a]. [a]Mat. 26:67, 68; 27:30

68 diciendo: Adivina, Cristo, ¿quién es el que te ha golpeado[a]? [a]Mar. 14:65; Luc. 22:64

La negación de Pedro

69 [a]Pedro estaba sentado fuera en el patio, y una sirvienta se le acercó y dijo: Tú también estabas con Jesús el galileo. [a]Mar. 14:66-72; Luc. 22:55-62

70 Pero él lo negó delante de todos ellos, diciendo: No sé de qué hablas.

71 Cuando salió al portal, lo vio otra sirvienta y dijo* a los que estaban allí: Este estaba con Jesús el nazareno.

72 Y otra vez él lo negó con juramento: ¡Yo no conozco a ese hombre!

73 Y un poco después se acercaron los que estaban allí y dijeron a Pedro: Seguro que tú también eres uno de ellos, porque aun tu manera de hablar te descubre[a]. [a]Mar. 14:70; Luc. 22:59

74 Entonces él comenzó a maldecir y a jurar: ¡Yo no conozco a ese hombre! Y al instante un gallo cantó.

75 Y Pedro se acordó de lo que Jesús había dicho: Antes que el gallo cante, me negarás tres veces[a]. Y saliendo fuera, lloró amargamente. [a]Mat. 26:34

Jesús es entregado a Pilato

27 Cuando llegó la mañana, todos los principales sacerdotes y los ancianos del pueblo celebraron consejo[a] contra Jesús para darle muerte. [a]Mar. 15:1; Luc. 22:66

2 Y después de atarle, le llevaron y le entregaron a Pilato, el gobernador[a]. [a]Luc. 3:1; 13:1

Muerte de Judas

3 Entonces Judas[a], el que le había entregado, viendo que Jesús había sido condenado, sintió remordimiento y devolvió las treinta piezas de plata[b] a los principales sacerdotes y a los ancianos, [a]Mat. 26:14 [b]Mat. 26:15

4 diciendo: He pecado entregando sangre inocente. Pero ellos dijeron: A nosotros, ¿qué? ¡Allá tú[a]! [a]Mat. 27:24

5 Y él, arrojando las piezas de plata en el santuario, se marchó; y fue y se ahorcó[a]. [a]Hech. 1:18

6 Y los principales sacerdotes tomaron las piezas de plata, y dijeron: No es lícito ponerlas en el tesoro del templo, puesto que es precio de sangre.

7 Y después de celebrar consejo, compraron con ellas el Campo del Alfarero para sepultura de los forasteros.

8 Por eso ese campo se ha llamado Campo de Sangre[a] hasta hoy. [a]Hech. 1:19

9 Entonces se cumplió lo anunciado por medio del profeta Jeremías, cuando dijo: [a]Y TOMARON LAS TREINTA PIEZAS DE PLATA, EL PRECIO DE AQUEL CUYO PRECIO HABIA SIDO FIJADO por los hijos de Israel; [a]Jer. 18:2; 19:2, 11

10 Y LAS DIERON POR EL CAMPO DEL ALFARERO, COMO EL SEÑOR ME HABIA ORDENADO.

Jesús ante Pilato

11 [a]Y Jesús compareció delante del gobernador, y éste le interrogó, diciendo: ¿Eres tú el Rey de los judíos? Y Jesús le dijo: Tú lo dices. [a]Mar. 15:2-5; Luc. 23:2, 3

12 Y al ser acusado por los principales sacerdotes y los ancianos, nada respondió[a]. [a]Mat. 26:63; Juan 19:9

13 Entonces Pilato le dijo*: ¿No oyes cuántas cosas testifican contra ti?

14 Y Jesús no le respondió ni a una sola pregunta, por lo que el gobernador estaba muy asombrado[a]. [a]Mat. 27:12; Mar. 15:5

Jesús o Barrabás

15 [a]Ahora bien, en cada fiesta, el gobernador acostumbraba soltar un preso al pueblo, el que ellos quisieran. [a]Mar. 15:6-15; Luc. 23:17-25

16 Y tenían entonces un preso famoso, llamado Barrabás.

17 Por lo cual, cuando ellos se reunieron, Pilato les dijo: ¿A quién queréis que os suelte: a Barrabás o a Jesús, llamado el Cristo[a]? [a]Mat. 1:16; 27:22

18 Porque él sabía que le habían entregado por envidia.

19 Y estando él sentado en el tribunal[a], su mujer le mandó aviso, diciendo: No tengas nada que ver con ese justo, porque hoy he sufrido mucho en sueños por causa de El. [a]Juan 19:13; Hech. 12:21

20 Pero los principales sacerdotes y los ancianos persuadieron a las multitudes que pidieran a Barrabás y que dieran muerte a Jesús[a]. [a]Hech. 3:14

21 Y respondiendo, el gobernador les dijo: ¿A cuál de los dos queréis que os suelte? Y ellos respondieron: A Barrabás.

22 Pilato les dijo*: ¿Qué haré entonces con Jesús, llamado el Cristo[a]? Todos dijeron*: ¡Sea crucificado! [a]Mat. 1:16

23 Y Pilato dijo: ¿Por qué? ¿Qué mal ha hecho? Pero ellos gritaban aún más, diciendo: ¡Sea crucificado!

24 Y viendo Pilato que no conseguía nada, sino que más bien se estaba formando un tumulto, tomó agua y se lavó las manos delante de la multitud, diciendo: Soy inocente de la sangre[a] de este justo; ¡allá vosotros! [a]Deut. 21:6-8

25 Y respondiendo todo el pueblo, dijo:

SAN MATEO 27

¡Caiga su sangre sobre nosotros[a] y sobre nuestros hijos! [a]*Jos. 2:19; Hech. 5:28*

26 Entonces les soltó a Barrabás, pero a Jesús, después de hacerle azotar, le entregó para que fuera crucificado[a]. [a]*Mar. 15:15; Luc. 23:16*

Los soldados se mofan de Jesús

27 [a]Entonces los soldados del gobernador llevaron a Jesús al Pretorio, y reunieron alrededor de El a toda la cohorte *romana*. [a]*Mar. 15:16-20*

28 Y desnudándole, le pusieron encima un manto de escarlata[a]. [a]*Mar. 15:17; Juan 19:2*

29 Y tejiendo una corona de espinas, se la pusieron sobre su cabeza[a], y una caña en su *mano* derecha; y arrodillándose delante de El, le hacían burla, diciendo: ¡Salve, Rey de los judíos! [a]*Mar. 15:17; Juan 19:2*

30 Y escupiéndole[a], tomaban la caña y le golpeaban en la cabeza. [a]*Mat. 26:67; Mar. 10:34*

31 Después de haberse burlado de El, le quitaron el manto, le pusieron sus ropas y le llevaron para crucificar*le*[a]. [a]*Mar. 15:20*

32 [a]Y cuando salían, hallaron a un hombre de Cirene llamado Simón, al cual obligaron a que llevara la cruz. [a]*Mar. 15:21; Luc. 23:26*

La crucifixión

33 [a]Cuando llegaron a un lugar llamado Gólgota, que significa Lugar de la Calavera, [a]*Mar. 15:22-32; Luc. 23:33-43*

34 le dieron a beber vino mezclado con hiel[a]; pero después de probar*lo*, no *lo* quiso beber. [a]*Sal. 69:21*

35 Y habiéndole crucificado, se repartieron sus vestidos, echando suertes[a]; [a]*Sal. 22:18*

36 y sentados, le custodiaban allí[a]. [a]*Mat. 27:54*

37 Y pusieron sobre su cabeza la acusación contra El, que decía: ESTE ES JESUS, EL REY DE LOS JUDIOS[a]. [a]*Mar. 15:26; Luc. 23:38*

38 Entonces fueron crucificados* con El dos ladrones, uno a la derecha y otro a la izquierda.

39 Los que pasaban le injuriaban, meneando la cabeza[a] [a]*Job 16:4; Sal. 22:7*

40 y diciendo: Tú que destruyes el templo y en tres días lo reedificas[a], sálvate a ti mismo, si eres el Hijo de Dios, y desciende de la cruz[b]. [a]*Mat. 26:61* [b]*Mat. 27:42*

41 De igual manera, también los principales sacerdotes, junto con los escribas y los ancianos, burlándose *de El*, decían:

42 A otros salvó; a sí mismo no puede salvarse[a]. Rey de Israel es; que baje ahora de la cruz, y creeremos en El. [a]*Mar. 15:31; Luc. 23:35*

43 EN DIOS CONFIA; QUE *le* LIBRE ahora SI EL LE QUIERE[a]; porque ha dicho: "Yo soy el Hijo de Dios." [a]*Sal. 22:8*

44 En la misma forma le injuriaban también los ladrones que habían sido crucificados con El[a]. [a]*Luc. 23:39-43*

Muerte de Jesús

45 [a]Y desde la hora sexta hubo oscuridad sobre toda la tierra hasta la hora novena. [a]*Mar. 15:33-41; Luc. 23:44-49*

46 Y alrededor de la hora novena, Jesús exclamó a gran voz, diciendo: ELI, ELI, ¿LEMA SABACTANI? Esto es: DIOS MIO, DIOS MIO, ¿POR QUE ME HAS ABANDONADO?[a]. [a]*Sal. 22:1*

47 Algunos de los que estaban allí, al oírlo, decían: Este llama a Elías.

48 Y al instante, uno de ellos corrió, y tomando una esponja, la empapó en vinagre, y poniéndola en una caña, le dio a beber[a]. [a]*Mar. 15:36; Luc. 23:36*

49 Pero los otros dijeron: Deja, veamos si Elías viene a salvarle.

50 Entonces Jesús, clamando otra vez a gran voz, exhaló el espíritu[a]. [a]*Mar. 15:37; Luc. 23:46*

51 [a]Y he aquí, el velo del templo se rasgó en dos, de arriba abajo[b], y la tierra tembló y las rocas se partieron; [a]*Mar. 15:38-41* [b]*Ex. 26:31*

52 y los sepulcros se abrieron, y los cuerpos de muchos santos que habían dormido[a] resucitaron; [a]*Hech. 7:60*

53 y saliendo de los sepulcros, después de la resurrección de Jesús, entraron en la santa ciudad[a] y se aparecieron a muchos. [a]*Mat. 4:5*

54 El centurión y los que estaban con él custodiando a Jesús[a], cuando vieron el terremoto y las cosas que sucedían, se asustaron mucho, y dijeron: En verdad éste era Hijo de Dios. [a]*Mat. 27:36*

55 Y muchas mujeres[a] que habían seguido a Jesús desde Galilea para servirle, estaban allí, mirando de lejos; [a]*Mar. 15:40, 41; Luc. 23:49*

56 entre las cuales estaban María Magdalena, María la madre de Jacobo y de José[a], y la madre de los hijos de Zebedeo. [a]*Mat. 28:1; Mar. 15:40, 47*

Sepultura de Jesús

57 [a]Y al atardecer, vino un hombre rico de Arimatea, llamado José, que también se había convertido en discípulo de Jesús. [a]*Mar. 15:42-47; Luc. 23:50-56*

58 Este se presentó a Pilato y le pidió el cuerpo de Jesús. Entonces Pilato ordenó que *se lo* entregaran.

59 Tomando José el cuerpo, lo envolvió en un lienzo limpio de lino,

60 y lo puso en su sepulcro nuevo que él había excavado en la roca, y después de rodar una piedra grande[a] a la entrada del sepulcro, se fue. [a]*Mat. 27:66; 28:2*

61 Y María Magdalena estaba allí, y la otra María[a], sentadas frente al sepulcro. [a]*Mat. 27:56; 28:1*

Guardias en la tumba

62 Al día siguiente, que es *el día* después de la preparación[a], se reunieron ante Pilato los principales sacerdotes y los fariseos,
[a]*Mar. 15:42; Luc. 23:54*

63 y le dijeron: Señor, nos acordamos que cuando aquel engañador aún vivía, dijo: "Después de tres días resucitaré[a]." [a]*Mat. 16:21; 17:23*

64 Por eso, ordena que el sepulcro quede asegurado hasta el tercer día, no sea que vengan sus discípulos, se lo roben, y digan al pueblo: "Ha resucitado de entre los muertos"; y el último engaño será peor que el primero.

65 Pilato les dijo: Una guardia[a] tenéis; id, aseguradla como vosotros sabéis. [a]*Mat. 27:66; 28:11*

66 Y fueron y aseguraron el sepulcro; y además de poner la guardia, sellaron[a] la piedra.
[a]*Dan. 6:17*

La resurrección

28 [a]Pasado el día de reposo, al amanecer del primer *día* de la semana, María Magdalena y la otra María vinieron a ver el sepulcro. [a]*Mar. 16:1-8; Luc. 24:1-10*

2 Y he aquí, se produjo un gran terremoto, porque un ángel del Señor[a] descendiendo del cielo, y acercándose, removió la piedra[b] y se sentó sobre ella. [a]*Luc. 24:4* [b]*Mat. 27:66*

3 Su aspecto era como un relámpago, y su vestidura blanca como la nieve[a]; [a]*Dan. 7:9; 10:6*

4 y de miedo a él los guardias temblaron y se quedaron como muertos.

5 Y hablando el ángel, dijo a las mujeres: Vosotras, no temáis; porque yo sé que buscáis a Jesús, el que fue crucificado. [a]*Mat. 14:27; 28:10*

6 No está aquí, porque ha resucitado, tal como dijo[a]. Venid, ved el lugar donde yacía.
[a]*Mat. 12:40; 16:21*

7 E id pronto, y decid a sus discípulos que El ha resucitado de entre los muertos; y he aquí, El va delante de vosotros a Galilea[a]; allí le veréis. He aquí, os *lo* he dicho. [a]*Mat. 26:32; 28:10, 16*

8 Y ellas, alejándose a toda prisa del sepulcro con temor y gran gozo, corrieron a dar las noticias a sus discípulos.

9 Y he aquí que Jesús les salió al encuentro, diciendo: ¡Salve! Y ellas, acercándose, abrazaron sus pies y le adoraron.

10 Entonces Jesús les dijo*: No temáis. Id, avisad a mis hermanos[a] que vayan a Galilea, y allí me verán. [a]*Juan 20:17; Rom. 8:29*

Informe de los guardias

11 Y mientras ellas iban, he aquí, algunos de la guardia[a] fueron a la ciudad e informaron a los principales sacerdotes de todo lo que había sucedido. [a]*Mat. 27:65, 66*

12 Y después de reunirse con los ancianos y deliberar con ellos, dieron una gran cantidad de dinero a los soldados,

13 diciendo: Decid *esto:* "Sus discípulos vinieron de noche y robaron el cuerpo mientras nosotros dormíamos."

14 Y si esto llega a oídos del gobernador[a], nosotros lo convenceremos y os evitaremos dificultades. [a]*Mat. 27:2*

15 Ellos tomaron el dinero e hicieron como se les había instruido. Y este dicho se divulgó extensamente entre los judíos[a] hasta hoy.
[a]*Mat. 9:31; Mar. 1:45*

La gran comisión

16 Pero los once discípulos se fueron a Galilea[a], al monte que Jesús les había señalado.
[a]*Mat. 26:32; 28:7, 10*

17 Cuando le vieron, *le* adoraron; mas algunos dudaron[a]. [a]*Mar. 16:11*

18 Y acercándose Jesús, les habló, diciendo: Toda autoridad me ha sido dada en el cielo y en la tierra[a]. [a]*Dan. 7:13, 14; Mat. 11:27*

19 Id, pues, y haced discípulos de todas las naciones[a], bautizándolos en el nombre del Padre y del Hijo y del Espíritu Santo,
[a]*Mat. 25:32; Luc. 24:47*

20 enseñándoles a guardar todo lo que os he mandado; y he aquí, yo estoy con vosotros[a] todos los días, hasta el fin del mundo.
[a]*Mat. 18:20; Hech. 18:10*

El Evangelio de Jesucristo Según
SAN MARCOS

Predicación de Juan el Bautista

1 Principio del evangelio de Jesucristo, Hijo de Dios[a]. [a]Mat. 4:3

2 [a]Como está escrito en el profeta Isaías:
HE AQUI, YO ENVIO MI MENSAJERO DELANTE
DE TU FAZ,
EL CUAL PREPARARA TU CAMINO. [a]Mat. 3:1-11;
Luc. 3:2-16

3 VOZ DEL QUE CLAMA EN EL DESIERTO:
"PREPARAD EL CAMINO DEL SEÑOR,
HACED DERECHAS SUS SENDAS[a]." [a]Isa. 40:3;
Mat. 3:3

4 Juan el Bautista apareció en el desierto predicando el bautismo de arrepentimiento[a] para el perdón de pecados[b]. [a]Hech. 13:24 [b]Luc. 1:77

5 Y acudía a él toda la región de Judea, y toda la gente de Jerusalén, y confesando sus pecados, eran bautizados por él en el río Jordán.

6 Juan estaba vestido de pelo de camello, tenía un cinto de cuero[a] a la cintura, y comía langostas y miel silvestre. [a]2 Rey. 1:8

7 Y predicaba, diciendo: Tras mí viene uno que es más poderoso que yo, a quien no soy digno de desatar, inclinándome, la correa de sus sandalias.

8 Yo os bauticé con agua, pero El os bautizará con el Espíritu Santo.

Bautismo y tentación de Jesús

9 [a]Y sucedió en aquellos días que Jesús vino de Nazaret de Galilea, y fue bautizado por Juan en el Jordán. [a]Mat. 3:13-17; Luc. 3:21, 22

10 E inmediatamente, al salir del agua, vio que los cielos se abrían, y que el Espíritu como paloma descendía sobre El;

11 y vino una voz de los cielos, que decía: Tú eres mi Hijo amado, en ti me he complacido[a]. [a]Sal. 2:7; Isa. 42:1

12 [a]Enseguida el Espíritu le impulsó* a ir al desierto. [a]Mat. 4:1-11; Luc. 4:1-13

13 Y estuvo en el desierto cuarenta días, siendo tentado por Satanás[a]; y estaba entre las fieras, y los ángeles le servían. [a]Mat. 4:10

Jesús principia su ministerio

14 Después que Juan había sido encarcelado, Jesús vino a Galilea[a] proclamando el evangelio[b] de Dios, [a]Mat. 4:12 [b]Mat. 4:23

15 y diciendo: El tiempo se ha cumplido[a] y el reino de Dios se ha acercado; arrepentíos y creed en el evangelio. [a]Gál. 4:4; Ef. 1:10

Llamamiento de los primeros discípulos

16 [a]Mientras caminaba junto al mar de Galilea, vio a Simón y a Andrés, hermano de Simón, echando una red en el mar, porque eran pescadores. [a]Mat. 4:18-22; Luc. 5:2-11

17 Y Jesús les dijo: Seguidme, y yo haré que seáis pescadores de hombres.

18 Y dejando al instante las redes, le siguieron.

19 Yendo un poco más adelante vio a Jacobo, el hijo de Zebedeo, y a su hermano Juan, los cuales estaban también en la barca, remendando las redes.

20 Y al instante los llamó; y ellos, dejando a su padre Zebedeo en la barca con los jornaleros, se fueron tras El.

Jesús enseña en Capernaúm

21 [a]Entraron* en Capernaúm; y enseguida, en el día de reposo entrando Jesús en la sinagoga comenzó a enseñar. [a]Luc. 4:31-37

22 Y se admiraban de su enseñanza[a]; porque les enseñaba como quien tiene autoridad, y no como los escribas. [a]Mat. 7:28

23 Y he aquí estaba en la sinagoga de ellos un hombre con un espíritu inmundo, el cual comenzó a gritar,

24 diciendo: ¿Qué tenemos que ver contigo[a], Jesús de Nazaret? ¿Has venido a destruirnos? Yo sé quién eres: el Santo de Dios[b]. [a]Mat. 8:29 [b]Luc. 1:35

25 Jesús lo reprendió, diciendo: ¡Cállate, y sal de él!

26 Entonces el espíritu inmundo, causándole convulsiones, gritó a gran voz y salió de él.

27 Y todos se asombraron[a] de tal manera que discutían entre sí, diciendo: ¿Qué es esto? ¡Una enseñanza nueva con autoridad! El manda aun a los espíritus inmundos y le obedecen. [a]Mar. 10:24, 32; 16:5, 6

28 Y enseguida su fama se extendió por todas partes, por toda la región alrededor de Galilea.

Jesús sana a la suegra de Simón y a muchos otros

29 [a]Inmediatamente después de haber salido de la sinagoga, fueron a casa de Simón y Andrés, con Jacobo y Juan. [a]Mat. 8:14, 15; Luc. 4:38, 39

30 Y la suegra de Simón yacía enferma con fiebre; y enseguida le hablaron* de ella.

31 Jesús se le acercó, y tomándola de la mano la levantó; y la fiebre la dejó; y ella les servía.

32 [a]A la caída de la tarde, después de la puesta del sol, le trajeron todos los que estaban enfermos y los endemoniados. [a]Mat. 8:16, 17; Luc. 4:40, 41

33 Y toda la ciudad[a] se había amontonado a la puerta. [a]Mar. 1:21

34 Y sanó a muchos que estaban enfermos de diversas enfermedades[a], y expulsó muchos demonios; y no dejaba hablar a los demonios, porque ellos sabían quién era El. [a]Mat. 4:23

Jesús recorre Galilea

35 [a]Levantándose muy de mañana, cuando todavía estaba oscuro, salió, y se fue a un lugar solitario, y allí oraba. [a]Luc. 4:42, 43

36 Y Simón y sus compañeros salieron a buscarle;

37 le encontraron y le dijeron*: Todos te buscan.

38 Y El les dijo*: Vamos a otro lugar, a los pueblos vecinos, para que predique también allí, porque para eso he salido.

39 Y fue por toda Galilea, predicando en sus sinagogas[a] y expulsando demonios. [a]Mat. 4:23; 9:35

Curación de un leproso

40 [a]Y vino* a El un leproso rogándole, y arrodillándose le dijo: Si quieres, puedes limpiarme. [a]Mat. 8:2-4; Luc. 5:12-14

41 Movido a compasión, extendiendo Jesús la mano, lo tocó, y le dijo*: Quiero; sé limpio.

42 Y al instante la lepra lo dejó y quedó limpio.

43 Entonces Jesús lo amonestó severamente y enseguida lo despidió,

44 y le dijo*: Mira, no digas nada a nadie, sino ve, muéstrate al sacerdote y ofrece por tu limpieza lo que Moisés ordenó, para testimonio a ellos[a]. [a]Lev. 14:1-32; Mat. 8:4

45 Pero él, en cuanto salió comenzó a proclamarlo abiertamente y a divulgar el hecho[a], a tal punto que Jesús ya no podía entrar públicamente en ciudad alguna, sino que se quedaba fuera en lugares despoblados; y venían a El de todas partes. [a]Mat. 28:15; Luc. 5:15

Curación de un paralítico

2 Habiendo entrado de nuevo en Capernaúm varios días después, se oyó que estaba en casa.

2 Y se reunieron muchos[a], tanto que ya no había lugar ni aun a la puerta; y El les exponía la palabra. [a]Mar. 1:45; 2:13

3 [a]Entonces vinieron* a traerle un paralítico llevado entre cuatro. [a]Mat. 9:2-8; Luc. 5:18-26

4 Y como no pudieron acercarse a El a causa de la multitud, levantaron el techo encima de donde El estaba; y cuando habían hecho una abertura, bajaron la camilla[b] en que yacía el paralítico[b]. [a]Luc. 5:19 [b]Mat. 4:24

5 Viendo Jesús la fe de ellos, dijo* al paralítico: Hijo, tus pecados te son perdonados[a]. [a]Mat. 9:2

6 Pero estaban allí sentados algunos de los escribas, los cuales pensaban en sus corazones:

7 ¿Por qué habla éste así? Está blasfemando; ¿quién puede perdonar pecados, sino sólo Dios[a]? [a]Isa. 43:25

8 Y al instante Jesús, conociendo en su espíritu que pensaban de esa manera dentro de sí mismos, les dijo*: ¿Por qué pensáis estas cosas en vuestros corazones?

9 ¿Qué es más fácil, decir al paralítico[a]: "Tus pecados te son perdonados", o decirle: "Levántate, toma tu camilla y anda"? [a]Mat. 4:24

10 Pues para que sepáis que el Hijo del Hombre tiene autoridad en la tierra para perdonar pecados (dijo* al paralítico):

11 A ti te digo: Levántate, toma tu camilla y vete a tu casa.

12 Y él se levantó, y tomando al instante la camilla, salió a vista de todos, de manera que todos estaban asombrados, y glorificaban a Dios[a], diciendo: Jamás hemos visto cosa semejante[b]. [a]Mat. 9:8 [b]Mat. 9:33

Llamamiento de Leví y la cena en su casa

13 Y El salió de nuevo a la orilla del mar, y toda la multitud venía a El[a], y les enseñaba. [a]Mar. 1:45

14 [a]Y al pasar, vio a Leví, hijo de Alfeo, sentado en la oficina de los tributos, y le dijo*: Sígueme. Y levantándose, le siguió. [a]Mat. 9:9-13; Luc. 5:27-32

15 Y sucedió que estando Jesús sentado a la mesa en casa de él, muchos recaudadores de impuestos y pecadores estaban comiendo con Jesús y sus discípulos; porque había muchos de ellos que le seguían.

16 Al ver los escribas de los fariseos[a] que El comía con pecadores y recaudadores de impuestos, decían a sus discípulos: ¿Por qué El come y bebe con recaudadores de impuestos y pecadores? [a]Luc. 5:30; Hech. 23:9

17 Al oír esto, Jesús les dijo*: Los que están sanos no tienen necesidad de médico, sino los que están enfermos; no he venido a llamar a justos, sino a pecadores[a]. [a]Mat. 9:12, 13; Luc. 5:31, 32

Pregunta sobre el ayuno

18 [a]Los discípulos de Juan y los fariseos estaban ayunando; y vinieron* y le dijeron*: ¿Por qué ayunan los discípulos de Juan y los discípulos de los fariseos, pero tus discípulos no ayunan? [a]Mat. 9:14-17; Luc. 5:33-38

19 Y Jesús les dijo: ¿Acaso pueden ayunar los acompañantes del novio mientras el novio está con ellos? Mientras tienen al novio con ellos, no pueden ayunar.

20 Pero vendrán días cuando el novio les será quitado, y entonces ayunarán en aquel día[a]. [a]Mat. 9:15; Luc. 17:22

21 Nadie pone un remiendo de tela nueva en un vestido viejo, porque entonces el remiendo

al encogerse tira de él, lo nuevo de lo viejo, y se produce una rotura peor.

22 Y nadie echa vino nuevo en odres viejos, porque entonces el vino romperá el odre, y se pierde el vino y *también* los odres; sino que *se echa* vino nuevo en odres nuevos.

Jesús, Señor del día de reposo

23 [a]Y aconteció que un día de reposo Jesús pasaba por los sembrados, y sus discípulos, mientras se abrían paso, comenzaron a arrancar espigas. [a]*Mat. 12:1-8; Luc. 6:1-5*
24 Entonces los fariseos le decían: Mira, ¿por qué hacen lo que no es lícito en el día de reposo? [a]*Mat. 12:2*
25 Y El les dijo*: ¿Nunca habéis leído lo que David hizo cuando tuvo necesidad y sintió hambre, él y sus compañeros,
26 cómo entró en la casa de Dios en tiempos de Abiatar, *el* sumo sacerdote[a], y comió los panes consagrados que no es lícito *a nadie* comer, sino a los sacerdotes, y dio también a los que estaban con él? [a]*1 Sam. 21:1; 2 Sam. 8:17*
27 Y El les decía: El día de reposo se hizo para el hombre[a], y no el hombre para el día de reposo. [a]*Ex. 23:12; Deut. 5:14*
28 Por tanto, el Hijo del Hombre es Señor aun del día de reposo.

Jesús sana al hombre de la mano seca

3 [a]Otra vez entró *Jesús* en una sinagoga; y había allí un hombre que tenía una mano seca. [a]*Mat. 12:9-14; Luc. 6:6-11*
2 Y le observaban *para ver* si le sanaba en el día de reposo, para poder acusarle[a]. [a]*Mat. 12:10; Luc. 6:7*
3 Y dijo* al hombre que tenía la mano seca: Levántate y *ponte aquí* en medio.
4 Entonces les dijo*: ¿Es lícito en el día de reposo hacer bien o hacer mal, salvar una vida o matar? Pero ellos guardaban silencio.
5 Y mirándolos en torno con enojo, entristecido por la dureza de sus corazones, dijo* al hombre: Extiende tu mano. Y él la extendió, y su mano quedó sana[a]. [a]*Luc. 6:10*
6 Pero cuando los fariseos salieron, enseguida *comenzaron a* tramar con los herodianos[a] en contra de Jesús, *para ver* cómo podrían destruirle. [a]*Mat. 22:16; Mar. 12:13*

Las multitudes siguen a Jesús

7 [a]Jesús se retiró al mar con sus discípulos; y una gran multitud de Galilea *le* siguió; y *también* de Judea, [a]*Mat. 12:15, 16; Luc. 6:17-19*
8 de Jerusalén, de Idumea[a], del otro lado del Jordán, y de los alrededores de Tiro y Sidón; una gran multitud, *que* al oír todo lo que *Jesús* hacía, vino a El. [a]*Jos. 15:1, 21; Ezeq. 35:15*
9 Y dijo a sus discípulos que le tuvieran lista una barca por causa de la multitud[a], para que no le oprimieran; [a]*Mar. 4:1; Luc. 5:1-3*

10 porque había sanado a muchos[a], de manera que todos los que tenían aflicciones se le echaban encima para tocarle[b]. [a]*Mat. 4:23* [b]*Mat. 9:21*
11 Y siempre que los espíritus inmundos le veían, caían delante de El y gritaban, diciendo: Tú eres el Hijo de Dios[a]. [a]*Mat. 4:3*
12 Y les advertía con insistencia que no revelaran su identidad[a]. [a]*Mat. 8:4*

Designación de los doce apóstoles

13 Y subió* al monte[a], llamó* a los que El quiso, y ellos vinieron a El. [a]*Mat. 5:1; Luc. 6:12*
14 Y designó a doce, para que estuvieran con El y para enviarlos a predicar,
15 y para que tuvieran autoridad de expulsar demonios.
16 Designó a los doce: [a]Simón (a quien puso por nombre Pedro), [a]*Mat. 10:2-4; Luc. 6:14-16*
17 Jacobo, *hijo* de Zebedeo, y Juan hermano de Jacobo (a quienes puso por nombre Boanerges, que significa, hijos del trueno);
18 Andrés, Felipe, Bartolomé, Mateo, Tomás, Jacobo, *hijo* de Alfeo, Tadeo, Simón el cananita;
19 y Judas Iscariote, el que también le entregó.

Jesús y Beelzebú

20 *Jesús* llegó* a una casa[a], y la multitud se juntó* de nuevo, a tal punto que ellos ni siquiera podían comer. [a]*Mar. 2:1; 7:17*
21 Cuando sus parientes oyeron *esto,* fueron para hacerse cargo de El, porque decían: Está fuera de sí[a]. [a]*Juan 10:20; Hech. 26:24*
22 Y los escribas que habían descendido de Jerusalén decían: Tiene a Beelzebú[a]; y: Expulsa los demonios por el príncipe de los demonios[b]. [a]*Mat. 10:25* [b]*Mat. 9:34*
23 [a]Y llamándolos junto a sí, les hablaba en parábolas: ¿Cómo puede Satanás expulsar a Satanás? [a]*Mat. 12:25-29; Luc. 11:17-22*
24 Y si un reino está dividido contra sí mismo, ese reino no puede perdurar.
25 Y si una casa está dividida contra sí misma, esa casa no podrá permanecer.
26 Y si Satanás[a] se ha levantado contra sí mismo y está dividido, no puede permanecer, sino que ha llegado su fin. [a]*Mar. 4:10*
27 Pero nadie puede entrar en la casa de un *hombre* fuerte y saquear sus bienes si primero no lo ata; entonces podrá saquear su casa[a]. [a]*Isa. 49:24, 25*
28 En verdad os digo que todos los pecados serán perdonados a los hijos de los hombres[a], y las blasfemias con que blasfemen, [a]*Mat. 12:31, 32; Mar. 3:28-30*
29 pero cualquiera que blasfeme contra el Espíritu Santo no tiene jamás perdón[a], sino que es culpable de pecado eterno. [a]*Luc. 12:10*
30 Porque decían: Tiene un espíritu inmundo.

La madre y los hermanos de Jesús

31 ªEntonces llegaron* su madre y sus hermanos, y quedándose afuera, le mandaron llamar. ªMat. 12:46-50; Luc. 8:19-21

32 Y había una multitud sentada alrededor de El, y le dijeron*: He aquí, tu madre y tus hermanos están afuera y te buscan.

33 Respondiéndoles El, dijo*: ¿Quiénes son mi madre y mis hermanos?

34 Y mirando en torno a los que estaban sentados en círculo, a su alrededor, dijo*: He aquí mi madre y mis hermanosª. ªMat. 12:49

35 *Porque* cualquiera que hace la voluntad de Diosª, ése es mi hermano y mi hermana y mi madre. ªEf. 6:6; Heb. 10:36

Parábola del sembrador

4 ªComenzó a enseñar de nuevo junto al mar; y se llegó a El una multitud tan grande que tuvo que subirse a una barca *que estaba* en el mar, y se sentó; y toda la multitud estaba en tierra a la orilla del mar. ªMat. 13:1-15; Luc. 8:4-10

2 Les enseñaba muchas cosas en parábolasª; y les decía en su enseñanza: ªMat. 13:3; Mar. 3:23

3 ¡Oíd! He aquí, el sembrador salió a sembrar;

4 y aconteció que al sembrar, una parte *de la semilla* cayó junto al camino, y vinieron las aves y se la comieron.

5 Otra *parte* cayó en un pedregal donde no tenía mucha tierra; y enseguida brotó por no tener profundidad de tierra.

6 Pero cuando salió el sol, se quemó; y por no tener raíz, se secó.

7 Otra *parte* cayó entre espinos, y los espinos crecieron y la ahogaron, y no dio fruto.

8 Y otras *semillas* cayeron en buena tierra, y creciendo y desarrollándose, dieron fruto, y produjeron unas a treinta, otras a sesenta y otras a ciento por uno.

9 Y El decía: El que tiene oídos para oír, que oigaª. ªMat. 11:15; Mar. 4:23

Explicación de la parábola

10 Cuando se quedó solo, sus seguidores junto con los doce, le preguntaban *sobre* las parábolas.

11 Y les decía: A vosotros os ha sido dado el misterio del reino de Dios, pero los que están afueraª reciben todo en parábolas; ª1 Cor. 5:12, 13; Col. 4:5

12 para que VIENDO VEAN PERO NO PERCIBAN, Y OYENDO OIGAN PERO NO ENTIENDAN, NO SEA QUE SE CONVIERTAN Y SEAN PERDONADOSª. ªIsa. 6:9, 10; 43:8

13 ªY les dijo*: ¿No entendéis esta parábola? ¿Cómo, pues, comprenderéis todas las parábolas? ªMat. 13:18-23; Luc. 8:11-15

14 El sembrador siembra la palabra.

15 Y estos son los que están junto al camino donde se siembra la palabra, *aquellos* que en cuanto *la* oyen, al instante viene Satanásª y se lleva la palabra que se ha sembrado en ellos. ªMat. 4:10; 1 Ped. 5:8

16 Y de igual manera, estos en que se sembró la semilla en pedregales son los que al oír la palabra enseguida la reciben con gozo;

17 pero no tienen raíz *profunda* en sí mismos, sino que *sólo* son temporales. Entonces, cuando viene la aflicción o la persecución por causa de la palabra, enseguida tropiezan y *caen.*

18 Otros son aquellos en los que se sembró la semilla entre los espinos; éstos son los que han oído la palabra,

19 pero las preocupaciones del mundo, y el engaño de las riquezas, y los deseos de las demás cosas entran y ahogan la palabra, y se vuelve estérilª. ªProv. 23:4; Mat. 13:22

20 Y otros son aquellos en que se sembró la semilla en tierra buena; los cuales oyen la palabra, la aceptan y dan fruto, unos a treinta, otros a sesenta y otros a ciento por unoª. ªJuan 15:2; Rom. 7:4

21 Y les decía: ¿Acaso se trae una lámpara para ponerla debajo de un almud o debajo de la cama? ¿No es para ponerla en el candeleroª? ªMat. 5:15; Luc. 8:16

22 Porque nada hay oculto, si no es para que sea manifestado; ni *nada* ha estado en secreto, sino para que salga a la luzª. ªMat. 10:26; Luc. 8:17

23 Si alguno tiene oídos para oír, que oigaª. ªMat. 11:15; 13:9, 43

24 También les decía: Cuidaos de lo que oís. Con la medida con que midáis, se os mediráª, y aun más se os dará. ªMat. 7:2; Luc. 6:38

25 Porque al que tiene, se le dará *más,* pero al que no tiene, aun lo que tiene se le quitaráª. ªMat. 13:12; 25:29

Parábola del crecimiento de la semilla

26 Decía también: El reino de Dios es como un hombre que echa semilla en la tierraª, ªMat. 13:24-30; Mar. 4:26-29

27 y se acuesta y se levanta, de noche y de día, y la semilla brota y crece; cómo, él no lo sabe.

28 La tierra produce fruto por sí misma; primero la hoja, luego la espiga, y después el grano maduro en la espiga.

29 Y cuando el fruto lo permite, él enseguida mete la hozª, porque ha llegado *el tiempo de* la siega. ªJoel 3:13

Parábola del grano de mostaza

30 ªTambién decía: ¿A qué compararemos el reino de Dios, o con qué parábola lo describiremos? ªMat. 13:31, 32; Luc. 13:18, 19

31 *Es* como un grano de mostaza, el cual, cuando se siembra en la tierra, aunque es más pequeño que todas las semillas que hay en la tierra,

32 sin embargo, cuando es sembrado, crece y llega a ser más grande que todas las hortalizas y echa grandes ramas, tanto que LAS AVES DEL CIELO puden ANIDAR BAJO SU SOMBRAª. ªSal. 104:12; Ezeq. 17:23

33 Con muchas parábolas como éstas les hablaba la palabra, según podían oír*la;*

34 y sin parábolasª no les hablaba, sino que lo explicaba todo en privado a sus propios discípulos. ªMat. 13:34; Juan 10:6

Jesús calma la tempestad

35 ªEse día, caída ya la tarde, les dijo*: Pasemos al otro lado. ªMat. 8:18, 23-27; Luc. 8:22, 25

36 Despidiendo a la multitud, le llevaron* con ellos en la barcaª, como estaba; y había otras barcas con El. ªMar. 3:9; 4:1

37 Pero se levantó* una violenta tempestad, y las olas se lanzaban sobre la barca de tal manera que ya se anegaba la barca.

38 El estaba en la popa, durmiendo sobre un cabezal; entonces le despertaron* y le dijeron*: Maestro, ¿no te importa que perezcamos?

39 Y levantándose, reprendió al viento, y dijo al mar: ¡Cálmate, sosiégate! Y el viento cesó, y sobrevino una gran calmaª. ªSal. 65:7; 89:9

40 Entonces les dijo: ¿Por qué estáis amedrentados? ¿Cómo no tenéis feª? ªMat. 14:31; Luc. 8:25

41 Y se llenaron de gran temor, y se decían unos a otros: ¿Quién, pues, es éste que aun el viento y el mar le obedecen?

El endemoniado gadareno

5 ªY llegaron al otro lado del mar, a la tierra de los gadarenos. ªMat. 8:28-34; Luc. 8:26-37

2 Y cuando El salió de la barcaª, enseguida vino a su encuentro, de entre los sepulcros, un hombre con un espíritu inmundo ªMar. 3:9; 4:1, 36

3 que tenía su morada entre los sepulcros; y nadie podía ya atarlo ni aun con cadenas;

4 porque muchas veces había sido atado con grillos y cadenas, pero él había roto las cadenas y destrozado los grillos, y nadie era tan fuerte como para dominarlo.

5 Y siempre, noche y día, andaba entre los sepulcros y en los montes dando gritos e hiriéndose con piedras.

6 Cuando vio a Jesús de lejos, corrió y se postró delante de El;

7 y gritando a gran voz, dijo*: ¿Qué tengo yo que ver contigo, Jesús, Hijo del Diosª Altísimo? Te imploro por Dios que no me atormentesᵇ. ªMat. 4:3 ᵇLuc. 8:28

8 Porque *Jesús* le decía: Sal del hombre, espíritu inmundo.

9 Y le preguntó: ¿Cómo te llamas? Y él le dijo*: Me llamo Legiónª, porque somos muchos. ªMat. 26:53; Mar. 5:15

10 Entonces le rogaba con insistencia que no los enviara fuera de la tierra.

11 Y había allí una gran piara de cerdos paciendo junto al monte.

12 Y *los demonios* le rogaron, diciendo: Envíanos a los cerdos para que entremos en ellos.

13 Y El les dio permiso. Y saliendo los espíritus inmundos, entraron en los cerdos; y la piara, unos dos mil, se precipitó por un despeñadero al mar, y en el mar se ahogaron.

14 Y los que cuidaban los cerdos huyeron y lo contaron en la ciudad y por los campos. Y *la gente* vino a ver qué era lo que había sucedido.

15 Y vinieron* a Jesús, y vieron* al que había estado endemoniado, sentado, vestido y en su cabal juicio, el *mismo* que había tenido la legiónª; y tuvieron miedoᵇ. ªMar. 5:9 ᵇLuc. 8:35

16 Y los que lo habían visto les describieron cómo le había sucedido *esto* al endemoniadoª, y lo de los cerdos. ªMat. 4:24; Mar. 5:15

17 Y comenzaron a rogarle que se fuera de su comarcaª. ªMat. 8:34; Hech. 16:39

18 ªAl entrar El en la barca, el que había estado endemoniado le rogaba que le dejara acompañarle. ªLuc. 8:38, 39

19 Pero *Jesús* no se lo permitió, sino que le dijo*: Vete a tu casa, a los tuyos, y cuéntales cuán grandes cosas el Señor ha hecho por ti, y *cómo* tuvo misericordia de tiª. ªLuc. 8:39

20 Y él se fue, y empezó a proclamar en Decápolisª cuán grandes cosas Jesús había hecho por él; y todos se quedaban maravillados. ªSal. 66:16; Mat. 4:25

Jairo ruega por su hija

21 Cuando Jesús pasó otra vez en la barcaª al otro lado, se reunió una gran multitud alrededor de El; y El se quedó junto al marᵇ. ªMar. 4:36 ᵇMar. 4:1

22 ªY vino uno de los oficiales de la sinagoga, llamado Jairo, y al verle se postró* a sus pies. ªMat. 9:18-26; Luc. 8:41-56

23 Y le rogaba* con insistencia, diciendo: Mi hijita está al borde de la muerte; *te ruego* que vengas y pongas las manos sobre ellaª para que sane y viva. ªMar. 6:5; 7:32

24 *Jesús* fue con él; y una gran multitud le seguía y le oprimía.

Jesús sana a una mujer

25 Y una mujer que había tenido flujo de sangre por doce años,

26 y había sufrido mucho a manos de muchos médicos, y había gastado todo lo que tenía sin provecho alguno, sino que al contrario, había empeorado;

27 cuando oyó hablar de Jesús, se llegó *a El* por detrás entre la multitud y tocó su manto.

28 Porque decía: Si tan sólo toco sus ropas, sanaré.

29 Al instante la fuente de su sangre se secó, y sintió en su cuerpo que estaba curada de su aflicción[a]. [a]*Mar. 3:10; 5:34*

30 Y enseguida Jesús, dándose cuenta de que había salido poder de El[a], volviéndose entre la gente, dijo: ¿Quién ha tocado mi ropa? [a]*Luc. 5:17*

31 Y sus discípulos le dijeron: Ves que la multitud te oprime, y dices: "¿Quién me ha tocado?"

32 Pero El miraba a su alrededor para ver a la *mujer* que le había tocado.

33 Entonces la mujer, temerosa y temblando, dándose cuenta de lo que le había sucedido, vino y se postró delante de El y le dijo toda la verdad.

34 Y *Jesús* le dijo: Hija, tu fe te ha sanado[a]; vete en paz[b] y queda sana de tu aflicción. [a]*Mat. 9:22* [b]*Luc. 7:50*

Jesús resucita a la hija de Jairo

35 Mientras estaba todavía hablando, vinieron* de *casa del* oficial de la sinagoga[a], diciendo: Tu hija ha muerto, ¿para qué molestas aún al Maestro? [a]*Mar. 5:22*

36 Pero Jesús, oyendo lo que se hablaba, dijo* al oficial de la sinagoga: No temas, cree solamente[a]. [a]*Luc. 8:50*

37 Y no permitió que nadie fuera con El sino *sólo* Pedro, Jacobo y Juan, el hermano de Jacobo[a]. [a]*Mat. 17:1; 26:37*

38 Fueron* a la casa del oficial de la sinagoga[a], y *Jesús* vio* el alboroto, y *a los que* lloraban y se lamentaban mucho. [a]*Mar. 5:22*

39 Y entrando les dijo*: ¿Por qué hacéis alboroto y lloráis? La niña no ha muerto, sino que está dormida.

40 Y se burlaban de El. Pero El, echando fuera a todos, tomó* consigo al padre y a la madre de la niña, y a los que estaban con El, y entró* donde estaba la niña.

41 Y tomando a la niña por la mano, le dijo*: Talita cumi (que traducido significa: Niña, a ti te digo, ¡levántate[a]!). [a]*Luc. 7:14; Hech. 9:40*

42 Al instante la niña se levantó y *comenzó a* caminar, pues tenía doce años. Y al momento se quedaron completamente atónitos.

43 Entonces les dio órdenes estrictas de que nadie se enterara de esto[a]; y dijo que le dieran de comer a la niña. [a]*Mat. 8:4*

Jesús enseña en Nazaret

6 [a]El se marchó de allí y llegó* a su pueblo[b]; y sus discípulos le siguieron*. [a]*Mat. 13:54-58* [b]*Mat. 13:54, 57*

2 Cuando llegó el día de reposo comenzó a enseñar en la sinagoga[a]; y muchos que *le* escuchaban se asombraban, diciendo: ¿Dónde *obtuvo* éste tales cosas, y cuál es *esta* sabiduría *que* le ha sido dada, y estos milagros que hace con sus manos? [a]*Mat. 4:23; Mar. 10:1*

3 ¿No es éste el carpintero, el hijo de María, y hermano[a] de Jacobo, José, Judas y Simón? ¿No están sus hermanas aquí con nosotros? Y se escandalizaban a causa de El[b]. [a]*Mat. 12:46* [b]*Mat. 11:6*

4 Y Jesús les dijo: No hay profeta sin honra sino en su propia tierra[a], y entre sus parientes, y en su casa. [a]*Mat. 13:57; Juan 4:44*

5 Y no pudo hacer allí ningún milagro; sólo sanó a unos pocos enfermos sobre los cuales puso sus manos[a]. [a]*Mar. 5:23*

6 Y estaba maravillado de la incredulidad de ellos.

Y recorría las aldeas de alrededor enseñando[a]. [a]*Mat. 9:35; Mar. 1:39*

Jesús envía a los doce

7 [a]Entonces llamó* a los doce y comenzó a enviarlos de dos en dos[b], dándoles autoridad sobre los espíritus inmundos; [a]*Mat. 10:1, 9-14* [b]*Luc. 10:1*

8 y les ordenó que no llevaran nada para el camino[a], sino sólo un bordón; ni pan, ni alforja, ni dinero en el cinto; [a]*Mat. 10:10*

9 sino calzados con sandalias. No llevéis dos túnicas.

10 —les dijo—y dondequiera que entréis en una casa, quedaos allí hasta que salgáis de la población.

11 Y en cualquier lugar que no os reciban ni os escuchen, al salir de allí, sacudid el polvo de la planta de vuestros pies[a] en testimonio contra ellos. [a]*Mat. 10:14; Hech. 13:51*

12 Y saliendo, predicaban[a] que *todos* se arrepintieran. [a]*Mat. 11:1; Luc. 9:6*

13 Y echaban fuera muchos demonios, y ungían con aceite a muchos enfermos y los sanaban[a]. [a]*Sant. 5:14*

Muerte de Juan el Bautista

14 [a]El rey Herodes se enteró *de esto*, pues el nombre de Jesús se había hecho célebre, y la *gente* decía: Juan el Bautista ha resucitado de entre los muertos, por eso es que estos poderes milagrosos actúan en él. [a]*Luc. 9:7-9*

15 Pero otros decían: Es Elías. Y decían otros: *Es* un profeta, como uno de los profetas antiguos[a]. [a]*Mat. 16:14; 21:11*

16 Y al oír *esto* Herodes, decía: Juan, a quien yo decapité, ha resucitado.

17 Porque Herodes mismo había enviado a prender a Juan y lo había encadenado en la cárcel por causa de Herodías, mujer de su hermano Felipe[a], pues *Herodes* se había casado con ella. [a]*Mat. 14:3; Luc. 3:19*

18 Porque Juan le decía a Herodes: No te es lícito tener la mujer de tu hermano[a]. [a]*Mat. 14:4*

19 Y Herodías[a] le tenía rencor y deseaba matarlo, pero no podía. [a]*Mat. 14:3*

20 porque Herodes temía a Juan, sabiendo que era un hombre justo y santo[a], y lo mantenía protegido. Y cuando le oía se quedaba muy perplejo, pero le gustaba escucharlo. [a]*Mat. 21:26*

21 Pero llegó un día oportuno, cuando Herodes, siendo su cumpleaños, ofreció un banquete[a] a sus nobles y comandantes y a los principales de Galilea; [a]*Est. 1:3; 2:18*

22 y cuando la hija misma de Herodías[a] entró y danzó, agradó a Herodes y a los que se sentaban *a la mesa* con él; y el rey dijo a la muchacha: Pídeme lo que quieras y te lo daré. [a]*Mat. 14:3*

23 Y le juró: Te daré lo que me pidas, hasta la mitad de mi reino[a]. [a]*Est. 5:3, 6; 7:2*

24 Ella salió y dijo a su madre: ¿Qué pediré? Y ella le respondió: La cabeza de Juan el Bautista.

25 Enseguida ella se presentó apresuradamente ante el rey con su petición, diciendo: Quiero que me des ahora mismo la cabeza de Juan el Bautista en una bandeja.

26 Y aunque el rey se puso muy triste, sin embargo a causa de *sus* juramentos y de los que se sentaban con él *a la mesa*, no quiso desairarla.

27 Y al instante el rey envió a un verdugo y *le* ordenó que trajera la cabeza de Juan. Y él fue y lo decapitó en la cárcel,

28 y trajo su cabeza en una bandeja, y se la dio a la muchacha, y la muchacha se la dio a su madre.

29 Cuando sus discípulos oyeron *esto*, fueron y se llevaron el cuerpo y le dieron sepultura.

Alimentación de los cinco mil

30 Los apóstoles se reunieron* con Jesús, y le informaron sobre todo lo que habían hecho y enseñado[a]. [a]*Luc. 9:10*

31 Y El les dijo*: Venid, apartaos de los demás a un lugar solitario y descansad un poco. (Porque había muchos que iban y venían, y ellos no tenían tiempo ni siquiera para comer.) [a]*Mar. 3:20*

32 [a]Y se fueron en la barca a un lugar solitario, apartado. [a]*Mat. 14:13-21; Luc. 9:10-17*

33 Pero *la gente* los vio partir, y muchos *los* reconocieron y juntos corrieron allá a pie de todas las ciudades, y llegaron antes que ellos.

34 Al desembarcar, El vio una gran multitud, y tuvo compasión de ellos, porque eran como ovejas sin pastor[a]; y comenzó a enseñarles muchas cosas. [a]*Núm. 27:17; 1 Rey. 22:17*

35 Y cuando era ya muy tarde, sus discípulos se le acercaron, diciendo: El lugar está desierto y ya es muy tarde;

36 despídelos para que vayan a los campos y aldeas de alrededor, y se compren algo de comer.

37 Pero respondiendo El, les dijo: Dadles vosotros de comer. Y ellos le dijeron*: ¿Quieres que vayamos y compremos doscientos denarios[a] de pan y les demos de comer? [a]*Mat. 18:28; Luc. 7:41*

38 Y El les dijo*: ¿Cuántos panes tenéis? Id y ved. Y cuando se cercioraron le dijeron*: Cinco, y dos peces.

39 Y les mandó que todos se recostaran por grupos sobre la hierba verde.

40 Y se recostaron por grupos de cien y de cincuenta.

41 Entonces El tomó los cinco panes y los dos peces, y levantando los ojos al cielo, *los* bendijo, y partió los panes *y los* iba dando a los discípulos para que se los sirvieran[a]; también repartió los dos peces entre todos. [a]*Mat. 14:19*

42 Todos comieron y se saciaron.

43 Y recogieron doce cestas llenas de los pedazos[a], y también de los peces. [a]*Mat. 14:20*

44 Los que comieron los panes eran cinco mil hombres[a]. [a]*Mat. 14:21*

Jesús anda sobre el mar

45 [a]Enseguida hizo que sus discípulos subieran a la barca y fueran delante de El al otro lado, a Betsaida, mientras El despedía a la multitud. [a]*Mat. 14:22-32; Juan 6:15-21*

46 Y después de despedirse de ellos[a], se fue al monte a orar. [a]*Hech. 18:18, 21; 2 Cor. 2:13*

47 Al anochecer, la barca estaba en medio del mar, y El *estaba* solo en tierra.

48 Y al verlos remar fatigados, porque el viento les era contrario, como a la cuarta vigilia de la noche[a], fue* hacia ellos andando sobre el mar, y quería pasarles de largo. [a]*Mat. 24:43; Mar. 13:35*

49 Pero cuando ellos le vieron andando sobre el mar, pensaron que era un fantasma y se pusieron a gritar;

50 porque todos le vieron y se turbaron. Pero enseguida El habló con ellos y les dijo*: ¡Tened ánimo[a]; soy yo, no temáis[b]! [a]*Mat. 9:2* [b]*Mat. 14:27*

51 Y subió con ellos a la barca[a], y el viento se calmó; y ellos estaban asombrados en gran manera, [a]*Mar. 6:32*

52 porque no habían entendido lo de los panes, sino que su mente estaba embotada[a]. [a]*Mar. 8:17; Rom. 11:7*

Jesús en Genesaret

53 [a]Terminada la travesía, llegaron a tierra en Genesaret, y atracaron. [a]*Mat. 14:34-36; Juan 6:24, 25*

54 Cuando salieron de la barca, enseguida *la gente* reconoció a Jesús,

55 y recorrieron apresuradamente toda aquella comarca, y comenzaron a traer a los enfermos en sus camillas adonde oían *decir* que El estaba.

56 Y dondequiera que El entraba en aldeas, ciudades o campos, ponían a los enfermos en las plazas, y le rogaban que les permitiera tocar[a] siquiera el borde de su manto[b]; y todos los que lo tocaban quedaban curados. [a]*Mar. 3:10* [b]*Mat. 9:20*

Lo que contamina al hombre

7 [a]Los fariseos, y algunos de los escribas que habían venido de Jerusalén, se reunieron alrededor de El; [a]*Mat. 15:1-20*

2 y vieron que algunos de sus discípulos comían el pan con manos inmundas[a], es decir, sin lavar. [a]*Mat. 15:2; Mar. 7:5*

3 (Porque los fariseos y todos los judíos no comen a menos de que se laven las manos cuidadosamente, observando *así* la tradición de los ancianos[a]; [a]*Mar. 7:5, 8, 9, 13; Gál. 1:14*

4 y *cuando vuelven* de la plaza, no comen a menos de que se laven; y hay muchas otras cosas que han recibido para observar*las*, como el lavamiento de los vasos[a], de los cántaros y de las vasijas de cobre.) [a]*Mat. 23:25*

5 Entonces los fariseos y los escribas le preguntaron*: ¿Por qué tus discípulos no andan conforme a la tradición de los ancianos[a], sino que comen con manos inmundas? [a]*Mar. 7:3, 8, 9, 13; Gál. 1:14*

6 Y El les dijo: Bien profetizó Isaías de vosotros, hipócritas, como está escrito:

"ESTE PUEBLO CON LOS LABIOS ME HONRA,
PERO SU CORAZON ESTA MUY LEJOS DE MI[a].
[a]*Isa. 29:13*

7 "MAS EN VANO ME RINDEN CULTO,
ENSEÑANDO COMO DOCTRINAS PRECEPTOS DE
HOMBRES[a]." [a]*Isa. 29:13*

8 Dejando el mandamiento de Dios, os aferráis a la tradición de los hombres[a]. [a]*Mar. 7:3, 5, 9, 13; Gál. 1:14*

9 También les decía: Astutamente violáis el mandamiento de Dios para guardar vuestra tradición[a]. [a]*Mar. 7:3, 5, 8, 13; Gál. 1:14*

10 Porque Moisés dijo: "HONRA A TU PADRE Y A TU MADRE[a]"; y: "EL QUE HABLE MAL DE *SU* PADRE O DE *SU* MADRE, QUE MUERA[b];" [a]*Ex. 20:12* [b]*Ex. 21:17*

11 pero vosotros decís: "Si un hombre dice al padre o a la madre: 'Cualquier cosa mía con que pudieras beneficiarte es corbán[a] (es decir, ofrenda *a Dios*)' "; [a]*Lev. 1:2; Mat. 27:6*

12 ya no le dejáis hacer nada en favor de *su* padre o de *su* madre;

13 invalidando *así* la palabra de Dios por vuestra tradición[a], la cual habéis transmitido, y hacéis muchas cosas semejantes a éstas. [a]*Mar. 7:3, 5, 8, 9; Gál. 1:14*

14 Y llamando de nuevo a la multitud, les decía: Escuchadme todos y entended:

15 no hay nada fuera del hombre que al entrar en él pueda contaminarlo; sino que lo que sale de adentro del hombre es lo que contamina al hombre.

16 Si alguno tiene oídos para oír, que oiga.

17 Y cuando dejó a la multitud y entró en la casa[a], sus discípulos le preguntaron acerca de la parábola. [a]*Mar. 2:1; 3:20*

18 Y El les dijo*: ¿También vosotros sois tan faltos de entendimiento? ¿No comprendéis que todo lo que de afuera entra al hombre no le puede contaminar,

19 porque no entra en su corazón, sino en el estómago, y se elimina? (Declarando *así* limpios todos los alimentos[a].) [a]*Rom. 14:1-12; Col. 2:16*

20 Y decía: Lo que sale del hombre, eso es lo que contamina al hombre[a]. [a]*Mat. 15:18; Mar. 7:23*

21 Porque de adentro, del corazón de los hombres, salen los malos pensamientos, fornicaciones, robos, homicidios, adulterios,

22 avaricias, maldades, engaños, sensualidad, envidia[a], calumnia, orgullo e insensatez. [a]*Mat. 6:23; 20:15*

23 Todas estas maldades de adentro salen, y contaminan al hombre.

La mujer sirofenicia

24 [a]Levantándose de allí, se fue a la región de Tiro, y entrando en una casa, no quería que nadie *lo* supiera, pero no pudo pasar inadvertido; [a]*Mat. 15:21-28*

25 sino que enseguida, al oír *hablar* de El, una mujer cuya hijita tenía un espíritu inmundo, fue y se postró a sus pies.

26 La mujer era gentil, sirofenicia de nacimiento; y le rogaba que echara fuera de su hija al demonio.

27 Y El le decía: Deja que primero los hijos se sacien, pues no está bien tomar el pan de los hijos y echarlo a los perrillos.

28 Pero ella respondió y le dijo*: Es cierto, Señor; *pero* aun los perrillos debajo de la mesa comen las migajas de los hijos.

29 Y El le dijo: Por esta respuesta, vete; el demonio ha salido de tu hija.

30 Cuando ella volvió a su casa, halló que la niña estaba acostada en la cama, y que el demonio había salido.

Curación de un sordomudo

31 [a]Volviendo a salir de la región de Tiro, pasó por Sidón y *llegó* al mar de Galilea, atravesando la región de Decápolis. [a]*Mat. 15:29-31; Mar. 7:31-37*

32 Y le trajeron* a uno que era sordo y que hablaba con dificultad, y le rogaron* que pusiera la mano sobre él[a]. [a]*Mar. 5:23*

33 Entonces *Jesús,* tomándolo aparte de la

multitud, a solas, le metió los dedos en los oídos, y escupiendo[a], le tocó la lengua *con la saliva;* [a]*Mar. 8:23*

34 y levantando los ojos al cielo, suspiró profundamente[a] y le dijo★: ¡Effatá!, esto es: ¡Ábrete! [a]*Mar. 8:12*

35 Y al instante se abrieron sus oídos, y desapareció el impedimento de su lengua, y hablaba con claridad.

36 Y *Jesús* les ordenó que a nadie se lo dijeran; pero mientras más se lo ordenaba, tanto más ellos lo proclamaban[a]. [a]*Mar. 1:45*

37 Y se asombraron en gran manera, diciendo: Todo lo ha hecho bien; aun a los sordos hace oír y a los mudos hablar.

Alimentación de los cuatro mil

8 En aquellos días, cuando de nuevo había una gran multitud que no tenía qué comer, [a]*Jesús* llamó a sus discípulos y les dijo★: [a]*Mat. 15:32-39; Mar. 6:34-44*

2 Tengo compasión de la multitud porque hace ya tres días que están conmigo y no tienen qué comer[a]; [a]*Mat. 9:36; Mar. 6:34*

3 y si los despido sin comer a sus casas, desfallecerán en el camino, pues algunos de ellos han venido de lejos.

4 Sus discípulos le respondieron: ¿Dónde podrá alguien *encontrar lo suficiente para saciar de pan a éstos* aquí en el desierto?

5 Y El les preguntó: ¿Cuántos panes tenéis? Y ellos respondieron: Siete.

6 Entonces mandó★ a la multitud que se recostara en el suelo; y tomando los siete panes, después de dar gracias, *los* partió y *los* iba dando a sus discípulos para que *los* pusieran delante *de la gente;* y ellos *los* sirvieron a la multitud.

7 También tenían unos pocos pececillos; y después de bendecirlos[a], mandó que éstos también los sirvieran. [a]*Mat. 14:19*

8 *Todos* comieron y se saciaron; y recogieron de lo que sobró de los pedazos, siete canastas[a]. [a]*Mat. 15:37; Mar. 8:20*

9 *Los que comieron* eran unos cuatro mil; y los despidió.

10 Y subiendo enseguida a la barca con sus discípulos, fue a la región de Dalmanuta[a]. [a]*Mat. 15:39*

Los fariseos buscan señal

11 [a]Entonces salieron los fariseos y comenzaron a discutir con El, buscando de El una señal del cielo[b] para ponerle a prueba. [a]*Mat. 16:1-12* [b]*Mat. 12:38*

12 Suspirando profundamente en su espíritu, dijo★: ¿Por qué pide señal[a] esta generación? En verdad os digo que no se le dará señal a esta generación. [a]*Mat. 12:39*

13 Y dejándolos, se embarcó otra vez y se fue al otro lado.

La levadura de los fariseos

14 Y se habían olvidado de tomar panes; y no tenían consigo en la barca sino sólo un pan.

15 Y El les encargaba diciendo: ¡Tened cuidado! Guardaos de la levadura de los fariseos[a] y de la levadura de Herodes. [a]*Mat. 16:6; Luc. 12:1*

16 Y ellos discutían entre sí que no tenían panes.

17 Dándose cuenta Jesús, les dijo★: ¿Por qué discutís que no tenéis pan? ¿Aún no comprendéis ni entendéis? ¿Tenéis el corazón endurecido[a]? [a]*Mar. 6:52*

18 TENIENDO OJOS, ¿NO VEIS? Y TENIENDO OIDOS, ¿NO OIS[a]? ¿No recordáis [a]*Jer. 5:21; Ezeq. 12:2*

19 cuando partí los cinco panes entre los cinco mil[a]? ¿Cuántas cestas llenas de pedazos recogisteis? Y ellos le dijeron★: Doce[b]. [a]*Mar. 6:41-44* [b]*Mat. 14:20*

20 Y cuando *partí* los siete *panes* entre los cuatro mil[a], ¿cuántas canastas llenas de los pedazos recogisteis? Y ellos le dijeron★: Siete. [a]*Mar. 8:6-9*

21 Y les dijo: ¿Aún no entendéis[a]? [a]*Mar. 6:52*

El ciego de Betsaida

22 Llegaron★ a Betsaida, y le trajeron★ un ciego y le rogaron★ que lo tocara[a]. [a]*Mar. 3:10*

23 Tomando de la mano al ciego, lo sacó fuera de la aldea; y después de escupir[a] en sus ojos y de poner las manos sobre él[b], le preguntó: ¿Ves algo? [a]*Mar. 7:33* [b]*Mar. 5:23*

24 Y levantando la vista, dijo: Veo a los hombres, pero *los* veo como árboles que caminan.

25 Entonces *Jesús* puso otra vez las manos sobre sus ojos, y él miró fijamente y fue restaurado; y lo veía todo con claridad.

26 Y lo envió a su casa diciendo: Ni aun en la aldea entres[a]. [a]*Mar. 8:23*

La confesión de Pedro

27 [a]Salió Jesús con sus discípulos a las aldeas de Cesarea de Filipo; y en el camino preguntó a sus discípulos, diciéndoles: ¿Quién dicen los hombres que soy yo? [a]*Mat. 16:13-16; Luc. 9:18-20*

28 Y le respondieron, diciendo: Unos, Juan el Bautista; y otros Elías; pero otros, uno de los profetas[a]. [a]*Mar. 6:14; Luc. 9:7, 8*

29 El les preguntó *de nuevo:* Pero vosotros, ¿quién decís que soy yo? Respondiendo Pedro, le dijo★: Tú eres el Cristo[a]. [a]*Juan 6:68, 69*

30 Y El les advirtió severamente que no hablaran de El a nadie[a]. [a]*Mat. 8:4; 16:20*

Jesús anuncia su muerte y resurrección

31 [a]Y comenzó a enseñarles que el Hijo del Hombre debía padecer muchas cosas, y ser rechazado por los ancianos, los principales sacerdotes y los escribas, y ser muerto, y después de tres días resucitar. [a]*Mat. 16:21-28; Luc. 9:22-27*

32 Y les decía estas palabras claramente[a]. Y Pedro le llevó aparte y comenzó a reprenderlo.
[a]*Juan 10:24; 11:14*

33 Mas El volviéndose y mirando a sus discípulos, reprendió a Pedro y le dijo*: ¡Quítate de delante de mí, Satanás[a]!, porque no tienes en mente las cosas de Dios, sino las de los hombres. [a]*Mat. 4:10*

Condiciones para seguir a Jesús

34 Y llamando a la multitud y a sus discípulos, les dijo: Si alguno quiere venir en pos de mí, niéguese a sí mismo, tome su cruz, y sígame[a]. [a]*Mat. 10:38; Luc. 14:27*

35 Porque el que quiera salvar su vida, la perderá; pero el que pierda su vida por causa de mí y del evangelio, la salvará[a]. [a]*Mat. 10:39; Luc. 17:33*

36 Pues, ¿de qué le sirve a un hombre ganar el mundo entero y perder su alma?

37 Pues ¿qué dará un hombre a cambio de su alma?

38 Porque cualquiera que se avergüence de mí y de mis palabras en esta generación adúltera y pecadora, el Hijo del Hombre[a] también se avergonzará de él, cuando venga en la gloria de su Padre con los santos ángeles.
[a]*Mat. 8:20*

9 Y les decía: En verdad os digo que hay algunos de los que están aquí que no probarán la muerte hasta que vean el reino de Dios después de que haya venido con poder[a]. [a]*Mat. 16:28; Mar. 13:26*

La transfiguración

2 [a]Seis días después, Jesús tomó* consigo a Pedro, a Jacobo y a Juan, y los llevó* aparte, solos, a un monte alto; y se transfiguró delante de ellos; [a]*Mat. 17:1-8; Luc. 9:28-36*

3 y sus vestiduras se volvieron resplandecientes, muy blancas[a], tal como ningún lavandero sobre la tierra las puede emblanquecer. [a]*Mat. 28:3*

4 Y se les apareció Elías junto con Moisés, y estaban hablando con Jesús.

5 Entonces Pedro, interviniendo, dijo* a Jesús: Rabí, bueno es estarnos aquí; hagamos tres enramadas, una para ti, otra para Moisés y otra para Elías[a]. [a]*Mat. 17:4; Luc. 9:33*

6 Porque él no sabía qué decir, pues estaban aterrados.

7 Entonces se formó una nube, cubriéndolos, y una voz salió de la nube: Este es mi Hijo amado, a El oíd[a]. [a]*Mat. 3:17; Mar. 1:11*

8 Y enseguida miraron en derredor, pero ya no vieron a nadie con ellos, sino a Jesús solo.

La venida de Elías

9 [a]Cuando bajaban del monte, les ordenó que no contaran a nadie lo que habían visto, hasta que el Hijo del Hombre resucitara de entre los muertos. [a]*Mat. 17:9-13*

10 Y se guardaron para sí lo dicho, discutiendo entre sí qué significaría resucitar de entre los muertos.

11 Y le preguntaron, diciendo: ¿Por qué dicen los escribas que Elías debe venir primero[a]? [a]*Mal. 4:5; Mat. 11:14*

12 Y El les dijo: Es cierto que Elías, al venir primero, restaurará todas las cosas. Y, *sin embargo*, ¿cómo está escrito del Hijo del Hombre que padezca mucho[a] y sea despreciado? [a]*Mat. 16:21; Mar. 9:31*

13 Pero yo os digo que Elías ya ha venido, y le hicieron cuanto quisieron, tal como está escrito de él.

Jesús sana a un muchacho endemoniado

14 [a]Cuando volvieron a los discípulos, vieron una gran multitud que les rodeaba, y a unos escribas que discutían con ellos. [a]*Mat. 17:14-19; Luc. 9:37-42*

15 Enseguida, cuando toda la multitud vio a Jesús, quedó sorprendida[a], y corriendo hacia El, le saludaban. [a]*Mar. 14:33; 16:5, 6*

16 Y El les preguntó: ¿Qué discutís con ellos?

17 Y uno de la multitud le respondió: Maestro, te traje a mi hijo que tiene un espíritu mudo,

18 y siempre que se apodera de él, lo derriba, y echa espumarajos, cruje los dientes y se va consumiendo. Y dije a tus discípulos que lo expulsaran, pero no pudieron.

19 Respondiéndoles *Jesús*, dijo*: ¡Oh generación incrédula! ¿Hasta cuándo estaré con vosotros? ¿Hasta cuándo os tendré que soportar? ¡Traédmelo!

20 Y se lo trajeron. Y cuando el espíritu vio a Jesús, al instante sacudió con violencia al muchacho, y *éste*, cayendo a tierra, se revolcaba echando espumarajos.

21 *Jesús* preguntó al padre: ¿Cuánto tiempo hace que le sucede esto? Y él respondió: Desde su niñez.

22 Y muchas veces lo ha echado en el fuego y también en el agua para destruirlo. Pero si tú puedes hacer algo, ten misericordia de nosotros y ayúdanos.

23 Jesús le dijo: "¿*Cómo* si tú puedes?" Todas las cosas son posibles para el que cree[a]. [a]*Mat. 17:20; Juan 11:40*

24 Al instante el padre del muchacho gritó y dijo: Creo; ayúda*me en* mi incredulidad.

25 Cuando Jesús vio que se agolpaba[a] una multitud, reprendió al espíritu inmundo, diciéndole: Espíritu mudo y sordo, yo te ordeno: Sal de él y no vuelvas a entrar en él. [a]*Mar. 9:15*

26 Y después de gritar y de sacudirlo con terribles convulsiones, salió: y *el muchacho* quedó como muerto, tanto, que la mayoría *de ellos* decían: ¡Está muerto!

27 Pero Jesús, tomándolo de la mano, lo levantó, y él se puso en pie.

28 Cuando entró Jesús en *la* casa[a], sus discípulos le preguntaban en privado: ¿Por qué nosotros no pudimos echarlo fuera? [a]*Mar. 2:1; 7:17*

29 Y El les dijo: Esta clase con nada puede salir, sino con oración.

Jesús anuncia otra vez su muerte

30 [a]Saliendo de allí, iban pasando por Galilea, y El no quería que nadie *lo* supiera. [a]*Mat. 17:22, 23; Luc. 9:43-45*

31 Porque enseñaba a sus discípulos, y les decía: El Hijo del Hombre será entregado en manos de los hombres y le matarán; y después de muerto, a los tres días resucitará[a]. [a]*Mat. 16:21; Mar. 8:31*

32 Pero ellos no entendían lo que decía[a], y tenían miedo de preguntarle. [a]*Luc. 2:50; 9:45*

El mayor en el reino de los cielos

33 [a]Y llegaron a Capernaúm; y estando ya en la casa, les preguntaba: ¿Qué discutíais por el camino? [a]*Mat. 18:1-5; Luc. 9:46-48*

34 Pero ellos guardaron silencio, porque en el camino habían discutido entre sí quién *de ellos era* el mayor[a]. [a]*Mat. 18:4; Mar. 9:50*

35 Sentándose, llamó a los doce y les dijo*: Si alguno desea ser el primero, será el último de todos y el servidor de todos[a]. [a]*Mat. 20:26; 23:11*

36 Y tomando a un niño, lo puso en medio de ellos; y tomándolo en sus brazos les dijo:

37 El que reciba a un niño como éste en mi nombre, a mí me recibe; y el que me recibe a mí, no me recibe a mí, sino a aquel que me envió[a]. [a]*Mat. 10:40; Luc. 10:16*

Recompensas y advertencias

38 [a]Juan le dijo: Maestro, vimos a uno echando fuera demonios en tu nombre, y tratamos de impedírselo, porque no nos seguía. [a]*Luc. 9:49, 50; Núm. 11:27-29*

39 Pero Jesús dijo: No se lo impidáis, porque no hay nadie que haga un milagro en mi nombre, y que pueda enseguida hablar mal de mí.

40 Pues el que no está contra nosotros, por nosotros está[a]. [a]*Mat. 12:30; Luc. 11:23*

41 Porque cualquiera que os dé de beber un vaso de agua, por razón de vuestro nombre, ya que sois *seguidores* de Cristo, en verdad os digo que no perderá su recompensa[a]. [a]*Mat. 10:42*

42 Y cualquiera que haga tropezar a uno de estos pequeñitos que creen en mí, mejor le fuera le hubieran atado al cuello una piedra de molino de *las que mueve un* asno, y lo hubieran echado al mar[a]. [a]*Mat. 18:6; Luc. 17:2*

43 Y si tu mano te es ocasión de pecar, córtala; te es mejor entrar en la vida manco, que

teniendo las dos manos ir al infierno[a], al fuego inextinguible, [a]*Mat. 5:22*

44 donde EL GUSANO DE ELLOS NO MUERE, Y EL FUEGO NO SE APAGA.

45 Y si tu pie te es ocasión de pecar, córtalo; te es mejor entrar cojo a la vida, que teniendo los dos pies ser echado al infierno[a], [a]*Mat. 5:22*

46 donde EL GUSANO DE ELLOS NO MUERE, Y EL FUEGO NO SE APAGA.

47 Y si tu ojo te es ocasión de pecar, sácatelo; te es mejor entrar al reino de Dios con un solo ojo, que teniendo dos ojos ser echado al infierno[a], [a]*Mat. 5:22, 29; 18:9*

48 donde EL GUSANO DE ELLOS NO MUERE[a], Y EL FUEGO NO SE APAGA[b]. [a]*Isa. 66:24* [b]*Mat. 3:12*

49 Porque todos serán salados con fuego.

50 La sal es buena; pero si la sal se vuelve insípida, ¿con qué la sazonaréis[a]? Tened sal en vosotros y estad en paz los unos con los otros. [a]*Mat. 5:13; Luc. 14:34, 35*

Jesús en Judea

10 [a]Levantándose de allí, *Jesús* se fue* a la región de Judea y al otro lado del Jordán; y se reunieron* de nuevo las multitudes junto a El, y una vez más, como acostumbraba, les enseñaba. [a]*Mat. 19:1-9*

Enseñanza de Jesús sobre el divorcio

2 Y se le acercaron *algunos* fariseos, y para ponerle a prueba, le preguntaban si era lícito a un hombre divorciarse de su mujer.

3 Y respondiendo El, les dijo: ¿Qué os mandó Moisés?

4 Y ellos dijeron: Moisés permitió *al hombre* escribir CARTA DE DIVORCIO Y REPUDIAR*la*[a]. [a]*Deut. 24:1, 3; Mat. 5:31*

5 Pero Jesús les dijo: Por la dureza de vuestro corazón os escribió este mandamiento[a]. [a]*Mat. 19:8*

6 Pero desde el principio de la creación[a], *Dios* LOS HIZO VARON Y HEMBRA[b]. [a]*Mar. 13:19* [b]*Gén. 1:27*

7 POR ESTA RAZON EL HOMBRE DEJARA A SU PADRE Y A SU MADRE[a], [a]*Gén. 2:24*

8 Y LOS DOS SERAN UNA SOLA CARNE[a]; por consiguiente, ya no son dos, sino una sola carne. [a]*Gén. 2:24*

9 Por tanto, lo que Dios ha unido, ningún hombre lo separe.

10 Y *ya* en la casa, los discípulos volvieron a preguntarle sobre esto.

11 Y El les dijo*: Cualquiera que se divorcie de su mujer y se case con otra, comete adulterio contra ella[a]; [a]*Mat. 5:32*

12 y si ella se divorcia de su marido[a] y se casa con otro, comete adulterio. [a]*1 Cor. 7:11, 13*

Jesús bendice a los niños

13 ªY le traían niños para que los tocara; y los discípulos los reprendieron. ªMat. 19:13-15; Luc. 18:15-17

14 Pero cuando Jesús vio esto, se indignó y les dijo: Dejad que los niños vengan a mí; no se lo impidáis, porque de los que son como éstos es el reino de Diosª. ªMat. 5:3

15 En verdad os digo: el que no reciba el reino de Dios como un niño, no entrará en élª. ªMat. 18:3; 19:14

16 Y tomándolos en sus brazosª, los bendecía, poniendo las manos sobre ellos. ªMar. 9:36

El joven rico

17 ªCuando salía para seguir su camino, vino uno corriendo, y arrodillándose delante de El, le preguntó: Maestro bueno, ¿qué haré para heredar la vida eternaᵇ? ªMat. 19:16-30 ᵇMat. 25:34

18 Y Jesús le dijo: ¿Por qué me llamas bueno? Nadie es bueno, sino sólo uno, Dios.

19 Tú sabes los mandamientos: "NO MATES, NO COMETAS ADULTERIO, NO HURTES, NO DES FALSO TESTIMONIO, no defraudes, HONRA A TU PADRE Y A TU MADREª". ªEx. 20:12-16; Deut. 5:16-20

20 Y él le dijo: Maestro, todo esto lo he guardadoª desde mi juventud. ªMat. 19:20

21 Jesús, mirándolo, lo amó y le dijo: Una cosa te falta: ve y vende cuanto tienes y da a los pobres, y tendrás tesoro en el cieloª; y ven, sígueme. ªMat. 6:20

22 Pero él, afligido por estas palabras, se fue triste, porque era dueño de muchos bienes.

Peligro de las riquezas

23 Jesús, mirando en derredor, dijo* a sus discípulos: ¡Qué difícil será para los que tienen riquezas entrar en el reino de Diosª! ªMat. 19:23

24 Y los discípulos se asombraronª de sus palabras. Pero Jesús respondiendo de nuevo, les dijo*: Hijos, ¡qué difícil es entrar en el reino de Dios! ªMar. 1:27

25 Es más fácil que un camello pase por el ojo de una aguja, que el que un rico entre en el reino de Diosª. ªMat. 19:24

26 Ellos se asombraron aún más, diciendo entre sí: ¿Y quién podrá salvarse?

27 Mirándolos Jesús, dijo*: Para los hombres es imposible, pero no para Dios, porque todas las cosas son posibles para Diosª. ªMat. 19:26

28 *Entonces* Pedro comenzó a decirle: He aquí, nosotros lo hemos dejado todo y te hemos seguidoª. ªMat. 4:20-22

29 Jesús dijo: En verdad os digo: No hay nadie que haya dejado casa, o hermanos, o hermanas, o madre, o padre, o hijos o tierras por causa de mí y por causa del evangelioª, ªMat. 6:33; 19:29

30 que no reciba cien veces más ahora en este tiempo: casas, y hermanos, y hermanas, y madres, e hijos, y tierras junto con persecuciones; y en el siglo venideroª, la vida eterna. ªMat. 12:32

31 Pero muchos primeros serán últimos, y los últimos, primerosª. ªMat. 19:30; 20:16

Jesús anuncia su muerte por tercera vez

32 ªE iban por el camino subiendo a Jerusalén, y Jesús iba delante de ellos; y estaban perplejos, y los que le seguían tenían miedo. Y tomando aparte de nuevo a los doce, comenzó a decirles lo que le iba a suceder: ªMat. 20:17-19; Luc. 18:31-33

33 He aquí, subimos a Jerusalén, y el Hijo del Hombreª será entregado a los principales sacerdotes y a los escribas, y le condenarán a muerte y le entregarán a los gentiles. ªMar. 8:31; 9:12

34 Y se burlarán de El y le escupiránª, le azotarán y le matarán, y tres días después resucitará. ªMat. 16:21; 26:27

Petición de Jacobo y Juan

35 ªY se le acercaron* Jacobo y Juan, los dos hijos de Zebedeo, diciéndole: Maestro, queremos que hagas por nosotros lo que te pidamos. ªMat. 20:20-28

36 Y El les dijo: ¿Qué queréis que haga por vosotros?

37 Ellos le dijeron: Concédenos que en tu gloriaª nos sentemos uno a tu derecha y el otro a *tu* izquierda. ªMat. 19:28

38 Pero Jesús les dijo: No sabéis lo que pedís. ¿Podéis beber la copa que yo beboª, o ser bautizados con el bautismo con que soy bautizado? ªMat. 20:22

39 Y ellos le dijeron: Podemos. Y Jesús les dijo: La copa que yo bebo, beberéis; y seréis bautizados con el bautismo con que yo soy bautizadoª. ªHech. 12:2; Apoc. 1:9

40 Pero el que os sentéis a mi derecha o a *mi* izquierda, no es mío el concederlo, sino que es para quienes ha sido preparadoª. ªMat. 13:11

41 Al oír *esto*, los diez comenzaron a indignarse contra Jacobo y Juan.

42 ªY llamándolos junto a sí, Jesús les dijo*: Sabéis que los que son reconocidos como gobernantes de los gentiles se enseñorean de ellos, y que sus grandes ejercen autoridad sobre ellos. ªMar. 10:42-45; Luc. 22:25-27

43 Pero entre vosotros no es así, sino que cualquiera de vosotros que desee llegar a ser grande será vuestro servidorª, ªMat. 20:26; 23:11

44 y cualquiera de vosotros que desee ser el primero será siervo de todos.

45 Porque ni aun el Hijo del Hombre vino para ser servido, sino para servir, y para dar su vida en rescate por muchosª. ªMat. 20:28

El ciego Bartimeo es sanado

46 ªEntonces llegaronª a Jericó. Y cuando salía de Jericó con sus discípulos y una gran multitud, un mendigo ciego *llamado* Bartimeo, el hijo de Timeo, estaba sentado junto al camino. ªMat. 20:29-34; Luc. 18:35-43

47 Y cuando oyó que era Jesús el Nazareno, comenzó a gritar y a decir: ¡Jesús, Hijo de David, ten misericordia de míª! ªMat. 9:27

48 Y muchos lo reprendían para que se callara, pero él gritaba mucho más: ¡Hijo de David, ten misericordia de míª! ªMat. 9:27

49 Y Jesús se detuvo y dijo: Llamadle. Y llamaron* al ciego, diciéndole: ¡Anímateª! Levántate, *que* te llama. ªMat. 9:2

50 Y arrojando su manto, se levantó de un salto y fue a Jesús.

51 Y dirigiéndose a él, Jesús *le* dijo: ¿Qué deseas que haga por ti? Y el ciego le respondió: Raboníª, que recobre la vista. ªMat. 23:7; Juan 20:16

52 Y Jesús le dijo: Vete, tu fe te ha sanadoª. Y al instante recobró la vista, y le seguía por el camino. ªMat. 9:22

La entrada triunfal

11 ªCuando se acercaban* a Jerusalén, por Betfagé y Betania, cerca del monte de los Olivos, envió* a dos de sus discípulos, ªMat. 21:1-9; Luc. 19:29-38

2 y les dijo*: Id a la aldea enfrente de vosotros, y tan pronto como entréis en ella, encontraréis un pollino atado en el cual nadie se ha montado todavía; desatadlo y traedlo.

3 Y si alguien os dice: "¿Por qué hacéis eso?" decid: "El Señor lo necesita"; y enseguida lo devolverá acá.

4 Ellos fueron y encontraron un pollino atado junto a la puerta, afuera en la calle, y lo desataron*.

5 Y algunos de los que estaban allí les dijeron: ¿Qué hacéis desatando el pollino?

6 Ellos les respondieron tal como Jesús *les* había dicho, y les dieron permiso.

7 ªEntonces trajeron* el pollino a Jesús y echaron encima sus mantos, y *Jesús* se sentó sobre él. ªMat. 21:4-9; Luc. 19:35-38

8 Y muchos tendieron sus mantos en el camino, y otros *tendieron* ramas que habían cortado de los campos.

9 Los que iban delante y los que le seguían, gritaban:

¡Hosanna!

BENDITO EL QUE VIENE EN EL NOMBRE DEL SEÑORª; ªSal. 118:26; Mat. 21:9

10 Bendito el reino de nuestro padre David que viene;

¡Hosanna en las alturasª! ªMat. 21:9

11 Y entró en Jerusalén, *llegó* al temploª, y después de mirar todo a su alrededor, salió para Betaniaᵇ con los doce, siendo ya avanzada la hora. ªMat. 21:12 ᵇMat. 21:17

La higuera estéril

12 ªAl día siguiente, cuando salieron de Betania, *Jesús* tuvo hambre. ªMat. 21:18-22

13 Y viendo de lejos una higuera con hojas, fue *a ver* si quizá pudiera hallar algo en ella; cuando llegó a ella, no encontró más que hojas, porque no era tiempo de higos.

14 Y *Jesús,* hablando *a la higuera,* le dijo: Nunca jamás coma nadie fruto de ti. Y sus discípulos *le* estaban escuchando.

Jesús echa a los mercaderes del templo

15 ªLlegaron* a Jerusalén; y entrando *Jesús* en el templo comenzó a echar fuera a los que vendían y compraban en el templo, volcó las mesas de los cambistas y los asientos de los que vendían las palomas; ªMat. 21:12-16; Luc. 19:45-47

16 y no permitía que nadie transportara objeto alguno a través del templo.

17 Y les enseñaba, diciendo: ¿No está escrito: "Mɪ CASA SERA LLAMADA CASA DE ORACION PARA TODAS LAS NACIONESª"? Pero vosotros la habéis hecho CUEVA DE LADRONESᵇ. ªIsa. 56:7 ᵇJer. 7:11

18 Los principales sacerdotes y los escribas oyeron *esto* y buscaban cómo destruirleª, porque le tenían miedo, pues toda la multitud estaba admirada de su enseñanza. ªMat. 21:46; Mar. 12:12

19 Y cuando atardecía, solían salir fuera de la ciudadª. ªMat. 21:17; Mar. 11:11

El poder de la fe

20 ªPor la mañana, cuando pasaban, vieron la higuera seca desde las raíces. ªMat. 21:19-22

21 Entonces Pedro, acordándose, le dijo*: Rabíª, mira, la higuera que maldijiste se ha secado. ªMat. 23:7

22 Y Jesús respondió*, diciéndoles: Tened fe en Diosª. ªMat. 17:20; 21:21, 22

23 En verdad os digo que cualquiera que diga a este monteª: "Quítate y arrójate al mar", y no dude en su corazón, sino crea que lo que dice va a suceder, le será *concedido.* ªMat. 17:20; 1 Cor. 13:2

24 Por eso os digo que todas las cosas por las que oréis y pidáis, creed que *ya las* habéis recibido, y os serán *concedidas*ª. ªMat. 7:7, 8

25 Y cuando estéis orando, perdonad si tenéis algo contra alguien, para que también vuestro Padre que está en los cielos os perdone vuestras transgresionesª. ªMat. 6:14

26 Pero si vosotros no perdonáis, tampoco vuestro Padre que está en los cielos perdonará vuestras transgresionesª. ªMat. 6:15; 18:35

La autoridad de Jesús puesta en duda

27 Llegaron* de nuevo a Jerusalén; ªy cuando *Jesús* andaba por el templo, se le acercaron* los principales sacerdotes, los escribas y los ancianos, ªMat. 21:23-27; Luc. 20:1-8

28 y le dijeron: ¿Con qué autoridad haces estas cosas, o quién te dio la autoridad para hacer esto?
29 Y Jesús les dijo: Yo *también* os haré una pregunta; respondéd*me*la, y *entonces* os diré con qué autoridad hago estas cosas.
30 El bautismo de Juan, ¿era del cielo o de los hombres? Respondedme.
31 Y ellos discurrían entre sí, diciendo: Si decimos: "Del cielo", El dirá: "Entonces, ¿por qué no le creísteis?"
32 ¿Mas si decimos: "De los hombres"? *Pero* temían a la multitud, porque todos consideraban que Juan verdaderamente había sido un profeta.
33 Y respondiendo a Jesús, dijeron*: No sabemos. Y Jesús les dijo*: Tampoco yo os diré con qué autoridad hago estas cosas.

Parábola de los labradores malvados

12 Entonces comenzó a hablarles en parábolas[a]: Un hombre PLANTO UNA VIÑA Y LA CERCO CON UN MURO, CAVO UN ESTANQUE DEBAJO DEL LAGAR Y EDIFICO UNA TORRE; la arrendó a labradores y se fue de viaje. [a]*Mar. 3:23; 4:2*
2 Al tiempo *de la vendimia* envió un siervo a los labradores para recibir de los labradores *su parte* de los frutos de la viña.
3 Pero ellos, echándole mano, lo golpearon y lo enviaron con las manos vacías.
4 De nuevo les mandó otro siervo, y a él lo hirieron en la cabeza y lo trataron vergonzosamente.
5 Y envió a otro y a éste lo mataron; y *así con* otros muchos, golpeando a unos y matando a otros.
6 Todavía le quedaba uno, un hijo amado; y les envió a este último, diciendo: "Respetarán a mi hijo."
7 Pero aquellos labradores se dijeron entre sí: "Este es el heredero; ¡venid, matémosle, y la heredad será nuestra!"
8 Y echándole mano, lo mataron y lo arrojaron fuera de la viña.
9 ¿Qué hará, entonces, el dueño de la viña? Vendrá y destruirá a los labradores, y dará la viña a otros.
10 ¿Ni aun esta Escritura habéis leído:
"LA PIEDRA QUE DESECHARON LOS
   CONSTRUCTORES,
ESA, EN PIEDRA ANGULAR SE HA
   CONVERTIDO[a]; [a]*Sal. 118:22*
11 ESTO FUE HECHO DE PARTE DEL SEÑOR,
Y ES MARAVILLOSO A NUESTROS OJOS[a]"?
   [a]*Sal. 118:23*
12 Y procuraban prenderle, pero temían a la multitud, porque comprendieron que contra ellos había dicho la parábola. Y dejándole, se fueron[a]. [a]*Mat. 22:22*

El pago del impuesto al César

13 [a]Y le enviaron* algunos de los fariseos y de los herodianos para sorprenderle en *alguna* palabra[b]. [a]*Mat. 22:15-22* [b]*Luc. 11:54*
14 Y cuando ellos llegaron*, le dijeron*: Maestro, sabemos que eres veraz y que no buscas el favor de nadie, porque eres imparcial, y enseñas el camino de Dios con verdad. ¿Es lícito pagar impuesto al César, o no?
15 ¿Pagaremos o no pagaremos? Pero El, dándose cuenta de su hipocresía, les dijo: ¿Por qué me estáis poniendo a prueba? Traedme un denario para verlo.
16 *Se lo* trajeron, y El les dijo*: ¿De quién es esta imagen y la inscripción? Y ellos le dijeron: Del César.
17 Entonces Jesús les dijo: Dad al César lo que es del César, y a Dios lo que es de Dios[a]. Y se maravillaban de El. [a]*Mat. 22:21*

Pregunta sobre la resurrección

18 [a]Y *algunos* saduceos (los que dicen que no hay resurrección) se le acercaron*, y le preguntaban, diciendo: [a]*Mat. 22:23-33; Luc. 20:27-38*
19 Maestro, Moisés nos dejó escrito: SI EL HERMANO DE ALGUNO MUERE y deja mujer Y NO DEJA HIJO, que SU HERMANO TOME LA MUJER Y LEVANTE DESCENDENCIA A SU HERMANO[a]. [a]*Deut. 25:5*
20 Hubo siete hermanos; y el primero tomó esposa, y murió sin dejar descendencia.
21 Y el segundo la tomó, y murió sin dejar descendencia; y asimismo el tercero;
22 y *así* los siete, sin dejar descendencia. Y por último murió también la mujer.
23 En la resurrección, cuando resuciten, ¿de cuál de ellos será mujer? Pues los siete la tuvieron por mujer.
24 Jesús les dijo: ¿No es ésta la razón por la que estáis equivocados: que no entendéis las Escrituras ni el poder de Dios?
25 Porque cuando resuciten de entre los muertos, ni se casarán ni serán dados en matrimonio, sino que serán como los ángeles en los cielos.
26 Y en cuanto a que los muertos resucitan, ¿no habéis leído en el libro de Moisés, *en el pasaje*[a] sobre la zarza *ardiendo,* cómo Dios le habló, diciendo: "YO SOY EL DIOS DE ABRAHAM, Y EL DIOS DE ISAAC, Y EL DIOS DE JACOB[b]"? [a]*Rom. 11:2* [b]*Ex. 3:6*
27 El no es Dios de muertos, sino de vivos[a]; vosotros estáis muy equivocados. [a]*Mat. 22:32; Luc. 20:38*

El mandamiento supremo

28 [a]Cuando uno de los escribas se acercó, los oyó discutir, y reconociendo que les había contestado bien, le preguntó: ¿Cuál mandamiento es el más importante de todos? [a]*Mat. 22:34-40; Luc. 10:25-28*

29 Jesús respondió: El más importante es: "ESCUCHA, ISRAEL; EL SEÑOR NUESTRO DIOS, EL SEÑOR UNO ES[a]; [a]*Deut. 6:4*

30 Y AMARAS AL SEÑOR TU DIOS CON TODO TU CORAZON, Y CON TODA TU ALMA, Y CON TODA TU MENTE, Y CON TODA TU FUERZA[a]." [a]*Deut. 6:5*

31 El segundo es éste: "AMARAS A TU PROJIMO COMO A TI MISMO[a]." No hay otro mandamiento mayor que éstos. [a]*Lev. 19:18*

32 Y el escriba le dijo: Muy bien, Maestro; con verdad has dicho que EL ES UNO, Y NO HAY OTRO ADEMAS DE EL[a]; [a]*Deut. 4:35*

33 Y QUE AMARLE CON TODO EL CORAZON Y CON TODO EL ENTENDIMIENTO Y CON TODAS LAS FUERZAS, Y AMAR AL PROJIMO COMO A UNO MISMO[a], es más que todos los holocaustos y los sacrificios[b]. [a]*Deut. 6:5* [b]*I Sam. 15:22*

34 Viendo Jesús que él había respondido sabiamente, le dijo: No estás lejos del reino de Dios. Y después de eso, nadie se aventuraba a hacerle más preguntas[a]. [a]*Mat. 22:46*

Jesús, Hijo y Señor de David

35 [a]Y tomando la palabra, Jesús decía mientras enseñaba en el templo: ¿Por qué dicen los escribas que el Cristo es hijo de David? [a]*Mat. 22:41-46; Luc. 20:41-44*

36 David mismo dijo por el Espíritu Santo: "EL SEÑOR DIJO A MI SEÑOR:
'SIENTATE A MI DIESTRA,
HASTA QUE PONGA A TUS ENEMIGOS DEBAJO DE TUS PIES[a].' " [a]*Sal. 110:1*

37 David mismo le llama "Señor." ¿En qué sentido es, pues, su hijo? Y la gran multitud[a] le escuchaba con gusto. [a]*Juan 12:9*

Advertencia contra los escribas

38 [a]Y en su enseñanza les decía: Cuidaos de los escribas, a quienes les gusta andar con vestiduras largas, y *aman* los saludos respetuosos en las plazas, [a]*Mat. 23:1-7; Luc. 20:45-47*

39 los primeros asientos en las sinagogas y los lugares de honor en los banquetes;

40 que devoran las casas de las viudas, y por las apariencias hacen largas oraciones; éstos recibirán mayor condenación[a]. [a]*Luc. 20:47*

La ofrenda de la viuda

41 [a]*Jesús* se sentó frente al *arca del* tesoro, y observaba cómo la multitud echaba dinero en el *arca del* tesoro; y muchos ricos echaban grandes cantidades. [a]*Luc. 21:1-4*

42 Y llegó una viuda pobre y echó dos pequeñas monedas de cobre, o sea, un cuadrante.

43 Y llamando a sus discípulos, les dijo: En verdad os digo, que esta viuda pobre echó más que todos los contribuyentes al tesoro;

44 porque todos ellos echaron de lo que les sobra, pero ella, de su pobreza echó todo lo que poseía, todo lo que tenía para vivir[a]. [a]*Luc. 8:43; 15:12, 30*

Profecía sobre la destrucción del templo

13 [a]Cuando salía del templo, uno de sus discípulos le dijo*: Maestro, ¡mira qué piedras y qué edificios! [a]*Mat. 24; Luc. 21:5-36*

2 Y Jesús le dijo: ¿Ves estos grandes edificios? No quedará piedra sobre piedra[a] que no sea derribada. [a]*Luc. 19:44*

Señales antes del fin

3 Y estando El sentado en el monte de los Olivos[a], frente al templo, Pedro, Jacobo, Juan y Andrés le preguntaban en privado: [a]*Mat. 21:1*

4 Dinos, ¿cuándo sucederá esto, y qué señal *habrá* cuando todas estas cosas se hayan de cumplir?

5 Y Jesús comenzó a decirles: Mirad que nadie os engañe.

6 Muchos vendrán en mi nombre diciendo: "Yo soy[a] *el Cristo*", y engañarán a muchos. [a]*Juan 8:24*

7 Y cuando oigáis de guerras y de rumores de guerras, no os alarméis; es necesario que *todo esto* suceda, pero todavía no *es* el fin.

8 Porque se levantará nación contra nación, y reino contra reino; y habrá terremotos en diversos lugares; y habrá hambres. Esto *sólo* es el comienzo de dolores.

9 Pero estad alerta; porque os entregarán a los tribunales y seréis azotados en las sinagogas[a], y compareceréis delante de gobernadores y reyes por mi causa, para testimonio a ellos. [a]*Mat. 10:17*

10 Pero primero el evangelio debe ser predicado a todas las naciones[a]. [a]*Mat. 24:14*

11 [a]Y cuando os lleven y os entreguen, no os preocupéis de antemano por lo que vais a decir, sino que lo que os sea dado en aquella hora, eso hablad; porque no sois vosotros los que habláis, sino el Espíritu Santo. [a]*Mat. 10:19-22; Luc. 21:12-17*

12 Y el hermano entregará a la muerte al hermano, y el padre al hijo; y los hijos se levantarán contra los padres, y les causarán la muerte.

13 Y seréis odiados de todos por causa de mi nombre[a], pero el que persevere hasta el fin, ése será salvo. [a]*Mat. 10:22; Juan 15:21*

La abominación de la desolación

14 Mas cuando veáis la ABOMINACION DE LA DESOLACION[a] puesta donde no debe estar (el que lea, que entienda), entonces los que estén en Judea huyan a los montes[b]: [a]*Dan. 9:27* [b]*Mat. 24:15, 16*

15 y el que esté en la azotea, no baje ni entre a sacar nada de su casa[a]; [a]*Luc. 17:31*

16 y el que esté en el campo, no vuelva atrás a tomar su capa.

17 Pero, ¡ay de las que estén encinta y de las que estén criando en aquellos días!

18 Orad para que esto no suceda en el invierno.

19 Porque aquellos días serán *de* tribulación, tal como no ha acontecido desde el principio de la creación[a] que hizo Dios hasta ahora, ni acontecerá jamás. [a]*Dan. 12:1; Mar. 10:6*

20 Y si el Señor no hubiera acortado aquellos días, nadie se salvaría; pero por causa de los escogidos que El eligió, acortó los días.

21 Entonces, si alguno os dice: "Mirad, aquí *está* el Cristo", o: "Mirad, allí *está*", no *le* creáis.

22 Porque se levantarán falsos Cristos y falsos profetas, y mostrarán señales y prodigios[a] a fin de extraviar, de ser posible, a los escogidos. [a]*Mat. 24:24; Juan 4:48*

23 Mas vosotros, estad alerta; ved que os lo he dicho todo de antemano.

La venida del Hijo del Hombre

24 Pero en aquellos días, después de esa tribulación, EL SOL SE OSCURECERA Y LA LUNA NO DARA SU LUZ[a], [a]*Isa. 13:10; Ezeq. 32:7*

25 LAS ESTRELLAS IRAN CAYENDO del cielo y las potencias que están en los cielos serán sacudidas[a]. [a]*Isa. 34:4; Apoc. 6:13*

26 Entonces verán AL HIJO DEL HOMBRE[a] QUE VIENE EN LAS NUBES con gran poder y gloria. [a]*Dan. 7:13; Apoc. 1:7*

27 Y entonces enviará a los ángeles, y reunirá a sus escogidos de los cuatro vientos[a], desde el extremo de la tierra hasta el extremo del cielo. [a]*Deut. 30:4*

Parábola de la higuera

28 De la higuera aprended la parábola: cuando su rama ya se pone tierna y echa las hojas, sabéis que el verano está cerca.

29 Así también vosotros, cuando veáis que suceden estas cosas, sabed que El está cerca, a las puertas.

30 En verdad os digo que no pasará esta generación hasta que todo esto suceda.

31 El cielo y la tierra pasarán, mas mis palabras no pasarán.

32 Pero de aquel día o de *aquella* hora nadie sabe, ni siquiera los ángeles en el cielo, ni el Hijo, sino *sólo* el Padre[a]. [a]*Mat. 24:36; Hech. 1:7*

Exhortación a velar

33 Estad alerta, velad[a]; porque no sabéis cuándo es el tiempo *señalado*. [a]*Ef. 6:18; Col. 4:2*

34 *Es* como un hombre que se fue de viaje, *y* al salir de su casa dejó a sus siervos encargados, *asignándole* a cada uno su tarea, y ordenó al portero que estuviera alerta[a]. [a]*Luc. 12:36-38*

35 Por tanto, velad, porque no sabéis cuándo viene el señor de la casa, si al atardecer, o a la medianoche, o al canto del gallo[a], o al amanecer; [a]*Mar. 14:30*

36 no sea que venga de repente y os halle dormidos[a]. [a]*Rom. 13:11*

37 Y lo que a vosotros digo, a todos lo digo: ¡Velad[a]! [a]*Mat. 24:42; Mar. 13:35*

Complot para prender y matar a Jesús

14 [a]Faltaban dos días para la Pascua y para *la fiesta* de los panes sin levadura; y los principales sacerdotes y los escribas buscaban cómo prenderle con engaño y matar*le*; [a]*Mat. 26:2-5; Luc. 22:1, 2*

2 porque decían: No durante la fiesta, no sea que haya un tumulto del pueblo.

Jesús ungido en Betania

3 [a]Y estando El en Betania, sentado *a la* mesa en casa de Simón el leproso, vino una mujer con un frasco de alabastro de perfume muy costoso de nardo puro; *y* rompió el frasco y lo derramó sobre la cabeza de Jesús. [a]*Mat. 26:6-13; Luc. 7:37-39*

4 Pero algunos estaban indignados *y se* decían unos a otros: ¿Para qué se ha hecho este desperdicio de perfume?

5 Porque este perfume podía haberse vendido por más de trescientos denarios, y dado *el dinero* a los pobres. Y la reprendían.

6 Pero Jesús dijo: Dejadla; ¿por qué la molestáis? Buena obra ha hecho conmigo.

7 Porque a los pobres siempre los tendréis con vosotros; y cuando queráis los podréis hacer bien; pero a mí no siempre me tendréis[a]. [a]*Deut. 15:11; Mat. 26:11*

8 Ella ha hecho lo que ha podido; se ha anticipado a ungir mi cuerpo para la sepultura[a]. [a]*Juan 19:40*

9 Y en verdad os digo: Dondequiera que el evangelio se predique en el mundo entero, también se hablará de lo que ésta ha hecho, para memoria suya[a]. [a]*Mat. 26:13*

Traición de Judas

10 [a]Entonces Judas Iscariote, que era uno de los doce, fue a los principales sacerdotes para entregarles a Jesús. [a]*Mat. 26:14-16; Luc. 22:3-6*

11 Cuando ellos *lo* oyeron, se alegraron y prometieron darle dinero. Y él buscaba cómo entregarle en un momento oportuno.

Preparación de la Pascua

12 [a]El primer día *de la fiesta* de los panes sin levadura, cuando se sacrificaba *el cordero de* la Pascua, sus discípulos le dijeron*: ¿Dónde quieres que vayamos y hagamos los preparativos para que comas la Pascua? [a]*Mat. 26:17-19; Luc. 22:7-13*

13 Y envió* a dos de sus discípulos, y les dijo*: Id a la ciudad, y *allí* os saldrá al encuentro un hombre que lleva un cántaro de agua; seguidle;

14 y donde él entre, decid al dueño de la casa: "El Maestro dice: '¿Dónde está mi habitación en la que pueda comer la Pascua con mis discípulos?'"[a] [a]*Luc. 22:11*

15 Y él os mostrará un gran aposento alto,

amueblado y preparado; haced los preparativos para nosotros allí.

16 Salieron, pues, los discípulos y llegaron a la ciudad, y encontraron *todo* tal como El les había dicho; y prepararon la Pascua.

Jesús identifica al traidor

17 ªAl atardecer llegó* El con los doce.
ªMat. 26:20-24; Luc. 22:14, 21-23

18 Y estando sentados *a la mesa* comiendo, Jesús dijo: En verdad os digo que uno de vosotros me entregará; el que come conmigo.

19 Ellos comenzaron a entristecerse y a decirle uno por uno: ¿Acaso soy yo?

20 Y El les dijo: Es uno de los doce, el que moja conmigo en el plato.

21 Porque el Hijo del Hombre se va tal y como está escrito de El; pero ¡ay de aquel hombre por quien el Hijo del Hombre es entregado! Mejor *le fuera* a ese hombre no haber nacido.

Institución de la Cena del Señor

22 ªY mientras comían, tomó pan, y habiéndolo bendecido *lo* partió, se *lo* dio a ellos, y dijo: Tomad, esto es mi cuerpo.
ªMat. 26:26-29; Luc. 22:17-20

23 Y tomando una copa, después de dar gracias, se *la* dio a ellos, y todos bebieron de ella.

24 Y les dijo: Esto es mi sangre del nuevo pactoª, que es derramada por muchos. ªEx. 24:8

25 En verdad os digo: Ya no beberé más del fruto de la vid hasta aquel día cuando lo beba nuevo en el reino de Dios.

26 Después de cantar un himno, salieron para el monte de los Olivosª. ªMat. 21:1; 26:30

Jesús predice la negación de Pedro

27 ªY Jesús les dijo*: Todos vosotros os apartaréis, porque escrito está: "Herire al pastor, y las ovejas se dispersaran[b]." ªMat. 26:31-35 [b]Zac. 13:7

28 Pero después de que yo haya resucitado, iré delante de vosotros a Galileaª. ªMat. 28:16

29 Entonces Pedro le dijo: Aunque todos se aparten, yo, sin embargo, no *lo haré.*

30 Y Jesús le dijo*: En verdad te digo que tú, hoy, esta *misma* noche, antes que el gallo cante dos veces, me negarás tres vecesª.
ªMat. 26:34; Mar. 14:68, 72

31 Pero *Pedro* con insistencia repetía: Aunque tenga que morir contigo, no te negaré. Y todos decían también lo mismo.

Jesús en Getsemaní

32 ªY llegaron* a un lugar que se llama Getsemaní, y dijo* a sus discípulos: Sentaos aquí hasta que yo haya orado. ªMat. 26:36-46; Luc. 22:40-46

33 Y tomó* consigo a Pedro, a Jacobo y a Juan, y comenzó a afligirse y a angustiarse muchoª. ªMar. 9:15; 16:5, 6

34 Y les dijo*: Mi alma está muy afligida, hasta el punto de la muerte; quedaos aquí y veladª. ªMat. 26:38; Juan 12:27

35 Adelantándose un poco, se postró en tierra y oraba que si fuera posible, pasara de El aquella horaª. ªMat. 26:45; Mar. 14:41

36 Y decía: ¡Abba, Padreª! Para ti todas las cosas son posibles; aparta de mí esta copa, pero no sea lo que yo quiero, sino lo que tú *quieras*[b]. ªRom. 8:15 [b]Mat. 26:39

37 Entonces vino* y los halló* durmiendo, y dijo* a Pedro: Simón, ¿duermes? ¿No pudiste velar ni por una hora?

38 Velad y orad para que no entréis en tentación; el espíritu está dispuesto, pero la carne es débilª. ªMat. 26:41

39 Se fue otra vez y oró, diciendo las mismas palabras.

40 Y vino de nuevo y los halló durmiendo, porque sus ojos estaban muy cargados *de sueño;* y no sabían qué responderle.

41 Vino* por tercera vez, y les dijo*: ¿Todavía estáis durmiendo y descansando? Basta yaª; ha llegado la hora; he aquí, el Hijo del Hombre es entregado en manos de los pecadores. ªMar. 14:35

42 Levantaos, vámonos; mirad, está cerca el que me entrega.

Arresto de Jesús

43 ªEn ese momento, mientras todavía estaba El hablando, llegó* Judas, uno de los doce, acompañado de una multitud con espadas y garrotes, de parte de los principales sacerdotes, de los escribas y de los ancianos.
ªMat. 26:47-56; Luc. 22:47-53

44 Y el que le entregaba les había dado una señal, diciendo: Al que yo bese, ése es; prendedle y llevadle con seguridad.

45 Y habiendo llegado, inmediatamente se acercó a El diciendo: ¡Rabíª! Y le besó.
ªMat. 23:7

46 Entonces ellos le echaron mano y le prendieron.

47 Pero uno de los que estaban allí, sacando la espada, hirió al siervo del sumo sacerdote y le cortó la oreja.

48 Y dirigiéndose Jesús *a ellos,* les dijo: ¿Habéis salido con espadas y garrotes para arrestarme como contra un ladrón?

49 Cada día estaba con vosotros en el templo enseñandoª, y no me prendisteis; pero *esto ha sucedido* para que se cumplan las Escrituras.
ªMar. 12:35; Luc. 19:47

50 Y abandonándole, huyeron todos.

Un joven sigue a Jesús

51 Cierto joven le seguía, vestido *sólo* con una sábana sobre *su cuerpo* desnudo; y lo prendieron*;

52 pero él, dejando la sábana, escapó desnudo.

Jesús ante el concilio

53 ªY llevaron a Jesús al sumo sacerdote; y se reunieron* todos los principales sacerdotes, los ancianos y los escribas. ªMat. 26:57-68; Juan 18:12, 13, 19-24

54 Pedro le siguió de lejos hasta dentro del patio del sumo sacerdote; estaba sentado con los alguaciles, calentándose al fuegoª. ªMar. 14:67; Juan 18:18

55 Y los principales sacerdotes y todo el concilioª, procuraban obtener testimonio contra Jesús para darle muerte, pero no lo hallaban. ªMat. 5:22

56 Porque muchos daban falso testimonio contra Él, pero sus testimonios no coincidían.

57 Y algunos, levantándose, daban falso testimonio contra Él, diciendo:

58 Nosotros le oímos decir: "Yo destruiré este templo hecho por manos, y en tres días edificaré otro no hecho por manosª." ªMat. 26:61; Mar. 15:29

59 Y ni siquiera en esto coincidía el testimonio de ellos.

60 Entonces el sumo sacerdote levantándose, se puso en medio y preguntó a Jesús, diciendo: ¿No respondes nada? ¿Qué testifican éstos contra ti?

61 Mas Él callaba y nada respondía. ªLe volvió a preguntar el sumo sacerdote, diciéndole: ¿Eres tú el Cristo, el Hijo del Bendito? ªMat. 26:63; Luc. 22:67-71

62 Jesús dijo: Yo soy; y veréis al HIJO DEL HOMBRE SENTADO A LA DIESTRA DEL PODERª y VINIENDO CON LAS NUBES DEL CIELOᵇ. ªSal. 110:1 ᵇDan. 7:13

63 Entonces el sumo sacerdote, rasgando sus ropasª, dijo*: ¿Qué necesidad tenemos de más testigos? ªNúm. 14:6; Mat. 26:65

64 Habéis oído la blasfemia; ¿qué os parece? Y todos le condenaron, diciendo que era reo de muerteª. ªLev. 24:16

65 Y comenzaron algunos a escupirleª, a cubrirle el rostro y a darle de puñetazos, y a decirle: ¡Profetizaᵇ! Y los alguaciles le recibieron a bofetadas. ªMat. 26:67 ᵇMat. 26:68

La negación de Pedro

66 ªEstando Pedro abajo en el patio, llegó* una de las sirvientas del sumo sacerdote, ªMat. 26:69-75; Luc. 22:56-62

67 y al ver a Pedro calentándoseª, lo miró y dijo*: Tú también estabas con Jesús el Nazarenoᵇ. ªMar. 14:54 ᵇMar. 1:24

68 Pero él lo negó, diciendo: Ni sé, ni entiendo de qué hablas. Y salió al portalª, y un gallo cantó. ªMar. 14:54

69 Cuando la sirvienta lo vio, de nuevo comenzó a decir a los que estaban allí: Este es uno de ellos.

70 Pero él lo negó otra vez. Y poco después los que estaban allí volvieron a decirle a Pedro: Seguro que tú eres uno de ellos, pues también eres galileoª. ªMat. 26:73; Luc. 22:59

71 Pero él comenzó a maldecir y a jurar: ¡Yo no conozco a este hombre de quien habláis!

72 Al instante un gallo cantó por segunda vez. Entonces Pedro recordó lo que Jesús le había dicho: Antes que el gallo cante dos veces, me negarás tres vecesª. Y se echó a llorar. ªMar. 14:30, 68

Jesús ante Pilato

15 Muy de mañana, los principales sacerdotes prepararon enseguida una reuniónª con los ancianos, los escribas y todo el concilio; y atando a Jesús, le llevaron y le entregaron a Pilato. ªMat. 27:1

2 ªPilato le preguntó: ¿Eres tú el Rey de los judíos? Respondiendo Él, le dijo*: Tú lo dices. ªMat. 27:11-14; Luc. 23:2, 3

3 Y los principales sacerdotes le acusaban de muchas cosas.

4 De nuevo Pilato le preguntó, diciendo: ¿No respondes nada? Mira de cuántas cosas te acusan.

5 Pero Jesús no respondió nada másª; de modo que Pilato estaba asombrado. ªMat. 27:12

Jesús o Barrabás

6 ªAhora bien, en cada fiesta él acostumbraba soltarles un preso, el que ellos pidieran. ªMat. 27:15-26; Luc. 23:18-25

7 Y uno llamado Barrabás había sido encarcelado con los sediciosos que habían cometido homicidio en la insurrección.

8 Y subiendo la multitud, comenzó a pedirle que hiciera como siempre les había hecho.

9 Entonces Pilato les contestó, diciendo: ¿Queréis que os suelte al Rey de los judíos?

10 Porque sabía que los principales sacerdotes le habían entregado por envidia.

11 Pero los principales sacerdotes incitaron a la multitud para que le pidiera que en vez de Jesús les soltara a Barrabásª. ªHech. 3:14

12 Y Pilato, tomando de nuevo la palabra, les decía: ¿Qué haré, entonces, con el que llamáis el Rey de los judíos?

13 Ellos le respondieron a gritos: ¡Crucifícale!

14 Y Pilato les decía: ¿Por qué? ¿Qué mal ha hecho? Y ellos gritaban aún más: ¡Crucifícale!

15 Pilato, queriendo complacer a la multitud, les soltó a Barrabás; y después de hacer azotar a Jesús, le entregó para que fuera crucificadoª. ªMat. 27:26

Los soldados se mofan de Jesús

16 ªEntonces los soldados le llevaron dentro

del palacio, es decir, al Pretorio, y convoca-ron* a toda la cohorte *romana*. ªMat. 27:27-31

17 Le vistieron* de púrpura, y después de tejer una corona de espinas, se la pusieron;

18 y comenzaron a vitorearle: ¡Salve, Rey de los judíos!

19 Le golpeaban la cabeza con una caña y le escupían, y poniéndose de rodillas le hacían reverencias.

20 Y después de haberse burlado de El, le quitaron la púrpura, le pusieron sus ropas y le sacaron* para crucificarle.

21 ªY obligaron* a uno que pasaba y que venía del campo, Simón de Cirene, el padre de Alejandro y Rufo, a que llevara la cruz de Jesús. ªMat. 27:32; Luc. 23:26

La crucifixión

22 ªLe llevaron* al lugar *llamado* Gólgota, que traducido significa: Lugar de la Calavera. ªMat. 27:33-44; Luc. 23:33-43

23 Y trataron de darle vino mezclado con mirra, pero El no lo tomóª. ªMat. 27:34

24 Cuando le crucificaron*, se repartieron* sus vestidos, echando suertes sobre ellos *para decidir* lo que cada uno tomaríaª. ªSal. 22:18; Juan 19:24

25 Era la hora terceraª cuando le crucificaron. ªMar. 15:33

26 Y la inscripción de la acusación contra El decía: EL REY DE LOS JUDIOSª. ªMat. 27:37

27 Crucificaron* con El a dos ladrones; uno a su derecha y otro a su izquierda.

28 Y se cumplió la Escritura que dice: Y con los transgresores fue contado.

29 Y los que pasaban le injuriaban, meneando la cabezaª y diciendo: ¡Bah! Tú que destruyes el templo y en tres días lo reedificasᵇ, ªSal. 22:7 ᵇMar. 14:58

30 ¡sálvate a ti mismo descendiendo de la cruz!

31 De igual manera, también los principales sacerdotes junto con los escribas, burlándose *de El* entre ellos, decían: A otros salvó, a sí mismo no puede salvarseª. ªMat. 27:42; Luc. 23:35

32 Que este Cristo, el Rey de Israel, descienda ahora de la cruz, para que veamos y creamos. Y los que estaban crucificados con El *también* le insultabanª. ªMat. 27:44; Mar. 15:27

Muerte de Jesús

33 ªCuando llegó la hora sexta hubo oscuridad sobre toda la tierra hasta la hora novena. ªMat. 27:45-56; Luc. 23:44-49

34 Y a la hora novena Jesús exclamó con fuerte voz: ELOI, ELOI, ¿LEMA SABACTANI?, que traducido significa, DIOS MIO, DIOS MIO, ¿POR QUE ME HAS ABANDONADOª? ªSal. 22:1; Mat. 27:45, 46

35 Algunos de los que estaban allí, al oír*lo,* decían: Mirad, a Elías llama.

36 Entonces uno corrió y empapó una esponja en vinagre, y poniéndola en una caña, le dio a beber, diciendo: Dejad, veamos si Elías viene a bajarle.

37 Y Jesús dando un fuerte grito, expiróª. ªMat. 27:50; Luc. 23:46

38 Y el velo del templo se rasgó en dos, de arriba abajoª. ªEx. 26:31-33; Mat. 27:51

39 Viendo el centurión que estaba frente a El, la manera en que expiró, dijo: En verdad este hombre era Hijo de Diosª. ªMat. 27:54; Mar. 15:45

40 ªHabía también unas mujeres mirando de lejos, entre las que *estaban* María Magdalena, María, la madre de Jacobo el menor y de José, y Salomé, ªMat. 27:55, 56; Luc. 23:49

41 las cuales cuando *Jesús* estaba en Galilea, le seguían y le servíanª; y *había* muchas otras que habían subido con El a Jerusalén. ªMat. 27:55, 56

Sepultura de Jesús

42 ªYa al atardecer, como era el día de la preparación, es decir, la víspera del día de reposo, ªMat. 27:57-61; Luc. 23:50-56

43 vino José de Arimatea, miembro prominente del concilioª, que también esperaba el reino de Dios; y llenándose de valor, entró adonde estaba Pilato y le pidió el cuerpo de Jesúsᵇ. ªLuc. 23:50 ᵇJuan 19:38

44 Pilato se sorprendió de que ya hubiera muerto, y llamando al centurión, le preguntó si ya estaba muerto.

45 Y comprobando esto por medio del centuriónª, le concedió el cuerpo a José, ªMar. 15:39

46 quien compró un lienzo de lino, y bajándole *de la cruz,* le envolvió en el lienzo de lino y le puso en un sepulcro que había sido excavado en la roca; e hizo rodar una piedra a la entrada del sepulcro.

47 Y María Magdalena y María, la *madre* de Joséª, miraban *para saber* dónde le ponían. ªMat. 27:56; Mar. 15:40

La resurrección

16 ªPasado el día de reposo, María Magdalena, María, la *madre* de Jacobo, y Salomé, compraron especias aromáticas para ir a ungirle. ªMat. 28:1-8; Luc. 24:1-10

2 Y muy de mañana, el primer día de la semana, llegaron* al sepulcro cuando el sol *ya* había salido.

3 Y se decían unas a otras: ¿Quién nos removerá la piedra de la entrada del sepulcroª? ªMat. 27:60; Mar. 15:46

4 Cuando levantaron los ojos, vieron* que la piedra, aunque era sumamente grande, había sido removida.

5 Y entrando en el sepulcro, vieron a un joven sentado al *lado* derecho, vestido con

ropaje blanco[a]; y ellas se asustaron.
[a]*Juan 20:11, 12*

6 Pero él les dijo*: No os asustéis; buscáis a Jesús nazareno, el crucificado. Ha resucitado, no está aquí; mirad el lugar donde le pusieron[a]. [a]*Mat. 28:6; Luc. 24:6*

7 Pero id, decid a sus discípulos y a Pedro: "El va delante de vosotros a Galilea[a]; allí le veréis, tal como os dijo." [a]*Mat. 26:32; Mar. 14:28*

8 Y saliendo ellas, huyeron del sepulcro, porque un *gran* temblor y espanto se había apoderado de ellas; y no dijeron nada a nadie porque tenían miedo.

Aparición de Jesús a María Magdalena

9 Y después de haber resucitado, muy temprano el primer día de la semana, *Jesús* se apareció primero a María Magdalena[a], de la que había echado fuera siete demonios. [a]*Mat. 27:56; Juan 20:14*

10 Y ella fue y se lo comunicó a los que habían estado con El[a], que estaban lamentándose y llorando. [a]*Juan 20:18*

11 Cuando ellos oyeron que El estaba vivo y que ella le había visto, se negaron a creerlo[a]. [a]*Mat. 28:17; Mar. 16:13, 14*

Aparición a dos discípulos

12 Después de esto, se apareció en forma distinta a dos de ellos cuando iban de camino al campo[a]. [a]*Luc. 24:13-35*

13 Y éstos fueron y se lo comunicaron a los demás, pero a ellos tampoco les creyeron[a]. [a]*Mat. 28:17; Mar. 16:11, 14*

La gran comisión

14 Después se apareció a los once mismos[a] cuando estaban sentados *a la mesa*, y los reprendió por su incredulidad y dureza de corazón, porque no habían creído a los que le habían visto resucitado. [a]*Luc. 24:36; Juan 20:19, 26*

15 Y les dijo: Id por todo el mundo y predicad el evangelio a toda criatura[a]. [a]*Mat. 28:19; Hech. 1:8*

16 El que crea y sea bautizado será salvo; pero el que no crea será condenado[a]. [a]*Juan 3:18, 36; Hech. 16:31*

17 Y estas señales acompañarán a los que han creído: en mi nombre echarán fuera demonios[a], hablarán en nuevas lenguas; [a]*Mar. 9:38; Luc. 10:17*

18 tomarán serpientes en las manos, y aunque beban algo mortífero, no les hará daño; sobre los enfermos pondrán las manos, y se pondrán bien[a]. [a]*Mar. 5:23*

Ascensión de Jesucristo

19 Entonces, el Señor Jesús, después de hablar con ellos, fue recibido en el cielo[a] y se sentó a la diestra de Dios. [a]*Luc. 9:51; 24:51*

20 Y ellos salieron y predicaron por todas partes, colaborando el Señor con ellos, y confirmando la palabra por medio de las señales que la seguían. *Ellas comunicaron inmediatamente a Pedro y a sus compañeros todas estas instrucciones. Y después de esto, Jesús mismo envió por medio de ellos, desde el oriente hasta el occidente, el mensaje sacrosanto e incorruptible de la salvación eterna.*

El Evangelio de Jesucristo Según
SAN LUCAS

Introducción

1 Por cuanto muchos han tratado de compilar una historia de las cosas que entre nosotros son muy ciertas[a], [a]*Rom. 4:21; 14:5*

2 tal como nos las han transmitido los que desde el principio[a] fueron testigos oculares[b] y ministros de la palabra, [a]*Juan 15:27* [b]*2 Ped. 1:16*

3 también a mí me ha parecido conveniente, después de haberlo investigado todo con diligencia desde el principio, escribírte*las* ordenadamente, excelentísimo[a] Teófilo, [a]*Hech. 23:26; 24:3*

4 para que sepas la verdad precisa acerca de las cosas que te han sido enseñadas[a]. [a]*Hech. 18:25; Rom. 2:18*

Anuncio del nacimiento
de Juan el Bautista

5 Hubo en los días de Herodes, rey de Judea, cierto sacerdote llamado Zacarías, del grupo de Abías[a], que tenía por mujer una de las hijas de Aarón que se llamaba Elisabet. [a]*1 Crón. 24:10*

6 Ambos eran justos delante de Dios, y se conducían intachablemente[a] en todos los mandamientos y preceptos del Señor. [a]*Fil. 2:15; 3:6*

7 No tenían hijos, porque Elisabet era estéril, y ambos eran de edad avanzada.

8 Pero aconteció que mientras Zacarías ejercía su ministerio sacerdotal delante de Dios según el orden *indicado* a su grupo[a], [a]*1 Crón. 24:19; 2 Crón. 8:14*

9 conforme a la costumbre del sacerdocio, fue escogido por sorteo para entrar al templo del Señor y quemar incienso[a]. [a]*Ex. 30:7, 8*

10 Y toda la multitud del pueblo estaba fuera orando[a] a la hora de la ofrenda de incienso. [a]*Lev. 16:17*

11 Y se le apareció un ángel del Señor[a], de pie, a la derecha del altar del incienso. [a]*Luc. 2:9; Hech. 5:19*

12 Al ver*lo*, Zacarías se turbó, y el temor se apoderó de él[a]. [a]*Luc. 2:9*

13 Pero el ángel le dijo: No temas, Zacarías, porque tu petición ha sido oída, y tu mujer Eli-

sabet te dará a luz un hijo, y lo llamarás Juan[a].
[a]*Luc. 1:60, 63*

14 Y tendrás gozo y alegría, y muchos se regocijarán por su nacimiento.

15 Porque él será grande delante del Señor; no beberá ni vino ni licor[a], y será lleno del Espíritu Santo aun desde el vientre de su madre. [a]*Núm. 6:3; Jue. 13:4*

16 Y él hará volver a muchos de los hijos de Israel al Señor su Dios[a]. [a]*Mat. 3:2, 3, 6*

17 E irá delante de El en el espíritu y poder de Elías PARA HACER VOLVER LOS CORAZONES DE LOS PADRES A LOS HIJOS[a], y a los desobedientes a la actitud de los justos, a fin de preparar para el Señor un pueblo *bien* dispuesto. [a]*Mal. 4:6*

18 Entonces Zacarías dijo al ángel: ¿Cómo podré saber esto? Porque yo soy anciano y mi mujer es de edad avanzada[a]. [a]*Gén. 17:17*

19 Respondiendo el ángel, le dijo: Yo soy Gabriel[a], que estoy en la presencia de Dios, y he sido enviado para hablarte y anunciarte estas buenas nuevas. [a]*Dan. 8:16; 9:21*

20 Y he aquí, te quedarás mudo, y no podrás hablar hasta el día en que todo esto acontezca, por cuanto no creíste mis palabras, las cuales se cumplirán a su debido tiempo.

21 Y el pueblo estaba esperando a Zacarías, y se extrañaba de su tardanza en el templo.

22 Pero cuando salió, no podía hablarles, y se dieron cuenta de que había visto una visión en el templo; y él les hablaba por señas[a], y permanecía mudo. [a]*Luc. 1:62*

23 Y cuando se cumplieron los días de su servicio sacerdotal, regresó a su casa.

24 Y después de estos días, Elisabet su mujer concibió, y se recluyó por cinco meses, diciendo:

25 Así ha obrado el Señor conmigo en los días en que *se dignó* mirar*me* para quitar mi afrenta entre los hombres[a]. [a]*Gén. 30:23; Isa. 4:1*

Anuncio del nacimiento de Jesús

26 Y al sexto mes, el ángel Gabriel fue enviado por Dios a una ciudad de Galilea llamada Nazaret[a], [a]*Mat. 2:23*

27 a una virgen desposada con un hombre que se llamaba José, de los descendientes de David[a]; y el nombre de la virgen era María. [a]*Mat. 1:16, 20; Luc. 2:4*

28 Y entrando el *ángel*, le dijo: ¡Salve, muy favorecida! El Señor está contigo; bendita eres tú entre las mujeres.

29 Pero ella se turbó[a] mucho por estas palabras, y se preguntaba qué clase de saludo sería éste. [a]*Luc. 1:12*

30 Y el ángel le dijo: No temas[a], María, porque has hallado gracia delante de Dios. [a]*Mat. 14:27; Luc. 1:13*

31 Y he aquí, concebirás en tu seno y darás a luz un hijo, y le pondrás por nombre Jesús[a]. [a]*Isa. 7:14; Mat. 1:21, 25*

32 Este será grande y será llamado Hijo del Altísimo[a]; y el Señor Dios le dará el trono de su padre David[b]; [a]*Mar. 5:7* [b]*2 Sam. 7:12, 13, 16*

33 y reinará sobre la casa de Jacob para siempre, y su reino no tendrá fin[a]. [a]*2 Sam. 7:13, 16; Sal. 89:36, 37*

34 Entonces María dijo al ángel: ¿Cómo será esto, puesto que soy virgen?

35 Respondiendo el ángel, le dijo: El Espíritu Santo vendrá sobre ti[a], y el poder del Altísimo te cubrirá con su sombra; por eso lo santo que nacerá será llamado Hijo de Dios[b]. [a]*Mat. 1:18* [b]*Mat. 4:3*

36 Y he aquí, tu parienta Elisabet en su vejez también ha concebido un hijo; y este es el sexto mes para ella, la que llamaban estéril.

37 Porque ninguna cosa será imposible para Dios[a]. [a]*Gén. 18:14; Jer. 32:17*

38 Entonces María dijo: He aquí la sierva del Señor; hágase conmigo conforme a tu palabra. Y el ángel se fue de su presencia.

María visita a Elisabet

39 En esos días María se levantó y fue apresuradamente a la región montañosa[a], a una ciudad de Judá; [a]*Jos. 20:7; 21:11*

40 y entró en casa de Zacarías y saludó a Elisabet.

41 Y aconteció que cuando Elisabet oyó el saludo de María, la criatura saltó en su vientre; y Elisabet fue llena del Espíritu Santo[a], [a]*Luc. 1:67; Hech. 2:4*

42 y exclamó a gran voz y dijo: ¡Bendita tú entre las mujeres, y bendito el fruto de tu vientre!

43 ¿Por qué me ha acontecido esto a mí, que la madre de mi Señor[a] venga a mí? [a]*Luc. 2:11*

44 Porque he aquí, apenas la voz de tu saludo llegó a mis oídos, la criatura saltó de gozo en mi vientre.

45 Y bienaventurada[a] la que creyó que tendrá cumplimiento lo que le fue dicho de parte del Señor. [a]*Luc. 1:20, 48*

46 Entonces María dijo:
Mi alma engrandece al Señor[b],
[a]*1 Sam. 2:1-10* [b]*Sal. 34:2, 3*

47 y mi espíritu se regocija en Dios[a] mi Salvador. [a]*Sal. 35:9; Hab. 3:18*

48 Porque ha mirado la humilde condición de *esta* su sierva;
pues he aquí, desde ahora en adelante todas las generaciones me tendrán por bienaventurada[a]. [a]*Sal. 138:6; Luc. 1:45*

49 Porque grandes cosas me ha hecho el Poderoso;
y santo es su nombre.

50 Y DE GENERACION EN GENERACION ES SU
MISERICORDIA
PARA LOS QUE LE TEMEN[a]. [a]*Sal. 103:17*

51 Ha hecho proezas con su brazo[a];
ha esparcido a los soberbios en el pensamiento de sus corazones. [a]*Sal. 98:1;
118:15*

52 Ha quitado a los poderosos de *sus* tronos;
y ha exaltado a los humildes[a]; [a]*Job 5:11*

53 A LOS HAMBRIENTOS HA COLMADO DE BIENES[a]
y ha despedido a los ricos con las manos
vacías. [a]*Sal. 107:9*

54 Ha ayudado a Israel, su siervo,
para recuerdo de su misericordia

55 tal como dijo a nuestros padres,
a Abraham y a su descendencia para
siempre[a]. [a]*Gén. 17:7, 19; Sal. 132:11*

56 Y María se quedó con Elisabet como tres
meses, y *después* regresó a su casa.

Nacimiento de Juan el Bautista

57 Cuando a Elisabet se le cumplió el tiempo
de su alumbramiento, dio a luz un hijo.

58 Y sus vecinos y parientes oyeron que el
Señor había demostrado su gran misericordia[a]
hacia ella; y se regocijaban con ella. [a]*Gén. 19:19*

59 Y al octavo día vinieron para circuncidar
al niño[a], y lo iban a llamar Zacarías según el
nombre de su padre. [a]*Gén. 17:12; Lev. 12:3*

60 Pero la madre respondió, y dijo: No, sino
que se llamará Juan[a]. [a]*Luc. 1:13, 63*

61 Y le dijeron: No hay nadie en tu familia
que tenga ese nombre.

62 Entonces preguntaban por señas[a] al padre,
cómo lo quería llamar. [a]*Luc. 1:22*

63 Y él pidió una tablilla y escribió lo
siguiente: Su nombre es Juan[a]. Y todos se
maravillaron. [a]*Luc. 1:13, 60*

64 Al instante le fue abierta su boca y *suelta*
su lengua, y comenzó a hablar[a] dando alabanza a Dios. [a]*Luc. 1:20*

65 Y vino temor sobre todos los que vivían a
su alrededor; y todas estas cosas se comenta-
ban en toda la región montañosa[a] de Judea.
[a]*Luc. 1:39*

66 Y todos los que *las* oían *las* guardaban en
su corazón, diciendo: ¿Qué, pues, llegará a ser
este niño? Porque la mano del Señor ciertamente estaba con él[a]. [a]*Hech. 11:21*

Profecía de Zacarías

67 Y su padre Zacarías fue lleno del Espíritu
Santo[a], y profetizó diciendo: [a]*Luc. 1:41;
Hech. 2:4, 8*

68 Bendito *sea* el Señor, Dios de Israel,
porque *nos* ha visitado y ha efectuado
redención[a] para su pueblo, [a]*1 Rey. 1:48;
Sal. 41:13*

69 y nos ha levantado un cuerno de salvación[a]

en la casa de David su siervo,
[a]*1 Sam. 2:1, 10; Sal. 18:2*

70 tal como lo anunció por boca de sus santos profetas[a] desde los tiempos antiguos, [a]*Rom. 1:2*

71 salvación DE NUESTROS ENEMIGOS
Y DE LA MANO DE TODOS LOS QUE NOS
ABORRECEN[a]; [a]*Sal. 106:10*

72 para mostrar misericordia a nuestros
padres,
y para recordar su santo pacto[a],
[a]*Sal. 105:8, 9, 42; 106:45*

73 el juramento que hizo a nuestro padre
Abraham[a]: [a]*Gén. 22:16; Heb. 6:13*

74 concedernos que, librados de la mano de
nuestros enemigos,
le sirvamos sin temor

75 en santidad y justicia[a] delante de El,
todos nuestros días. [a]*Ef. 4:24*

76 Y tú, niño, serás llamado profeta del
Altísimo;
porque irás DELANTE DEL SEÑOR[a] PARA
PREPARAR SUS CAMINOS; [a]*Mal. 3:1*

77 para dar a su pueblo el conocimiento de
la salvación
por el perdón de sus pecados[a], [a]*Jer. 31:34;
Mar. 1:4*

78 por la entrañable misericordia de nuestro
Dios,
con que la Aurora[a] nos visitará desde lo
alto, [a]*Mal. 4:2; Ef. 5:14*

79 PARA DAR LUZ A LOS QUE HABITAN EN
TINIEBLAS Y EN SOMBRA DE MUERTE[a],
para guiar nuestros pies en el camino de
paz. [a]*Isa. 9:1, 2; 59:8*

80 Y el niño crecía y se fortalecía[a] en espíritu;
y vivió en lugares desiertos hasta el día en que
apareció en público a Israel. [a]*Luc. 2:40*

Nacimiento de Jesús

2 Y aconteció en aquellos días que salió un
edicto de César Augusto, para que se hiciera un censo de todo el mundo habitado.
[a]*Mat. 22:17; Luc. 3:1*

2 Este fue el primer censo que se levantó
cuando Cirenio era gobernador de Siria[a].
[a]*Mat. 4:24*

3 Y todos se dirigían a inscribirse en el
censo, cada uno a su ciudad.

4 Y también José subió de Galilea, de la ciudad de Nazaret, a Judea, a la ciudad de David
que se llama Belén, por ser él de la casa y de
la familia de David[a], [a]*Luc. 1:27*

5 para inscribirse junto con María, desposada con él, la cual estaba encinta.

6 Y sucedió que mientras estaban ellos allí,
se cumplieron los días de su alumbramiento.

7 Y dio a luz a su hijo primogénito[a]; le
envolvió en pañales y le acostó en un pesebre,

porque no había lugar para ellos en el mesón. ªMat. 1:25

Los pastores y los ángeles

8 En la misma región había pastores que estaban en el campo, cuidando sus rebaños *durante* las vigilias de la noche.

9 Y un ángel del Señor se les presentóª, y la gloria del Señor los rodeó de resplandor, y tuvieron gran temor. ªLuc. 1:11; 24:4

10 Mas el ángel les dijo: No temáisª, porque he aquí, os traigo buenas nuevas de gran gozo que serán para todo el pueblo; ªMat. 14:27

11 porque os ha nacido hoy, en la ciudad de David, un Salvadorª, que es Cristo el Señor. ªMat. 1:21; Juan 4:42

12 Y esto os *servirá* de señalª: hallaréis a un niño envuelto en pañales y acostado en un pesebre. ª1 Sam. 2:34; 2 Rey. 19:29

13 Y de repente apareció con el ángel una multitud de los ejércitos celestiales, alabando a Dios y diciendo:

14 Gloria a Dios en las alturasª,
     y en la tierra paz entre los hombres en
       quienes El se complace. ªMat. 21:9;
       Luc. 19:38

15 Y aconteció que cuando los ángeles se fueron al cielo, los pastores se decían unos a otros: Vayamos, pues, hasta Belén y veamos esto que ha sucedido, que el Señor nos ha dado a saber.

16 Fueron a toda prisa, y hallaron a María y a José, y al niño acostado en el pesebre.

17 Y cuando *lo* vieron, dieron a saber lo que se les había dicho acerca de este niño.

18 Y todos los que *lo* oyeron se maravillaron de las cosas que les fueron dichas por los pastores.

19 Pero María atesoraba todas estas cosas, reflexionando sobre ellas en su corazónª. ªLuc. 2:51

20 Y los pastores se volvieron, glorificando y alabando a Diosª por todo lo que habían oído y visto, tal como se les había dicho. ªMat. 9:8

21 Cuando se cumplieron los ocho días para circuncidarleª, le pusieron por nombre Jesús, el nombre dado por el ángel antes de que El fuera concebido en el seno materno. ªGén. 17:12; Lev. 12:3

Jesús presentado en el templo

22 Cuando se cumplieron los días para la purificación de ellos, según la ley de Moisés, le trajeron a Jerusalén para presentarle al Señorª ªLev. 12:6-8

23 (como está escrito en la Ley del Señor: TODO VARON QUE ABRA LA MATRIZª SERA LLAMADO SANTO PARA EL SEÑOR), ªEx. 13:2, 12; Núm. 3:13

24 y para ofrecer un sacrificio conforme a lo dicho en la Ley del Señor: UN PAR DE TORTOLAS O DOS PICHONESª. ªLev. 5:11; 12:8

25 Y había en Jerusalén un hombre que se llamaba Simeón; y este hombre, justo y piadoso, esperaba la consolación de Israelª; y el Espíritu Santo estaba sobre él. ªMar. 15:43; Luc. 2:38

26 Y por el Espíritu Santo se le había revelado que no vería la muerteª sin antes ver al Cristo del Señor. ªSal. 89:48; Juan 8:51

27 Movido por el Espíritu fue al templo. Y cuando los padres del niño Jesús le trajeron para cumplir por El el rito de la leyª, ªLuc. 2:22

28 él tomó al niño en sus brazos, y bendijo a Dios y dijo:

29 Ahora, Señor, permite que tu siervo se
     vaya
     en paz, conforme a tu palabraª; ªLuc. 2:26

30 porque han visto mis ojos tu salvaciónª
       ªSal. 119:166, 174; Isa. 52:10

31 la cual has preparado en presencia de
     todos los pueblos;

32 LUZ DE REVELACION A LOS GENTILESª,
     y gloria de tu pueblo Israel. ªIsa. 9:2; 42:6

33 Y los padres del niñoª estaban asombrados de las cosas que de El se decían. ªMat. 12:46

34 Simeón los bendijo, y dijo a su madre María: He aquí, este *niño* ha sido puesto para la caída y el levantamiento de muchosª en Israel, y para ser señal de contradicción ªMat. 21:44; 1 Cor. 1:23

35 (y una espada traspasará aun tu propia alma) a fin de que sean revelados los pensamientos de muchos corazones.

36 Y había una profetisa, Ana, hija de Fanuel, de la tribu de Aserª. Ella era de edad muy avanzada, y había vivido con *su* maridoᵇ siete años después de su matrimonio, ªJos. 19:24 ᵇ1 Tim. 5:9

37 y después de viuda, hasta los ochenta y cuatro años. Nunca se alejaba del templo, sirviendo noche y día con ayunos y oracionesª. ªLuc. 5:33; Hech. 13:3

38 Y llegando ella en ese preciso momento, daba gracias a Dios, y hablaba de El a todos los que esperaban la redención de Jerusalénª. ªLuc. 1:68; 2:25

Crecimiento de Jesús

39 Habiendo ellos cumplido con todo conforme a la Ley del Señor, se volvieron a Galilea, a su ciudad de Nazaretª. ªMat. 2:23; Luc. 1:26

40 Y el niño crecía y se fortalecía, llenándose de sabiduría; y la gracia de Diosª estaba sobre El. ªLuc. 1:80; 2:52

El niño Jesús discute con los maestros

41 Sus padres acostumbraban ir a Jerusalén todos los años a la fiesta de la Pascuaª. ªEx. 12:11; 23:15

42 Y cuando cumplió doce años, subieron *allá* conforme a la costumbre de la fiesta;

43 y al regresar ellos, después de haber pasado todos los días *de la fiesta*ª, el niño

Jesús se quedó en Jerusalén sin que lo supieran sus padres, [a]Ex. 12:15

44 y suponiendo que iba en la caravana, anduvieron camino de un día, y comenzaron a buscarle entre los familiares y conocidos.

45 Al no hallarle, volvieron a Jerusalén buscándole.

46 Y aconteció que después de tres días le hallaron en el templo, sentado en medio de los maestros, escuchándolos y haciéndoles preguntas.

47 Y todos los que le oían estaban asombrados de su entendimiento y de sus respuestas[a].
[a]Mat. 7:28; 13:54

48 Cuando *sus padres* le vieron, se quedaron maravillados; y su madre le dijo: Hijo, ¿por qué nos has tratado de esta manera? Mira, tu padre[a] y yo te hemos estado buscando llenos de angustia. [a]Luc. 2:49; 3:23

49 Entonces El les dijo: ¿Por qué me buscabais? ¿Acaso no sabíais que me era necesario estar en la casa de mi Padre[a]? [a]Juan 4:34; 5:36

50 Pero ellos no entendieron[a] las palabras que El les había dicho. [a]Mar. 9:32; Luc. 9:45

51 Y descendió con ellos y vino a Nazaret[a], y continuó sujeto a ellos. Y su madre atesoraba todas estas cosas en su corazón[b]. [a]Luc. 2:39
[b]Luc. 2:19

52 Y Jesús crecía en sabiduría, en estatura y en gracia para con Dios[a] y los hombres.
[a]Luc. 2:40

Predicación de Juan el Bautista

3 En el año decimoquinto del imperio de Tiberio César, siendo Poncio Pilato[a] gobernador de Judea, y Herodes tetrarca[b] de Galilea, y su hermano Felipe tetrarca de la región de Iturea y Traconite, y Lisanias tetrarca de Abilinia, [a]Mat. 27:2 [b]Mat. 14:1

2 durante el sumo sacerdocio de Anás y Caifás, [a]vino la palabra de Dios a Juan, hijo de Zacarías, en el desierto. [a]Mat. 3:1-10; Mar. 1:3-5

3 Y él fue por toda la región contigua al Jordán[a], predicando un bautismo de arrepentimiento para el perdón de los pecados; [a]Mat. 3:5

4 como está escrito en el libro de las palabras del profeta Isaías:

VOZ DEL QUE CLAMA EN EL DESIERTO:
"PREPARAD EL CAMINO DEL SEÑOR,
HACED DERECHAS SUS SENDAS[a]. [a]Isa. 40:3

5 "TODO VALLE SERA RELLENADO,
Y TODO MONTE Y COLLADO REBAJADO;
LO TORCIDO SE HARA RECTO,
Y LAS SENDAS ASPERAS *se volverán* CAMINOS LLANOS[a]; [a]Isa. 40:4

6 Y TODA CARNE VERA[a] LA SALVACION DE DIOS[b]." [a]Isa. 40:5 [b]Luc. 2:30

7 Por eso, decía a las multitudes que acudían para que él las bautizara: ¡Camada de víboras[a]! ¿Quién os enseñó a huir de la ira que vendrá? [a]Mat. 12:34; 23:33

8 Por tanto, dad frutos dignos de arrepentimiento; y no comencéis a deciros a vosotros mismos: "Tenemos a Abraham por padre[a]", porque os digo que Dios puede levantar hijos a Abraham de estas piedras. [a]Juan 8:33

9 Y también el hacha ya está puesta a la raíz de los árboles; por tanto, todo árbol que no da buen fruto es cortado y echado al fuego[a].
[a]Mat. 7:19; Luc. 13:6-9

10 Y las multitudes le preguntaban, diciendo: ¿Qué, pues, haremos[a]? [a]Luc. 3:12, 14; Hech. 2:37, 38

11 Respondiendo él, les decía: El que tiene dos túnicas, comparta con el que no tiene; y el que tiene qué comer, haga lo mismo[a].
[a]Isa. 58:7; 1 Tim. 6:17, 18

12 Vinieron también unos recaudadores de impuestos para ser bautizados[a], y le dijeron: Maestro, ¿qué haremos? [a]Luc. 7:29

13 Entonces él les respondió: No exijáis más de lo que se os ha ordenado.

14 También *algunos* soldados le preguntaban, diciendo: Y nosotros, ¿qué haremos? Y él les dijo: A nadie extorsionéis, ni *a nadie* acuséis falsamente, y contentaos con vuestro salario[a].
[a]Ex. 20:16; 23:1

15 Como el pueblo estaba a la expectativa, y todos se preguntaban en sus corazones acerca de Juan, si no sería él el Cristo[a], [a]Juan 1:19, 20

16 [a]Juan respondió, diciendo a todos: Yo os bautizo con agua; pero viene el que es más poderoso que yo; a quien no soy digno de desatar la correa de sus sandalias; El os bautizará con el Espíritu Santo y fuego. [a]Mat. 3:11, 12; Mar. 1:7, 8

17 El bieldo está en su mano para limpiar completamente su era y recoger el trigo en su granero; pero quemará la paja en fuego inextinguible[a]. [a]Mar. 9:43, 48

18 Y también con muchas otras exhortaciones *Juan* anunciaba las buenas nuevas al pueblo.

19 Pero Herodes el tetrarca, siendo reprendido por él por causa de Herodías, mujer de su hermano[a], y por todas las maldades que Herodes había hecho, [a]Mat. 14:3; Mar. 6:17

20 añadió además a todas ellas, ésta: que encerró a Juan en la cárcel[a]. [a]Juan 3:24

Bautismo de Jesús

21 [a]Y aconteció que cuando todo el pueblo era bautizado, Jesús también fue bautizado; y mientras El oraba, el cielo se abrió, [a]Mat. 3:13-17; Mar. 1:9-11

22 y el Espíritu Santo descendió sobre El en forma corporal, como una paloma, y vino una voz del cielo, *que decía:* Tú eres mi Hijo

amado, en ti me he complacido[a]. [a]*Sal. 2:7; Isa. 42:1*

Genealogía de Jesús

23 Y cuando comenzó *su ministerio*[a], Jesús mismo tenía unos treinta años, siendo, como se suponía, hijo de José, *quien era hijo* de Elí, [a]*Mat. 4:17; Hech. 1:1*

24 *y Elí,* de Matat; *Matat,* de Leví; *Leví,* de Melqui; *Melqui,* de Jana; *Jana,* de José;

25 *José,* de Matatías; *Matatías,* de Amós; *Amós,* de Nahúm; *Nahúm,* de Esli; *Esli,* de Nagai;

26 *Nagai,* de Maat; *Maat,* de Matatías; *Matatías,* de Semei; *Semei,* de José; *José,* de Judá;

27 *Judá,* de Joana; *Joana,* de Resa; *Resa,* de Zorobabel; *Zorobabel,* de Salatiel[a]; *Salatiel,* de Neri; [a]*Mat. 1:12*

28 *Neri,* de Melqui; *Melqui,* de Adi; *Adi,* de Cosam; *Cosam,* de Elmodam; *Elmodam,* de Er;

29 *Er,* de Josué; *Josué,* de Eliezer; *Eliezer,* de Jorim; *Jorim,* de Matat; *Matat,* de Leví;

30 *Leví,* de Simeón; *Simeón,* de Judá; *Judá,* de José; *José,* de Jonán; *Jonán,* de Eliaquim;

31 *Eliaquim,* de Melea; *Melea,* de Mainán; *Mainán,* de Matata; *Matata,* de Natán; *Natán,* de David;

32 [a]*David,* de Isaí; *Isaí,* de Obed; *Obed,* de Booz; *Booz,* de Salmón; *Salmón,* de Naasón; [a]*Mat. 1:1-6*

33 *Naasón,* de Aminadab; *Aminadab,* de Admín; *Admín,* de Aram; *Aram,* de Esrom; *Esrom,* de Fares; *Fares,* de Judá;

34 *Judá,* de Jacob; *Jacob,* de Isaac; *Isaac,* de [a]Abraham; *Abraham,* de Taré; *Taré,* de Nacor; [a]*Gén. 11:26-30; 1 Crón. 1:24-27*

35 *Nacor,* de Serug; *Serug,* de Ragau; *Ragau,* de Peleg; *Peleg,* de Heber; *Heber,* de Sala;

36 *Sala,* de Cainán; *Cainán,* de Arfaxad; *Arfaxad,* de Sem; *Sem,* de [a]Noé; *Noé,* de Lamec; [a]*Gén. 5:3-32; 1 Crón. 1:1-4*

37 *Lamec,* de Matusalén; *Matusalén,* de Enoc; *Enoc,* de Jared; *Jared,* de Mahalaleel; *Mahalaleel,* de Cainán;

38 *Cainán,* de Enós; *Enós,* de Set; *Set,* de Adán; *y Adán,* de Dios.

Jesús es tentado

4 [a]Jesús, lleno del Espíritu Santo, volvió del Jordán y fue llevado por el Espíritu en el desierto [a]*Mat. 4:1-11; Mar. 1:12, 13*

2 por cuarenta días, siendo tentado por el diablo. Y no comió nada durante esos días[a], pasados los cuales tuvo hambre. [a]*Ex. 34:28; 1 Rey. 19:8*

3 Entonces el diablo le dijo: Si eres Hijo de Dios, di a esta piedra que se convierta en pan.

4 Jesús le respondió: Escrito está: "No sólo DE PAN VIVIRA EL HOMBRE[a]." [a]*Deut. 8:3*

5 Llevándole a una altura[a], *el diablo* le mostró en un instante todos los reinos del mundo. [a]*Mat. 4:8-10*

6 Y el diablo le dijo: Todo este dominio y su gloria te daré; pues a mí me ha sido entregado[a], y a quien quiero se lo doy. [a]*1 Jn. 5:19*

7 Por tanto, si te postras delante de mí, todo será tuyo.

8 Respondiendo Jesús, le dijo: Escrito está: "AL SEÑOR TU DIOS ADORARAS, Y A EL SOLO SERVIRAS[a]." [a]*Deut. 6:13; 10:20*

9 Entonces *el diablo* le llevó a Jerusalén y le puso sobre el pináculo del templo, y le dijo: Si eres Hijo de Dios, lánzate abajo desde aquí[a], [a]*Mat. 4:5-7*

10 pues escrito está: "A SUS ANGELES TE ENCOMENDARA PARA QUE TE GUARDEN[a]", [a]*Sal. 91:11*

11 y: "EN LAS MANOS TE LLEVARAN, NO SEA QUE TU PIE TROPIECE EN PIEDRA[a]." [a]*Sal. 91:12*

12 Respondiendo Jesús, le dijo: Se ha dicho: "NO TENTARAS AL SEÑOR TU DIOS[a]." [a]*Deut. 6:16*

13 Cuando el diablo hubo acabado toda tentación, se alejó de El esperando un tiempo *oportuno.*

Ministerio en Galilea

14 Jesús regresó a Galilea[a] en el poder del Espíritu, y las nuevas acerca de El se divulgaron por toda *aquella* comarca[b]. [a]*Mat. 4:12* [b]*Mat. 9:26*

15 Y enseñaba en sus sinagogas[a], siendo alabado por todos. [a]*Mat. 4:23*

Jesús en Nazaret

16 Llegó a Nazaret, donde se había criado, y según su costumbre, entró en la sinagoga[a] el día de reposo, y se levantó a leer. [a]*Mat. 13:54; Mar. 6:1, 2*

17 Le dieron el libro del profeta Isaías, y abriendo el libro, halló el lugar donde estaba escrito:

18 EL ESPIRITU DEL SEÑOR ESTA SOBRE MI, PORQUE ME HA UNGIDO PARA ANUNCIAR EL EVANGELIO A LOS POBRES. ME HA ENVIADO PARA PROCLAMAR LIBERTAD A LOS CAUTIVOS, Y LA RECUPERACION DE LA VISTA A LOS CIEGOS; PARA PONER EN LIBERTAD A LOS OPRIMIDOS[a]; [a]*Isa. 61:1; Mat. 11:5*

19 PARA PROCLAMAR EL AÑO FAVORABLE DEL SEÑOR[a]. [a]*Lev. 25:10; Isa. 61:2*

20 Cerrando el libro[a], *lo* devolvió al asistente y se sentó; y los ojos de todos en la sinagoga estaban fijos en El. [a]*Luc. 4:17*

21 Y comenzó a decirles: Hoy se ha cumplido esta Escritura que habéis oído.

22 Y todos hablaban bien de El y se maravillaban de las palabras llenas de gracia que salían de su boca, y decían: ¿No es éste el hijo de José? ^a*Mat. 13:55; Mar. 6:3*

23 Entonces El les dijo: Sin duda me citaréis este refrán: "Médico, cúrate a ti mismo"; *esto es,* todo lo que oímos que se ha hecho en Capernaúm^a, hazlo también aquí en tu tierra. ^a*Mat. 4:13; Mar. 1:21*

24 Y dijo: En verdad os digo, que ningún profeta es bien recibido en su propia tierra^a. ^a*Mat. 13:57; Mar. 6:4*

25 Pero en verdad os digo: muchas viudas había en Israel en los días de Elías, cuando el cielo fue cerrado por tres años y seis meses^a *y* cuando hubo gran hambre sobre toda la tierra; ^a*1 Rey. 17:1; 18:1*

26 y sin embargo, a ninguna de ellas fue enviado Elías, sino a una mujer viuda de Sarepta, *en la tierra* de Sidón^a. ^a*1 Rey. 17:9; Mat. 11:21*

27 Y muchos leprosos había en Israel en tiempos del profeta Eliseo, pero ninguno de ellos fue limpiado, sino Naamán el sirio^a. ^a*2 Rey. 5:1-14*

28 Y todos en la sinagoga se llenaron de ira cuando oyeron estas cosas,

29 y levantándose, le echaron fuera de la ciudad^a, y le llevaron hasta la cumbre del monte sobre el cual estaba edificada su ciudad para despeñarle. ^a*Núm. 15:35; Hech. 7:58*

30 Pero El, pasando por en medio de ellos^a, se fue. ^a*Juan 10:39*

Jesús enseña en Capernaúm

31 Y descendió a Capernaúm^a, ciudad de Galilea. Y les enseñaba en los días de reposo; ^a*Mat. 4:13; Luc. 4:23*

32 y se admiraban de su enseñanza porque su mensaje era con autoridad^a. ^a*Luc. 4:36; Juan 7:46*

33 Y estaba en la sinagoga un hombre poseído por el espíritu de un demonio inmundo, y gritó a gran voz:

34 Déja*nos* ¿Qué tenemos que ver contigo^a, Jesús de Nazaret? ¿Has venido a destruirnos? Yo sé quién eres: el Santo de Dios^b. ^a*Mat. 8:29* ^b*Mar. 1:24*

35 Jesús entonces lo reprendió^a, diciendo: ¡Cállate y sal de él! Y después que el demonio lo derribó en medio *de ellos,* salió de él sin hacerle ningún daño. ^a*Mat. 8:26; Mar. 4:39*

36 Y todos se quedaron asombrados, y discutían entre sí, diciendo: ¿Qué mensaje es éste? Porque con autoridad^a y poder manda a los espíritus inmundos y salen. ^a*Luc. 4:32*

37 Y su fama se divulgaba por todos los lugares de la región circunvecina^a. ^a*Luc. 4:14*

Jesús sana a la suegra de Simón y a muchos otros

38 ^aY levantándose, *salió* de la sinagoga y entró en casa de Simón. Y la suegra de Simón se hallaba sufriendo con una fiebre muy alta, y le rogaron por ella. ^a*Mat. 8:14, 15; Mar. 1:29-31*

39 E inclinándose sobre ella, reprendió^a la fiebre, *y la fiebre* la dejó; y al instante ella se levantó y les servía. ^a*Luc. 4:35, 41*

40 ^aAl ponerse el sol, todos los que tenían enfermos de diversas enfermedades se los llevaban a El; y poniendo El las manos sobre cada uno de ellos, los sanaba. ^a*Mat. 8:16, 17; Mar. 1:32-34*

41 También de muchos salían demonios, gritando y diciendo: ¡Tú eres el Hijo de Dios! Pero, reprendiéndolos, no les permitía hablar, porque sabían que El era el Cristo^a. ^a*Mat. 8:16; Mar. 1:34*

Jesús recorre otras ciudades

42 ^aCuando se hizo de día, salió y se fue a un lugar solitario; y las multitudes le buscaban, y llegaron adonde El *estaba* y procuraron detenerle para que no se separara de ellos. ^a*Mar. 1:35-38*

43 Pero El les dijo: También a las otras ciudades debo anunciar las buenas nuevas del reino de Dios, porque para esto^a yo he sido enviado. ^a*Mar. 1:38*

44 Y predicaba en las sinagogas de Judea^a. ^a*Mat. 4:23*

Llamamiento de los primeros discípulos

5 Y aconteció que mientras la multitud se agolpaba sobre El para oír la palabra de Dios, estando Jesús^a junto al lago de Genesaret, ^a*Mat. 4:18-22; Mar. 1:16-20*

2 vio dos barcas que estaban a la orilla del lago, pero los pescadores habían bajado de ellas y lavaban las redes.

3 Subiendo a una de las barcas, que era de Simón, pidió que se separara de tierra un poco; y sentándose, enseñaba a las multitudes desde la barca^a. ^a*Mat. 13:2; Mar. 3:9, 10*

4 Cuando terminó de hablar, dijo a Simón: Sal a la parte más profunda y echad vuestras redes para pescar^a. ^a*Juan 21:6*

5 Respondiendo Simón, dijo: Maestro^a, hemos estado trabajando toda la noche y no hemos pescado nada, pero porque tú lo pides, echaré las redes. ^a*Luc. 8:24; 9:33, 49*

6 Y cuando lo hicieron, encerraron una gran cantidad de peces^a, de modo que sus redes se rompían; ^a*Juan 21:6*

7 entonces hicieron señas a sus compañeros *que estaban* en la otra barca para que vinieran a ayudarlos. Y vinieron y llenaron ambas barcas, de tal manera que se hundían.

8 Al ver *esto,* Simón Pedro cayó a los pies de Jesús, diciendo: ¡Apártate de mí, Señor, pues soy hombre pecador!

9 Porque el asombro se había apoderado de

él y de todos sus compañeros, por la redada de peces que habían hecho;

10 y lo mismo *les sucedió* también a Jacobo y a Juan, hijos de Zebedeo, que eran socios de Simón. Y Jesús dijo a Simón: No temas[a]; desde ahora serás pescador de hombres. [a]*Mat. 14:27*

11 Y después de traer las barcas a tierra, dejándolo todo, le siguieron[a]. [a]*Mat. 4:20, 22; 19:29*

Curación de un leproso

12 [a]Y aconteció que estando Jesús en una de las ciudades, he aquí, *había allí* un hombre lleno de lepra; y cuando vio a Jesús, cayó sobre su rostro y le rogó, diciendo: Señor, si quieres, puedes limpiarme. [a]*Mat. 8:2-4; Mar. 1:40-44*

13 Extendiendo *Jesús* la mano, lo tocó, diciendo: Quiero; sé limpio. Y al instante la lepra lo dejó.

14 Y El le mandó que no se lo dijera a nadie. Pero anda—*le dijo*—, muéstrate al sacerdote[a] y da una ofrenda por tu purificación según lo ordenó Moisés, para que les sirva de testimonio. [a]*Lev. 13:49; 14:2*

15 Y su fama se difundía cada vez más[a], y grandes multitudes se congregaban para oír*le* y ser sanadas de sus enfermedades. [a]*Mat. 9:26*

16 Pero *con frecuencia* El se retiraba a lugares solitarios y oraba[a]. [a]*Mat. 14:23; Mar. 1:35*

Curación de un paralítico

17 Y un día que El estaba enseñando, había *allí* sentados *algunos* fariseos y maestros de la ley que habían venido de todas las aldeas de Galilea y Judea, y *de* Jerusalén[a]; y el poder del Señor[b] estaba con El para sanar. [a]*Mar. 1:45* [b]*Mar. 5:30*

18 [a]Y he aquí, unos hombres trajeron en una camilla a un hombre que estaba paralítico; y trataban de meterlo y ponerlo delante de Jesús. [a]*Mat. 9:2-8; Mar. 2:3-12*

19 Y no hallando cómo introducirlo debido a la multitud, subieron a la azotea[a] y lo bajaron con la camilla a través del techo[b], poniéndolo en medio, delante de Jesús. [a]*Mat. 24:17* [b]*Mar. 2:4*

20 Viendo *Jesús* la fe de ellos, dijo: Hombre, tus pecados te son perdonados[a]. [a]*Mat. 9:2*

21 Entonces los escribas y fariseos comenzaron a discurrir, diciendo: ¿Quién es éste que habla blasfemias? ¿Quién puede perdonar pecados, sino sólo Dios?[a] [a]*Isa. 43:25; Luc. 7:49*

22 Conociendo Jesús sus pensamientos, respondió y les dijo: ¿Por qué discurrís en vuestros corazones?

23 ¿Qué es más fácil, decir: "Tus pecados te son perdonados", o decir: "Levántate y anda"?

24 Pues para que sepáis que el Hijo del Hombre tiene autoridad en la tierra para perdonar pecados (dijo al paralítico[a]): A ti te digo:

Levántate, toma tu camilla y vete a tu casa. [a]*Mat. 4:24*

25 Y al instante se levantó delante de ellos, tomó *la camilla* en que había estado acostado, y se fue a su casa glorificando a Dios[a]. [a]*Mat. 9:8*

26 Y el asombro se apoderó de todos y glorificaban a Dios[a]; y se llenaron de temor, diciendo: Hoy hemos visto cosas extraordinarias. [a]*Mat. 9:8*

Llamamiento de Leví y la cena en su casa

27 [a]Después de esto, *Jesús* salió y se fijó en un recaudador de impuestos llamado Leví, sentado en la oficina de los tributos, y le dijo: Sígueme. [a]*Mat. 9:9-17; Mar. 2:14-22*

28 Y él, dejándolo todo, se levantó y le seguía[a]. [a]*Luc. 5:11*

29 Y Leví[a] le ofreció un gran banquete en su casa; y había un grupo grande de recaudadores de impuestos[b] y de otros que estaban sentados *a la mesa* con ellos. [a]*Mat. 9:9* [b]*Luc. 15:1*

30 Y los fariseos y sus escribas[a] se quejaban a los discípulos de Jesús, diciendo: ¿Por qué coméis y bebéis con los recaudadores de impuestos y con los pecadores? [a]*Mar. 2:16; Luc. 15:2*

31 Respondiendo Jesús, les dijo: Los sanos no tienen necesidad de médico, sino los que están enfermos[a]. [a]*Mat. 9:12, 13; Mar. 2:17*

32 No he venido a llamar a justos, sino a pecadores al arrepentimiento.

Pregunta sobre el ayuno

33 Y ellos le dijeron: Los discípulos de Juan ayunan con frecuencia y hacen oraciones; los de los fariseos también hacen lo mismo, pero los tuyos comen y beben[a]. [a]*Mat. 9:14; Mar. 2:18*

34 Entonces Jesús les dijo: ¿Acaso podéis hacer que los acompañantes del novio ayunen mientras el novio está con ellos?

35 Pero vendrán días cuando el novio les será quitado, entonces ayunarán en aquellos días[a]. [a]*Mat. 9:15; Mar. 2:20*

36 También les dijo una parábola: Nadie corta un pedazo de un vestido nuevo y lo pone en un vestido viejo; porque entonces romperá el nuevo, y el pedazo del nuevo no armonizará con el viejo.

37 Y nadie echa vino nuevo en odres viejos, porque entonces el vino nuevo romperá los odres y se derramará, y los odres se perderán.

38 sino que el vino nuevo debe echarse en odres nuevos.

39 Y nadie, después de beber *vino* añejo, desea *vino* nuevo, porque dice: "El añejo es mejor."

Jesús, Señor del día de reposo

6 [a]Y aconteció que un día de reposo Jesús pasaba por unos sembrados, y sus discípu-

los arrancaban y comían espigas, restregándo*las* entre las manos. ªMat. 12:1-8; Mar. 2:23-28

2 Pero algunos de los fariseos dijeron: ¿Por qué hacéis lo que no es lícito en el día de reposoª? ªMat. 12:2

3 Respondiéndoles Jesús, dijo: ¿Ni siquiera habéis leído lo que hizo Davidª cuando tuvo hambre, él y los que con él estaban; ª1 Sam. 21:6

4 cómo entró en la casa de Dios, y tomó y comió los panes consagrados, que a nadie es lícitoª comer sino sólo a los sacerdotes, y dio *también* a sus compañeros? ªLev. 24:9

5 Y les decía: El Hijo del Hombre es Señor del día de reposo.

Jesús sana al hombre de la mano seca

6 ªY en otro día de reposo entró en la sinagoga y enseñaba; y había allí un hombre que tenía la mano derecha seca. ªMat. 12:9-14; Mar. 3:1-6

7 Y los escribas y los fariseos observaban atentamente a Jesús *para ver* si sanaba en el día de reposo, a fin de encontrar de qué acusarleª. ªMar. 3:2

8 Pero El sabía lo que ellos estaban pensandoª, y dijo al hombre que tenía la mano seca: Levántate y ven acá. Y él, levantándose, se le acercó. ªMat. 9:4

9 Entonces Jesús les dijo: Yo os pregunto: ¿es lícito en el día de reposo hacer bien o hacer mal; salvar una vida o destruirla?

10 Y después de mirarlos a todos a su alrededor, dijo al hombre: Extiende tu mano. Y él lo hizo *así*, y su mano quedó sanaª. ªMar. 3:5

11 Pero ellos se llenaron de ira, y discutían entre sí qué podrían hacerle a Jesús.

Jesús escoge a los doce apóstoles

12 En esos días El se fue al monte a orarª, y pasó toda la noche en oración a Dios. ªMat. 14:23; Luc. 5:16

13 Cuando se hizo de día, ªllamó a sus discípulos y escogió doce de ellos, a los que también dio el nombre de apóstoles: ªMat. 10:2-4; Mar. 3:16-19

14 Simón, a quien también llamó Pedro, y Andrés su hermano; Jacobo y Juan; Felipe y Bartolomé;

15 Mateoª y Tomás; Jacobo, *hijo* de Alfeo, y Simón, al que llamaban el Zelote; ªMat. 9:9

16 Judas, *hijo* de Jacobo, y Judas Iscariote, que llegó a ser traidor.

17 Descendió con ellos y se detuvo en un lugar llano; y *había* una gran multitudª de sus discípulos, y una gran muchedumbre del pueblo, de toda Judea, de Jerusalén y de la región costera de Tiro y Sidón, ªMat. 4:25; Mar. 3:7, 8

18 que habían ido para oírle y para ser sanados de sus enfermedades; y los que eran atormentados por espíritus inmundos eran curados.

19 Y toda la multitud procuraba tocarleª, porque de El salía un poderᵇ que a todos sanaba. ªMat. 9:21 ᵇLuc. 5:17

Las bienaventuranzas

20 Volviendo su vista hacia sus discípulos, decía: Bienaventuradosª *vosotros* los pobres, porque vuestro es el reino de Dios. ªMat. 5:3-12; Luc. 6:20-23

21 Bienaventurados los que ahora tenéis hambre, porque seréis saciados. Bienaventurados los que ahora lloráis, porque reiréis.

22 Bienaventurados sois cuando los hombres os aborrecen, cuando os apartan de sí, os colman de insultosª y desechan vuestro nombre como malo, por causa del Hijo del Hombre. ª1 Ped. 4:14

23 Alegraos en ese día y saltad *de gozo*, porque he aquí, vuestra recompensa es grande en el cielo, pues sus padres trataban de la misma manera a los profetasª. ª2 Crón. 36:16; Hech. 7:52

24 Pero ¡ay de vosotros los ricosª!, porque ya estáis recibiendo todo vuestro consuelo. ªLuc. 16:25; Sant. 5:1

25 ¡Ay de vosotros, los que ahora estáis saciados!, porque tendréis hambre. ¡Ay *de vosotros*, los que ahora reís!, porque os lamentaréis y lloraréis.

26 ¡Ay *de vosotros*, cuando todos los hombres hablen bien de vosotros!, porque de la misma manera trataban sus padres a los falsos profetasª. ªMat. 7:15

El amor verdadero y su recompensa

27 Pero a vosotros los que oís, os digo: amad a vuestros enemigos; haced bien a los que os aborrecenª; ªMat. 5:44; Luc. 6:35

28 bendecid a los que os maldicen; orad por los que os vituperanª. ªMat. 5:44; Luc. 6:35

29 ªAl que te hiera en la mejilla, preséntale también la otra; y al que te quite la capa, no le niegues tampoco la túnica. ªMat. 5:39-42

30 A todo el que te pida, dale, y al que te quite lo que es tuyo, no *se lo* reclames.

31 Y así como queréis que los hombres os hagan, haced con ellos de la misma maneraª. ªMat. 7:12

32 Si amáis a los que os aman, ¿qué mérito tenéis? Porque también los pecadores aman a los que los amanª. ªMat. 5:46

33 Si hacéis bien a los que os hacen bien, ¿qué mérito tenéis? Porque también los pecadores hacen lo mismo.

34 Si prestáisª a aquellos de quienes esperáis recibir, ¿qué mérito tenéis? También los pecadores prestan a los pecadores para recibir de ellos la misma *cantidad*. ªMat. 5:42

35 Antes bien, amad a vuestros enemigos, y haced bien, y prestad no esperando nada a cambio, y vuestra recompensa será grande, y seréis hijos del Altísimoª; porque El es bonda-

doso para con los ingratos y perversos. [a]Mat. 5:9; Luc. 1:32

36 Sed misericordiosos, así como vuestro Padre es misericordioso.

El juicio hacia los demás

37 [a]No juzguéis, y no seréis juzgados; no condenéis, y no seréis condenados; perdonad, y seréis perdonados. [a]Mat. 7:1-5

38 Dad, y os será dado; medida buena, apretada, remecida y rebosante, vaciarán en vuestro regazo[a]. Porque con la medida con que midáis, se os volverá a medir. [a]Sal. 79:12; Isa. 65:6, 7

39 Les dijo también una parábola: ¿Acaso puede un ciego guiar a otro ciego? ¿No caerán ambos en un hoyo[a]? [a]Mat. 15:14

40 Un discípulo no está por encima de su maestro[a]; mas todo *discípulo*, después de que se ha preparado bien, será como su maestro. [a]Mat. 10:24; Juan 13:16

41 ¿Y por qué miras la mota que está en el ojo de tu hermano, y no te das cuenta de la viga que está en tu propio ojo?

42 ¿O cómo puedes decir a tu hermano: "Hermano, déjame sacarte la mota que está en tu ojo", cuando tú mismo no ves la viga que está en tu ojo? ¡Hipócrita! Saca primero la viga de tu ojo y entonces verás con claridad para sacar la mota que está en el ojo de tu hermano.

43 [a]Porque no hay árbol bueno que produzca fruto malo, ni a la inversa, árbol malo que produzca fruto bueno. [a]Mat. 7:16, 18, 20

44 Pues cada árbol por su fruto se conoce. Porque *los hombres* no recogen higos de los espinos, ni vendimian uvas de una zarza[a]. [a]Mat. 7:16; 12:33

45 El hombre bueno, del buen tesoro de su corazón saca lo que es bueno; y el *hombre* malo, del mal *tesoro* saca lo que es malo[a]; porque de la abundancia del corazón habla su boca[b]. [a]Mat. 12:35 [b]Mat. 12:34

Los dos cimientos

46 ¿Y por qué me llamáis: "Señor, Señor[a]", y no hacéis lo que yo digo? [a]Mal. 1:6; Mat. 7:21

47 [a]Todo el que viene a mí y oye mis palabras y las pone en práctica, os mostraré a quién es semejante: [a]Mat. 7:24-27; Sant. 1:22

48 es semejante a un hombre que al edificar una casa, cavó hondo y echó cimiento sobre la roca; y cuando vino una inundación, el torrente rompió contra aquella casa, pero no pudo moverla porque había sido bien construida.

49 Pero el que ha oído y no ha hecho *nada*, es semejante a un hombre que edificó una casa sobre tierra, sin *echar* cimiento; y el torrente rompió contra ella y al instante se desplomó, y fue grande la ruina de aquella casa.

Jesús sana al siervo del centurión

7 Cuando *Jesús* terminó todas sus palabras al pueblo que le oía, [a]se fue a Capernaúm. [a]Mat. 8:5-13

2 Y el siervo de cierto centurión, a quien éste apreciaba mucho, estaba enfermo y a punto de morir.

3 Al oír *hablar* de Jesús, *el centurión*[a] envió a El unos ancianos de los judíos, pidiéndole que viniera y salvara a su siervo. [a]Mat. 8:5

4 Cuando ellos llegaron a Jesús, le rogaron con insistencia, diciendo: El centurión es digno de que le concedas esto;

5 porque él ama a nuestro pueblo y fue él quien nos edificó la sinagoga.

6 Jesús iba con ellos, pero cuando ya no estaba lejos de la casa, el centurión envió a unos amigos, diciéndole: Señor, no te molestes más, porque no soy digno de que entres bajo mi techo;

7 por eso ni siquiera me consideré digno de ir a ti, tan sólo di la palabra y mi siervo será sanado.

8 Pues yo también soy hombre puesto bajo autoridad, y tengo soldados bajo mis órdenes; y digo a éste: "Ve", y va; y a otro: "Ven", y viene; y a mi siervo: "Haz esto", y lo hace.

9 Al oír esto, Jesús se maravilló de él, y volviéndose, dijo a la multitud que le seguía: Os digo que ni aun en Israel he hallado una fe tan grande[a]. [a]Mat. 8:10; Luc. 7:50

10 Y cuando los que habían sido enviados regresaron a la casa, encontraron sano al siervo.

Jesús resucita al hijo de la viuda de Naín

11 Aconteció poco después que *Jesús* fue a una ciudad llamada Naín; y sus discípulos iban con El acompañados por una gran multitud.

12 Y cuando se acercaba a la puerta de la ciudad, he aquí, sacaban fuera a un muerto, hijo único de su madre, y ella era viuda; y un grupo numeroso de la ciudad estaba con ella.

13 Al verla, el Señor[a] tuvo compasión de ella, y le dijo: No llores. [a]Luc. 7:19; 10:1

14 Y acercándose, tocó el féretro; y los que lo llevaban se detuvieron. Y *Jesús* dijo: Joven, a ti te digo: ¡Levántate!

15 El que había muerto se incorporó y comenzó a hablar, y *Jesús* se lo entregó a su madre.

16 El temor se apoderó de todos[a], y glorificaban a Dios, diciendo: Un gran profeta ha surgido entre nosotros, y: Dios ha visitado a su pueblo. [a]Luc. 5:26

17 Y este dicho que se decía de El, se divulgó por toda Judea y por toda la región circunvecina[a]. [a]Mat. 9:26

Jesús y los discípulos de Juan

18 ᵃEntonces los discípulos de Juan le informaron de todas estas cosas. ᵃMat. 11:2-19

19 Y llamando Juan a dos de sus discípulos, los envió al Señorᵃ, diciendo: ¿Eres tú el que ha de venir, o esperamos a otro? ᵃLuc. 7:13; 10:1

20 Cuando los hombres llegaron a El, dijeron: Juan el Bautista nos ha enviado a ti, diciendo: "¿Eres tú el que ha de venir, o esperamos a otro?"

21 En esa misma hora curó a muchos de enfermedadesᵃ y afliccionesᵇ, y malos espíritus, y a muchos ciegos les dio la vista. ᵃMat. 4:23 ᵇMar. 3:10

22 Y respondiendo El, les dijo: Id y contad a Juan lo que habéis visto y oído: los CIEGOS RECIBEN LA VISTA, los cojos andan, los leprosos quedan limpios y los sordos oyen, los muertos son resucitados y a los POBRES SE LES ANUNCIA EL EVANGELIOᵃ. ᵃIsa. 35:5; 61:1

23 Y bienaventurado es el que no se escandaliza de mí.

Jesús habla de Juan el Bautista

24 Cuando los mensajeros de Juan se fueron, *Jesús* comenzó a hablar a las multitudes acerca de Juan: ¿Qué salisteis a ver en el desierto? ¿Una caña sacudida por el viento?

25 Mas, ¿qué salisteis a ver? ¿Un hombre vestido con ropas finas? Mirad, los que visten con esplendor y viven en deleites están en los palacios de los reyes.

26 Pero, ¿qué salisteis a ver? ¿Un profeta? Sí, os digo, y uno que es más que un profeta.

27 Este es aquel de quien está escrito:
"HE AQUI, YO ENVIO MI MENSAJERO DELANTE DE TU FAZ,
QUIEN PREPARARA TU CAMINO DELANTE DE TIᵃ." ᵃMal. 3:1; Mat. 11:10

28 Os digo que entre los nacidos de mujer, no hay nadie mayor que Juan; sin embargo, el más pequeño en el reino de Dios es mayor que él.

29 Cuando todo el pueblo y los recaudadores de impuestos *le* oyeron, reconocieron la justicia de Dios, siendo bautizadosᵃ con el bautismo de Juan. ᵃMat. 21:32; Luc. 3:12

30 Pero los fariseos y los intérpretes de la leyᵃ rechazaron los propósitos de Dios para con ellos, al no ser bautizados por Juan. ᵃMat. 22:35

31 ¿A qué, entonces, compararé los hombres de esta generación, y a qué son semejantes?

32 Son semejantes a los muchachos que se sientan en la plaza y se llaman unos a otros, y dicen: "Os tocamos la flauta, y no bailasteis; entonamos endechas, y no llorasteis."

33 Porque ha venido Juan el Bautista, que no come pan, ni bebe vinoᵃ, y vosotros decís: "Tiene un demonio." ᵃLuc. 1:15

34 Ha venido el Hijo del Hombre, que come y bebe, y decís: "Mirad, un hombre glotón y bebedor de vino, amigo de recaudadores de impuestos y de pecadores."

35 Pero la sabiduría es justificadaᵃ por todos sus hijos. ᵃLuc. 7:29

Jesús perdona a una pecadora

36 Uno de los fariseos le pedía que comiera con él; y entrando en la casa del fariseo, se sentó *a la mesa.*

37 Y he aquí, había en la ciudad una mujer que era pecadora, y cuando se enteró de que *Jesús* estaba sentado *a la mesa* en casa del fariseo, trajo un frasco de alabastro con perfumeᵃ; ᵃMat. 26:6-13; Mar. 14:3-9

38 y poniéndose detrás *de El* a sus pies, llorando, comenzó a regar sus pies con lágrimas y *los* secaba con los cabellos de su cabeza, besaba sus pies y *los* ungía con el perfume.

39 Pero al ver *esto* el fariseo que le había invitado, dijo para sí: Si éste fuera un profetaᵃ, sabría quién y qué clase de mujer es la que le está tocando, que es una pecadora. ᵃLuc. 7:16; Juan 4:19

40 Y respondiendo Jesús, le dijo: Simón, tengo algo que decirte: Y él dijo*: Di, Maestro.

41 Cierto prestamista tenía dos deudores; uno *le* debía quinientos denariosᵃ y el otro cincuenta; ᵃMat. 18:28; Mar. 6:37

42 y no teniendo ellos con qué pagarᵃ, perdonó generosamente a los dos. ¿Cuál de ellos, entonces, le amará más? ᵃMat. 18:25

43 Simón respondió, y dijo: Supongo que aquel a quien le perdonó más. Y *Jesús* le dijo: Has juzgado correctamente.

44 Y volviéndose hacia la mujer, le dijo a Simón: ¿Ves esta mujer? Yo entré a tu casa y no me diste agua para los piesᵃ, pero ella ha regado mis pies con sus lágrimas y *los* ha secado con sus cabellos. ᵃGén. 18:4; 19:2

45 No me diste besoᵃ, pero ella, desde que entré, no ha cesado de besar mis pies. ᵃ2 Sam. 15:5

46 No ungiste mi cabeza con aceiteᵃ, pero ella ungió mis pies con perfume. ᵃ2 Sam. 12:20; Sal. 23:5

47 Por lo cual te digo que sus pecados, que son muchos, han sido perdonados, porque amó mucho; pero a quien poco se le perdona, poco ama.

48 Y a ella le dijo: Tus pecados han sido perdonadosᵃ. ᵃMat. 9:2; Mar. 2:5, 9

49 Los que estaban sentados *a la mesa* con El comenzaron a decir entre sí: ¿Quién es éste que hasta perdona pecadosᵃ? ᵃLuc. 5:21

50 Pero *Jesús* dijo a la mujer: Tu fe te ha salvado, vete en pazᵃ. ᵃMar. 5:34; Luc. 8:48

Mujeres que servían a Jesús

8 Y poco después, El comenzó a recorrer las ciudades y aldeas, proclamando y anunciando las buenas nuevas del reino de Dios[a]; con El *iban* los doce, [a]*Mat. 4:23*

2 y *también* algunas mujeres[a] que habían sido sanadas de espíritus malos y de enfermedades: María, llamada Magdalena, de la que habían salido siete demonios, [a]*Mat. 27:55; Mar. 15:40, 41*

3 y Juana, mujer de Chuza, mayordomo[a] de Herodes, y Susana, y muchas otras que de sus bienes personales contribuían al sostenimiento de ellos. [a]*Mat. 20:8*

Parábola del sembrador

4 [a]Habiéndose congregado una gran multitud, y los que de varias ciudades acudían a El, *les* habló por parábola: [a]*Mat. 13:2-9; Mar. 4:1-9*

5 El sembrador salió a sembrar su semilla; y al sembrarla, una parte cayó junto al camino, y fue pisoteada y las aves del cielo se la comieron.

6 Otra *parte* cayó sobre la roca, y tan pronto como creció, se secó, porque no tenía humedad.

7 Otra *parte* cayó en medio de los espinos; y los espinos, al crecer con ella, la ahogaron.

8 Y otra *parte* cayó en tierra buena, y creció y produjo una cosecha a ciento por uno. Y al hablar estas cosas, *Jesús* exclamaba: El que tiene oídos para oír, que oiga[a]. [a]*Mat. 11:15; Mar. 7:16*

Explicación de la parábola

9 [a]Sus discípulos le preguntaban qué quería decir esta parábola, [a]*Mat. 13:10-23; Mar. 4:10-20*

10 y El dijo: A vosotros se os ha concedido conocer los misterios del reino de Dios, pero a los demás *les hablo* en parábolas, para que VIENDO, NO VEAN; Y OYENDO, NO ENTIENDAN[a]. [a]*Isa. 6:9; Mat. 13:14*

11 La parábola es ésta: la semilla es la palabra de Dios[a]. [a]*1 Ped. 1:23*

12 Y aquéllos a lo largo del camino son los que han oído, *pero* después viene el diablo y arrebata la palabra de sus corazones, para que no crean y se salven.

13 Y aquéllos sobre la roca son los que, cuando oyen, reciben la palabra con gozo; pero éstos no tienen raíz *profunda;* creen por algún tiempo, y en el momento de la tentación sucumben.

14 Y la *semilla* que cayó entre los espinos, éstos son los que han oído, y al continuar su camino son ahogados por las preocupaciones, las riquezas y los placeres de la vida, y su fruto no madura.

15 Pero la *semilla* en la tierra buena, éstos son los que han oído la palabra con corazón recto y bueno, y la retienen, y dan fruto con *su* perseverancia.

16 Nadie enciende una lámpara y la cubre con una vasija, o *la* pone debajo de una cama, sino que *la* pone sobre un candelero para que los que entren vean la luz[a]. [a]*Mat. 5:15; Mar. 4:21*

17 Pues no hay nada oculto que no haya de ser manifiesto, ni secreto que no haya de ser conocido y salga a la luz[a]. [a]*Mat. 10:26; Mar. 4:22*

18 Por tanto, tened cuidado de cómo oís; porque al que tiene, *más* le será dado; y al que no tiene, aun lo que cree que tiene se le quitará[a]. [a]*Mat. 13:12; 25:29*

La madre y los hermanos de Jesús

19 [a]Entonces su madre y sus hermanos llegaron a *donde* El *estaba,* pero no podían acercarse a El debido al gentío. [a]*Mat. 12:46-50; Mar. 3:31-35*

20 Y le avisaron: Tu madre y tus hermanos están afuera y quieren verte.

21 Pero respondiendo El, les dijo: Mi madre y mis hermanos son estos que oyen la palabra de Dios y *la* hacen[a]. [a]*Luc. 11:28*

Jesús calma la tempestad

22 [a]Y uno de *aquellos* días, entró en una barca con sus discípulos, y les dijo: Pasemos al otro lado del lago. Y se hicieron a la mar. [a]*Mat. 8:23-27; Mar. 4:36-41*

23 Pero mientras ellos navegaban, El se durmió; y una violenta tempestad descendió sobre el lago[a], y comenzaron a anegarse y corrían peligro. [a]*Luc. 5:1, 2; 8:22*

24 Y llegándose a El, le despertaron, diciendo: ¡Maestro, Maestro[a], que perecemos! Y El, levantándose, reprendió[b] al viento y a las olas embravecidas, y cesaron y sobrevino la calma. [a]*Luc. 5:5* [b]*Luc. 4:39*

25 Y El les dijo: ¿Dónde está vuestra fe? Pero ellos estaban atemorizados y asombrados, diciéndose unos a otros: ¿Quién, pues, es éste que aun a los vientos y al agua manda y le obedecen?

El endemoniado gadareno

26 [a]Navegaron hacia la tierra de los gadarenos que está al lado opuesto de Galilea; [a]*Mat. 8:28-34; Mar. 5:1-17*

27 y cuando El bajó a tierra, le salió al encuentro un hombre de la ciudad poseído por demonios, y que por mucho tiempo no se había puesto ropa alguna, ni vivía en una casa, sino en los sepulcros.

28 Al ver a Jesús, gritó y cayó delante de El, y dijo en alta voz: ¿Qué tengo yo que ver contigo, Jesús, Hijo del Dios[a] Altísimo? Te ruego que no me atormentes[b]. [a]*Mat. 8:29* [b]*Mar. 5:7*

29 Porque El mandaba al espíritu inmundo que saliera del hombre, pues muchas veces se había apoderado de él, y estaba atado con cadenas y grillos y bajo guardia; *a pesar de todo* rompía las ataduras y era impelido por el demonio a los desiertos.

30 Entonces Jesús le preguntó: ¿Cómo te llamas? Y él dijo: Legión[a]; porque muchos demonios habían entrado en él. [a]*Mat. 26:53*

31 Y le rogaban que no les ordenara irse al abismo[a]. [a]*Rom. 10:7; Apoc. 9:1, 2, 11*

32 Y había una piara de muchos cerdos paciendo allí en el monte; y *los demonios* le rogaron que les permitiera entrar en los cerdos. Y El les dio permiso.

33 Los demonios salieron del hombre y entraron en los cerdos; y la piara se precipitó por el despeñadero al lago[a], y se ahogaron. [a]*Luc. 5:1, 2; 8:22*

34 Y cuando los que los cuidaban vieron lo que había sucedido, huyeron y lo contaron en la ciudad y por los campos.

35 Salió entonces *la gente* a ver qué había sucedido; y vinieron a Jesús, y encontraron al hombre de quien habían salido los demonios, sentado a los pies de Jesús[a], vestido y en su cabal juicio, y se llenaron de temor. [a]*Luc. 10:39*

36 Y los que *lo* habían visto, les contaron cómo el que estaba endemoniado[a] había sido sanado. [a]*Mat. 4:24*

37 Entonces toda la gente de la región alrededor de los gadarenos le pidió *a Jesús* que se alejara de ellos, porque estaban poseídos de un gran temor. Y El entrando a una barca, regresó.

38 [a]Pero el hombre de quien habían salido los demonios le rogaba que le permitiera acompañarle; mas El lo despidió, diciendo: [a]*Mar. 5:18-20*

39 Vuelve a tu casa, y cuenta cuán grandes cosas Dios ha hecho por ti. Y él se fue, proclamando por toda la ciudad cuán grandes cosas Jesús había hecho por él.

Jairo ruega por su hija

40 Cuando Jesús volvió, la multitud le recibió con gozo[a], porque todos le habían estado esperando. [a]*Mat. 9:1; Mar. 5:21*

41 [a]Y he aquí, llegó un hombre llamado Jairo, que era un oficial de la sinagoga; y cayendo a los pies de Jesús le rogaba que entrara a su casa; [a]*Mat. 9:18-26; Mar. 5:22-43*

42 porque tenía una hija única, como de doce años, que estaba al borde de la muerte. Pero mientras El iba, la muchedumbre le apretaba.

Jesús sana a una mujer

43 Y una mujer que había tenido un flujo de sangre por doce años y que había gastado en médicos todo cuanto tenía y no podía ser curada por nadie,

44 se acercó *a Jesús* por detrás y tocó el borde de su manto, y al instante cesó el flujo de su sangre.

45 Y Jesús dijo: ¿Quién es el que me ha tocado? Mientras todos lo negaban, Pedro

dijo, y los que con él estaban: Maestro[a], las multitudes te aprietan y te oprimen. [a]*Luc. 5:5*

46 Pero Jesús dijo: Alguien me tocó, porque me di cuenta que de mí había salido poder[a]. [a]*Luc. 5:17*

47 Al ver la mujer que ella no había pasado inadvertida, se acercó temblando, y cayendo delante de El, declaró en presencia de todo el pueblo la razón por la cual le había tocado, y cómo al instante había sido sanada.

48 Y El le dijo: Hija, tu fe te ha sanado; vete en paz[a]. [a]*Mar. 5:34; Luc. 7:50*

Jesús resucita a la hija de Jairo

49 Mientras estaba todavía hablando, vino* alguien de *la casa del* oficial de la sinagoga[a], diciendo: Tu hija ha muerto; no molestes más al Maestro. [a]*Luc. 8:41*

50 Pero cuando Jesús *lo* oyó, le respondió: No temas[a]; cree solamente, y ella será sanada. [a]*Mar. 5:36*

51 Y cuando El llegó a la casa, no permitió que nadie entrara con El sino *sólo* Pedro, Juan y Jacobo, y el padre y la madre de la muchacha.

52 Todos la lloraban y se lamentaban[a]; pero El dijo: No lloréis, porque no ha muerto, sino que duerme[b]. [a]*Mat. 11:17* [b]*Juan 11:13*

53 Y se burlaban de El, sabiendo que ella había muerto.

54 Pero El, tomándola de la mano, clamó, diciendo: ¡Niña, levántate!

55 Entonces le volvió su espíritu, y se levantó al instante, y El mandó que le dieran de comer.

56 Y sus padres estaban asombrados; pero El les encargó que no dijeran a nadie[a] lo que había sucedido. [a]*Mat. 8:4*

Misión de los doce

9 Reuniendo a los doce, les dio poder y autoridad sobre todos los demonios[a] y para sanar enfermedades. [a]*Mat. 10:5; Mar. 6:7*

2 Y los envió a proclamar el reino de Dios[a] y a sanar a los enfermos. [a]*Mat. 10:7*

3 Y les dijo: [a]No toméis nada para el camino, ni bordón, ni alforja, ni pan, ni dinero; ni tengáis dos túnicas cada uno. [a]*Mat. 10:9-15; Mar. 6:8-11*

4 En cualquier casa donde entréis, quedaos allí, y sea de allí *vuestra* salida.

5 Y en cuanto a los que no os reciban, al salir de esa ciudad, sacudid el polvo de vuestros pies en testimonio contra ellos[a]. [a]*Luc. 10:11; Hech. 13:51*

6 Entonces salieron, e iban por las aldeas anunciando[a] el evangelio y sanando por todas partes. [a]*Mar. 6:12; Luc. 8:1*

Herodes oye hablar de Jesús

7 [a]Herodes el tetrarca se enteró de todo lo

que estaba pasando, y estaba muy perplejo, porque algunos decían que Juan había resucitado de entre los muertos, ªMat. 14:1, 2; Mar. 6:14, 15

8 otros, que Elías había aparecido, y otros, que algún profetaª de los antiguos había resucitado. ªMat. 16:14

9 Entonces Herodes dijo: A Juan yo lo hice decapitar; ¿quién es, entonces, éste de quien oigo tales cosas? Y procuraba verleª. ªLuc. 23:8

Alimentación de los cinco mil

10 Y cuando los apóstoles regresaron, dieron cuenta a Jesús de todo lo que habían hecho. Y El, ªtomándolos consigo, se retiró aparte a una ciudad llamada Betsaida. ªMat. 14:13-21; Mar. 6:32-44

11 Pero cuando la gente se dio cuenta de esto, le siguió; y Jesús, recibiéndolos, les hablaba del reino de Dios, y sanaba a los que tenían necesidad de ser curados.

12 El día comenzaba a declinar, y acercándose los doce, le dijeron: Despide a la multitud, para que vayan a las aldeas y campos de los alrededores, y hallen alojamiento y consigan alimentos; porque aquí estamos en un lugar desierto.

13 Pero El les dijo: Dadles vosotros de comer. Y ellos dijeron: No tenemos más que cinco panes y dos peces, a no ser que vayamos y compremos alimentos para toda esta gente.

14 (Porque había como cinco mil hombres.) Y Jesús dijo a sus discípulos: Haced que se recuesten en gruposª como de cincuenta cada uno. ªMar. 6:39

15 Así lo hicieron, haciendo recostar a todos.

16 Y tomando los cinco panes y los dos peces, levantando los ojos al cielo, los bendijo, y los partió, y los iba dando a los discípulos para que los sirvieran a la gente.

17 Todos comieron y se saciaron; y se recogieron de lo que les sobró de los pedazos: doce cestas llenasª. ªMat. 14:20

La confesión de Pedro

18 ªY mientras Jesús oraba a solas, estaban con El los discípulos, y les preguntó, diciendo: ¿Quién dicen las multitudes que soy yo? ªMat. 16:13-16; Mar. 8:27-29

19 Entonces ellos respondieron, y dijeron: Unos, Juan el Bautista, otros, Elías, y otros, que algún profeta de los antiguos ha resucitado.

20 Y El les dijo: Y vosotros ¿quién decís que soy yo? Y Pedro respondiendo, dijo: El Cristo de Diosª. ªJuan 6:68, 69

21 Pero El, advirtiéndoles severamente, les mandó que no dijeran esto a nadieª. ªMat. 8:4; 16:20

22 diciendo: ªEl Hijo del Hombre debe padecer mucho, y ser rechazado por los ancianos, los principales sacerdotes y los escribas, y ser muerto, y resucitar al tercer día. ªMat. 16:21-28; Mar. 8:31-9:1

23 Y decía a todos: Si alguno quiere venir en pos de mí, niéguese a sí mismo, tome su cruz cada día y sígameª. ªMat. 10:38; Luc. 14:27

24 Porque el que quiera salvar su vida, la perderá, pero el que pierda su vida por causa de mí, ése la salvaráª. ªMat. 10:39; Luc. 17:33

25 Pues, ¿de qué le sirve a un hombre haber ganado el mundo entero, si él mismo se destruye o se pierdeªª? ªHeb. 10:34

26 Porque el que se avergüence de mí y de mis palabras, de éste se avergonzará el Hijo del Hombre cuando venga en su gloria, y la del Padre, y la de los santos ángelesª. ªMat. 10:33; Luc. 12:9

27 Pero de verdad os digo que hay algunos de los que están aquí, que no probarán la muerte hasta que veanª el reino de Dios. ªMat. 16:28

La transfiguración

28 ªY como ocho días después de estas palabras, Jesús tomó consigo a Pedro, a Juan y a Jacobo, y subió al monte a orar. ªMat. 17:1-8; Mar. 9:2-8

29 Mientras orabaª, la apariencia de su rostro se hizo otra, y su ropa se hizo blanca y resplandeciente. ªLuc. 3:21; 5:16

30 Y he aquí, dos hombres hablaban con El, los cuales eran Moisés y Elías,

31 quienes apareciendo en gloria, hablaban de la partida de Jesúsª, que El estaba a punto de cumplir en Jerusalén. ª2 Ped. 1:15

32 Pedro y sus compañeros habían sido vencidos por el sueñoª, pero cuando estuvieron bien despiertos, vieron la gloria de Jesús y a los dos varones que estaban con El. ªMat. 26:43; Mar. 14:40

33 Y sucedió que al retirarse ellos de El, Pedro dijo a Jesús: Maestro, bueno es estarnos aquí; hagamos tres enramadas, una para ti, otra para Moisés y otra para Elíasª; no sabiendo lo que decía. ªMat. 17:4; Mar. 9:5

34 Entonces, mientras él decía esto, se formó una nube que los cubrió; y tuvieron temor al entrar en la nube.

35 Y una voz salió de la nube, que decía: Este es mi Hijo, mi Escogidoª; a El oíd. ªIsa. 42:1; Mat. 3:17

36 Cuando la voz se oyó, Jesús fue hallado solo. Ellos lo callaron, y por aquellos días no contaron a nadie nada de lo que habían vistoª. ªMat. 17:9; Mar. 9:9, 10

Jesús sana a un muchacho endemoniado

37 ªY aconteció que al día siguiente, cuando bajaron del monte, una gran multitud le salió al encuentro. ªMat. 17:14-18; Mar. 9:14-27

38 Y he aquí, un hombre de la multitud gritó, diciendo: Maestro, te suplico que veas a mi hijo, pues es el único que tengo,

39 y sucede que un espíritu se apodera de él, y de repente da gritos, y *el espíritu* le hace caer con convulsiones, echando espumarajos; y magullándole, a duras penas se aparta de él.

40 Entonces rogué a tus discípulos que lo echaran fuera, y no pudieron.

41 Respondiendo Jesús, dijo: ¡Oh generación incrédula y perversa! ¿Hasta cuándo he de estar con vosotros y os he de soportar? Trae acá a tu hijo.

42 Cuando éste se acercaba, el demonio lo derribó y lo hizo caer con convulsiones. Pero Jesús reprendió al espíritu inmundo, y sanó al muchacho y se lo devolvió a su padre.

43 Y todos estaban admirados de la grandeza de Dios. ᵃ*Mat. 17:22, 23; Mar. 9:30-32*

Jesús anuncia otra vez su muerte

Mientras todos se maravillaban de todas las cosas que hacía, *Jesús* dijo a sus discípulos:

44 Haced que estas palabras penetren en vuestros oídos, porque el Hijo del Hombre va a ser entregado en manos de los hombresᵃ. ᵃ*Luc. 9:22*

45 Pero ellos no entendíanᵃ estas palabras, y les estaban veladas para que no las comprendieran; y temían preguntarle acerca de ellas. ᵃ*Mar. 9:32*

El mayor en el reino de los cielos

46 ᵃY se suscitó una discusión entre ellos, sobre quién de ellos sería el mayor. ᵃ*Mat. 18:1-5; Mar. 9:33-37*

47 Entonces Jesús, sabiendo lo que pensabanᵃ en sus corazones, tomó a un niño y lo puso a su lado, ᵃ*Mat. 9:4*

48 y les dijo: El que reciba a este niño en mi nombre, a mí me recibe; y el que me recibe a mí, recibe a aquel que me envióᵃ; porque el que es más pequeño entre todos vosotros, ése es grande. ᵃ*Mat. 10:40; Luc. 10:16*

49 ᵃY respondiendo Juan, dijo: Maestro, vimos a uno echando fuera demonios en tu nombre, y tratamos de impedírselo porque no anda con nosotros. ᵃ*Mar. 9:38-40*

50 Pero Jesús le dijo: No *se lo* impidáis; porque el que no está contra vosotros, está con vosotrosᵃ. ᵃ*Mat. 12:30; Luc. 11:23*

Jesús reprende a Jacobo y a Juan

51 Y sucedió que cuando se cumplían los días de su ascensión, El, con determinación, afirmó su rostro para ir a Jerusalénᵃ. ᵃ*Luc. 13:22; 17:11*

52 Y envió mensajeros delante de El; y ellos fueron y entraron en una aldea de los samaritanosᵃ para hacerle preparativos. ᵃ*Mat. 10:5; Luc. 10:33*

53 Pero no le recibieron, porque sabían que había determinado ir a Jerusalénᵃ. ᵃ*Juan 4:9*

54 Al ver *esto,* sus discípulos Jacobo y Juan, dijeron: Señor, ¿quieres que mandemos que descienda fuego del cielo y los consumaᵃ? ᵃ*2 Rey. 1:9-16*

55 Pero El, volviéndose, los reprendió, y dijo: Vosotros no sabéis de qué espíritu sois,

56 porque el Hijo del Hombre no ha venido para destruir las almas de los hombres, sino para salvarlas. Y se fueron a otra aldea.

Lo que demanda el discipulado

57 Y mientras ellos iban por el camino, ᵃuno le dijo: Te seguiré adondequiera que vayas. ᵃ*Mat. 8:19-22*

58 Y Jesús le dijo: Las zorras tienen madrigueras y las aves del cielo nidos, pero el Hijo del Hombre no tiene dónde recostar su cabezaᵃ. ᵃ*Mat. 8:20*

59 A otro dijo: Sígemeᵃ. Pero él dijo: Señor, permíteme que vaya primero a enterrar a mi padre. ᵃ*Mat. 8:22*

60 Mas El le dijo: Deja que los muertos entierren a sus muertos; pero tú, ve y anuncia por todas partes el reino de Diosᵃ. ᵃ*Mat. 4:23*

61 También otro dijo: Te seguiré, Señor; pero primero permíteme despedirme de los de mi casaᵃ. ᵃ*1 Rey. 19:20*

62 Pero Jesús le dijo: Nadie, que después de poner la mano en el arado mira atrásᵃ, es apto para el reino de Dios. ᵃ*Fil. 3:13*

Jesús envía a los setenta

10 Después de esto, el Señor designó a otros setenta, y los envió de dos en dosᵃ delante de Elᵇ, a toda ciudad y lugar adonde El había de ir. ᵃ*Mar. 6:7* ᵇ*Luc. 9:1, 2, 52*

2 Y les decía: La mies es mucha, pero los obreros pocos; rogad, por tanto, al Señor de la mies que envíe obreros a su miesᵃ. ᵃ*Mat. 9:37, 38; Juan 4:35*

3 Id; mirad que os envío como corderos en medio de lobos. ᵃ*Mat. 10:16*

4 ᵃNo llevéis bolsa, ni alforja, ni sandalias; y a nadie saludéis por el camino. ᵃ*Mat. 10:9-14; Mar. 6:8-11*

5 En cualquier casa que entréis, decid primero: "Paz a esta casa."

6 Y si hay allí un hijo de paz, vuestra paz reposará sobre él; pero si no, se volverá a vosotros.

7 Permaneced entonces en esa casa, comiendo y bebiendo lo que os den; porque el obrero es digno de su salario. No os paséis de casa en casa. ᵃ*Mat. 10:10; 1 Cor. 9:14*

8 En cualquier ciudad donde entréis y os reciban, comed lo que os sirvanᵃ; ᵃ*1 Cor. 10:27*

9 sanad a los enfermos que haya en ella, y decidles: "Se ha acercado a vosotros el reino de Diosᵃ." ᵃ*Mat. 3:2; 10:7*

10 Pero en cualquier ciudad donde entréis, y no os reciban, salid a sus calles, y decid:

11 "Hasta el polvo de vuestra ciudad que se pega a nuestros pies, nos lo sacudimos *en protesta* contra vosotros[a]; empero sabed esto: que el reino de Dios se ha acercado." [a]*Mat. 10:14; Mar. 6:11*

12 Os digo que en aquel día será más tolerable *el castigo* para Sodoma que para aquella ciudad[a]. [a]*Gén. 19:24-28; Mat. 10:15*

13 ¡[a]Ay de ti Corazín! ¡Ay de ti Betsaida! Porque si los milagros que se hicieron en vosotras hubieran sido hechos en Tiro y Sidón, hace tiempo que se hubieran arrepentido sentados en cilicio y ceniza. [a]*Mat. 11:21-23*

14 Por eso, en el juicio será más tolerable *el castigo* para Tiro y Sidón[a] que para vosotras. [a]*Mat. 11:21*

15 Y tú, Capernaúm[a], ¿acaso serás elevada hasta los cielos? ¡Hasta el Hades serás hundida! [a]*Mat. 4:13*

16 El que a vosotros escucha, a mí me escucha[a], y el que a vosotros rechaza, a mí me rechaza; y el que a mí me rechaza, rechaza al que me envió. [a]*Mat. 10:40; Mar. 9:37*

Regreso de los setenta

17 Los setenta regresaron con gozo, diciendo: Señor, hasta los demonios se nos sujetan en tu nombre[a]. [a]*Mar. 16:17*

18 Y El les dijo: Yo veía a Satanás[a] caer del cielo como un rayo. [a]*Mat. 4:10*

19 Mirad, os he dado autoridad para hollar sobre serpientes[a] y escorpiones, y sobre todo el poder del enemigo, y nada os hará daño. [a]*Sal. 91:13; Mar. 16:18*

20 Sin embargo, no os regocijéis en esto, de que los espíritus se os sometan, sino regocijaos de que vuestros nombres están escritos en los cielos[a]. [a]*Ex. 32:32; Sal. 69:28*

Jesús se regocija

21 [a]En aquella misma hora El se regocijó mucho en el Espíritu Santo, y dijo: Te alabo, Padre, Señor del cielo y de la tierra, porque ocultaste estas cosas a sabios y a inteligentes, y las revelaste a niños. Sí, Padre, porque así fue de tu agrado. [a]*Mat. 11:25-27*

22 Todas las cosas me han sido entregadas[a] por mi Padre, y nadie sabe quién es el Hijo sino el Padre, ni quién es el Padre sino el Hijo[b], y aquel a quien el Hijo *se lo* quiera revelar. [a]*Juan 3:35* [b]*Juan 10:15*

23 [a]Y volviéndose hacia los discípulos, les dijo aparte: Dichosos los ojos que ven lo que vosotros veis; [a]*Mat. 13:16, 17*

24 porque os digo que muchos profetas y reyes desearon ver lo que vosotros veis, y no *lo* vieron, y oír lo que vosotros oís, y no *lo* oyeron.

Pregunta sobre la vida eterna

25 [a]Y he aquí, cierto intérprete de la ley se levantó, y para ponerle a prueba dijo: Maestro, ¿qué haré para heredar la vida eterna? [a]*Mat. 22:34-40; Mar. 12:28-31*

26 Y El le dijo: ¿Qué está escrito en la ley? ¿Qué lees *en ella?*

27 Respondiendo él, dijo: Amarás al Señor tu Dios con todo tu corazon, y con toda tu alma, y con toda tu fuerza, y con toda tu mente; y a tu projimo como a ti mismo[a]. [a]*Lev. 19:18; Deut. 6:5*

28 Entonces *Jesús* le dijo: Has respondido correctamente; haz esto y vivirás[a]. [a]*Lev. 18:5; Mat. 19:17*

29 Pero queriendo él justificarse a sí mismo[a], dijo a Jesús: ¿Y quién es mi prójimo? [a]*Luc. 16:15*

Parábola del buen samaritano

30 Respondiendo Jesús, dijo: Cierto hombre bajaba de Jerusalén[a] a Jericó, y cayó en manos de salteadores, los cuales después de despojarlo y de darle golpes, se fueron, dejándolo medio muerto. [a]*Luc. 18:31; 19:28*

31 Por casualidad cierto sacerdote bajaba por aquel camino, y cuando lo vio, pasó por el otro lado *del camino.*

32 Del mismo modo, también un levita, cuando llegó al lugar y lo vio, pasó por el otro lado *del camino.*

33 Pero cierto samaritano[a], que iba de viaje, llegó adonde él *estaba;* y cuando lo vio, tuvo compasión, [a]*Mat. 10:5; Luc. 9:52*

34 y acercándose, le vendó sus heridas, derramando aceite y vino sobre *ellas;* y poniéndolo sobre su propia cabalgadura, lo llevó a un mesón y lo cuidó.

35 Al día siguiente, sacando dos denarios, se los dio al mesonero, y dijo: "Cuídalo, y todo lo demás que gastes, cuando yo regrese te lo pagaré."

36 ¿Cuál de estos tres piensas tú que demostró ser prójimo del que cayó en *manos de* los salteadores?

37 Y él dijo: El que tuvo misericordia de él. Y Jesús le dijo: Ve y haz tú lo mismo.

Jesús visita a Marta y a María

38 Mientras iban ellos de camino, El entró en cierta aldea; y una mujer llamada Marta[a] le recibió en su casa. [a]*Luc. 10:40, 41; Juan 11:1, 5, 19, 30, 39*

39 Y ella tenía una hermana que se llamaba María[a], que sentada a los pies del Señor, escuchaba su palabra. [a]*Luc. 10:42; Juan 11:1, 2, 19, 20, 28, 31, 32, 45*

40 Pero Marta[a] se preocupaba con todos los preparativos; y acercándose *a El, le* dijo: Señor, ¿no te importa que mi hermana me deje servir sola? Dile, pues, que me ayude. [a]*Luc. 10:38, 41; Juan 11:1, 5, 19, 30, 39*

41 Respondiendo el Señor, le dijo: Marta, Marta, tú estás preocupada y molesta por tantas cosas[a]; [a]*Mat. 6:25*

42 pero una sola cosa es necesaria[a], y María ha escogido la parte buena, la cual no le será quitada. [a]*Sal. 27:4; Juan 6:27*

Jesús enseña sobre la oración

11 Y aconteció que estando Jesús orando en cierto lugar, cuando terminó, le dijo uno de sus discípulos: Señor, enséñanos a orar, así como Juan enseñó también a sus discípulos.

2 [a]Y El les dijo: Cuando oréis, decid: "Padre, santificado sea tu nombre. Venga tu reino. [a]*Mat. 6:9-13*

3 "Danos hoy el pan nuestro de cada día[a]. [a]*Hech. 17:11*

4 "Y perdónanos nuestros pecados, porque también nosotros perdonamos a todos los que nos deben[a]. Y no nos metas en tentación." [a]*Luc. 13:4*

5 También les dijo: Supongamos que uno de vosotros tiene un amigo, y va a él a medianoche y le dice: "Amigo, préstame tres panes,

6 porque un amigo mío ha llegado de viaje a mi *casa*, y no tengo nada que ofrecerle";

7 y aquél, respondiendo desde adentro, le dice: "No me molestes; la puerta ya está cerrada, y mis hijos y yo estamos acostados; no puedo levantarme para darte *nada*."

8 Os digo que aunque no se levante a darle *algo* por ser su amigo, no obstante, por su importunidad[a] se levantará y le dará cuanto necesite. [a]*Luc. 18:1-5*

9 Y yo os digo: [a]Pedid, y se os dará; buscad, y hallaréis; llamad, y se os abrirá. [a]*Mat. 7:7-11*

10 Porque todo el que pide, recibe; y el que busca, halla; y al que llama, se le abrirá.

11 O suponed que a uno de vosotros que es padre, su hijo le pide pan; ¿acaso le dará una piedra? O si *le pide* un pescado; ¿acaso le dará una serpiente en lugar del pescado?

12 O si le pide un huevo; ¿acaso le dará un escorpión?

13 Pues si vosotros siendo malos, sabéis dar buenas dádivas a vuestros hijos, ¿cuánto más *vuestro* Padre celestial dará el Espíritu Santo a los que se lo pidan[a]? [a]*Mat. 7:11; Luc. 18:7, 8*

Jesús y Beelzebú

14 [a]Estaba *Jesús* echando fuera un demonio, que era mudo, y sucedió que cuando el demonio salió, el mudo habló; y las multitudes se maravillaron. [a]*Mat. 12:22, 24; Mar. 9:32-34*

15 Pero algunos de ellos dijeron: El echa fuera los demonios por Beelzebú[a], príncipe de los demonios[b]. [a]*Mat. 10:25* [b]*Mar. 9:34*

16 Y otros, para ponerle a prueba, demandaban de El una señal[a] del cielo. [a]*Mat. 12:38; 16:1*

17 [a]Pero conociendo El sus pensamientos, les dijo: Todo reino dividido contra sí mismo es asolado; y una casa dividida contra sí misma, se derrumba. [a]*Mat. 12:25-29; Mar. 3:23-27*

18 Y si también Satanás[a] está dividido contra sí mismo, ¿cómo permanecerá en pie su reino? Porque vosotros decís que yo echo fuera demonios por Beelzebú. [a]*Mat. 4:10*

19 Y si yo echo fuera demonios por Beelzebú[a], ¿por quién los echan fuera vuestros hijos? Por consiguiente, ellos serán vuestros jueces. [a]*Mat. 10:25*

20 Pero si yo por el dedo de Dios[a] echo fuera los demonios, entonces el reino de Dios ha llegado[b] a vosotros. [a]*Ex. 8:19* [b]*Mat. 3:2*

21 Cuando un *hombre* fuerte, bien armado, custodia su palacio, sus bienes están seguros.

22 Pero cuando uno más fuerte que él lo ataca y lo vence, le quita todas sus armas en las cuales había confiado y distribuye su botín.

23 El que no está conmigo, contra mí está; y el que conmigo no recoge, desparrama[a]. [a]*Mat. 12:30; Mar. 9:40*

24 [a]Cuando el espíritu inmundo sale del hombre, pasa por lugares áridos buscando descanso; y al no hallarlo, dice: "Volveré a mi casa de donde salí." [a]*Mat. 12:43-45*

25 Y cuando llega, la encuentra barrida y arreglada.

26 Entonces va y toma consigo otros siete espíritus peores que él, y entrando, moran allí; y el estado final de aquel hombre resulta peor que el primero.

La verdadera dicha

27 Y sucedió que mientras decía estas cosas, una de las mujeres en la multitud alzó su voz y le dijo: ¡Dichosa la matriz que te concibió y los senos que te criaron[a]! [a]*Luc. 23:29*

28 Pero El dijo: Al contrario, dichosos los que oyen la palabra de Dios y *la* guardan[a]. [a]*Luc. 8:21*

La gente demanda señal

29 Como la multitud se aglomeraba, comenzó a decir: [a]Esta generación es una generación perversa; busca señal, y ninguna señal se le dará, sino la señal de Jonás. [a]*Mat. 12:39-42; Mat. 16:4*

30 Porque de la misma manera que Jonás vino a ser una señal[a] para los ninivitas, así también lo será el Hijo del Hombre para esta generación. [a]*Jon. 3:4*

31 La Reina del Sur se levantará en el juicio con los hombres de esta generación y los condenará, porque ella vino desde los confines de la tierra para oír la sabiduría de Salomón[a]; y mirad, algo más *grande* que Salomón está aquí. [a]*1 Rey. 10:1-10; 2 Crón. 9:1-12*

32 Los hombres de Nínive se levantarán en el juicio con esta generación y la condenarán, porque ellos se arrepintieron con la predica-

ción de Jonás[a]; y mirad, algo más *grande* que Jonás está aquí. [a]*Jon. 3:5*

La lámpara del cuerpo

33 Nadie, cuando enciende una lámpara, la pone en un sótano ni debajo de un almud, sino sobre el candelero, para que los que entren vean la luz[a]. [a]*Mat. 5:15; Mar. 4:21*

34 [a]La lámpara de tu cuerpo es tu ojo; cuando tu ojo está sano, también todo tu cuerpo está lleno de luz; pero cuando está malo, también tu cuerpo está lleno de oscuridad. [a]*Mat. 6:22, 23*

35 Mira, pues, que la luz que en ti hay no sea oscuridad.

36 Así que, si todo tu cuerpo está lleno de luz, sin tener parte alguna en tinieblas, estará totalmente iluminado como cuando la lámpara te alumbra con sus rayos.

Jesús denuncia a los fariseos y a los intérpretes de la ley

37 Cuando terminó de hablar, un fariseo le rogó* que comiera con él; y *Jesús* entró y se sentó *a la mesa.*

38 Cuando el fariseo vio *esto,* se sorprendió de que *Jesús* no se hubiera lavado primero antes de comer, *según el ritual judío*[a]. [a]*Mat. 15:2; Mar. 7:3, 4*

39 Pero el Señor le dijo: Ahora bien, vosotros los fariseos limpiáis lo de fuera del vaso y del plato; pero por dentro estáis llenos de robo y de maldad[a]. [a]*Mat. 23:25, 26*

40 Necios[a], el que hizo lo de fuera, ¿no hizo también lo de adentro? [a]*Luc. 12:20; 1 Cor. 15:36*

41 Dad más bien lo que está dentro como obra de caridad[a], y entonces todo os será limpio[b]. [a]*Luc. 12:33* [b]*Mar. 7:19*

42 Mas ¡ay de vosotros, fariseos!, porque pagáis el diezmo de[a] la menta y la ruda y toda *clase de* hortaliza, y *sin embargo* pasáis por alto la justicia y el amor de Dios; pero esto es lo que debíais haber practicado sin descuidar lo otro[b]. [a]*Luc. 18:12* [b]*Lev. 27:30*

43 ¡Ay de vosotros, fariseos!, porque amáis los primeros asientos en las sinagogas y los saludos respetuosos en las plazas[a]. [a]*Mat. 23:6, 7; Mar. 12:38, 39*

44 ¡Ay de vosotros!, porque sois como sepulcros[a] que no se ven, sobre *los que* andan los hombres sin saber*lo.* [a]*Mat. 23:27*

45 Respondiendo uno de los intérpretes de la ley[a], le dijo*: Maestro, cuando dices esto, también a nosotros nos insultas. [a]*Mat. 22:35; Luc. 11:46, 52*

46 Y El dijo: ¡Ay también de vosotros, intérpretes de la ley!, porque cargáis a los hombres con cargas difíciles de llevar, y vosotros ni siquiera tocáis las cargas con uno de vuestros dedos[a]. [a]*Mat. 23:4*

47 ¡Ay de vosotros!, porque edificáis los sepulcros de los profetas[a], y *fueron* vuestros padres *quienes* los mataron. [a]*Mat. 23:29*

48 De modo que sois testigos, y aprobáis las acciones de vuestros padres; porque ellos los mataron y vosotros edificáis *sus sepulcros.*

49 [a]Por eso la sabiduría de Dios también dijo: "Les enviaré profetas y apóstoles, y de ellos, matarán *a algunos* y perseguirán *a otros,* [a]*1 Cor. 1:24, 30; Col. 2:3*

50 para que la sangre de todos los profetas, derramada desde la fundación del mundo[a], se le cargue a esta generación, [a]*Mat. 25:34*

51 desde la sangre de Abel hasta la sangre de Zacarías[a], que pereció entre el altar y la casa *de Dios;* sí, os digo que le será cargada a esta generación." [a]*2 Crón. 24:20, 21*

52 ¡Ay de vosotros, intérpretes de la ley!, porque habéis quitado la llave del conocimiento; vosotros mismos no entrasteis, y a los que estaban entrando se lo impedisteis[a]. [a]*Mat. 23:13*

53 Cuando salió de allí, los escribas y los fariseos comenzaron a acosarle en gran manera, y a interrogarle minuciosamente sobre muchas cosas,

54 tramando contra El para atrapar*le* en algo que dijera[a]. [a]*Mar. 12:13; Luc. 20:20*

Advertencia contra la hipocresía

12 En estas circunstancias, cuando una multitud de miles y miles se había reunido, tanto que se atropellaban unos a otros, *Jesús* comenzó a decir primeramente a sus discípulos: Guardaos de la levadura de los fariseos[a], que es la hipocresía. [a]*Mat. 16:6, 11; Mar. 8:15*

2 [a]Y nada hay encubierto que no haya de ser revelado, ni oculto que no haya de saberse. [a]*Mat. 10:26-33; Mar. 4:22*

3 Por lo cual, todo lo que habéis dicho en la oscuridad se oirá a la luz, y lo que habéis susurrado en las habitaciones interiores, será proclamado desde las azoteas[a]. [a]*Mat. 10:27; 24:17*

4 Y yo os digo, amigos míos[a]: no temáis a los que matan el cuerpo, y después de esto no tienen más nada que puedan hacer. [a]*Juan 15:13-15*

5 Pero yo os mostraré a quién debéis temer: temed[a] al que, después de matar, tiene poder para arrojar al infierno; sí, os digo: a éste, ¡temed! [a]*Heb. 10:31*

6 ¿No se venden cinco pajarillos por dos cuartos[a]? Y *sin embargo,* ni uno de ellos está olvidado ante Dios. [a]*Mat. 10:29*

7 Es más, aun los cabellos de vuestra cabeza están todos contados[a]. Por tanto; vosotros valéis más que muchos pajarillos. [a]*Mat. 10:30*

8 Y os digo, que a todo el que me confiese delante de los hombres, el Hijo del Hombre le

confesará también ante los ángeles de Dios[a];
[a]*Mat. 10:32; Luc. 15:10*

9 pero el que me niegue delante de los hombres, será negado[a] delante de los ángeles de Dios. [a]*Mat. 10:33; Luc. 9:26*

10 Y a todo el que diga una palabra contra el Hijo del Hombre, se le perdonará; pero al que blasfeme contra el Espíritu Santo, no se le perdonará[a]. [a]*Mat. 12:31, 32; Mar. 3:28-30*

11 Y cuando os lleven a las sinagogas y ante los gobernantes y las autoridades, no os preocupéis[a] de cómo o de qué hablaréis en defensa propia, o qué vais a decir; [a]*Mat. 6:25; 10:19*

12 porque el Espíritu Santo en esa misma hora os enseñará lo que debéis decir[a].
[a]*Mat. 10:20; Luc. 21:15*

Advertencia contra la avaricia

13 Uno de la multitud le dijo: Maestro, dile a mi hermano que divida la herencia conmigo.

14 Pero El le dijo: ¡Hombre[a]! ¿Quién me ha puesto por juez o árbitro sobre vosotros? [a]*Miq. 6:8; Rom. 2:1, 3*

15 Y les dijo: Estad atentos y guardaos de toda forma de avaricia; porque *aun* cuando alguien tenga abundancia, su vida no consiste en sus bienes[a]. [a]*1 Tim. 6:6-10*

16 También les refirió una parábola, diciendo: La tierra de cierto hombre rico había producido mucho.

17 Y pensaba dentro de sí, diciendo: "¿Qué haré, ya que no tengo dónde almacenar mis cosechas?"

18 Entonces dijo: "Esto haré: derribaré mis graneros y edificaré otros más grandes, y allí almacenaré todo mi grano y mis bienes.

19 "Y diré a mi alma: Alma, tienes muchos bienes depositados para muchos años; descansa, come, bebe, diviértete[a]." [a]*Ecl. 11:9*

20 Pero Dios le dijo: "¡Necio! Esta *misma* noche te reclaman el alma[a]; y *ahora*, ¿para quién será lo que has provisto[b]?" [a]*Job 27:8* [b]*Sal. 39:6*

21 Así es el que acumula tesoro para sí, y no es rico para con Dios[a]. [a]*Luc. 12:33*

Advertencia contra la ansiedad

22 Y dijo a sus discípulos: [a]Por eso os digo: No os preocupéis por *vuestra* vida, qué comeréis; ni por vuestro cuerpo, qué vestiréis. [a]*Mat. 6:25-33*

23 Porque la vida es más que el alimento, y el cuerpo más que la ropa.

24 Considerad los cuervos, que ni siembran ni siegan; no tienen bodega ni granero[a], y *sin embargo,* Dios los alimenta; ¡cuánto más valéis vosotros que las aves! [a]*Luc. 12:18*

25 ¿Y quién de vosotros, por ansioso que esté, puede añadir una hora al curso de su vida[a]? [a]*Sal. 39:5*

26 Si vosotros, pues, no podéis hacer algo tan

pequeño, ¿por qué os preocupáis por lo demás?

27 Considerad los lirios, cómo crecen; no trabajan ni hilan; pero os digo que ni Salomón en toda su gloria[a] se vistió como uno de éstos. [a]*1 Rey. 10:4-7; 2 Crón. 9:3-6*

28 Y si Dios viste así la hierba del campo, que hoy es y mañana es echada al horno, ¡cuánto más *hará* por vosotros, hombres de poca fe[a]! [a]*Mat. 6:30*

29 Vosotros, pues, no busquéis qué habéis de comer, ni qué habéis de beber, y no estéis preocupados[a]. [a]*Mat. 6:31*

30 Porque los pueblos del mundo buscan ansiosamente todas estas cosas; pero vuestro Padre sabe que necesitáis estas cosas.

31 Mas buscad su reino, y estas cosas os serán añadidas[a]. [a]*Mat. 6:33*

32 No temas, rebaño pequeño[a], porque vuestro Padre ha decidido[b] daros el reino. [a]*Juan 21:15-17* [b]*Ef. 1:5, 9*

33 Vended vuestras posesiones y dad limosnas; haceos bolsas que no se deterioran, un tesoro en los cielos[a] que no se agota, donde no se acerca *ningún* ladrón ni la polilla destruye. [a]*Mat. 19:21; Luc. 11:41*

34 Porque donde esté vuestro tesoro, allí también estará vuestro corazón[a]. [a]*Mat. 6:21*

Parábola de los siervos vigilantes

35 Estad siempre preparados y *mantened* las lámparas encendidas[a], [a]*Ef. 6:14; 1 Ped. 1:13*

36 y sed semejantes a hombres que esperan a su señor que regresa de las bodas, para abrirle tan pronto como llegue y llame.

37 Dichosos aquellos siervos a quienes el señor, al venir, halle velando[a]; en verdad os digo que se ceñirá *para servir*[b], y los sentará *a la mesa,* y acercándose, les servirá. [a]*Mat. 24:42* [b]*Luc. 17:8*

38 Y ya sea que venga en la segunda vigilia, o aun en la tercera, y *los* halla así, dichosos son aquellos *siervos.* [a]*Mat. 24:43*

39 [a]Podéis estar seguros de que si el dueño de la casa hubiera sabido a qué hora iba a venir el ladrón, no hubiera permitido que entrara en su casa. [a]*Mat. 24:43, 44*

40 Vosotros también estad preparados, porque el Hijo del Hombre vendrá a la hora que no esperéis[a]. [a]*Mar. 13:33; Luc. 21:36*

Parábola del siervo fiel y del infiel

41 Entonces Pedro dijo: Señor, ¿nos dices esta parábola a nosotros, o también a todos *los demás*[a]? [a]*Luc. 12:47, 48*

42 Y el Señor dijo: ¿Quién es, pues, el mayordomo fiel y prudente a quien su señor pondrá sobre sus siervos para que a su tiempo les dé sus raciones? [a]*Mat. 24:45-51*

43 Dichoso aquel siervo[a] a quien, cuando su

señor venga, lo encuentre haciendo así.
ªLuc. 12:42

44 De verdad os digo que lo pondrá sobre todos sus bienes.

45 Pero si aquel siervo dice en su corazón: "Mi señor tardará en venir"; y empieza a golpear a los criados y a las criadas, y a comer, a beber y a embriagarse;

46 el señor de aquel siervo llegará un día, cuando él no *lo* espera y a una hora que no sabe, y lo azotará severamente, y le asignará un lugar con los incrédulos.

47 Y aquel siervo que sabía la voluntad de su señor, y que no se preparó ni obró conforme a su voluntad, recibirá muchos azotesª;
ªDeut. 25:2; Sant. 4:17

48 pero el que no *la* sabíaª, e hizo cosas que merecían castigo, será azotado poco. A todo el que se le haya dado mucho, mucho se demandará de él; y al que mucho le han confiado, más le exigirán. ªLev. 5:17; Núm. 15:29, 30

Jesús, causa de división

49 Yo he venido para echar fuego sobre la tierra; y ¡cómo quisiera que ya estuviera encendido!

50 Pero de un bautismoª tengo que ser bautizado, y ¡cómo me angustio hasta que se cumpla! ªMar. 10:38

51 ¿Pensáis que vine a dar paz en la tierra? No, os digo, sino más bien división.
ªMat. 10:34-36

52 Porque desde ahora en adelante, cinco en una casa estarán divididos; tres contra dos y dos contra tres.

53 Estarán divididos el padre contra el hijo y el hijo contra el padre; la madre contra la hija y la hija contra la madre; la suegra contra su nuera y la nuera contra su suegraª. ªMiq. 7:6; Mat. 10:21

Cómo discernir el tiempo

54 Decía también a las multitudes: Cuando veis una nube que se levanta en el poniente, al instante decís: "Viene un aguacero", y así sucedeª. ªMat. 16:2, 3

55 Y cuando sopla el viento del sur, decís: "Va a hacer calorª", y *así* pasa. ªMat. 20:12

56 ¡Hipócritas! Sabéis examinar el aspecto de la tierra y del cielo; entonces, ¿por qué no examináis este tiempo presente? ªMat. 16:3

57 ¿Y por qué no juzgáis por vosotros mismosª lo que es justo? ªLuc. 21:30

58 ªPorque mientras vas con tu adversario para comparecer ante el magistrado, procura en el camino arreglarte con él, no sea que te arrastre ante el juez, y el juez te entregue al alguacil, y el alguacil te eche en la cárcel.
ªMat. 5:25, 26

59 Te digo que no saldrás de allí hasta que hayas pagado aun el último centavoª.
ªMar. 12:42

Arrepentíos o pereceréis

13 En esa misma ocasión había allí algunos que le contaron acerca de los galileos cuya sangre Pilatoª había mezclado con la de sus sacrificios. ªMat. 27

2 Respondiendo *Jesús,* les dijo: ¿Pensáis que estos galileos eran *más* pecadoresª que todos los *demás* galileos, porque sufrieron esto? ªJuan 9:2, 3

3 Os digo que no; al contrario, si no os arrepentís, todos pereceréis igualmente.

4 ¿O pensáis que aquellos dieciocho, sobre los que cayó la torre en Siloéª y los mató, eran *más* deudores que todos los hombres que habitan en Jerusalén? ªNeh. 3:15; Isa. 8:6

5 Os digo que no; al contrario, si no os arrepentís, todos pereceréis igualmente.

Parábola de la higuera estéril

6 Y les dijo esta parábola: Cierto hombre tenía una higuera plantada en su viña; y fue a buscar fruto de ella, y no *lo* hallóª. ªMat. 21:19

7 Y dijo al viñador: "Mira, hace tres años que vengo a buscar fruto en esta higuera, y no lo hallo. Córtalaª. ¿Por qué ha de cansar la tierra?" ªMat. 3:10; 7:19

8 El entonces, respondiendo, le dijo: "Señor, déjala por este año todavía, hasta que yo cave alrededor de ella, y le eche abono,

9 y si da fruto el año que viene, *bien;* y si no, córtala."

Jesús hace un milagro en día de reposo

10 *Jesús* estaba enseñando en una de las sinagogas un día de reposoª. ªMat. 4:23

11 y había *allí* una mujer que durante dieciocho años había tenido una enfermedad causada por un espírituª; estaba encorvada, y de ninguna manera se podía enderezar. ªLuc. 13:16

12 Cuando Jesús la vio, la llamó y le dijo: Mujer, has quedado libre de tu enfermedad.

13 Y puso las manos sobre ellaª, y al instante se enderezó y glorificaba a Dios. ªMar. 5:23

14 Pero el oficial de la sinagoga, indignado porque Jesús había sanado en día de reposo, reaccionó diciendo a la multitud: Hay seis días en los cuales se debe trabajarª; venid, pues, en esos *días* y sed sanados, y no en día de reposo.
ªEx. 20:9; Deut. 5:13

15 Entonces el Señor le respondió, y dijo: Hipócritas, ¿no desata cada uno de vosotros su buey o su asno del pesebre en día de reposoª y lo lleva a beber? ªLuc. 14:5

16 Y ésta, que es hija de Abrahamª, a la que Satanás ha tenido atada durante dieciocho largos años, ¿no debía ser libertada de esta ligadura en día de reposo? ªLuc. 19:9

17 Y al decir El esto, todos sus adversarios se avergonzaban, pero toda la multitud se regocijaba[a] por todas las cosas gloriosas hechas por El. [a]*Luc. 18:43*

Parábola del grano de mostaza

18 Entonces [a]decía: ¿A qué es semejante el reino de Dios y con qué lo compararé? [a]*Mat. 13:31, 32; Mar. 4:30-32*
19 Es semejante a un grano de mostaza que un hombre tomó y echó en su huerto; y creció y se hizo árbol, y LAS AVES DEL CIELO ANIDARON EN SUS RAMAS.

Parábola de la levadura

20 Y volvió a decir: ¿A qué compararé el reino de Dios[a]? [a]*Mat. 13:24; Luc. 13:18*
21 [a]Es semejante a la levadura que una mujer tomó y escondió en tres medidas de harina hasta que todo quedó fermentado. [a]*Mat. 13:33*

La puerta estrecha

22 Pasaba *Jesús* por ciudades y aldeas, enseñando, mientras proseguía camino a Jerusalén[a]. [a]*Luc. 9:51*
23 Y alguien le dijo: Señor, ¿son pocos los que se salvan? Y El les dijo:
24 Esforzaos por entrar por la puerta estrecha[a], porque os digo que muchos tratarán de entrar y no podrán. [a]*Mat. 7:13*
25 Después que el dueño de la casa se levante y cierre la puerta[a], y vosotros, estando fuera, comencéis a llamar a la puerta, diciendo: "Señor, ábrenos", El respondiendo, os dirá: "No sé de dónde sois[b]." [a]*Mat. 25:10* [b]*Mat. 7:23*
26 Entonces comenzaréis a decir[a]: "Comimos y bebimos en tu presencia, y enseñaste en nuestras calles;" [a]*Luc. 3:8*
27 y El dirá: "Os digo que no sé de dónde sois; APARTAOS DE MI, TODOS LOS QUE HACEIS INIQUIDAD[a]." [a]*Sal. 6:8; Mat. 25:41*
28 Allí será el llanto y el crujir de dientes[a] cuando veáis a Abraham, a Isaac, a Jacob y a todos los profetas en el reino de Dios, pero vosotros echados fuera. [a]*Mat. 8:12; 22:13*
29 Y vendrán del oriente y del occidente, del norte y del sur, y se sentarán *a la mesa* en el reino de Dios[a]. [a]*Mat. 8:11*
30 Y he aquí, hay últimos que serán primeros, y hay primeros que serán últimos[a]. [a]*Mat. 19:30; 20:16*

Lamento sobre Jerusalén

31 En ese momento llegaron unos fariseos diciéndole: Sal y vete de aquí, porque Herodes[a] te quiere matar. [a]*Mat. 14:1; Luc. 3:1*
32 Y El les dijo: Id y decidle a ese zorro: "Yo expulso demonios, y hago curaciones hoy y mañana, y al tercer *día* cumplo mi propósito[a]." [a]*Heb. 2:10; 5:9*
33 Sin embargo, debo seguir mi camino, hoy, mañana y pasado mañana; porque no puede

ser que un profeta[a] muera fuera de Jerusalén. [a]*Mat. 21:11*
34 ¡[a]Jerusalén, Jerusalén, la que mata a los profetas y apedrea a los que le son enviados! ¡Cuántas veces quise juntar a tus hijos, como la gallina a sus pollitos debajo de sus alas, y no quisiste! [a]*Mat. 23:37-39; Luc. 19:41*
35 He aquí, vuestra casa se os deja desierta; y os digo que no me veréis *más*, hasta que llegue *el tiempo* en que digáis: "BENDITO EL QUE VIENE EN NOMBRE DEL SEÑOR[a]." [a]*Sal. 118:26; Mat. 21:9*

Jesús sana otra vez en día de reposo

14 Y aconteció que cuando Jesús entró en casa de uno de los principales de los fariseos un día de reposo para comer pan, ellos le estaban observando cuidadosamente[a]. [a]*Mar. 3:2*
2 Y allí, frente a El, estaba un hombre hidrópico.
3 Y dirigiéndose Jesús, a los intérpretes de la ley y a los fariseos, *les* habló diciendo: ¿Es lícito sanar en el día de reposo, o no[a]? [a]*Mat. 12:2; Luc. 13:14*
4 Pero ellos guardaron silencio. Y El, tomándolo *de la mano*, lo sanó y lo despidió.
5 Y a ellos les dijo: ¿A quién de vosotros se le cae un hijo o un buey en un hoyo un día de reposo, y no lo saca inmediatamente[a]? [a]*Mat. 12:11; Luc. 13:15*
6 Y no pudieron responderle a esto[a]. [a]*Mat. 22:46; Luc. 20:40*

Lección sobre la humildad

7 Y comenzó a referir una parábola a los invitados, cuando advirtió cómo escogían los lugares de honor *a la mesa*[a], diciéndoles: [a]*Mat. 23:6*
8 Cuando seas invitado por alguno a un *banquete* de bodas, no tomes el lugar de honor[a], no sea que él haya invitado a otro más distinguido que tú, [a]*Prov. 25:6, 7*
9 y viniendo el que te invitó a ti y a él, te diga: "Dale *el* lugar a éste"; y entonces, avergonzado[a], tengas que irte al último lugar. [a]*Luc. 3:8*
10 Sino que cuando seas invitado, ve y siéntate en el último lugar, para que cuando llegue el que te invitó, te diga: "Amigo, ven más adelante"; entonces serás honrado delante de todos los que se sientan *a la mesa* contigo. [a]*Prov. 25:6, 7*
11 Porque todo el que se ensalce, será humillado; y el que se humille será ensalzado[a]. [a]*2 Sam. 22:28; Prov. 29:23*
12 Y dijo también al que le había convidado: Cuando ofrezcas una comida o una cena, no llames a tus amigos, ni a tus hermanos, ni a tus parientes, ni a tus vecinos ricos, no sea que

ellos a su vez también te conviden y tengas ya tu recompensa.

13 Antes bien, cuando ofrezcas un banquete, llama a pobres, mancos, cojos, ciegos,

14 y serás bienaventurado, ya que ellos no tienen para recompensarte; pues tú serás recompensado en la resurrección de los justos[a]. [a]*Juan 5:29; Hech. 24:15*

Parábola de la gran cena

15 Cuando uno de los que estaban sentados con El *a la mesa* oyó esto, le dijo: ¡Bienaventurado todo el que coma pan en el reino de Dios! [a]*Apoc. 19:9*

16 [a]Pero El le dijo: Cierto hombre dio una gran cena, e invitó a muchos; [a]*Mat. 22:2-14; Luc. 14:16-24*

17 y a la hora de la cena envió a su siervo a decir a los que habían sido invitados: "Venid, porque ya todo está preparado."

18 Y todos a una comenzaron a excusarse. El primero le dijo: "He comprado un terreno y necesito ir a verlo; te ruego que me excuses."

19 Y otro dijo: "He comprado cinco yuntas de bueyes y voy a probarlos; te ruego que me excuses."

20 También otro dijo: "Me he casado, y por eso no puedo ir." [a]*Deut. 24:5; 1 Cor. 7:33*

21 Cuando el siervo regresó, informó *de todo* esto a su señor. Entonces, enojado el dueño de la casa, dijo a su siervo: "Sal enseguida por las calles y callejones de la ciudad, y trae acá a los pobres, los mancos, los ciegos y los cojos."

22 Y el siervo dijo: "Señor, se ha hecho lo que ordenaste, y todavía hay lugar."

23 Entonces el señor dijo al siervo: "Sal a los caminos y por los cercados, y oblíga*los* a entrar para que se llene mi casa.

24 "Porque os digo que ninguno de aquellos hombres que fueron invitados probará mi cena."

El costo del discipulado

25 Grandes multitudes le acompañaban; y El, volviéndose, les dijo:

26 Si alguno viene a mí, y no aborrece a su padre y madre, a *su* mujer e hijos, a *sus* hermanos y hermanas, y aun hasta su propia vida, no puede ser mi discípulo[a]. [a]*Mat. 10:37*

27 El que no carga su cruz y viene en pos de mí, no puede ser mi discípulo[a]. [a]*Mat. 10:38; 16:24*

28 Porque, ¿quién de vosotros, deseando edificar una torre, no se sienta primero y calcula el costo, para ver si tiene *lo suficiente* para terminarla?

29 No sea que cuando haya echado los cimientos y no pueda terminar, todos los que lo vean comiencen a burlarse de él,

30 diciendo: "Este hombre comenzó a edificar y no pudo terminar."

31 ¿O qué rey, cuando sale al encuentro de otro rey para la batalla, no se sienta primero y delibera si con diez mil *hombres* es *bastante* fuerte como para enfrentarse al que viene contra él con veinte mil[a]? [a]*Prov. 20:18*

32 Y si no, cuando el otro todavía está lejos, le envía una delegación y pide condiciones de paz.

33 Así pues, cualquiera de vosotros que no renuncie a todas sus posesiones, no puede ser mi discípulo[a]. [a]*Fil. 3:7; Heb. 11:26*

34 Por tanto, buena es la sal, pero si también la sal ha perdido su sabor, ¿con qué será sazonada[a]? [a]*Mat. 5:13; Mar. 9:50*

35 No es útil ni para la tierra ni para el muladar; la arrojan fuera. El que tenga oídos para oír, que oiga[a]. [a]*Mat. 11:15*

Parábola de la oveja perdida

15 Todos los recaudadores de impuestos[a] y los pecadores se acercaban a Jesús para oírle; [a]*Luc. 5:29*

2 y los fariseos y los escribas murmuraban, diciendo: Este recibe a los pecadores y come con ellos[a]. [a]*Mat. 9:11*

3 Entonces El les refirió esta parábola, diciendo:

4 ¿[a]Qué hombre de vosotros, si tiene cien ovejas y una de ellas se pierde, no deja las noventa y nueve en el campo y va tras la que está perdida hasta que la halla? [a]*Mat. 18:12-14*

5 Al encontrar*la, la* pone sobre sus hombros, gozoso;

6 y cuando llega a su casa, reúne a los amigos y a los vecinos, diciéndoles: "Alegraos conmigo, porque he hallado mi oveja que se había perdido."

7 Os digo que de la misma manera, habrá *más* gozo en el cielo por un pecador que se arrepiente que por noventa y nueve justos que no necesitan arrepentimiento.

Parábola de la moneda perdida

8 ¿O qué mujer, si tiene diez monedas de plata y pierde una moneda, no enciende una lámpara y barre la casa y busca con cuidado hasta hallar*la?*

9 Cuando *la* encuentra, reúne a las amigas y vecinas, diciendo: "Alegraos conmigo porque he hallado la moneda que había perdido."

10 De la misma manera, os digo, hay gozo en la presencia de los ángeles de Dios por un pecador que se arrepiente[a]. [a]*Mat. 10:32; Luc. 15:7*

· Parábola del hijo pródigo

11 Y *Jesús* dijo: Cierto hombre tenía dos hijos;

12 y el menor de ellos le dijo al padre: "Padre, dame la parte de la hacienda que me corresponde[a]." Y él les repartió sus bienes[b]. [a]*Deut. 21:17* [b]*Mar. 12:44*

13 No muchos días después, el hijo menor, juntándolo todo, partió a un país lejano, y allí malgastó su hacienda viviendo perdidamente.

14 Cuando lo había gastado todo, vino una gran hambre en aquel país, y comenzó a pasar necesidad.

15 Entonces fue y se acercó a uno de los ciudadanos de aquel país, y él lo mandó a sus campos a apacentar cerdos.

16 Y deseaba llenarse el estómago de las algarrobas que comían los cerdos, pero nadie le daba *nada*.

17 Entonces, volviendo en sí, dijo: "¡Cuántos de los trabajadores de mi padre tienen pan de sobra, pero yo aquí perezco de hambre!

18 "Me levantaré e iré a mi padre, y le diré: 'Padre, he pecado contra el cielo y ante ti;

19 ya no soy digno de ser llamado hijo tuyo; hazme como uno de tus trabajadores.' "

20 Y levantándose, fue a su padre. Y cuando todavía estaba lejos, su padre lo vio y sintió compasión *por él*, y corrió, se echó sobre su cuello y lo besó[a]. [a]*Gén. 45:14; 46:29*

21 Y el hijo le dijo: "Padre, he pecado contra el cielo y ante ti; ya no soy digno de ser llamado hijo tuyo."

22 Pero el padre dijo a sus siervos: "Pronto; traed la mejor ropa y vestidlo[a], y poned un anillo en su mano[b] y sandalias en los pies; [a]*Zac. 3:4* [b]*Gén. 41:42*

23 y traed el becerro engordado, matad*lo*, y comamos y regocijémonos;

24 porque este hijo mío estaba muerto y ha vuelto a la vida; estaba perdido y ha sido hallado[a]." Y comenzaron a regocijarse. [a]*Mat. 8:22; Luc. 9:60*

25 Y su hijo mayor estaba en el campo, y cuando vino y se acercó a la casa, oyó música y danzas.

26 Y llamando a uno de los criados, le preguntó qué era *todo* aquello.

27 Y él le dijo: "Tu hermano ha venido, y tu padre ha matado el becerro engordado porque lo ha recibido sano y salvo."

28 Entonces él se enojó y no quería entrar. Salió su padre y le rogaba *que entrara.*

29 Pero respondiendo él, le dijo al padre: "Mira, por tantos años te he servido y nunca he desobedecido ninguna orden tuya, y *sin embargo,* nunca me has dado un cabrito para regocijarme con mis amigos;

30 pero cuando vino este hijo tuyo, que ha consumido tus bienes con rameras[a], mataste para él el becerro engordado." [a]*Prov. 29:3; Luc. 15:12*

31 Y él le dijo: "Hijo *mío,* tú siempre has estado conmigo, y todo lo mío es tuyo.

32 "Pero era necesario hacer fiesta y regocijarnos, porque éste, tu hermano, estaba muerto y ha vuelto a la vida; *estaba* perdido y ha sido hallado[a]." [a]*Luc. 15:24*

El mayordomo infiel

16 Decía también *Jesús* a los discípulos: Había cierto hombre rico que tenía un mayordomo; y éste fue acusado ante él de derrochar sus bienes[a]. [a]*Luc. 15:13*

2 Entonces lo llamó y le dijo: "¿Qué es esto que oigo acerca de ti? Rinde cuentas de tu administración, porque no puedes ser más mayordomo."

3 Y el mayordomo se dijo a sí mismo: "¿Qué haré? Pues mi señor me quita la administración. No tengo fuerzas para cavar, y me da vergüenza mendigar.

4 "Ya sé lo que haré, para que cuando se me destituya de la administración me reciban en sus casas."

5 Y llamando a cada uno de los deudores de su señor, dijo al primero: "¿Cuánto le debes a mi señor?"

6 Y él dijo: "Cien barriles de aceite." Y le dijo: "Toma tu factura, siéntate pronto y escribe cincuenta."

7 Después dijo a otro: "Y tú, ¿cuánto debes?" Y él respondió: "Cien medidas de trigo." El le dijo*: "Toma tu factura y escribe ochenta."

8 El señor elogió al mayordomo injusto porque había procedido con sagacidad, pues los hijos de este siglo son más sagaces en las relaciones con sus semejantes que los hijos de luz[a]. [a]*Juan 12:36; Ef. 5:8*

9 Y yo os digo: Haceos amigos por medio de las riquezas injustas[a], para que cuando falten, os reciban en las moradas eternas. [a]*Mat. 6:24; Luc. 16:11, 13*

10 El que es fiel en lo muy poco, es fiel también en lo mucho[a]; y el que es injusto en lo muy poco, también es injusto en lo mucho. [a]*Mat. 25:21, 23*

11 Por tanto, si no habéis sido fieles en *el uso de* las riquezas injustas[a], ¿quién os confiará las *riquezas* verdaderas? [a]*Luc. 16:9*

12 Y si no habéis sido fieles en *el uso de* lo ajeno, ¿quién os dará lo que es vuestro?

13 Ningún siervo puede servir a dos señores, porque o aborrecerá a uno y amará al otro, o se apegará a uno y despreciará al otro. No podéis servir a Dios y a las riquezas[a]. [a]*Mat. 6:24; Luc. 16:9*

Los fariseos y la ley

14 Los fariseos, que eran amantes del dinero[a], oían todas estas cosas y se burlaban de El. [a]*2 Tim. 3:2*

15 Y El les dijo: Vosotros sois los que os justificáis a vosotros mismos ante los hombres, pero Dios conoce vuestros corazones[a], porque lo que entre los hombres es de alta estima,

abominable es delante de Dios. ª*1 Sam. 16:7; Prov. 21:2*

16 La ley y los profetas *se proclamaron* hasta Juanª; desde entonces se anuncian las buenas nuevas del reino de Diosᵇ, y todos se esfuerzan por entrar en él. ª*Mat. 11:12, 13* ᵇ*Mat. 4:23*

17 Pero más fácil es que el cielo y la tierra pasen, que un ápice de la ley deje de cumplirseª. ª*Mat. 5:18*

18 Todo el que se divorcia de su mujer y se casa con otra, comete adulterio; y el que se casa con la que está divorciada del marido, comete adulterioª. ª*Mat. 5:32; 1 Cor. 7:10, 11*

El rico y Lázaro

19 Había cierto hombre rico que se vestía de púrpura y lino fino, celebrando cada día fiestas con esplendidez.

20 Y un pobre llamado Lázaro yacía a su puertaª cubierto de llagas, ª*Hech. 3:2*

21 ansiando saciarse de las *migajas* que caían de la mesa del rico; además, hasta los perros venían y le lamían las llagas.

22 Y sucedió que murió el pobre y fue llevado por los ángeles al senoª de Abraham; y murió también el rico y fue sepultado. ª*Juan 1:18; 13:23*

23 En el Hadesª alzó sus ojos, estando en tormentos, y vio* a Abraham a lo lejos, y a Lázaro en su seno. ª*Mat. 11:23*

24 Y gritando, dijo: "Padre Abrahamª, ten misericordia de mí, y envía a Lázaro para que moje la punta de su dedo en agua y refresque mi lengua, pues estoy en agonía en esta llamaᵇ." ª*Luc. 3:8* ᵇ*Mat. 25:41*

25 Pero Abraham le dijo: "Hijo, recuerda que durante tu vida recibiste tus bienesª, y Lázaro, igualmente, males; pero ahora él es consolado aquí, y tú estás en agonía. ª*Luc. 6:24*

26 "Y además de todo esto, hay un gran abismo puesto entre nosotros y vosotros, de modo que los que quieran pasar de aquí a vosotros no puedan, y tampoco nadie pueda cruzar de allá a nosotros.

27 Entonces él dijo: "Te ruego, pues, padre, que lo envíes a la casa de mi padre,

28 pues tengo cinco hermanos, de modo que él los prevengaª, para que ellos no vengan también a este lugar de tormento." ª*Hech. 2:40; 8:25*

29 Pero Abraham dijo*: "Ellos tienen a Moisés y a los profetasª; que los oigan." ª*Luc. 4:17; Juan 5:45-47*

30 Y él dijo: "No, padre Abrahamª, sino que si alguno va a ellos de entre los muertos, se arrepentirán." ª*Luc. 3:8; 16:24*

31 Mas *Abraham* le contestó: "Si no escuchan a Moisés y a los profetas, tampoco se persuadirán si alguno se levanta de entre los muertos."

Advertencias a los discípulos

17 Y *Jesús* dijo a sus discípulos: Es inevitable que vengan tropiezos, pero ¡ay de aquel por quien vienen¹! ª*Mat. 18:7; 1 Cor. 11:19*

2 Mejor le sería si se le colgara una piedra de molino al cuello y fuera arrojado al mar, que hacer tropezar a uno de estos pequeñosª. ª*Mat. 18:6; Mar. 9:42*

3 ¡Tened cuidado! Si tu hermano peca, repréndeloª; y si se arrepiente, perdónalo. ª*Mat. 18:15*

4 Y si peca contra ti siete veces al día, y vuelve a ti siete veces, diciendo: "Me arrepiento", perdónaloª. ª*Mat. 18:21, 22*

La fe y el servicio

5 Y los apóstoles dijeron al Señor: ¡Auméntanos la fe!

6 Entonces el Señor dijo: Si tuvierais fe como un grano de mostazaª, diríais a este sicómoro: "Desarráigate y plántate en el mar." Y os obedecería. ª*Mat. 13:31; 17:20*

7 ¿Quién de vosotros tiene un siervo arando o pastoreando *ovejas,* y cuando regresa del campo, le dice: "Ven enseguida y siéntate *a comer*"?

8 ¿No le dirá más bien: "Prepárame algo para cenar, y vístete *adecuadamente,* y sírveme*ª* hasta que haya comido y bebido; y después comerás y beberás tú"? ª*Luc. 12:37*

9 ¿Acaso le da las gracias al siervo porque hizo lo que se le ordenó?

10 Así también vosotros, cuando hayáis hecho todo lo que se os ha ordenado, decid: "Siervos inútiles somos; hemos hecho *sólo* lo que debíamos haber hecho."

Los diez leprosos

11 Y aconteció que mientras iba camino a Jerusalén, pasaba entre Samariaª y Galilea, ª*Luc. 9:52; Juan 4:3, 4*

12 y al entrar en cierta aldea, le salieron al encuentro diez hombres leprosos, que se pararon a distanciaª, ª*Lev. 13:45, 46*

13 y alzaron la voz, diciendo: ¡Jesús, Maestroª! ¡Ten misericordia de nosotros! ª*Luc. 5:5*

14 Cuando Él los vio, les dijo: Id y mostraos a los sacerdotesª. Y sucedió que mientras iban, quedaron limpios. ª*Lev. 14:1-32; Mat. 8:4*

15 Entonces uno de ellos, al ver que había sido sanado, se volvió glorificando a Diosª en alta voz. ª*Mat. 9:8*

16 Y cayó sobre su rostro a los pies de Jesús, dándole gracias; y éste era samaritanoª. ª*Mat. 10:5*

17 Respondiendo Jesús, dijo: ¿No fueron diez los que quedaron limpios? Y los *otros* nueve... ¿dónde están?

18 ¿No hubo ninguno que regresara a dar gloria a Diosª, excepto este extranjero? ª*Mat. 9:8*

19 Y le dijo: Levántate y vete; tu fe te ha sanadoª. ªMat. 9:22; Luc. 18:42

Llegada del reino de Dios

20 Habiéndole preguntado los fariseos cuándo vendría el reino de Diosª, *Jesús* les respondió, y dijo: El reino de Dios no viene con señales visibles, ªLuc. 19:11; Hech. 1:6

21 ni dirán: "¡Mirad, aquí *está!*" o: "¡Allíª *está!*" Porque he aquí, el reino de Dios entre vosotros está. ªLuc. 17:23

22 Y dijo a los discípulos: Vendrán díasª cuando ansiaréis ver uno de los días del Hijo del Hombre, y no lo veréis. ªMat. 9:15; Mar. 2:20

23 Y os dirán: "¡Mirad allí! ¡Mirad aquí!" No vayáis, ni corráis tras *ellos*ª. ªMat. 24:23; Mar. 13:21

24 Porque como el relámpago al fulgurar resplandece desde un extremo del cielo hasta el otro extremo del cielo, así será el Hijo del Hombre en su díaª. ªMat. 24:27

25 Pero primero es necesario que El padezca mucho y sea rechazado por esta generaciónª. ªMat. 16:21; Luc. 9:22

26 ªTal como ocurrió en los días de Noé, así será también en los días del Hijo del Hombre. ªMat. 24:37-39

27 Comían, bebían, se casaban y se daban en casamiento, hasta el día en que Noé entró en el arca, y vino el diluvio y los destruyó a todos.

28 Fue lo mismo que ocurrió en los días de Lotª: comían, bebían, compraban, vendían, plantaban, construían; ªGén. 19

29 pero el día en que Lot salió de Sodoma, llovió fuego y azufre del cielo y los destruyó a todos.

30 Lo mismo acontecerá el día en que el Hijo del Hombre sea reveladoª. ªMat. 16:27; 1 Cor. 1:7

31 En ese día, el que esté en la azotea y tenga sus bienes en casa, no descienda a llevárselos; y de igual modo, el que esté en el campo no vuelva atrásª. ªMat. 24:17, 18; Mar. 13:15, 16

32 Acordaos de la mujer de Lotª. ªGén. 19:26

33 Todo el que procure preservar su vida, la perderá; y todo el que la pierda, la conservaráª. ªMat. 10:39

34 Os digo que en aquella noche estarán dos en una cama; uno será tomado y el otro será dejado.

35 Estarán dos *mujeres* moliendo en el mismo lugar; una será tomada y la otra será dejadaª. ªMat. 24:41

36 Dos estarán en el campo; uno será tomado y el otro será dejadoª. ªMat. 24:40

37 Respondiendo ellos, le dijeron*: ¿Dónde, Señor? Y El les dijo: Donde *esté* el cuerpo, allí también se juntarán los buitresª. ªMat. 24:28

Parábola de la viuda y el juez injusto

18 Y les refería *Jesús* una parábola para enseñar*les* que ellos debían orarª en todo tiempo, y no desfallecerᵇ, ªLuc. 11:5-10 ᵇ2 Cor. 4:1

2 diciendo: Había en cierta ciudad un juez que ni temía a Dios ni respetaba a hombre algunoª. ªLuc. 18:4; 20:13

3 Y había en aquella ciudad una viuda, la cual venía a él *constantemente,* diciendo: "Hazme justicia de mi adversario."

4 Por algún tiempo él no quiso, pero depués dijo para sí: "Aunque ni temo a Dios, ni respeto a hombre algunoª, ªLuc. 18:2; 20:13

5 sin embargo, porque esta viuda me molestaª, le haré justicia; no sea que por venir continuamente me agote la paciencia." ªLuc. 11:8

6 Y el Señorª dijo: Escuchad lo que dijo* el juez injusto. ªLuc. 7:13

7 ¿Y no hará Dios justicia a sus escogidosª, que claman a El día y noche? ¿Se tardará mucho en responderles?ᵇ ªMat. 24:22 ᵇ2 Ped. 3:9

8 Os digo que pronto les hará justicia. No obstante, cuando el Hijo del Hombre venga, ¿hallará feª en la tierra? ªLuc. 17:26

Parábola del fariseo y el publicano

9 Refirió también esta parábola a unos que confiaban en sí mismosª como justos, y despreciaban a los demásᵇ: ªLuc. 16:15 ᵇRom. 14:3, 10

10 Dos hombres subieron al templo a orarª; uno era fariseo y el otro recaudador de impuestos. ª1 Rey. 10:5; 2 Rey. 20:5, 8

11 El fariseo puesto en pie, orabaª para sí de esta manera: "Dios, te doy gracias porque no soy como los demás hombres: estafadores, injustos, adúlteros; ni aun como este recaudador de impuestos. ªMat. 6:5; Mar. 11:25

12 "Yo ayuno dos veces por semana; doy el diezmo de todo lo que ganoª." ªLuc. 11:42

13 Pero el recaudador de impuestos, de pie y a cierta distancia, no quería ni siquiera alzar los ojos al cieloª, sino que se golpeaba el pechoᵇ, diciendo: "Dios, ten piedad de mí, pecador." ªEsd. 9:6 ᵇLuc. 23:48

14 Os digo que éste descendió a su casa justificado pero aquél no; porque todo el que se ensalza será humillado, pero el que se humilla será ensalzadoª. ªMat. 23:12; Luc. 14:11

Jesús y los niños

15 ªY le traían aun a los niños muy pequeños para que los tocara, pero al ver *esto* los discípulos, los reprendían. ªMat. 19:13-15; Mar. 10:13-16

16 Mas Jesús, llamándolos a su lado, dijo: Dejad que los niños vengan a mí, y no se lo impidáis, porque de los que son como éstos es el reino de Dios.

17 En verdad os digo: el que no recibe el reino de Dios como un niño, no entrará en élª. ªMat. 18:3; 19:14

El joven rico

18 ªY cierto *hombre* prominente le preguntó,

diciendo: Maestro bueno, ¿qué haré para heredar la vida eterna? ªMat. 19:16-29; Mar. 10:17-30

19 Jesús le respondió: ¿Por qué me llamas bueno? Nadie es bueno, sino sólo uno, Dios.

20 Tú sabes los mandamientos: "NO COMETAS ADULTERIO, NO MATES, NO HURTES, NO DES FALSO TESTIMONIO, HONRA A TU PADRE Y A TU MADREª." ªEx. 20:12-16; Deut. 5:16-20

21 Y él dijo: Todo esto lo he guardado desde *mi* juventud.

22 Cuando Jesús oyó *esto*, le dijo: Te falta todavía una cosa; vende todo lo que tienes y reparte entre los pobres, y tendrás tesoro en los cielosª; y ven, sígueme. ªMat. 6:20

23 Pero al oír esto, se puso muy triste, pues era sumamente rico.

24 Mirándolo Jesús, dijo: ¡Qué difícil es que entren en el reino de Dios los que tienen riquezasª! ªMat. 19:23; Mar. 10:23, 24

25 Porque es más fácil que un camello pase por el ojo de una aguja, que el que un rico entre en el reino de Diosª. ªMat. 19:24; Mar. 10:25

26 Los que oyeron *esto*, dijeron: ¿Y quién podrá salvarse?

27 Y El respondió: Lo imposible para los hombres, es posible para Diosª. ªMat. 19:26

28 Y Pedro dijo: He aquí, nosotros lo hemos dejado todo y te hemos seguidoª. ªLuc. 5:11

29 Entonces El les dijo: En verdad os digo: no hay nadie que haya dejado casa, o mujer, o hermanos, o padres o hijos por la causa del reino de Diosª, ªMat. 6:33; 19:29

30 que no reciba muchas veces más en este tiempo, y en el siglo venideroª, la vida eterna. ªMat. 12:32

Jesús anuncia su muerte por tercera vez

31 ªTomando aparte a los doce, *Jesús* les dijo: Mirad, subimos a Jerusalén, y se cumplirán todas las cosas que están escritas por medio de los profetas acerca del Hijo del Hombre. ªMat. 20:17-19; Mar. 10:32-34

32 Pues será entregado a los gentiles, y será objeto de burla, afrentado y escupidoª; ªMat. 16:21

33 y después de azotarle, le matarán, y al tercer día resucitará.

34 Pero ellos no comprendieron nada de esto; este dicho les estaba encubiertoª, y no entendían lo que se *les* decía. ªMar. 9:32; Luc. 9:45

Curación de un ciego

35 ªY aconteció que al acercarse a Jericó, un ciego estaba sentado junto al camino mendigando. ªMat. 20:29-34; Mar. 10:46-52

36 Al oír que pasaba una multitud, preguntaba qué era aquello.

37 Y le informaron que pasaba Jesús de Nazaret.

38 Entonces gritó, diciendo: ¡Jesús, Hijo de David, ten misericordia de mí! ªMat. 9:27; Luc. 18:39

39 Y los que iban delante lo reprendían para que se callara; pero él gritaba mucho más: ¡Hijo de David, ten misericordia de mí! ªLuc. 18:38

40 Jesús se detuvo y ordenó que se lo trajeran; y cuando estuvo cerca, le preguntó:

41 ¿Qué deseas que haga por ti? Y él dijo: Señor, que recobre la vista.

42 Jesús entonces le dijo: Recibe la vista, tu fe te ha sanadoª. ªMat. 9:22

43 Y al instante recobró la vista, y le seguía glorificando a Diosª; cuando toda la gente vio *aquello*, dieron gloria a Dios. ªMat. 9:8

Zaqueo

19 Habiendo entrado *Jesús* en Jericó, pasaba por la ciudadª. ªLuc. 18:35

2 Y un hombre llamado Zaqueo, que era jefe de los recaudadores de impuestos y era rico,

3 trataba de ver quién era Jesús; pero no podía a causa de la multitud, ya que él era de pequeña estatura.

4 Y corriendo delante, se subió a un sicómoro para verleª, porque *Jesús* estaba a punto de pasar por allí. ª1 Rey. 10:27; 1 Crón. 27:28

5 Cuando Jesús llegó al lugar, miró hacia arriba y le dijo: Zaqueo, date prisa y desciende, porque hoy debo quedarme en tu casa.

6 Entonces él se apresuró a descender y le recibió con gozo.

7 Y al ver *esto*, todos murmuraban, diciendo: Ha ido a hospedarse con un hombre pecador.

8 Y Zaqueo, puesto en pie, dijo al Señor: He aquí, Señor, la mitad de mis bienes daré a los pobres, y si en algo he defraudado a alguno, *se lo* restituiré cuadruplicadoª. ªEx. 22:1; Lev. 6:5

9 Y Jesús le dijo: Hoy ha venido la salvación a esta casa, ya que él también es hijo de Abrahamª; ªLuc. 3:8; 13:16

10 porque el Hijo del Hombre ha venido a buscar y a salvar lo que se había perdidoª. ªMat. 18:11

Parábola de las minas

11 Estando ellos oyendo estas cosas, continuando *Jesús*, dijo una parábola, porque El estaba cerca de Jerusalénª y ellos pensaban que el reino de Dios iba a aparecerᵇ de un momento a otro. ªLuc. 9:51 ᵇLuc. 17:20

12 Por eso dijo: ªCierto hombre *de familia* noble fue a un país lejano a recibir un reino para sí y *después* volver. ªMat. 25:14-30; Luc. 19:12-27

13 Y llamando a diez de sus siervos, les dio diez minas y les dijo: "Negociad *con esto* hasta que regrese."

14 Pero sus ciudadanos lo odiaban, y enviaron una delegación tras él, diciendo: "No queremos que éste reine sobre nosotros."

15 Y sucedió que al regresar él, después de haber recibido el reino, mandó llamar a su presencia a aquellos siervos a los cuales había dado el dinero, para saber lo que habían *ganado* negociando.

16 Y se presentó el primero, diciendo: "Señor, tu mina ha producido diez minas más."

17 Y él le dijo: "Bien hecho, buen siervo, puesto que has sido fiel en lo muy poco[a], ten autoridad sobre diez ciudades." [a]*Luc. 16:10*

18 Entonces vino el segundo, diciendo: "Tu mina, señor, ha producido cinco minas."

19 Y dijo también a éste: "Y tú vas a estar sobre cinco ciudades."

20 Y vino otro, diciendo: "Señor, aquí está tu mina, que he tenido guardada en un pañuelo;

21 pues te tenía miedo, porque eres un hombre exigente, que recoges lo que no depositaste y siegas lo que no sembraste."

22 El le contestó*: "Siervo inútil, por tus propias palabras te voy a juzgar. ¿Sabías que yo soy un hombre exigente, que recojo lo que no deposité y siego lo que no sembré?

23 "Entonces, ¿por qué no pusiste mi dinero en el banco, y al volver yo, lo hubiera recibido con los intereses?"

24 Y dijo a los que estaban presentes: "Quitadle la mina y dád*sela* al que tiene las diez minas."

25 Y ellos le dijeron: "Señor, él *ya* tiene diez minas."

26 Os digo, que a cualquiera que tiene, *más* le será dado, pero al que no tiene, aun lo que tiene se le quitará[a]. [a]*Mat. 13:12; Mar. 4:25*

27 Pero a estos mis enemigos, que no querían que reinara sobre ellos[a], traedlos acá y matadlos delante de mí. [a]*Luc. 19:14*

La entrada triunfal

28 Habiendo dicho esto, iba delante, subiendo hacia Jerusalén[a]. [a]*Mar. 10:32; Luc. 9:51*

29 Y aconteció que [a]cuando se acercó a Betfagé y a Betania, cerca del monte que se llama de los Olivos, envió a dos de los discípulos, [a]*Mat. 21:1-9; Mar. 11:1-10*

30 diciendo: Id a la aldea que está enfrente, en la cual, al entrar, encontraréis un pollino atado sobre el cual nunca se ha montado nadie; desatadlo y traed*lo.*

31 Y si alguien os pregunta: "¿Por qué *lo* desatáis?", de esta manera hablaréis: "Porque el Señor lo necesita."

32 Entonces los enviados fueron y *lo* encontraron como El les había dicho.

33 Mientras desataban el pollino, sus dueños les dijeron: ¿Por qué desatáis el pollino?

34 Y ellos respondieron: Porque el Señor lo necesita.

35 Y lo trajeron a Jesús, [a]y echando sus mantos sobre el pollino, pusieron a Jesús *sobre él.* [a]*Mat. 21:4-9; Mar. 11:7-10*

36 Y mientras El iba avanzando, tendían sus mantos por el camino.

37 Cuando ya se acercaba, junto a la bajada del monte de los Olivos, toda la multitud de los discípulos, regocijándose, comenzó a alabar a Dios[a] a gran voz por todas las maravillas que habían visto, [a]*Luc. 18:43*

38 diciendo:

¡Bendito[a] el Rey que viene en el nombre del Señor!

¡Paz en el cielo y gloria en las alturas!
  [a]*Sal. 118:26*

39 Entonces algunos de los fariseos de *entre* la multitud le dijeron[a]: Maestro, reprende a tus discípulos. [a]*Mat. 21:15, 16*

40 Respondiendo El, dijo: Os digo que si éstos callan, las piedras clamarán[a]. [a]*Hab. 2:11*

Jesús llora sobre Jerusalén

41 Cuando se acercó, al ver la ciudad, lloró sobre ella[a], [a]*Luc. 13:34, 35*

42 diciendo: ¡Si tú también hubieras sabido en este día lo que conduce a la paz! Pero ahora está oculto a tus ojos.

43 Porque sobre ti vendrán días, cuando tus enemigos echarán terraplén delante de ti[a], te sitiarán y te acosarán por todas partes.
[a]*Isa. 37:33; Jer. 6:6*

44 Y te derribarán a tierra, y a tus hijos dentro de ti, y no dejarán en ti piedra sobre piedra[a], porque no conociste el tiempo de tu visitación. [a]*Mat. 24:2; Mar. 13:2*

Jesús echa a los mercaderes del templo

45 [a]Y entrando en el templo, comenzó a echar fuera a los que vendían, [a]*Mat. 21:12, 13; Mar. 11:15-18*

46 diciéndoles: Escrito está: "Y mi casa sera casa de oracion[a]", pero vosotros la habéis hecho cueva de ladrones. [a]*Isa. 56:7*

Jesús enseña en el templo

47 Y enseñaba diariamente en el templo[a], pero los principales sacerdotes, los escribas y los más prominentes del pueblo procuraban matarle; [a]*Mat. 26:55; Luc. 21:37*

48 y no encontraban la manera de hacerlo, porque todo el pueblo estaba pendiente de El, escuchándole.

La autoridad de Jesús puesta en duda

20 [a]Y aconteció que en uno de los días cuando El enseñaba a la gente en el templo y anunciaba el evangelio, *se le* enfrentaron los principales sacerdotes y los escribas con los ancianos, [a]*Mat. 21:23-27; Mar. 11:27-33*

2 y le hablaron, diciéndole: Dinos, ¿con qué

autoridad haces estas cosas, o quién te dio esta autoridad?

3 Respondiendo El, les dijo: Yo también os haré una pregunta; decidme:

4 El bautismo de Juan, ¿era del cielo o de los hombres? .

5 Y ellos discurrían entre sí, diciendo: Si decimos: "Del cielo", El dirá: "¿Por qué no le creísteis?"

6 Pero si decimos: "De los hombres", todo el pueblo nos matará a pedradas, pues están convencidos de que Juan era un profeta[a]. [a]*Mat. 11:9; Luc. 7:29, 30*

7 Y respondieron que no sabían de dónde *era.*

8 Jesús entonces les dijo: Tampoco yo os diré con qué autoridad hago estas cosas.

Parábola de los labradores malvados

9 [a]Y comenzó a referir al pueblo esta parábola: Un hombre plantó una viña, y la arrendó a labradores, y se fue de viaje por mucho tiempo. [a]*Mat. 21:33-46; Mar. 12:1-12*

10 Y al tiempo *de la vendimia* envió un siervo a los labradores para que le dieran *parte* del fruto de la viña; pero los labradores, después de golpearlo, lo enviaron con las manos vacías.

11 Volvió a enviar otro siervo; y ellos también a éste, después de golpearlo y ultrajarlo, lo enviaron con las manos vacías.

12 Volvió a enviar un tercero; y a éste también lo hirieron y echaron fuera.

13 Entonces el dueño de la viña dijo: "¿Qué haré? Enviaré a mi hijo amado; quizá a él lo respetarán." [a]*Luc. 18:2*

14 Pero cuando los labradores lo vieron, razonaron entre sí, diciendo: "Este es el heredero; matémoslo para que la heredad sea nuestra."

15 Y arrojándolo fuera de la viña, lo mataron. Por tanto, ¿qué les hará el dueño de la viña?

16 Vendrá y destruirá a estos labradores, y dará la viña a otros[a]. Y cuando ellos oyeron *esto,* dijeron: ¡Nunca suceda tal cosa! [a]*Mat. 21:41; Mar. 12:9*

17 Pero El, mirándolos fijamente, dijo: Entonces, ¿qué quiere decir esto que está escrito:

"LA PIEDRA QUE DESECHARON LOS
    CONSTRUCTORES[a],
ESA, EN PIEDRA ANGULAR SE HA
    CONVERTIDO[b]"? [a]*Sal. 118:22* [b]*Ef. 2:20*

18 Todo el que caiga sobre esa piedra será hecho pedazos; y aquel sobre quien ella caiga, lo esparcirá como polvo[a]. [a]*Mat. 21:44*

El pago del impuesto al César

19 Los escribas y los principales sacerdotes procuraron echarle mano[a] en aquella misma hora, pero temieron al pueblo; porque com-

prendieron que contra ellos había dicho esta parábola. [a]*Luc. 19:47*

20 [a]Y acechándole, enviaron espías que fingieran ser justos, para sorprenderle en alguna declaración a fin de entregarle al poder y autoridad del gobernador. [a]*Mat. 22:15-22; Mar. 12:13-17*

21 Y le preguntaron, diciendo: Maestro, sabemos que hablas y enseñas rectamente, y no te guías por las apariencias, sino que enseñas con verdad el camino de Dios.

22 ¿Nos es lícito pagar impuesto al César[a], o no? [a]*Mat. 17:25; Luc. 23:2*

23 Pero El, percibiendo su astucia, les dijo:

24 Mostradme un denario. ¿De quién es la imagen y la inscripción que lleva? Y ellos le dijeron: Del César.

25 Entonces El les dijo: Pues dad al César lo que es del César, y a Dios lo que es de Dios[a]. [a]*Mat. 22:21; Mar. 12:17*

26 Y no podían sorprenderle en palabra alguna[a] delante del pueblo; y maravillados de su respuesta, callaron. [a]*Luc. 11:54*

Pregunta sobre la resurrección

27 [a]Y acercándose *a El* algunos de los saduceos (los que dicen que no hay resurrección), le preguntaron, [a]*Mat. 22:23-33; Mar. 12:18-27*

28 diciendo: Maestro, Moisés nos escribió: "SI EL HERMANO DE ALGUNO MUERE, teniendo MUJER, Y NO DEJA HIJOS, que SU HERMANO TOME LA MUJER Y LEVANTE DESCENDENCIA A SU HERMANO[a]." [a]*Deut. 25:5*

29 Eran, pues, siete hermanos; y el primero tomó esposa, y murió sin dejar hijos;

30 y el segundo

31 y el tercero la tomaron; y de la misma manera también los siete, y murieron sin dejar hijos.

32 Por último, murió también la mujer.

33 Por tanto, en la resurrección, ¿de cuál de ellos será mujer? Porque los siete la tuvieron por mujer.

34 Y Jesús les dijo: Los hijos de este siglo[a] se casan y son dados en matrimonio, [a]*Mat. 12:32; Luc. 16:8*

35 pero los que son tenidos por dignos de alcanzar aquel siglo[a] y la resurrección de entre los muertos, ni se casan ni son dados en matrimonio; [a]*Mat. 12:32; Luc. 16:8*

36 porque tampoco pueden ya morir, pues son como ángeles, y son hijos de Dios[a], siendo hijos de la resurrección. [a]*Rom. 8:16, 17; 1 Jn. 3:1, 2*

37 Pero que los muertos resucitan, aun Moisés lo enseñó, *en aquel pasaje* sobre la zarza *ardiendo,* donde llama al Señor, EL DIOS DE ABRAHAM, Y DIOS DE ISAAC, Y DIOS DE JACOB[a]. [a]*Ex. 3:6; Mar. 12:26*

38 Pero El no es Dios de muertos, sino de vivos[a]; porque todos viven para El[b]. [a]*Mat. 22:32* [b]*Rom. 14:8*

39 Y algunos de los escribas respondieron, y dijeron: Maestro, bien has hablado.
40 Porque ya no se atrevían a preguntarle nada[a]. [a]*Mat. 22:46; Luc. 14:6*

Jesús, Hijo y Señor de David

41 [a]Entonces El les dijo: ¿Cómo *es que* dicen que el Cristo es el hijo de David? [a]*Mat. 22:41-46; Mar. 12:35-37*
42 Pues David mismo dice en el libro de los Salmos:

EL SEÑOR DIJO A MI SEÑOR:
"SIÉNTATE A MI DIESTRA[a], [a]*Sal. 110:1*
43 HASTA QUE PONGA A TUS ENEMIGOS POR
ESTRADO DE TUS PIES[a]." [a]*Sal. 110:1*
44 David, por tanto, le llama "Señor." ¿Cómo, pues, es El su hijo?

Advertencia contra los escribas

45 [a]Mientras todo el pueblo escuchaba, dijo a los discípulos: [a]*Mat. 23:1-7; Mar. 12:38-40*
46 Cuidaos de los escribas, a quienes les gusta andar con vestiduras largas, y son amantes de los saludos respetuosos en las plazas, y de *ocupar* los primeros asientos en las sinagogas y los lugares de honor en los banquetes[a]; [a]*Luc. 11:43; 14:7*
47 que devoran las casas de las viudas, y por las apariencias hacen largas oraciones; ellos recibirán mayor condenación.

La ofrenda de la viuda

21 [a]Levantando *Jesús* la vista, vio a los ricos que echaban sus ofrendas en el *arca del* tesoro. [a]*Mar. 12:41-44*
2 Y vio también a una viuda pobre que echaba allí dos pequeñas monedas de cobre[a]; [a]*Mar. 12:42*
3 y dijo: En verdad os digo, que esta viuda *tan* pobre echó más que todos *ellos;*
4 porque todos ellos echaron en la ofrenda de lo que les sobraba, pero ella, de su pobreza, echó todo lo que tenía para vivir[a]. [a]*Mar. 12:44*

Profecía sobre la destrucción del templo

5 [a]Y mientras algunos estaban hablando del templo, de cómo estaba adornado con hermosas piedras y ofrendas votivas, *Jesús* dijo: [a]*Mat. 24; Mar. 13*
6 *En cuanto a* estas cosas que estáis mirando, vendrán días en que no quedará piedra sobre piedra[a] que no sea derribada. [a]*Luc. 19:44*
7 Y le preguntaron, diciendo: Maestro, ¿cuándo sucederá esto, y qué señal *habrá* cuando estas cosas vayan a suceder?
8 Y El dijo: Mirad que no seáis engañados; porque muchos vendrán en mi nombre, diciendo: "Yo soy[b] *el Cristo*", y: "El tiempo está cerca". No los sigáis[b]. [a]*Juan 8:24* [b]*Luc. 17:23*
9 Y cuando oigáis de guerras y disturbios, no os aterroricéis; porque estas cosas tienen que suceder primero, pero el fin no *sucederá* inmediatamente.

Señales y persecuciones

10 Entonces les dijo: Se levantará nación contra nación y reino contra reino;
11 *habrá* grandes terremotos, y plagas y hambres en diversos lugares; y habrá terrores y grandes señales del cielo.
12 Pero antes de todas estas cosas [a]os echarán mano, y os perseguirán, entregándoos a las sinagogas y cárceles, llevándoos ante reyes y gobernadores por causa de mi nombre. [a]*Mat. 10:19-22; Mar. 13:11-13*
13 Esto os dará oportunidad de testificar[a]. [a]*Fil. 1:12*
14 Por tanto, proponed en vuestros corazones no preparar de antemano vuestra defensa[a]; [a]*Luc. 12:11*
15 porque yo os daré palabras[a] y sabiduría que ninguno de vuestros adversarios podrá resistir ni refutar. [a]*Luc. 12:12*
16 Pero seréis entregados aun por padres, hermanos, parientes y amigos; y matarán *a algunos* de vosotros,
17 y seréis odiados de todos por causa de mi nombre.
18 Sin embargo, ni un cabello de vuestra cabeza[a] perecerá. [a]*Mat. 10:30; Luc. 12:7*
19 Con vuestra perseverancia ganaréis vuestras almas[a]. [a]*Mat. 10:22; 24:13*
20 Pero cuando veáis a Jerusalén rodeada de ejércitos[a], sabed entonces que su desolación está cerca. [a]*Luc. 19:43*
21 Entonces los que estén en Judea, huyan a los montes, y los que estén en medio de la ciudad, aléjense; y los que estén en los campos, no entren en ella[a]; [a]*Luc. 17:31*
22 porque estos son días de venganza[a], para que se cumplan todas las cosas que están escritas. [a]*Isa. 63:4; Dan. 9:24-27*
23 ¡Ay de las que estén encinta y de las que estén criando en aquellos días! Porque habrá una gran calamidad sobre la tierra, e ira para este pueblo[a]; [a]*Dan. 8:19; 1 Cor. 7:26*
24 y caerán a filo de espada, y serán llevados cautivos a todas las naciones; y Jerusalén será hollada por los gentiles, hasta que los tiempos de los gentiles se cumplan[a]. [a]*Rom. 11:25*

La venida del Hijo del Hombre

25 Y habrá señales en el sol, en la luna y en las estrellas, y sobre la tierra, angustia entre las naciones, perplejas a causa del rugido del mar y de las olas,
26 desfalleciendo los hombres por el temor y la expectación de las cosas que vendrán sobre el mundo; porque las potencias de los cielos serán sacudidas.
27 Y entonces verán AL HIJO DEL HOMBRE QUE

VIENE EN UNA NUBE con poder y gran gloriaª. ªMat. 16:27; 24:30

28 Cuando estas cosas empiecen a suceder, erguíos y levantad la cabeza, porque se acerca vuestra redenciónª. ªLuc. 18:7

Parábola de la higuera

29 Y les refirió una parábola: Mirad la higuera y todos los árboles.

30 Cuando ya brotan *las hojas,* al verlo, sabéis por vosotros mismosª que el verano ya está cerca. ªLuc. 12:57

31 Así también vosotros, cuando veáis que suceden estas cosas, sabed que el reino de Dios está cercaª. ªMat. 3:2

32 En verdad os digo que no pasará esta generación hasta que todo *esto* suceda.

33 El cielo y la tierra pasarán, mas mis palabras no pasaránª. ªMat. 5:18; Luc. 16:17

Exhortación a velar

34 Estad alertaª, no sea que vuestro corazón se cargue con disipación y embriaguez y con las preocupaciones de la vida, y aquel día venga súbitamente sobre vosotros como un lazo; ªMat. 24:42-44; Mar. 4:19

35 porque vendrá sobre todos los que habitan sobre la faz de toda la tierra.

36 Mas velad en todo tiempoª, orando para que tengáis fuerza para escapar de todas estas cosas que están por suceder, y podáis estar en pie delante del Hijo del Hombre. ªMar. 13:33; Luc. 12:40

37 Durante el día enseñaba en el temploª, pero al oscurecer salía y pasaba la noche en el monte llamado de los Olivosᵇ. ªMat. 26:55 ᵇMat. 21:1

38 Y todo el pueblo madrugaba *para ir* al templo a escucharleª. ªJuan 8:2

Traición de Judas

22 ªSe acercaba la fiesta de los panes sin levadura, llamada la Pascua. ªMat. 26:2-5; Mar. 14:1, 2

2 Y los principales sacerdotes y los escribas buscaban cómo dar muerte a Jesúsª, pues temían al pueblo. ªMat. 12:14

3 ªEntonces Satanás entró en Judas, llamado Iscariote, que pertenecía al número de los doce; ªMat. 26:14-16; Mar. 14:10, 11

4 y él fue y discutió con los principales sacerdotes y con los oficialesª sobre cómo se lo entregaría. ª1 Crón. 9:11; Neh. 11:11

5 Ellos se alegraron y convinieron en darle dinero.

6 El aceptó, y buscaba una oportunidad para entregarle, sin hacer un escándalo.

Preparación de la Pascua

7 ªLlegó el día *de la fiesta* de los panes sin levadura en que debía sacrificarse *el cordero de* la Pascua. ªMat. 26:17-19; Mar. 14:12-16

8 Entonces *Jesús* envió a Pedro y a Juanª, diciendo: Id y preparad la Pascua para nosotros, para que *la* comamos. ªHech. 3:1, 11; 4:13, 19

9 Ellos le dijeron: ¿Dónde deseas que *la* preparemos?

10 Y El les respondió: He aquí, al entrar en la ciudad, os saldrá al encuentro un hombre que lleva un cántaro de agua; seguidle a la casa donde entre.

11 Y diréis al dueño de la casa: "El Maestro te dice: '¿Dónde está la habitación, en la cual pueda comer la Pascua con mis discípulos?' "

12 Entonces él os mostrará un gran aposento alto, dispuesto; preparad*la* allí.

13 Entonces ellos fueron y encontraron *todo* tal como El les había dicho; y prepararon la Pascua.

Institución de la Cena del Señor

14 Cuando llegó la hora, se sentó *a la mesa,* y con El los apóstolesª, ªMat. 26:20; Mar. 6:30

15 y les dijo: Intensamente he deseado comer esta Pascua con vosotros antes de padecer;

16 porque os digo que nunca más volveré a comerla hasta que se cumpla en el reino de Diosª. ªLuc. 14:15; 22:18, 30

17 ªY habiendo tomado una copa, después de haber dado gracias, dijo: Tomad esto y repartidlo entre vosotros; ªMat. 26:26-29; Mar. 14:22-25

18 porque os digo que de ahora en adelante no beberé del fruto de la vid, hasta que venga el reino de Diosª. ªMat. 26:29; Mar. 14:25

19 Y habiendo tomado pan, después de haber dado gracias, *lo* partióª, y les dio, diciendo: Esto es mi cuerpo que por vosotros es dado; haced esto en memoria de mí. ªMat. 14:19

20 De la misma manera *tomó* la copa despúes de haber cenado, diciendo: Esta copa es el nuevo pactoª en mi sangreᵇ, que es derramada por vosotros. ªJer. 31:31 ᵇEx. 24:8

21 ªMas he aquí, la mano del que me entrega está conmigo en la mesa. ªMat. 26:21-24; Mar. 14:18-21

22 Porque en verdad, el Hijo del Hombre va según se ha determinadoª, pero ¡ay de aquel hombre por quien El es entregado! ªHech. 2:23; 4:28

23 Entonces ellos comenzaron a discutir entre sí quién de ellos sería el que iba a hacer esto.

Los discípulos discuten sobre quién es el mayor

24 Se suscitó también entre ellos un altercado, *sobre* cuál de ellos debería ser considerado como el mayorª. ªMar. 9:34; Luc. 9:46

25 ªY *Jesús* les dijo: Los reyes de los gentiles se enseñorean de ellos; y los que tienen autoridad sobre ellos son llamados bienhechores. ªMat. 20:25-28; Mar. 10:42-45

26 Pero no es así con vosotros; antes, el mayor entre vosotros hágase como el menorª,

y el que dirige como el que sirve. ªMat. 23:11; Mar. 9:35

27 Porque, ¿cuál es mayor, el que se sienta *a la mesa,* o el que sirve? ¿No lo es el que se sienta *a la mesa?* Sin embargo, entre vosotros yo soy como el que sirveª. ªMat. 20:28; Juan 13:12-15

28 Vosotros sois los que habéis permanecido conmigo en mis pruebasª; ªHeb. 2:18; 4:15

29 y así como mi Padre me ha otorgado un reinoª, yo os otorgo ªMat. 5:3; 2 Tim. 2:12

30 que comáis y bebáis a mi mesa en mi reino; y os sentaréis en tronos juzgando a las doce tribus de Israelª. ªMat. 19:28

Jesús predice la negación de Pedro

31 Simón, Simón, mira que Satanás os ha reclamadoª para zarandearosᵇ como a trigo; ªJob 1:6-12 ᵇAmós 9:9

32 pero yo he rogado por tiª para que tu fe no falle; y tú, una vez que hayas regresado, fortalece a tus hermanos. ªJuan 17:9, 15

33 ªY *Pedro* le dijo: Señor, estoy dispuesto a ir contigo tanto a la cárcel como a la muerte. ªMat. 26:33-35; Mar. 14:29-31

34 Pero *Jesús le* dijo: Te digo, Pedro, que el gallo no cantará hoy hasta que tú hayas negado tres veces que me conoces.

Bolsa, alforja y espada

35 Y les dijo: Cuando os envié sin bolsa, ni alforja, ni sandaliasª, ¿acaso os faltó algo? Y ellos contestaron: *No,* nada. ªMat. 10:9, 10; Mar. 6:8

36 Entonces les dijo: Pero ahora, el que tenga una bolsa, que la lleve consigo, de la misma manera también una alforja, y el que no tenga espada, venda su manto y compre una.

37 Porque os digo que es necesario que en mí se cumpla esto que está escrito: "Y CON LOS TRANSGRESORES FUE CONTADOªᵇ"; pues ciertamente, lo que se refiereᵇ a mí, tiene *su* cumplimiento. ªIsa. 53:12 ᵇJuan 17:4

38 Y ellos dijeron: Señor, mira, aquí hay dos espadasª. Y El les dijo: Es suficiente. ªLuc. 22:36, 49

Jesús en Getsemaní

39 Y saliendo, se encaminó, como de costumbre, hacia el monte de los Olivosª; y los discípulos también le siguieron. ªMat. 21:1; 26:30

40 ªCuando llegó al lugar, les dijo: Orad para que no entréis en tentación. ªMat. 26:36-46; Mar. 14:32-42

41 Y se apartó de ellos como a un tiro de piedra, y poniéndose de rodillasª, oraba, ªMat. 26:39; Mar. 14:35

42 diciendo: Padre, si es tu voluntad, aparta de mí esta copa; pero no se haga mi voluntad, sino la tuyaª. ªMat. 26:39

43 Entonces se le apareció un ángel del cielo, fortaleciéndoleª. ªMat. 4:11

44 Y estando en agonía, oraba con mucho fervorª; y su sudor se volvió como gruesas gotas de sangre, que caían sobre la tierra. ªHeb. 5:7

45 Cuando se levantó de orar, fue a los discípulos y los halló dormidos a causa de la tristeza,

46 y les dijo: ¿Por qué dormís? Levantaos y orad para que no entréis en tentaciónª. ªLuc. 22:40

Arresto de Jesús

47 ªMientras todavía estaba El hablando, he aquí, *llegó* una multitud, y el que se llamaba Judas, uno de los doce, iba delante de ellos, y se acercó a Jesús para besarle. ªMat. 26:47-56; Mar. 14:43-50

48 Pero Jesús le dijo: Judas, ¿con un beso entregas al Hijo del Hombre?

49 Cuando los que rodeaban a Jesús vieron lo que iba a suceder, dijeron: Señor, ¿heriremos a espadaª? ªLuc. 22:38

50 Y uno de ellos hirió al siervo del sumo sacerdote y le cortó la oreja derecha.

51 Respondiendo Jesús, dijo: ¡Deteneos! Basta de esto. Y tocando la oreja *al siervo,* lo sanó.

52 Entonces Jesús dijo a los principales sacerdotes, a los oficiales del temploª y a los ancianos que habían venido contra El: ¿Habéis salido con espadas y garrotes como contra un ladrón? ªLuc. 22:4

53 Cuando estaba con vosotros cada día en el templo, no me echasteis mano; pero esta hora y el poder de las tinieblas son vuestros.

La negación de Pedro

54 Habiéndole arrestado, se lo llevaron y le condujeron a la casa del sumo sacerdote; mas Pedro *le* seguía de lejosª. ªMat. 26:58; Mar. 14:54

55 ªDespués de encender ellos una hoguera en medio del patio, y de sentarse juntos, Pedro se sentó entre ellos. ªMat. 26:69-75; Mar. 14:66-72

56 Y una sirvienta, al verlo sentado junto a la lumbre, fijándose en él detenidamente, dijo: También estaba con El.

57 Pero él *lo* negó, diciendo: Mujer, yo no le conozco.

58 Un poco después, otro al verlo, dijo: ¡Tú también eres *uno* de ellos! Pero Pedro dijo: ¡Hombre, no es cierto! ªJuan 18:26

59 Pasada como una hora, otro insistía, diciendo: Ciertamente éste también estaba con El, pues él también es galileoª. ªMat. 26:73; Mar. 14:70

60 Pero Pedro dijo: Hombre, yo no sé de qué hablas. Y al instante, estando él todavía hablando, cantó un gallo.

61 Entonces el Señor se volvió y miró a Pedro. Y recordó Pedro la palabra del Señor,

cómo le había dicho: Antes que el gallo cante hoy, me negarás tres veces[a]. [a]*Luc. 22:34*

62 Y saliendo fuera, lloró amargamente.

Jesús escarnecido

63 Los hombres que tenían a Jesús bajo custodia, se burlaban de El y le golpeaban[a]; [a]*Mat. 26:67, 68; Mar. 14:65*

64 y vendándole los ojos, le preguntaban, diciendo: Adivina, ¿quién es el que te ha golpeado[a]? [a]*Mat. 26:68; Mar. 14:65*

65 También decían muchas otras cosas contra El, blasfemando[a]. [a]*Mat. 27:39*

Jesús ante el concilio

66 Cuando se hizo de día, se reunió el concilio de los ancianos[a] del pueblo, tanto los principales sacerdotes como los escribas, y llevaron a Jesús ante su concilio, diciendo: [a]*Hech. 22:5*

67 Si tú eres el Cristo[a], dínoslo. Pero El les dijo: Si os lo digo, no creeréis; [a]*Mat. 26:63-66; Mar. 14:61-63*

68 y si os pregunto, no responderéis.

69 Pero de ahora en adelante, EL HIJO DEL HOMBRE ESTARA SENTADO A LA DIESTRA del poder DE DIOS[a]. [a]*Sal. 110:1; Mat. 26:64*

70 Dijeron todos: Entonces, ¿tú eres el Hijo de Dios? Y El les respondió: Vosotros decís que yo soy[a]. [a]*Mat. 26:64; 27:11*

71 Y ellos dijeron: ¿Qué necesidad tenemos ya de testimonio? Pues nosotros mismos lo hemos oído de su propia boca.

Jesús ante Pilato

23 Entonces toda la asamblea de ellos se levantó, y llevaron a Jesús ante Pilato[a]. [a]*Mat. 27:2; Mar. 15:1*

2 [a]Y comenzaron a acusarle, diciendo: Hemos hallado que éste pervierte a nuestra nación, prohibiendo pagar impuesto al César, y diciendo que El mismo es Cristo, un rey. [a]*Mat. 27:11-14; Mar. 15:2-5*

3 Pilato entonces le preguntó, diciendo: ¿Eres tú el Rey de los judíos? Y *Jesús* respondiéndole, dijo: Tú *lo* dices[a]. [a]*Luc. 22:70*

4 Y Pilato dijo a los principales sacerdotes y a la multitud: No encuentro delito en este hombre[a]. [a]*Mat. 27:23; Mar. 15:14*

5 Pero ellos insistían, diciendo: El alborota al pueblo, enseñando por toda Judea, comenzando desde Galilea[a] hasta aquí. [a]*Mat. 4:12*

6 Cuando Pilato oyó *esto*, preguntó si el hombre era galileo.

7 Y al saber que *Jesús* pertenecía a la jurisdicción de Herodes[a], le remitió a Herodes[a], que también estaba en Jerusalén en aquellos días. [a]*Mat. 14:1; Mar. 6:14*

Jesús ante Herodes

8 Herodes, al ver a Jesús se alegró en gran manera, pues hacía mucho tiempo que quería verle[a] por lo que había oído hablar de El, y esperaba ver alguna señal que El hiciera. [a]*Luc. 9:9*

9 Y le interrogó extensamente, pero Jesús nada le respondió[a]. [a]*Mat. 27:12, 14; Mar. 15:5*

10 Los principales sacerdotes y los escribas también estaban allí, acusándole con vehemencia.

11 Entonces Herodes, con sus soldados, después de tratarle con desprecio y burlarse de El, le vistió con un espléndido manto[a] y le envió de nuevo a Pilato. [a]*Mat. 27:28*

12 Aquel mismo día Herodes y Pilato[a] se hicieron amigos, pues antes habían estado enemistados el uno con el otro. [a]*Hech. 4:27*

Pilato condena a Jesús

13 Entonces Pilato convocó a los principales sacerdotes, a los gobernantes[a] y al pueblo, [a]*Luc. 23:35; Juan 7:26, 48*

14 y les dijo: Me habéis presentado a este hombre como uno que incita al pueblo a la rebelión[a], pero habiéndole interrogado yo delante de vosotros, no he hallado ningún delito en este hombre[b] de las acusaciones que hacéis contra El. [a]*Luc. 23:2* [b]*Luc. 23:4*

15 Ni tampoco Herodes[a], pues nos lo ha remitido de nuevo; y he aquí que nada ha hecho que merezca la muerte. [a]*Luc. 9:9*

16 Por consiguiente, después de castigarle, le soltaré[a]. [a]*Mat. 27:26; Mar. 15:15*

17 Y tenía obligación de soltarles un *preso* en cada fiesta.

18 Pero todos ellos gritaron a una, diciendo: ¡[a]Fuera con éste, y suéltanos a Barrabás! [a]*Mat. 27:15-26; Mar. 15:6-15*

19 (Este había sido echado en la cárcel por un levantamiento ocurrido en la ciudad, y por homicidio.)

20 Pilato, queriendo soltar a Jesús, les volvió a hablar,

21 pero ellos continuaban gritando, diciendo: ¡Crucifí*ca*le! ¡Crucifícale!

22 Y él les dijo por tercera vez: ¿Por qué? ¿Qué mal ha hecho éste? No he hallado en El ningún delito *digno* de muerte; por tanto, le castigaré y *le* soltaré[a]. [a]*Luc. 23:16*

23 Pero ellos insistían, pidiendo a grandes voces que fuera crucificado. Y sus voces comenzaron a predominar.

24 Entonces Pilato decidió que se les concediera su demanda.

25 Y soltó al que ellos pedían, al que había sido echado en la cárcel por sedición y homicidio, pero a Jesús lo entregó a la voluntad de ellos.

Jesús se dirige al Calvario

26 [a]Cuando le llevaban, tomaron a un cierto Simón de Cirene que venía del campo y le

pusieron la cruz encima para que la llevara detrás de Jesús. ªMat. 27:32; Mar. 15:21

27 Y le seguía una gran multitud del pueblo y de mujeres que lloraban y se lamentabanª por El. ªLuc. 8:52

28 Pero Jesús, volviéndose a ellas, dijo: Hijas de Jerusalén, no lloréis por mí; llorad más bien por vosotras mismas y por vuestros hijos.

29 Porque he aquí, vienen días en que dirán: "Dichosas las estériles, y los vientres que nunca concibieron, y los senos que nunca criaronª." ªMat. 24:19; Luc. 11:27

30 Entonces comenzarán A DECIR A LOS MONTES: "CAED SOBRE NOSOTROS"; Y A LOS COLLADOS: "CUBRIDNOSª." ªIsa. 2:19, 20; Os. 10:8

31 Porque si en el árbol verde hacen esto, ¿qué sucederá en el seco?

32 Y llevaban también a otros dos, que eran malhechores, para ser muertos con Elª. ªMat. 27:38; Mar. 15:27

La crucifixión

33 ªCuando llegaron al lugar llamado "La Calavera", crucificaron allí a Jesús y a los malhechores, uno a la derecha y otro a la izquierda. ªMat. 27:33-44; Mar. 15:22-32

34 Y Jesús decía: Padre, perdónalos, porque no saben lo que hacen. Y echaron suertes, repartiéndose entre sí sus vestidosª. ªSal. 22:18; Juan 19:24

35 Y el pueblo estaba *allí* mirando; y aun los gobernantes se mofaban de El, diciendo: A otros salvó; que se salve a sí mismoª si este es el Cristo de Dios, su Escogido. ªMat. 27:43

36 Los soldados también se burlaban de El, acercándose y ofreciéndole vinagreª, ªMat. 27:48

37 y diciendo: Si tú eres el Rey de los judíos, sálvate a ti mismoª. ªMat. 27:43

38 Había también una inscripción sobre El, *que decía:* ESTE ES EL REY DE LOS JUDIOSª. ªMat. 27:37; Mar. 15:26

Los dos malhechores

39 Y uno de los malhechores que estaban colgados *allí* le lanzaba insultosª, diciendo: ¿No eres tú el Cristo? ¡Sálvate a ti mismo y a nosotros! ªMat. 27:44; Mar. 15:32

40 Pero el otro le contestó, y reprendiéndole, dijo: ¿Ni siquiera temes tú a Dios a pesar de que estás bajo la misma condena?

41 Y nosotros a la verdad, justamente, porque recibimos lo que merecemos por nuestros hechos; pero éste nada malo ha hecho.

42 Y decía: Jesús, acuérdate de mí cuando vengas en tu reino.

43 Entonces El le dijo: En verdad te digo: hoy estarás conmigo en el paraísoª. ª2 Cor. 12:4; Apoc. 2:7

Muerte de Jesús

44 ªEra ya como la hora sexta, cuando descendieron tinieblas sobre toda la tierra hasta la hora novena ªMat. 27:45-56; Mar. 15:33-41

45 al eclipsarse el sol. El velo del templo se rasgó en dosª. ªEx. 26:31-33; Mat. 27:51

46 Y Jesús, clamando a gran voz, dijo: Padre, EN TUS MANOS ENCOMIENDO MI ESPIRITU. Y habiendo dicho esto, expiróª. ªMat. 27:50; Mar. 15:37

47 Cuando el centurión vio lo que había sucedidoª, glorificaba a Dios, diciendo: Ciertamente, este hombre era inocente. ªMat. 27:54; Mar. 15:39

48 Y cuando todas las multitudes que se habían reunido para *presenciar* este espectáculo, al observar lo que había acontecido, se volvieron golpeándose· el pecho. ªLuc. 8:52; 18:13

49 Pero todos sus conocidos y las mujeres que le habían acompañado desde Galilea, estaban a cierta distancia viendo estas cosasª. ªMat. 27:55, 56; Mar. 15:40, 41

Sepultura de Jesús

50 ªY había un hombre llamado José, miembro del concilio, varón bueno y justo ªMat. 27:57-61; Mar. 15:42-47

51 (el cual no había asentido al plan y al proceder de los demás) *que era* de Arimatea, ciudad de los judíos, y que esperaba el reino de Diosª. ªMar. 15:43; Luc. 2:25

52 Este fue a Pilato y le pidió el cuerpo de Jesús,

53 y bajándo*le*, le envolvió en un lienzo de lino, y le puso en un sepulcro excavado en la roca donde nadie había sido puesto todavía.

54 Era el día de la preparaciónª, y estaba para comenzar el día de reposo. ªMat. 27:62; Mar. 15:42

55 Y las mujeres que habían venido con El desde Galileaª siguieron detrás, y vieron el sepulcro y cómo fue colocado el cuerpo. ªLuc. 23:49

56 Y cuando regresaron, prepararon especias aromáticas y perfumesª.

Y en el día de reposo descansaron según el mandamiento. ªMar. 16:1; Luc. 24:1

La resurrección

24 ªPero el primer *día* de la semana, al rayar el alba, *las mujeres* vinieron al sepulcro trayendo las especias aromáticas que habían preparado. ªMat. 28:1-8; Mar. 16:1-8

2 Y encontraron *que* la piedra *había sido* removida del sepulcro,

3 y cuando entraron, no hallaron el cuerpo del Señor Jesúsª. ªLuc. 7:13; Hech. 1:21

4 Y aconteció que estando ellas perplejas por esto, de pronto se pusieron junto a ellas dos varonesª en vestiduras resplandecientes; ªJuan 20:12

5 y estando ellas· aterrorizadas e inclinados

sus rostros a tierra, ellos les dijeron: ¿Por qué buscáis entre los muertos al que vive?

6 No está aquí, sino que ha resucitado[a]. Acordaos cómo os habló cuando estaba aún en Galilea[b], [a]*Mar. 16:6* [b]*Mat. 17:22, 23*

7 diciendo que el Hijo del Hombre debía ser entregado en manos de hombres pecadores, y ser crucificado, y al tercer día resucitar[a]. [a]*Mat. 16:21; Luc. 24:46*

8 Entonces ellas se acordaron de sus palabras[a], [a]*Juan 2:22*

9 y regresando del sepulcro, anunciaron todas estas cosas a los once y a todos los demás.

10 Eran María Magdalena y Juana[a] y María, la *madre* de Jacobo; también las demás *mujeres* con ellas referían estas cosas a los apóstoles. [a]*Luc. 8:3*

11 Y a ellos estas palabras les parecieron como disparates, y no las creyeron[a]. [a]*Mar. 16:11*

12 Pero Pedro se levantó y corrió al sepulcro; e inclinándose para mirar *adentro*, vio* sólo las envolturas de lino[a]; y se fue a su casa[b], maravillado de lo que había acontecido. [a]*Juan 20:3-6* [b]*Juan 20:10*

Jesús se manifiesta a dos discípulos

13 Y he aquí que aquel mismo día dos de ellos iban a una aldea[a] llamada Emaús, que estaba como a once kilómetros de Jerusalén. [a]*Mar. 16:12*

14 Y conversaban entre sí acerca de todas estas cosas que habían acontecido.

15 Y sucedió que mientras conversaban y discutían, Jesús mismo se acercó y caminaba con ellos.

16 Pero sus ojos estaban velados para que no le reconocieran[a]. [a]*Luc. 24:31; Juan 20:14*

17 Y El les dijo: ¿Qué discusiones son estas que tenéis entre vosotros mientras vais andando? Y ellos se detuvieron, con semblante triste.

18 Respondiendo uno *de ellos,* llamado Cleofas, le dijo: ¿Eres tú el único visitante en Jerusalén que no sabe las cosas que en ella han acontecido en estos días?

19 Entonces El les dijo: ¿Qué cosas? Y ellos le dijeron: Las referentes a Jesús el Nazareno, que fue un profeta[a] poderoso en obra y en palabra delante de Dios y de todo el pueblo; [a]*Mat. 21:11*

20 y cómo los principales sacerdotes y nuestros gobernantes[a] le entregaron a sentencia de muerte y le crucificaron. [a]*Luc. 23:13*

21 Pero nosotros esperábamos que El era el que iba a redimir a Israel[a]. Pero además de todo esto, este es el tercer día desde que estas cosas acontecieron. [a]*Luc. 1:68*

22 Y también algunas mujeres de entre nosotros nos asombraron; *pues* cuando fueron de madrugada al sepulcro[a], [a]*Luc. 24:1*

23 y al no hallar su cuerpo, vinieron diciendo que también habían visto una aparición de ángeles que decían que El vivía.

24 Algunos de los que estaban con nosotros fueron al sepulcro, y *lo* hallaron tal como también las mujeres habían dicho; pero a El no le vieron.

25 Entonces Jesús les dijo: ¡Oh insensatos y tardos de corazón para creer todo lo que los profetas han dicho[a]! [a]*Mat. 26:24*

26 ¿No era necesario que el Cristo padeciera todas estas cosas y entrara en su gloria[a]? [a]*Luc. 24:7, 44; Heb. 2:10*

27 Y comenzando por Moisés[a] y *continuando* con todos los profetas, les explicó lo referente a El en todas las Escrituras. [a]*Gén. 3:15; 12:3*

28 Se acercaron a la aldea adonde iban, y El hizo como que iba más lejos[a]. [a]*Mar. 6:48*

29 Y ellos le instaron, diciendo: Quédate con nosotros, porque está atardeciendo, y el día ya ha declinado. Y entró a quedarse con ellos.

30 Y sucedió que al sentarse *a la mesa* con ellos, tomó pan, y *lo* bendijo; y partiéndo*lo,* les dio[a]. [a]*Mat. 14:19*

31 Entonces les fueron abiertos los ojos y le reconocieron[a]; pero El desapareció de *la presencia de* ellos. [a]*Luc. 24:16*

32 Y se dijeron el uno al otro: ¿No ardía nuestro corazón dentro de nosotros mientras nos hablaba en el camino, cuando nos abría las Escrituras[a]? [a]*Luc. 24:45*

33 Y levantándose en esa misma hora, regresaron a Jerusalén, y hallaron reunidos a los once y a los que estaban con ellos[a], [a]*Hech. 1:14*

34 que decían: Es verdad que el Señor ha resucitado[a] y se ha aparecido a Simón[b]. [a]*Luc. 24:6* [b]*1 Cor. 15:5*

35 Y ellos contaban sus experiencias en el camino, y cómo le habían reconocido en el partir del pan[a]. [a]*Luc. 24:30, 31*

Jesús se aparece a los discípulos

36 Mientras ellos relataban estas cosas, Jesús se puso en medio de ellos[a], y les dijo: Paz a vosotros. [a]*Mar. 16:14*

37 Pero ellos, aterrorizados y asustados, pensaron que veían un espíritu[a]. [a]*Mat. 14:26; Mar. 6:49*

38 Y El les dijo: ¿Por qué estáis turbados, y por qué surgen dudas en vuestro corazón?

39 Mirad mis manos y mis pies, que soy yo mismo; palpadme y ved[a], porque un espíritu no tiene carne ni huesos como veis que yo tengo. [a]*Juan 20:27; 1 Jn. 1:1*

40 Y cuando dijo esto les mostró las manos y los pies.

41 Como ellos todavía no *lo* creían a causa de la alegría[a] y que estaban asombrados, les dijo: ¿Tenéis aquí algo de comer? [a]*Luc. 24:11*

42 Entonces ellos le presentaron parte de un pescado asado.

43 Y El lo tomó y comió delante de ellos[a]. [a]*Hech. 10:41*

La gran comisión

44 Y les dijo: Esto es lo que yo os decía cuando todavía estaba con vosotros: que era necesario que se cumpliera todo lo que sobre mí está escrito en la ley de Moisés[a], en los profetas[a] y en los salmos. [a]*Luc. 24:27*

45 Entonces les abrió la mente para que comprendieran las Escrituras[a], [a]*Luc. 24:32; Hech. 16:14*

46 y les dijo: Así está escrito, que el Cristo padeciera[a] y resucitara de entre los muertos al tercer día[b]; [a]*Luc. 24:26, 44* [b]*Luc. 24:7*

47 y que en su nombre se predicara el arrepentimiento para el perdón de los pecados a todas las naciones[a], comenzando desde Jerusalén. [a]*Mat. 28:19*

48 Vosotros sois testigos de estas cosas[a]. [a]*Hech. 1:8, 22; 2:32*

49 Y he aquí, yo enviaré sobre vosotros la promesa de mi Padre[a]; pero vosotros, permaneced en la ciudad hasta que seáis investidos con poder de lo alto[b]. [a]*Juan 14:26* [b]*Hech. 1:4*

Jesús se despide de sus discípulos

50 Entonces los condujo fuera *de la ciudad*, hasta cerca de Betania[a], y alzando sus manos, los bendijo. [a]*Mat. 21:17; Hech. 1:12*

51 Y aconteció que mientras los bendecía, se separó de ellos y fue llevado arriba al cielo.

52 Ellos, después de adorarle, regresaron a Jerusalén con gran gozo,

53 y estaban siempre en el templo alabando a Dios.

El Evangelio de Jesucristo Según
SAN JUAN

Prólogo

1 En el principio existía el Verbo, y el Verbo estaba con Dios[a], y el Verbo era Dios. [a]*Juan 17:5; 1 Jn. 1:2*

2 El estaba en el principio con Dios.

3 Todas las cosas fueron hechas por medio de El[a], y sin El nada de lo que ha sido hecho, fue hecho. [a]*Juan 1:10; 1 Cor. 8:6*

4 En El estaba la vida[a], y la vida era la luz de los hombres[b]. [a]*Juan 5:26* [b]*Juan 8:12*

5 Y la luz brilla en las tinieblas[a], y las tinieblas no la comprendieron. [a]*Juan 3:19*

6 Vino *al mundo* un hombre enviado por Dios, cuyo nombre era Juan[a]. [a]*Mat. 3:1*

7 Este vino como testigo, para testificar de la luz, a fin de que todos creyeran por medio de él[a]. [a]*Juan 1:12; Hech. 19:4*

8 No era él la luz[a], sino *que vino* para dar testimonio de la luz. [a]*Juan 1:20*

9 Existía la luz verdadera[a] que, al venir al mundo, alumbra a todo hombre. [a]*1 Jn. 2:8*

10 En el mundo estaba[a], y el mundo fue hecho por medio de El[a], y el mundo no le conoció. [a]*1 Cor. 8:6; Col. 1:16*

11 A lo suyo vino, y los suyos no le recibieron.

12 Pero a todos los que le recibieron, les dio el derecho de llegar a ser hijos de Dios[a], *es decir*, a los que creen en su nombre, [a]*Juan 11:52; Gál. 3:26*

13 que no nacieron de sangre, ni de la voluntad de la carne, ni de la voluntad del hombre, sino de Dios[a]. [a]*Juan 3:5; Sant. 1:18*

El Verbo se hace carne

14 Y el Verbo se hizo carne[a], y habitó entre nosotros, y vimos su gloria[b], gloria como del unigénito del Padre, lleno de gracia y de verdad. [a]*Rom. 1:3* [b]*Luc. 9:32*

15 Juan dio* testimonio de El y clamó, diciendo: Este era del que yo decía: "El que viene después de mí[a], es antes de mí, porque era primero que yo." [a]*Mat. 3:11; Juan 1:27*

16 Pues de su plenitud[a] todos hemos recibido, y gracia sobre gracia. [a]*Ef. 1:23; 3:19*

17 Porque la ley fue dada por medio de Moisés[a]; la gracia y la verdad fueron hechas realidad por medio de Jesucristo. [a]*Juan 7:19*

18 Nadie ha visto jamás a Dios; el unigénito Dios[a], que está en el seno del Padre[b], El *le* ha dado a conocer. [a]*Juan 3:16, 18* [b]*Luc. 16:22*

Testimonio de Juan el Bautista

19 Este es el testimonio[a] de Juan, cuando los judíos enviaron sacerdotes y levitas de Jerusalén a preguntarle: ¿Quién eres tú? [a]*Juan 1:7*

20 Y él confesó y no negó; confesó: Yo no soy el Cristo[a]. [a]*Luc. 3:15; Juan 3:28*

21 Y le preguntaron: ¿Entonces, qué? ¿Eres Elías? Y él dijo*: No soy. ¿Eres el profeta[a]? Y respondió: No. [a]*Deut. 18:15, 18; Mat. 21:11*

22 Entonces le dijeron: ¿Quién eres?, para que podamos dar respuesta a los que nos enviaron. ¿Qué dices de ti mismo?

23 El dijo: Yo soy LA VOZ DEL QUE CLAMA EN EL DESIERTO: "ENDEREZAD EL CAMINO DEL SEÑOR[a]", como dijo el profeta Isaías. [a]*Mat. 3:3; Luc. 3:4*

24 Los que habían sido enviados eran de los fariseos.

25 Y le preguntaron, y le dijeron: Entonces, ¿por qué bautizas, si tú no eres el Cristo, ni Elías, ni el profeta[a]? [a]*Deut. 18:15, 18; Mat. 21:11*

26 Juan les respondió, diciendo: Yo bautizo

en agua^a, *pero* entre vosotros está Uno a quien no conocéis. ^a*Mat. 3:11; Mar. 1:8*
27 *El es* el que viene después de mí, a quien yo no soy digno de desatar la correa de su sandalia^a. ^a*Mat. 3:11; Mar. 1:7*
28 Estas cosas sucedieron en Betania, al otro lado del Jordán, donde Juan estaba bautizando^a. ^a*Juan 3:26; 10:40*

El Cordero de Dios

29 Al día siguiente vio* a Jesús que venía hacia él, y dijo*: He ahí el Cordero de Dios^a que quita el pecado del mundo. ^a*Isa. 53:7; Juan 1:36*
30 Este es aquel de quien yo dije: "Después de mí viene un hombre^a que es antes de mí porque era primero que yo." ^a*Mat. 3:11; Juan 1:27*
31 Y yo no le conocía, pero para que El fuera manifestado a Israel, por esto yo vine bautizando en agua.
32 Juan dio también testimonio, diciendo: He visto al Espíritu que descendía del cielo como paloma^a, y se posó sobre El. ^a*Mat. 3:16; Mar. 1:10*
33 Y yo no le conocía, pero el que me envió a bautizar en agua me dijo: "Aquel sobre quien veas al Espíritu descender y posarse sobre El, éste es el que bautiza en el Espíritu Santo^a." ^a*Mat. 3:11; Mar. 1:8*
34 Y yo *le* he visto y he dado testimonio de que éste es el Hijo de Dios^a. ^a*Mat. 4:3; Juan 1:49*

Los primeros discípulos

35 Al día siguiente^a Juan estaba otra vez allí con dos de sus discípulos, ^a*Juan 1:29*
36 y vio a Jesús que pasaba, y dijo*: He ahí el Cordero de Dios^a. ^a*Juan 1:29*
37 Y los dos discípulos le oyeron hablar, y siguieron a Jesús.
38 Jesús se volvió, y viendo que le seguían, les dijo*: ¿Qué buscáis? Y ellos le dijeron: Rabí^a (que traducido quiere decir, Maestro), ¿dónde te hospedas? ^a*Mat. 23:7; Juan 1:49*
39 El les dijo*: Venid y veréis. Entonces fueron y vieron dónde se hospedaba; y se quedaron con El aquel día, porque era como la hora décima.
40 ^aUno de los dos que oyeron a Juan y siguieron *a Jesús* era Andrés, hermano de Simón Pedro. ^a*Mat. 4:18-22; Mar. 1:16-20*
41 El encontró* primero a su hermano Simón, y le dijo*: Hemos hallado al Mesías^a (que traducido quiere decir, Cristo). ^a*Dan. 9:25; Juan 4:25*
42 *Entonces* lo trajo a Jesús. Jesús mirándolo, dijo: Tú eres Simón, hijo de Juan^a; tú serás llamado Cefas (que quiere decir: Pedro). ^a*Juan 21:15-17*

Felipe y Natanael

43 Al día siguiente Jesús se propuso salir para Galilea^a, y encontró* a Felipe, y le dijo*: Sígueme. ^a*Mat. 4:12; Juan 1:28*
44 Felipe era de Betsaida^a, de la ciudad de Andrés y de Pedro. ^a*Mat. 11:21*
45 Felipe encontró* a Natanael y le dijo*: Hemos hallado a aquel de quien escribió Moisés en la ley, y *también* los profetas^a, a Jesús de Nazaret, el hijo de José. ^a*Luc. 24:27*
46 Y Natanael le dijo*: ¿Puede algo bueno salir de Nazaret? Felipe le dijo*: Ven, y ve. ^a*Juan 7:41, 52*
47 Jesús vio venir a Natanael y dijo* de él: He aquí un verdadero israelita^a en quien no hay engaño. ^a*Rom. 9:4*
48 Natanael le dijo*: ¿Cómo es que me conoces? Jesús le respondió y le dijo: Antes de que Felipe^a te llamara, cuando estabas debajo de la higuera, te vi. ^a*Mat. 10:3; Juan 1:44-48*
49 Natanael le respondió: Rabí, tú eres el Hijo de Dios, tú eres el Rey de Israel^a. ^a*Mat. 2:2; 27:42*
50 Respondió Jesús y le dijo: ¿Porque te dije que te vi debajo de la higuera, crees? Cosas mayores que éstas verás.
51 Y le dijo*: En verdad, en verdad os digo que veréis el cielo abierto^a y a los ángeles de Dios subiendo y bajando sobre el Hijo del Hombre. ^a*Ezeq. 1:1; Mat. 3:16*

La boda de Caná

2 Al tercer día se celebró una boda en Caná de Galilea^a, y estaba allí la madre de Jesús; ^a*Juan 2:11; 4:46*
2 y también Jesús fue invitado, con sus discípulos^a, a la boda. ^a*Juan 1:40-49; 2:12, 17, 22*
3 Cuando se acabó el vino, la madre de Jesús le dijo*: No tienen vino.
4 Y Jesús le dijo*: Mujer, ¿qué *nos va* a ti y a mí *en* esto? Todavía no ha llegado mi hora^a. ^a*Juan 7:6, 8, 30; 8:20*
5 Su madre^a dijo* a los que servían: Haced todo lo que El os diga. ^a*Mat. 12:46*
6 Y había allí seis tinajas de piedra, puestas para ser usadas en el rito de la purificación de los judíos^a; en cada una cabían dos o tres cántaros. ^a*Mar. 7:3; Juan 3:25*
7 Jesús les dijo*: Llenad de agua las tinajas. Y las llenaron hasta el borde.
8 Entonces les dijo*: Sacad ahora *un poco* y llevadlo al maestresala. Y *se* lo llevaron.
9 Cuando el maestresala probó el agua convertida en vino^a, y *como* no sabía de dónde era (pero los que servían, que habían sacado el agua, lo sabían), el maestresala llamó* al novio, ^a*Juan 4:46*
10 y le dijo*: Todo hombre sirve primero el vino bueno, y cuando ya han tomado bastante^a, *entonces* el inferior; *pero* tú has guardado hasta ahora el vino bueno. ^a*Mat. 24:49; Luc. 12:45*

11 Este principio de *sus* señales hizo Jesús en Caná de Galilea, y manifestó su gloria[a], y sus discípulos creyeron en El. [a]*Juan 1:14*
12 Después de esto bajó a Capernaúm[a], El, con su madre, *sus* hermanos[b] y sus discípulos; pero allí no se quedaron muchos días. [a]*Mat. 4:13* [b]*Mat. 12:46*

Jesús echa a los mercaderes del templo

13 La Pascua de los judíos estaba cerca[a], y Jesús subió a Jerusalén, [a]*Juan 5:1; 6:4*
14 [a]y encontró en el templo a los que vendían bueyes, ovejas y palomas, y a los que cambiaban dinero *allí* sentados. [a]*Mat. 21:12; Mar. 11:15, 17*
15 Y haciendo un azote de cuerdas, echó a todos fuera del templo, con las ovejas y los bueyes; desparramó las monedas de los cambistas y volcó las mesas;
16 y dijo a los que vendían palomas[a]: Quitad esto de aquí; no hagáis de la casa de mi Padre[b] una casa de comercio. [a]*Mat. 21:12* [b]*Luc. 2:49*
17 Sus discípulos[a] se acordaron de que estaba escrito: EL CELO POR TU CASA ME CONSUMIRA[b]. [a]*Juan 2:2* [b]*Sal. 69:9*
18 Entonces los judíos respondieron y le dijeron: Ya que haces estas cosas, ¿qué señal[a] nos muestras? [a]*Mat. 12:38*
19 Jesús respondió y les dijo: Destruid este templo, y en tres días lo levantaré[a]. [a]*Mat. 26:61; 27:40*
20 Entonces los judíos dijeron: En cuarenta y seis años fue edificado este templo[a], ¿y tú lo levantarás en tres días? [a]*Esd. 5:16*
21 Pero El hablaba del templo de su cuerpo[a]. [a]*1 Cor. 6:19*
22 Por eso, cuando resucitó de los muertos, sus discípulos se acordaron de que había dicho esto; y creyeron en la Escritura[a] y en la palabra que Jesús había hablado. [a]*Sal. 16:10; Luc. 24:26*

Los primeros creyentes en Jerusalén

23 Cuando estaba en Jerusalén durante la fiesta de la Pascua[a], muchos creyeron en su nombre al ver las señales que hacía. [a]*Juan 2:13*
24 Pero Jesús, por su parte, no se confiaba a ellos, porque conocía a todos[a], [a]*Hech. 1:24; 15:8*
25 y no tenía necesidad de que nadie le diera testimonio del hombre, pues El sabía lo que había en el hombre[a]. [a]*Mat. 9:4; Juan 1:42, 47*

El nuevo nacimiento

3 Había un hombre de los fariseos, llamado Nicodemo[a], prominente entre los judíos. [a]*Juan 7:50; 19:39*
2 Este vino a Jesús de noche y le dijo: Rabí[a], sabemos que has venido de Dios *como* maestro, porque nadie puede hacer las señales que tú haces si Dios no está con él[b]. [a]*Mat. 23:7* [b]*Juan 9:33*

3 Respondió Jesús y le dijo: En verdad, en verdad te digo que el que no nace de nuevo[a] no puede ver el reino de Dios. [a]*2 Cor. 5:17; 1 Ped. 1:23*
4 Nicodemo le dijo*: ¿Cómo puede un hombre nacer siendo *ya* viejo? ¿Acaso puede entrar por segunda vez en el vientre de su madre y nacer?
5 Jesús respondió: En verdad, en verdad te digo que el que no nace de agua y del Espíritu[a] no puede entrar en el reino de Dios. [a]*Ezeq. 36:25-27; Ef. 5:26*
6 Lo que es nacido de la carne, carne es[a], y lo que es nacido del Espíritu, espíritu es. [a]*Juan 1:13; 1 Cor. 15:50*
7 No te asombres de que te haya dicho: "Os es necesario nacer de nuevo."
8 El viento sopla donde quiere, y oyes su sonido, pero no sabes de dónde viene ni adónde va[a]; así es todo aquel que es nacido del Espíritu. [a]*Sal. 135:7; Ecl. 11:5*
9 Respondió Nicodemo y le dijo: ¿Cómo puede ser esto?
10 Jesús respondió y le dijo: Tú eres maestro[a] de Israel, ¿y no entiendes estas cosas? [a]*Luc. 2:46; 5:17*
11 En verdad, en verdad te digo que hablamos lo que sabemos[a] y damos testimonio de lo que hemos visto, pero vosotros no recibís nuestro testimonio. [a]*Juan 1:18; 7:16*
12 Si os he hablado de las cosas terrenales, y no creéis, ¿cómo creeréis si os hablo de las celestiales?
13 Nadie ha subido al cielo[a], sino el que bajó del cielo, *es decir*, el Hijo del Hombre que está en el cielo. [a]*Deut. 30:12; Prov. 30:4*
14 Y como Moisés levantó la serpiente en el desierto[a], así es necesario que sea levantado el Hijo del Hombre, [a]*Núm. 21:9*
15 para que todo aquel que cree, tenga en El vida eterna[a]. [a]*Juan 20:31; 1 Jn. 5:11-13*

El amor de Dios

16 Porque de tal manera amó Dios al mundo[a], que dio a su Hijo unigénito, para que todo aquel que cree en El, no se pierda, mas tenga vida eterna. [a]*Rom. 5:8; Ef. 2:4*
17 Porque Dios no envió a su Hijo al mundo para juzgar al mundo, sino para que el mundo sea salvo por El[a]. [a]*Luc. 19:10; Juan 8:15*
18 El que cree en El no es condenado; *pero* el que no cree, ya ha sido condenado, porque no ha creído en el nombre del unigénito Hijo de Dios[a]. [a]*Juan 1:18; 1 Jn. 4:9*
19 Y este es el juicio: que la luz vino al mundo[a], y los hombres amaron más las tinieblas que la luz, pues sus acciones eran malas. [a]*Juan 1:4; 8:12*
20 Porque todo el que hace lo malo odia la

luzᵃ, y no viene a la luz para que sus acciones no sean expuestas. ᵃ*Juan 3:20, 21; Ef. 5:11, 13*

21 Pero el que practica la verdadᵃ viene a la luz, para que sus acciones sean manifestadas que han sido hechas en Dios. ᵃ*1 Jn. 1:6*

Testimonio final de Juan el Bautista

22 Después de esto vino Jesús con sus discípulos a la tierra de Judea, y estaba allí con ellos, y bautizaba. ᵃ*Juan 4:1, 2*

23 Juan también bautizaba en Enón, cerca de Salim, porque allí había mucha agua; y *muchos* venían y eran bautizados.

24 Porque Juan todavía no había sido metido en la cárcelᵃ. ᵃ*Mat. 4:12; 14:3*

25 Surgió entonces una discusión entre los discípulos de Juan y un judío acerca de la purificaciónᵃ. ᵃ*Juan 2:6*

26 Y vinieron a Juan y le dijeron: Rabíᵃ, mira, el que estaba contigo al otro lado del Jordán, de quien diste testimonio, está bautizando y todos van a El. ᵃ*Mat. 23:7; Juan 3:2*

27 Respondió Juan y dijo: Un hombre no puede recibir nada si no le es dado del cieloᵃ. ᵃ*1 Cor. 4:7; Heb. 5:4*

28 Vosotros mismos me sois testigos de que dije: "Yo no soy el Cristoᵃ, sino que he sido enviado delante de El." ᵃ*Juan 1:20, 23*

29 El que tiene la novia es el novioᵃ, pero el amigo del novio, que está *allí* y le oye, se alegra en gran manera con la voz del novio. *Y por eso, este gozo mío se ha completado.* ᵃ*Mat. 9:15; 25:1*

30 Es necesario que El crezca, y que yo disminuya.

31 El que procede de arriba está por encima de todos; el que es de la tierra, procede de la tierra y habla de la tierraᵃ. El que procede del cielo está sobre todos. ᵃ*Mat. 28:18; 1 Jn. 4:5*

32 Lo que El ha visto y oído, de eso da testimonio; y nadie recibe su testimonioᵃ. ᵃ*Juan 3:11*

33 El que ha recibido su testimonio ha certificadoᵃ *esto:* que Dios es veraz. ᵃ*Juan 6:27; Rom. 4:11*

34 Porque aquel a quien Dios ha enviado habla las palabras de Dios, pues El da el Espírituᵃ sin medida. ᵃ*Mat. 12:18; Luc. 4:18*

35 El Padre ama al Hijo y ha entregado todas las cosas en su manoᵃ. ᵃ*Mat. 11:27; 28:18*

36 El que cree en el Hijo tiene vida eternaᵃ; pero el que no obedece al Hijo no verá la vida, sino que la ira de Dios permanece sobre él. ᵃ*Juan 3:16*

La mujer samaritana

4 Por tanto, cuando el Señorᵃ supo que los fariseos habían oído que El hacía y bautizaba más discípulos que Juan ᵃ*Luc. 7:13*

2 (aunque Jesús mismo no bautizabaᵃ, sino sus discípulos), ᵃ*Juan 3:22, 26; 1 Cor. 1:17*

3 salió de Judeaᵃ y partió otra vez para Galileaᵇ. ᵃ*Juan 3:22* ᵇ*Juan 2:11*

4 Y tenía que pasar por Samariaᵃ. ᵃ*Luc. 9:52*

5 Llegó*, pues, a una ciudad de Samaria llamada Sicar, cerca de la parcela de tierra que Jacob dio a su hijo Joséᵃ; ᵃ*Gén. 33:19; 48:22*

6 y allí estaba el pozo de Jacob. Entonces Jesús, cansado del camino, se sentó junto al pozo. Era como la hora sexta.

7 Una mujer de Samaria vino* a sacar agua, y Jesús le dijo*: Dame de beber.

8 Pues sus discípulosᵃ habían ido a la ciudad a comprar alimentos. ᵃ*Juan 2:2*

9 Entonces la mujer samaritana le dijo*: ¿Cómo es que tú, siendo judío, me pides de beber a mí, que soy samaritana? (Porque los judíos no tienen tratos con los samaritanosᵃ.) ᵃ*Esd. 4:3-6, 11; Mat. 10:5*

10 Respondió Jesús y le dijo: Si tú conocieras el don de Dios, y quién es el que te dice: "Dame de beber", tú le habrías pedido a El, y El te hubiera dado agua vivaᵃ. ᵃ*Jer. 2:13; Juan 4:14*

11 Ella le dijo*: Señor, no tienes con qué sacarla, y el pozo es hondo; ¿de dónde, pues, tienes esa agua vivaᵃ? ᵃ*Jer. 2:13; Juan 4:14*

12 ¿Acaso eres tú mayor que nuestro padre Jacob, que nos dio el pozoᵃ del cual bebió él mismo, y sus hijos, y sus ganados? ᵃ*Juan 4:6*

13 Respondió Jesús y le dijo: Todo el que beba de esta agua volverá a tener sed,

14 pero el que beba del agua que yo le daré, no tendrá sed jamás, sino que el agua que yo le daré se convertirá en él en una fuente de agua que brota para vida eternaᵃ. ᵃ*Mat. 25:46; Juan 6:27*

15 La mujer le dijo*: Señor, dame esa agua, para que no tenga sedᵃ ni venga hasta aquí a sacar*la.* ᵃ*Juan 6:35*

16 El le dijo*: Ve, llama a tu marido y ven acá.

17 Respondió la mujer y le dijo: No tengo marido. Jesús le dijo*: Bien has dicho: "No tengo marido",

18 porque cinco maridos has tenido, y el que ahora tienes no es tu marido; en eso has dicho la verdad.

19 La mujer le dijo*: Señor, me parece que tú eres profetaᵃ. ᵃ*Mat. 21:11; Luc. 7:16, 39*

20 Nuestros padres adoraron en este monteᵃ, y vosotros decís que en Jerusalén está el lugar donde se debe adorar. ᵃ*Deut. 11:29; Jos. 8:33*

21 Jesús le dijo*: Mujer, créeme; la hora viene cuando ni en este monte ni en Jerusalén adoraréis al Padreᵃ. ᵃ*Mal. 1:11; 1 Tim. 2:8*

22 Vosotros adoráis lo que no conocéis; nosotros adoramos lo que conocemos, porque la salvación viene de los judíosᵃ. ᵃ*Isa. 2:3; Rom. 3:1*

23 Pero la hora viene, y ahora es^a, cuando los verdaderos adoradores adorarán al Padre en espíritu y en verdad; porque ciertamente a los tales el Padre busca que le adoren. ^a*Juan 4:21; 5:25, 28*

24 Dios es espíritu, y los que le adoran deben adorarle en espíritu^a y en verdad. ^a*Fil. 3:3*

25 La mujer le dijo*: Sé que el Mesías^a viene (el que es llamado Cristo^b); cuando El venga nos declarará todo. ^a*Dan. 9:25* ^b*Mat. 1:16*

26 Jesús le dijo*: Yo soy^a, el que habla contigo. ^a*Juan 8:24, 28, 58; 9:37*

27 En esto llegaron sus discípulos^a y se admiraron de que hablara con una mujer, pero ninguno le preguntó: ¿Qué tratas de averiguar? o: ¿Por qué hablas con ella? ^a*Juan 4:8*

28 Entonces la mujer dejó su cántaro, fue a la ciudad y dijo* a los hombres:

29 Venid, ved a un hombre que me ha dicho todo lo que yo he hecho. ¿No será éste el Cristo^a? ^a*Mat. 12:23; Juan 7:26, 31*

30 Y salieron de la ciudad e iban a El.

31 Mientras tanto, los discípulos le rogaban, diciendo: Rabí^a, come. ^a*Mat. 23:7; 26:25, 49*

32 Pero El les dijo: Yo tengo para comer una comida que vosotros no sabéis.

33 Los discípulos^a entonces se decían entre sí: ¿Le habrá traído alguien de comer? ^a*Luc. 6:13-16; Juan 2:2*

34 Jesús les dijo*: Mi comida es hacer la voluntad del que me envió y llevar a cabo su obra^a. ^a*Juan 5:36; 17:4*

35 ¿No decís vosotros: "Todavía faltan cuatro meses, y *después* viene la siega"? He aquí, yo os digo: Alzad vuestros ojos y ved los campos que *ya* están blancos para la siega^a. ^a*Mat. 9:37, 38; Luc. 10:2*

36 Ya el segador recibe salario y recoge fruto para vida eterna^a, para que el que siembra se regocije juntamente con el que siega. ^a*Mat. 19:29; Juan 3:36*

37 Porque en este *caso* el dicho es verdadero: "Uno es el que siembra y otro el que siega^a." ^a*Job 31:8; Miq. 6:15*

38 Yo os envié a segar lo que no habéis trabajado; otros han trabajado y vosotros habéis entrado en su labor.

39 Y de aquella ciudad^a, muchos de los samaritanos creyeron en El por la palabra de la mujer que daba testimonio, *diciendo:* El me dijo todo lo que yo he hecho^b. ^a*Juan 4:5, 30* ^b*Juan 4:29*

40 De modo que cuando los samaritanos vinieron a El, le rogaban que se quedara con ellos; y se quedó allí dos días.

41 Y muchos más creyeron por su palabra,

42 y decían a la mujer: Ya no creemos por lo que tú has dicho, porque nosotros mismos *le* hemos oído, y sabemos que éste es en verdad el Salvador del mundo^a. ^a*Mat. 1:21; Luc. 2:11*

43 Después de los dos días^a, salió de allí para Galilea. ^a*Juan 4:40*

44 Porque Jesús mismo dio testimonio de que a un profeta no se le honra en su propia tierra^a. ^a*Mat. 13:57; Mar. 6:4*

45 Así que cuando llegó a Galilea, los galileos le recibieron, *pues* habían visto todo lo que hizo en Jerusalén durante la fiesta^a; porque ellos también habían ido a la fiesta. ^a*Juan 2:23*

Curación del hijo de un oficial del rey

46 Entonces vino otra vez a Caná de Galilea^a, donde había convertido el agua en vino. Y había *allí* cierto oficial del rey cuyo hijo estaba enfermo en Capernaúm. ^a*Juan 2:1*

47 Cuando él oyó que Jesús había venido de Judea a Galilea^a, fue a su encuentro y *le* suplicaba que bajara y sanara a su hijo, porque estaba al borde de la muerte. ^a*Juan 4:3, 54*

48 Jesús entonces le dijo: Si no veis señales y prodigios^a, no creeréis. ^a*Dan. 4:2; 6:27*

49 El oficial del rey le dijo*: Señor, baja antes de que mi hijo muera.

50 Jesús le dijo*: Vete, tu hijo vive. Y el hombre creyó la palabra que Jesús le dijo y se fue^a. ^a*Mat. 8:13*

51 Y mientras bajaba, *sus* siervos le salieron al encuentro y le dijeron que su hijo vivía.

52 Entonces les preguntó a qué hora había empezado a mejorar. Y le respondieron: Ayer a la hora séptima se le quitó la fiebre.

53 El padre entonces se dio cuenta que *fue* a la hora en que Jesús le dijo: Tu hijo vive. Y creyó él y toda su casa^a. ^a*Hech. 11:14*

54 Esta *fue* la segunda señal que Jesús hizo cuando fue de Judea a Galilea^a. ^a*Juan 4:45*

Curación de un paralítico

5 Después de esto, se celebraba una fiesta de los judíos, y Jesús subió a Jerusalén^a. ^a*Deut. 16:1; Juan 2:13*

2 Y hay en Jerusalén, junto a la *puerta* de las ovejas^a, un estanque que en hebreo se llama Betesda y que tiene cinco pórticos. ^a*Neh. 3:1, 32; 12:39*

3 En éstos yacía una multitud de enfermos, ciegos, cojos y paralíticos que esperaban el movimiento del agua;

4 porque un ángel del Señor descendía de vez en cuando al estanque y agitaba el agua; y el primero que descendía al estanque después del movimiento del agua, quedaba curado de cualquier enfermedad que tuviera.

5 Y estaba allí un hombre que hacía treinta y ocho años que estaba enfermo.

6 Cuando Jesús lo vio acostado *allí* y supo que ya llevaba mucho tiempo *en aquella condición,* le dijo*: ¿Quieres ser sano?

7 El enfermo le respondió: Señor, no tengo a nadie que me meta en el estanque cuando el

agua es agitada[a]; y mientras yo llego, otro baja antes que yo. [a]*Juan 5:4*

8 Jesús le dijo*: Levántate, toma tu camilla[a] y anda. [a]*Mat. 9:6; Mar. 2:11*

9 Y al instante el hombre quedó sano, y tomó su camilla y echó a andar. [a]*Juan 9:14*

Jesús censurado por sanar en el día de reposo

Y aquel día era día de reposo.

10 Por eso los judíos decían al que fue sanado: Es día de reposo, y no te es permitido cargar tu camilla[a]. [a]*Neh. 13:19; Jer. 17:21*

11 Pero él les respondió: El mismo que me sanó, me dijo: "Toma tu camilla y anda."

12 Le preguntaron: ¿Quién es el hombre que te dijo: "Toma *tu camilla* y anda"?

13 Pero el que había sido sanado no sabía quién era, porque Jesús, sigilosamente, se había apartado de la multitud que estaba en *aquel* lugar.

14 Después de esto Jesús lo halló* en el templo y le dijo: Mira, has sido sanado; no peques más[a], para que no te suceda algo peor[b]. [a]*Mar. 2:5* [b]*Esd. 9:14*

15 El hombre se fue, y dijo a los judíos[a] que Jesús era el que lo había sanado. [a]*Juan 1:19; 5:16, 18*

16 A causa de esto los judíos[a] perseguían a Jesús, porque hacía estas cosas en el día de reposo. [a]*Juan 1:19; 5:10, 15, 18*

17 Pero El les respondió: Hasta ahora mi Padre trabaja, y yo también trabajo.

18 Entonces, por esta causa, los judíos aún más procuraban matarle, porque no sólo violaba el día de reposo, sino que también llamaba a Dios su propio Padre, haciéndose igual a Dios[a]. [a]*Juan 10:33; 19:7*

Unanimidad del Padre y del Hijo

19 Por eso Jesús, respondiendo, les decía: En verdad, en verdad os digo que el Hijo no puede hacer nada por su cuenta[a], sino lo que ve hacer al Padre; porque todo lo que hace el Padre, eso también hace el Hijo de igual manera. [a]*Mat. 26:39; Juan 5:30*

20 Pues el Padre ama al Hijo[a], y le muestra todo lo que El mismo hace; y obras mayores que éstas[b] le mostrará, para que os admiréis. [a]*Mat. 3:17* [b]*Juan 14:12*

21 Porque así como el Padre levanta a los muertos y les da vida[a], asimismo el Hijo también da vida[b] a los que El quiere. [a]*Rom. 4:17* [b]*Juan 11:25*

22 Porque ni aun el Padre juzga a nadie, sino que todo juicio se lo ha confiado al Hijo[a], [a]*Juan 5:27; 9:39*

23 para que todos honren al Hijo así como honran al Padre. El que no honra al Hijo, no honra al Padre que le envió[a]. [a]*Luc. 10:16; 1 Jn. 2:23*

24 En verdad, en verdad os digo: el que oye mi palabra y cree al que me envió, tiene vida eterna[a] y no viene a condenación[b], sino que ha pasado de muerte a vida. [a]*Juan 12:44* [b]*Juan 3:18*

25 En verdad, en verdad os digo que viene la hora, y ahora es, cuando los muertos[a] oirán la voz del Hijo de Dios, y los que oigan[b] vivirán. [a]*Luc. 15:24* [b]*Juan 6:60*

26 Porque así como el Padre tiene vida en sí mismo, así también le dio al Hijo el tener vida en sí mismo[a]; [a]*Juan 1:4; 6:57*

27 y le dio autoridad para ejecutar juicio[a], porque es *el* Hijo del Hombre. [a]*Juan 9:39; Hech. 10:42*

28 No os admiréis de esto, porque viene la hora en que todos los que están en los sepulcros[a] oirán su voz, [a]*Juan 11:24; 1 Cor. 15:52*

29 y saldrán: los que hicieron lo bueno, a resurrección de vida, y los que practicaron lo malo, a resurrección de juicio[a]. [a]*Dan. 12:2; Mat. 25:46*

Testimonio del Padre y de las obras de Jesús

30 Yo no puedo hacer nada por iniciativa mía; como oigo, juzgo, y mi juicio es justo[a] porque no busco mi voluntad, sino la voluntad del que me envió[b]. [a]*Juan 8:16* [b]*Juan 4:34*

31 Si yo *solo* doy testimonio de mí mismo[a], mi testimonio no es verdadero. [a]*Juan 8:14*

32 Otro es el que da testimonio de mí[a], y yo sé que el testimonio que da de mí es verdadero. [a]*Juan 5:37*

33 Vosotros habéis enviado *a preguntar* a Juan, y él ha dado testimonio[a] de la verdad. [a]*Juan 1:7, 15, 19, 32; 3:26-30*

34 Pero el testimonio que yo recibo no es de hombre[a]; mas digo esto para que vosotros seáis salvos. [a]*Juan 5:32; 1 Jn. 5:9*

35 El era la lámpara que ardía y alumbraba, y vosotros quisisteis regocijaros por un tiempo en su luz[a]. [a]*Mar. 1:5*

36 Pero el testimonio que yo tengo es mayor que *el de* Juan; porque las obras que el Padre me ha dado para llevar a cabo[a], las mismas obras que yo hago, dan testimonio de mí[b], de que el Padre me ha enviado. [a]*Mat. 11:4* [b]*Juan 4:34*

37 Y el Padre que me envió, El ha dado testimonio de mí. Pero no habéis oído jamás su voz ni habéis visto su apariencia. [a]*Mat. 3:17; Mar. 1:11*

38 Y su palabra no la tenéis morando en vosotros[a], porque no creéis en aquel que El envió. [a]*1 Jn. 2:14*

39 Examináis las Escrituras porque vosotros pensáis que en ellas tenéis vida eterna; y ellas son las que dan testimonio de mí; [a]*Juan 7:52; Rom. 2:17*

40 y no queréis venir a mí para que tengáis vida.

41 No recibo gloria de los hombres[a]; [a]*Juan 5:44; 7:18*
42 pero os conozco, que no tenéis el amor de Dios en vosotros.
43 Yo he venido en nombre de mi Padre y no me recibís; si otro viene en su propio nombre[a], a ése recibiréis. [a]*Mat. 24:5*
44 ¿Cómo podéis creer, cuando recibís gloria los unos de los otros, y no buscáis la gloria que viene del Dios único[a]? [a]*Juan 17:3; Rom. 2:29*
45 No penséis que yo os acusaré delante del Padre; el que os acusa es Moisés[a], en quien vosotros habéis puesto vuestra esperanza. [a]*Juan 9:28*
46 Porque si creyerais a Moisés, me creeríais a mí, porque de mí escribió él[a]. [a]*Luc. 24:27*
47 Pero si no creéis sus escritos[a], ¿cómo creeréis mis palabras? [a]*Luc. 16:29, 31*

Alimentación de los cinco mil

6 [a]Después de esto, Jesús se fue al otro lado del mar de Galilea, el de Tiberias. [a]*Mat. 14:13-21; Mar. 6:32-44*
2 Y le seguía una gran multitud, pues veían las señales[a] que realizaba en los enfermos. [a]*Juan 2:11, 23; 3:2*
3 Jesús subió al monte[a] y se sentó allí con sus discípulos. [a]*Mat. 5:1; Mar. 3:13*
4 Y estaba cerca la Pascua, la fiesta de los judíos. [a]*Deut. 16:1; Juan 2:13*
5 Entonces Jesús, alzando los ojos y viendo que una gran multitud venía hacia El, dijo* a Felipe[a]: ¿Dónde compraremos pan para que coman éstos? [a]*Juan 1:43*
6 Pero decía esto para probarlo[a], porque El sabía lo que iba a hacer. [a]*2 Cor. 13:5; Apoc. 2:2*
7 Felipe le respondió: Doscientos denarios de pan[a] no les bastarán para que cada uno reciba un pedazo. [a]*Mar. 6:37*
8 Uno de sus discípulos, Andrés, hermano de Simón Pedro[a], dijo* a Jesús: [a]*Juan 1:40*
9 Aquí hay un muchacho que tiene cinco panes de cebada y dos pescados[a]; pero ¿qué es esto para tantos? [a]*Juan 6:11; 21:9, 10, 13*
10 Jesús dijo: Haced que la gente se recueste. Y había mucha hierba[a] en aquel lugar. Así que los hombres se recostaron, en número de unos cinco mil[b]. [a]*Mar. 6:39* [b]*Mat. 14:21*
11 Entonces Jesús tomó los panes, y habiendo dado gracias[a], *los* repartió a *los* que estaban recostados; y lo mismo *hizo* con los pescados, *dándoles* todo lo que querían. [a]*Mat. 15:36; Juan 6:23*
12 Cuando se saciaron, dijo* a sus discípulos[a]: Recoged los pedazos que sobran, para que no se pierda nada. [a]*Juan 2:2*
13 *Los* recogieron, pues, y llenaron doce cestas[a] con los pedazos de los cinco panes de cebada que sobraron de los que habían comido. [a]*Mat. 14:20*

14 La gente entonces, al ver la señal que *Jesús* había hecho, decía: Verdaderamente este es el Profeta[a] que había de venir al mundo. [a]*Mat. 11:3; 21:11*
15 Por lo que Jesús, dándose cuenta de que iban a venir y llevárselo por la fuerza para hacerle rey, [a]se retiró otra vez al monte El solo. [a]*Mat. 14:22-33; Mar. 6:45-51*

Jesús anda sobre el mar

16 Al atardecer, sus discípulos[a] descendieron al mar, [a]*Juan 2:2*
17 y subiendo en una barca, se dirigían al otro lado del mar, hacia Capernaúm[a]. Ya había oscurecido, y Jesús todavía no había venido a ellos; [a]*Mar. 6:45; Juan 6:24, 59*
18 y el mar estaba agitado porque soplaba un fuerte viento.
19 Cuando habían remado unos veinticinco o treinta estadios, vieron* a Jesús caminando sobre el mar y acercándose a la barca; y se asustaron.
20 Pero El les dijo*: Soy yo; no temáis[a]. [a]*Mat. 14:27*
21 Entonces ellos querían recibirle en la barca, e inmediatamente la barca llegó a la tierra adonde iban.

Jesús, el pan de la vida

22 Al día siguiente, la multitud[a] que había quedado al otro lado del mar se dio cuenta de que allí no había más que una barca, y que Jesús no había entrado en ella con sus discípulos, sino que sus discípulos se habían ido solos. [a]*Juan 6:2*
23 Vinieron otras barcas de Tiberias cerca del lugar donde habían comido el pan después de que el Señor había dado gracias[a]. [a]*Juan 6:11*
24 Por tanto, cuando la gente vio que Jesús no estaba allí, ni tampoco sus discípulos, subieron a las barcas y se fueron a Capernaúm[a] buscando a Jesús. [a]*Mat. 14:34; Mar. 6:53*
25 Cuando le hallaron al otro lado del mar, le dijeron: Rabí, ¿cuándo llegaste acá? [a]*Mat. 23:7*
26 Jesús les respondió y dijo: En verdad, en verdad os digo: me buscáis, no porque hayáis visto señales[a], sino porque habéis comido de los panes y os habéis saciado. [a]*Juan 6:2, 14, 30*
27 Trabajad, no por el alimento que perece, sino por el alimento que permanece[a] para vida eterna, el cual el Hijo del Hombre os dará, porque a éste *es* a quien el Padre, Dios, ha marcado con su sello[b]. [a]*Isa. 55:2* [b]*Juan 3:33*
28 Entonces le dijeron: ¿Qué debemos hacer para poner en práctica las obras de Dios?
29 Respondió Jesús y les dijo: Esta es la obra de Dios: que creáis[a] en el que El ha enviado. [a]*1 Tes. 1:3; Sant. 2:22*
30 Le dijeron entonces: ¿Qué, pues, haces tú como señal[a] para que veamos y te creamos? ¿Qué obra haces? [a]*Mat. 12:38; Juan 6:2, 14, 26*

31 Nuestros padres comieron el maná en el desierto, como está escrito: "LES DIO A COMER PAN DEL CIELO[a]." [a]*Ex. 16:4, 15; Neh. 9:15*

32 Entonces Jesús les dijo: En verdad, en verdad os digo: no es Moisés el que os ha dado el pan del cielo, sino que es mi Padre el que os da el verdadero pan del cielo.

33 Porque el pan de Dios es el que baja del cielo[a], y da vida al mundo. [a]*Juan 6:41, 50*

34 Entonces le dijeron: Señor, danos siempre este pan[a]. [a]*Juan 4:15*

35 Jesús les dijo: Yo soy el pan de la vida[a]; el que viene a mí no tendrá hambre, y el que cree en mí nunca tendrá sed[b]. [a]*Juan 6:48, 51* [b]*Juan 4:14*

36 Pero *ya* os dije que aunque me habéis visto[a], no creéis. [a]*Juan 6:26*

37 Todo lo que el Padre me da[a], vendrá a mí; y al que viene a mí, de ningún modo lo echaré fuera. [a]*Juan 6:39; 17:2, 24*

38 Porque he descendido del cielo[a], no para hacer mi voluntad, sino la voluntad del que me envió[b]. [a]*Juan 3:13* [b]*Mat. 26:39*

39 Y esta es la voluntad del que me envió: que de todo lo que El me ha dado yo no pierda nada[a], sino que lo resucite en el día final. [a]*Juan 17:12; 18:9*

40 Porque esta es la voluntad de mi Padre: que todo aquel que ve al Hijo y cree en El, tenga vida eterna[a], y yo mismo lo resucitaré en el día final[b]. [a]*Juan 3:16* [b]*Mat. 10:15*

Murmuración de los judíos

41 Por eso los judíos murmuraban de El, porque había dicho: Yo soy el pan que descendió del cielo[a]. [a]*Juan 6:33, 51, 58*

42 Y decían: ¿No es éste Jesús, el hijo de José[a], cuyo padre y madre nosotros conocemos[b]? ¿Cómo es que ahora dice: "Yo he descendido del cielo"? [a]*Luc. 4:22* [b]*Juan 7:27, 28*

43 Respondió Jesús y les dijo: No murmuréis entre vosotros.

44 Nadie puede venir a mí si no lo trae[a] el Padre que me envió, y yo lo resucitaré en el día final. [a]*Jer. 31:3; Os. 11:4*

45 Escrito está en los profetas: "Y TODOS SERAN ENSEÑADOS POR DIOS[a]." Todo el que ha oído y aprendido del Padre, viene a mí. [a]*Isa. 54:13; Jer. 31:34*

46 No es que alguien haya visto al Padre; sino aquel que viene de Dios, éste ha visto al Padre[a]. [a]*Juan 1:18*

47 En verdad, en verdad os digo: el que cree, tiene vida eterna[a]. [a]*Juan 3:36; 5:24*

48 Yo soy el pan de la vida[a]. [a]*Juan 6:35, 51*

49 Vuestros padres comieron el maná en el desierto, y murieron[a]. [a]*Juan 6:31, 58*

50 Este es el pan que desciende del cielo, para que el que coma de él, no muera[a]. [a]*Juan 3:36; 5:24*

51 Yo soy el pan vivo que descendió del cielo; si alguno come de este pan, vivirá para siempre; y el pan que yo también daré por la vida del mundo[a] es mi carne. [a]*Juan 1:29; 3:14, 15*

52 Los judíos entonces contendían entre sí[a], diciendo: ¿Cómo puede éste darnos a comer *su carne*? [a]*Juan 9:16; 10:19*

53 Entonces Jesús les dijo: En verdad, en verdad os digo: si no coméis la carne del Hijo del Hombre[a] y bebéis su sangre, no tenéis vida en vosotros. [a]*Mat. 8:20; Juan 6:27, 62*

54 El que come mi carne y bebe mi sangre, tiene vida eterna, y yo lo resucitaré en el día final[a]. [a]*Juan 6:39*

55 Porque mi carne es verdadera comida, y mi sangre es verdadera bebida.

56 El que come mi carne y bebe mi sangre, permanece en mí y yo en él[a]. [a]*Juan 15:4, 5; 17:23*

57 Como el Padre que vive[a] me envió, y yo vivo por el Padre, asimismo el que me come, él también vivirá por mí. [a]*Mat. 16:16; Juan 5:26*

58 Este es el pan que descendió del cielo; no como *el que* vuestros padres comieron, y murieron; el que come este pan vivirá para siempre[a]. [a]*Juan 3:36; 5:24*

59 Esto dijo *Jesús* en la sinagoga, cuando enseñaba[a] en Capernaúm. [a]*Mat. 4:23*

Reacción de los discípulos

60 Por eso muchos de sus discípulos[a], cuando oyeron *esto*, dijeron: Dura es esta declaración; ¿quién puede escucharla? [a]*Juan 2:2; 6:66*

61 Pero Jesús, sabiendo en su interior que sus discípulos murmuraban por esto, les dijo: ¿Esto os escandaliza[a]? [a]*Mat. 11:6*

62 ¿Pues *qué* si vierais al Hijo del Hombre ascender adonde antes estaba[a]? [a]*Mar. 16:19; Juan 3:13*

63 El Espíritu es el que da vida[a]; la carne para nada aprovecha; las palabras que yo os he hablado son espíritu y son vida. [a]*2 Cor. 3:6*

64 Pero hay algunos de vosotros que no creéis. Porque Jesús sabía[a] desde el principio quiénes eran los que no creían, y quién era el que le iba a traicionar[b]. [a]*Juan 2:25* [b]*Mat. 10:4*

65 Y decía: Por eso os he dicho que nadie puede venir a mí si no se le ha concedido el Padre[a]. [a]*Juan 6:37, 44*

66 Como resultado de esto muchos de sus discípulos[a] se apartaron y ya no andaban con El. [a]*Juan 2:2; 7:3*

67 Entonces Jesús dijo a los doce[a]: ¿Acaso queréis vosotros iros también? [a]*Mat. 10:2; Juan 2:2*

68 Simón Pedro le respondió: Señor, ¿a quién iremos? Tú tienes palabras de vida eterna[a]. [a]*Juan 6:63; 12:49, 50*

69 Y nosotros hemos creído y conocido que tú eres el Santo de Dios[a]. [a]*Mar. 1:24; 8:29*

70 Jesús les respondió: ¿No os escogí[a] yo a vosotros, los doce, y *sin embargo* uno de vosotros es un diablo? [a]*Juan 15:16, 19*

71 Y El se refería a Judas, *hijo* de Simón Iscariote[a], porque éste, uno de los doce, le iba a entregar. [a]*Juan 12:4; 13:2, 26*

La fiesta de los Tabernáculos

7 Después de esto, Jesús andaba por Galilea[a], pues no quería andar por Judea porque los judíos procuraban matarle[b]. [a]*Juan 4:3* [b]*Juan 5:18*

2 Y la fiesta de los judíos, la de los Tabernáculos[a], estaba cerca. [a]*Lev. 23:34; Deut. 16:13, 16*

3 Por eso sus hermanos[a] le dijeron: Sal de aquí, y vete a Judea para que también tus discípulos vean las obras que tú haces. [a]*Mat. 12:46; Mar. 3:21*

4 Porque nadie hace nada en secreto cuando procura ser *conocido* en público. Si haces estas cosas, muéstrate al mundo.

5 Porque ni aun sus hermanos[a] creían en El. [a]*Mat. 12:46; Mar. 3:21*

6 Entonces Jesús les dijo*: Mi tiempo aún no ha llegado[a], pero vuestro tiempo es siempre oportuno. [a]*Mat. 26:18; Juan 2:4*

7 El mundo no puede odiaros a vosotros, pero a mí me odia[a], porque yo doy testimonio de él, que sus acciones son malas[b]. [a]*Juan 15:18, 19* [b]*Juan 3:19, 20*

8 Subid vosotros a la fiesta; yo no subo a esta fiesta porque aún mi tiempo no se ha cumplido[a]. [a]*Juan 7:6*

9 Y habiéndoles dicho esto, se quedó en Galilea.

Jesús sube a la fiesta en secreto

10 Pero cuando sus hermanos[a] subieron a la fiesta, entonces El también subió; no abiertamente, sino en secreto. [a]*Mat. 12:46; Mar. 3:21*

11 Por eso los judíos le buscaban en la fiesta[a] y decían: ¿Dónde está ése? [a]*Juan 11:56*

12 Y había mucha murmuración entre la gente acerca de El. Unos decían: El es bueno. Otros decían: No, al contrario, extravía a la gente[a]. [a]*Juan 7:40-43*

13 Sin embargo, nadie hablaba abiertamente de El por miedo a los judíos[a]. [a]*Juan 9:22; 12:42*

Jesús enseña durante la fiesta

14 Pero ya a mitad de la fiesta, Jesús subió al templo y se puso a enseñar[a]. [a]*Mat. 26:55; Juan 7:28*

15 Entonces los judíos[a] se maravillaban, diciendo: ¿Cómo puede éste saber de letras sin haber estudiado? [a]*Juan 1:19; 7:11, 13, 35*

16 Jesús entonces les respondió y dijo: Mi enseñanza[a] no es mía, sino del que me envió. [a]*Juan 3:11*

17 Si alguien quiere hacer su voluntad, sabrá si mi enseñanza es de Dios o *si* hablo de mí mismo[a]. [a]*Sal. 25:9, 14; Prov. 3:32*

18 El que habla de sí mismo busca su propia gloria; pero el que busca la gloria del que le envió[a], éste es verdadero y no hay injusticia en El. [a]*Juan 5:41; 8:50, 54*

19 ¿No os dio Moisés la ley[a], y *sin embargo* ninguno de vosotros la cumple? ¿Por qué procuráis matarme[b]? [a]*Juan 1:17* [b]*Mar. 11:18*

20 La multitud contestó: ¡Tienes un demonio[a]! ¿Quién procura matarte? [a]*Mat. 11:18; Juan 8:48, 49, 52*

21 Respondió Jesús y les dijo: Una sola obra hice[a] y todos os admiráis. [a]*Juan 5:2-9, 16; 7:23*

22 Por eso Moisés os ha dado la circuncisión[a] (no porque sea de Moisés, sino de los padres[b]), y en el día de reposo circuncidáis al hombre. [a]*Lev. 12:3* [b]*Gén. 17:10*

23 *Y* si para no violar la ley de Moisés un hombre recibe la circuncisión en el día de reposo[a], ¿*por qué* estáis enojados conmigo porque sané por completo a un hombre en el día de reposo? [a]*Mat. 12:2; Juan 5:9, 10*

24 No juzguéis por la apariencia, sino juzgad con juicio justo[a]. [a]*Lev. 19:15; Isa. 11:3*

25 Entonces algunos de Jerusalén decían: ¿No es éste al que procuran matar?

26 Y ved, habla en público y no le dicen nada. ¿No será que en verdad los gobernantes[a] reconocen que este es el Cristo? [a]*Luc. 23:13; Juan 3:1*

27 Sin embargo, nosotros sabemos de dónde es éste; pero cuando venga el Cristo, nadie sabrá de dónde es[a]. [a]*Juan 6:42; 7:41, 42*

28 Jesús entonces, mientras enseñaba en el templo, exclamó en alta voz, diciendo: Vosotros me conocéis y sabéis de dónde soy. Yo no he venido por mi propia cuenta[a], pero el que me envió es verdadero, a quien vosotros no conocéis. [a]*Juan 8:42*

29 Yo le conozco, porque procedo de El[a], y El me envió[b]. [a]*Juan 6:46* [b]*Juan 3:17*

30 Procuraban, pues, prenderle[a]; pero nadie le echó mano porque todavía no había llegado su hora. [a]*Mat. 21:46; Juan 7:32, 44*

31 Pero muchos de la multitud creyeron en El[a], y decían: Cuando el Cristo venga, ¿acaso hará más señales[b] que las que éste ha hecho? [a]*Juan 2:23* [b]*Juan 2:11*

32 Los fariseos oyeron a la multitud murmurando estas cosas acerca de El, y los principales sacerdotes y los fariseos enviaron alguaciles[a] para que le prendieran. [a]*Mat. 26:58; Juan 7:45, 46*

33 Entonces Jesús dijo: Por un poco más de tiempo estoy con vosotros[a]; después voy al que me envió. [a]*Juan 12:35; 13:33*

34 Me buscaréis y no me hallaréis; y donde yo esté, vosotros no podéis ir[a]. [a]*Juan 7:36; 8:21*

35 Decían entonces los judíos entre sí:

¿Adónde piensa irse éste que no le hallemos?
¿Será acaso que quiere irse a la dispersión[a]
entre los griegos y enseñar a los griegos?
[a]*Sal. 147:2; Isa. 11:12*

36 ¿Qué quiere decir esto que ha dicho: "Me
buscaréis y no me hallaréis; y donde yo esté,
vosotros no podéis ir[a]"? [a]*Juan 7:34; 8:21*

La gran invitación

37 Y en el último día, el gran *día* de la fiesta[a],
Jesús puesto en pie, exclamó en alta voz,
diciendo: Si alguno tiene sed, que venga a mí
y beba. [a]*Lev. 23:36; Núm. 29:35*

38 El que cree en mí, como ha dicho la Escritura: "De lo más profundo de su ser brotarán
ríos de agua[a] viva." [a]*Isa. 44:3; 55:1*

39 Pero El decía esto del Espíritu[a], que los
que habían creído en El habían de recibir; porque el Espíritu no había *sido dado* todavía,
pues Jesús aún no había sido glorificado.
[a]*Joel 2:28; Juan 1:33*

40 Entonces *algunos* de la multitud, cuando
oyeron estas palabras, decían: Verdaderamente este es el Profeta[a]. [a]*Mat. 21:11; Juan 1:21*

41 Otros decían: Este es el Cristo. Pero otros
decían: ¿Acaso el Cristo ha de venir de Galilea[a]? [a]*Juan 1:46; 7:52*

42 ¿No ha dicho la Escritura que el Cristo
viene de la descendencia de David, y de
Belén[a], la aldea de donde era David? [a]*Sal. 89:4;
Miq. 5:2*

43 Así que se suscitó una división[a] entre la
multitud por causa de El. [a]*Juan 9:16; 10:19*

44 Y algunos de ellos querían prenderle, pero
nadie le echó mano[a]. [a]*Juan 7:30*

Los alguaciles confundidos

45 Entonces los alguaciles[a] vinieron a los
principales sacerdotes y fariseos, y éstos les
dijeron: ¿Por qué no le trajisteis? [a]*Juan 7:32*

46 Los alguaciles respondieron: ¡Jamás hombre alguno ha hablado como este hombre
habla[a]! [a]*Mat. 7:28*

47 Entonces los fariseos les contestaron: ¿Es
que también vosotros os habéis dejado engañar[a]? [a]*Juan 7:12*

48 ¿Acaso ha creído en El alguno de los
gobernantes[a], o de los fariseos? [a]*Luc. 23:13;
Juan 7:26*

49 Pero esta multitud que no conoce de la ley,
maldita es.

50 Nicodemo[a], el que había venido a Jesús
antes, y que era uno de ellos, les dijo*:
[a]*Juan 3:1; 19:39*

51 ¿Acaso juzga nuestra ley a un hombre a
menos que le oiga primero[a] y sepa lo que
hace? [a]*Ex. 23:1; Deut. 17:6*

52 Respondieron y le dijeron: ¿Es que tú también eres de Galilea[a]? Investiga, y verás que
ningún profeta surge de Galilea. [a]*Juan 1:46; 7:41*

53 Y cada uno se fue a su casa.

La mujer sorprendida en adulterio

8 Pero Jesús se fue al Monte de los Olivos[a].
[a]*Mat. 21:1*

2 Y al amanecer, vino otra vez al templo, y
todo el pueblo venía a El; y sentándose, les
enseñaba[a]. [a]*Mat. 26:55; Juan 8:20*

3 Los escribas y los fariseos trajeron* a una
mujer sorprendida en adulterio, y poniéndola
en medio,

4 le dijeron*: Maestro, esta mujer ha sido
sorprendida en el acto mismo del adulterio.

5 Y en la ley, Moisés nos ordenó apedrear a
esta clase de mujeres[a]; ¿tú, pues, qué dices?
[a]*Lev. 20:10; Deut. 22:22, 23*

6 Decían esto, probándole[a], para tener de
qué acusarle. Pero Jesús se inclinó y con el
dedo escribía en la tierra. [a]*Mat. 16:1; 19:3*

7 Pero como insistían en preguntarle, *Jesús*
se enderezó y les dijo: El que de vosotros esté
sin pecado, sea *el* primero en tirarle una piedra[a]. [a]*Mat. 7:1; Rom. 2:1*

8 E inclinándose de nuevo, escribía en la tierra.

9 Pero al oír ellos *esto*, se fueron retirando
uno a uno comenzando por los de mayor edad,
y dejaron solo *a Jesús* y a la mujer que estaba
en medio.

10 Enderezándose[a] Jesús, le dijo: Mujer,
¿dónde están ellos? ¿Ninguno te ha condenado? [a]*Juan 8:7*

11 Y ella respondió: Ninguno, Señor. Entonces Jesús le dijo: Yo tampoco te condeno[a].
Vete; desde ahora no peques más[b]. [a]*Juan 3:17*
[b]*Juan 5:14*

Jesús, la luz del mundo

12 Jesús les habló otra vez, diciendo: Yo soy
la luz del mundo[a]; el que me sigue no andará
en tinieblas, sino que tendrá la luz de la vida.
[a]*Juan 1:4; 9:5*

13 Entonces los fariseos le dijeron: Tú das
testimonio de ti mismo; tu testimonio no es
verdadero[a]. [a]*Juan 5:31*

14 Respondió Jesús y les dijo: Aunque yo
doy testimonio de mí mismo, mi testimonio es
verdadero, porque yo sé de dónde he venido y
adónde voy[a]; pero vosotros no sabéis de dónde
vengo ni adónde voy. [a]*Juan 8:42; 13:3*

15 Vosotros juzgáis según la carne; yo no
juzgo a nadie[a]. [a]*Juan 3:17*

16 Pero si yo juzgo, mi juicio es verdadero;
porque no soy yo solo, sino yo y el Padre que
me envió[a]. [a]*Juan 5:30*

17 Aun en vuestra ley está escrito que el testimonio de dos hombres es verdadero[a].
[a]*Deut. 17:6; 19:15*

18 Yo soy el que doy testimonio de mí
mismo, y el Padre que me envió da testimonio
de mí[a]. [a]*Juan 5:37; 1 Jn. 5:9*

19 Entonces le decían: ¿Dónde está tu Padre? Jesús respondió: No me conocéis a mí ni a mi Padre. Si me conocierais a mí, conoceríais también a mi Padre[a]. [a]*Juan 7:28; 8:55*

20 Estas palabras las pronunció en el *lugar del* tesoro, cuando enseñaba en el templo[a]; y nadie le prendió, porque todavía no había llegado su hora[b]. [a]*Juan 7:14* [b]*Juan 7:30*

Advertencias a los incrédulos

21 Entonces les dijo de nuevo: Yo me voy, y me buscaréis[a], y moriréis en vuestro pecado; adonde yo voy, vosotros no podéis ir. [a]*Juan 7:34*

22 Por eso los judíos decían: ¿Acaso se va a suicidar, puesto que dice: "Adonde yo voy, vosotros no podéis ir"? [a]*Juan 7:35*

23 Y *Jesús* les decía: Vosotros sois de abajo, yo soy de arriba; vosotros sois de este mundo, yo no soy de este mundo[b]. [a]*Juan 3:31* [b]*Juan 17:14, 16*

24 Por eso os dije que moriréis en vuestros pecados; porque si no creéis que yo soy, moriréis en vuestros pecados[a]. [a]*Juan 8:21*

25 Entonces le decían: ¿Tú quién eres? Jesús les dijo: ¿Qué os he estado diciendo *desde* el principio?

26 Tengo mucho que decir y juzgar de vosotros, pero el que me envió es veraz[a]; y yo, las cosas que oí de El, éstas digo al mundo. [a]*Juan 3:33; 7:28*

27 No comprendieron que les hablaba del Padre.

28 Por eso Jesús dijo: Cuando levantéis al Hijo del Hombre[a], entonces sabréis que yo soy y que no hago nada por mi cuenta, sino que hablo estas cosas como el Padre me enseñó. [a]*Juan 3:14; 12:32*

29 Y El que me envió está conmigo; no me ha dejado solo[a], porque yo siempre hago lo que le agrada. [a]*Juan 8:16; 16:32*

30 Al hablar estas cosas, muchos creyeron en El[a]. [a]*Juan 7:31*

Los verdaderos hijos de Abraham

31 Entonces Jesús decía a los judíos que habían creído en El: Si vosotros permanecéis en mi palabra[a], verdaderamente sois mis discípulos; [a]*Juan 15:7; 2 Jn. 9*

32 y conoceréis la verdad, y la verdad os hará libres[a]. [a]*Juan 8:36; Rom. 8:2*

33 Ellos le contestaron: Somos descendientes de Abraham[a] y nunca hemos sido esclavos de nadie. ¿Cómo dices tú: "Seréis libres"? [a]*Mat. 3:9; Luc. 3:8*

34 Jesús les respondió: En verdad, en verdad os digo que todo el que comete pecado es esclavo del pecado[a]; [a]*Rom. 6:16; 2 Ped. 2:19*

35 y el esclavo no queda en la casa para siempre; el hijo *sí* permanece para siempre[a]. [a]*Luc. 15:31*

36 Así que, si el Hijo os hace libres[a], seréis realmente libres. [a]*Juan 8:32*

37 Sé que sois descendientes de Abraham[a]; y sin embargo, procuráis matarme porque mi palabra no tiene cabida en vosotros. [a]*Mat. 3:9; Juan 8:39*

38 Yo hablo lo que he visto con *mi* Padre; vosotros, entonces, hacéis también lo que oísteis de *vuestro* padre[a]. [a]*Juan 8:41, 44*

39 Ellos le contestaron, y le dijeron: Abraham es nuestro padre. Jesús les dijo*: Si sois hijos de Abraham[a], haced las obras de Abraham. [a]*Rom. 9:7; Gál. 3:7*

40 Pero ahora procuráis matarme, a mí que os he dicho la verdad que oí de Dios[a]. Esto no lo hizo Abraham. [a]*Juan 8:26*

41 Vosotros hacéis las obras de vuestro padre. Ellos le dijeron: Nosotros no nacimos de fornicación; tenemos un Padre, *es decir,* Dios[a]. [a]*Deut. 32:6; Isa. 63:16*

42 Jesús les dijo: Si Dios fuera vuestro Padre, me amaríais[a], porque yo salí de Dios y vine *de El*, pues no he venido por mi propia iniciativa, sino que El me envió. [a]*1 Jn. 5:1*

43 ¿Por qué no entendéis lo que digo? Porque no podéis oír mi palabra[a]. [a]*Juan 5:25*

44 Sois de *vuestro* padre el diablo y queréis hacer los deseos de vuestro padre[a]. El fue un homicida desde el principio, y no se ha mantenido en la verdad porque no hay verdad en él. Cuando habla mentira, habla de su propia naturaleza[b], porque es mentiroso y el padre de la mentira. [a]*Juan 7:17* [b]*Mat. 12:34*

45 Pero porque yo digo la verdad[a], no me creéis. [a]*Juan 18:37*

46 ¿Quién de vosotros me prueba *que tengo* pecado? Y si digo verdad[a], ¿por qué vosotros no me creéis? [a]*Juan 18:37*

47 El que es de Dios escucha las palabras de Dios; por eso vosotros no escucháis, porque no sois de Dios[a]. [a]*1 Jn. 4:6*

Jesús, anterior a Abraham

48 Contestaron los judíos, y le dijeron: ¿No decimos con razón que tú eres samaritano[a] y que tienes un demonio? [a]*Mat. 10:5; Juan 4:9*

49 Jesús respondió: Yo no tengo ningún demonio[a], sino que honro a mi Padre, y vosotros me deshonráis a mí. [a]*Juan 7:20*

50 Pero yo no busco mi gloria[a]; hay Uno que *la* busca, y juzga. [a]*Juan 5:41; 8:54*

51 En verdad, en verdad os digo que si alguno guarda mi palabra, no verá jamás la muerte[a]. [a]*Mat. 16:28; Luc. 2:26*

52 Los judíos le dijeron: Ahora sí sabemos que tienes un demonio. Abraham murió, y *también* los profetas, y tú dices: "Si alguno guarda mi palabra[a] no probará jamás la muerte." [a]*Juan 8:55; 14:23*

53 ¿Eres tú acaso mayor que nuestro padre

Abraham que murió? Los profetas también murieron; ¿quién crees que eres? ªJuan 4:12

54 Jesús respondió: Si yo mismo me glorifico, mi gloria no es nada; es mi Padre el que me glorificaª, de quien vosotros decís: "El es nuestro Dios." ªJuan 7:39

55 Y vosotros no le habéis conocido, pero yo le conozco; y si digo que no le conozco seré un mentiroso como vosotrosª; pero *sí* le conozco y guardo su palabra. ªJuan 8:44

56 Vuestro padre Abraham se regocijó esperando ver mi día; y *lo* vio y se alegróª. ªMat. 13:17; Heb. 11:13

57 Por esto los judíosª le dijeron: Aún no tienes cincuenta años, ¿y has visto a Abraham? ªJuan 1:19

58 Jesús les dijo: En verdad, en verdad os digo: antes que Abraham naciera, yo soyª. ªEx. 3:14; Juan 1:1

59 Entonces tomaron piedras para tirárselasª, pero Jesús se ocultóᵇ y salió del templo. ªMat. 12:14 ᵇJuan 12:36

Curación de un ciego

9 Al pasar *Jesús,* vio a un hombre ciego de nacimiento.

2 Y sus discípulos le preguntaron, diciendo: Rabí, ¿quién pecó, éste o sus padresª, para que naciera ciego? ªEx. 20:5

3 Jesús respondió: Ni éste pecó, ni sus padres; sino *que está ciego* para que las obras de Diosª se manifiesten en él. ªJuan 11:4

4 Nosotros debemos hacer las obras del que me envió mientras es de díaª; la noche viene cuando nadie puede trabajar. ªJuan 7:33; 11:9

5 Mientras estoy en el mundo, yo soy la luz del mundoª. ªMat. 5:14; Juan 1:4

6 Habiendo dicho esto, escupió en tierraª, e hizo barro con la saliva y le untó el barro en los ojos, ªMar. 7:33; 8:23

7 y le dijo: Ve y lávate en el estanque de Siloéª (que quiere decir, Enviado). El fue, pues, y se lavó y regresó viendo. ªNeh. 3:15; Isa. 8:6

8 Entonces los vecinos y los que antes le habían visto que era mendigo, decían: ¿No es éste el que se sentaba y mendigabaª? ªHech. 3:2, 10

9 Unos decían: El es; y otros decían: No, pero se parece a él. El decía: Yo soy.

10 Entonces le decían: ¿Cómo te fueron abiertos los ojos?

11 El respondió: El hombre que se llama Jesús hizo barro, *lo* untó *sobre* mis ojos y me dijo: "Ve al Siloé y lávate." Así que fui, me lavé y recibí la vistaª. ªJuan 9:7

12 Y le dijeron: ¿Dónde está El? El dijo★: No sé.

13 Llevaron★ ante los fariseos al que antes había sido ciego.

14 Y era día de reposo el día en que Jesús hizo el barro y le abrió los ojosª. ªJuan 5:9

15 Entonces los fariseos volvieron también a preguntarle cómo había recibido la vistaª. Y él les dijo: Me puso barro sobre los ojos, y me lavé y veo. ªJuan 9:10

16 Por eso algunos de los fariseos decían: Este hombre no viene de Dios, porque no guarda el día de reposoª. Pero otros decían: ¿Cómo puede un hombre pecador hacer tales señales? Y había división entre ellos. ªMat. 12:2; Luc. 13:14

17 Entonces dijeron★ otra vez al ciego: ¿Qué dices tú de El, ya que te abrió los ojos? Y él dijo: Es un profetaª. ªMat. 21:11

18 Entonces los judíosª no le creyeron que había sido ciego, y que había recibido la vista, hasta que llamaron a los padres del que había recibido la vista, ªJuan 1:19; 9:22

19 y les preguntaron, diciendo: ¿Es éste vuestro hijo, el que vosotros decís que nació ciego? ¿Cómo es que ahora ve?

20 Sus padres entonces les respondieron, y dijeron: Sabemos que este es nuestro hijo, y que nació ciego;

21 pero cómo es que ahora ve, no lo sabemos; o quién le abrió los ojos, nosotros no lo sabemos. Preguntadle a él; edad tiene, él hablará por sí mismo.

22 Sus padres dijeron esto porque tenían miedo a los judíosª; porque los judíos ya se habían puesto de acuerdo en que si alguno confesaba que Jesús era el Cristo, fuera expulsado de la sinagogaᵇ. ªJuan 7:13 ᵇLuc. 6:22

23 Por eso sus padres dijeron: Edad tiene; preguntadle a élª. ªJuan 9:21

24 Por segunda vez llamaron al hombre que había sido ciego y le dijeron: Da gloria a Diosª; nosotros sabemos que este hombre es un pecador. ªJos. 7:19; Esd. 10:11

25 Entonces él les contestó: Si es pecador, no lo sé; una cosa sé: que yo era ciego y ahora veo.

26 Le dijeron entonces: ¿Qué te hizo? ¿Cómo te abrió los ojos?

27 El les contestó: Ya os lo dijeª y no escuchasteisᵇ; ¿por qué queréis oír*lo* otra vez? ¿Es que también vosotros queréis haceros discípulos suyos? ªJuan 9:15 ᵇJuan 5:25

28 Entonces lo insultaron, y le dijeron: Tú eres discípulo de ese *hombre;* pero nosotros somos discípulos de Moisésª. ªJuan 5:45; Rom. 2:17

29 Nosotros sabemos que Dios habló a Moisés, pero en cuanto a éste, no sabemos de dónde esª. ªJuan 8:14

30 Respondió el hombre y les dijo: Pues en esto hay algo asombroso, que vosotros no sepáis de dónde es, y *sin embargo,* a mí me abrió los ojos.

31 Sabemos que Dios no oye a los pecadores; pero si alguien teme a Dios y hace su voluntad, a éste oye[a]. [a]Job 27:8, 9; 35:13

32 Desde el principio jamás se ha oído *decir* que alguien abriera los ojos a un ciego de nacimiento.

33 Si éste no viniera de Dios, no podría hacer nada[a]. [a]Juan 3:2; 9:16

34 Respondieron ellos y le dijeron: Tú naciste enteramente en pecados, ¿y tú nos enseñas a nosotros? Y lo echaron fuera[a]. [a]Juan 9:22, 35; 3 Jn. 10

35 Jesús oyó decir que lo habían echado fuera[a], y hallándolo, *le* dijo: ¿Crees tú en el Hijo del Hombre? [a]Juan 9:22, 34; 3 Jn. 10

36 El respondió y dijo: ¿Y quién es, Señor, para que yo crea en El[a]? [a]Rom. 10:14

37 Jesús le dijo: Pues tú le has visto, y el que está hablando contigo[a], ése es. [a]Juan 4:26

38 El entonces dijo: Creo, Señor. Y le adoró[a]. [a]Mat. 8:2

39 Y Jesús dijo: Yo vine a este mundo para juicio[a]; para que los que no ven, vean[b], y para que los que ven se vuelvan ciegos. [a]Juan 3:19 [b]Luc. 4:18

40 *Algunos* de los fariseos que estaban con El oyeron esto y le dijeron: ¿Acaso nosotros también somos ciegos[a]? [a]Rom. 2:19

41 Jesús les dijo: Si fuerais ciegos, no tendríais pecado[a]; pero ahora, *porque* decís: "Vemos", vuestro pecado permanece. [a]Juan 15:22, 24

Jesús, el buen pastor

10 En verdad, en verdad os digo: el que no entra por la puerta en el redil de las ovejas, sino que sube por otra parte, ése es ladrón y salteador[a]. [a]Juan 10:8

2 Pero el que entra por la puerta, es el pastor[a] de las ovejas. [a]Juan 10:11, 12

3 A éste le abre el portero, y las ovejas oyen su voz[a]; llama a sus ovejas por nombre y las conduce afuera. [a]Juan 19:4, 5, 16, 27

4 Cuando saca todas las suyas, va delante de ellas, y las ovejas lo siguen porque conocen su voz[a]. [a]Juan 10:5, 16, 27

5 Pero a un desconocido no seguirán, sino que huirán de él, porque no conocen la voz[a] de los extraños. [a]Juan 10:4, 16, 27

6 Jesús les habló *por medio de* esta alegoría[a], pero ellos no entendieron qué era lo que les decía. [a]Juan 16:25, 29; 2 Ped. 2:22

7 Entonces Jesús les dijo de nuevo: En verdad, en verdad os digo: yo soy la puerta de las ovejas[a]. [a]Juan 10:1, 2, 9

8 Todos los que vinieron antes de mí son ladrones y salteadores[a], pero las ovejas no les hicieron caso. [a]Jer. 23:1, 2; Ezeq. 34:2

9 Yo soy la puerta[a]; si alguno entra por mí, será salvo; y entrará y saldrá y hallará pasto. [a]Juan 10:1, 2, 9

10 El ladrón sólo viene para robar y matar y destruir; yo he venido para que tengan vida[a], y para que *la* tengan *en* abundancia. [a]Juan 5:40

11 Yo soy el buen pastor[a]; el buen pastor da su vida por las ovejas. [a]Isa. 40:11; Ezeq. 34:11-16, 23

12 *Pero* el que es un asalariado y no un pastor[a], que no es el dueño de las ovejas, ve venir al lobo, y abandona las ovejas y huye, y el lobo las arrebata y *las* dispersa. [a]Juan 10:2

13 *El huye* porque *sólo* trabaja por el pago y no le importan las ovejas.

14 Yo soy el buen pastor, y conozco mis ovejas[a] y las mías me conocen, [a]Juan 10:27

15 de igual manera que el Padre me conoce y yo conozco al Padre[a], y doy mi vida por las ovejas. [a]Mat. 11:27; Luc. 10:22

16 Tengo otras ovejas[a] que no son de este redil; a ésas también me es necesario traerlas, y oirán mi voz, y serán un rebaño *con* un solo pastor. [a]Isa. 56:8

17 Por eso el Padre me ama, porque yo doy mi vida para tomarla de nuevo[a]. [a]Juan 10:11, 15, 18

18 Nadie me la quita[a], sino que yo la doy de mi propia voluntad. Tengo autoridad para darla, y tengo autoridad para tomarla de nuevo. Este mandamiento recibí de mi Padre. [a]Mat. 26:53; Juan 2:19

Los judíos divididos otra vez

19 Se volvió a suscitar una división[a] entre los judíos por estas palabras. [a]Juan 7:43; 9:16

20 Y muchos de ellos decían: Tiene un demonio[a] y está loco[b]. ¿Por qué le hacéis caso? [a]Juan 7:20 [b]Mar. 3:21

21 Otros decían: Estas no son palabras de un endemoniado. ¿Puede acaso un demonio abrir los ojos de los ciegos[a]? [a]Ex. 4:11; Juan 9:32, 33

Jesús, uno con el Padre

22 En esos días se celebraba en Jerusalén la fiesta de la Dedicación.

23 Era invierno, y Jesús andaba por el templo, en el pórtico de Salomón[a]. [a]Hech. 3:11; 5:12

24 Entonces los judíos le rodearon, y le decían: ¿Hasta cuándo nos vas a tener en suspenso? Si tú eres el Cristo, dínoslo claramente[a]. [a]Luc. 22:67; Juan 16:25

25 Jesús les respondió: Os lo he dicho, y no creéis; las obras que yo hago en el nombre de mi Padre, éstas dan testimonio de mí[a]. [a]Juan 5:36; 10:38

26 Pero vosotros no creéis porque no sois de mis ovejas[a]. [a]Juan 8:47

27 Mis ovejas oyen mi voz[a], y yo las conozco y me siguen; [a]Juan 10:4, 16

28 y yo les doy vida eterna[a] y jamás perece-

rán, y nadie las arrebatará de mi mano. [a]*Juan 17:2, 3; 1 Jn. 2:25*

29 Mi Padre que me *las* dio es mayor que todos, y nadie *las* puede arrebatar de la mano del Padre.

30 Yo y el Padre somos uno[a]. [a]*Juan 17:21*

Los judíos amenazan a Jesús

31 Los judíos volvieron a tomar piedras para apedrearle[a]. [a]*Juan 8:59*

32 Jesús les dijo: Os he mostrado muchas obras buenas *que son* del Padre. ¿Por cuál de ellas me apedreáis?

33 Los judíos le contestaron: No te apedreamos por ninguna obra buena, sino por blasfemia[a]; y porque tú, siendo hombre, te haces Dios[b]. [a]*Lev. 24:16* [b]*Juan 5:18*

34 Jesús les respondió: ¿No está escrito en vuestra ley[a]: "Yo DIJE: SOIS DIOSES[b]"? [a]*Juan 8:17* [b]*Sal. 82:6*

35 Si a aquellos, a quienes vino la palabra de Dios, los llamó dioses (y la Escritura no se puede violar),

36 ¿a quien el Padre santificó y envió al mundo[a], vosotros decís: "Blasfemas", porque dije: "Yo soy el Hijo de Dios"? [a]*Juan 3:17*

37 Si no hago las obras de mi Padre[a], no me creáis; [a]*Juan 10:25; 15:24*

38 pero si las hago, aunque a mí no me creáis, creed las obras; para que sepáis y entendáis que el Padre está en mí y yo en el Padre[a]. [a]*Juan 14:10, 11, 20; 17:21, 23*

39 Por eso procuraban otra vez prenderle[a], pero se les escapó de entre las manos. [a]*Juan 7:30*

40 Se fue de nuevo al otro lado del Jordán, al lugar donde primero había estado bautizando Juan[a], y se quedó allí. [a]*Juan 1:28*

41 Y muchos vinieron a El y decían: Aunque Juan no hizo ninguna señal, sin embargo, todo lo que Juan dijo de éste[a] era verdad. [a]*Juan 1:27, 30, 34; 3:27-30*

42 Y muchos creyeron en El allí[a]. [a]*Juan 7:31*

Muerte de Lázaro

11 Y estaba enfermo cierto *hombre llamado* Lázaro, de Betania, la aldea de María y de su hermana Marta[a]. [a]*Luc. 10:38; Juan 11:5, 19*

2 María, cuyo hermano Lázaro estaba enfermo, fue la que ungió al Señor[a] con perfume y le secó los pies con sus cabellos. [a]*Luc. 7:13; Juan 11:3, 21, 32*

3 Las hermanas entonces mandaron a decir a Jesús: Señor, mira, el que tú amas[a] está enfermo. [a]*Juan 11:5, 11, 36*

4 Cuando Jesús *lo* oyó, dijo: Esta enfermedad no es para muerte, sino para la gloria de Dios[a], para que el Hijo de Dios sea glorificado por medio de ella. [a]*Juan 9:3; 10:38*

5 Y Jesús amaba a Marta, a su hermana y a Lázaro[a]. [a]*Juan 11:1*

6 Cuando oyó, pues, que Lázaro estaba enfermo, entonces se quedó dos días *más* en el lugar donde estaba.

7 Luego, después de esto, dijo* a sus discípulos: Vamos de nuevo a Judea[a]. [a]*Juan 10:40*

8 Los discípulos le dijeron*: Rabí, hace poco que los judíos procuraban apedrearte[a], ¿y vas otra vez allá? [a]*Juan 8:59; 10:31*

9 Jesús respondió: ¿No hay doce horas en el día? Si alguno anda de día no tropieza, porque ve la luz de este mundo[a]. [a]*Luc. 13:33; Juan 9:4*

10 Pero si alguno anda de noche, tropieza, porque la luz no está en él.

11 Dijo esto, y después de esto añadió: Nuestro amigo Lázaro se ha dormido[a]; pero voy a despertarlo. [a]*Mat. 27:52; Mar. 5:39*

12 Los discípulos entonces le dijeron: Señor, si se ha dormido, se recuperará.

13 Pero Jesús había hablado de la muerte de Lázaro, mas ellos creyeron que hablaba literalmente del sueño[a]. [a]*Mat. 9:24; Luc. 8:52*

14 Entonces Jesús, por eso, les dijo claramente: Lázaro ha muerto;

15 y por causa de vosotros me alegro de no haber estado allí, para que creáis; pero vamos a *donde está* él.

16 Tomás, llamado el Dídimo[a], dijo entonces a *sus* condiscípulos: Vamos nosotros también para morir con El. [a]*Juan 20:24; 21:2*

17 Llegó, pues, Jesús y halló que ya hacía cuatro días[a] que estaba en el sepulcro. [a]*Juan 11:39*

18 Betania[a] estaba cerca de Jerusalén, como a tres kilómetros; [a]*Juan 11:1*

19 y muchos de los judíos habían venido a *casa de* Marta y María, para consolarlas[a] por *la muerte de su* hermano. [a]*1 Sam. 31:13; 1 Crón. 10:12*

20 Entonces Marta, cuando oyó que Jesús venía, fue a su encuentro, pero María[a] se quedó sentada en casa. [a]*Luc. 10:38-42*

21 Y Marta dijo a Jesús: Señor, si hubieras estado aquí, mi hermano no habría muerto[a]. [a]*Juan 11:32, 37*

22 Aun ahora, yo sé que todo lo que pidas a Dios, Dios te lo concederá[a]. [a]*Juan 9:31; 11:41, 42*

23 Jesús le dijo*: Tu hermano resucitará.

24 Marta le contestó*: Yo sé que resucitará en la resurrección[a], en el día final. [a]*Dan. 12:2; Juan 5:28, 29*

25 Jesús le dijo: Yo soy la resurrección y la vida[a]; el que cree en mí, aunque muera, vivirá; [a]*Juan 1:4; 5:26*

26 y todo el que vive y cree en mí, no morirá jamás[a]. ¿Crees esto? [a]*Juan 6:47, 50, 51; 8:51*

27 Ella le dijo*: Sí, Señor; yo he creído que tú eres el Cristo, el Hijo de Dios[a], el que viene al mundo. [a]*Mat. 16:16; Luc. 2:11*

28 Y habiendo dicho esto, se fue y llamó a su hermana María, diciéndole en secreto: El Maestro[a] está aquí, y te llama. [a]Mat. 26:18; Mar. 14:14

29 Tan pronto como ella lo oyó, se levantó* rápidamente y fue hacia El.

30 Pues Jesús aún no había entrado en la aldea, sino que todavía estaba en el lugar donde Marta le había encontrado[a]. [a]Juan 11:20

31 Entonces los judíos que estaban con ella en la casa consolándola[a], cuando vieron que María se levantó de prisa y salió, la siguieron, suponiendo que iba al sepulcro a llorar allí. [a]Juan 11:19

32 Cuando María llegó adonde estaba Jesús, al verle, se arrojó entonces a sus pies, diciéndole: Señor, si hubieras estado aquí, mi hermano no habría muerto[a]. [a]Juan 11:21

33 Y cuando Jesús la vio llorando, y a los judíos que vinieron con ella llorando también, se conmovió profundamente[a] en el espíritu, y se entristeció, [a]Juan 11:38

34 y dijo: ¿Dónde lo pusisteis? Le dijeron*: Señor, ven y ve.

35 Jesús lloró[a]. [a]Luc. 19:41

36 Por eso los judíos decían: Mirad, cómo lo amaba[a]. [a]Juan 11:3

37 Pero algunos de ellos dijeron: ¿No podía éste, que abrió los ojos del ciego[a], haber evitado también que Lázaro muriera? [a]Juan 9:7

Resurrección de Lázaro

38 Entonces Jesús, de nuevo profundamente conmovido en su interior, fue* al sepulcro. Era una cueva, y tenía una piedra puesta sobre ella[a]. [a]Mat. 27:60; Mar. 15:46

39 Jesús dijo*: Quitad la piedra. Marta, hermana del que había muerto, le dijo*: Señor, ya hiede, porque hace cuatro días[a] que murió. [a]Juan 11:17

40 Jesús le dijo*: ¿No te dije que si crees, verás la gloria de Dios[a]? [a]Juan 11:4, 23

41 Entonces quitaron la piedra. Jesús alzó los ojos a lo alto[a], y dijo: Padre, te doy gracias[b] porque me has oído. [a]Juan 17:1 [b]Mat. 11:25

42 Yo sabía que siempre me oyes; pero lo dije por causa de la multitud[a] que me rodea, para que crean que tú me has enviado. [a]Juan 12:30; 17:21

43 Habiendo dicho esto, gritó con fuerte voz: ¡Lázaro, ven fuera!

44 Y el que había muerto salió, los pies y las manos atados[a] con vendas, y el rostro envuelto en un sudario[b]. Jesús les dijo*: Desatadlo, y dejadlo ir. [a]Juan 19:40 [b]Juan 20:7

Complot para matar a Jesús

45 Por esto muchos de los judíos que habían venido a ver a María, y vieron lo que Jesús había hecho, creyeron en El[a]. [a]Juan 2:23; 7:31

46 Pero algunos de ellos fueron a los fariseos[a] y les contaron lo que Jesús había hecho. [a]Juan 7:32, 45; 11:57

47 Entonces los principales sacerdotes y los fariseos[a] convocaron[b] un concilio, y decían: ¿Qué hacemos? Porque este hombre hace muchas señales. [a]Juan 7:32, 45 [b]Mat. 26:3

48 Si le dejamos seguir así, todos van a creer en El, y los romanos vendrán y nos quitarán nuestro lugar[a] y nuestra nación. [a]Mat. 24:15

49 Pero uno de ellos, Caifás, que era sumo sacerdote ese año[a], les dijo: Vosotros no sabéis nada, [a]Juan 11:51; 18:13

50 ni tenéis en cuenta que os es más conveniente que un hombre muera por el pueblo[a], y no que toda la nación perezca. [a]Juan 18:14

51 Ahora bien, no dijo esto de su propia iniciativa, sino que siendo el sumo sacerdote ese año[a], profetizó que Jesús iba a morir por la nación; [a]Juan 18:13

52 y no sólo por la nación, sino también para reunir en uno a los hijos de Dios que están esparcidos[a]. [a]Juan 10:16

53 Así que, desde ese día planearon entre sí para matarle[a]. [a]Mat. 26:4

54 Por eso Jesús ya no andaba públicamente entre los judíos[a], sino que se fue de allí a la región cerca del desierto, a una ciudad llamada Efraín; y se quedó allí con los discípulos. [a]Juan 7:1

55 Y estaba cerca la Pascua de los judíos, y muchos de la región subieron a Jerusalén antes de la Pascua para purificarse[a]. [a]Núm. 9:10; 2 Crón. 30:17, 18

56 Entonces buscaban a Jesús, y estando ellos en el templo, se decían unos a otros: ¿Qué os parece? ¿Que no vendrá a la fiesta[a]? [a]Juan 7:11

57 Y los principales sacerdotes y los fariseos[a] habían dado órdenes de que si alguien sabía dónde estaba Jesús, diera aviso para que le prendieran. [a]Juan 11:47

María unge a Jesús

12 [a]Entonces Jesús, seis días antes de la Pascua, vino a Betania donde estaba Lázaro, al que Jesús había resucitado de entre los muertos. [a]Mat. 26:6-13; Mar. 14:3-9

2 Y le hicieron una cena allí, y Marta[a] servía; pero Lázaro era uno de los que estaban a la mesa con El. [a]Luc. 10:38

3 Entonces María, tomando una libra de perfume de nardo puro[a] que costaba mucho, ungió los pies de Jesús, y se los secó con los cabellos[b], y la casa se llenó con la fragancia del perfume. [a]Luc. 7:37, 38 [b]Mar. 14:3

4 Y Judas Iscariote, uno de sus discípulos, el que le iba a entregar[a], dijo*: [a]Juan 6:71

5 ¿Por qué no se vendió este perfume por trescientos denarios y se dio a los pobres?

6 Pero dijo esto, no porque se preocupara por los pobres, sino porque era un ladrón, y

como tenía la bolsa del dinero[a], sustraía de lo que se echaba en ella[b]. [a]*Juan 13:29* [b]*Luc. 8:3*

7 Entonces Jesús dijo: Déjala, para que lo guarde para el día de mi sepultura[a]. [a]*Juan 19:40*

8 Porque a los pobres siempre los tendréis con vosotros; pero a mí no siempre me tendréis[a]. [a]*Deut. 15:11; Mat. 26:11*

Conspiración para matar a Lázaro

9 Entonces la gran multitud de judíos se enteró de que *Jesús* estaba allí; y vinieron no sólo por causa de Jesús, sino también por ver a Lázaro, a quien había resucitado de entre los muertos[a]. [a]*Juan 11:43, 44; 12:1, 17, 18*

10 Pero los principales sacerdotes resolvieron matar también a Lázaro;

11 porque por causa de él[a] muchos de los judíos se apartaban y creían en Jesús. [a]*Juan 11:45, 46; 12:18*

La entrada triunfal

12 Al día siguiente, [a]cuando la gran multitud que había venido a la fiesta, oyó que Jesús venía a Jerusalén, [a]*Mat. 21:4-9; Mar. 11:7-10*

13 tomaron hojas de las palmas y salieron a recibirle, y gritaban: ¡Hosanna! BENDITO EL QUE VIENE EN EL NOMBRE DEL SEÑOR[a], el Rey de Israel. [a]*Sal. 118:26*

14 Jesús, hallando un asnillo, se montó en él; como está escrito:

15 NO TEMAS, HIJA DE SION; HE AQUI, TU REY VIENE, MONTADO EN UN POLLINO DE ASNA[a]. [a]*Zac. 9:9*

16 Sus discípulos no entendieron esto al principio[a], pero *después*, cuando Jesús fue glorificado, entonces se acordaron de que esto se había escrito de El, y de que le habían hecho estas cosas. [a]*Mar. 9:32; Juan 2:22*

17 Y así, la multitud que estaba con El cuando llamó a Lázaro del sepulcro y lo resucitó de entre los muertos[a], daba testimonio *de El.* [a]*Juan 11:42*

18 Por eso la multitud fue también a recibirle[a], porque habían oído que El había hecho esta señal. [a]*Luc. 19:37; Juan 12:12*

19 Entonces los fariseos se decían unos a otros: ¿Veis que no conseguís nada? Mirad, *todo* el mundo se ha ido tras El.

Unos griegos buscan a Jesús

20 Y había unos griegos[a] entre los que subían a adorar en la fiesta; [a]*Juan 7:35*

21 éstos, pues, fueron a Felipe, que era de Betsaida[a] de Galilea, y le rogaban, diciendo: Señor, queremos ver a Jesús. [a]*Mat. 11:21*

22 Felipe fue* y se lo dijo* a Andrés[a]; Andrés y Felipe fueron* y se lo dijeron* a Jesús. [a]*Juan 1:44*

23 Jesús les respondió*, diciendo: Ha llegado la hora para que el Hijo del Hombre sea glorificado[a]. [a]*Juan 7:39; 12:16*

24 En verdad, en verdad os digo que si el grano de trigo no cae en tierra y muere, queda él solo; pero si muere, produce mucho fruto[a]. [a]*Rom. 14:9; 1 Cor. 15:36*

25 El que ama su vida la pierde; y el que aborrece su vida[a] en este mundo, la conservará para vida eterna. [a]*Mat. 16:25; Mar. 8:35*

26 Si alguno me sirve, que me siga; y donde yo estoy, allí también estará mi servidor[a]; si alguno me sirve, el Padre lo honrará. [a]*Juan 14:3; 17:24*

Discurso de Jesús sobre su muerte

27 Ahora mi alma se ha angustiado[a]; y ¿qué diré: "Padre, sálvame de esta hora"? Pero para esto he llegado a esta hora. [a]*Mat. 26:38; Mar. 14:34*

28 Padre, glorifica tu nombre. Entonces vino una voz del cielo[a]: Y *le* he glorificado, y de nuevo *lo* glorificaré. [a]*Mat. 3:17; 17:5*

29 Por eso la multitud que estaba *allí* y *la* oyó, decía que había sido un trueno; otros decían: Un ángel le ha hablado[a]. [a]*Hech. 23:9*

30 Respondió Jesús y dijo: Esta voz no ha venido por causa mía, sino por causa de vosotros[a]. [a]*Juan 11:42*

31 Ya está aquí el juicio de este mundo; ahora el príncipe de este mundo[a] será echado fuera. [a]*Juan 14:30; 16:11*

32 Y yo, si soy levantado de la tierra[a], atraeré a todos a mí mismo[b]. [a]*Juan 3:14* [b]*Juan 6:44*

33 Pero El decía esto para indicar de qué clase de muerte iba a morir[a]. [a]*Juan 18:32; 21:19*

34 Entonces la multitud le respondió: Hemos oído en la ley que el Cristo permanecerá para siempre[a]; ¿y cómo dices tú: "El Hijo del Hombre tiene que ser levantado"? ¿Quién es este Hijo del Hombre? [a]*Sal. 110:4; Isa. 9:7*

35 Jesús entonces les dijo: Todavía, por un poco de tiempo, la luz estará entre vosotros. Caminad mientras tenéis la luz, para que no os sorprendan las tinieblas; el que anda en la oscuridad no sabe adónde va[a]. [a]*1 Jn. 1:6; 2:11*

36 Mientras tenéis la luz, creed en la luz, para que seáis hijos de luz[a].

Estas cosas habló Jesús, y se fue y se ocultó de ellos. [a]*Luc. 16:8; Juan 8:12*

37 Pero aunque había hecho tantas señales delante de ellos, no creían en El,

38 para que se cumpliera la palabra del profeta Isaías, que dijo: SEÑOR, ¿QUIEN HA CREIDO A NUESTRO ANUNCIO? ¿Y A QUIEN SE HA REVELADO EL BRAZO DEL SEÑOR[a]? [a]*Isa. 53:1; Rom. 10:16*

39 Por eso no podían creer, porque Isaías dijo también:

40 EL HA CEGADO SUS OJOS Y ENDURECIDO SU CORAZON[a], PARA QUE NO VEAN CON LOS OJOS Y ENTIENDAN CON EL CORAZON, Y SE CONVIERTAN Y YO LOS SANE. [a]*Mar. 6:52*

41 Esto dijo Isaías porque vio su gloria[a], y habló de El. [a]*Isa. 6:1*

42 Sin embargo, muchos, aun de los gobernantes, creyeron en El[a], pero por causa de los fariseos no lo confesaban, para no ser expulsados de la sinagoga[b]. [a]*Juan 7:48* [b]*Juan 9:22*

43 Porque amaban más el reconocimiento de los hombres que el reconocimiento de Dios[a]. [a]*Juan 5:41, 44*

Juzgados por la palabra de Jesús

44 Jesús exclamó y dijo: El que cree en mí, no cree en mí, sino en aquel que me ha enviado[a]. [a]*Mat. 10:40; Juan 5:24*

45 Y el que me ve, ve al que me ha enviado[a]. [a]*Juan 14:9*

46 Yo, la luz, he venido al mundo, para que todo el que cree en mí no permanezca en tinieblas[a]. [a]*Juan 1:4; 3:19*

47 Si alguno oye mis palabras y no las guarda, yo no lo juzgo; porque no vine a juzgar al mundo, sino a salvar al mundo[a]. [a]*Juan 3:17; 8:15, 16*

48 El que me rechaza[a] y no recibe mis palabras, tiene quien lo juzgue; la palabra que he hablado[b], ésa lo juzgará en el día final. [a]*Luc. 10:16* [b]*Deut. 18:18, 19*

49 Porque yo no he hablado por mi propia cuenta, sino que el Padre mismo que me ha enviado me ha dado mandamiento[a] *sobre* lo que he de decir y lo que he de hablar. [a]*Juan 14:31; 17:8*

50 Y sé que su mandamiento es vida eterna[a]; por eso lo que hablo, lo hablo tal como el Padre me lo ha dicho[b]. [a]*Juan 6:68* [b]*Juan 5:19*

Jesús lava los pies a sus discípulos

13 Antes de la fiesta de la Pascua[a], sabiendo Jesús que su hora había llegado para pasar de este mundo al Padre[b], habiendo amado a los suyos que estaban en el mundo, los amó hasta el fin. [a]*Juan 2:13* [b]*Juan 13:3*

2 Y durante la cena, como ya el diablo había puesto en el corazón de Judas Iscariote, *hijo* de Simón, el que lo entregara, [a]*Juan 6:70; 13:27*

3 *Jesús*, sabiendo que el Padre había puesto todas las cosas en sus manos[a], y que de Dios había salido[b] y a Dios volvía, [a]*Juan 3:35* [b]*Juan 8:42*

4 se levantó* de la cena y se quitó* su manto, y tomando una toalla, se la ciñó[a]. [a]*Luc. 12:37; 17:8*

5 Luego echó* agua en una vasija, y comenzó a lavar los pies[a] de los discípulos y a secárselos con la toalla que tenía ceñida. [a]*Gén. 18:4; 19:2*

6 Entonces llegó* a Simón Pedro. Este le dijo*: Señor, ¿tú lavarme a mí los pies?

7 Jesús respondió, y le dijo: Ahora tú no comprendes lo que yo hago, pero lo entenderás después[a]. [a]*Juan 13:12*

8 Pedro le contestó*: ¡Jamás me lavarás[a] los pies! Jesús le respondió: Si no te lavo, no tienes parte conmigo. [a]*Sal. 51:2, 7; Ezeq. 36:25*

9 Simón Pedro le dijo*: Señor, *entonces* no sólo los pies, sino también las manos y la cabeza.

10 Jesús le dijo*: El que se ha bañado no necesita lavarse, excepto los pies, pues está todo limpio; y vosotros estáis limpios[a], pero no todos. [a]*Juan 15:3; Ef. 5:26*

11 Porque sabía quién le iba a entregar[a]; por eso dijo: No todos estáis limpios. [a]*Juan 6:64; 13:2*

Jesús, ejemplo supremo de humildad

12 Entonces, cuando acabó de lavarles los pies, tomó su manto[a], y sentándose *a la mesa* otra vez, les dijo: ¿Sabéis lo que os he hecho? [a]*Juan 13:4*

13 Vosotros me llamáis Maestro y Señor[a]; y tenéis razón, porque lo soy. [a]*Juan 11:2; 1 Cor. 12:3*

14 Pues si yo, el Señor[a] y el Maestro, os lavé los pies, vosotros también debéis lavaros los pies unos a otros. [a]*Juan 11:2; 1 Cor. 12:3*

15 Porque os he dado ejemplo[a], para que como yo os he hecho, vosotros también hagáis. [a]*1 Ped. 5:3*

16 En verdad, en verdad os digo: un siervo no es mayor que su señor[a], ni un enviado es mayor que el que le envió. [a]*Mat. 10:24; Luc. 6:40*

17 Si sabéis esto, seréis felices si lo practicáis[a]. [a]*Mat. 7:24; Luc. 11:28*

18 No hablo de todos vosotros; yo conozco a los que he escogido; pero *es* para que se cumpla la Escritura: "EL QUE COME MI PAN HA LEVANTADO CONTRA MI SU CALCAÑAR[a]." [a]*Sal. 41:9; Mat. 26:21*

19 Os lo digo desde ahora, antes de que pase, para que cuando suceda, creáis[a] que yo soy[b]. [a]*Juan 14:29* [b]*Juan 8:24*

20 En verdad, en verdad os digo: el que recibe al que yo envíe, me recibe a mí; y el que me recibe a mí, recibe al que me envió[a]. [a]*Mat. 10:40; Mar. 9:37*

Jesús identifica al traidor

21 Habiendo dicho Jesús esto, se angustió en espíritu[a], y testificó y dijo: En verdad, en verdad os digo que uno de vosotros me entregará. [a]*Juan 11:33*

22 Los discípulos se miraban unos a otros, y estaban perplejos *sin saber* de quién hablaba[a]. [a]*Mat. 26:21; Mar. 14:18*

23 Uno de sus discípulos, el que Jesús amaba, estaba *a la mesa* reclinado en el pecho de Jesús[a]. [a]*Juan 1:18*

24 Por eso Simón Pedro le hizo* señas, y le dijo*: Di*nos de quién habla.

25 El, recostándose de nuevo sobre el pecho de Jesús, le dijo*: Señor, ¿quién es*? ª*Juan 21:20*

26 Entonces Jesús respondió*: Es aquel a quien yo daré el bocado que voy a mojar. Y después de mojar el bocado, lo tomó* y se lo dio* a Judas, *hijo* de Simón Iscariote*. ª*Juan 6:71*

27 Y después del bocado, Satanás entró en él*. Entonces Jesús le dijo*: Lo que vas a hacer, hazlo pronto. ª*Luc. 22:3; Juan 13:2*

28 Pero ninguno de los que estaban sentados *a la mesa* entendió por qué le dijo esto.

29 Porque algunos pensaban que como Judas tenía la bolsa del dinero*, Jesús le decía: Compra lo que necesitamos para la fiesta, o que diera algo a los pobres. ª*Juan 12:6*

30 Y Judas, después de recibir el bocado, salió inmediatamente; y *ya* era de noche*. ª*Luc. 22:53*

Un mandamiento nuevo

31 Entonces, cuando salió, Jesús dijo*: Ahora es glorificado el Hijo del Hombre, y Dios es glorificado en El*. ª*Juan 14:13; 17:4*

32 Si Dios es glorificado en El, Dios también le glorificará en sí mismo*, y le glorificará enseguida. ª*Juan 17:1*

33 Hijitos, estaré con vosotros un poco más de tiempo*. Me buscaréis, y como dije a los judíos, ahora también os digo a vosotros: adonde yo voy, vosotros no podéis ir*. ª*Juan 7:33* b*Juan 7:34*

34 Un mandamiento nuevo os doy: que os améis los unos a los otros*; que como yo os he amado, así también os améis los unos a los otros. ª*Lev. 19:18; Mat. 5:44*

35 En esto conocerán todos que sois mis discípulos, si os tenéis amor los unos a los otros*. ª*1 Jn. 3:14; 4:20*

Jesús predice la negación de Pedro

36 Simón Pedro le dijo*: Señor, ¿adónde vas? Jesús respondió: Adonde yo voy, tú no me puedes seguir ahora, pero me seguirás después. ª*Juan 13:33; 14:2*

37 Pedro le dijo*: Señor, ¿por qué no te puedo seguir ahora mismo? ¡Yo daré mi vida por ti! ª*Mat. 26:33-35; Mar. 14:29-31*

38 Jesús *le* respondió*: ¿Tu vida darás por mí? En verdad, en verdad te digo: no cantará el gallo sin que antes me hayas negado tres veces*. ª*Mar. 14:30; Juan 18:27*

Palabras de consuelo y dirección

14 No se turbe vuestro corazón*; creed en Dios, creed también en mí. ª*Juan 14:27; 16:22, 24*

2 En la casa de mi Padre hay muchas moradas; si no *fuera así*, os lo hubiera dicho; por-

que voy a preparar un lugar para vosotros*. ª*Juan 13:33, 36*

3 Y si me voy y preparo un lugar para vosotros, vendré otra vez* y os tomaré conmigo; para que donde yo estoy, *allí* estéis también vosotros*. ª*Juan 14:18, 28* b*Juan 12:26*

4 Y conocéis el camino adonde voy.

5 Tomás* le dijo*: Señor, *si* no sabemos adónde vas, ¿cómo vamos a conocer el camino? ª*Juan 11:16*

6 Jesús le dijo*: Yo soy el camino*, y la verdad, y la vida; nadie viene al Padre sino por mí. ª*Juan 10:9; Rom. 5:2*

7 Si me hubierais conocido, también hubierais conocido a mi Padre*; desde ahora le conocéis y le habéis visto. ª*Juan 8:19*

8 Felipe* le dijo*: Señor, muéstranos al Padre, y nos basta. ª*Juan 1:43*

9 Jesús le dijo*: ¿Tanto tiempo he estado con vosotros, y *todavía* no me conoces, Felipe? El que me ha visto a mí, ha visto al Padre*; ¿cómo dices tú: "Muéstranos al Padre"? ª*Juan 1:14; 12:45*

10 ¿No crees que yo estoy en el Padre, y el Padre en mí*? Las palabras que yo os digo, no las hablo por mí propia cuenta, sino que el Padre que mora en mí es el que hace las obras*. ª*Juan 10:38* b*Juan 5:19*

11 Creedme que yo estoy en el Padre*, y el Padre en mí; y si no, creed por las obras mismas*. ª*Juan 10:38* b*Juan 5:36*

12 En verdad, en verdad os digo: el que cree en mí, las obras que yo hago, él las hará también; y aun mayores que éstas* hará, porque yo voy al Padre. ª*Juan 4:37, 38; 5:20*

13 Y todo lo que pidáis en mi nombre, lo haré*, para que el Padre sea glorificado en el Hijo. ª*Mat. 7:7*

14 Si me pedís algo en mi nombre, yo *lo* haré*. ª*Juan 15:16; 16:23, 24*

La promesa del Espíritu Santo

15 Si me amáis, guardaréis mis mandamientos*. ª*Juan 14:21, 23; 15:10*

16 Y yo rogaré al Padre, y El os dará otro Consolador* para que esté con vosotros para siempre; ª*Juan 7:39; 14:26*

17 *es decir*, el Espíritu de verdad*, a quien el mundo no puede recibir, porque ni le ve ni le conoce, *pero* vosotros sí le conocéis porque mora con vosotros y estará en vosotros. ª*Juan 15:26; 16:13*

18 No os dejaré huérfanos; vendré a vosotros*. ª*Juan 14:3, 28*

19 Un poco más de tiempo y el mundo no me verá más, pero vosotros me veréis*; porque yo vivo, vosotros también viviréis*. ª*Juan 16:16, 22* b*Juan 6:57*

20 En ese día conoceréis que yo estoy en mi Padre[a], y vosotros en mí, y yo en vosotros.
[a]*Juan 10:38; 14:11*

21 El que tiene mis mandamientos y los guarda, ése es el que me ama[a]; y el que me ama será amado por mi Padre; y yo lo amaré y me manifestaré a él. [a]*Juan 14:15, 23; 15:10*

22 Judas (no el Iscariote) le dijo*: Señor, ¿y qué ha pasado que te vas a manifestar a nosotros y no al mundo[a]? [a]*Hech. 10:40, 41*

23 Jesús respondió, y le dijo: Si alguno me ama, guardará mi palabra; y mi Padre lo amará[a], y vendremos a él, y haremos con él morada. [a]*Juan 14:21*

24 El que no me ama, no guarda mis palabras; y la palabra que oís no es mía, sino del Padre que me envió[a]. [a]*Juan 7:16; 14:10*

25 Estas cosas os he dicho estando con vosotros.

26 Pero el Consolador, el Espíritu Santo, a quien el Padre enviará en mi nombre, El os enseñará todas las cosas[a], y os recordará todo lo que os he dicho. [a]*Juan 16:13, 14; 1 Jn. 2:20, 27*

La paz de Cristo

27 La paz os dejo, mi paz os doy[a]; no os la doy como el mundo la da. No se turbe vuestro corazón, ni tenga miedo. [a]*Juan 16:33; 20:19*

28 Oísteis que yo os dije: "Me voy, y vendré a vosotros[a]." Si me amarais, os regocijaríais porque voy al Padre[b], ya que el Padre es mayor que yo. [a]*Juan 14:2-4, 18* [b]*Juan 14:12*

29 Y os lo he dicho ahora, antes que suceda, para que cuando suceda, creáis[a]. [a]*Juan 13:19*

30 No hablaré mucho más con vosotros, porque viene el príncipe de este mundo[a], y él no tiene nada en mí; [a]*Juan 12:31*

31 pero para que el mundo sepa que yo amo al Padre, y como el Padre me mandó[a], así hago. Levantaos, vámonos de aquí. [a]*Juan 10:18; 12:49*

Jesús, la vid verdadera

15 Yo soy la vid verdadera[a], y mi Padre es el viñador. [a]*Sal. 80:8; Isa. 5:1*

2 Todo sarmiento que en mí no da fruto, lo quita; y todo *el* que da fruto, lo poda para que dé más fruto.

3 Vosotros ya estáis limpios por la palabra[a] que os he hablado. [a]*Juan 13:10; 17:17*

4 Permaneced en mí[a], y yo en vosotros. Como el sarmiento no puede dar fruto por sí mismo si no permanece en la vid, así tampoco vosotros si no permanecéis en mí. [a]*Juan 6:56; 15:4-7*

5 Yo soy la vid, vosotros los sarmientos; el que permanece en mí y yo en él, ése da mucho fruto[a], porque separados de mí nada podéis hacer. [a]*Juan 15:16*

6 Si alguno no permanece en mí, es echado fuera como un sarmiento[a] y se seca; y los recogen, los echan al fuego y se queman. [a]*Juan 15:2*

7 Si permanecéis en mí, y mis palabras permanecen en vosotros, pedid lo que queráis y os será hecho[a]. [a]*Mat. 7:7; Juan 15:16*

8 En esto es glorificado mi Padre[a], en que deis mucho fruto, y *así* probéis que sois mis discípulos[b]. [a]*Mat. 5:16* [b]*Juan 8:31*

9 Como el Padre me ha amado[a], *así* también yo os he amado; permaneced en mi amor. [a]*Juan 3:35; 17:23, 24, 26*

10 Si guardáis mis mandamientos, permaneceréis en mi amor, así como yo he guardado los mandamientos de mi Padre[a] y permanezco en su amor. [a]*Juan 8:29*

11 Estas cosas os he hablado, para que mi gozo esté en vosotros, y vuestro gozo sea perfecto[a]. [a]*Juan 3:29; 17:13*

12 Este es mi mandamiento: que os améis los unos a los otros, así como yo os he amado[a]. [a]*Juan 13:34; 15:17*

13 Nadie tiene un amor mayor que éste: que uno dé su vida[a] por sus amigos. [a]*Juan 10:11; Rom. 5:7, 8*

14 Vosotros sois mis amigos si hacéis lo que yo os mando[a]. [a]*Mat. 12:50*

15 Ya no os llamo siervos, porque el siervo no sabe lo que hace su señor; pero os he llamado amigos, porque os he dado a conocer todo lo que he oído de mi Padre[a]. [a]*Juan 8:26; 16:12*

16 Vosotros no me escogisteis a mí, sino que yo os escogí a vosotros[a], y os designé para que vayáis y deis fruto, y que vuestro fruto permanezca; para que todo lo que pidáis al Padre en mi nombre os *lo* conceda. [a]*Juan 6:70; 13:18*

17 Esto os mando: que os améis los unos a los otros[a]. [a]*Juan 15:12*

18 Si el mundo os odia, sabéis que me ha odiado a mí[a] antes que a vosotros. [a]*Juan 7:7; 1 Jn. 3:13*

19 Si fuerais del mundo, el mundo amaría lo suyo; pero como no sois del mundo, sino que yo os escogí de entre el mundo, por eso el mundo os odia[a]. [a]*Mat. 10:22; 24:9*

20 Acordaos de la palabra que yo os dije: "Un siervo no es mayor que su señor." Si me persiguieron a mí, también os perseguirán a vosotros[a]; si guardaron mi palabra, también guardarán la vuestra. [a]*1 Cor. 4:12; 2 Cor. 4:9*

21 Pero todo esto os harán por causa de mi nombre, porque no conocen al que me envió[a]. [a]*Juan 8:19, 55; 16:3*

22 Si yo no hubiera venido y no les hubiera hablado, no tendrían pecado[a], pero ahora no tienen excusa por su pecado. [a]*Juan 9:41; 15:24*

23 El que me odia a mí, odia también a mi Padre.

24 Si yo no hubiera hecho entre ellos las obras[a] que ningún otro ha hecho, no tendrían

pecado; pero ahora las han visto, y me han odiado a mí y también a mi Padre. ªJuan 5:36; 10:37

25 Pero *han hecho esto* para que se cumpla la palabra que está escrita en su leyª: "ME ODIARON SIN CAUSAᵇ." ªJuan 10:34 ᵇSal. 35:19

26 Cuando venga el Consoladorª, a quien yo enviaré del Padre, *es decir,* el Espíritu de verdad que procede del Padre, El dará testimonio de mí, ªJuan 14:16

27 y vosotros daréis testimonio tambiénª, porque habéis estado conmigo desde el principio. ªLuc. 24:48; Juan 19:35

16 Estas cosas os he dichoª para que no tengáis tropiezo. ªJuan 15:18-27

2 Os expulsarán de la sinagogaª; pero viene la hora cuando cualquiera que os mate pensará que *así* rinde un servicio a Dios. ªJuan 9:22

3 Y harán estas cosas porque no han conocido ni al Padre ni a míª. ªJuan 8:19, 55; 15:21

4 Pero os he dicho estas cosas para que cuando llegue la horaª, os acordéis de que ya os había hablado de ellas. Y no os dije estas cosas al principio, porque yo estaba con vosotros. ªJuan 13:19

5 Pero ahora voy al que me envióª, y ninguno de vosotros me pregunta: "¿Adónde vas?" ªJuan 7:33; 16:10, 17, 28

6 Mas porque os he dicho estas cosas, la tristeza ha llenado vuestro corazónª. ªJuan 14:1; 16:22

La obra del Espíritu Santo

7 Pero yo os digo la verdad: os conviene que yo me vaya; porque si no me voy, el Consoladorª no vendrá a vosotros; pero si me voy, os lo enviaréᵇ. ªJuan 14:16 ᵇJuan 14:26

8 Y cuando El venga, convencerá al mundo de pecado, de justicia y de juicio;

9 de pecado, porque no creen en míª; ªJuan 15:22, 24

10 de justiciaª, porque yo voy al Padre y no me veréis más; ªHech. 3:14; 7:52

11 y de juicio, porque el príncipe de este mundo ha sido juzgadoª. ªJuan 12:31

12 Aún tengo muchas cosas que deciros, pero ahora no *las* podéis soportar.

13 Pero cuando El, el Espíritu de verdadª, venga, os guiará a toda la verdad, porque no hablará por su propia cuenta, sino que hablará todo lo que oiga, y os hará saberᵇ lo que habrá de venir. ªJuan 14:17 ᵇJuan 14:26

14 El me glorificaráª, porque tomará de lo mío y os *lo* hará saber. ªJuan 7:39

15 Todo lo que tiene el Padre es míoª; por eso dije que El toma de lo mío y os *lo* hará saber. ªJuan 17:10

16 Un poco *más,* y ya no me veréisª; y de nuevo un poco, y me veréis. ªJuan 14:18-24; 16:16-24

17 Entonces *algunos* de sus discípulos se decían unos a otros: ¿Qué es esto que nos dice: "Un poco *más,* y no me veréis, y de nuevo un poco, y me veréis" y "Porque yo voy al Padreª"? ªJuan 16:5

18 Por eso decían: ¿Qué es esto que dice: "Un poco"? No sabemos de qué habla.

19 Jesús sabía que querían preguntarleª, y les dijo: ¿Estáis discutiendo entre vosotros sobre esto, porque dije: "Un poco más, y no me veréis, y de nuevo un poco, y me veréis"? ªMar. 9:32; Juan 6:61

20 En verdad, en verdad os digo que lloraréis y os lamentaréisª, pero el mundo se alegrará; estaréis tristes, pero vuestra tristeza se convertirá en alegríaᵇ. ªMar. 16:10 ᵇJuan 20:20

21 Cuando la mujer está para dar a luz, tiene aflicción, porque ha llegado su hora; pero cuando da a luz al niño, ya no se acuerda de la angustia, por la alegría de que un niño haya nacido en el mundo. ªIsa. 13:8; 21:3

22 Por tanto, ahora vosotros tenéis también aflicciónª; pero yo os veré otra vezᵇ, y vuestro corazón se alegrará, y nadie os quitará vuestro gozo. ªJuan 16:6 ᵇJuan 16:16

23 En aquel día no me preguntaréis nadaª. En verdad, en verdad os digo: si pedís algo al Padre, os *lo* dará en mi nombreᵇ. ªJuan 16:19, 30 ᵇJuan 15:16

24 Hasta ahora nada habéis pedido en mi nombreª; pedid y recibiréis, para que vuestro gozo sea completo. ªJuan 14:14

25 Estas cosas os he hablado en lenguaje figuradoª; viene el tiempo cuando no os hablaré más en lenguaje figurado, sino que os hablaré del Padre claramente. ªMat. 13:34; Juan 10:6

26 En ese día pediréisª en mi nombre, y no os digo que yo rogaré al Padre por vosotros,

27 pues el Padre mismo os ama, porque vosotros me habéis amadoª y habéis creído que yo salí del Padreᵇ. ªJuan 14:21, 23 ᵇJuan 8:42

28 Salí del Padre y he venido al mundo; de nuevo, dejo el mundo y voy al Padreª. ªJuan 13:1, 3; 16:5, 10, 17

29 Sus discípulos le dijeron*: He aquí que ahora hablas claramente y no usas lenguaje figuradoª. ªMat. 13:34; Juan 10:6

30 Ahora entendemos que tú sabes todas las cosas, y no necesitas que nadie te pregunte; por esto creemosª que tú viniste de Dios. ªJuan 2:11

31 Jesús les respondió: ¿Ahora creéis?

32 Mirad, la hora viene, y *ya* ha llegado, en que seréis esparcidosª, cada uno por su lado, y me dejaréis solo; y *sin embargo* no estoy soloᵇ, porque el Padre está conmigo. ªZac. 13:7 ᵇJuan 8:29

33 Estas cosas os he hablado para que en mí tengáis paz[a]. En el mundo tenéis tribulación; pero confiad, yo he vencido al mundo[b].

[a]*Juan 14:27* [b]*Rom. 8:37*

Oración intercesora de Jesús

17 Estas cosas habló Jesús, y alzando los ojos al cielo[a], dijo: Padre, la hora ha llegado; glorifica a tu Hijo, para que el Hijo te glorifique a ti[b]. [a]*Juan 11:41* [b]*Juan 7:39*

2 por cuanto le diste autoridad sobre todo ser humano[a] para que dé vida eterna[b] a todos los que tú le has dado. [a]*Juan 3:35* [b]*Juan 6:37, 39*

3 Y esta es la vida eterna: que te conozcan a ti, el único Dios verdadero[a], y a Jesucristo, a quien has enviado. [a]*Juan 5:44*

4 Yo te glorifiqué[a] en la tierra, habiendo terminado la obra que me diste que hiciera[b]. [a]*Juan 13:31* [b]*Luc. 22:37*

5 Y ahora, glorifícame tú, Padre, junto a ti, con la gloria que tenía contigo antes que el mundo existiera[a]. [a]*Juan 1:1; 8:58*

6 He manifestado tu nombre a los hombres que del mundo me diste[a]; eran tuyos y me los diste, y han guardado tu palabra. [a]*Juan 6:37, 39; 17:2, 9, 24*

7 Ahora han conocido que todo lo que me has dado viene de ti;

8 porque yo les he dado las palabras[a] que me diste; y *las* recibieron, y entendieron que en verdad salí de ti[b], y creyeron que tú me enviaste. [a]*Juan 6:68* [b]*Juan 16:27, 30*

9 Yo ruego por ellos[a]; no ruego por el mundo[b], sino por los que me has dado; porque son tuyos; [a]*Luc. 22:32* [b]*Luc. 23:34*

10 y todo lo mío es tuyo, y lo tuyo, mío[a]; y he sido glorificado en ellos. [a]*Juan 16:15*

11 Ya no estoy en el mundo, *pero* ellos sí están en el mundo, y yo voy a ti. Padre santo, guárdalos en tu nombre, el *nombre* que me has dado, para que sean uno, así como nosotros[a]. [a]*Juan 17:21, 22; Rom. 12:5*

12 Cuando estaba con ellos, los guardaba en tu nombre, el *nombre* que me diste; y los guardé y ninguno se perdió, excepto el hijo de perdición[a], para que la Escritura se cumpliera[b]. [a]*Juan 6:70* [b]*Sal. 41:9*

13 Pero ahora voy a ti[a]; y hablo esto en el mundo para que tengan mi gozo completo en sí mismos[b]. [a]*Juan 7:33* [b]*Juan 3:29*

14 Yo les he dado tu palabra y el mundo los ha odiado[a], porque no son del mundo, como tampoco yo soy del mundo. [a]*Juan 15:19*

15 No te ruego que los saques del mundo, sino que los guardes del maligno[a]. [a]*Mat. 5:37*

16 Ellos no son del mundo, como tampoco yo soy del mundo[a]. [a]*Juan 17:14*

17 Santifícalos en la verdad; tu palabra es verdad[a]. [a]*Juan 15:3*

18 Como tú me enviaste al mundo, yo también los he enviado[a] al mundo. [a]*Mat. 10:5; Juan 4:38*

19 Y por ellos yo me santifico, para que ellos también sean santificados[a] en la verdad. [a]*Juan 15:3*

20 Mas no ruego sólo por éstos, sino también por los que han de creer en mí por la palabra de ellos,

21 para que todos sean uno. Como tú, oh Padre, *estás* en mí y yo en ti[a], que también ellos estén en nosotros, para que el mundo crea que tú me enviaste. [a]*Juan 10:38; 17:11, 23*

22 La gloria que me diste[a] les he dado, para que sean uno, así como nosotros somos uno: [a]*Juan 1:14; 17:24*

23 yo en ellos, y tú en mí, para que sean perfeccionados en unidad[a], para que el mundo sepa que tú me enviaste, y que los amaste[b] tal como me has amado a mí. [a]*Juan 10:38* [b]*Juan 16:27*

24 Padre, quiero que los que me has dado, estén también conmigo donde yo estoy, para que vean mi gloria, la *gloria* que me has dado; porque me has amado desde antes de la fundación del mundo[a]. [a]*Mat. 25:34; Juan 17:5*

25 Oh Padre justo[a], aunque el mundo no te ha conocido, yo te he conocido, y éstos han conocido que tú me enviaste. [a]*Juan 17:11; 1 Jn. 1:9*

26 Yo les he dado a conocer tu nombre[a], y lo daré a conocer, para que el amor con que me amaste[b] esté en ellos y yo en ellos. [a]*Juan 17:6* [b]*Juan 15:9*

Traición y arresto de Jesús

18 Después de haber dicho esto, Jesús salió con sus discípulos al otro lado del torrente Cedrón, donde había un huerto[a] en el cual entró El con sus discípulos. [a]*Mat. 26:36; Mar. 14:32*

2 También Judas, el que le iba a entregar, conocía el lugar, porque Jesús se había reunido allí a menudo con sus discípulos[a]. [a]*Luc. 21:37; 22:39*

3 [a]Entonces Judas, tomando la cohorte *romana*, y a *varios* alguaciles de los principales sacerdotes y de los fariseos, fue* allá con linternas, antorchas y armas. [a]*Mat. 26:47-56; Mar. 14:43-50*

4 Jesús, pues, sabiendo[a] todo lo que le iba a sobrevenir, salió y les dijo*: ¿A quién buscáis?

5 Ellos le respondieron: A Jesús el Nazareno. El les dijo*: Yo soy. Y Judas, el que le entregaba, estaba con ellos.

6 Y cuando El les dijo: Yo soy, retrocedieron y cayeron a tierra.

7 Jesús entonces volvió a preguntarles: ¿A quién buscáis[a]? Y ellos dijeron: A Jesús el Nazareno. [a]*Juan 18:4*

8 Respondió Jesús: Os he dicho que yo soy; por tanto, si me buscáis a mí, dejad ir a éstos; 9 para que se cumpliera la palabra que había dicho: De los que me diste, no perdí ninguno[a].

[a]Juan 17:12

10 Entonces Simón Pedro, que tenía una espada, la sacó e hirió al siervo del sumo sacerdote[a], y le cortó la oreja derecha. El siervo se llamaba Malco. [a]Mat. 26:51; Mar. 14:47
11 Jesús entonces dijo a Pedro: Mete la espada en la vaina. La copa que el Padre me ha dado, ¿acaso no la he de beber[a]? [a]Mat. 20:22; 26:39
12 [a]Entonces la cohorte *romana*, el comandante y los alguaciles de los judíos prendieron a Jesús y le ataron, [a]Mat. 26:57
13 y le llevaron primero ante Anás, porque era suegro de Caifás, que era sumo sacerdote ese año[a]. [a]Mat. 26:3; Juan 11:49, 51
14 Y Caifás era el que había aconsejado a los judíos que convenía que un hombre muriera por el pueblo[a]. [a]Juan 11:50

Primera negación de Pedro

15 Y Simón Pedro seguía a Jesús, y *también* otro discípulo[a]. Este discípulo era conocido del sumo sacerdote, y entró con Jesús al patio del sumo sacerdote, [a]Mat. 26:58; Mar. 14:54
16 [a]pero Pedro estaba fuera, a la puerta. Así que el otro discípulo, que era conocido del sumo sacerdote, salió y habló a la portera, e hizo entrar a Pedro. [a]Mat. 26:69, 70; Mar. 14:66-68
17 Entonces la criada que cuidaba la puerta dijo* a Pedro: ¿No eres tú también *uno* de los discípulos de este hombre? *Y* él dijo*: No lo soy[a]. [a]Juan 18:25
18 Y los siervos y los alguaciles estaban de pie calentándose *junto* a unas brasas que habían encendido porque hacía frío; y Pedro estaba también con ellos de pie y calentándose[a]. [a]Mar. 14:54, 67

Jesús ante el sumo sacerdote

19 [a]Entonces el sumo sacerdote interrogó a Jesús acerca de sus discípulos y de sus enseñanzas. [a]Mat. 26:59-68; Mar. 14:55-65
20 Jesús le respondió: Yo he hablado al mundo abiertamente[a]; siempre enseñé en la sinagoga y en el templo, donde se reúnen todos los judíos, y nada he hablado en secreto. [a]Juan 7:26; 8:26
21 ¿Por qué me preguntas a mí? Pregúntales a los que han oído lo que hablé; he aquí, éstos saben lo que he dicho.
22 Cuando dijo esto, uno de los alguaciles[a] que estaba cerca, dio una bofetada a Jesús[b], diciendo: ¿Así respondes al sumo sacerdote? [a]Juan 18:3 [b]Juan 19:3
23 Jesús le respondió: Si he hablado mal, da testimonio de lo que *he hablado* mal; pero si

hablé bien, ¿por qué me pegas[a]? [a]Mat. 5:39; Hech. 23:2-5
24 Anás entonces le envió atado a Caifás, el sumo sacerdote. [a]Juan 18:13

Pedro niega a Jesús otra vez

25 [a]Simón Pedro estaba de pie, calentándose; entonces le dijeron: ¿No eres tú también *uno* de sus discípulos? Él lo negó y dijo: No lo soy. [a]Mat. 26:71-75; Mar. 14:69-72
26 Uno de los siervos del sumo sacerdote, que era pariente de aquel a quien Pedro le había cortado la oreja[a], dijo*: ¿No te vi yo en el huerto con Él[b]? [a]Juan 18:10 [b]Juan 18:1
27 Y Pedro *lo* negó otra vez, y al instante cantó un gallo[a]. [a]Juan 13:38

Jesús ante Pilato

28 Entonces llevaron* a Jesús[a] *de casa* de Caifás al Pretorio. Era muy de mañana. Y ellos no entraron al Pretorio para no contaminarse y poder comer la Pascua. [a]Mat. 27:2; Mar. 15:1
29 [a]Pilato entonces salió fuera hacia ellos y dijo*: ¿Qué acusación traéis contra este hombre? [a]Mat. 27:11-14; Mar. 15:2-5
30 Ellos respondieron, y le dijeron: Si este hombre no fuera malhechor, no te lo hubiéramos entregado.
31 Entonces Pilato les dijo: Llevadle vosotros, y juzgadle conforme a vuestra ley. Los judíos le dijeron: A nosotros no nos es permitido dar muerte a nadie.
32 Para que se cumpliera la palabra que Jesús había hablado, dando a entender de qué clase de muerte iba a morir[a]. [a]Mat. 20:19; 26:2

Diálogo entre Jesús y Pilato

33 Entonces Pilato volvió a entrar al Pretorio, y llamó a Jesús y le dijo: ¿Eres tú el Rey de los judíos[a]? [a]Luc. 23:3; Juan 19:12
34 Jesús respondió: ¿Esto lo dices por tu cuenta, o *porque* otros te lo han dicho de mí?
35 Pilato respondió: ¿Acaso soy yo judío? Tu nación y los principales sacerdotes te entregaron a mí. ¿Qué has hecho?
36 Jesús respondió: Mi reino no es de este mundo. Si mi reino fuera de este mundo, entonces mis servidores pelearían para que yo no fuera entregado a los judíos; mas ahora mi reino no es de aquí[a]. [a]Mat. 26:53; Luc. 17:21
37 Pilato entonces le dijo: ¿Así que tú eres rey? Jesús respondió: Tú dices que soy rey[a]. Para esto yo he nacido y para esto he venido al mundo, para dar testimonio de la verdad. Todo el que es de la verdad escucha mi voz. [a]Mat. 27:11; Mar. 15:2
38 Pilato le preguntó*: ¿Qué es la verdad?

Y habiendo dicho esto, salió otra vez adonde *estaban* los judíos y les dijo*: Yo no encuentro ningún delito en Él[a]. [a]Luc. 23:4; Juan 19:4, 6

39 ^aPero es costumbre entre vosotros que os suelte a uno en la Pascua. ¿Queréis, pues, que os suelte al Rey de los judíos? ^a*Mat. 27:15-26; Mar. 15:6-15*

40 Entonces volvieron a gritar, diciendo: No a éste, sino a Barrabás^a. Y Barrabás era un ladrón. ^a*Hech. 3:14*

19 Pilato, pues, tomó entonces a Jesús y *le* azotó^a. ^a*Mat. 27:26*

2 ^aY los soldados tejieron una corona de espinas, la pusieron sobre su cabeza y le vistieron con un manto de púrpura; ^a*Mat. 27:27-30; Mar. 15:16-19*

3 y acercándose a El, le decían: ¡Salve, Rey de los judíos! Y le daban bofetadas^a. ^a*Juan 18:22*

4 Pilato salió otra vez, y les dijo*: Mirad, os lo traigo fuera, para que sepáis que no encuentro ningún delito en El^a. ^a*Luc. 23:4; Juan 18:38*

5 Jesús entonces salió fuera llevando la corona de espinas y el manto de púrpura^a. Y *Pilato* les dijo*: ¡He aquí el Hombre! ^a*Juan 19:2*

6 Entonces, cuando le vieron los principales sacerdotes y los alguaciles, gritaron, diciendo: ¡Crucifíca*le*! ¡Crucifíca*le*! Pilato les dijo*: Tomadle vosotros, y crucificad*le*, porque yo no encuentro ningún delito en El^a. ^a*Luc. 23:4; Juan 18:38*

7 Los judíos le respondieron: Nosotros tenemos una ley, y según esa ley El debe morir, porque pretendió ser el Hijo de Dios^a. ^a*Lev. 24:16; Mat. 26:63-66*

8 Entonces Pilato, cuando oyó estas palabras, se atemorizó aún más.

9 Entró de nuevo al Pretorio y dijo* a Jesús: ¿De dónde eres tú? Pero Jesús no le dio respuesta^a. ^a*Mat. 26:63; 27:12, 14*

10 Pilato entonces le dijo*: ¿A mí no me hablas? ¿No sabes que tengo autoridad para soltarte, y que tengo autoridad para crucificarte?

11 Jesús respondió: Ninguna autoridad tendrías sobre mí si no te hubiera sido dada de arriba^a; por eso el que me entregó a ti tiene mayor pecado. ^a*Rom. 13:1*

12 Como resultado de esto, Pilato procuraba soltarle, pero los judíos gritaron, diciendo: Si sueltas a éste, no eres amigo del César; todo el que se hace rey se opone al César^a. ^a*Luc. 23:2; Juan 18:33*

13 Entonces Pilato, cuando oyó estas palabras, sacó fuera a Jesús y se sentó en el tribunal^a, en un lugar llamado el Empedrado, y en hebreo Gabata. ^a*Mat. 27:19*

14 Y era el día de la preparación para la Pascua^a; era como la hora sexta. Y *Pilato* dijo* a los judíos: He aquí vuestro Rey. ^a*Mat. 27:62; Juan 19:31, 42*

15 Entonces ellos gritaron: ¡Fuera! ¡Fuera!

¡Crucifícale! Pilato les dijo*: ¿He de crucificar a vuestro Rey? Los principales sacerdotes respondieron: No tenemos más rey que el César. ^a*Luc. 23:18*

16 Así que entonces le entregó a ellos para que fuera crucificado^a. ^a*Mat. 27:26; Mar. 15:15*

Crucifixión y muerte de Jesús

17 ^aTomaron, pues, a Jesús, y El salió cargando su cruz al *sitio* llamado el Lugar de la Calavera, que en hebreo se dice Gólgota, ^a*Mat. 27:33-44; Mar. 15:22-32*

18 donde le crucificaron, y con El^a a otros dos, uno a cada lado y Jesús en medio. ^a*Luc. 23:32*

19 Pilato también escribió un letrero y lo puso sobre la cruz. Y estaba escrito: JESUS EL NAZARENO, EL REY DE LOS JUDIOS^a. ^a*Mat. 27:37; Mar. 15:26*

20 Entonces muchos judíos leyeron esta inscripción, porque el lugar donde Jesús fue crucificado quedaba cerca de la ciudad; y estaba escrita en hebreo^a, en latín y en griego. ^a*Juan 19:13*

21 Por eso los principales sacerdotes de los judíos decían a Pilato: No escribas, "el Rey de los judíos"; sino que El dijo: "Yo soy Rey de los judíos^a." ^a*Juan 19:14, 19*

22 Pilato respondió: Lo que he escrito, he escrito^a. ^a*Gén. 43:14; Est. 4:16*

23 Entonces los soldados^a, cuando crucificaron a Jesús, tomaron sus vestidos e hicieron cuatro partes, una parte para cada soldado. Y *tomaron también* la túnica; y la túnica era sin costura, tejida en una sola pieza. ^a*Mat. 27:35; Mar. 15:24*

24 Por tanto, se dijeron unos a otros: No la rompamos; sino echemos suertes sobre ella, *para ver* de quién será; para que se cumpliera la Escritura: REPARTIERON ENTRE SI MIS VESTIDOS, Y SOBRE MI ROPA ECHARON SUERTES^a. ^a*Sal. 22:18; Mat. 27:35*

25 Por eso los soldados hicieron esto. Y junto a la cruz de Jesús estaban su madre^a, y la hermana de su madre, María, la *mujer* de Cleofas, y María Magdalena. ^a*Mat. 12:46*

26 Y cuando Jesús vio a su madre, y al discípulo a quien El amaba^a que estaba allí cerca, dijo* a su madre: ¡Mujer, he ahí tu hijo! ^a*Juan 13:23*

27 Después dijo* al discípulo: ¡He ahí tu madre! Y desde aquella hora el discípulo la recibió en su propia *casa*^a. ^a*Luc. 18:28; Juan 1:11*

28 Después de esto, sabiendo Jesús que todo se había ya consumado, para que se cumpliera la Escritura, dijo*: Tengo sed^a. ^a*Sal. 69:21*

29 Había allí una vasija llena de vinagre; ^acolocaron, pues, una esponja empapada del vinagre en *una rama de* hisopo, y se la acercaron a la boca. ^a*Mat. 27:48, 50; Mar. 15:36, 37*

30 Entonces Jesús, cuando hubo tomado el vinagre, dijo: ¡Consumado es! E inclinando la cabeza, entregó el espíritu[a]. [a]*Mat. 27:50; Mar. 15:37*

31 Los judíos entonces, como era el día de preparación *para la Pascua,* a fin de que los cuerpos no se quedaran en la cruz[a] el día de reposo (porque ese día de reposo era muy solemne), pidieron a Pilato que les quebraran las piernas y se los llevaran. [a]*Deut. 21:23; Jos. 8:29*

32 Fueron, pues, los soldados y quebraron las piernas del primero, y *también las* del otro que había sido crucificado con Jesús[a]; [a]*Juan 19:18*

33 pero cuando llegaron a Jesús, como vieron que ya estaba muerto, no le quebraron las piernas;

34 pero uno de los soldados le traspasó el costado con una lanza, y al momento salió sangre y agua[a]. [a]*1 Jn. 5:6, 8*

35 Y el que *lo* ha visto ha dado testimonio, y su testimonio es verdadero[a]; y él sabe que dice la verdad, para que vosotros también creáis. [a]*Juan 15:27; 21:24*

36 Porque esto sucedió para que se cumpliera la Escritura: NO SERA QUEBRADO HUESO SUYO[a]. [a]*Ex. 12:46; Núm. 9:12*

37 Y también otra Escritura dice: MIRARAN AL QUE TRASPASARON[a]. [a]*Zac. 12:10; Apoc. 1:7*

Sepultura de Jesús

38 [a]Después de estas cosas, José de Arimatea, que era discípulo de Jesús, aunque en secreto por miedo a los judíos, pidió *permiso* a Pilato para llevarse el cuerpo de Jesús. Y Pilato concedió el permiso. Entonces él vino, y se llevó el cuerpo de Jesús. [a]*Mat. 27:57-61; Mar. 15:42-47*

39 Y Nicodemo[a], el que antes había venido a Jesús de noche, vino también, trayendo una mezcla de mirra y áloe como de cien libras. [a]*Juan 3:1*

40 Entonces tomaron el cuerpo de Jesús, y lo envolvieron en telas de lino[a] con las especias aromáticas, como es costumbre sepultar[b] entre los judíos. [a]*Luc. 24:12* [b]*Mat. 26:12*

41 En el lugar donde fue crucificado había un huerto, y en el huerto un sepulcro nuevo[a], en el cual todavía no habían sepultado a nadie[b]. [a]*Mat. 27:60* [b]*Luc. 23:53*

42 Por tanto, por causa del día de la preparación[a] de los judíos, como el sepulcro estaba cerca, pusieron allí a Jesús. [a]*Juan 19:14, 31*

La resurrección

20 [a]Y el primer *día* de la semana María Magdalena fue* temprano al sepulcro, cuando todavía estaba* oscuro, y vio* que *ya* la piedra había sido quitada del sepulcro. [a]*Mat. 28:1-8; Mar. 16:1-8*

2 Entonces corrió* y fue* a Simón Pedro y al otro discípulo a quien Jesús amaba[a], y les dijo*: Se han llevado al Señor del sepulcro, y no sabemos dónde le han puesto[b]. [a]*Juan 13:23* [b]*Juan 20:13*

3 Salieron, pues, Pedro y el otro discípulo, e iban hacia el sepulcro[a]. [a]*Luc. 24:12; Juan 20:3-10*

4 Los dos corrían juntos, pero el otro discípulo corrió más aprisa que Pedro, y llegó primero al sepulcro;

5 e inclinándose para mirar *adentro,* vio* las envolturas de lino[a] puestas *allí,* pero no entró. [a]*Juan 19:40*

6 Entonces llegó* también Simón Pedro tras él, entró al sepulcro, y vio* las envolturas de lino puestas *allí,*

7 y el sudario[a] que había estado sobre la cabeza de Jesús, no puesto con las envolturas de lino, sino enrollado en un lugar aparte. [a]*Juan 11:44*

8 Entonces entró también el otro discípulo, el que había llegado primero al sepulcro[a], y vio y creyó. [a]*Juan 20:4*

9 Porque todavía no habían entendido la Escritura[a], que Jesús debía resucitar de entre los muertos. [a]*Mat. 22:29; Juan 2:22*

10 Los discípulos entonces se fueron de nuevo a sus casas[a]. [a]*Luc. 24:12*

Aparición de Jesús a María Magdalena

11 Pero María[a] estaba fuera, llorando junto al sepulcro; y mientras lloraba, se inclinó y miró dentro del sepulcro; [a]*Mar. 16:1*

12 y vio* dos ángeles vestidos de blanco[a], sentados donde había estado el cuerpo de Jesús, uno a la cabecera y otro a los pies. [a]*Mat. 28:2, 3; Mar. 16:5*

13 Y ellos le dijeron*: Mujer, ¿por qué lloras? Ella les dijo*: Porque se han llevado a mi Señor, y no sé dónde le han puesto[b]. [a]*Juan 20:15* [b]*Juan 20:2*

14 Al decir esto, se volvió y vio* a Jesús[a] que estaba *allí,* pero no sabía que era Jesús[b]. [a]*Mat. 28:9* [b]*Juan 21:4*

15 Jesús le dijo*: Mujer, ¿por qué lloras[a]? ¿A quién buscas? Ella, pensando que era el hortelano, le dijo*: Señor, si tú te lo has llevado, dime dónde le has puesto, y yo me lo llevaré. [a]*Juan 20:13*

16 Jesús le dijo*: ¡María! Ella, volviéndose, le dijo* en hebreo: ¡Raboní[a]! (que quiere decir, Maestro). [a]*Mat. 23:7; Mar. 10:51*

17 Jesús le dijo*: Suéltame porque todavía no he subido al Padre; pero ve a mis hermanos[a], y diles: "Subo a mi Padre y a vuestro Padre, a mi Dios y a vuestro Dios[b]." [a]*Mat. 28:10* [b]*Mar. 12:26*

18 Fue* María Magdalena y anunció a los discípulos[a]: ¡He visto al Señor!, y que El le había dicho estas cosas. [a]*Mar. 16:10; Luc. 24:10, 23*

Aparición a los discípulos

19 Entonces, al atardecer de aquel día, el primero de la semana, y estando cerradas las puertas *del lugar* donde los discípulos se encontraban por miedo a los judíos, Jesús vino y se puso en medio de ellos, y les dijo*: Paz a vosotros[a]. [a]*Luc. 24:36; Juan 14:27*

20 Y diciendo esto, les mostró las manos y el costado[a]. Entonces los discípulos se regocijaron al ver al Señor. [a]*Luc. 24:39, 40; Juan 19:34*

21 Jesús entonces les dijo otra vez: Paz a vosotros; como el Padre me ha enviado, *así* también yo os envío[a]. [a]*Juan 17:18*

22 Después de decir esto, sopló sobre *ellos* y les dijo*: Recibid el Espíritu Santo.

23 A quienes perdonéis los pecados, *éstos* les son perdonados; a quienes retengáis los *pecados, éstos* les son retenidos[a]. [a]*Mat. 16:19; 18:18*

Incredulidad de Tomás

24 Tomás, uno de los doce[a], llamado el Dídimo, no estaba con ellos cuando Jesús vino. [a]*Juan 6:67*

25 Entonces los otros discípulos le decían: ¡Hemos visto al Señor! Pero él les dijo: Si no veo en sus manos la señal de los clavos, y meto el dedo en el lugar de los clavos, y pongo la mano en su costado[a], no creeré. [a]*Juan 20:20*

26 Ocho días después, sus discípulos estaban otra vez dentro, y Tomás con ellos. Y estando las puertas cerradas, Jesús vino* y se puso en medio de ellos, y dijo: Paz a vosotros[a]. [a]*Luc. 24:36; Juan 14:27*

27 Luego dijo* a Tomás: Acerca aquí tu dedo, y mira mis manos; extiende aquí tu mano y métela en mi costado; y no seas incrédulo[a], sino creyente. [a]*Luc. 24:40; Juan 20:25*

28 Respondió Tomás y le dijo: ¡Señor mío y Dios mío!

29 Jesús le dijo*: ¿Porque me has visto has creído? Dichosos los que no vieron, y *sin embargo* creyeron[a]. [a]*1 Ped. 1:8*

El propósito de este evangelio según Juan

30 Y muchas otras señales[a] hizo también Jesús en presencia de sus discípulos, que no están escritas en este libro; [a]*Juan 21:25*

31 pero éstas se han escrito para que creáis que Jesús es el Cristo, el Hijo de Dios; y para que al creer, tengáis vida[a] en su nombre. [a]*Juan 3:15*

Manifestación junto al mar

21 Después de esto, Jesús se manifestó otra vez a los discípulos junto al mar de Tiberias[a], y se manifestó de esta manera: [a]*Juan 6:1*

2 Estaban juntos Simón Pedro, Tomás llamado el Dídimo, Natanael de Caná de Galilea, los *hijos* de Zebedeo[a] y otros dos de sus discípulos. [a]*Mat. 4:21; Mar. 1:19*

3 Simón Pedro les dijo*: Me voy a pescar. Ellos le dijeron*: Nosotros también vamos contigo. Fueron y entraron en la barca, y aquella noche no pescaron nada[a]. [a]*Luc. 5:5*

4 Cuando ya amanecía, Jesús estaba en la playa; pero los discípulos no sabían que era Jesús[a]. [a]*Luc. 24:16; Juan 20:14*

5 Entonces Jesús les dijo*: Hijos, ¿acaso tenéis algún pescado[a]? Le respondieron: No. [a]*Luc. 24:41*

6 Y El les dijo: Echad la red al lado derecho de la barca y hallaréis *pesca*. Entonces la echaron, y no podían sacarla por la gran cantidad de peces[a]. [a]*Luc. 5:4*

7 Entonces aquel discípulo a quien Jesús amaba[a], dijo* a Pedro: ¡Es el Señor! Oyendo, pues, Simón Pedro que era el Señor, se ciñó la ropa (porque se la había quitado *para poder trabajar*), y se echó al mar. [a]*Juan 13:23; 21:20*

8 Pero los otros discípulos vinieron en la barca, porque no estaban lejos de tierra, sino a unos cien metros, arrastrando la red *llena* de peces.

9 Entonces, cuando bajaron a tierra, vieron* brasas *ya* puestas[a] y un pescado colocado sobre ellas, y pan. [a]*Juan 18:18*

10 Jesús les dijo*: Traed algunos de los peces[a] que habéis pescado ahora. [a]*Juan 6:9, 11; 21:9, 13*

11 Simón Pedro subió *a la barca,* y sacó la red a tierra, llena de peces grandes, ciento cincuenta y tres; y aunque había tantos, la red no se rompió.

12 Jesús les dijo*: Venid y desayunad[a]. Ninguno de los discípulos se atrevió a preguntarle: ¿Quién eres tú?, sabiendo que era el Señor. [a]*Juan 21:15*

13 Jesús vino*, tomó* el pan y se lo dio*; y lo mismo *hizo con* el pescado[a]. [a]*Juan 6:9, 11; 21:9, 10*

14 Esta fue la tercera vez que Jesús se manifestó a los discípulos[a], después de haber resucitado de entre los muertos. [a]*Juan 20:19, 26*

Diálogo de Jesús con Pedro

15 Entonces, cuando habían acabado de desayunar, Jesús dijo* a Simón Pedro: Simón, *hijo* de Juan, ¿me amas[a] más que éstos? *Pedro* le dijo*: Sí, Señor, tú sabes que te quiero. *Jesús* le dijo*: Apacienta mis corderos. [a]*Mat. 26:33; Mar. 14:29*

16 Y volvió a decirle por segunda vez: Simón, *hijo* de Juan, ¿me amas? *Pedro* le dijo*: Sí, Señor, tú sabes que te quiero. *Jesús* le dijo*: Pastorea mis ovejas[a]. [a]*Mat. 2:6; Hech. 20:28*

17 Le dijo* por tercera vez: Simón, *hijo* de Juan, ¿me quieres? Pedro se entristeció porque la tercera vez le dijo: ¿Me quieres? Y le respondió: Señor, tú lo sabes todo[a]; tú sabes que te quiero. Jesús le dijo*: Apacienta mis ovejas. [a]*Juan 16:30*

18 En verdad, en verdad te digo: cuando eras más joven te vestías y andabas por donde querías; pero cuando seas viejo extenderás las manos y otro te vestirá, y te llevará adonde no quieras.

19 Esto dijo, dando a entender la clase de muerte con que *Pedro* glorificaría a Dios. Y habiendo dicho esto, le dijo*: Sígueme[a]. [a]*Mat. 8:22; 16:24*

20 Pedro, volviéndose, vio* que *les* seguía el discípulo a quien Jesús amaba[a], el que en la cena se había recostado sobre el pecho *de Jesús* y había dicho: Señor, ¿quién es el que te va a entregar[b]? [a]*Juan 21:7* [b]*Juan 13:25*

21 Entonces Pedro, al verlo, dijo* a Jesús: Señor, ¿y éste, qué?

22 Jesús le dijo*: Si yo quiero que él se quede hasta que yo venga, ¿a ti, qué? Tú, sígueme[a]. [a]*Mat. 8:22; 16:24*

23 Por eso el dicho se propagó entre los hermanos que aquel discípulo no moriría; pero Jesús no le dijo que no moriría, sino: Si yo quiero que se quede hasta que yo venga[a], ¿a ti, qué? [a]*Mat. 16:27, 28; 1 Cor. 4:5*

24 Este es el discípulo que da testimonio de estas cosas[a] y el que escribió esto, y sabemos que su testimonio es verdadero. [a]*Juan 15:27*

25 Y hay también muchas otras cosas que Jesús hizo[a], que si se escribieran* en detalle, pienso que ni aun el mundo mismo podría* contener los libros que se escribirían*. [a]*Juan 20:30*

LOS HECHOS
de los Apóstoles

Introducción

1 El primer relato que escribí, Teófilo[a], *trató* de todo lo que Jesús comenzó a hacer y a enseñar[b], [a]*Luc. 1:3* [b]*Luc. 3:23*

2 hasta el día en que fue recibido arriba, después de que por el Espíritu Santo[a] había dado instrucciones a los apóstoles que había escogido. [a]*Mat. 28:19, 20; Mar. 16:15*

3 A éstos también, después de su padecimiento, se presentó vivo con muchas pruebas convincentes, apareciéndoseles durante cuarenta días[a] y hablándoles de lo concerniente al reino de Dios. [a]*Mat. 28:17; Mar. 16:12, 14*

4 Y reuniéndolos, les mandó que no salieran de Jerusalén[a], sino que esperaran la promesa del Padre[b]: La cual, *les dijo,* oísteis de mí; [a]*Luc. 24:49* [b]*Juan 14:16, 26*

5 pues Juan bautizó con agua, pero vosotros seréis bautizados con el Espíritu Santo dentro de pocos días[a]. [a]*Hech. 2:1-4*

La ascensión

6 Entonces los que estaban reunidos, le preguntaban, diciendo: Señor, ¿restaurarás en este tiempo[a] el reino a Israel? [a]*Mat. 17:11; Mar. 9:12*

7 Y El les dijo: No os corresponde a vosotros saber los tiempos ni las épocas que el Padre ha fijado con su propia autoridad[a]; [a]*Mat. 24:36; Mar. 13:32*

8 pero recibiréis poder cuando el Espíritu Santo venga sobre vosotros[a]; y me seréis testigos[b] en Jerusalén, en toda Judea y Samaria, y hasta los confines de la tierra. [a]*Hech. 2:1-4* [b]*Luc. 24:48*

9 Después de haber dicho estas cosas, fue elevado mientras ellos miraban, y una nube le recibió[a] y *le ocultó* de sus ojos. [a]*Luc. 24:50, 51; Hech. 1:2*

10 Y estando mirando fijamente al cielo mientras El ascendía, aconteció que se presentaron junto a ellos dos varones en vestiduras blancas[a], [a]*Luc. 24:4; Juan 20:12*

11 que *les* dijeron: Varones galileos, ¿por qué estáis mirando al cielo? Este *mismo* Jesús, que ha sido tomado de vosotros al cielo, vendrá de la misma manera[a], tal como le habéis visto ir al cielo. [a]*Mat. 16:27, 28; Hech. 3:21*

En el aposento alto

12 Entonces regresaron a Jerusalén[a] desde el monte llamado de los Olivos, que está cerca de Jerusalén, camino de un día de reposo. [a]*Luc. 24:52*

13 Cuando hubieron entrado *en la ciudad,* subieron al aposento alto[a] donde estaban hospedados, [b]Pedro, Juan, Jacobo y Andrés, Felipe y Tomás, Bartolomé y Mateo, Jacobo *hijo* de Alfeo, Simón el Zelote y Judas, *hijo* de Jacobo. [a]*Mar. 14:15* [b]*Mat. 10:2-4*

14 Todos éstos estaban unánimes, entregados de continuo a la oración[a] junto con las mujeres, y *con* María la madre de Jesús, y con los hermanos de El. [a]*Hech. 2:42; 6:4*

La suerte de Judas y la elección de Matías

15 Por aquel tiempo Pedro se puso de pie en medio de los hermanos (un grupo como de ciento veinte personas estaba reunido allí), y dijo: [a]*Juan 21:23; Hech. 6:3*

16 Hermanos, tenía que cumplirse la Escritura *en* que por boca de David el Espíritu Santo predijo acerca de Judas, el que se hizo guía de los que prendieron a Jesús[a]. [a]*Mat. 26:47; Mar. 14:43*

17 Porque era contado entre nosotros y recibió parte en este ministerio[a]. [a]*Hech. 1:25; 20:24*

18 (Este, pues, con el precio de su infamia[a] adquirió un terreno, y cayendo de cabeza se reventó por el medio, y todas sus entrañas se derramaron. [a]*Mat. 27:3-10*

19 Y *esto* llegó al conocimiento de todos los que habitaban en Jerusalén, de manera que aquel terreno se llamó en su propia lengua[a] Acéldama, es decir, campo de sangre.) [a]*Mat. 27:8; Hech. 21:40*

20 Pues en el libro de los Salmos está escrito:
QUE SEA HECHA DESIERTA SU MORADA,
Y NO HAYA QUIEN HABITE EN ELLA[a];
y:
QUE OTRO TOME SU CARGO[b]. [a]*Sal. 69:25*
[b]*Sal. 109:8*

21 Por tanto, es necesario que de los hombres que nos han acompañado todo el tiempo que el Señor Jesús vivió entre nosotros[a], [a]*Luc. 24:3*

22 comenzando desde el bautismo de Juan[a], hasta el día en que de entre nosotros fue recibido arriba, uno sea constituido testigo con nosotros de su resurrección. [a]*Mat. 3:16; Mar. 1:1-4, 9*

23 Presentaron a dos: a José, llamado Barsabás (al que también llamaban Justo) y a Matías[a]. [a]*Hech. 1:26*

24 Y habiendo orado, dijeron: Tú, Señor, que conoces el corazón[a] de todos, muéstra*nos* a cuál de estos dos has escogido [a]*1 Sam. 16:7; Jer. 17:10*

25 para ocupar este ministerio y apostolado[a], del cual Judas se desvió para irse al lugar que le correspondía. [a]*Rom. 1:5; 1 Cor. 9:2*

26 Echaron suertes[a] y la suerte cayó sobre Matías, y fue contado con los once apóstoles. [a]*Lev. 16:8; Jos. 14:2*

La venida del Espíritu Santo

2 Cuando llegó el día de Pentecostés[a], estaban todos juntos en un mismo lugar. [a]*Lev. 23:15, 16; Hech. 20:16*

2 De repente vino del cielo un ruido como el de una ráfaga de viento impetuoso que llenó toda la casa donde estaban sentados[a], [a]*Hech. 4:31*

3 y se les aparecieron lenguas como de fuego que, repartiéndose, se posaron sobre cada uno de ellos.

4 Todos fueron llenos del Espíritu Santo[a] y comenzaron a hablar en otras lenguas[b], según el Espíritu les daba habilidad para expresarse. [a]*Mat. 10:20* [b]*Mar. 16:17*

5 Y había judíos que moraban en Jerusalén, hombres piadosos[a], procedentes de todas las naciones bajo el cielo. [a]*Luc. 2:25; Hech. 8:2*

6 Y al ocurrir este estruendo[a], la multitud se juntó; y estaban desconcertados porque cada uno les oía hablar en su propia lengua. [a]*Hech. 2:2*

7 Y estaban asombrados y se maravillaban, diciendo: Mirad, ¿no son galileos[a] todos estos que están hablando? [a]*Mat. 26:73; Hech. 1:11*

8 ¿Cómo es que cada uno de nosotros *les* oímos hablar en nuestra lengua en la que hemos nacido?

9 Partos, medos y elamitas, habitantes de Mesopotamia, de Judea y de Capadocia, del Ponto y de Asia[a], [a]*Hech. 6:9; 16:6*

10 de Frigia y de Panfilia, de Egipto y de las regiones de Libia alrededor de Cirene, viajeros de Roma, tanto judíos como prosélitos[a], [a]*Mat. 23:15*

11 cretenses y árabes, les oímos hablar en nuestros idiomas de las maravillas de Dios.

12 Todos estaban asombrados y perplejos[a], diciéndose unos a otros: ¿Qué quiere decir esto? [a]*Hech. 2:7*

13 Pero otros se burlaban y decían: Están borrachos[a]. [a]*1 Cor. 14:23*

Primer sermón de Pedro

14 Entonces Pedro, poniéndose en pie con los once[a], alzó la voz y les declaró: Varones judíos y todos los que vivís en Jerusalén, sea esto de vuestro conocimiento y prestad atención a mis palabras, [a]*Hech. 1:26*

15 porque éstos no están borrachos como vosotros suponéis, pues *apenas* es la hora tercera del día[a]; [a]*1 Tes. 5:7*

16 sino que esto es lo que fue dicho por medio del profeta Joel:

17 [a]Y SUCEDERA EN LOS ULTIMOS DIAS—dice Dios—
QUE DERRAMARE DE MI ESPIRITU SOBRE TODA CARNE;
Y VUESTROS HIJOS Y VUESTRAS HIJAS PROFETIZARAN,
VUESTROS JOVENES VERAN VISIONES,
Y VUESTROS ANCIANOS SOÑARAN SUEÑOS;
[a]*Joel 2:28-32*

18 Y AUN SOBRE MIS SIERVOS Y SOBRE MIS SIERVAS
DERRAMARE DE MI ESPIRITU EN ESOS DIAS,
y profetizarán.

19 Y MOSTRARE PRODIGIOS ARRIBA EN EL CIELO
Y SEÑALES ABAJO EN LA TIERRA:
SANGRE, FUEGO Y COLUMNA DE HUMO.

20 EL SOL SE CONVERTIRA EN TINIEBLAS
Y LA LUNA EN SANGRE,
ANTES QUE VENGA EL DIA GRANDE Y GLORIOSO DEL SEÑOR.

21 Y SUCEDERA QUE TODO AQUÉL QUE INVOQUE
EL NOMBRE DEL SEÑOR SERA SALVO[a].
[a]*Rom. 10:13*

22 Varones israelitas, escuchad estas palabras: Jesús el Nazareno, varón confirmado por Dios entre vosotros con milagros, prodi-

gios y señales que Dios hizo en medio vuestro a través de El, tal como vosotros mismos sabéis, ªHech. 3:6; 4:10

23 a éste, entregado por el plan predeterminado y el previo conocimiento de Diosª, clavasteis en una cruz por manos de impíos y *le* matasteis, ªLuc. 22:22; Hech. 3:18

24 a quien Dios resucitóª, poniendo fin a la agonía de la muerte, puesto que no era posible que El quedara bajo el dominio de ella. ªMat. 28:5, 6; Mar. 16:6

25 Porque David dice de El:
ªVEIA SIEMPRE AL SEÑOR EN MI PRESENCIA;
PUES ESTA A MI DIESTRA PARA QUE YO NO SEA CONMOVIDO. ªSal. 16:8-11

26 POR LO CUAL MI CORAZON SE ALEGRO Y MI LENGUA SE REGOCIJO;
Y AUN HASTA MI CARNE DESCANSARA EN ESPERANZA;

27 PUES TU NO ABANDONARAS MI ALMA EN EL HADESª,
NI PERMITIRAS QUE TU SANTO VEA CORRUPCIONᵇ. ªMat. 11:23 ᵇHech. 13:35

28 ME HAS HECHO CONOCER LOS CAMINOS DE LA VIDA;
ME LLENARAS DE GOZO CON TU PRESENCIA.

29 Hermanos, del patriarca David os puedo decir confiadamente que murió y fue sepultado, y su sepulcroª está entre nosotros hasta el día de hoy. ªNeh. 3:16; Hech. 13:36

30 Pero siendo profeta, y sabiendo que DIOS LE HABIA JURADO SENTAR *a uno* DE SUS DESCENDIENTES EN SU TRONOª, ª2 Sam. 7:12, 13; Sal. 89:3, 4

31 miró hacia el futuro y habló de la resurrección de Cristo, que NI FUE ABANDONADO EN EL HADES, NI su carne SUFRIO CORRUPCIONª. ªMat. 11:23; Hech. 2:27

32 A este Jesús resucitó Diosª, de lo cual todos nosotros somos testigos. ªHech. 2:24; 3:15, 26

33 Así que, exaltado a la diestra de Diosª, y habiendo recibido del Padre la promesaᵇ del Espíritu Santo, ha derramado esto que vosotros veis y oís. ªMar. 16:19 ᵇHech. 1:4

34 Porque David no ascendió a los cielos, pero él *mismo* dice:
ªDIJO EL SEÑOR A MI SEÑOR:
"SIENTATE A MI DIESTRA, ªSal. 110:1; Mat. 22:44, 45

35 HASTA QUE PONGA A TUS ENEMIGOS POR ESTRADO DE TUS PIES."

36 Sepa, pues, con certeza toda la casa de Israel, que a este Jesús a quien vosotros crucificasteisª, Dios le ha hecho Señor y Cristoᵇ. ªHech. 2:23 ᵇLuc. 2:11

Efectos del sermón de Pedro

37 Al oír *esto*, compungidos de corazón, dijeron a Pedro y a los demás apóstoles: Hermanos, ¿qué haremosª? ªLuc. 3:10, 12, 14

38 Y Pedro les *dijo:* Arrepentíosª y sed bautizadosᵇ cada uno de vosotros en el nombre de Jesucristo para perdón de vuestros pecados, y recibiréis el don del Espíritu Santo. ªMar. 1:15 ᵇMar. 16:16

39 Porque la promesa es para vosotros y *para* vuestros hijosª y para todos los que están lejos, *para* tantos como el Señor nuestro Dios llame. ªIsa. 44:3; 54:13

40 Y con muchas otras palabras testificaba solemnemente y les exhortaba diciendo: Sed salvos de esta perversa generaciónª. ªDeut. 32:5; Mat. 17:17

41 Entonces los que habían recibido su palabra fueron bautizados; y se añadieron aquel día como tres mil almasª. ªHech. 3:23; 7:14

42 Y se dedicaban continuamenteª a las enseñanzas de los apóstoles, a la comunión, al partimiento del panᵇ y a la oraciónª. ªHech. 1:14 ᵇLuc. 24:30

Comunión de los creyentes

43 Sobrevino temor a toda persona; y muchos prodigios y señalesª eran hechas por los apóstoles. ªHech. 2:22

44 Todos los que habían creído estaban juntos y tenían todas las cosas en comúnª; ªHech. 4:32, 37; 5:2

45 vendían todas sus propiedades y sus bienes y los compartían con todosª, según la necesidad de cada uno. ªMat. 19:21; Hech. 4:34

46 Día tras día continuaban unánimes en el templo y partiendo el panª en los hogares, comían juntos con alegría y sencillez de corazón, ªLuc. 24:30; Hech. 2:42

47 alabando a Dios y hallando favor con todo el puebloª. Y el Señor añadía cada día al númeroᵇ de ellos los que iban siendo salvos. ªHech. 5:13 ᵇHech. 2:41

Curación de un cojo

3 Y *cierto día* Pedro y Juan subían al templo a la hora novena, la de la oraciónª. ªSal. 55:17; Mat. 27:45

2 Y *había* un hombre, cojo desde su nacimiento, al que llevaban y ponían diariamente a la puertaª del templo llamada la Hermosa, para que pidiera limosna a los que entraban al templo. ªLuc. 16:20

3 Este, viendo a Pedro y a Juanª que iban a entrar al templo, les pedía limosna. ªLuc. 22:8; Hech. 3:1, 4, 11

4 Entonces Pedro, junto con Juan, fijando su vistaª en él, *le* dijo: ¡Míranos! ªHech. 10:4

5 Y él los miró atentamente, esperando recibir algo de ellos.

6 Pero Pedro dijo: No tengo plata ni oro, mas lo que tengo, te doy: en el nombre de Jesucristo el Nazareno[a], ¡anda! [a]*Hech. 2:22; 3:16*

7 Y asiéndolo de la mano derecha, lo levantó; al instante sus pies y tobillos cobraron fuerza,

8 y de un salto se puso en pie y andaba[a]. Entró al templo con ellos caminando, saltando y alabando a Dios. [a]*Hech. 14:10*

9 Todo el pueblo lo vio andar y alabar a Dios[a], [a]*Hech. 4:16, 21*

10 y reconocieron que era el mismo que se sentaba a la puerta del templo, la Hermosa, a *pedir* limosna[a], y se llenaron de asombro y admiración por lo que le había sucedido. [a]*Juan 9:8; Hech. 3:2*

Segundo sermón de Pedro

11 Y estando él asido de Pedro y de Juan, todo el pueblo, lleno de asombro, corrió al pórtico llamado de Salomón[a], donde ellos estaban. [a]*Juan 10:23; Hech. 5:12*

12 Al ver *esto* Pedro, dijo al pueblo: Varones israelitas, ¿por qué os maravilláis de esto, o por qué nos miráis *así*, como si por nuestro propio poder o piedad le hubiéramos hecho andar?

13 El Dios de Abraham, de Isaac y de Jacob, el Dios de nuestros padres, ha glorificado a su siervo Jesús[a], *al que* vosotros entregasteis y repudiasteis en presencia de Pilato, cuando éste había resuelto ponerle en libertad. [a]*Hech. 3:26; 4:27, 30*

14 Mas vosotros repudiasteis al Santo y Justo, y pedisteis que se os concediera un asesino[a], [a]*Mat. 27:20; Mar. 15:11*

15 y disteis muerte al Autor de la vida, al que Dios resucitó de entre los muertos[a], de lo cual nosotros somos testigos[b]. [a]*Hech. 2:24* [b]*Luc. 24:48*

16 Y por la fe en su nombre[a], *es* el nombre de Jesús lo que ha fortalecido a este *hombre* a quien veis y conocéis; y la fe que *viene* por medio de El, le ha dado esta perfecta sanidad en presencia de todos vosotros. [a]*Hech. 3:6*

17 Y ahora, hermanos, yo sé que obrasteis por ignorancia[a], lo mismo que vuestros gobernantes. [a]*Luc. 23:34; Juan 15:21*

18 Pero Dios ha cumplido así lo que anunció de antemano[a] por boca de todos los profetas: que su Cristo debería padecer[b]. [a]*Hech. 2:23* [b]*Luc. 24:27*

19 Por tanto, arrepentíos[a] y convertíos, para que vuestros pecados sean borrados, a fin de que tiempos de refrigerio vengan de la presencia del Señor, [a]*Hech. 2:38; 26:20*

20 y El envíe a Jesús, el Cristo designado de antemano para vosotros,

21 a quien el cielo debe recibir hasta el día de la restauración de todas las cosas[a], acerca de lo cual Dios habló por boca de sus santos profe-

tas desde tiempos antiguos[b]. [a]*Mat. 17:11* [b]*Luc. 1:70*

22 Moisés dijo: EL SEÑOR DIOS OS LEVANTARA UN PROFETA COMO YO DE VUESTROS HERMANOS; A EL PRESTAREIS ATENCION en todo cuanto os diga[a]. [a]*Deut. 18:15, 18; Hech. 7:37*

23 Y sucederá que todo el que[a] no preste atención a aquel profeta, será totalmente destruido de entre el pueblo. [a]*Deut. 18:19*

24 Y asimismo todos los profetas[a] que han hablado desde Samuel y *sus* sucesores en adelante, también anunciaron estos días. [a]*Luc. 24:27; Hech. 17:3*

25 Vosotros sois los hijos de los profetas y del pacto que Dios hizo con vuestros padres, al decir a Abraham: Y EN TU SIMIENTE SERAN BENDITAS TODAS LAS FAMILIAS DE LA TIERRA[a]. [a]*Gén. 22:18*

26 Para vosotros en primer lugar[a], Dios, habiendo resucitado[b] a su Siervo, le ha enviado para que os bendiga, a fin de apartar a cada uno *de vosotros* de vuestras iniquidades. [a]*Hech. 13:46* [b]*Hech. 2:24*

Arresto de Pedro y Juan

4 Mientras ellos hablaban al pueblo, se les echaron encima los sacerdotes, el capitán *de la guardia* del templo[a], y los saduceos, [a]*Luc. 22:4*

2 indignados porque enseñaban al pueblo, y anunciaban en Jesús la resurrección de entre los muertos[a]. [a]*Hech. 3:15; 17:18*

3 Les echaron mano, y los pusieron en la cárcel[a] hasta el día siguiente, pues ya era tarde. [a]*Hech. 5:18*

4 Pero muchos de los que habían oído el mensaje creyeron, llegando el número de los hombres como a cinco mil[a]. [a]*Hech. 2:41*

Pedro y Juan ante el concilio

5 Y sucedió que al día siguiente se reunieron en Jerusalén sus gobernantes, ancianos[a] y escribas; [a]*Luc. 23:13; Hech. 4:8*

6 *estaban allí* el sumo sacerdote Anás, Caifás[a], Juan y Alejandro, y todos los que eran del linaje de los sumos sacerdotes. [a]*Mat. 26:3; Luc. 3:2*

7 Y habiéndolos puesto en medio *de ellos, les* interrogaban: ¿Con qué poder, o en qué nombre, habéis hecho esto?

8 Entonces Pedro, lleno del Espíritu Santo[a], les dijo: Gobernantes y ancianos del pueblo, [a]*Hech. 2:4; 13:9*

9 si se nos está interrogando hoy por *causa del* beneficio hecho a un hombre enfermo, de qué manera éste ha sido sanado[a], [a]*Hech. 3:7, 8*

10 sabed todos vosotros, y todo el pueblo de Israel, que en el nombre de Jesucristo el Nazareno[a], a quien vosotros crucificasteis y a quien Dios resucitó de entre los muertos, por El, este

hombre se halla aquí sano delante de vosotros. [a]*Hech. 2:22; 3:6*

11 Este *Jesús* es la PIEDRA[a] DESECHADA por vosotros LOS CONSTRUCTORES, *pero* QUE HA VENIDO A SER LA PIEDRA ANGULAR. [a]*Sal. 118:22*

12 Y en ningún otro[a] hay salvación, porque no hay otro nombre bajo el cielo dado a los hombres, en el cual podamos ser salvos. [a]*Mat. 1:21; Hech. 10:43*

Amenazados y puestos en libertad

13 Al ver la confianza[a] de Pedro y de Juan, y dándose cuenta de que eran hombres sin letras y sin preparación[b], se maravillaban, y reconocían que ellos habían estado con Jesús. [a]*Hech. 4:31* [b]*Juan 7:15*

14 Y viendo junto a ellos de pie al hombre que había sido sanado, no tenían nada que decir en contra.

15 Pero habiéndoles ordenado salir fuera del concilio[a], deliberaban entre sí, [a]*Mat. 5:22*

16 diciendo: ¿Qué haremos[a] con estos hombres? Porque el hecho de que un milagro notable ha sido realizado por medio de ellos[b] es evidente a todos los que viven en Jerusalén, y no podemos negarlo. [a]*Juan 11:47* [b]*Hech. 3:7-10*

17 Mas a fin de que no se divulgue más entre el pueblo, amenacémosles para que no hablen más a hombre alguno en este nombre[a]. [a]*Juan 15:21*

18 Cuando los llamaron, les ordenaron no hablar ni enseñar en el nombre de Jesús[a]. [a]*Hech. 5:28*

19 Mas respondiendo Pedro y Juan, les dijeron: Vosotros mismos juzgad si es justo delante de Dios obedecer a vosotros antes que a Dios[a]; [a]*Hech. 5:29*

20 porque nosotros no podemos dejar de decir[a] lo que hemos visto y oído. [a]*1 Cor. 9:16*

21 Y ellos, después de amenazarlos otra vez, los dejaron ir (no hallando la manera de castigarlos) por causa del pueblo[a], porque todos glorificaban a Dios[b] por lo que había acontecido; [a]*Hech. 5:26* [b]*Mat. 9:8*

22 porque el hombre en quien se había realizado este milagro de sanidad tenía más de cuarenta años.

Oración de la iglesia

23 Cuando quedaron en libertad, fueron a los suyos y *les* contaron todo lo que los principales sacerdotes y los ancianos les habían dicho.

24 Al oír ellos *esto*, unánimes alzaron la voz a Dios y dijeron: Oh, Señor, tú eres el que HICISTE EL CIELO Y LA TIERRA, EL MAR Y TODO LO QUE EN ELLOS HAY[a], [a]*Ex. 20:11; Neh. 9:6*

25 el que por el Espíritu Santo, *por* boca de nuestro padre David[a], tu siervo, dijiste:

¿[b]POR QUE SE ENFURECIERON LOS GENTILES, Y LOS PUEBLOS TRAMARON COSAS VANAS? [a]*Hech. 1:16* [b]*Sal. 2:1*

26 SE PRESENTARON LOS REYES DE LA TIERRA, Y LOS GOBERNANTES SE JUNTARON A UNA CONTRA EL SEÑOR Y CONTRA SU CRISTO[a]. [a]*Sal. 2:2; Dan. 9:24, 25*

27 Porque en verdad, en esta ciudad se unieron tanto Herodes[a] como Poncio Pilato, juntamente con los gentiles y los pueblos de Israel, contra tu santo siervo Jesús, a quien tú ungiste, [a]*Mat. 27:2; Luc. 23:7-12*

28 para hacer cuanto tu mano y tu propósito habían predestinado que sucediera[a]. [a]*Hech. 2:23*

29 Y ahora, Señor, considera sus amenazas, y permite que tus siervos hablen tu palabra con toda confianza[a], [a]*Hech. 4:13, 31; 14:3*

30 mientras extiendes tu mano para que se hagan curaciones, señales y prodigios[a] mediante el nombre de tu santo siervo Jesús. [a]*Juan 4:48*

31 Después que oraron, el lugar donde estaban reunidos tembló, y todos fueron llenos del Espíritu Santo[a] y hablaban la palabra de Dios con valor[b]. [a]*Hech. 2:4* [b]*Hech. 4:13*

Todas las cosas en común

32 La congregación de los que creyeron era de un corazón y un alma; y ninguno decía ser suyo lo que poseía, sino que todas las cosas eran de propiedad común[a]. [a]*Hech. 2:44*

33 Con gran poder los apóstoles daban testimonio[a] de la resurrección del Señor Jesús, y abundante gracia había sobre todos ellos. [a]*Hech. 1:8*

34 No había, pues, ningún necesitado entre ellos, porque todos los que poseían tierras o casas[a] las vendían, traían el precio de lo vendido, [a]*Mat. 19:21; Hech. 2:45*

35 y lo depositaban a los pies de los apóstoles[a], y se distribuía a cada uno según su necesidad[b]. [a]*Hech. 4:37* [b]*Hech. 2:45*

36 Y José, un levita natural de Chipre[a], a quien también los apóstoles llamaban Bernabé (que traducido significa hijo de consolación[b]), [a]*Hech. 11:19, 20* [b]*Hech. 2:40*

37 poseía un campo y *lo* vendió, y trajo el dinero y *lo* depositó a los pies de los apóstoles[a]. [a]*Hech. 4:35; 5:2*

Castigo de Ananías y Safira

5 Pero cierto hombre llamado Ananías, con Safira su mujer, vendió una propiedad,

2 y se quedó con *parte* del precio, sabiéndolo también su mujer; y trayendo la otra parte, la puso a los pies de los apóstoles[a]. [a]*Hech. 4:35*

3 Mas Pedro dijo: Ananías, ¿por qué ha llenado Satanás[a] tu corazón para mentir al Espíritu Santo, y quedarte con *parte* del precio del terreno? [a]*Mat. 4:10; Luc. 22:3*

4 Mientras estaba *sin venderse*, ¿no te pertenecía? Y después de vendida, ¿no estaba bajo tu poder? ¿Por qué concebiste este asunto en

tu corazón? No has mentido a los hombres sino a Dios[a]. [a]*Hech. 5:3, 9*

5 Al oír Ananías estas palabras, cayó y expiró; y vino un gran temor sobre todos los que *lo* supieron[a]. [a]*Hech. 2:43; 5:11*

6 Y los jóvenes se levantaron y lo cubrieron[a], y sacándo*lo, le* dieron sepultura. [a]*Juan 19:40*

7 Después de un lapso como de tres horas entró su mujer, no sabiendo lo que había sucedido.

8 Y Pedro le preguntó: Dime, ¿vendisteis el terreno en tanto? Y ella dijo: Sí, ése fue el precio[a]. [a]*Hech. 5:2*

9 Entonces Pedro le *dijo:* ¿Por qué os pusisteis de acuerdo para poner a prueba[a] al Espíritu del Señor? Mira, los pies de los que sepultaron a tu marido están a la puerta, y te sacarán *también* a ti. [a]*Hech. 15:10*

10 Al instante ella cayó a los pies de él, y expiró[a]. Al entrar los jóvenes, la hallaron muerta, y *la* sacaron y *le* dieron sepultura junto a su marido. [a]*Ezeq. 11:13; Hech. 5:5*

11 Y vino un gran temor sobre toda la iglesia, y sobre todos los que supieron estas cosas[a]. [a]*Hech. 2:43; 5:5*

Muchas señales y prodigios

12 Por mano de los apóstoles se realizaban muchas señales y prodigios[a] entre el pueblo; y estaban todos unánimes en el pórtico de Salomón[b]. [a]*Juan 4:48* [b]*Juan 10:23*

13 Pero ninguno de los demás se atrevía a juntarse con ellos; sin embargo, el pueblo los tenía en gran estima[a]. [a]*Hech. 2:47; 4:21*

14 Y más y más creyentes[a] en el Señor, multitud de hombres y de mujeres, se añadían constantemente *al número de ellos*, [a]*2 Cor. 6:15*

15 a tal punto que aun sacaban los enfermos a las calles y *los* tendían en lechos y camillas, para que al pasar Pedro, siquiera su sombra cayera sobre alguno de ellos[a]. [a]*Hech. 19:12*

16 También la gente de las ciudades en los alrededores de Jerusalén acudía trayendo enfermos y atormentados por espíritus inmundos, y todos eran sanados.

En la cárcel y libres otra vez

17 Pero levantándose el sumo sacerdote, y todos los que estaban con él (es decir, la secta de los saduceos[a]), se llenaron de celo, [a]*Mat. 3:7; Hech. 4:1*

18 y echaron mano a los apóstoles y los pusieron en una cárcel pública[a]. [a]*Hech. 4:3*

19 Pero un ángel del Señor[a], durante la noche, abrió las puertas de la cárcel, y sacándolos, dijo: [a]*Mat. 1:20, 24; 2:13, 19*

20 Id, y puestos de pie en el templo, hablad al pueblo todo el mensaje[a] de esta Vida. [a]*Juan 6:63, 68*

21 Habiendo oído *esto*, entraron al amanecer en el templo y enseñaban. Cuando llegaron el sumo sacerdote[a] y los que estaban con él, convocaron al concilio, es decir, a todo el senado de los hijos de Israel, y enviaron *órdenes* a la cárcel para que los trajeran. [a]*Hech. 4:6*

22 Pero los alguaciles[a] que fueron no los encontraron en la cárcel; volvieron, pues, e informaron, [a]*Mat. 26:58; Hech. 5:26*

23 diciendo: Encontramos la cárcel cerrada con toda seguridad y los guardias de pie a las puertas; pero cuando abrimos, a nadie hallamos dentro.

24 Cuando oyeron estas palabras el capitán *de la guardia* del templo[a] y los principales sacerdotes, se quedaron muy perplejos a causa de ellos, *pensando* en qué terminaría aquello. [a]*Hech. 4:1; 5:26*

25 Pero alguien se presentó y les informó: Mirad, los hombres que pusisteis en la cárcel están en el templo enseñando al pueblo.

26 Entonces el capitán fue con los alguaciles y los trajo sin violencia (porque temían[a] al pueblo, no fuera que los apedrearan). [a]*Hech. 4:21; 5:13*

27 Cuando los trajeron los pusieron ante el concilio[a], y el sumo sacerdote los interrogó, [a]*Mat. 5:22; Hech. 5:21, 34, 41*

28 diciendo: Os dimos órdenes estrictas de no continuar enseñando en este nombre, y he aquí, habéis llenado a Jerusalén con vuestras enseñanzas, y queréis traer sobre nosotros la sangre de este hombre[a]. [a]*Mat. 23:35; 27:25*

29 Mas respondiendo Pedro y los apóstoles, dijeron: Debemos obedecer a Dios antes que a los hombres[a]. [a]*Hech. 4:19*

30 El Dios de nuestros padres[a] resucitó a Jesús[b], a quien vosotros habíais matado colgándole en una cruz. [a]*Hech. 3:13* [b]*Hech. 2:24*

31 A éste Dios exaltó a su diestra[a] como Príncipe y Salvador[b], para dar arrepentimiento a Israel, y perdón de pecados. [a]*Hech. 2:33* [b]*Luc. 2:11*

32 Y nosotros somos testigos de estas cosas[a]; y *también* el Espíritu Santo, el cual Dios ha dado a los que le obedecen. [a]*Luc. 24:48*

El consejo de Gamaliel

33 Cuando ellos oyeron *esto*, se sintieron profundamente ofendidos[a] y querían matarlos. [a]*Hech. 2:37; 7:54*

34 Pero cierto fariseo llamado Gamaliel[a], maestro de la ley, respetado por todo el pueblo, se levantó en el concilio y ordenó que sacaran fuera a los hombres por un momento. [a]*Hech. 22:3*

35 Y les dijo: Varones de Israel, tened cuidado de lo que vais a hacer con estos hombres.

36 Porque hace algún tiempo Teudas se levantó pretendiendo ser alguien[a]; y un grupo como de cuatrocientos hombres se unió a él. Y

fue muerto, y todos los que lo seguían fueron dispersos y reducidos a nada. ªHech. 8:9; Gál. 2:6

37 Después de él, se levantó Judas de Galilea en los días del censoª, y llevó *mucha* gente tras sí; él también pereció, y todos los que lo seguían se dispersaron. ªLuc. 2:2

38 Por tanto, en este caso os digo: no tengáis nada que ver con estos hombres y dejadlos en paz, porque si este plan o acción es de los hombresª, perecerá; ªMar. 11:30

39 pero si es de Dios, no podréis destruirlos; no sea que os halléis luchando contra Diosª. ªProv. 21:30; Hech. 11:17

40 Ellos aceptaron su consejo, y después de llamar a los apóstoles, *los* azotaronª y *les* ordenaron que no hablaran en el nombre de Jesús y *los* soltaron. ªMat. 10:17

41 Ellos, pues, salieron de la presencia del concilio, regocijándose de que hubieran sido tenidos por dignos de padecer afrenta por su Nombreª. ªJuan 15:21; 1 Ped. 4:14, 16

42 Y todos los días, en el templo y de casa en casaª, no cesaban de enseñar y predicar a Jesús *como* el Cristo. ªHech. 2:46

Elección de siete diáconos

6 Por aquellos días, al multiplicarse *el número*ª *de* los discípulos, surgió una queja de parte de los *judíos* helenistasᵇ en contra de los judíos *nativos*, porque sus viudas eran desatendidas en la distribución diaria *de los alimentos*. ªHech. 2:47 ᵇHech. 9:29

2 Entonces los doce convocaron a la congregación de los discípulos, y dijeron: No es conveniente que nosotros descuidemos la palabra de Dios para servir mesas.

3 Por tanto, hermanos, escoged de entre vosotros siete hombres de buena reputación, llenos del Espíritu Santoª y de sabiduría, a quienes podamos encargar esta tarea. ªHech. 2:4

4 Y nosotros nos entregaremos a la oraciónª y al ministerio de la palabra. ªHech. 1:14

5 Lo propuesto tuvo la aprobación de toda la congregación, y escogieron a Estebanª, un hombre lleno de fe y del Espíritu Santo, y a Felipe, a Prócoro, a Nicanor, a Timón, a Parmenas y a Nicolás, un prosélito de Antioquía; ªHech. 6:8; 11:19

6 los cuales presentaron ante los apóstoles, y después de orarª, pusieron sus manos sobre ellosᵇ. ªHech. 1:24 ᵇNúm. 8:10

7 Y la palabra de Dios crecía, y el número de los discípulos se multiplicaba en gran manera en Jerusalén, y muchos de los sacerdotes obedecían a la feª. ªHech. 13:8; 14:22

Arresto de Esteban y su defensa

8 Y Esteban, lleno de gracia y de poder, hacía grandes prodigios y señalesª entre el pueblo. ªJuan 4:48

9 Pero se levantaron algunos de la sinagoga llamada de los Libertos, *incluyendo* tanto cireneosª como alejandrinos, y algunos de Cilicia y de Asia, y discutían con Esteban. ªMat. 27:32; Hech. 2:10

10 Pero no podían resistir a la sabiduría y al Espíritu con que hablaba.

11 Entonces, en secreto persuadieron a *algunos* hombres para que dijeran: Le hemos oído hablar palabras blasfemas contra Moisés y *contra* Dios.

12 Y alborotaron al pueblo, a los ancianos y a los escribas, y cayendo sobre *él*ª, lo arrebataron y *lo* trajeron en presencia del concilio. ªLuc. 20:1; Hech. 4:1

13 Y presentaron testigos falsosª que dijeron: Este hombre continuamente habla en contra de este lugar santo y de la leyᵇ; ªMat. 26:59-61 ᵇMat. 24:15

14 porque le hemos oído decir que este nazareno, Jesús, destruirá este lugarª, y cambiará las tradiciones que Moisés nos legó. ªMat. 26:61

15 Y al fijar la mirada en él, todos los que estaban sentados en el concilioª vieron su rostro como el rostro de un ángel. ªMat. 5:22

Discurso de Esteban

7 Y el sumo sacerdote dijo: ¿Es esto así? 2 Y él dijo: Escuchad*me*, hermanos y padresª. El Dios de gloria apareció a nuestro padre Abraham cuando estaba en Mesopotamia, antes que habitara en Haránᵇ, ªHech. 22:1 ᵇGén. 11:31

3 y le dijo: SAL DE TU TIERRA Y DE TU PARENTELA, Y VE A LA TIERRA QUE YO TE MOSTRAREª. ªGén. 12:1

4 Entonces él salió de la tierra de los caldeos y se radicó en Haránª. Y de allí, después de la muerte de su padre, *Dios* lo trasladó a esta tierra en la cual ahora vosotros habitáisᵇ. ªGén. 11:31 ᵇGén. 12:4, 5

5 No le dio en ella heredad, ni siquiera *la* medida de la planta del pie, y *sin embargo*, aunque no tenía hijo, prometió que SE LA DARIA EN POSESION A EL Y A SU DESCENDENCIA DESPUES DE ELª. ªGén. 12:7; 13:15

6 Y Dios dijo así: "ªQUE SUS DESCENDIENTES SERIAN EXTRANJEROS EN UNA TIERRA EXTRAÑA, Y QUE SERIAN ESCLAVIZADOS Y MALTRATADOS POR CUATROCIENTOS AÑOS. ªGén. 15:13, 14

7 "PERO YO MISMO JUZGARE A CUALQUIER NACION DE LA CUAL SEAN ESCLAVOS"—dijo Dios—"Y DESPUES DE ESO SALDRAN Y ME SERVIRAN EN ESTE LUGARª." ªEx. 3:12

8 Y Dios le dio el pacto de la circuncisiónª; y así *Abraham* vino a ser el padre de Isaac, y lo circuncidó al octavo díaᵇ; e Isaac *vino a ser el padre* de Jacob, y Jacob de los doce patriarcas. ªGén. 17:10 ᵇGén. 21:2-4

9 Y los patriarcas tuvieron envidia de José y lo vendieron para Egipto[a]. Pero Dios estaba con él, [a]*Gén. 37:11, 28; 39:2, 21, 22*

10 y lo rescató de todas sus aflicciones, y le dio gracia[a] y sabiduría delante de Faraón, rey de Egipto, y *éste* lo puso por gobernador sobre Egipto y sobre toda su casa. [a]*Gén. 39:21; 41:40-46*

11 Entonces vino hambre sobre todo Egipto y Canaán[a], y *con ella* gran aflicción; y nuestros padres no hallaban alimentos. [a]*Gén. 41:54, 55; 42:5*

12 Pero cuando Jacob supo que había grano en Egipto[a], envió a nuestros padres *allá* la primera vez. [a]*Gén. 42:2*

13 En la segunda *visita,* José se dio a conocer a sus hermanos[a], y conoció Faraón el linaje de José[b]. [a]*Gén. 45:1-4* [b]*Gén. 45:16*

14 Y José, enviando *mensaje,* mandó llamar a Jacob su padre y a toda su parentela[a], *en total* setenta y cinco personas. [a]*Gén. 45:9, 10, 17, 18*

15 Y Jacob descendió a Egipto, y *allí* murió él y *también* nuestros padres. [a]*Gén. 46:1-7; 49:33*

16 Y *de allí* fueron trasladados a Siquem, y puestos en el sepulcro que por una suma de dinero había comprado Abraham a los hijos de Hamor[a] en Siquem. [a]*Gén. 23:16; 33:19*

17 Pero a medida que se acercaba el tiempo[a] de la promesa que Dios había confirmado a Abraham, el pueblo crecía y se multiplicaba en Egipto[b], [a]*Gén. 15:13* [b]*Ex. 1:7, 8*

18 hasta que SURGIO OTRO REY EN EGIPTO QUE NO SABIA NADA DE JOSE[a]. [a]*Ex. 1:8*

19 Este *rey,* obrando con astucia contra nuestro pueblo, maltrató a nuestros padres, a fin de que expusieran *a la muerte* a sus niños para que no vivieran[a]. [a]*Ex. 1:10, 11, 16, 22*

20 Fue por ese tiempo que Moisés nació. Era hermoso a la vista de Dios, y fue criado por tres meses en la casa de su padre[a]. [a]*Ex. 2:2; Heb. 11:23*

21 Después de ser abandonado *para morir,* la hija de Faraón se lo llevó y lo crió como su propio hijo[a]. [a]*Ex. 2:5, 6, 10*

22 Y Moisés fue instruido en toda la sabiduría de los egipcios[a], y era un hombre poderoso en palabras y en hechos. [a]*1 Rey. 4:30; Isa. 19:11*

23 Pero cuando iba a cumplir la edad de cuarenta años[a], sintió en su corazón el deseo de visitar a sus hermanos, los hijos de Israel. [a]*Ex. 2:11, 12*

24 Y al ver que uno *de ellos* era tratado injustamente, lo defendió y vengó al oprimido matando al egipcio.

25 Pensaba que sus hermanos entendían que Dios les estaba dando libertad por medio de él, pero ellos no entendieron.

26 Al día siguiente se les presentó, cuando *dos de* ellos reñían, y trató de poner paz entre ellos, diciendo: "Varones, vosotros sois hermanos, ¿por qué os herís el uno al otro[a]?" [a]*Ex. 2:13*

27 Pero el que estaba hiriendo a su prójimo lo empujó, diciendo: "¿QUIEN TE HA PUESTO POR GOBERNANTE Y JUEZ SOBRE NOSOTROS[a]? [a]*Ex. 2:14; Hech. 7:35*

28 "¿ACASO QUIERES MATARME COMO MATASTE AYER AL EGIPCIO[a]?" [a]*Ex. 2:14*

29 Al oír estas palabras, MOISES HUYO Y SE CONVIRTIO EN EXTRANJERO EN LA TIERRA DE MADIAN[a], donde fue padre de dos hijos. [a]*Ex. 2:15, 22*

30 Y pasados cuarenta años, SE LE APARECIO UN ANGEL[a] EN EL DESIERTO DEL MONTE Sinaí, EN LA LLAMA DE UNA ZARZA QUE ARDIA. [a]*Isa. 63:9*

31 Al ver esto, Moisés se maravillaba de la visión, y al acercarse para ver mejor, vino *a él* la voz del Señor:

32 "YO SOY EL DIOS DE TUS PADRES, EL DIOS DE ABRAHAM, DE ISAAC, Y DE JACOB[a]." Moisés temblando, no se atrevía a mirar. [a]*Ex. 3:6*

33 PERO EL SEÑOR LE DIJO: "QUITATE LAS SANDALIAS DE LOS PIES, PORQUE EL LUGAR DONDE ESTAS ES TIERRA SANTA[a]. [a]*Ex. 3:5*

34 "CIERTAMENTE HE VISTO LA OPRESION DE MI PUEBLO EN EGIPTO Y HE OIDO SUS GEMIDOS, Y HE DESCENDIDO PARA LIBRARLOS[a]; VEN AHORA Y TE ENVIARE A EGIPTO." [a]*Ex. 3:7, 8*

35 Este Moisés, a quien ellos rechazaron, diciendo: "¿QUIEN TE HA PUESTO POR GOBERNANTE Y JUEZ[a]?" es el *mismo* que Dios envió *para ser* gobernante y libertador con la ayuda del ángel que se le apareció en la zarza. [a]*Ex. 2:14; Hech. 7:27*

36 Este hombre los sacó[a], haciendo prodigios y señales[b] en la tierra de Egipto, en el mar Rojo y en el desierto por cuarenta años. [a]*Ex. 12:41* [b]*Ex. 7:3*

37 Este es el *mismo* Moisés que dijo a los hijos de Israel: "DIOS OS LEVANTARA UN PROFETA COMO YO DE ENTRE VUESTROS HERMANOS[a]." [a]*Deut. 18:15, 18; Hech. 3:22*

38 Este es el que estaba en la congregación en el desierto junto con el ángel que le hablaba en el monte Sinaí, y con nuestros padres, y el que recibió palabras[b] de vida para transmitirlas a vosotros; [a]*Ex. 19:17* [b]*Rom. 3:2*

39 al cual nuestros padres no quisieron obedecer, sino que lo repudiaron, y en sus corazones regresaron a Egipto[a], [a]*Núm. 14:3, 4*

40 DICIENDO A AARON: "HAZNOS DIOSES QUE VAYAN DELANTE DE NOSOTROS, PORQUE A ESTE MOISES QUE NOS SACO DE LA TIERRA DE EGIPTO, NO SABEMOS LO QUE LE HAYA PASADO[a]." [a]*Ex. 32:1, 23*

41 En aquellos días hicieron un becerro y ofrecieron sacrificio al ídolo[a], y se regocijaban en las obras de sus manos[b]. [a]*Ex. 32:4, 6* [b]*Apoc. 9:20*

42 Pero Dios se apartó *de ellos* y los entregó para que sirvieran al ejército del cielo, como

está escrito en el libro de los profetas: ¿^aAcaso FUE A MI A QUIEN OFRECISTEIS VICTIMAS Y SACRIFICIOS EN EL DESIERTO POR CUARENTA AÑOS, CASA DE ISRAEL? ^a*Amós 5:25-27*

43 TAMBIEN LLEVASTEIS EL TABERNACULO DE MOLOC, Y LA ESTRELLA DEL DIOS RENFAN, LAS IMAGENES QUE HICISTEIS PARA ADORARLAS. YO TAMBIEN OS DEPORTARE MAS ALLA DE BABILONIA.

44 Nuestros padres tuvieron el tabernáculo del testimonio en el desierto, tal como *le* había ordenado que lo hiciera el que habló a Moisés, conforme al modelo que había visto^a. ^a*Ex. 25:8, 9, 40; 38:21*

45 A su vez, habiéndolo recibido, nuestros padres lo introdujeron con Josué al tomar posesión de las naciones que Dios arrojó de delante de nuestros padres^a, hasta los días de David. ^a*Deut. 32:49; Jos. 3:14*

46 Y David halló gracia delante de Dios^a, y pidió *el favor* de hallar una morada para el Dios de Jacob. ^a*2 Sam. 7:8; Hech. 13:22*

47 Pero fue Salomón quien le edificó una casa^a. ^a*1 Rey. 6:1-38; 8:20*

48 Sin embargo, el Altísimo^a no habita en *casas* hechas por manos *de hombres;* como dice el profeta: ^a*Luc. 1:32*

49 ^aEL CIELO ES MI TRONO,
    Y LA TIERRA EL ESTRADO DE MIS PIES;
    ¿QUE CASA ME EDIFICAREIS?—dice el
    Señor—
    ¿O CUAL ES EL LUGAR DE MI REPOSO?
    ^a*Isa. 66:1, 2; Mat. 5:34, 35*

50 ¿NO FUE MI MANO LA QUE HIZO TODAS ESTAS COSAS?

51 Vosotros, que sois duros de cerviz e incircuncisos de corazón^a y de oídos, resistís siempre al Espíritu Santo; como hicieron vuestros padres, así también hacéis vosotros. ^a*Ex. 32:9; 33:3, 5*

52 ¿A cuál de los profetas no persiguieron vuestros padres^a? Ellos mataron a los que antes habían anunciado la venida del Justo^b, del cual ahora vosotros os hicisteis entregadores y asesinos; ^a*2 Crón. 36:15, 16* ^b*Hech. 22:14*

53 vosotros que recibisteis la ley por disposición de ángeles^a y *sin embargo* no la guardasteis. ^a*Deut. 33:2; Hech. 7:38*

Martirio de Esteban

54 Al oír esto, se sintieron profundamente ofendidos^a, y crujían los dientes contra él. ^a*Hech. 5:33*

55 Pero *Esteban*, lleno del Espíritu Santo^a, fijos los ojos en el cielo, vio la gloria de Dios y a Jesús de pie a la diestra de Dios; ^a*Hech. 2:4*

56 y dijo: He aquí, veo los cielos abiertos^a, y al Hijo del Hombre de pie a la diestra de Dios. ^a*Juan 1:51*

57 Entonces ellos gritaron a gran voz, y tapándose los oídos arremetieron a una contra él.

58 Y echándolo fuera de la ciudad, comenzaron a apedrearle^a; y los testigos pusieron sus mantos a los pies de un joven llamado Saulo^b. ^a*Lev. 24:14, 16* ^b*Hech. 8:1*

59 Y mientras apedreaban a Esteban, él invocaba *al Señor*^a y decía: Señor Jesús, recibe mi espíritu. ^a*Hech. 9:14, 21; 22:16*

60 Y cayendo de rodillas^a, clamó en alta voz: Señor, no les tomes en cuenta este pecado. Habiendo dicho esto, durmió. ^a*Luc. 22:41*

8 Y Saulo estaba de completo acuerdo con ellos en su muerte^a. ^a*Hech. 7:58; 22:20*

Saulo persigue a la iglesia

En aquel día se desató una gran persecución en contra de la iglesia en Jerusalén, y todos fueron esparcidos por las regiones de Judea y Samaria, excepto los apóstoles.

2 Y *algunos* hombres piadosos sepultaron a Esteban, y lloraron a gran voz por él.

3 Pero Saulo hacía estragos en la iglesia^a entrando de casa en casa, y arrastrando a hombres y mujeres, los echaba en la cárcel. ^a*Hech. 9:1, 13, 21; 22:4, 19*

Predicación de Felipe en Samaria

4 Así que los que habían sido esparcidos^a iban predicando la palabra. ^a*Hech. 8:1*

5 Felipe^a, descendiendo a la ciudad de Samaria, les predicaba a Cristo. ^a*Hech. 6:5; 8:26, 30*

6 Y las multitudes unánimes prestaban atención a lo que Felipe decía, al oír y ver las señales que hacía.

7 Porque *de* muchos que tenían espíritus inmundos, *éstos* salían *de ellos* gritando a gran voz; y muchos que habían sido paralíticos y cojos eran sanados^a. ^a*Mat. 4:24*

8 Y había gran regocijo^a en aquella ciudad. ^a*Juan 4:40-42; Hech. 8:39*

Simón el mago

9 Y cierto hombre llamado Simón, hacía tiempo que estaba ejerciendo la magia^a en la ciudad y asombrando a la gente de Samaria, pretendiendo ser un gran *personaje;* ^a*Hech. 8:11; 13:6*

10 y todos, desde el menor hasta el mayor, le prestaban atención, diciendo: Este es el que se llama el Gran Poder de Dios^a. ^a*Hech. 14:11; 28:6*

11 Le prestaban atención porque por mucho tiempo los había asombrado con sus artes mágicas^a. ^a*Hech. 8:9; 13:6*

12 Pero cuando creyeron a Felipe, que anunciaba las buenas nuevas del reino de Dios^a y el nombre de Cristo Jesús, se bautizaban, tanto hombres como mujeres. ^a*Hech. 1:3; 8:4*

13 Y aun Simón mismo creyó; y después de bautizarse, continuó con Felipe, y estaba atónito al ver las señales^a y los grandes milagros^b que se hacían. ^a*Hech. 8:6* ^b*Hech. 19:11*

Pedro y Juan en Samaria

14 Cuando los apóstoles que *estaban* en Jerusalén[a] oyeron que Samaria había recibido la palabra de Dios, les enviaron a Pedro y a Juan[b]. ᵃHech. 8:1 ᵇLuc. 22:8

15 quienes descendieron y oraron por ellos para que recibieran el Espíritu Santo[a]. ᵃHech. 2:38; 19:2

16 pues todavía no había descendido sobre ninguno de ellos[a]; sólo habían sido bautizados en el nombre del Señor Jesús. ᵃHech. 19:2

17 Entonces les imponían[a] las manos, y recibían el Espíritu Santo[b]. ᵃMar. 5:23 ᵇHech. 2:4

18 Cuando Simón vio que el Espíritu se daba por la imposición de las manos de los apóstoles, les ofreció dinero,

19 diciendo: Dadme también a mí esta autoridad, de manera que todo aquel sobre quien ponga mis manos reciba el Espíritu Santo.

20 Entonces Pedro le dijo: Que tu plata perezca contigo, porque pensaste que podías obtener el don de Dios con dinero[a]. ᵃ2 Rey. 5:16; Isa. 55:1

21 No tienes parte ni suerte[a] en este asunto, porque tu corazón no es recto delante de Dios. ᵃDeut. 10:9; 12:12

22 Por tanto, arrepiéntete de esta tu maldad, y ruega al Señor que si es posible se te perdone el intento de tu corazón[a]. ᵃIsa. 55:7

23 Porque veo que estás en hiel de amargura y en cadena de iniquidad[a]. ᵃIsa. 58:6

24 Pero Simón respondió y dijo: Rogad vosotros al Señor por mí, para que no me sobrevenga nada de lo que habéis dicho.

25 Y ellos, después de haber testificado solemnemente y hablado la palabra del Señor[a], iniciaron el regreso a Jerusalén anunciando el evangelio[b] en muchas aldeas de los samaritanos. ᵃHech. 13:12 ᵇHech. 8:40

Felipe y el etíope eunuco

26 Un ángel del Señor[a] habló a Felipe, diciendo: Levántate y ve hacia el sur, al camino que desciende de Jerusalén a Gaza. (Este es un *camino* desierto.) ᵃHech. 5:19; 8:29

27 El se levantó y fue; y he aquí, había un eunuco etíope[a], alto oficial de Candace, reina de los etíopes, el cual estaba encargado de todos sus tesoros, y había venido a Jerusalén para adorar[b]. ᵃSal. 68:31 ᵇ1 Rey. 8:41, 42

28 Regresaba sentado en su carruaje, y leía al profeta Isaías.

29 Y el Espíritu dijo[a] a Felipe: Ve y júntate a ese carruaje. ᵃHech. 8:39; 10:19

30 Cuando Felipe se acercó corriendo, le oyó leer al profeta Isaías, y *le* dijo: ¿Entiendes lo que lees?

31 Y él respondió: ¿Cómo podré, a menos que alguien me guíe? E invitó a Felipe a que subiera y se sentara con él.

32 El pasaje de la Escritura que estaba leyendo era éste:
ᵃCOMO OVEJA FUE LLEVADO AL MATADERO;
Y COMO CORDERO, MUDO DELANTE DEL QUE LO TRASQUILA,
NO ABRE EL SU BOCA. ᵃIsa. 53:7, 8

33 EN SU HUMILLACION NO SE LE HIZO JUSTICIA; ¿QUIEN CONTARA SU GENERACION? PORQUE SU VIDA ES QUITADA DE LA TIERRA.

34 El eunuco respondió a Felipe y dijo: Te ruego *que me digas,* ¿de quién dice esto el profeta? ¿De sí mismo, o de algún otro?

35 Entonces Felipe abrió su boca, y comenzando desde esta Escritura, le anunció el evangelio[a] de Jesús. ᵃLuc. 24:27; Hech. 17:2

36 Yendo por el camino, llegaron a un *lugar donde había* agua; y el eunuco dijo*: Mira, agua. ¿Qué impide que yo sea bautizado[a]? ᵃHech. 10:47

37 Y Felipe dijo: Si crees con todo tu corazón, puedes. Respondió él y dijo: Creo que Jesucristo es el Hijo de Dios.

38 Y mandó parar el carruaje; ambos descendieron al agua, Felipe y el eunuco, y lo bautizó.

39 Al salir ellos del agua, el Espíritu del Señor arrebató[a] a Felipe; y no lo vio más el eunuco, que continuó su camino gozoso. ᵃ1 Rey. 18:12; 2 Rey. 2:16

40 Mas Felipe se encontró en Azoto[a], y por donde pasaba, anunciaba el evangelio en todas las ciudades[b], hasta que llegó a Cesarea. ᵃJos. 11:22 ᵇHech. 8:25

Conversión de Saulo

9 Saulo[a], respirando todavía amenazas y muerte contra los discípulos del Señor, fue al sumo sacerdote, ᵃHech. 9:1-22; 22:3-16

2 y le pidió cartas para las sinagogas[a] de Damasco, para que si encontraba algunos que pertenecieran al Camino, tanto hombres como mujeres, los pudiera llevar atados a Jerusalén. ᵃMat. 10:17

3 ᵃY sucedió que mientras viajaba, al acercarse a Damasco, de repente resplandeció en su derredor una luz del cielo; ᵃHech. 9:3-8; 22:6-11

4 y al caer a tierra, oyó una voz que le decía: Saulo, Saulo, ¿por qué me persigues[a]? ᵃHech. 22:7; 26:14

5 Y él dijo: ¿Quién eres, Señor? Y El *respondió:* Yo soy Jesús a quien tú persigues;

6 levántate, entra en la ciudad, y se te dirá lo que debes hacer. ᵃHech. 9:16

7 Los hombres que iban con él se detuvieron atónitos, oyendo la voz[a], pero sin ver a nadie. ᵃJuan 12:29, 30; Hech. 22:9

8 Saulo se levantó del suelo, y aunque sus ojos estaban abiertos, no veía nada[a]; y lleván-

dolo por la mano, lo trajeron a Damasco.
aHech. 9:18; 22:11

9 Y estuvo tres días sin ver, y no comió ni bebió.

Ananías visita a Saulo

10 Había en Damasco cierto discípulo llamado Ananíasª; y el Señor le dijo en una visiónᵇ: Ananías. Y él dijo: Heme aquí, Señor. aHech. 22:12 bHech. 10:3, 17, 19

11 Y el Señor le *dijo:* Levántate y ve a la calle que se llama Derecha, y pregunta en la casa de Judas por un hombre de Tarsoª llamado Saulo, porque, he aquí, está orando, aHech. 9:30; 11:25

12 y ha visto en una visión a un hombre llamado Ananías, que entra y pone las manos sobre él para que recobre la vistaª. aMar. 5:23; Hech. 6;6

13 Pero Ananías respondió: Señor, he oído de muchos acerca de este hombre, cuánto mal ha hecho a tus santosª en Jerusalén, aHech. 9:32, 41; 26:10

14 y aquí tiene autoridad de los principales sacerdotes para prenderª a todos los que invocan tu nombreᵇ. aHech. 9:2, 21 bHech. 7:59

15 Pero el Señor le dijo: Ve, porque él me es un instrumento escogidoª, para llevar mi nombre en presencia de los gentiles, de los reyes y de los hijos de Israel; aHech. 13:2; Rom. 1:1

16 porque yo le mostraré cuánto debe padecerª por mi nombre. aHech. 20:23; 21:4, 11, 13

17 Ananías fue y entró en la casa, y después de poner las manos sobre élª, dijo: Hermano Saulo, el Señor Jesús, que se te apareció en el camino por donde venías, me ha enviado para que recobres la vista y seas lleno del Espíritu Santoᵇ. aMar. 5:23 bHech. 2:4

18 Al instante cayeron de sus ojos como unas escamas, y recobró la vista; y se levantó y fue bautizado.

19 Tomó alimentos y cobró fuerzas.

Y por varios días estuvo con los discípulos que estaban en Damascoª. aHech. 26:20

Saulo predica en Damasco

20 Y enseguida se puso a predicar a Jesús en las sinagogasª, diciendo: El es el Hijo de Diosᵇ. aHech. 13:5, 14 bMat. 4:3

21 Y todos los que *lo* escuchaban estaban asombrados y decían: ¿No es éste el que en Jerusalén destruía a los que invocaban este nombreª, y *el que* había venido aquí con este propósito: para llevarlos atados ante los principales sacerdotes? aHech. 9:14

22 Pero Saulo seguía fortaleciéndose y confundiendo a los judíos que habitaban en Damasco, demostrando que este *Jesús* es el Cristo.

Saulo escapa de los judíos

23 Después de muchos díasª, los judíos tramaron deshacerse de él, aGál. 1:17, 18

24 pero su conjura llegó al conocimiento de Saulo. Y aun vigilaban las puertas día y noche con el intento de matarloª; a2 Cor. 11:32, 33

25 pero sus discípulos lo tomaron de noche y lo sacaron por *una abertura en* la muralla, bajándolo en una canasta.

Saulo en Jerusalén

26 Cuando llegó a Jerusalén, trataba de juntarse con los discípulos; y todos le temían, no creyendo que era discípuloª. aHech. 22:17-20; 26:20

27 Pero Bernabéª lo tomó y lo presentó a los apóstoles, y les contó cómo *Saulo* había visto al Señor en el camino, y que El le había hablado, y cómo en Damasco había hablado con valor en el nombre de Jesús. aHech. 4:36

28 Y estaba con ellos moviéndose libremente en Jerusalén, hablando con valor en el nombre del Señorª. aHech. 4:13, 29; 9:27

29 También hablaba y discutía con los *judíos* helenistasª; mas éstos intentaban matarlo. aHech. 6:1

30 Pero cuando los hermanos *lo* supieron, lo llevaron a Cesareaª, y *de allí* lo enviaronᵇ a Tarso. aHech. 8:40 bGál. 1:21

31 Entretanto la iglesiaª gozaba de paz por toda Judea, Galilea y Samaria, y era edificada; y andando en el temor del Señor y en la fortaleza del Espíritu Santo, seguía creciendo. aHech. 5:11; 8:1

Curación de Eneas

32 Y mientras Pedro viajaba por todas *aquellas regiones,* vino también a los santosª que vivían en Lida. aHech. 9:13

33 Allí encontró a un hombre llamado Eneas, que había estado postrado en cama por ocho años, porque estaba paralítico.

34 Y Pedro le dijo: Eneas, Jesucristo te sana; levántate y haz tu cama. Y al instante se levantó.

35 Todos los que vivían en Lida y en Sarón lo vieron, y se convirtieron al Señorª. aHech. 2:47; 9:42

Resurrección de Dorcas

36 Había entonces en Jopeª una discípula llamada Tabita (que traducido *al griego* es Dorcas); esta mujer era rica en obras buenas y de caridad que hacía continuamente. aJos. 19:46; 2 Crón. 2:16

37 Y sucedió que en aquellos días se enfermó y murió; y lavado *su cuerpo,* lo pusieron en un aposento altoª. aHech. 1:13; 9:39

38 Como Lida estaba cerca de Jope, los discípulosª, al oír que Pedro estaba allí, le enviaron

dos hombres, rogándo*le:* No tardes en venir a nosotros. ªHech. 11:26

39 Entonces Pedro se levantó y fue con ellos. Cuando llegó lo llevaron al aposento altoª, y todas las viudas lo rodearon llorando, mostrando todas las túnicas y ropas que Dorcas solía hacer cuando estaba con ellas. ªHech. 1:13; 9:37

40 Mas Pedro, haciendo salir a todos, se arrodilló y oró, y volviéndose al cadáver, dijo: Tabita, levántate. Y ella abrió los ojos, y al ver a Pedro, se incorporóª. ªMat. 9:25

41 Y él le dio la mano y la levantó; y llamando a los santosª y a las viudas, la presentó viva. ªHech. 9:13, 32

42 Y esto se supo en todo Jope, y muchos creyeron en el Señorª. ªHech. 9:35

43 Y *Pedro* se quedó en Jope muchos días con un tal Simón, curtidorª. ªHech. 10:6

La visión de Cornelio

10 Había en Cesareaª un hombre llamado Cornelio, centurión de la cohorte llamada la Italiana, ªHech. 8:40; 10:24

2 piadoso y temeroso de Diosª con toda su casa, que daba muchas limosnas al pueblo *judío*ᵇ y oraba a Dios continuamente. ªHech. 10:22, 35 ᵇLuc. 7:4, 5

3 Como a la hora novenaª del día, vio claramente en una visiónᵇ a un ángel de Dios que entraba a *donde* él *estaba* y le decía: Cornelio. ªHech. 3:1 ᵇHech. 9:10

4 Mirándolo fijamente y atemorizado, *Cornelio* dijo: ¿Qué quieres, Señor? Y él le dijo: Tus oraciones y limosnas han ascendido como memorial delante de Diosª. ªMat. 26:13; Fil. 4:18

5 Despacha ahora *algunos* hombres a Jopeª, y manda traer a un *hombre llamado* Simón, que también se llama Pedro. ªHech. 9:36

6 Este se hospeda con un curtidor *llamado* Simónª, cuya casa está junto al mar. ªHech. 9:43

7 Y después que el ángel que le hablaba se había ido, *Cornelio* llamó a dos de los criados y a un soldado piadoso de los que constantemente le servían,

8 y después de explicarles todo, los envió a Jopeª. ªHech. 9:36

La visión de Pedro

9 Al día siguiente, mientras ellos iban por el camino y se acercaban a la ciudad, Pedroª subió a la azotea a orar como a la hora sexta. ªHech. 10:9-32; 11:5-14

10 Tuvo hambre y deseaba comer; pero mientras *le* preparaban *algo de comer,* le sobrevino un éxtasisª; ªHech. 11:15; 22:17

11 y vio* el cielo abiertoª y un objeto semejante a un gran lienzo que descendía, bajado a la tierra por las cuatro puntas; ªJuan 1:51

12 había en él toda *clase de* cuadrúpedos y reptiles de la tierra, y aves del cielo.

13 Y oyó una voz: Levántate, Pedro, mata y come.

14 Mas Pedro dijo: De ninguna manera, Señor, porque yo jamás he comido nada impuro o inmundoª. ªLev. 11:20-25; Deut. 14:4-20

15 De nuevo, por segunda vez, *llegó* a él una voz: Lo que Dios ha limpiadoª, no *lo* llames tú impuro. ªMat. 15:11; Mar. 7:19

16 Y esto sucedió tres veces, e inmediatamente el lienzo fue recogido al cielo.

Los mensajeros de Cornelio

17 Mientras Pedro estaba perplejo *pensando* en lo que significaría la visión que había visto, he aquí, los hombres que habían sido enviados por Cornelioª, después de haber preguntado por la casa de Simón, aparecieron a la puerta; ªHech. 10:8

18 y llamando, preguntaron si allí se hospedaba Simón, el que también se llamaba Pedro.

19 Y mientras Pedro meditaba sobre la visión, el Espíritu le dijoª: Mira, tres hombres te buscan. ªHech. 8:29

20 Levántate, pues, desciende y no dudesª en acompañarlos, porque yo los he enviado. ªHech. 15:7-9

21 Pedro descendió a *donde estaban* los hombres, y *les* dijo: He aquí, yo soy el que buscáis; ¿cuál es la causa por la que habéis venido?

22 Y ellos dijeron: A Cornelio el centurión, un hombre justo y temeroso de Dios, y que es muy estimado por toda la nación de los judíosª, *le* fue ordenado por un santo ángel que te hiciera venir a su casa para oír tus palabrasᵇ. ªHech. 10:2 ᵇHech. 11:14

23 Entonces los invitó a entrar y los hospedó. Al día siguiente se levantó y fue con ellos, y algunos de los hermanosª de Jope lo acompañaron. ªHech. 1:15

Pedro en casa de Cornelio

24 Al otro día entró en Cesareaª. Cornelio los estaba esperando y había reunido a sus parientes y amigos íntimos. ªHech. 8:40; 10:1

25 Y sucedió que cuando Pedro iba a entrar, Cornelio salió a recibirlo, y postrándose a sus pies, *lo* adoróª. ªMat. 8:2

26 Mas Pedro lo levantó, diciendo: Ponte de pie; yo también soy hombreª. ªHech. 14:15; Apoc. 19:10

27 Y conversando con él, entró y halló* mucha gente reunidaª. ªHech. 10:24

28 Y les dijo: Vosotros sabéis cuán ilícito es para un judío asociarse con un extranjero o visitarlo, pero Dios me ha mostrado que a ningún hombre debo llamar impuro o inmundoª; ªHech. 10:14, 15, 35; 15:9

29 por eso, cuando fui llamado, vine sin poner ninguna objeción. Pregunto, pues, ¿por qué causa me habéis enviado a llamar?

30 Y Cornelio dijo: A esta misma hora, hace

cuatro días, estaba yo orando en mi casa a la hora novena; y he aquí, un hombre[a] con vestiduras resplandecientes, se puso delante de mí, [a]*Hech. 10:3-6, 30-32*

31 y dijo*: "Cornelio, tu oración ha sido oída, y tus obras de caridad han sido recordadas delante de Dios.

32 "Envía, pues, a Jope, y haz llamar a Simón, que también se llama Pedro; él está hospedado en casa de Simón *el* curtidor, junto al mar[a]." [a]*Juan 4:9; 18:28*

33 Por tanto, envié por ti al instante, y has hecho bien en venir. Ahora, pues, todos nosotros estamos aquí presentes delante de Dios, para oír todo lo que el Señor te ha mandado.

34 Entonces Pedro, abriendo la boca[a], dijo: Ciertamente *ahora* entiendo que Dios no hace acepción de personas[b], [a]*Mat. 5:2* [b]*Deut. 10:17*

35 sino que en toda nación el que le teme y hace lo justo, le es acepto[a]. [a]*Hech. 10:28*

36 El mensaje que Él envió a los hijos de Israel, predicando paz por medio de Jesucristo[a] (Él es Señor de todos[b]), [a]*Luc. 1:79* [b]*Mat. 28:18*

37 vosotros sabéis lo que ocurrió en toda Judea, comenzando desde Galilea, después del bautismo que Juan predicó.

38 *Vosotros sabéis* cómo Dios ungió a Jesús de Nazaret con el Espíritu Santo y con poder, el cual anduvo haciendo bien y sanando a todos los oprimidos por el diablo[a]; porque Dios estaba con El. [a]*Mat. 4:23*

39 Y nosotros somos testigos de todas las cosas que hizo en la tierra de los judíos y en Jerusalén. Y también le dieron muerte, colgándole en una cruz[a]. [a]*Hech. 5:30*

40 A éste Dios le resucitó al tercer día e hizo que se manifestara, [a]*Hech. 2:24*

41 no a todo el pueblo[a], sino a los testigos que fueron escogidos de antemano por Dios, *es decir,* a nosotros que comimos y bebimos con El después que resucitó de los muertos. [a]*Juan 14:19, 22; 15:27*

42 Y nos mandó predicar al pueblo, y testificar con toda solemnidad que este Jesús es el que Dios ha designado como Juez de los vivos y de los muertos[a]. [a]*Juan 5:22, 27; Hech. 17:31*

43 De éste dan testimonio todos los profetas, de que por su nombre[a], todo el que cree en El recibe el perdón de los pecados. [a]*Luc. 24:47; Hech. 2:38*

Los gentiles reciben el Espíritu Santo

44 Mientras Pedro aún hablaba estas palabras, el Espíritu Santo cayó sobre todos los que escuchaban el mensaje[a]. [a]*Hech. 11:15; 15:8*

45 Y todos los creyentes *que eran* de la circuncisión, que habían venido con Pedro[a], se quedaron asombrados, porque el don del Espíritu Santo había sido derramado[b] también sobre los gentiles, [a]*Hech. 10:23* [b]*Hech. 2:33, 38*

46 pues les oían hablar en lenguas[a] y exaltar a Dios. Entonces Pedro dijo: [a]*Mar. 16:17; Hech. 2:4*

47 ¿Puede acaso alguien negar el agua para que sean bautizados[a] éstos que han recibido el Espíritu Santo lo mismo que nosotros[b]? [a]*Hech. 8:36* [b]*Hech. 2:4*

48 Y mandó que fueran bautizados en el nombre de Jesucristo[a]. Entonces le pidieron que se quedara *con ellos* unos días. [a]*Hech. 2:38; 8:16*

Pedro informa sobre su visita a Cornelio

11 Los apóstoles y los hermanos[a] que estaban por toda Judea oyeron que también los gentiles habían recibido la palabra de Dios. [a]*Hech. 1:15*

2 Y cuando Pedro subió a Jerusalén, los que eran de la circuncisión[a] le reprocharon, [a]*Hech. 10:45*

3 diciendo: Tú entraste en casa de incircuncisos y comiste con ellos[a]. [a]*Mat. 9:11; Hech. 10:28*

4 Entonces Pedro comenzó a explicarles en orden *lo sucedido*[a], diciendo: [a]*Luc. 1:3*

5 Estaba yo en la ciudad de Jope orando[a], y vi en éxtasis una visión: un objeto semejante a un gran lienzo que descendía, bajado del cielo por las cuatro puntas, y vino hasta mí. [a]*Hech. 10:9-32; 11:5-14*

6 Cuando fijé mis ojos en él y lo observaba, vi cuadrúpedos terrestres, fieras, reptiles y aves del cielo.

7 También oí una voz que me decía: "Levántate Pedro, mata y come."

8 Pero yo dije: "De ninguna manera, Señor, porque nada impuro o inmundo ha entrado jamás en mi boca."

9 Pero una voz del cielo respondió por segunda vez: "Lo que Dios ha limpiado, no lo llames tú impuro[a]." [a]*Hech. 10:15*

10 Esto sucedió tres veces, y todo volvió a ser llevado arriba al cielo.

11 Y he aquí, en aquel momento se aparecieron tres hombres delante de la casa donde estábamos, los cuales habían sido enviados a mí desde Cesarea[a]. [a]*Hech. 8:40*

12 Y el Espíritu me dijo que fuera con ellos sin dudar[a]. Estos seis hermanos fueron también conmigo y entramos en la casa de *aquel* hombre, [a]*Hech. 15:9; Rom. 3:22*

13 y él nos contó cómo había visto al ángel de pie en su casa, el cual le dijo: "Envía a Jope y haz traer a Simón, que también se llama Pedro,

14 quien te dirá palabras[a] por las cuales serás salvo, tú y toda tu casa." [a]*Hech. 10:22* [b]*Juan 4:53*

15 Cuando comencé a hablar, el Espíritu Santo descendió sobre ellos[a], tal como *lo hizo*

sobre nosotros al principio[b]. [a]*Hech. 10:44*
[b]*Hech. 2:4*

16 Entonces me acordé de las palabras del Señor, cuando dijo: "Juan bautizó con agua, pero vosotros seréis bautizados con el Espíritu Santo[a]." [a]*Hech. 1:5*

17 Por tanto, si Dios les dio a ellos el mismo don que también nos *dio* a nosotros[a] después de creer en el Señor Jesucristo, ¿quién era yo para poder estorbar a Dios? [a]*Hech. 10:45*

18 Y al oír esto se calmaron, y glorificaron a Dios, diciendo: Así que también a los gentiles ha concedido Dios el arrepentimiento[a] *que conduce* a la vida. [a]*2 Cor. 7:10*

La iglesia en Antioquía

19 Ahora bien, los que habían sido esparcidos a causa de la persecución que sobrevino cuando *la muerte de* Esteban[a], llegaron hasta Fenicia, Chipre y Antioquía, no hablando la palabra a nadie, sino sólo a los judíos. [a]*Hech. 8:1, 4*

20 Pero había algunos de ellos, hombres de Chipre y de Cirene, los cuales al llegar a Antioquía, hablaban también a los griegos, predicando al Señor Jesús[a]. [a]*Hech. 5:42*

21 Y la mano del Señor estaba con ellos[a], y gran número que creyó se convirtió al Señor. [a]*Luc. 1:66*

22 Y la noticia de esto llegó a oídos de la iglesia de Jerusalén y enviaron a Bernabé a Antioquía, [a]*Hech. 4:36*

23 el cual, cuando vino y vio la gracia de Dios[a], se regocijó y animaba a todos para que con corazón firme permanecieran *fieles* al Señor; [a]*Hech. 13:43; 14:26*

24 porque era un hombre bueno, y lleno del Espíritu Santo[a] y de fe. Y una gran multitud fue agregada al Señor. [a]*Hech. 2:4*

25 Y *Bernabé* salió rumbo a Tarso[a] para buscar a Saulo; [a]*Hech. 9:11*

26 y cuando lo encontró, lo trajo a Antioquía. Y se reunieron con la iglesia por todo un año, y enseñaban a las multitudes; y a los discípulos se les llamó cristianos[a] por primera vez en Antioquía. [a]*Hech. 26:28; 1 Ped. 4:16*

27 Por aquellos días unos profetas[a] descendieron de Jerusalén a Antioquía. [a]*Luc. 11:49; Hech. 2:17*

28 Y levantándose uno de ellos, llamado Agabo[a], daba a entender por el Espíritu, que ciertamente habría una gran hambre en toda la tierra. Y esto ocurrió durante el *reinado* de Claudio. [a]*Hech. 18:2*

29 Los discípulos, conforme a lo que cada uno tenía, determinaron enviar *una contribución* para el socorro de los hermanos que habitaban en Judea[a]. [a]*Hech. 11:1*

30 Y así lo hicieron, mandándola a los ancia-

nos[a] por mano de Bernabé y de Saulo. [a]*Hech. 12:25*

Martirio de Jacobo y encarcelamiento de Pedro

12 Por aquel tiempo el rey Herodes echó mano a algunos que pertenecían a la iglesia para maltratarlos.

2 E hizo matar[a] a espada a Jacobo, el hermano de Juan. [a]*Mat. 4:21; 20:23*

3 Y viendo que esto agradaba a los judíos[a], hizo arrestar también a Pedro. Esto sucedió durante los días de los panes sin levadura. [a]*Hech. 24:27; 25:9*

4 Y habiéndolo tomado preso, lo puso en la cárcel, entregándolo a cuatro piquetes de soldados para que lo guardaran, con la intención de llevarlo ante el pueblo después de la Pascua[a]. [a]*Ex. 12:1-27; Mar. 14:1*

5 Así pues, Pedro era custodiado en la cárcel, pero la iglesia hacía oración ferviente a Dios por él.

6 Y esa noche, cuando Herodes estaba a punto de sacarlo, Pedro estaba durmiendo entre dos soldados, sujeto con dos cadenas[a]; y unos guardias delante de la puerta custodiaban la cárcel. [a]*Hech. 21:33*

7 Y he aquí, se le apareció[a] un ángel del Señor[b], y una luz brilló en la celda; y *el ángel* tocó a Pedro en el costado, y lo despertó diciendo: Levántate pronto. Y las cadenas cayeron de sus manos. [a]*Luc. 2:9* [b]*Hech. 5:19*

8 Y el ángel le dijo: Vístete y ponte las sandalias. Y así lo hizo. Y le dijo* *el ángel:* Envuélvete en tu manto y sígueme.

9 Y saliendo, *lo* seguía, y no sabía que lo que hacía el ángel era de verdad, sino que creía ver una visión[a]. [a]*Hech. 9:10*

10 Cuando habían pasado la primera y la segunda guardia, llegaron a la puerta de hierro que conduce a la ciudad, la cual se les abrió[a] por sí misma; y salieron y siguieron por una calle, y enseguida el ángel se apartó de él. [a]*Hech. 5:19; 16:26*

11 Cuando Pedro volvió en sí, dijo: Ahora sé en verdad que el Señor ha enviado a su ángel, y me ha rescatado[a] de la mano de Herodes y de todo lo que esperaba el pueblo de los judíos. [a]*Dan. 3:28; 6:22*

12 Al darse cuenta *de esto*, fue a la casa de María, la madre de Juan, llamado también Marcos[a], donde muchos estaban reunidos y oraban. [a]*Hech. 12:25; 13:5, 13*

13 Y cuando llamó a la puerta de la entrada, una sirvienta[a] llamada Rode salió a ver quién era. [a]*Juan 18:16, 17*

14 Al reconocer la voz de Pedro, de alegría[a] no abrió la puerta, sino que corrió adentro y anunció que Pedro estaba a la puerta. [a]*Luc. 24:41*

15 Y ellos le dijeron: ¡Estás loca! Pero ella insistía en que así era. Y ellos decían: Es su ángel[a]. [a]*Mat. 18:10*

16 Mas Pedro continuaba llamando; y cuando ellos abrieron, lo vieron y se asombraron.

17 Y haciéndoles señal con la mano para que guardaran silencio, les contó cómo el Señor lo había sacado de la cárcel. Y *les* dijo: Informad de estas cosas a Jacobo[a] y a los hermanos. Entonces salió, y se fue a otro lugar. [a]*Mar. 6:3; Hech. 15:13*

18 Cuando se hizo de día, hubo un alboroto no pequeño entre los soldados *sobre* qué habría sido de Pedro.

19 Y Herodes, después de buscarlo y no encontrar*lo,* interrogó a los guardias y ordenó que los llevaran *para ejecutarlos*[a]. Después descendió de Judea a Cesarea, y se quedó allí por un tiempo. [a]*Hech. 16:27; 27:42*

Muerte de Herodes

20 *Herodes* estaba muy enojado con los de Tiro y de Sidón; pero ellos, de común acuerdo se presentaron ante él, y habiéndose ganado a Blasto, camarero del rey, pedían paz pues su territorio era abastecido por el del rey[a]. [a]*1 Rey. 5:11; Esd. 3:7*

21 El día señalado, Herodes, vestido con ropa real, se sentó en la tribuna y les arengaba.

22 Y la gente gritaba: ¡Voz de un dios y no de un hombre *es ésta!*

23 Al instante un ángel del Señor[a] lo hirió, por no haber dado la gloria a Dios; y murió comido de gusanos. [a]*2 Sam. 24:16; 2 Rey. 19:35*

24 Pero la palabra del Señor crecía y se multiplicaba[a]. [a]*Hech. 6:7; 19:20*

25 Y Bernabé y Saulo regresaron de Jerusalén después de haber cumplido su misión[a], llevando *consigo* a Juan, llamado también Marcos[b]. [a]*Hech. 11:30* [b]*Hech. 12:12*

Principio del primer viaje misionero de Saulo y Bernabé

13 En la iglesia que estaba en Antioquía había profetas y maestros[a]: Bernabé, Simón llamado Niger, Lucio de Cirene, Manaén, que se había criado con Herodes el tetrarca, y Saulo. [a]*Rom. 12:6, 7; 1 Cor. 12:28, 29*

2 Mientras ministraban al Señor y ayunaban, el Espíritu Santo dijo: Apartadme a Bernabé y a Saulo para la obra a la que los he llamado[a]. [a]*Hech. 9:15*

3 Entonces, después de ayunar, orar y haber impuesto las manos sobre ellos[a], los enviaron. [a]*Hech. 6:6*

Pablo y Bernabé en Chipre

4 Ellos, pues, enviados por el Espíritu Santo, descendieron a Seleucia y de allí se embarcaron para Chipre[a]. [a]*Hech. 4:36*

5 Llegados a Salamina, proclamaban la palabra de Dios en las sinagogas de los judíos; y tenían también a Juan[a] de ayudante. [a]*Hech. 12:12*

6 Después de haber recorrido toda la isla hasta Pafos, encontraron a cierto mago[a], un falso profeta[b] judío llamado Barjesús, [a]*Hech. 8:9* [b]*Mat. 7:15*

7 que estaba con el procónsul[a] Sergio Paulo, hombre inteligente. Este hizo venir a Bernabé y a Saulo, y deseaba oír la palabra de Dios. [a]*Hech. 13:8, 12; 18:12*

8 Pero Elimas, el mago (pues así se traduce su nombre), se les oponía, tratando de desviar de la fe al procónsul[a]. [a]*Hech. 13:7, 12; 18:12*

9 Entonces Saulo, *llamado* también Pablo, lleno del Espíritu Santo[a], fijando la mirada en él, [a]*Hech. 2:4; 4:8*

10 dijo: Tú, hijo del diablo[a], que estás lleno de todo engaño y fraude, enemigo de toda justicia, ¿no cesarás de torcer los caminos rectos del Señor? [a]*Mat. 13:38; Juan 8:44*

11 Ahora, he aquí, la mano del Señor está sobre ti[a]; te quedarás ciego y no verás el sol por algún tiempo. Al instante niebla y oscuridad cayeron sobre él, e iba buscando quien lo guiara de la mano. [a]*Ex. 9:3; 1 Sam. 5:6, 7*

12 Entonces el procónsul, cuando vio lo que había sucedido, creyó, maravillado de la doctrina del Señor[a]. [a]*Hech. 8:25; 13:49*

Pablo y Bernabé en Antioquía de Pisidia

13 Pablo y sus compañeros zarparon de Pafos, y llegaron a Perge de Panfilia; pero Juan[a], apartándose de ellos, regresó a Jerusalén, [a]*Hech. 12:12*

14 mas ellos, saliendo de Perge, llegaron a Antioquía de Pisidia[a]; y en el día de reposo entraron a la sinagoga y se sentaron. [a]*Hech. 14:24*

15 Después de la lectura de la ley[a] y los profetas[b], los oficiales de la sinagoga les mandaron a decir: Hermanos, si tenéis alguna palabra de exhortación para el pueblo, hablad. [a]*Hech. 15:21* [b]*Hech. 13:27*

Discurso de Pablo en Antioquía de Pisidia

16 Pablo se levantó, y haciendo señal con la mano, dijo:

Hombres de Israel, y vosotros que teméis a Dios[a], escuchad: [a]*Hech. 10:2; 13:26*

17 El Dios de este pueblo de Israel, escogió a nuestros padres y engrandeció al pueblo durante su estancia en la tierra de Egipto, y con brazo levantado los sacó de ella[a]. [a]*Deut. 7:6-8; 13:14, 16*

18 Y por un período como de cuarenta años[a] los soportó en el desierto. [a]*Núm. 14:34; Hech. 7:36*

19 Después de destruir siete naciones en la tierra de Canaán[a], repartió sus tierras en heren-

ciaᵇ; *todo esto duró* como cuatrocientos cincuenta años. ᵃ*Hech. 7:45* ᵇ*Jos. 14:1*

20 Y después de esto, *les* dio juecesᵃ hasta el profeta Samuel. ᵃ*Jue. 2:16*

21 Entonces ellos pidieron un reyᵃ, y Dios les dio a Saúl, hijo de Cis, varón de la tribu de Benjamínᵇ, durante cuarenta años. ᵃ*1 Sam. 8:5* ᵇ*1 Sam. 9:1, 2*

22 Después de quitarlo, les levantó por rey a David, del cual Dios también testificó y dijo: "HE HALLADO A DAVID, *hijo* de Isaí, UN HOMBRE CONFORME A MI CORAZONᵃ, que hará toda mi voluntad." ᵃ*1 Sam. 13:14; Sal. 89:20*

23 De la descendencia de éste, conforme a la promesa, Dios ha dado a Israel un Salvador, Jesúsᵃ, ᵃ*Hech. 13:32, 33*

24 después de que Juan predicó, antes de su venida, un bautismo de arrepentimientoᵃ a todo el pueblo de Israel. ᵃ*Mar. 1:1-4; Luc. 3:3*

25 Cuando Juan estaba a punto de terminar su carrera, decía: "¿Quién pensáis que soy yo? Yo no soy *el Cristo;* mas he aquí, viene tras mí uno de quien yo no soy digno de desatar las sandalias de sus piesᵃ." ᵃ*Mat. 3:11; Mar. 1:7*

26 Hermanos, hijos del linaje de Abraham, y los que entre vosotros teméis a Dios, a nosotros nos es enviada la palabra de esta salvaciónᵃ. ᵃ*Juan 6:68; Hech. 4:12*

27 Pues los que habitan en Jerusalén y sus gobernantes, sin reconocerleᵃ a El ni las palabras de los profetas que se leen todos los días de reposo, cumplieron *estas escrituras,* condenándo*le*. ᵃ*Hech. 3:17*

28 Y aunque no hallaron causa para *darle* muerte, pidieron a Pilato que le hiciera matarᵃ. ᵃ*Mat. 27:22, 23; Mar. 15:13, 14*

29 Y cuando habían cumplido todo lo que estaba escrito acerca de Elᵃ, le bajaron de la cruzᵇ y le pusieron en un sepulcro. ᵃ*Hech. 26:22* ᵇ*Hech. 5:30*

30 Pero Dios le levantó de entre los muertosᵃ; ᵃ*Hech. 2:24; 13:33, 34, 37*

31 y por muchos días se apareció a los que habían subido con El de Galileaᵃ a Jerusalén, los cuales ahora son sus testigosᵇ ante el pueblo. ᵃ*Hech. 1:3* ᵇ*Luc. 24:48*

32 Y nosotros os anunciamos la buena nueva de que la promesa hecha a los padresᵃ, ᵃ*Hech. 13:23; 26:6*

33 Dios la ha cumplido a nuestros hijos al resucitar a Jesús, como también está escrito en el salmo segundo: HIJO MIO ERES TU; YO TE HE ENGENDRADO HOYᵃ. ᵃ*Sal. 2:7*

34 *Y en cuanto a* que le resucitó de entre los muertos para nunca más volver a corrupción, *Dios* ha hablado de esta manera: OS DARE LAS SANTAS Y FIELES *misericordias prometidas* A DAVIDᵃ. ᵃ*Isa. 55:3*

35 Por tanto dice también en otro *salmo:* No

PERMITIRAS QUE TU SANTO VEA CORRUPCIONᵃ. ᵃ*Sal. 16:10; Hech. 2:27*

36 Porque David, después de haber servido el propósito de Dios en su propia generación, durmióᵃ, y fue sepultado con sus padres, y vio corrupción. ᵃ*Hech. 8:1*

37 Pero aquel a quien Dios resucitóᵃ no vio corrupción. ᵃ*Hech. 2:24; 13:30, 33, 34*

38 Por tanto, hermanos, sabed que por medio de El oₛ es anunciado el perdón de los pecadosᵃ; ᵃ*Luc. 24:47; Hech. 2:38*

39 y que de todas las cosas de que no pudisteis ser justificados por la ley de Moisés, por medio de El, todo aquel que cree es justificadoᵃ. ᵃ*Hech. 10:43; Rom. 3:28*

40 Tened, pues, cuidado de que no venga sobre *vosotros* aquello de que se habla en los profetasᵃ: ᵃ*Luc. 24:44; Juan 6:45*

41 MIRAD, BURLADORES, MARAVILLAOS Y
  PERECED;
  PORQUE YO HAGO UNA OBRA EN VUESTROS
    DIAS,
  UNA OBRA QUE NUNCA CREERIAIS AUNQUE
    ALGUNO OS LA DESCRIBIERAᵃ. ᵃ*Hab. 1:5*

Pablo se dirige a los gentiles

42 Al salir Pablo y Bernabé, la gente les rogaba que el siguiente día de reposoᵃ les hablaran de estas cosas. ᵃ*Hech. 13:14*

43 Y terminada *la reunión de* la sinagoga, muchos de los judíos y de los prosélitosᵃ temerosos de Dios siguieron a Pablo y a Bernabé, quienes, hablándoles, les instaban a perseverar en la gracia de Diosᵇ. ᵃ*Mat. 23:15* ᵇ*Hech. 11:23*

44 El siguiente día de reposoᵃ casi toda la ciudad se reunió para oír la palabra del Señor. ᵃ*Hech. 13:14*

45 Pero cuando los judíos vieron la muchedumbre, se llenaron de celo, y blasfemando, contradecían lo que Pablo decíaᵃ. ᵃ*Hech. 13:50; 14:2, 4, 5, 19*

46 Entonces Pablo y Bernabé hablaron con valor y dijeron: Era necesario que la palabra de Dios os fuera predicada primeramente a vosotrosᵃ; mas ya que la rechazáis y no os juzgáis dignos de la vida eterna, he aquí, nos volvemos a los gentilesᵇ. ᵃ*Hech. 3:26* ᵇ*Hech. 18:6*

47 Porque así nos lo ha mandado el Señor:
  TE HE PUESTO COMO LUZ PARA LOS GENTILESᵃ,
  A FIN DE QUE LLEVES LA SALVACION HASTA
    LOS CONFINES DE LA TIERRA. ᵃ*Isa. 42:6; Luc. 2:32*

48 Oyendo esto los gentiles, se regocijaban y glorificaban la palabra del Señor; y creyeron cuantos estaban ordenados a vida eternaᵃ. ᵃ*Rom. 8:28; Ef. 1:4, 5, 11*

49 Y la palabra del Señorᵃ se difundía por toda la región. ᵃ*Hech. 13:12*

50 Pero los judíos instigaron a las mujeres piadosas y distinguidas, y a los hombres más

prominentes[a] de la ciudad, y provocaron una persecución contra Pablo y Bernabé, y los expulsaron de su comarca. [a]Mar. 15:43

51 Entonces éstos sacudieron el polvo de sus pies[a] contra ellos y se fueron a Iconio. [a]Mat. 10:14; Mar. 6:11

52 Y los discípulos estaban continuamente llenos de gozo y del Espíritu Santo[a]. [a]Hech. 2:4

Pablo y Bernabé en Iconio

14 Aconteció que en Iconio entraron juntos en la sinagoga[a] de los judíos, y hablaron de tal manera que creyó una gran multitud[b], tanto de judíos como de griegos. [a]Hech. 13:5 [b]Hech. 2:47

2 Pero los judíos que no creyeron, excitaron y llenaron de odio los ánimos de los gentiles[a] contra los hermanos. [a]Hech. 13:45, 50; 14:4, 5, 19

3 Con todo, se detuvieron allí mucho tiempo hablando valientemente confiados en el Señor que confirmaba la palabra su gracia[a], concediendo que se hicieran señales y prodigios por medio de sus manos. [a]Hech. 20:32

4 Pero la multitud de la ciudad estaba dividida[a], y unos estaban con los judíos[b] y otros con los apóstoles. [a]Hech. 17:4, 5 [b]Hech. 13:45, 50

5 Y cuando los gentiles y los judíos, con sus gobernantes, prepararon un atentado para maltratarlos y apedrearlos[a], [a]Hech. 14:19

6 los apóstoles se dieron cuenta de ello y huyeron a las ciudades de Licaonia, Listra, Derbe[a], y sus alrededores; [a]Hech. 14:20; 16:1

7 y allí continuaron anunciando el evangelio[a]. [a]Hech. 14:15, 21; 16:10

Pablo y Bernabé en Listra

8 Y había en Listra un hombre que estaba sentado, imposibilitado de los pies, cojo desde el seno de su madre y que nunca había andado[a]. [a]Hech. 3:2

9 Este escuchaba hablar a Pablo, el cual, fijando la mirada en él, y viendo que tenía fe para ser sanado[a], [a]Mat. 9:28

10 dijo con fuerte voz: Levántate derecho sobre tus pies. Y él dio un salto y anduvo[a]. [a]Hech. 3:8

11 Cuando la multitud vio lo que Pablo había hecho, alzaron la voz, diciendo en el idioma de Licaonia: Los dioses se han hecho semejantes a hombres[a] y han descendido a nosotros. [a]Hech. 8:10; 28:6

12 Y llamaban a Bernabé, Júpiter, y a Pablo, Mercurio, porque éste era el que dirigía la palabra.

13 Y el sacerdote de Júpiter, cuyo templo estaba en las afueras de la ciudad, trajo toros y guirnaldas a las puertas, y quería ofrecer sacrificios[a] juntamente con la multitud. [a]Dan. 2:46

14 Pero cuando lo oyeron los apóstoles Bernabé y Pablo, rasgaron sus ropas[a] y se lanzaron en medio de la multitud, gritando [a]Núm. 14:6; Mat. 26:65

15 y diciendo: Varones, ¿por qué hacéis estas cosas? Nosotros también somos hombres de igual naturaleza que vosotros, y os anunciamos el evangelio para que os volváis de estas cosas vanas a un Dios vivo, QUE HIZO EL CIELO, LA TIERRA, EL MAR, Y TODO LO QUE EN ELLOS HAY[a]; [a]Ex. 20:11; Sal. 146:6

16 el cual en las generaciones pasadas permitió que todas las naciones siguieran sus propios caminos[a]; [a]Sal. 81:12; Miq. 4:5

17 y sin embargo, no dejó de dar testimonio de sí mismo[a], haciendo bien y dándoos lluvias del cielo y estaciones fructíferas, llenando vuestros corazones de sustento y de alegría. [a]Hech. 17:26, 27; Rom. 1:19, 20

18 Y aun diciendo estas palabras, apenas pudieron impedir que las multitudes les ofrecieran sacrificio.

Pablo apedreado en Listra

19 Pero vinieron algunos judíos de Antioquía y de Iconio, y habiendo persuadido a la multitud, apedrearon a Pablo[a] y lo arrastraron fuera de la ciudad, pensando que estaba muerto. [a]Hech. 14:5; 2 Cor. 11:25

20 Pero mientras los discípulos[a] lo rodeaban, él se levantó y entró en la ciudad. Y al día siguiente partió con Bernabé a Derbe. [a]Hech. 11:26; 14:22, 28

21 Y después de anunciar el evangelio a aquella ciudad y de hacer muchos discípulos[a], volvieron a Listra, a Iconio y a Antioquía, [a]Hech. 2:47

22 fortaleciendo los ánimos de los discípulos, exhortándolos a que perseveraran en la fe[a], y diciendo: Es necesario que a través de muchas tribulaciones[b] entremos en el reino de Dios. [a]Hech. 6:7 [b]Mar. 10:30

23 Después que les designaron[a] ancianos en cada iglesia, habiendo orado con ayunos[b], los encomendaron al Señor en quien habían creído. [a]2 Cor. 8:19 [b]Hech. 1:24

24 Pasaron por Pisidia[a] y llegaron a Panfilia[b]. [a]Hech. 13:14 [b]Hech. 13:13

25 Y después de predicar la palabra en Perge[a], descendieron a Atalia; [a]Hech. 13:13

26 y de allí se embarcaron para Antioquía, donde habían sido encomendados a la gracia de Dios[a] para la obra que habían cumplido. [a]Hech. 11:23; 15:40

27 Cuando llegaron y reunieron a la iglesia, informaron de todas las cosas que Dios había hecho con ellos, y cómo había abierto a los gentiles la puerta[a] de la fe. [a]1 Cor. 16:9; 2 Cor. 2:12

28 Y se quedaron mucho tiempo con los discípulos[a]. [a]Hech. 11:26; 14:22

El problema de los judaizantes

15 Y algunos descendieron de Judea y enseñaban a los hermanos[a]: Si no os circuncidáis conforme al rito de Moisés, no podéis ser salvos. [a]Hech. 1:15; 15:3, 22, 32

2 Como Pablo y Bernabé tuvieran gran disensión y debate[a] con ellos, *los hermanos* determinaron que Pablo y Bernabé, y algunos otros de ellos subieran a Jerusalén a los apóstoles y a los ancianos para tratar esta cuestión. [a]Hech. 15:7

3 Así que, siendo enviados por la iglesia[a], pasaron por Fenicia y Samaria, relatando detalladamente la conversión de los gentiles, y causaban gran gozo a todos los hermanos. [a]Hech. 20:38; 21:5

4 Cuando llegaron a Jerusalén, fueron recibidos por la iglesia, los apóstoles y los ancianos, e informaron de todo lo que Dios había hecho con ellos[a]. [a]Hech. 14:27; 15:12

5 Pero algunos de la secta[b] de los fariseos que habían creído, se levantaron diciendo: Es necesario circuncidarlos[b] y mandarles que guarden la ley de Moisés. [a]Hech. 5:17 [b]1 Cor. 7:18

El concilio de Jerusalén

6 Entonces los apóstoles y los ancianos[a] se reunieron para considerar este asunto. [a]Hech. 11:30; 15:4, 22, 23

7 Y después de mucho debate, Pedro se levantó y les dijo: Hermanos, vosotros sabéis que en los primeros días Dios escogió de entre vosotros que por mi boca los gentiles oyeran la palabra del evangelio y creyeran[a]. [a]Hech. 10:19, 20

8 Y Dios, que conoce el corazón[a], les dio testimonio dándoles el Espíritu Santo, así como también *nos lo dio* a nosotros[b]; [a]Hech. 1:24 [b]Hech. 2:4

9 y ninguna distinción hizo entre nosotros y ellos[a], purificando por la fe sus corazones. [a]Hech. 10:28, 34; 11:12

10 Ahora pues, ¿por qué tentáis a Dios[a] poniendo sobre el cuello de los discípulos un yugo que ni nuestros padres ni nosotros hemos podido llevar? [a]Hech. 5:9

11 Creemos más bien que somos salvos por la gracia del Señor Jesús[a], de la misma manera que ellos también lo son. [a]Rom. 3:24; 5:15

12 Toda la multitud hizo silencio, y escuchaban a Bernabé y a Pablo, que relataban las señales y prodigios[a] que Dios había hecho entre los gentiles por medio de ellos. [a]Juan 4:48

13 Cuando terminaron de hablar, Jacobo respondió, diciendo: Escuchadme, hermanos. [a]Hech. 12:17

14 Simón[a] ha relatado cómo Dios al principio tuvo a bien tomar de entre los gentiles un pueblo para su nombre. [a]Hech. 15:7; 2 Ped. 1:1

15 Y con esto concuerdan las palabras de los profetas[a], tal como está escrito: [a]Hech. 13:40

16 [a]DESPUES DE ESTO VOLVERE,
Y REEDIFICARE EL TABERNACULO DE DAVID
QUE HA CAIDO.
Y REEDIFICARE SUS RUINAS,
Y LO LEVANTARE DE NUEVO, [a]Amós 9:11

17 PARA QUE EL RESTO DE LOS HOMBRES BUSQUE
AL SEÑOR[a],
Y TODOS LOS GENTILES QUE SON LLAMADOS
POR MI NOMBRE, [a]Amós 9:12

18 DICE EL SEÑOR, QUE HACE SABER TODO ESTO
DESDE TIEMPOS ANTIGUOS[a]. [a]Isa. 45:21

19 Por tanto, yo juzgo que no molestemos[a] a los que de entre los gentiles se convierten a Dios, [a]Hech. 15:28; 21:25

20 sino que les escribamos que se abstengan de cosas contaminadas por los ídolos, de fornicación, de lo estrangulado y de sangre[a]. [a]Gén. 9:4; Lev. 3:17

21 Porque Moisés desde generaciones antiguas tiene en cada ciudad quienes lo prediquen, pues todos los días de reposo es leído[a] en las sinagogas. [a]Hech. 13:15; 2 Cor. 3:14, 15

La carta del concilio a los gentiles

22 Entonces pareció bien a los apóstoles y a los ancianos, con toda la iglesia, escoger de entre ellos *algunos* hombres para enviarlos a Antioquía con Pablo y Bernabé: a Judas, llamado Barsabás, y a Silas, hombres prominentes entre los hermanos, [a]Hech. 15:27, 32, 40; 16:19, 25, 29

23 y enviaron esta carta con ellos:
Los apóstoles, y los hermanos que son ancianos[a], a los hermanos en Antioquía, Siria y Cilicia que son de los gentiles, saludos. [a]Hech. 15:2

24 Puesto que hemos oído que algunos de entre nosotros, a quienes no autorizamos, os han inquietado con *sus* palabras[a], perturbando vuestras almas; [a]Hech. 15:1

25 nos pareció bien[a], habiendo llegado a un común acuerdo, escoger *algunos* hombres para enviarlos a vosotros con nuestros amados Bernabé y Pablo, [a]Hech. 15:28

26 hombres que han arriesgado su vida[a] por el nombre de nuestro Señor Jesucristo. [a]Hech. 9:23; 14:19

27 Por tanto, hemos enviado a Judas y a Silas[a], quienes también os informarán las mismas cosas verbalmente. [a]Hech. 15:22, 32

28 Porque pareció bien al Espíritu Santo[a] y a nosotros no imponeros mayor carga que estas *cosas* esenciales: [a]Hech. 5:32; 15:8

29 que os abstengáis de cosas sacrificadas a los ídolos, de sangre, de lo estrangulado y de fornicación[a]. Si os guardáis de tales cosas, bien haréis. Pasadlo bien. [a]Hech. 15:20

Judas y Silas en Antioquía

30 Así que ellos, después de ser despedidos, descendieron a Antioquía[a]; y reuniendo a la congregación, entregaron la carta;
[a]*Hech. 15:22, 23*

31 y cuando la leyeron, se regocijaron por el consuelo *que les impartía.*

32 Siendo Judas y Silas también profetas, exhortaron y confortaron a los hermanos[a] con un largo mensaje. [a]*Hech. 15:1*

33 Y después de pasar *allí* algún tiempo, fueron despedidos en paz[a] por los hermanos *para volver* a aquellos que los habían enviado.
[a]*Mar. 5:34; Hech. 16:36*

34 Pero a Silas le pareció bien quedarse allí.

35 Mas Pablo y Bernabé se quedaron en Antioquía, enseñando y predicando con muchos otros, la palabra[a] del Señor. [a]*Hech. 8:4*

Pablo y Bernabé se separan

36 Después de algunos días Pablo dijo a Bernabé: Volvamos y visitemos a los hermanos en todas las ciudades[a] donde hemos proclamado la palabra del Señor, *para ver* cómo están. [a]*Hech. 13:4, 13, 14, 51; 14:6, 24, 25*

37 Bernabé quería llevar también con ellos a Juan, llamado Marcos[a], [a]*Hech. 12:12*

38 pero Pablo consideraba que no debían llevar consigo a quien los había desertado en Panfilia[a] y no los había acompañado en la obra. [a]*Hech. 13:13*

39 Se produjo un desacuerdo tan grande que se separaron el uno del otro, y Bernabé tomó consigo a Marcos y se embarcó rumbo a Chipre[a]. [a]*Hech. 4:36*

40 Mas Pablo escogió a Silas[a] y partió, siendo encomendado por los hermanos a la gracia del Señor. [a]*Hech. 15:22*

41 Y viajaba por Siria[a] y Cilicia confirmando a las iglesias. [a]*Mat. 4:24*

Pablo escoge a Timoteo

16 Llegó también a Derbe y a Listra. Y estaba allí cierto discípulo llamado Timoteo[a], hijo de una mujer judía creyente[b], pero de padre griego, [a]*Hech. 17:14, 15* [b]*2 Tim. 1:5*

2 del cual hablaban elogiosamente los hermanos[a] que estaban en Listra y en Iconio.
[a]*Hech. 16:40*

3 Pablo quiso que éste fuera con él, y lo tomó y lo circuncidó[a] por causa de los judíos que había en aquellas regiones, porque todos sabían que su padre era griego. [a]*Gál. 2:3*

4 Y conforme pasaban por las ciudades, entregaban los acuerdos[a] tomados por los apóstoles y los ancianos que estaban en Jerusalén, para que los observaran. [a]*Hech. 15:28, 29*

5 Así que las iglesias[a] eran confirmadas en la fe, y diariamente crecían en número[b].
[a]*Hech. 9:31* [b]*Hech. 2:47*

Visión de Pablo del hombre macedonio

6 Pasaron por la región de Frigia y Galacia[a], habiendo sido impedidos por el Espíritu Santo de hablar la palabra en Asia, [a]*Hech. 18:23; 1 Cor. 16:1*

7 y cuando llegaron a Misia, intentaron ir a Bitinia, pero el Espíritu de Jesús[a] no se lo permitió. [a]*Luc. 24:49; Hech. 8:29*

8 Y pasando por Misia, descendieron a Troas[a]. [a]*Hech. 16:11; 20:5, 6*

9 Por la noche se le mostró a Pablo una visión: un hombre de Macedonia estaba de pie, suplicándole y diciendo: Pasa a Macedonia[a] y ayúdanos. [a]*Hech. 16:10, 12; 18:5*

10 Cuando tuvo la visión, enseguida procuramos[a] ir a Macedonia, persuadidos de que Dios nos había llamado para anunciarles el evangelio. [a]*(nosotros) Hech. 16:10-17; 20:5-15*

Conversión de Lidia

11 Así que, zarpando de Troas[a], navegamos con rumbo directo a Samotracia, y al día siguiente a Neápolis, [a]*Hech. 16:8; 20:5, 6*

12 y de allí a Filipos[a], que es una ciudad principal de la provincia de Macedonia, una colonia *romana*; en esta ciudad nos quedamos por varios días. [a]*Hech. 20:6; Fil. 1:1*

13 Y en el día de reposo[a] salimos fuera de la puerta, a la orilla de un río, donde pensábamos que habría un lugar de oración; nos sentamos y comenzamos a hablar a las mujeres que se habían reunido. [a]*Hech. 13:14*

14 Y estaba escuchando cierta mujer llamada Lidia, de la ciudad de Tiatira, vendedora de telas de púrpura, que adoraba a Dios[a]; y el Señor abrió su corazón[b] para que recibiera lo que Pablo decía. [a]*Hech. 13:43* [b]*Luc. 24:45*

15 Cuando ella y su familia[a] se bautizaron, *nos* rogó, diciendo: Si juzgáis que soy fiel al Señor, venid a mi casa y quedaos *en ella.* Y nos persuadió *a ir.* [a]*Hech. 11:14*

Conversión de la muchacha adivina

16 Y sucedió que mientras íbamos al lugar de oración, nos salió al encuentro una muchacha esclava que tenía espíritu de adivinación[a], la cual daba grandes ganancias a sus amos, adivinando. [a]*Lev. 19:31; 20:6, 27*

17 Esta, siguiendo a Pablo y a nosotros, gritaba diciendo: Estos hombres son siervos del Dios Altísimo[a], quienes os proclaman el camino de salvación. [a]*Mar. 5:7*

18 Y esto lo hacía por muchos días; mas desagradando *esto* a Pablo, se volvió y dijo al espíritu: ¡Te ordeno, en el nombre de Jesucristo, que salgas de ella! Y salió en aquel mismo momento[a]. [a]*Mar. 16:17*

19 Pero cuando sus amos vieron que se les había ido la esperanza de su ganancia[a], prendieron a Pablo y a Silas, y *los* arrastraron hasta la plaza, ante las autoridades[b]; [a]*Hech. 16:16* [b]*Hech. 8:3*

20 y después de haberlos presentado a los magistrados superiores, dijeron: Estos hombres, siendo judíos, alborotan nuestra ciudad,

21 y proclaman costumbres que no nos es lícito aceptar ni observar[a], puesto que somos romanos. [a]*Est. 3:8*

22 La multitud se levantó a una contra ellos, y los magistrados superiores, rasgándoles sus ropas, ordenaron que *los* azotaran con varas[a]. [a]*2 Cor. 11:25; 1 Tes. 2:2*

23 Y después de darles muchos azotes, los echaron en la cárcel, ordenando al carcelero[a] que los guardara con seguridad; [a]*Hech. 16:27, 36*

24 el cual, habiendo recibido esa orden, los echó en el calabozo interior y les aseguró los pies en el cepo[a]. [a]*Job 13:27; 33:11*

Conversión del carcelero

25 Como a medianoche, Pablo y Silas oraban y cantaban[a] himnos a Dios, y los presos los escuchaban. [a]*Ef. 5:19*

26 De repente se produjo un gran terremoto, de tal manera que los cimientos de la cárcel fueron sacudidos; al instante se abrieron todas las puertas[a] y las cadenas de todos se soltaron[b]. [a]*Hech. 12:10* [b]*Hech. 12:7*

27 Al despertar el carcelero[a] y ver abiertas todas las puertas de la cárcel, sacó su espada y se iba a matar[b], creyendo que los prisioneros se habían escapado. [a]*Hech. 16:23, 36* [b]*Hech. 12:19*

28 Mas Pablo clamó a gran voz, diciendo: No te hagas ningún mal, pues todos estamos aquí.

29 Entonces él pidió luz y se precipitó adentro, y temblando, se postró ante Pablo y Silas[a]. [a]*Hech. 16:19*

30 y después de sacarlos, dijo: Señores, ¿qué debo hacer[a] para ser salvo? [a]*Hech. 2:37; 22:10*

31 Ellos respondieron: Cree en el Señor Jesús, y serás salvo, tú y *toda* tu casa[a]. [a]*Hech. 11:14; 16:15*

32 Y le hablaron la palabra del Señor a él y a todos los que estaban en su casa.

33 Y él los tomó en aquella *misma* hora de la noche[a], y les lavó las heridas; enseguida fue bautizado, él y todos los suyos. [a]*Hech. 16:25*

34 Llevándolos a su hogar, les dio de comer, y se regocijó grandemente por haber creído en Dios con todos los suyos[a]. [a]*Hech. 11:14; 16:15*

Vindicación de Pablo y Silas

35 Cuando se hizo de día, los magistrados superiores enviaron a sus oficiales, diciendo: Suelta a esos hombres.

36 El carcelero[a] comunicó a Pablo estas palabras, *diciendo:* Los magistrados superiores han dado orden de que se os suelte. Así que, salid ahora e id en paz[b]. [a]*Hech. 16:27* [b]*Hech. 15:33*

37 Mas Pablo les dijo: Aunque somos ciudadanos romanos[a], nos han azotado pública-mente sin hacernos juicio y nos han echado a la cárcel; ¿y ahora nos sueltan en secreto? ¡De ninguna manera! Que ellos mismos vengan a sacarnos. [a]*Hech. 22:25-29*

38 Y los oficiales informaron esto a los magistrados superiores, y al saber que eran romanos, tuvieron temor[a]. [a]*Hech. 22:29*

39 Entonces vinieron, y les suplicaron, y después de sacarlos, les rogaban que salieran de la ciudad[a]. [a]*Mat. 8:34*

40 Cuando salieron de la cárcel, fueron a *casa de* Lidia[a], y al ver a los hermanos, los consolaron y partieron. [a]*Hech. 16:14*

Pablo y Silas en Tesalónica

17 Después de pasar por Anfípolis y Apolonia, llegaron a Tesalónica[a], donde había una sinagoga de los judíos. [a]*Hech. 17:11, 13; 20:4*

2 Y Pablo, según su costumbre, fue a ellos y por tres días de reposo[a] discutió con ellos *basándose* en las Escrituras, [a]*Hech. 13:14*

3 explicando y presentando evidencia de que era necesario que el Cristo padeciera[a] y resucitara de entre los muertos[b], y *diciendo:* Este Jesús, a quien yo os anuncio, es el Cristo. [a]*Hech. 3:18* [b]*Juan 20:9*

4 Algunos de ellos creyeron, y se unieron a Pablo y a Silas, juntamente con una gran multitud de griegos temerosos de Dios y muchas de las mujeres principales[b]. [a]*Juan 7:35* [b]*Hech. 13:50*

5 Pero los judíos, llenos de envidia, llevaron algunos hombres malvados de la plaza pública, organizaron una turba y alborotaron la ciudad[a]; y asaltando la casa de Jasón, procuraban sacarlos al pueblo. [a]*Hech. 17:13; 1 Tes. 2:14*

6 Al no encontrarlos, arrastraron a Jasón y a algunos de los hermanos ante las autoridades de la ciudad, gritando: Esos que han trastornado al mundo han venido acá también[a]; [a]*Mat. 24:14; Hech. 17:31*

7 y Jasón los ha recibido[a], y todos ellos actúan contra los decretos del César, diciendo que hay otro rey, Jesús. [a]*Luc. 10:38; Sant. 2:25*

8 Y alborotaron a la multitud y a las autoridades de la ciudad que oían esto.

9 Pero después de recibir una fianza de Jasón[a] y de los otros, los soltaron. [a]*Hech. 17:5*

Pablo y Silas enviados a Berea

10 Enseguida los hermanos enviaron de noche a Pablo y a Silas a Berea[a], los cuales, al llegar, fueron a la sinagoga de los judíos. [a]*Hech. 17:13; 20:4*

11 Estos eran más nobles que los de Tesalónica[a], pues recibieron la palabra con toda solicitud, escudriñando diariamente las Escrituras, *para ver* si estas cosas eran así. [a]*Hech. 17:1*

12 Por eso muchos de ellos creyeron, así

como también un buen número de griegos, hombres y mujeres de distinción[a]. [a]*Mar. 15:43*

13 Pero cuando los judíos de Tesalónica supieron que la palabra de Dios había sido proclamada por Pablo también en Berea[a], fueron también allá para agitar y alborotar a las multitudes. [a]*Hech. 17:10; 20:4*

14 Entonces los hermanos inmediatamente enviaron a Pablo para que fuera hasta el mar; pero Silas[a] y Timoteo[b] se quedaron allí. [a]*Hech. 15:22* [b]*Hech. 16:1*

15 Los que conducían a Pablo lo llevaron hasta Atenas[a]; y después de recibir órdenes de que Silas y Timoteo se unieran a él lo más pronto posible, partieron. [a]*Hech. 17:16, 21, 22; 18:1*

Pablo en Atenas

16 Mientras Pablo los esperaba en Atenas[a], su espíritu se enardecía dentro de él al contemplar la ciudad llena de ídolos. [a]*Hech. 17:15, 21, 22; 18:1*

17 Así que discutía en la sinagoga[a] con los judíos y con los *gentiles* temerosos de Dios[b], y diariamente en la plaza con los que estuvieran presentes. [a]*Hech. 9:20* [b]*Hech. 17:4*

18 También disputaban con él algunos de los filósofos epicúreos y estoicos. Y algunos decían: ¿Qué quiere decir este palabrero? Y otros: Parece ser un predicador de divinidades extrañas—porque *les* predicaba a Jesús y la resurrección[a]. [a]*Hech. 4:2; 17:31, 32*

19 Lo tomaron[a] y lo llevaron al Areópago, diciendo: ¿Podemos saber qué es esta nueva enseñanza que proclamas? [a]*Hech. 23:19*

20 Porque te oímos decir cosas extrañas; por tanto, queremos saber qué significan.

21 (Pues todos los atenienses y los extranjeros de visita allí, no pasaban el tiempo en otra cosa sino en decir o en oír algo nuevo.) [a]*Hech. 2:10*

22 Entonces Pablo poniéndose en pie en medio del Areópago, dijo: Varones atenienses, percibo que sois muy religiosos[a] en todo sentido. [a]*Hech. 25:19*

23 Porque mientras pasaba y observaba los objetos de vuestra adoración[a], hallé también un altar con esta inscripción: AL DIOS DESCONOCIDO. Pues lo que vosotros adoráis sin conocer, eso os anuncio yo. [a]*2 Tes. 2:4*

24 El Dios que hizo el mundo y todo lo que en él *hay*[a], puesto que es Señor del cielo y de la tierra[b], no mora en templos hechos por manos *de hombres*, [a]*Isa. 42:5* [b]*Deut. 10:14*

25 ni es servido por manos humanas, como si necesitara de algo[a], puesto que El da a todos vida y aliento y todas las cosas; [a]*Job 22:2; Sal. 50:10-12*

26 y de uno hizo todas las naciones del mundo para que habitaran sobre toda la faz de la tierra, habiendo determinado *sus* tiempos señalados y los límites de su habitación[a], [a]*Deut. 32:8; Job 12:23*

27 para que buscaran a Dios, si de alguna manera, palpando, le hallen, aunque no está lejos de ninguno de nosotros[a]; [a]*Deut. 4:7; Jer. 23:23, 24*

28 porque en El vivimos, nos movemos y existimos[a], así como algunos de vuestros mismos poetas han dicho: "Porque también somos linaje suyo." [a]*Job 12:10; Dan. 5:23*

29 Siendo, pues, linaje de Dios, no debemos pensar que la naturaleza divina sea semejante a oro, plata o piedra, esculpidos por el arte y el pensamiento humano[a]. [a]*Isa. 40:18; Rom. 1:23*

30 Por tanto, habiendo pasado por alto los tiempos de ignorancia[a], Dios declara ahora a todos los hombres, en todas partes, que se arrepientan, [a]*Hech. 14:16; 17:23*

31 porque El ha establecido un día en el cual juzgará al mundo[a] en justicia, por medio de un Hombre a quien ha designado, habiendo presentado pruebas a todos los hombres al resucitarle de entre los muertos. [a]*Mat. 24:14; Hech. 17:6*

32 Y cuando oyeron de la resurrección de los muertos[a], algunos se burlaban, pero otros dijeron: Te escucharemos otra vez acerca de esto. [a]*Hech. 17:18, 31*

33 Entonces Pablo salió de entre ellos.

34 Pero algunos se unieron a él y creyeron, entre los cuales estaban Dionisio el areopagita[a], una mujer llamada Dámaris y otros con ellos. [a]*Hech. 17:19, 22*

Pablo en Corinto

18 Después de esto *Pablo* salió de Atenas y fue a Corinto[a]. [a]*Hech. 18:8; 19:1*

2 Y se encontró con un judío que se llamaba Aquila[a], natural del Ponto, quien acababa de llegar de Italia con Priscila[a] su mujer, pues Claudio había ordenado a todos los judíos que salieran de Roma. Fue a ellos, [a]*Hech. 18:18, 26; Rom. 16:3*

3 y como él era del mismo oficio, se quedó con ellos y trabajaban[a] *juntos*, pues el oficio de ellos era hacer tiendas. [a]*Hech. 20:34; 1 Cor. 4:12*

4 Y discutía en la sinagoga todos los días de reposo[a], y trataba de persuadir a judíos y a griegos. [a]*Hech. 13:14*

5 Cuando Silas y Timoteo descendieron de Macedonia, Pablo se dedicaba por completo a la *predicación de la* palabra, testificando solemnemente a los judíos[a] que Jesús era el Cristo[b]. [a]*Luc. 16:28* [b]*Hech. 17:3*

6 Pero cuando ellos se le opusieron y blasfemaron, él sacudió sus ropas y les dijo: Vuestra sangre *sea* sobre vuestras cabezas[a]; yo soy limpio; desde ahora me iré a los gentiles[b]. [a]*2 Sam. 1:16* [b]*Hech. 13:46*

7 Y partiendo de allí, se fue a la casa de un *hombre* llamado Ticio Justo, que adoraba a Dios[a], cuya casa estaba junto a la sinagoga. [a]*Hech. 13:43; 16:14*

8 Y Crispo[a], el oficial de la sinagoga, creyó en el Señor con toda su casa[b], y muchos de los corintios, al oír, creían y eran bautizados. [a]*1 Cor. 1:14* [b]*Hech. 11:14*

9 Y por medio de una visión[a] durante la noche, el Señor dijo a Pablo: No temas, sigue hablando y no calles; [a]*Hech. 9:10*

10 porque yo estoy contigo, y nadie te atacará para hacerte daño, porque yo tengo mucho pueblo en esta ciudad.

11 Y se quedó *allí* un año y seis meses, enseñando la palabra de Dios entre ellos.

Pablo ante Galión

12 Pero siendo Galión procónsul de Acaya, los judíos[a] se levantaron a una contra Pablo y lo trajeron ante el tribunal[b], [a]*1 Tes. 2:14-16* [b]*Mat. 27:19*

13 diciendo: Este persuade a los hombres a que adoren a Dios *en forma* contraria a la ley[a]. [a]*Juan 19:7; Hech. 18:15*

14 Y cuando Pablo iba a hablar[a], Galión dijo a los judíos: Si fuera cuestión de una injusticia o de un crimen depravado, oh judíos, yo os toleraría, como sería razonable. [a]*Mat. 5:2*

15 Pero si son cuestiones de palabras y nombres, y de vuestra propia ley[a], allá vosotros; no estoy dispuesto a ser juez de estas cosas. [a]*Hech. 23:29; 25:19*

16 Y los echó del tribunal[a]. [a]*Mat. 27:19*

17 Entonces todos ellos le echaron mano a Sóstenes[a], el oficial de la sinagoga, y lo golpeaban frente al tribunal, pero Galión no hacía caso de nada de esto. [a]*1 Cor. 1:1*

Fin del segundo viaje misionero de Pablo, y principio del tercero

18 Y Pablo, después de quedarse muchos días más, se despidió de los hermanos y se embarcó hacia Siria, y con él iban Priscila y Aquila. Y en Cencrea se hizo cortar el cabello, porque tenía hecho un voto[a]. [a]*Núm. 6:2, 5, 9, 18; Hech. 21:24*

19 Llegaron a Efeso[a] y los dejó allí. Y entrando en la sinagoga, discutía con los judíos. [a]*Hech. 18:21, 24; 19:1, 17, 26, 28, 34, 35*

20 Cuando le rogaron que se quedara más tiempo, no consintió,

21 sino que se despidió de ellos, diciendo: Volveré a vosotros otra vez, si Dios quiere[a]. Y zarpó de Efeso. [a]*Rom. 1:10; 15:32*

22 Al desembarcar en Cesarea[a], subió *a Jerusalén* para saludar a la iglesia, y *luego* descendió a Antioquía[b]. [a]*Hech. 8:40* [b]*Hech. 11:19*

23 Y después de pasar *allí* algún tiempo, salió, recorriendo por orden la región de Gala-

cia y de Frigia[a], fortaleciendo a todos los discípulos. [a]*Hech. 16:6*

Apolos en Efeso

24 Llegó entonces a Efeso[a] un judío que se llamaba Apolos, natural de Alejandría, hombre elocuente, y que era poderoso en las Escrituras. [a]*Hech. 18:19*

25 Este había sido instruido en el camino del Señor[a], y siendo ferviente de espíritu, hablaba y enseñaba con exactitud las cosas referentes a Jesús, aunque sólo conocía el bautismo de Juan[b]. [a]*Hech. 9:2* [b]*Luc. 7:29*

26 Y comenzó a hablar con denuedo en la sinagoga. Pero cuando Priscila y Aquila[a] lo oyeron, lo llevaron aparte y le explicaron con mayor exactitud el camino de Dios. [a]*Hech. 18:2, 18*

27 Cuando él quiso pasar a Acaya, los hermanos lo animaron, y escribieron a los discípulos[a] que lo recibieran; y cuando llegó, ayudó mucho a los que por la gracia habían creído, [a]*Hech. 11:26*

28 porque refutaba vigorosamente en público a los judíos, demostrando por las Escrituras[a] que Jesús era el Cristo[b]. [a]*Hech. 8:35* [b]*Hech. 18:5*

Pablo en Efeso

19 Y aconteció que mientras Apolos[a] estaba en Corinto, Pablo, habiendo recorrido las regiones superiores[b], llegó a Efeso y encontró a algunos discípulos. [a]*Hech. 18:24* [b]*Hech. 18:23*

2 y les dijo: ¿Recibisteis el Espíritu Santo[a] cuando creísteis[a]? Y ellos le *respondieron:* No, ni siquiera hemos oído si hay un Espíritu Santo. [a]*Hech. 8:15, 16; 11:16, 17*

3 Entonces él dijo: ¿En qué *bautismo,* pues, fuisteis bautizados? Ellos contestaron: En el bautismo de Juan[a]. [a]*Luc. 7:29; Hech. 18:25*

4 Y Pablo dijo: Juan bautizó con el bautismo de arrepentimiento[a], diciendo al pueblo que creyeran en aquel que vendría después de él, es decir, en Jesús. [a]*Mat. 3:11; Mar. 1:4, 7, 8*

5 Cuando oyeron *esto,* fueron bautizados en el nombre del Señor Jesús[a]. [a]*Hech. 8:12, 16; 10:48*

6 Y cuando Pablo les impuso las manos[a], vino sobre ellos el Espíritu Santo, y hablaban en lenguas[b] y profetizaban. [a]*Hech. 6:6* [b]*Mar. 16:17*

7 Eran en total unos doce hombres.

La iglesia se establece en Efeso

8 Entró *Pablo* en la sinagoga, y por tres meses continuó hablando denodadamente[a], discutiendo y persuadiéndoles acerca del reino de Dios[b]. [a]*Hech. 9:20* [b]*Hech. 1:3*

9 Pero cuando algunos se endurecieron y se volvieron desobedientes hablando mal del Camino[a] ante la multitud[b], *Pablo* se apartó de ellos llevándose a los discípulos, y discutía

diariamente en la escuela de Tirano. ªHech. 9:2 ᵇHech. 14:4

10 Esto continuó por dos años, de manera que todos los que vivían en Asiaª oyeron la palabra del Señor, tanto judíos como griegos. ªHech. 16:6; 19:22, 26, 27

11 Y Dios hacía milagros extraordinariosª por mano de Pablo, ªHech. 8:13

12 de tal manera que incluso llevaban pañuelos o delantales de su cuerpo a los enfermosª, y las enfermedades los dejaban y los malos espíritus se iban de ellos. ªHech. 5:15

13 Pero también algunos de los judíos, exorcistasª ambulantes, trataron de invocar el nombre del Señor Jesús sobre los que tenían espíritus malos, diciendo: Os ordeno por Jesús, a quien Pablo predica. ªMat. 12:27; Luc. 11:19

14 Y siete hijos de un tal Esceva, uno de los principales sacerdotes judíos, eran los que hacían esto.

15 Pero el espíritu malo respondió, y les dijo: A Jesús conozco, y sé quién es Pablo, pero vosotros, ¿quiénes sois?

16 Y el hombre en quien estaba el espíritu malo se lanzó sobre ellos, y los dominó y pudo más que ellos, de manera que huyeron de aquella casa desnudos y heridos.

17 Y supieron esto todos los habitantes de Efesoª, tanto judíos como griegos; y el temor se apoderó de todos ellos, y el nombre del Señor Jesús era exaltado. ªHech. 18:19

18 También muchos de los que habían creído continuaban viniendo, confesando y declarando las cosas que practicaban.

19 Y muchos de los que practicaban la magia, juntando sus libros, los quemaban a la vista de todos; calcularon su precio y hallaron que llegaba a cincuenta mil piezas de plataª. ªLuc. 15:8

20 Así crecía poderosamente y prevalecía la palabra del Señorª. ªHech. 19:10

Los planes de Pablo

21 Pasadas estas cosas, Pablo decidió en el espíritu ir a Jerusalénª después de recorrer Macedonia y Acaya, diciendo: Después que haya estado allí, debo visitar también Roma. ªHech. 20:16, 22; 21:15

22 Y habiendo enviado a Macedonia a dos de sus ayudantes, Timoteoª y Erastoᵇ, él se quedó en Asia por algún tiempo. ªHech. 16:1 ᵇRom. 16:23

El tumulto de los plateros

23 Por aquel tiempo se produjo un alboroto no pequeño por motivo del Caminoª. ªHech. 19:9

24 Porque cierto platero que se llamaba Demetrio, que labraba templecillos de plata de Diana y producía no pocas gananciasª a los artífices, ªHech. 16:16, 19, 20

25 reunió a éstos junto con los obreros de oficios semejantes, y dijo: Compañeros, sabéis que nuestra prosperidad depende de este comercio.

26 Y veis y oís que no sólo en Efeso, sino en casi toda Asia, este Pablo ha persuadido a una gran cantidad de gente, y la ha apartado, diciendo que los dioses hechos con las manos no son dioses verdaderosª. ªDeut. 4:28; Sal. 115:4

27 Y no sólo corremos el peligro de que nuestro oficio caiga en descrédito, sino también de que el templo de la gran diosa Diana se considere sin valor, y que ella, a quien adora toda Asia y el mundoª entero, sea despojada de su grandeza. ªMat. 24:14

28 Cuando oyeron esto, se llenaron de ira, y gritaban, diciendo: ¡Grande es Diana de los efesios! ªHech. 18:19

29 Y la ciudad se llenó de confusión, y a una se precipitaron en el teatro, arrastrando consigo a Gayo y a Aristarco, los compañeros de viaje de Pabloª, que eran de Macedonia. ªHech. 13:5; 19:22

30 Cuando Pablo quiso ir a la asamblea, los discípulosª no se lo permitieron. ªHech. 19:9

31 También algunos de los asiarcas, que eran amigos de Pablo, enviaron a él y repetidamente le rogaron que no se aventurara a presentarse en el teatro.

32 Así que unos gritaban una cosa y otros otraª, porque había confusión en la asamblea, y la mayoría no sabía por qué razón se habían reunido. ªHech. 21:34

33 Y algunos de la multitud dedujeron que se trataba de Alejandro, puesto que los judíos lo habían empujado hacia adelante. Entonces Alejandro, haciendo señal de silencio conª la manoª, quería hacer su defensa ante la asamblea. ªHech. 12:17

34 Mas cuando se dieron cuenta de que era judío, un clamor se levantó de todos ellos, gritando como por dos horas: ¡Grande es Diana de los efesios!

35 Entonces el secretario, después de calmar a la multitud, dijo*: Ciudadanos de Efesoª, ¿hay acaso algún hombre que no sepa que la ciudad de los efesios es guardiana del templo de la gran Diana y de la imagen que descendió del cielo? ªHech. 18:19

36 Puesto que estos hechos son innegables, debéis guardar calma y no hacer nada precipitadamente.

37 Porque habéis traído a estos hombres que ni roban templosª, ni blasfeman a nuestra diosa. ªRom. 2:22

38 Así pues, si Demetrio y los artífices que están con él tienen queja contra alguno, los tribunales están abiertos y los procónsulesª dispuestos; presenten sus acusaciones unos contra otros. ªHech. 13:7

39 Pero si demandáis algo más que esto, se decidirá en asamblea legítima.

40 Porque ciertamente corremos peligro de ser acusados de sedición en relación con lo acontecido hoy, ya que no existe causa *justificada para esto*, y por ello no podremos explicar este alboroto.

41 Y habiendo dicho esto, despidió la asamblea.

Viaje de Pablo por Macedonia y Grecia

20 Después que cesó el alboroto, Pablo mandó llamar a los discípulos[a], y habiéndo*los* exhortado, despidiéndose, partió para ir a Macedonia[b]. [a]*Hech. 11:26* [b]*Hech. 16:9*

2 Y después de recorrer aquellas regiones y de haberlos exhortado mucho, llegó a Grecia.

3 Pasó *allí* tres meses, y habiéndose tramado una conjura en su contra de parte de los judíos[a] cuando estaba por embarcarse para Siria, tomó la decisión de regresar por Macedonia. [a]*Hech. 9:23, 24; 20:19*

4 Y lo acompañaban Sópater de Berea, *hijo* de Pirro; Aristarco[a] y Segundo de los tesalonicenses; Gayo de Derbe, y Timoteo; Tíquico[b] y Trófimo de Asia. [a]*Hech. 19:29* [b]*Ef. 6:21*

5 Pero éstos se habían adelantado y nos esperaban en Troas[b]. [a]*(nosotros) Hech. 16:10-17* [b]*Hech. 16:8*

6 Nos embarcamos en Filipos[a] después de los días de los panes sin levadura[b], y en cinco días llegamos adonde ellos *estaban* en Troas; y allí nos quedamos siete días. [a]*Hech. 16:12* [b]*Hech. 12:3*

Despedida de Pablo en Troas

7 Y el primer *día* de la semana, cuando estábamos reunidos para partir el pan[a], Pablo les hablaba, pensando partir al día siguiente, y prolongó su discurso hasta la medianoche. [a]*Hech. 2:42; 20:11*

8 Había muchas lámparas en el aposento alto[a] donde estábamos reunidos; [a]*Hech. 1:13*

9 y estaba sentado en la ventana un joven llamado Eutico; y como Pablo continuaba hablando, *Eutico* fue cayendo en un profundo sueño hasta que, vencido por el sueño, cayó desde el tercer piso y lo levantaron muerto.

10 Pero Pablo bajó y se tendió sobre él, y después de abrazarlo, dijo: No os alarméis, porque está vivo[a]. [a]*Mat. 9:23, 24; Mar. 5:39*

11 Y volviendo arriba, después de partir el pan[a] y de comer, conversó largamente con ellos hasta el amanecer, y entonces se marchó. [a]*Hech. 2:42; 20:7*

12 Y se llevaron vivo al muchacho, y quedaron grandemente consolados.

Viaje de Troas a Mileto

13 Entonces nosotros[a], adelantándonos a *tomar* la nave, zarpamos para Asón, con el propósito de recoger allí a Pablo, pues así lo había decidido, deseando ir por tierra *hasta Asón*. [a]*Hech. 16:10; 20:5-15*

14 Cuando nos encontró en Asón, lo recibimos a bordo y nos dirigimos a Mitilene.

15 Y zarpando de allí, al día siguiente llegamos frente a Quío; y al otro *día* atracamos en Samos; habiendo hecho escala en Trogilio, al *día* siguiente llegamos a Mileto[a]. [a]*Hech. 20:17; 2 Tim. 4:20*

16 Porque Pablo había decidido dejar a un lado a Efeso para no detenerse en Asia, pues se apresuraba para estar, si le era posible, el día de Pentecostés[a] en Jerusalén[b]. [a]*Hech. 2:1* [b]*Hech. 19:21*

17 Y desde Mileto mandó *mensaje* a Efeso y llamó a los ancianos[a] de la iglesia. [a]*Hech. 11:30*

Despedida en Mileto

18 Cuando vinieron a él, les dijo:

Vosotros bien sabéis cómo he sido con vosotros todo el tiempo, desde el primer día que estuve en Asia[a], [a]*Hech. 18:19; 19:1, 10*

19 sirviendo al Señor con toda humildad, y con lágrimas y con pruebas que vinieron sobre mí por causa de las intrigas de los judíos[a]; [a]*Hech. 20:3*

20 cómo no rehuí declarar a vosotros[a] nada que fuera útil, y de enseñaros públicamente y de casa en casa, [a]*Hech. 20:27*

21 testificando solemnemente, tanto a judíos como a griegos, del arrepentimiento[a] para con Dios y de la fe en nuestro Señor Jesucristo. [a]*Hech. 2:38; 11:18*

22 Y ahora, he aquí que yo, atado en espíritu, voy a Jerusalén[a] sin saber lo que allá me sucederá, [a]*Hech. 17:16; 20:16*

23 salvo que el Espíritu Santo solemnemente me da testimonio en cada ciudad, diciendo que me esperan cadenas y aflicciones[a]. [a]*Hech. 9:16; 21:33*

24 Pero en ninguna manera estimo[a] mi vida como valiosa para mí mismo, a fin de poder terminar mi carrera[a] y el ministerio[b] que recibí del Señor Jesús, para dar testimonio solemnemente del evangelio de la gracia de Dios. [a]*Hech. 13:25* [b]*Hech. 1:17*

25 Y ahora, he aquí, yo sé que ninguno de vosotros, entre quienes anduve predicando el reino[a], volverá a ver mi rostro. [a]*Mat. 4:23; Hech. 28:31*

26 Por tanto, os doy testimonio en este día de que soy inocente[a] de la sangre de todos, [a]*Hech. 18:6*

27 pues no rehuí declarar a vosotros todo el propósito de Dios[a]. [a]*Hech. 13:36*

28 Tened cuidado de vosotros y de toda la grey, en medio de la cual el Espíritu Santo os ha hecho obispos para pastorear la iglesia de

Dios, la cual Él compró con su propia sangre[a]. [a]*Ef. 1:7, 14; Tito 2:14*

29 Sé que después de mi partida, vendrán lobos feroces[a] entre vosotros que no perdonarán el rebaño, [a]*Ezeq. 22:27; Mat. 7:15*

30 y que de entre vosotros mismos se levantarán algunos hablando cosas perversas para arrastrar a los discípulos[a] tras ellos. [a]*Hech. 11:26*

31 Por tanto, estad alerta, recordando que por tres años, de noche y de día, no cesé de amonestar a cada uno con lágrimas[a]. [a]*Hech. 20:19*

32 Ahora os encomiendo a Dios[a] y a la palabra de su gracia, que es poderosa para edificar*os* y dar*os* la herencia entre todos los santificados. [a]*Hech. 14:23*

33 Ni la plata, ni el oro, ni la ropa de nadie he codiciado[a]. [a]*1 Cor. 9:4-18; 2 Cor. 11:7-12*

34 Vosotros sabéis que estas manos[a] me sirvieron para mis *propias* necesidades y las de los que estaban conmigo. [a]*Hech. 18:3*

35 En todo os mostré que así, trabajando, debéis ayudar a los débiles, y recordar las palabras del Señor Jesús, que dijo: "Más bienaventurado es dar que recibir."

36 Cuando terminó de hablar, se arrodilló y oró[a] con todos ellos. [a]*Luc. 22:41; Hech. 9:40*

37 Y comenzaron a llorar desconsoladamente, y abrazando a Pablo, lo besaban[a], [a]*Luc. 15:20*

38 afligidos especialmente por la palabra que había dicho de que ya no volverían a ver su rostro[a]. Y lo acompañaron hasta el barco. [a]*Hech. 20:25*

Despedida en Tiro

21 Después de separarnos[a] de ellos, zarpamos y fuimos con rumbo directo a Cos, al día siguiente a Rodas, y de allí a Pátara; [a]*(nosotros) Hech. 16:10-17; 20:5-15*

2 y encontrando un barco que partía para Fenicia[a], subimos a bordo y nos hicimos a la vela. [a]*Hech. 11:19; 21:3*

3 Cuando avistamos Chipre[a], dejándola a la izquierda, navegamos hacia Siria, y desembarcamos en Tiro porque la nave debía dejar su cargamento allí. [a]*Hech. 4:36; 21:16*

4 Después de hallar a los discípulos, nos quedamos allí siete días, y ellos le decían a Pablo, por el Espíritu[a], que no fuera a Jerusalén. [a]*Hech. 20:23; 21:11*

5 Y pasados aquellos días partimos y emprendimos nuestro viaje mientras que todos ellos, con sus mujeres e hijos, nos acompañaron hasta las afueras de la ciudad. Después de arrodillarnos y orar[a] en la playa, nos despedimos unos de otros. [a]*Luc. 22:41; Hech. 9:40*

6 Entonces subimos al barco y ellos regresaron a sus hogares[a]. [a]*Juan 19:27*

Pablo en Cesarea

7 Terminado el viaje desde Tiro[a], llegamos a Tolemaida, y después de saludar a los hermanos, nos quedamos con ellos un día. [a]*Hech. 12:20; 21:3*

8 Al día siguiente partimos y llegamos a Cesarea, y entrando en la casa de Felipe, el evangelista[a], que era uno de los siete, nos quedamos con él. [a]*Hech. 6:5; 8:5*

9 Este tenía cuatro hijas doncellas que profetizaban[a]. [a]*Luc. 2:36; Hech. 13:1*

10 Y deteniéndonos allí varios días, descendió de Judea cierto profeta llamado Agabo[a], [a]*Hech. 11:28*

11 quien vino a *ver*nos, y tomando el cinto de Pablo, se ató las manos y los pies, y dijo: Así dice el Espíritu Santo[a]: "Así atarán[b] los judíos en Jerusalén al dueño de este cinto, y lo entregarán en manos de los gentiles." [a]*Hech. 8:29* [b]*Hech. 9:16*

12 Al escuchar esto, tanto nosotros como los que vivían allí le rogábamos que no subiera a Jerusalén[a]. [a]*Hech. 21:15*

13 Entonces Pablo respondió: ¿Qué hacéis, llorando y quebrantándome el corazón? Porque listo estoy no sólo a ser atado, sino también a morir en Jerusalén por el nombre del Señor Jesús[a]. [a]*Hech. 5:41; 9:16*

14 Como no se dejaba persuadir, nos callamos, diciénd*onos:* Que se haga la voluntad del Señor[a]. [a]*Luc. 22:42*

15 Después de estos días nos preparamos y comenzamos a subir hacia Jerusalén[a]. [a]*Hech. 21:12*

16 Y nos acompañaron también *algunos* de los discípulos de Cesarea, quienes nos condujeron a Mnasón, de Chipre, un antiguo[a] discípulo con quien deberíamos hospedarnos. [a]*Hech. 15:7*

Pablo en Jerusalén

17 Cuando llegamos a Jerusalén, los hermanos[a] nos recibieron con regocijo. [a]*Hech. 1:15; 21:7*

18 Y al día siguiente Pablo fue con nosotros *a ver* a Jacobo[a], y todos los ancianos estaban presentes. [a]*Hech. 12:17*

19 Y después de saludarlos, comenzó a referirles una por una las cosas que Dios había hecho entre los gentiles[a] mediante su ministerio[b]. [a]*Hech. 14:27* [b]*Hech. 1:17*

20 Y ellos, cuando *lo* oyeron, glorificaban a Dios[a] y le dijeron: Hermano, ya ves cuántos miles hay entre los judíos que han creído, y todos son celosos de la ley[b]; [a]*Mat. 9:8* [b]*Hech. 15:1*

21 y se les ha contado acerca de ti, que enseñas a todos los judíos entre los gentiles que se aparten de Moisés, diciéndoles que no circunciden[a] a sus hijos ni observen las tradiciones[b]. [a]*1 Cor. 7:18, 19* [b]*Hech. 6:14*

22 Entonces, ¿qué es *lo que se debe hacer?* Porque sin duda la multitud se reunirá *pues* oirán que has venido.

23 Por tanto, haz esto que te decimos: Tenemos cuatro hombres que han hecho un voto[a]; ᵃ*Núm. 6:13-21; Hech. 18:18*

24 tómalos y purifícate junto con ellos[a], y paga sus gastos para que se rasuren la cabeza; y todos sabrán que no hay nada *cierto* en lo que se les ha dicho acerca de ti, sino que tú también vives ordenadamente, acatando la ley. ᵃ*Juan 11:55; Hech. 21:26*

25 Pero en cuanto a los gentiles que han creído, nosotros *les* hemos escrito, habiendo decidido que deben abstenerse de lo sacrificado a los ídolos, de sangre, de lo estrangulado y de fornicación[a]. ᵃ*Hech. 15:19, 20, 29*

26 Entonces Pablo tomó *consigo* a los hombres, y al día siguiente, purificándose junto con ellos, fue al templo, notificando de la terminación de los días de purificación[a], hasta que el sacrificio se ofreciera por cada uno de ellos. ᵃ*Núm. 6:13; Hech. 24:18*

El tumulto en el templo

27 Cuando estaban para cumplirse los siete días[a], los judíos[b] de Asia, al verlo en el templo, comenzaron a incitar a todo el pueblo, y le echaron mano. ᵃ*Núm. 6:9, 13-20* ᵇ*Hech. 20:19*

28 gritando: ¡Israelitas, ayudadnos! Este es el hombre que enseña a todos, por todas partes, contra nuestro pueblo, la ley y este lugar[a]; además, incluso ha traído griegos al templo, y ha profanado este lugar santo. ᵃ*Hech. 6:13*

29 Pues anteriormente habían visto a Trófimo el efesio[a] con él en la ciudad, y pensaban que Pablo lo había traído al templo. ᵃ*Hech. 18:19*

30 Se alborotó toda la ciudad, y llegó el pueblo corriendo de todas partes; apoderándose de Pablo lo arrastraron fuera del templo[a], y al instante cerraron las puertas. ᵃ*2 Rey. 11:15; Hech. 16:19*

31 Mientras procuraban matarlo, llegó aviso al comandante de la compañía *romana*[a] que toda Jerusalén estaba en confusión. ᵃ*Hech. 10:1*

32 Inmediatamente tomó *consigo algunos* soldados y centuriones, y corrió hacia ellos; cuando vieron al comandante y a los soldados, dejaron de golpear a Pablo[a]. ᵃ*Hech. 23:27*

33 Entonces el comandante llegó y lo prendió, y ordenó que lo ataran[a] con dos cadenas[b]; y preguntaba quién era y qué había hecho. ᵃ*Hech. 20:23* ᵇ*Hech. 12:6*

34 Pero entre la muchedumbre unos gritaban una cosa y otros otra[a], y como él no pudo averiguar con certeza *los hechos,* debido al tumulto, ordenó que lo llevaran al cuartel. ᵃ*Hech. 19:32*

35 Cuando llegó a las gradas[a], sucedió que los soldados tuvieron que cargarlo por causa de la violencia de la turba; ᵃ*Hech. 21:40*

36 porque la multitud del pueblo *lo* seguía, gritando: ¡Muera[a]! ᵃ*Luc. 23:18; Juan 19:15*

Defensa de Pablo en Jerusalén

37 Cuando estaban para meter a Pablo en el cuartel[a], dijo al comandante: ¿Puedo decirte algo? Y él dijo*: ¿Sabes griego? ᵃ*Hech. 21:34; 22:24*

38 ¿Entonces tú no eres el egipcio que hace tiempo levantó una revuelta, y capitaneó los cuatro mil hombres[a] de los asesinos al desierto? ᵃ*Hech. 5:36*

39 Pablo respondió: Yo soy judío de Tarso[a] de Cilicia, ciudadano de una ciudad no sin importancia; te suplico que me permitas hablar al pueblo. ᵃ*Hech. 9:11*

40 Cuando le concedió el permiso, Pablo, de pie sobre las gradas, hizo señal al pueblo con su mano, y cuando hubo gran silencio, les habló en el idioma hebreo[a], diciendo: ᵃ*Juan 5:2; Hech. 1:19*

22 Hermanos y padres, escuchad[a] mi defensa que ahora *presento* ante vosotros. ᵃ*Hech. 7:2*

2 Cuando oyeron que se dirigía a ellos en el idioma hebreo[a], observaron aún más silencio; y él dijo*: ᵃ*Hech. 21:40*

Pablo da testimonio de su conversión

3 Yo soy judío[a], nacido en Tarso de Cilicia, pero criado en esta ciudad, educado bajo Gamaliel en estricta conformidad[b] a la ley de nuestros padres, siendo *tan* celoso de Dios como todos vosotros lo sois hoy. ᵃ*Hech. 9:1-22* ᵇ*Hech. 23:6*

4 Y perseguí este Camino[a] hasta la muerte, encadenando y echando en cárceles tanto a hombres como a mujeres[b], ᵃ*Hech. 9:2* ᵇ*Hech. 8:3*

5 de lo cual pueden testificar el sumo sacerdote[a] y todo el concilio de los ancianos[b]. También de ellos recibí cartas para los hermanos, y me puse en marcha para Damasco con el fin de traer presos a Jerusalén también a los que estaban allá, para que fueran castigados. ᵃ*Hech. 9:1* ᵇ*Luc. 22:66*

6 ᵃY aconteció que cuando iba de camino, estando ya cerca de Damasco, como al mediodía, de repente una luz muy brillante fulguró desde el cielo a mi derredor, ᵃ*Hech. 9:3-8; 22:6-11*

7 y caí al suelo, y oí una voz que me decía: "Saulo, Saulo, ¿por qué me persigues?"

8 Y respondí: "¿Quién eres, Señor?" Y El me dijo: "Yo soy Jesús el Nazareno[a], a quien tú persigues." ᵃ*Hech. 26:9*

9 Y los que estaban conmigo vieron la luz[a], ciertamente, pero no comprendieron la voz[b] del que me hablaba. ᵃ*Hech. 26:13* ᵇ*Hech. 9:7*

10 Y yo dije: "¿Qué debo hacer, Señor?" Y el Señor me dijo: "Levántate y entra a

Damasco; y allí se te dirá todo lo que se ha ordenado que hagas." ªHech. 16:30

11 Pero como yo no veía por causa del resplandor de aquella luz, los que estaban conmigo me llevaron de la mano y entré a Damascoª. ªHech. 9:8

12 Y uno llamado Ananíasª, hombre piadoso según las normas de la ley, y de quien daban buen testimonio todos los judíos que vivían allí, ªHech. 9:10

13 vino a mí, y poniéndose a mi lado, me dijo: "Hermano Saulo, recibe la vistaª." En ese mismo instante alcé los ojos y lo miré. ªHech. 9:17

14 Y él dijo: "El Dios de nuestros padresª te ha designado para que conozcas su voluntad, y para que veasᵇ al Justo y oigas palabra de su boca. ªHech. 3:13 ᵇHech. 9:17

15 "Porque testigoª suyo serás a todos los hombres de lo que has visto y oído. ªHech. 23:11; 26:16

16 "Y ahora, ¿por qué te detienes? Levántate y sé bautizado, y lava tus pecadosª invocando su nombre." ªHech. 2:38; 1 Cor. 6:11

17 Y aconteció que cuando regresé a Jerusalén y me hallaba orando en el templo, caí en un éxtasisª, ªHech. 10:10

18 y vi al Señor que me decía: "Apresúrate y sal pronto de Jerusalén porque no aceptarán tu testimonio acerca de míª." ªHech. 9:29

19 Y yo dije: "Señor, ellos saben bien que en una sinagoga tras otra, yo encarcelabaª y azotaba a los que creían en ti. ªHech. 8:3; 22:4

20 "Y cuando se derramaba la sangre de tu testigo Esteban, allí estaba también yo dando mi aprobación, y cuidando los mantos de los que lo estaban matandoª." ªHech. 7:58, 59; 8:1

21 Pero El me dijo: "Ve, porque te voy a enviar lejos, a los gentilesª." ªHech. 9:15

Pablo bajo vigilancia del comandante

22 Lo oyeron hasta que dijo esto, y entonces alzaron sus voces y dijeron: ¡Quita de la tierra a ese individuo! No se le debe permitir que vivaª. ªHech. 25:24

23 Como ellos vociferaban, y arrojaban sus mantosª, y echaban polvo al aire, ªHech. 7:58

24 el comandante ordenó que lo llevaran al cuartel, diciendo que debía ser sometidoª a azotes para saber la razón por qué gritaban contra él de aquella manera. ªHech. 22:29

25 Cuando lo estiraron con correas, Pablo dijo al centurión que estaba allí: ¿Os es lícito azotar a un ciudadano romanoª sin haberle hecho juicio? ªHech. 16:37

26 Al oír esto el centurión, fue al comandante y le avisó, diciendo: ¿Qué vas a hacer? Porque este hombre es romano.

27 Vino el comandante a Pablo y le dijo: Dime, ¿eres romano? Y él dijo: Sí.

28 Y el comandante respondió: Yo adquirí esta ciudadanía por una gran cantidad de dinero. Y Pablo dijo: Pero yo soy ciudadano de nacimiento.

29 Entonces los que iban a someterlo a azotesª, al instante lo soltaron; y también el comandante tuvo temor cuando supo que Pablo era romano, y porque lo había atado con cadenas. ªHech. 22:24

Pablo ante el concilio

30 Al día siguiente, queriendo saber con certezaª la causa por la cual los judíos lo acusaban, lo soltó, y ordenó a los principales sacerdotes y a todo el concilio que se reunieran; y llevando a Pablo, lo puso ante ellos. ªHech. 21:33

23 Entonces Pablo, mirando fijamente al concilio, dijo: Hermanos, hasta este día yo he vivido delante de Dios con una conciencia perfectamente limpiaª. ªHech. 24:16; 2 Cor. 1:12

2 Y el sumo sacerdote Ananías ordenó a los que estaban junto a él, que lo golpearanª en la boca. ªJuan 18:22

3 Entonces Pablo le dijo: ¡Dios te golpeará a ti, pared blanqueada! ¿Te sientas tú para juzgarme conforme a la ley, y violas la ley ordenando que me golpeenª? ªLev. 19:15; Deut. 25:2

4 Los que estaban allí observando, dijeron: ¿Al sumo sacerdote de Dios injurias?

5 Y Pablo dijo: No sabía, hermanos, que él era el sumo sacerdote; porque escrito está: No HABLARAS MAL DE UNA DE LAS AUTORIDADES DE TU PUEBLOª. ªEx. 22:28

6 Entonces Pablo, dándose cuenta de que una parte eran saduceos y otra fariseos, alzó la voz en el concilio: Hermanos, yo soy fariseo, hijo de fariseos; se me juzga a causa de la esperanza de la resurrección de los muertosª. ªHech. 24:15, 21; 26:8

7 Cuando dijo esto, se produjo un altercado entre los fariseos y los saduceos, y la asamblea se dividió.

8 Porque los saduceos dicen que no hay resurrecciónª, ni ángel, ni espíritu, mas los fariseos creen todo esto. ªMat. 22:23; Mar. 12:18

9 Se produjo entonces un gran alboroto; y levantándose algunos de los escribas del grupo de los fariseos, discutían acaloradamente, diciendo: No encontramos nada malo en este hombre; pero ¿y si un espíritu o un ángel le ha habladoª? ªJuan 12:29; Hech. 22:6

10 Y al surgir un gran altercado, el comandante tuvo temor de que Pablo fuera despedazado por ellos, y ordenó que las tropas descendieran, lo sacaran de entre ellos a la fuerza y lo llevaran al cuartelª. ªHech. 21:34; 23:16, 32

11 A la noche siguiente se le apareció el Señor y le dijo: Ten ánimo, porque como has testificado fielmente[a] de mi causa en Jerusalén, así has de testificar también en Roma. [a]*Luc. 16:28; Hech. 28:23*

Conspiración de los judíos contra Pablo

12 Cuando se hizo de día, los judíos tramaron una conspiración[a] y se comprometieron bajo juramento, diciendo que no comerían ni beberían hasta que hubieran matado a Pablo. [a]*Hech. 9:23; 23:30*

13 Y los que tramaron esta conjura eran más de cuarenta,

14 los cuales fueron a los principales sacerdotes y a los ancianos y dijeron: Nos hemos comprometido bajo solemne juramento a no probar nada hasta que hayamos matado a Pablo[a]. [a]*Hech. 23:12, 21*

15 Ahora pues, vosotros y el concilio[a], avisad al comandante para que lo haga comparecer ante vosotros, como si quisierais hacer una investigación más minuciosa para resolver su caso; nosotros por nuestra parte estamos listos para matarlo antes de que llegue. [a]*Hech. 22:30; 23:1, 6, 20, 28*

16 Pero el hijo de la hermana de Pablo se enteró de la emboscada, y fue y entró en el cuartel[a], y dio aviso a Pablo. [a]*Hech. 21:34; 23:10, 32*

17 Y Pablo, llamando a uno de los centuriones, dijo: Lleva a este joven al comandante, porque tiene algo que informarle.

18 Él entonces, tomándolo *consigo,* lo condujo al comandante, y *le* dijo*: Pablo, el preso[a], me llamó y me pidió que te trajera a este joven, pues tiene algo que decirte. [a]*Ef. 3:1*

19 Y el comandante, tomándolo de la mano, y llevándolo aparte, le preguntó: ¿Qué es lo que me tienes que informar?

20 Y él respondió: Los judíos se han puesto de acuerdo en pedirte que mañana lleves a Pablo al concilio con el pretexto de hacer una indagación más a fondo sobre él[a]. [a]*Hech. 23:14, 15*

21 Pero no les prestes atención, porque más de cuarenta hombres de ellos, que se han comprometido bajo juramento a no comer ni beber hasta que lo hayan matado[a], esperan emboscados; ya están listos esperando promesa de parte tuya. [a]*Hech. 23:12, 14*

22 Entonces el comandante dejó ir al joven, encomendándole: No digas a nadie que me has informado de estas cosas.

23 Y llamando a dos de los centuriones, dijo: Preparad doscientos soldados para la hora tercera de la noche, con setenta jinetes y doscientos lanceros, para que vayan a Cesarea[a]. [a]*Hech. 8:40; 23:33*

24 *Debían* preparar también cabalgaduras para Pablo, y llevarlo a salvo al gobernador Félix[a]. [a]*Hech. 23:26, 33; 24:1, 3, 10*

Carta de Claudio Lisias a Félix

25 Y *el comandante* escribió una carta en estos términos:

26 Claudio Lisias, al excelentísimo[a] gobernador Félix: Salud. [a]*Luc. 1:3; Hech. 24:3*

27 Cuando este hombre fue arrestado por los judíos, y estaba a punto de ser muerto por ellos, al saber que era romano[a], fui con las tropas y lo rescaté[b]. [a]*Hech. 22:25-29* [b]*Hech. 21:32, 33*

28 Y queriendo cerciorarme de la causa por la cual lo acusaban, lo llevé a su concilio[a] [a]*Hech. 22:30; 23:1, 10*

29 y hallé que lo acusaban sobre cuestiones de su ley, pero no de ningún cargo que mereciera muerte o prisión[a]. [a]*Hech. 23:9; 25:25*

30 Cuando se me informó de que había una conjura[a] en contra del hombre, te lo envié enseguida, instruyendo también a sus acusadores que presenten los cargos contra él delante de ti. [a]*Hech. 9:24; 23:12, 20, 21*

31 Así que los soldados, de acuerdo con las órdenes *que tenían,* tomaron a Pablo y lo llevaron de noche a Antípatris.

32 Y al día siguiente regresaron al cuartel[a] dejando que los de a caballo siguieran con él, [a]*Hech. 23:10*

33 los cuales, después de llegar a Cesarea y de entregar la carta al gobernador[a], le presentaron también a Pablo. [a]*Hech. 23:24, 26; 24:1, 3, 10*

34 Cuando la leyó, preguntó de qué provincia[a] era; y al enterarse de que era de Cilicia[b], [a]*Hech. 25:1* [b]*Hech. 6:9*

35 dijo: Te oiré cuando estén presentes también tus acusadores[a]. Y mandó que lo guardaran en el Pretorio de Herodes. [a]*Hech. 23:30; 24:19*

Los judíos acusan a Pablo ante Félix

24 Cinco días más tarde el sumo sacerdote Ananías[a] descendió con algunos ancianos y con un abogado *llamado* Tértulo; y presentaron al gobernador sus cargos contra Pablo. [a]*Hech. 23:2*

2 Después que llamaron a Pablo, Tértulo comenzó a acusarlo, diciendo *al gobernador:*

Ya que por ti hemos obtenido mucha paz, y que por providencia tuya se están llevando a cabo reformas en favor de esta nación,

3 nosotros, por todos los medios y en todas partes, reconocemos *esto* con profunda gratitud, oh excelentísimo Félix[a]. [a]*Hech. 23:26; 26:25*

4 Pero para no importunarte más, te suplico que, con tu *habitual* bondad, nos concedas una breve audiencia.

5 Pues hemos descubierto que este hombre es verdaderamente una plaga, y que provoca disensiones entre todos los judíos por el mundo entero, y *es* líder de la secta^a de los nazarenos. ^a*Hech. 15:5; 24:14*

6 Hasta trató de profanar el templo^a; entonces lo arrestamos y quisimos juzgarlo conforme a nuestra ley. ^a*Hech. 21:28*

7 Pero interviniendo el comandante Lisias, con gran violencia lo quitó de nuestras manos, 8 mandando a sus acusadores que vinieran a ti. Si tú mismo lo interrogas sobre todo lo que he dicho, podrás confirmar las cosas de que lo acusamos.

9 Los judíos se unieron también a la acusación^a, asegurando que, *efectivamente,* así era todo. ^a*1 Tes. 2:16*

Defensa de Pablo

10 Después que el gobernador^a le hizo una señal para que hablara, Pablo respondió:

Sabiendo que por muchos años tú has sido juez de esta nación, con gusto presento mi defensa, ^a*Hech. 23:24*

11 puesto que tú puedes comprobar el hecho de que no hace más de doce días^a que subí a Jerusalén a adorar. ^a*Hech. 21:18, 27; 24:1*

12 Y ni en el templo^a, ni en las sinagogas, ni en la ciudad *misma* me encontraron discutiendo con nadie o provocando un tumulto^b. ^a*Hech. 25:8* ^b*Hech. 24:18*

13 Ni tampoco pueden probarte de lo que ahora me acusan^a. ^a*Hech. 25:7*

14 Pero esto admito ante ti, que según el Camino^a que ellos llaman secta, yo sirvo al Dios de nuestros padres, creyendo todo lo que es conforme a la ley y que está escrito en los profetas; ^a*Hech. 9:2; 24:22*

15 teniendo *la misma* esperanza en Dios que éstos también abrigan, de que ciertamente habrá una resurrección tanto de los justos como de los impíos^a. ^a*Dan. 12:2; Juan 5:28, 29*

16 Por esto, yo también me esfuerzo por conservar siempre una conciencia irreprensible delante de Dios^a y delante de los hombres. ^a*Hech. 23:1*

17 Y, después de varios años, he venido para traer limosnas^a a mi nación y a presentar ofrendas; ^a*Hech. 11:29, 30; Rom. 15:25-28*

18 haciendo lo cual me encontraron en el templo, después de haberme purificado^a, no con multitud ni con alboroto. Pero *estaban allí* ciertos judíos de Asia, ^a*Hech. 21:26*

19 y que deberían haberse presentado *aquí* ante ti y acusar*me*^a si tuvieran algo contra mí. ^a*Hech. 23:30*

20 O si no, que éstos mismos digan qué delito encontraron cuando comparecí ante el concilio^a, ^a*Mat. 5:22*

21 no ser por esta sola declaración que hice en alta voz mientras estaba entre ellos: "Por la resurrección de los muertos soy juzgado hoy ante vosotros." ^a*Hech. 23:6; 24:15*

22 Entonces Félix, conociendo con mayor exactitud acerca del Camino^a, pospuso *el fallo,* diciendo: Cuando venga el comandante Lisias decidiré vuestro caso. ^a*Hech. 24:14*

23 Y dio órdenes al centurión de que guardara a Pablo bajo custodia^a, pero con *alguna medida* de libertad, y que no impidiera a ninguno de sus amigos que lo sirvieran^b. ^a*Hech. 23:35* ^b*Hech. 23:16*

Pablo preso por dos años en Cesarea

24 Pero pocos días más tarde, llegó Félix con Drusila su mujer, que era judía, y mandó traer a Pablo y lo oyó *hablar* acerca de la fe en Cristo Jesús^a. ^a*Hech. 20:21*

25 Y al disertar Pablo sobre la justicia, el dominio propio y el juicio venidero^a, Félix, atemorizado dijo: Vete por ahora, pero cuando tenga tiempo te mandaré llamar. ^a*Hech. 10:42*

26 Al mismo tiempo, tenía esperanza de que Pablo le diera dinero^a; por eso acostumbraba llamarlo con frecuencia y conversar con él. ^a*Hech. 24:17*

27 Pero transcurridos dos años, Porcio Festo llegó como sucesor de Félix, y deseando hacer un favor a los judíos, Félix dejó preso a Pablo^a. ^a*Hech. 23:35; 25:14*

Pablo ante Festo

25 Festo, entonces, tres días después de haber llegado a la provincia^a, subió a Jerusalén desde Cesarea. ^a*Hech. 23:34*

2 Y los principales sacerdotes y los judíos más influyentes le presentaron acusaciones contra Pablo^a, e instaban a Festo, ^a*Hech. 24:1; 25:15*

3 pidiéndole, contra Pablo, el favor de que lo hiciera traer a Jerusalén (preparando ellos, *al mismo tiempo,* una emboscada para matarlo^a en el camino). ^a*Hech. 9:24*

4 Pero Festo respondió que Pablo estaba bajo custodia^a en Cesarea, y que en breve él mismo partiría *para allá*. ^a*Hech. 24:23*

5 Por tanto, dijo*, que los más influyentes de vosotros vayan allá conmigo, y si hay algo malo en el hombre, que lo acusen.

Pablo apela al César

6 Después de haberse quedado no más de ocho o diez días entre ellos, descendió a Cesarea, y al día siguiente se sentó en el tribunal^a y ordenó que trajeran a Pablo. ^a*Mat. 27:19; Hech. 25:10, 17*

7 Cuando éste llegó, lo rodearon los judíos que habían descendido de Jerusalén, presentando contra él muchas y graves acusaciones que no podían probar^a, ^a*Hech. 24:13*

8 mientras Pablo decía en defensa propia: No he cometido ningún delito, ni contra la ley de los judíos, ni contra el templo^a, ni contra el César. ^a*Hech. 6:13; 24:12*

9 Pero Festo, queriendo hacer un favor a los judíos[a], respondió a Pablo, y dijo: ¿Estás dispuesto a subir a Jerusalén y a ser juzgado delante de mí por estas *acusaciones*?
[a]*Hech. 12:3; 24:27*

10 Entonces Pablo respondió: Ante el tribunal[a] del César estoy, que es donde debo ser juzgado. Ningún agravio he hecho a *los* judíos, como también tú muy bien sabes.
[a]*Mat. 27:19; Hech. 25:6, 17*

11 Si soy, pues, un malhechor y he hecho algo digno de muerte, no rehúso morir; pero si ninguna de esas cosas de que éstos me acusan es *verdad*, nadie puede entregarme a ellos. Apelo al César[a]. [a]*Hech. 25:21, 25; 26:32*

12 Entonces Festo, habiendo deliberado con el consejo, respondió: Al César has apelado, al César irás.

Pablo ante Agripa

13 Pasados varios días, el rey Agripa y Berenice llegaron a Cesarea[a] y fueron a saludar a Festo. [a]*Hech. 8:40; 25:1, 4, 6*

14 Como estuvieron allí muchos días, Festo presentó el caso de Pablo ante el rey, diciendo: Hay un hombre que Félix dejó preso[a].
[a]*Hech. 24:27*

15 acerca del cual, estando yo en Jerusalén, los principales sacerdotes y los ancianos de los judíos presentaron acusaciones contra él[a], pidiendo sentencia condenatoria contra él.
[a]*Hech. 24:1; 25:2*

16 Yo les respondía que no es costumbre de los romanos entregar a un hombre sin que antes el acusado confronte a sus acusadores, y tenga la oportunidad de defenderse de los car-. gos. [a]*Hech. 25:4, 5*

17 Así que cuando se reunieron aquí, sin ninguna demora, al día siguiente me senté en el tribunal[a] y ordené traer al hombre. [a]*Mat. 27:19; Hech. 25:6, 10*

18 Y levantándose los acusadores, presentaban acusaciones contra él, *pero* no de la clase de crímenes que yo suponía,

19 sino que *simplemente* tenían contra él ciertas cuestiones[a] sobre su propia religión, y sobre cierto Jesús, *ya* muerto, de quien Pablo afirmaba que estaba vivo. [a]*Hech. 18:15; 23:29*

20 Pero estando yo perplejo cómo investigar estas cuestiones, le pregunté si estaba dispuesto a ir a Jerusalén y ser juzgado de estas cosas allá[a]. [a]*Hech. 25:9*

21 Pero como Pablo apeló[a] que se lo tuviera bajo custodia para que el emperador *diera* el fallo, ordené que continuase bajo custodia hasta que yo lo enviara al César. [a]*Hech. 25:11, 12*

22 Entonces Agripa[a] *dijo* a Festo: A mí también me gustaría oír al hombre. Mañana—dijo* Festo—lo oirás. [a]*Hech. 9:15*

23 Así que al día siguiente, cuando Agripa y

Berenice[a] entraron al auditorio en medio de gran pompa, acompañados por los comandantes y los hombres importantes de la ciudad, por orden de Festo, fue traído Pablo.
[a]*Hech. 25:13; 26:30*

24 Y Festo dijo*: Rey Agripa y todos los demás aquí presentes con nosotros; *aquí* veis a este *hombre* acerca de quien toda la multitud de los judíos[a], tanto en Jerusalén como aquí, me hizo una petición declarando a gritos que no debe vivir más[b]. [a]*Hech. 25:2,* [b]*Hech. 22:22*

25 Pero yo encontré que no había hecho nada digno de muerte[a]; y como él mismo apeló al emperador[b], he decidido enviarlo. [a]*Luc. 23:4* [b]*Hech. 25:11, 12*

26 Pero no tengo nada definido sobre él para escribirle a mi señor. Por eso lo he traído ante vosotros, y especialmente ante ti, rey Agripa, para que después de que se le interrogue, yo tenga algo que escribir.

27 Porque me parece absurdo, al enviar un preso, no informar también de los cargos en su contra.

Defensa de Pablo ante Agripa

26

Y Agripa[a] dijo a Pablo: Se te permite hablar en tu favor. Entonces Pablo, extendiendo la mano, comenzó su defensa:
[a]*Hech. 9:15*

2 Con respecto a todo aquello de que los judíos me acusan, me considero afortunado, *oh* rey Agripa, de poder presentar hoy mi defensa delante de ti,

3 sobre todo, porque eres experto en todas las costumbres y controversias entre *los* judíos[a]; por lo cual te ruego que me escuches con paciencia. [a]*Hech. 6:14; 25:19*

4 Pues bien, todos los judíos conocen[a] mi vida desde mi juventud, que desde el principio transcurrió entre los de mi pueblo y en Jerusalén; [a]*Gál. 1:13, 14; Fil. 3:5*

5 puesto que ellos han sabido de mí desde hace mucho tiempo, si están dispuestos a testificar, que viví *como* fariseo[a], de acuerdo con la secta más estricta de nuestra religión.
[a]*Hech. 23:6; Fil. 3:5*

6 Y ahora soy sometido a juicio por la esperanza[a] de la promesa hecha por Dios a nuestros padres[b]: [a]*Hech. 24:15* [b]*Hech. 13:32*

7 que nuestras doce tribus esperan alcanzar al servir fielmente *a Dios* noche y día. Y por esta esperanza[a], oh rey, soy acusado por los judíos. [a]*Hech. 24:15; 28:20*

8 ¿Por qué se considera increíble entre vosotros que Dios resucite a los muertos[a]?
[a]*Hech. 23:6*

9 Yo ciertamente había creído que debía hacer muchos males[a] en contra del nombre de Jesús de Nazaret. [a]*Juan 16:2; 1 Tim. 1:13*

10 Y esto es precisamente lo que hice en

Jerusalén; no sólo encerré en cárceles a muchos de los santos[a] con la autoridad recibida de los principales sacerdotes, sino que también, cuando eran condenados a muerte, yo daba mi voto contra *ellos.* [a]*Hech. 8:3; 9:13*

11 Y castigándolos con frecuencia en todas las sinagogas[a], procuraba obligarlos a blasfemar; y locamente enfurecido contra ellos, seguía persiguiéndolos aun hasta en las ciudades extranjeras. [a]*Mat. 10:17; Hech. 22:19*

Relato de la conversión de Pablo

12 [a]Ocupado en esto, cuando iba para Damasco con autoridad y comisión de los principales sacerdotes, [a]*Hech. 9:3-8; 22:6-11*

13 al mediodía, oh rey, *yendo* de camino, vi una luz procedente del cielo más brillante que el sol, que resplandecía en torno mío y de los que viajaban conmigo.

14 Y después de que todos caímos al suelo, oí una voz que me decía en el idioma hebreo[a]: "Saulo, Saulo, ¿por qué me persigues? Dura cosa te es dar coces contra el aguijón." [a]*Hech. 21:40*

15 Yo entonces dije: "¿Quién eres, Señor?" Y el Señor dijo: "Yo soy Jesús a quien tú persigues.

16 "Pero levántate y ponte en pie; porque te he aparecido con el fin de designarte[a] como ministro y testigo, no sólo de las cosas que has visto, sino también de aquellas en que me apareceré a ti; [a]*Hech. 22:14*

17 librándote del pueblo *judío* y de los gentiles[a], a los cuales yo te envío, [a]*I Crón. 16:35; Hech. 9:15*

18 para que abras sus ojos[a] a fin de que se vuelvan de la oscuridad a la luz, y del dominio de Satanás a Dios, para que reciban, por la fe en mí, el perdón de pecados y herencia entre los que han sido santificados." [a]*Isa. 35:5*

19 Por consiguiente, oh rey Agripa, no fui desobediente a la visión celestial,

20 sino que anunciaba, primeramente a los que *estaban* en Damasco[a] y *también* en Jerusalén, y *después* por toda la región de Judea, y *aun* a los gentiles, que debían arrepentirse y volverse a Dios, haciendo obras dignas de arrepentimiento. [a]*Hech. 9:19*

21 Por esta causa, *algunos* judíos me prendieron en el templo[a] y trataron de matarme. [a]*Hech. 21:27, 30*

22 Así que habiendo recibido ayuda de Dios, continúo hasta este día testificando tanto a pequeños como a grandes, no declarando más que lo que los profetas y Moisés dijeron que sucedería[a]: [a]*Hech. 10:43; 24:14*

23 que el Cristo había de padecer, *y* que por motivo de *su* resurrección de entre los muertos[a], Él debía ser el primero en proclamar luz tanto al pueblo *judío* como a los gentiles. [a]*I Cor. 15:20, 23; Col. 1:18*

Pablo exhorta a Agripa

24 Mientras *Pablo* decía esto en su defensa, Festo dijo[*] a gran voz: ¡Pablo, estás loco! ¡Tu mucho saber[a] te está haciendo perder la cabeza! [a]*Juan 7:15; 2 Tim. 3:15*

25 Mas Pablo dijo[*]: No estoy loco, excelentísimo[a] Festo, sino que hablo palabras de verdad y de cordura. [a]*Hech. 23:26; 24:3*

26 Porque el rey entiende estas cosas[a], y también le hablo con confianza, porque estoy persuadido de que él no ignora nada de esto; pues esto no se ha hecho en secreto. [a]*Hech. 26:3*

27 Rey Agripa, ¿crees *en* los profetas? Yo sé que crees.

28 Y Agripa *respondió* a Pablo: En poco tiempo me persuadirás a que me haga cristiano[a]. [a]*Hech. 11:26*

29 Y Pablo *dijo:* Quisiera Dios que, ya fuera en poco tiempo o en mucho, no sólo tú, sino también todos los que hoy me oyen, llegaran a ser tal como yo soy, a excepción de estas cadenas[a]. [a]*Hech. 21:33*

30 Entonces el rey, el gobernador, Berenice[a] y los que estaban sentados con ellos se levantaron, [a]*Hech. 25:23*

31 y mientras se retiraban, hablaban entre ellos, diciendo: Este hombre no ha hecho[*] nada que merezca muerte o prisión[a]. [a]*Hech. 23:29*

32 Y Agripa dijo a Festo: Podría ser puesto en libertad este hombre[a], si no hubiera apelado al César. [a]*Hech. 28:18*

Pablo sale para Roma

27 Cuando se decidió que deberíamos embarcarnos para Italia, fueron entregados Pablo y algunos otros presos a un centurión de la compañía[a] Augusta, llamado Julio. [a]*Hech. 10:1*

2 Y embarcándonos en una nave adramitena que estaba para zarpar hacia las regiones de la costa de Asia, nos hicimos a la mar acompañados por Aristarco, un macedonio[a] de Tesalónica. [a]*Hech. 16:9; 19:29*

3 Al *día* siguiente llegamos a Sidón. Julio trató a Pablo con benevolencia[a], permitiéndole ir a sus amigos y ser atendido *por ellos*[b]. [a]*Hech. 27:43* [b]*Hech. 24:23*

4 De allí partimos y navegamos al abrigo de *la isla de* Chipre[a], porque los vientos eran contrarios. [a]*Hech. 4:36*

5 Y después de navegar atravesando el mar frente a las costas de Cilicia[a] y de Panfilia, llegamos a Mira de Licia. [a]*Hech. 6:9*

6 Allí el centurión halló una nave alejandrina[a] que iba para Italia, y nos embarcó en ella. [a]*Hech. 28:11*

7 Y después de navegar lentamente por muchos días, y de llegar con dificultad frente a Gnido, pues el viento no nos permitió *avanzar* más, navegamos al abrigo de Creta[a], frente a Salmón; [a]*Hech. 2:11; 27:12, 13, 21*

8 y costeándola[a] con dificultad, llegamos a un lugar llamado Buenos Puertos, cerca del cual estaba la ciudad de Lasea. [a]*Hech. 27:13*

La tempestad en el mar

9 Cuando ya había pasado mucho tiempo y la navegación se había vuelto peligrosa, pues hasta el Ayuno había pasado ya, Pablo los amonestaba, [a]*Lev. 16:29-31; 23:27-29*

10 diciéndoles: Amigos, veo que de seguro este viaje va a ser con perjuicio y graves pérdidas[a], no sólo del cargamento y de la nave, sino también de nuestras vidas. [a]*Hech. 27:21*

11 Pero el centurión se persuadió más *por lo dicho* por el piloto[a] y el capitán del barco, que por lo que Pablo decía. [a]*Apoc. 18:17*

12 Y como el puerto no era adecuado para invernar, la mayoría tomó la decisión de hacerse a la mar desde allí, por si les era posible arribar a Fenice, un puerto de Creta[a] que mira hacia el nordeste y el sudeste, y pasar el invierno *allí.* [a]*Hech. 2:11; 27:13, 21*

13 Cuando comenzó a soplar un moderado viento del sur, creyendo que habían logrado su propósito, levaron anclas y navegaban[a] costeando a Creta. [a]*Hech. 27:8*

14 Pero no mucho después, desde tierra comenzó a soplar un viento huracanado[a] que se llama Euroclidón, [a]*Mar. 4:37*

15 y siendo azotada la nave, y no pudiendo hacer frente al viento nos abandonamos *a él* y nos dejamos llevar a la deriva.

16 Navegando al abrigo de una pequeña isla llamada Clauda, con mucha dificultad pudimos sujetar el esquife.

17 Después que lo alzaron, usaron amarras para ceñir la nave; y temiendo encallar[a] en *los bancos* de Sirte, echaron el ancla flotante y se abandonaron a la deriva. [a]*Hech. 27:26, 29*

18 Al día siguiente, mientras éramos sacudidos furiosamente por la tormenta, comenzaron a arrojar la carga[a]; [a]*Jon. 1:5; Hech. 27:38*

19 y al tercer día, con sus propias manos arrojaron al mar los aparejos de la nave.

20 Como ni el sol ni las estrellas aparecieron por muchos días, y una tempestad no pequeña se abatía sobre *nosotros,* desde entonces fuimos abandonando toda esperanza de salvarnos.

21 Cuando habían pasado muchos días sin comer, Pablo se puso en pie en medio de ellos y dijo: Amigos, debierais haberme hecho caso y no haber zarpado de Creta[a], evitando así este perjuicio y pérdida. [a]*Hech. 27:7*

22 Pero ahora os exhorto a tener buen ánimo[a],

porque no habrá pérdida de vida entre vosotros, sino *sólo* del barco. [a]*Hech. 27:25, 36*

23 Porque esta noche estuvo en mi presencia un ángel del Dios[a] de quien soy y a quien sirvo, [a]*Hech. 5:19*

24 diciendo: "No temas, Pablo; has de comparecer ante el César[a]; y he aquí, Dios te ha concedido todos los que navegan contigo." [a]*Hech. 23:11*

25 Por tanto, tened buen ánimo[a] amigos, porque yo confío en Dios, que acontecerá exactamente como se me dijo. [a]*Hech. 27:22, 36*

26 Pero tenemos que encallar[a] en cierta isla[b]. [a]*Hech. 27:17, 29* [b]*Hech. 28:1*

27 Y llegada la decimocuarta noche, mientras éramos llevados a la deriva en el mar Adriático, a eso de la medianoche los marineros presentían que se estaban acercando a tierra.

28 Echaron la sonda y hallaron *que había* veinte brazas; pasando un poco más adelante volvieron a echar la sonda y hallaron quince brazas *de profundidad.*

29 Y temiendo que en algún lugar fuéramos a dar contra los escollos[a], echaron cuatro anclas por la popa y ansiaban que amaneciera. [a]*Hech. 27:17, 26*

30 Como los marineros trataban de escapar de la nave y habían bajado el esquife[a] al mar, bajo pretexto de que se proponían echar las anclas desde la proa, [a]*Hech. 27:16*

31 Pablo dijo al centurión y a los soldados: Si éstos no permanecen en la nave, vosotros no podréis salvaros.

32 Entonces los soldados cortaron las amarras[a] del esquife y dejaron que se perdiera. [a]*Juan 2:15*

33 Y hasta que estaba a punto de amanecer, Pablo exhortaba a todos a que tomaran alimento, diciendo: Hace ya catorce días que, velando continuamente, *estáis* en ayunas, sin tomar ningún *alimento.*

34 Por eso os aconsejo que toméis alimento, porque esto es necesario para vuestra supervivencia; pues ni un solo cabello de la cabeza de ninguno de vosotros perecerá. [a]*Mat. 10:30*

35 Habiendo dicho esto, tomó pan y dio gracias a Dios en presencia de todos; y partiéndo*lo*[a], comenzó a comer. [a]*Mat. 14:19*

36 Entonces todos, teniendo *ya* buen ánimo[a], tomaron también alimento. [a]*Hech. 27:22, 25*

37 En total éramos en la nave doscientas setenta y seis personas[a]. [a]*Hech. 2:41*

38 Una vez saciados, aligeraron la nave arrojando el trigo al mar[a]. [a]*Jon. 1:5; Hech. 27:18*

39 Cuando se hizo de día, no reconocían la tierra[a], pero podían distinguir una bahía que tenía playa, y decidieron lanzar la nave hacia ella, si les era posible. [a]*Hech. 28:1*

40 Y cortando las anclas[a], las dejaron en el mar, aflojando al mismo tiempo las amarras

de los timones; e izando la vela de proa al viento, se dirigieron hacia la playa. ªHech. 27:29

41 Pero chocando contra un escollo donde se encuentran dos corrientes, encallaron la nave; la proa se clavó y quedó inmóvil, pero la popa se rompía por la fuerza *de las olas.*

42 Y el plan de los soldados era matar a los presos, para que ninguno *de ellos* escaparaª a nado; ªHech. 12:19

43 pero el centurión, queriendo salvar a Pabloª, impidió su propósito, y ordenó que los que pudieran nadar se arrojaran primero por la borda y llegaran a tierra, ªHech. 27:3

44 y que los demás *siguieran,* algunos en tablones, y otros en diferentes objetos de la nave. Y así sucedió que todos llegaron salvos a tierraª. ªHech. 27:22, 31

Pablo en Malta

28 Y una vez que ellos estaban a salvo, nos enteramos de que la islaª se llamaba Maltaᵇ. ªHech. 27:26 ᵇHech. 27:39

2 Y los habitantesª nos mostraron toda clase de atenciones, porque a causa de la lluvia que caía y del frío, encendieron una hoguera y nos acogieron a todos. ªHech. 28:4; Rom. 1:14

3 Pero cuando Pablo recogió una brazada de leña y la echó al fuego, una víbora salió huyendo del calor y se le prendió en la mano.

4 Y los habitantes, al ver el animal colgando de su mano, decían entre sí: Sin duda que este hombre es un asesino, pues aunque fue salvado del mar, Justicia no le ha concedido vivirª. ªLuc. 13:2, 4

5 *Pablo,* sin embargo, sacudiendo *la mano,* arrojó el animal al fuego y no sufrió ningún dañoª. ªMar. 16:18

6 Y ellos esperaban que comenzara a hincharse, o que súbitamente cayera muerto. Pero después de esperar por largo rato, y de no observar nada anormal en él, cambiaron de parecer y decían que era un diosª. ªHech. 14:11

7 Y cerca de allí había unas tierras que pertenecían al hombre principal de la isla, que se llamaba Publio, el cual nos recibió y nos hospedó con toda amabilidad por tres días.

8 Y sucedió que el padre de Publio yacía *en cama,* enfermo con fiebre y disentería; y Pablo entró a *ver*lo, y después de orar puso las manos sobre él, y lo sanóª. ªMat. 9:18; Mar. 5:23

9 Cuando esto sucedió, los demás habitantes de la isla que tenían enfermedades venían *a él* y eran curados.

10 También nos honraron con muchas demostraciones de respeto, y cuando estábamos para zarpar, *nos* suplieron con todo lo necesario.

Continúa el viaje a Roma

11 Después de tres meses, nos hicimos a la vela en una nave alejandrinaª que había inver-

nado en la isla, y que tenía por insignia a los Hermanos Gemelos. ªHech. 27:6

12 Cuando llegamos a Siracusa, nos quedamos allí por tres días.

13 Y zarpando de allí, seguimos *la costa* hasta llegar a Regio. Y al día siguiente se levantó un viento del sur, y en dos días llegamos a Puteoli.

14 Allí encontramos *algunos* hermanosª, que nos invitaron a permanecer con ellos por siete días. Y así llegamos a Roma. ªJuan 21:23; Hech. 1:15

15 Cuando los hermanosª tuvieron noticia de nuestra llegada, vinieron desde allá a recibirnos hasta el Foro de Apio y Las Tres Tabernas; y cuando Pablo los vio, dio gracias a Dios y cobró ánimo. ªHech. 10:23; 11:1, 12, 29

Pablo en Roma

16 Cuando entramos en Roma, el centurión entregó los presos al prefecto militar, pero a Pablo se le permitió vivir aparteª, con el soldado que lo custodiaba. ªHech. 24:23

17 Y aconteció que tres días después convocó a los principales de los judíos, y cuando se reunieron, les dijo: Hermanos, sin haber hecho yo nada contra nuestro puebloª ni contra las tradiciones de nuestros padresᵇ, desde Jerusalén fui entregado preso en manos de los romanos, ªHech. 25:8 ᵇHech. 6:14

18 los cuales, cuando me interrogaron, quisieron ponerme en libertadª, pues no encontraron causa para condenarme a muerteᵇ. ªHech. 22:24 ᵇHech. 23:29

19 Pero cuando los judíos se opusieron, me vi obligado a apelar al Césarª, *pero* no porque tuviera acusación alguna contra mi pueblo. ªHech. 25:11, 21, 25; 26:32

20 Por tanto, por esta razón he pedido veros y hablaros, porque por causa de la esperanza de Israel llevo esta cadenaª. ªHech. 21:33

21 Y ellos le dijeron: Nosotros ni hemos recibido cartas de Judea sobre ti, ni ha venido aquí ninguno de los hermanosª que haya informado o hablado algo malo acerca de ti. ªHech. 3:17; 22:5

22 Pero deseamos oír de ti lo que enseñas, porque lo que sabemos de esta sectaª es que en todas partes se habla contra ella. ªHech. 24:14

Pablo predica en Roma

23 Y habiéndole fijado un día, vinieron en gran número adonde él posaba, y desde la mañana hasta la tarde les explicaba testificandoª fielmente sobre el reino de Dios, y procurando persuadirlos acerca de Jesús, tanto por la ley de Moisés como por los profetas. ªLuc. 16:28; Hech. 1:3

24 Algunos eran persuadidos con lo que se decía, pero otros no creíanª. ªHech. 14:4

25 Y al no estar de acuerdo entre sí, comenzaron a marcharse después de que Pablo dijo una *última* palabra: Bien habló el Espíritu Santo a vuestros padres por medio de Isaías el profeta,

26 diciendo:

VE A ESTE PUEBLO Y DI:
"AL OIR OIREIS, Y NO ENTENDEREIS;
Y VIENDO VEREIS, Y NO PERCIBIREIS[a];
    [a]*Isa. 6:9; Mat. 13:14*

27 PORQUE EL CORAZON DE ESTE PUEBLO SE HA
    VUELTO INSENSIBLE,
Y CON DIFICULTAD OYEN CON SUS OIDOS;
Y SUS OJOS HAN CERRADO;
NO SEA QUE VEAN CON LOS OJOS,

. Y OIGAN CON LOS OIDOS,
Y ENTIENDAN CON EL CORAZON,
Y SE CONVIERTAN,
Y YO LOS SANE[a]."   [a]*Isa. 6:10; Mat. 13:15*

28 Sabed, por tanto, que esta salvación de Dios[a] ha sido enviada a los gentiles. Ellos sí oirán. [a]*Luc. 2:30; Hech. 13:26*

29 Y cuando hubo dicho esto, los judíos se fueron, teniendo gran discusión entre sí.

30 Y *Pablo* se quedó por dos años enteros en la habitación que alquilaba, y recibía a todos los que iban a verlo,

31 predicando el reino de Dios[a], y enseñando todo lo concerniente al Señor Jesucristo con toda libertad, sin estorbo.   [a]*Mat. 4:23; Hech. 20:25*

La Epístola del Apóstol San Pablo a los
ROMANOS

Saludo

1 Pablo, siervo de Cristo Jesús, llamado *a ser* apóstol, apartado[a] para el evangelio de Dios, [a]*Hech. 9:15; 13:2*

2 que El ya había prometido por medio de sus profetas en las santas Escrituras[a], [a]*Luc. 1:70; Rom. 3:21*

3 acerca de su Hijo, que nació de la descendencia de David según la carne[a], [a]*Juan 1:14; Rom. 4:1*

4 y que fue declarado Hijo de Dios[a] con poder, conforme al Espíritu de santidad, por la resurrección de entre los muertos: nuestro Señor Jesucristo, [a]*Mat. 4:3*

5 por medio de quien hemos recibido la gracia y el apostolado para *promover la* obediencia a la fe entre todos los gentiles[a], por amor a su nombre; [a]*Hech. 6:7; 9:15*

6 entre los cuales estáis también vosotros, llamados de Jesucristo[a]; [a]*Jud. 1; Apoc. 17:14*

7 a todos los amados de Dios que están en Roma, llamados *a ser* santos[a]: Gracia a vosotros y paz de parte de Dios nuestro Padre y del Señor Jesucristo. [a]*Hech. 9:13; Rom. 8:28*

Deseos de Pablo de visitar a Roma

8 En primer lugar, doy gracias a mi Dios por medio de Jesucristo por todos vosotros[a], porque por todo el mundo se habla de vuestra fe. [a]*1 Cor. 1:4; Ef. 1:15, 16*

9 Pues Dios, a quien sirvo en mi espíritu en *la predicación del* evangelio de su Hijo, me es testigo de cómo sin cesar hago mención de vosotros[a] [a]*Ef. 1:16; Fil. 1:3, 4*

10 siempre en mis oraciones, implorando que ahora, al fin, por la voluntad de Dios, logre ir a vosotros[a]. [a]*Hech. 18:21; Rom. 15:32*

11 Porque anhelo veros[a] para impartiros algún don espiritual, a fin de que seáis confirmados; [a]*Hech. 19:21; Rom. 15:23*

12 es decir, para que *cuando esté* entre vosotros nos confortemos mutuamente, cada uno por la fe del otro, tanto la vuestra como la mía.

13 Y no quiero que ignoréis, hermanos[a], que con frecuencia he hecho planes para ir a visitaros (y hasta ahora me he visto impedido[b]) a fin de obtener algún fruto también entre vosotros, así como entre los demás gentiles. [a]*Hech. 1:15* [b]*Hech. 19:21*

14 Tengo obligación[a] tanto para con los griegos como para con los bárbaros, para con los sabios como para con los ignorantes. [a]*1 Cor. 9:16*

15 Así que, por mi parte, ansioso estoy de anunciar el evangelio[a] también a vosotros que estáis en Roma. [a]*Rom. 15:20*

Una definición del evangelio

16 Porque no me avergüenzo del evangelio[a], pues es el poder de Dios para la salvación de todo el que cree[b]; del judío primeramente y también del griego. [a]*Mar. 8:38* [b]*1 Cor. 1:18, 24*

17 Porque en el evangelio la justicia de Dios se revela por fe y para fe; como está escrito: MAS EL JUSTO POR LA FE VIVIRA[a]. [a]*Hab. 2:4; Gál. 3:11*

El hombre ha ignorado a Dios

18 Porque la ira de Dios se revela desde el cielo contra toda impiedad e injusticia de los hombres[a], que con injusticia restringen la verdad; [a]*Rom. 5:9; Ef. 5:6*

19 porque lo que se conoce acerca de Dios es evidente dentro de ellos, pues Dios se lo hizo evidente[a]. [a]*Hech. 14:17; 17:24*

20 Porque desde la creación del mundo, sus atributos invisibles, su eterno poder y divinidad, se han visto con toda claridad, siendo entendidos por medio de lo creado, de manera que no tienen excusa. [a]*Job 12:7-9; Sal. 19:1-6*

21 Pues aunque conocían a Dios, no le honraron como a Dios ni *le* dieron gracias, sino que se hicieron vanos en sus razonamientos y su

necio corazón fue entenebrecido[a]. [a]*2 Rey. 17:15; Jer. 2:5*

22 Profesando ser sabios, se volvieron necios[a], [a]*Jer. 10:14; 1 Cor. 1:20*

23 y cambiaron la gloria del Dios incorruptible por una imagen en forma de hombre corruptible, de aves, de cuadrúpedos y de reptiles[a]. [a]*Deut. 4:16-18; Sal. 106:20*

La consecuente corrupción del hombre

24 Por consiguiente, Dios los entregó a la impureza[a] en la lujuria de sus corazones, de modo que deshonraron entre sí sus propios cuerpos; [a]*Rom. 1:26, 28; Ef. 4:19*

25 porque cambiaron la verdad de Dios por la mentira, y adoraron y sirvieron a la criatura en lugar del Creador[a], que es bendito por los siglos. Amén. [a]*Isa. 44:20; Jer. 10:14*

26 Por esta razón Dios los entregó a pasiones degradantes[a]; porque sus mujeres cambiaron la función natural por la que es contra la naturaleza; [a]*Rom. 1:24; 1 Tes. 4:5*

27 y de la misma manera también los hombres, abandonando el uso natural de la mujer, se encendieron en su lujuria unos con otros, cometiendo hechos vergonzosos hombres con hombres, y recibiendo en sí mismos el castigo correspondiente a su extravío[a]. [a]*Lev. 18:22; 20:13*

28 Y así como ellos no tuvieron a bien reconocer a Dios, Dios los entregó a una mente depravada[a], para que hicieran las cosas que no convienen; [a]*Rom. 1:24*

29 estando llenos de toda injusticia, maldad, avaricia y malicia; colmados de envidia, homicidios, pleitos, engaños y malignidad; *son* chismosos[a], [a]*2 Cor. 12:20*

30 detractores, aborrecedores de Dios, insolentes, soberbios, jactanciosos, inventores de lo malo, desobedientes a los padres[a], [a]*2 Tim. 3:2*

31 sin entendimiento, indignos de confianza, sin amor[a], despiadados; [a]*2 Tim. 3:3*

32 los cuales, aunque conocen el decreto de Dios que los que practican tales cosas son dignos de muerte[a], no sólo las hacen, sino que también dan su aprobación a los que las practican. [a]*Rom. 6:21*

Con Dios no hay parcialidad

2 Por lo cual no tienes excusa[a], oh hombre, quienquiera *que seas tú* que juzgas, pues al juzgar a otro, a ti mismo te condenas, porque tú que juzgas practicas las mismas cosas[b]. [a]*Rom. 1:20* [b]*Mat. 7:1*

2 Y sabemos que el juicio de Dios justamente cae sobre los que practican tales cosas.

3 ¿Y piensas esto, oh hombre, tú que condenas a los que practican tales cosas y haces lo mismo[a], que escaparás al juicio de Dios? [a]*Luc. 12:14; Rom. 2:1*

4 ¿O tienes en poco las riquezas[a] de su bondad, tolerancia y paciencia, ignorando que la bondad de Dios te guía al arrepentimiento? [a]*Rom. 9:23; 11:33*

5 Mas por causa de tu terquedad y de *tu* corazón no arrepentido, estás acumulando[a] ira para ti en el día de la ira y de la revelación del justo juicio de Dios[b], [a]*Deut. 32:34, 35* [b]*Sal. 110:5*

6 el cual PAGARA A CADA UNO CONFORME A SUS OBRAS[a] [a]*Sal. 62:12; Prov. 24:12*

7 a los que por la perseverancia en hacer el bien[a] buscan gloria, honor e inmortalidad: vida eterna; [a]*Luc. 8:15; Heb. 10:36*

8 pero a los que son ambiciosos[a] y no obedecen a la verdad, sino que obedecen a la injusticia: ira e indignación. [a]*2 Cor. 12:20; Gál. 5:20*

9 *Habrá* tribulación y angustia para toda alma humana que hace lo malo, del judío primeramente[a] y también del griego; [a]*Hech. 3:26; Rom. 1:16*

10 pero gloria y honor[a] y paz para todo el que hace lo bueno, al judío primeramente, y también al griego. [a]*Rom. 2:7; Heb. 2:7*

11 Porque en Dios no hay acepción de personas[a]. [a]*Deut. 10:17; Hech. 10:34*

12 Pues todos los que han pecado sin la ley, sin la ley también perecerán; y todos los que han pecado bajo la ley, por la ley serán juzgados[a]; [a]*Hech. 2:23; 1 Cor. 9:21*

13 porque no son los oidores de la ley los justos ante Dios, sino los que cumplen la ley, *ésos* serán justificados[a]. [a]*Mat. 7:21, 24; Juan 13:17*

14 Porque cuando los gentiles, que no tienen la ley, cumplen por instinto los *dictados* de la ley[a], ellos, no teniendo la ley, son una ley para sí mismos, [a]*Hech. 10:35; Rom. 1:19*

15 ya que muestran la obra de la ley escrita en sus corazones[a], su conciencia dando testimonio, y sus pensamientos acusándolos unas veces y otras defendiéndolos, [a]*Rom. 2:14, 27*

16 en el día en que, según mi evangelio, Dios juzgará los secretos de los hombres mediante Cristo Jesús[a]. [a]*Hech. 10:42; 17:31*

La ley y el pueblo judío

17 Pero si tú, que llevas el nombre de judío y te apoyas en la ley; que te glorías en Dios[a], [a]*Miq. 3:11; Juan 5:45*

18 y conoces *su* voluntad; que apruebas las cosas que son esenciales[a], siendo instruido por la ley, [a]*Fil. 1:10*

19 y te confías en que eres guía de los ciegos, luz de los que están en tinieblas,

20 instructor de los necios, maestro de los faltos de madurez; que tienes en la ley la expresión misma del conocimiento y de la verdad[a]; [a]*Rom. 3:31; 2 Tim. 1:13*

21 tú, pues, que enseñas a otro, ¿no te enseñas a ti mismo? Tú que predicas que no se debe robar, ¿robas[a]? [a]*Mat. 23:3*

22 Tú que dices que no se debe cometer adulterio, ¿adulteras? Tú que abominas a los ídolos, ¿saqueas templos?[a] [a]Hech. 19:37
23 Tú que te jactas[a] de la ley, ¿violando la ley deshonras a Dios? [a]Miq. 3:11; Juan 5:45
24 Porque EL NOMBRE DE DIOS ES BLASFEMADO ENTRE LOS GENTILES[a] POR CAUSA DE VOSOTROS, tal como está escrito. [a]Isa. 52:5
25 Pues ciertamente la circuncisión es de valor si tú practicas la ley, pero si eres transgresor de la ley, tu circuncisión[a] se ha vuelto incircuncisión. [a]Jer. 4:4; 9:25, 26
26 Por tanto, si el incircunciso[a] cumple los requisitos de la ley, ¿no se considerará su incircuncisión como circuncisión[b]? [a]Rom. 3:30 [b]1 Cor. 7:19
27 Y si el que es físicamente incircunciso guarda la ley, ¿no te juzgará a ti, que aunque tienes la letra *de la ley* y eres circuncidado[a], eres transgresor de la ley? [a]Rom. 3:30; Ef. 2:11
28 Porque no es judío el que lo es exteriormente[a], ni la circuncisión es la externa, en la carne; [a]Juan 8:39; Rom. 2:17
29 sino que es judío el que lo es interiormente, y la circuncisión es la del corazón, por el Espíritu, no por la letra; la alabanza del cual no procede de los hombres, sino de Dios[a].
[a]Juan 5:44; 12:43

¿Qué ventaja tiene el judío?

3 ¿Cuál es, entonces, la ventaja del judío? ¿O cuál el beneficio de la circuncisión?
2 Grande, en todo sentido. En primer lugar, porque a ellos les han sido confiados los oráculos de Dios[a]. [a]Deut. 4:8; Sal. 147:19
3 Entonces ¿qué? Si algunos fueron infieles[a], ¿acaso su infidelidad anulará la fidelidad de Dios? [a]Rom. 10:16; Heb. 4:2
4 ¡De ningún modo! Antes bien, sea hallado Dios veraz, aunque todo hombre *sea hallado* mentiroso; como está escrito:
PARA QUE SEAS JUSTIFICADO EN TUS
    PALABRAS,
Y VENZAS CUANDO SEAS JUZGADO[a]. [a]Sal. 51:4
5 Y si nuestra injusticia hace resaltar la justicia de Dios, ¿qué diremos? ¿Acaso es injusto el Dios que expresa *su* ira? (Hablo en términos humanos[a]). [a]Rom. 6:19; 1 Cor. 9:8
6 ¡De ningún modo! Pues de otra manera, ¿cómo juzgaría Dios al mundo[a]? [a]Rom. 2:16
7 Pero si por mi mentira la verdad de Dios abundó para su gloria, ¿por qué también soy yo aún juzgado como pecador[b]? [a]Rom. 3:4 [b]Rom. 9:19
8 ¿Y por qué no *decir* (como se nos calumnia, y como algunos afirman que nosotros decimos): Hagamos el mal para que venga el bien[a]? La condenación de los tales es justa.
[a]Rom. 6:1

Todos han pecado

9 ¿Entonces qué? ¿Somos nosotros mejores *que ellos*[a]? De ninguna manera; porque ya hemos denunciado que tanto judíos como griegos están todos bajo pecado[b]; [a]Rom. 3:1 [b]Rom. 1:18-32
10 como está escrito:
NO HAY JUSTO, NI AUN UNO; [a]Sal. 14:1-3; 53:1-3
11 NO HAY QUIEN ENTIENDA,
NO HAY QUIEN BUSQUE A DIOS;
12 TODOS SE HAN DESVIADO, A UNA SE HICIERON
    INUTILES;
NO HAY QUIEN HAGA LO BUENO,
NO HAY NI SIQUIERA UNO.
13 SEPULCRO ABIERTO ES SU GARGANTA,
ENGAÑAN DE CONTINUO CON SU LENGUA[a],
VENENO DE SERPIENTES HAY BAJO SUS
    LABIOS[b]; [a]Sal. 5:9 [b]Sal. 140:3
14 LLENA ESTA SU BOCA DE MALDICION Y
    AMARGURA[a]; [a]Sal. 10:7
15 [a]SUS PIES SON VELOCES PARA DERRAMAR
    SANGRE; [a]Isa. 59:7, 8
16 DESTRUCCION Y MISERIA *hay* EN SUS CAMINOS,
17 Y LA SENDA DE PAZ NO HAN CONOCIDO.
18 NO HAY TEMOR DE DIOS DELANTE DE SUS
    OJOS[a]. [a]Sal. 36:1

Justificación por medio de la fe

19 Ahora bien, sabemos que cuanto dice la ley, lo dice a los que están bajo la ley[a], para que toda boca se calle y todo el mundo sea hecho responsable ante Dios[b]; [a]Rom. 2:12 [b]Rom. 3:9
20 porque por las obras de la ley ningún ser humano será justificado delante de El[a]; pues por medio de la ley *viene* el conocimiento del pecado. [a]Sal. 143:2; Hech. 13:39
21 Pero ahora, aparte de la ley, la justicia de Dios ha sido manifestada[a], atestiguada por la ley y los profetas; [a]Rom. 1:17; 9:30
22 es decir, la justicia de Dios por medio de la fe[a] en Jesucristo, para todos los que creen[b]; porque no hay distinción; [a]Rom. 1:17 [b]Hech. 3:16
23 por cuanto todos pecaron[a] y no alcanzan la gloria de Dios, [a]Rom. 3:9
24 siendo justificados gratuitamente por su gracia por medio de la redención que es en Cristo Jesús[a], [a]Rom. 4:4, 5, 16; 1 Cor. 1:30
25 a quien Dios exhibió públicamente como propiciación[a] por su sangre a través de la fe, como demostración de su justicia, porque en su tolerancia, Dios pasó por alto los pecados cometidos anteriormente, [a]1 Jn. 2:2; 4:10
26 para demostrar en este tiempo su justicia, a fin de que El sea justo y *sea* el que justifica al que tiene fe en Jesús.
27 ¿Dónde está, pues, la jactancia[a]? Queda excluida. ¿Por cuál ley? ¿La de las obras? No, sino por la ley de la fe. [a]Rom. 2:17, 23; 4:2

28 Porque concluimos que el hombre es justificado por la fe aparte de las obras de la ley[a]. [a]*Hech. 13:39; Rom. 3:20, 21*

29 ¿O es Dios *el Dios* de los judíos solamente? ¿No es también *el Dios* de los gentiles? Sí, también de los gentiles[a], [a]*Hech. 10:34, 35; Rom. 9:24*

30 porque en verdad Dios es uno, el cual justificará *en virtud* de la fe a los circuncisos[a] y por medio de la fe a los incircuncisos[a]. [a]*Rom. 3:22; 4:11, 12, 16*

31 ¿Anulamos entonces la ley por medio de la fe? ¡De ningún modo! Al contrario, confirmamos la ley[a]. [a]*Mat. 5:17; Rom. 3:4, 6*

Abraham, justificado por la fe

4 ¿Qué diremos, entonces, que halló Abraham, nuestro padre según la carne[a]? [a]*Rom. 1:3*

2 Porque si Abraham fue justificado por las obras, tiene de qué jactarse, pero no para con Dios[a]. [a]*1 Cor. 1:31*

3 Porque ¿qué dice la Escritura? Y CREYO ABRAHAM A DIOS, Y LE FUE CONTADO POR JUSTICIA[a]. [a]*Gén. 15:6; Rom. 4:9, 22*

4 Ahora bien, al que trabaja[a], el salario no se le cuenta como favor, sino como deuda; [a]*Rom. 11:6*

5 mas al que no trabaja, pero cree en aquel que justifica al impío, su fe se le cuenta por justicia[a]. [a]*Juan 6:29; Rom. 3:22*

6 Como también David habla de la bendición *que viene* sobre el hombre a quien Dios atribuye justicia aparte de las obras:

7 [a]BIENAVENTURADOS AQUELLOS CUYAS
    INIQUIDADES HAN SIDO PERDONADAS,
    Y CUYOS PECADOS HAN SIDO CUBIERTOS.
    [a]*Sal. 32:1, 2*

8 BIENAVENTURADO EL HOMBRE CUYO PECADO
    EL SEÑOR NO TOMARA EN CUENTA[a].
    [a]*2 Cor. 5:19*

9 ¿Es, pues, esta bendición *sólo* para los circuncisos, o también para los incircuncisos[a]? Porque decimos: A ABRAHAM, LA FE LE FUE CONTADA POR JUSTICIA[b]. [a]*Rom. 3:30* [b]*Gén. 15:6*

10 Entonces, ¿cómo le fue contada? ¿Siendo circunciso o incircunciso? No siendo circunciso, sino siendo incircunciso;

11 y recibió la señal de la circuncisión[a] *como* sello de la justicia de la fe que tenía mientras aún era incircunciso, para que fuera padre de todos los que creen sin ser circuncidados, a fin de que la justicia también a ellos les fuera imputada; [a]*Gén. 17:10, 11*

12 y padre de la circuncisión para aquellos que no solamente son de la circuncisión, sino que también siguen en los pasos de la fe que tenía nuestro padre Abraham cuando era incircunciso.

La promesa cumplida por la fe

13 Porque la promesa a Abraham o a su descendencia de que él sería heredero del mundo, no fue hecha por medio de la ley, sino por medio de la justicia de la fe[a]. [a]*Gén. 17:4-6; 22:17, 18*

14 Porque si los que son de la ley son herederos, vana resulta la fe y anulada la promesa[a]; [a]*Gál. 3:18*

15 porque la ley produce ira, pero donde no hay ley, tampoco hay transgresión[a]. [a]*Rom. 3:20; 7:7, 10-25*

16 Por eso *es* por fe, para que *esté* de acuerdo con la gracia[a], a fin de que la promesa sea firme para toda la posteridad, no sólo a los que son de la ley, sino también a los que son de la fe de Abraham, el cual es padre de todos nosotros [a]*Rom. 3:24*

17 (como está escrito: TE HE HECHO PADRE DE MUCHAS NACIONES[a]), delante de aquel en quien creyó, *es decir* Dios, que da vida a los muertos y llama a las cosas que no son, como si fueran. [a]*Gén. 17:5*

18 El creyó en esperanza contra esperanza, a fin de llegar a ser padre de muchas naciones, conforme a lo que se *le* había dicho: ASI SERA TU DESCENDENCIA[a]. [a]*Gén. 15:5*

19 Y sin debilitarse en la fe contempló su propio cuerpo, que ya estaba como muerto puesto que tenía como cien años[a], y la esterilidad de la matriz de Sara[b]; [a]*Gén. 17:17* [b]*Rom. 18:11*

20 sin embargo, respecto a la promesa de Dios, *Abraham* no titubeó con incredulidad, sino que se fortaleció en fe, dando gloria a Dios[a], [a]*Mat. 9:8*

21 y estando plenamente convencido[a] de que lo que *Dios* había prometido, poderoso era también para cumplirlo. [a]*Rom. 14:5*

22 Por lo cual también *su fe* LE FUE CONTADA POR JUSTICIA[a]. [a]*Gén. 15:6; Rom. 4:3*

Justificación para todos los que creen

23 Y no sólo por él fue escrito[a] que le fue contada, [a]*Rom. 15:4; 1 Cor. 9:9, 10*

24 sino también por nosotros, a quienes será contada: *como* los que creen en aquel que levantó de los muertos a Jesús nuestro Señor[a], [a]*Hech. 2:24; Rom. 10:9*

25 el cual fue entregado por causa de nuestras transgresiones[a] y resucitado por causa de nuestra justificación. [a]*Isa. 53:4, 5; Rom. 5:6, 8*

Resultados de la justificación

5 Por tanto, habiendo sido justificados por la fe[a], tenemos paz para con Dios por medio de nuestro Señor Jesucristo, [a]*Rom. 3:28*

2 por medio de quien también hemos obtenido entrada[a] por la fe a esta gracia en la cual estamos firmes, y nos gloriamos en la esperanza de la gloria de Dios. [a]*Ef. 2:18; 3:12*

3 Y no sólo esto, sino que también nos gloriamos en las tribulaciones[a], sabiendo que la tribulación produce paciencia; [a]*Mat. 5:12; Sant. 1:2, 3*

4 y la paciencia, carácter probado[a]; y el carácter probado, esperanza; [a]*Fil. 2:22; Sant. 1:12*

5 y la esperanza no desilusiona[a], porque el amor de Dios ha sido derramado en nuestros corazones por medio del Espíritu Santo que nos fue dado. [a]*Sal. 119:116; Rom. 9:33*

6 Porque mientras aún éramos débiles, a su tiempo[a] Cristo murió por los impíos[b]. [a]*Gál. 4:4* [b]*Rom. 4:25*

7 Porque a duras penas habrá alguien que muera por un justo, aunque tal vez alguno se atreva a morir por el bueno.

8 Pero Dios demuestra su amor para con nosotros[a], en que siendo aún pecadores, Cristo murió por nosotros. [a]*Juan 3:16; 15:13*

9 Entonces mucho más, habiendo sido ahora justificados por su sangre[a], seremos salvos de la ira *de Dios* por medio de El[b]. [a]*Rom. 3:25* [b]*Rom. 1:18*

10 Porque si cuando éramos enemigos fuimos reconciliados con Dios por la muerte de su Hijo[a], mucho más, habiendo sido reconciliados, seremos salvos por su vida. [a]*Rom. 11:28; 2 Cor. 5:18, 19*

11 Y no sólo *esto*, sino que también nos gloriamos en Dios por medio de nuestro Señor Jesucristo, por quien ahora hemos recibido la reconciliación[a]. [a]*Rom. 5:10; 11:15*

Adán y Cristo comparados

12 Por tanto, tal como el pecado entró en el mundo por un hombre, y la muerte por el pecado, así también la muerte se extendió a todos los hombres, porque todos pecaron[a]; [a]*Gén. 2:17; 3:6, 19*

13 pues antes de la ley había pecado en el mundo, pero el pecado no se imputa cuando no hay ley[a]. [a]*Rom. 4:15*

14 Sin embargo, la muerte reinó desde Adán hasta Moisés, aun sobre los que no habían pecado con una transgresión semejante a la de Adán[a], el cual es figura del que había de venir[b]. [a]*Os. 6:7* [b]*1 Cor. 15:45*

15 Pero no así sucede con la dádiva como con la transgresión. Porque si por la transgresión de uno murieron los muchos[a], mucho más, la gracia de Dios y el don por la gracia de un hombre, Jesucristo[b], abundaron para los muchos. [a]*Rom. 5:12, 18, 19* [b]*Hech. 15:11*

16 Tampoco sucede con el don como con *lo que vino* por medio de aquel que pecó; porque ciertamente el juicio *surgió a causa* de una *transgresión,* resultando en condenación[a]; pero la dádiva *surgió a causa* de muchas transgresiones resultando en justificación. [a]*1 Cor. 11:32*

17 Porque si por la transgresión de uno, por éste reinó la muerte, mucho más reinarán en vida por medio de uno, Jesucristo[a], los que reciben la abundancia de la gracia y del don de la justicia. [a]*2 Tim. 2:12; Apoc. 22:5*

18 Así pues, tal como por una transgresión resultó la condenación de todos los hombres, así también por un acto de justicia[a] resultó la justificación de vida para todos los hombres[b]. [a]*Rom. 3:25* [b]*Rom. 4:25*

19 Porque así como por la desobediencia de un hombre los muchos fueron constituidos pecadores, así también por la obediencia de uno los muchos serán constituidos justos[a]. [a]*Rom. 5:15, 18*

20 Y la ley se introdujo para que abundara la transgresión, pero donde el pecado abundó, sobreabundó la gracia[a], [a]*Rom. 6:1; 1 Tim. 1:14*

21 para que así como el pecado reinó en la muerte, así también la gracia reine por medio de la justicia para vida eterna, mediante Jesucristo nuestro Señor[a]. [a]*Juan 1:17; Rom. 6:23*

Muertos al pecado

6 ¿Qué diremos, entonces? ¿Continuaremos en pecado para que la gracia abunde[a]? [a]*Rom. 3:8; 6:15*

2 ¡De ningún modo! Nosotros, que hemos muerto al pecado, ¿cómo viviremos aún en él[a]? [a]*Rom. 6:11; 7:4, 6*

3 ¿O no sabéis que todos los que hemos sido bautizados en Cristo Jesús[a], hemos sido bautizados en su muerte? [a]*Hech. 2:38; 8:16*

4 Por tanto, hemos sido sepultados con El por medio del bautismo para muerte, a fin de que como Cristo resucitó de entre los muertos[a] por la gloria del Padre, así también nosotros andemos en novedad de vida. [a]*Hech. 2:24; Rom. 6:9*

5 Porque si hemos sido unidos *a El* en la semejanza de su muerte[a], ciertamente lo seremos también *en la semejanza* de su resurrección, [a]*2 Cor. 4:10; Fil. 3:10, 11*

6 sabiendo esto, que nuestro viejo hombre[a] fue crucificado con *El,* para que nuestro cuerpo de pecado fuera destruido, a fin de que ya no seamos esclavos del pecado; [a]*Ef. 4:22; Col. 3:9*

7 porque el que ha muerto, ha sido libertado del pecado[a]. [a]*1 Ped. 4:1*

8 Y si hemos muerto con Cristo, creemos que también viviremos con El[a], [a]*Rom. 6:4; 2 Cor. 4:10*

9 sabiendo que Cristo, habiendo resucitado de entre los muertos[a], no volverá a morir; ya la muerte no tiene dominio sobre El. [a]*Hech. 2:24; Rom. 6:4*

10 Porque por cuanto El murió, murió al pecado de una vez para siempre; pero en cuanto vive, vive para Dios.

11 Así también vosotros, consideraos muertos para el pecado, pero vivos para Dios en Cristo Jesús[a]. [a]*Rom. 6:2; 7:4, 6*

Siervos, no del pecado, sino de la justicia

12 Por tanto, no reine el pecado en vuestro cuerpo mortal[a] para que *no* obedezcáis sus lujurias; [a]*Rom. 6:14*

13 ni presentéis los miembros de vuestro cuerpo al pecado *como* instrumentos de iniquidad, sino presentaos vosotros mismos a Dios como vivos de entre los muertos, y vuestros miembros a Dios *como* instrumentos de justicia[a]. [a]*Rom. 12:1; 2 Cor. 5:14, 15*

14 Porque el pecado no tendrá dominio sobre vosotros[a], pues no estáis bajo la ley sino bajo la gracia[b]. [a]*Rom. 6:12* [b]*Rom. 5:17, 21*

Libertados del pecado

15 ¿Entonces qué? ¿Pecaremos porque no estamos bajo la ley, sino bajo la gracia? ¡De ningún modo! [a]*Rom. 6:1*

16 ¿No sabéis que cuando os presentáis a alguno *como* esclavos para obedecerle, sois esclavos de aquel a quien obedecéis, ya sea del pecado[a] para muerte, o de la obediencia para justicia? [a]*Juan 8:34; 2 Ped. 2:19*

17 Pero gracias a Dios, que *aunque* erais esclavos del pecado, os hicisteis obedientes de corazón a aquella forma de doctrina a la que fuisteis entregados[a]; [a]*2 Tim. 1:13*

18 y habiendo sido libertados del pecado, os habéis hecho siervos de la justicia[a]. [a]*Juan 8:32; Rom. 6:22*

19 Hablo en términos humanos, por causa de la debilidad de vuestra carne. Porque de la manera que presentasteis vuestros miembros *como* esclavos a la impureza y a la iniquidad, para iniquidad, así ahora presentad vuestros miembros *como* esclavos a la justicia[a], para santificación. [a]*Rom. 6:13*

20 Porque cuando erais esclavos del pecado, erais libres en cuanto a la justicia[a]. [a]*Mat. 6:24; Rom. 6:16*

21 ¿Qué fruto teníais entonces en aquellas cosas de las cuales ahora os avergonzáis? Porque el fin de esas cosas es muerte[a]. [a]*Jer. 12:13; Ezeq. 16:63*

22 Pero ahora, habiendo sido libertados del pecado[a] y hechos siervos de Dios, tenéis por vuestro fruto la santificación, y como resultado la vida eterna. [a]*Juan 8:32; Rom. 6:18*

23 Porque la paga del pecado es muerte[a], pero la dádiva de Dios es vida eterna en Cristo Jesús Señor nuestro. [a]*Rom. 1:32; 5:12*

Analogía tomada del matrimonio

7 ¿Acaso ignoráis, hermanos[a] (pues hablo a los que conocen la ley), que la ley tiene jurisdicción sobre una persona mientras vive? [a]*Rom. 1:13*

2 Pues la mujer casada está ligada por la ley a su marido mientras él vive; pero si su marido muere, queda libre de la ley en cuanto al marido[a]. [a]*1 Cor. 7:39*

3 Así que, mientras vive su marido, será llamada adúltera si ella se une a otro hombre; pero si su marido muere, está libre de la ley, de modo que no es adúltera aunque se una a otro hombre.

4 Por tanto, hermanos míos, también a vosotros se os hizo morir a la ley[a] por medio del cuerpo de Cristo[b], para que seáis unidos a otro, a aquel que resucitó de entre los muertos, a fin de que llevemos fruto para Dios. [a]*Rom. 6:2* [b]*Col. 1:22*

5 Porque mientras estábamos en la carne, las pasiones pecaminosas *despertadas* por la ley[a], actuaban en los miembros de nuestro cuerpo a fin de llevar fruto para muerte[b]. [a]*Rom. 7:7, 8* [b]*Rom. 6:13, 21, 23*

6 Pero ahora hemos quedado libres de la ley, habiendo muerto a lo que nos ataba, de modo que sirvamos en la novedad[a] del Espíritu y no en el arcaísmo de la letra. [a]*Rom. 6:4*

7 ¿Qué diremos entonces? ¿Es pecado la ley? ¡De ningún modo! Al contrario, yo no hubiera llegado a conocer el pecado si no *hubiera sido* por medio de la ley; porque yo no hubiera sabido lo que es la codicia, si la ley no hubiera dicho: No CODICIARAS[a]. [a]*Ex. 20:17; Deut. 5:21*

8 Pero el pecado, aprovechándose del mandamiento, produjo en mí toda clase de codicia; porque aparte de la ley el pecado *está* muerto[a]. [a]*1 Cor. 15:56*

9 Y en un tiempo yo vivía sin la ley, pero al venir el mandamiento, el pecado revivió, y yo morí;

10 y este mandamiento, que era para vida[a], a mí me resultó para muerte; [a]*Lev. 18:5; Luc. 10:28*

11 porque el pecado, aprovechándose del mandamiento[a], me engañó[b], y por medio de él me mató. [a]*Rom. 3:20* [b]*Gén. 3:13*

12 Así que la ley es santa, y el mandamiento es santo, justo y bueno[a]. [a]*Rom. 7:16; 1 Tim. 1:8*

13 ¿Entonces lo que es bueno vino a ser *causa de* muerte para mí? ¡De ningún modo[a]! Al contrario, fue el pecado, a fin de mostrarse que es pecado al producir mi muerte por medio de lo que es bueno, para que por medio del mandamiento el pecado llegue a ser en extremo pecaminoso. [a]*Luc. 20:16*

14 Porque sabemos que la ley es espiritual[a], pero yo soy carnal[a], vendido a la esclavitud del pecado. [a]*1 Cor. 3:1*

15 Porque lo que hago, no lo entiendo; porque no practico lo que quiero *hacer,* sino que lo que aborrezco, eso hago[a]. [a]*Rom. 7:19; Gál. 5:17*

16 Y si lo que no quiero *hacer,* eso hago, estoy de acuerdo con la ley, *reconociendo* que es buena[a]. [a]*Rom. 7:12; 1 Tim. 1:8*

17 Así que ya no soy yo el que lo hace, sino el pecado que habita en mí[a]. [a]*Rom. 7:20*

18 Porque yo sé que en mí, es decir, en mi carne[a], no habita nada bueno; porque el querer está presente en mí, pero el hacer el bien, no. [a]*Juan 3:6; Rom. 7:25*

19 Pues no hago el bien que deseo, sino que el mal que no quiero, eso practico[a]. [a]*Rom. 7:15*

20 Y si lo que no quiero *hacer,* eso hago, ya no soy yo el que lo hace, sino el pecado que habita en mí[a]. [a]*Rom. 7:17*

21 Así que, queriendo yo hacer el bien, hallo la ley de que el mal está presente en mí[a]. [a]*Rom. 7:23, 25; 8:2*

22 Porque en el hombre interior[a] me deleito con la ley de Dios, [a]*2 Cor. 4:16; Ef. 3:16*

23 pero veo otra ley en los miembros de mi cuerpo que hace guerra[a] contra la ley de mi mente, y me hace prisionero de la ley del pecado que está en mis miembros. [a]*Sant. 4:1*

24 ¡Miserable de mí! ¿Quién me libertará de este cuerpo de muerte[a]? [a]*Rom. 6:6; 8:2*

25 Gracias a Dios, por Jesucristo Señor nuestro[a]. Así que yo mismo, por un lado, con la mente sirvo a la ley de Dios, pero por el otro, con la carne, a la ley del pecado. [a]*1 Cor. 15:57*

No hay condenación para los que creen

8 Por consiguiente, no hay ahora condenación[a] para los que están en Cristo Jesús[b], los que no andan conforme a la carne sino conforme al Espíritu. [a]*Rom. 5:16* [b]*Rom. 8:2, 9-11, 34, 39*

2 Porque la ley del Espíritu de vida en Cristo Jesús[a] te ha libertado de la ley del pecado y de la muerte. [a]*Rom. 8:1, 11, 39; 16:3*

3 Pues lo que la ley no pudo hacer, ya que era débil por causa de la carne[a], Dios *lo hizo*: enviando a su propio Hijo en semejanza de carne de pecado y *como ofrenda* por el pecado, condenó al pecado en la carne. [a]*Rom. 7:18, 19; Heb. 7:18*

4 para que el requisito de la ley se cumpliera en nosotros, que no andamos conforme a la carne, sino conforme al Espíritu[a]. [a]*Gál. 5:16, 25*

5 Porque los que viven conforme a la carne[a], ponen la mente en las cosas de la carne, pero los que *viven* conforme al Espíritu, en las cosas del Espíritu[b]. [a]*Gál. 5:19-21* [b]*Gál. 5:22-25*

6 Porque la mente puesta en la carne es muerte, pero la mente puesta en el Espíritu es vida y paz[a]; [a]*Rom. 6:21; 8:13*

7 ya que la mente puesta en la carne es enemiga de Dios[a], porque no se sujeta a la ley de Dios, pues ni siquiera puede *hacerlo*, [a]*Sant. 4:4*

8 y los que están en la carne[a] no pueden agradar a Dios. [a]*Rom. 7:5*

Viviendo según el Espíritu

9 Sin embargo, vosotros no estáis en la carne sino en el Espíritu, si en verdad el Espíritu de Dios habita en vosotros[a]. Pero si alguno no tiene el Espíritu de Cristo, el tal no es de Él. [a]*Juan 14:23; Rom. 8:11*

10 Y si Cristo está en vosotros, aunque el cuerpo esté muerto a causa del pecado, sin embargo, el espíritu está vivo a causa de la justicia[a]. [a]*Juan 17:23; Gál. 2:20*

11 Pero si el Espíritu de aquel que resucitó a Jesús de entre los muertos habita en vosotros[a], el *mismo* que resucitó a Cristo Jesús de entre los muertos, también dará vida a vuestros cuerpos mortales por medio de su Espíritu que habita en vosotros. [a]*Hech. 2:24; Rom. 6:4*

12 Así que, hermanos, somos deudores, no a la carne, para vivir conforme a la carne,

13 porque si vivís conforme a la carne, habréis de morir; pero si por el Espíritu hacéis morir las obras de la carne, viviréis[a]. [a]*Rom. 8:6*

14 Porque todos los que son guiados por el Espíritu de Dios[a], los tales son hijos de Dios. [a]*Gál. 5:18*

15 Pues no habéis recibido un espíritu de esclavitud para volver otra vez al temor[a], sino que habéis recibido un espíritu de adopción[b] como hijos, por el cual clamamos: ¡Abba, Padre! [a]*2 Tim. 1:7* [b]*Rom. 8:23*

16 El Espíritu mismo da testimonio a nuestro espíritu[a] de que somos hijos de Dios, [a]*Hech. 5:32*

17 y si hijos, también herederos; herederos de Dios y coherederos con Cristo[a], si en verdad padecemos con *Él* a fin de que también seamos glorificados con *Él*. [a]*Hech. 20:32; Gál. 3:29*

La gloria futura

18 Pues considero que los sufrimientos de este tiempo presente no son dignos de ser comparados con la gloria que nos ha de ser revelada[a]. [a]*2 Cor. 4:17; Col. 3:4*

19 Porque el anhelo profundo de la creación es aguardar ansiosamente la revelación de los hijos de Dios[a]. [a]*Os. 1:10; Mat. 5:9*

20 Porque la creación fue sometida a vanidad[a], no de su propia voluntad, sino por causa de aquel[b] que la sometió, en la esperanza [a]*Gén. 3:17-19* [b]*Sal. 39:5, 6*

21 de que la creación misma será también liberada de la esclavitud de la corrupción a la libertad de la gloria de los hijos de Dios[a]. [a]*Hech. 3:21; 2 Ped. 3:13*

22 Pues sabemos que la creación entera a una gime y sufre[a] dolores de parto hasta ahora. [a]*Jer. 12:4, 11*

23 Y no sólo *ella,* sino que también nosotros mismos, que tenemos las primicias del Espíritu[a], aun nosotros mismos gemimos en nuestro interior, aguardando ansiosamente la

adopción como hijos, la redención de nuestro cuerpo. ªRom. 8:16; 2 Cor. 1:22

24 Porque en esperanza hemos sido salvos, pero la esperanza que se ve no es esperanza, pues, ¿por qué esperar lo que uno ve?ª ª2 Cor. 5:7; Heb. 11:1

25 Pero si esperamos lo que no vemos, con paciencia lo aguardamosª. ª1 Tes. 1:3

Victoriosos en Cristo

26 Y de la misma manera, también el Espíritu nos ayuda en nuestra debilidad; porque no sabemos orar como debiéramos, pero el Espíritu mismo intercede *por nosotros* con gemidos indecibles; ªJuan 14:16; Rom. 8:15, 16

27 y aquel que escudriña los corazonesª sabe cuál es el sentir del Espíritu, porque El intercede por los santos conforme a *la voluntad de Dios.* ªSal. 139:1, 2; Luc. 16:15

28 Y sabemos que para los que aman a Dios, todas las cosasª cooperan para bien, *esto es,* para los que son llamadosᵇ conforme a *su* propósito. ªRom. 8:32 ᵇRom. 8:30

29 Porque a los que de antemano conocióª, también *los* predestinó *a ser* hechos conforme a la imagen de su Hijo, para que El sea el primogénito entre muchos hermanos; ªRom. 11:2; 1 Cor. 8:3

30 y a los que predestinó, a ésos también llamó; y a los que llamó, a ésos también justificóª; y a los que justificó, a ésos también glorificóᵇ. ª1 Cor. 6:11 ᵇJuan 17:22

31 Entonces, ¿qué diremos a esto? Si Dios *está* por nosotros, ¿quién *estará* contra nosotrosª? ªSal. 118:6; Mat. 1:23

32 El que no eximió ni a su propio Hijoª, sino que lo entregó por todos nosotros, ¿cómo no nos concederá también con El todas las cosas? ªJuan 3:16; Rom. 5:8

33 ¿Quién acusará a los escogidos de Dios? Dios es el que justificaª. ªIsa. 50:8, 9

34 ¿Quién es el que condena? Cristo Jesús es el que murió, sí, más aún, el que resucitó, el que además está a la diestra de Dios, el que también intercede por nosotrosª. ªRom. 8:27; Heb. 7:25

35 ¿Quién nos separará del amor de Cristo? ¿Tribulación, o angustiaª, o persecución, o hambre, o desnudez, o peligro, o espadaᵇ? ªRom. 2:9 ᵇ1 Cor. 4:11

36 Tal como está escrito:
POR CAUSA TUYA SOMOS PUESTOS A MUERTE TODO EL DIA;
SOMOS CONSIDERADOS COMO OVEJAS PARA EL MATADEROª. ªSal. 44:22; Hech. 20:24

37 Pero en todas estas cosas somos más que vencedores por medio de aquel que nos amóª. ªJuan 16:33; 1 Cor. 15:57

38 Porque estoy convencido de que ni la muerte, ni la vidaª, ni ángeles, ni principados,

ni lo presente, ni lo por venir, ni los poderes, ª1 Cor. 3:22

39 ni lo alto, ni lo profundo, ni ninguna otra cosa creada nos podrá separar del amor de Diosª que es en Cristo Jesús Señor nuestro. ªRom. 5:8

La elección de Israel

9 Digo la verdad en Cristo, no miento, dándome testimonio mi concienciaª en el Espíritu Santo, ªRom. 1:9; 2 Cor. 11:10

2 de que tengo gran tristeza y continuo dolor en mi corazón.

3 Porque desearía yo mismo ser anatemaª, *separado* de Cristo por amor a mis hermanos, mis parientes según la carneᵇ, ª1 Cor. 12:3 ᵇRom. 1:3

4 que son israelitas, a quienes pertenece la adopción como hijosª, y la gloria, los pactos, la promulgación de la ley, el culto y las promesas, ªEx. 4:22; Rom. 8:15

5 de quienes son los patriarcas, y de quienes, según la carne, procede el Cristoª, el cual está sobre todas las cosasᵇ, Dios bendito por los siglos. Amén. ªMat. 1:1-16 ᵇCol. 1:16-19

6 Pero no *es* que la palabra de Dios haya fallado. Porque no todos los *descendientes* de Israel son Israelª; ªJuan 1:47; Rom. 2:28, 29

7 ni son todos hijos por ser descendientes de Abrahamª, sino que POR ISAAC SERA LLAMADA TU DESCENDENCIAᵇ. ªJuan 8:33, 39 ᵇGén. 21:12

8 Esto es, no son los hijos de la carne los que son hijos de Dios, sino que los hijos de la promesa son considerados como descendientesª. ªRom. 4:13, 16; Gál. 3:29

9 Porque esta es una palabra de promesa: POR ESTE TIEMPO VOLVERE, Y SARA TENDRA UN HIJOª. ªGén. 18:10

10 Y no sólo *esto,* sino que también Rebeca, cuando concibió *mellizos* de uno, nuestro padre Isaacª ªGén. 25:21

11 (porque aún cuando *los mellizos* no habían nacido, y no habían hecho nada, ni bueno ni malo, para que el propósito de Dios conforme a *su* elección permaneciera, no por las obras, sino por aquel que llamaª), ªRom. 4:17; 8:28

12 se le dijo a ella: EL MAYOR SERVIRA AL MENORª. ªGén. 25:23

13 Tal como está escrito: A JACOB AME, PERO A ESAU ABORRECIª. ªMal. 1:2, 3

Dios no es injusto

14 ¿Qué diremos entonces? ¿Que hay injusticia en Diosª? ¡De ningún modo! ª2 Crón. 19:7; Rom. 2:11

15 Porque El dice a Moisés: TENDRE MISERICORDIA DEL QUE YO TENGA MISERICORDIA, Y TENDRE COMPASION DEL QUE YO TENGA COMPASIONª. ªEx. 33:19

16 Así que no *depende* del que quiere ni del que corre, sino de Dios que tiene misericordia[a]. [a]*Ef. 2:8*

17 Porque la Escritura dice a Faraón: PARA ESTO MISMO TE HE LEVANTADO, PARA DEMOSTRAR MI PODER EN TI, Y PARA QUE MI NOMBRE SEA PROCLAMADO POR TODA LA TIERRA[a]. [a]*Ex. 9:16*

18 Así que del que quiere tiene misericordia, y al que quiere endurece[a]. [a]*Ex. 4:21; 7:3*

19 Me dirás entonces: ¿Por qué, pues, todavía reprocha *Dios*? Porque ¿quién resiste a su voluntad[a]? [a]*2 Crón. 20:6; Job 9:12*

20 Al contrario, ¿quién eres tú, oh hombre, que le contestas a Dios? ¿Dirá acaso el objeto modelado al que lo modela: Por qué me hiciste así[a]? [a]*Isa. 29:16; 45:9*

21 ¿O no tiene el alfarero derecho sobre el barro de hacer de la misma masa un vaso para uso honroso y otro para uso deshonroso?

22 ¿Y qué, si Dios, aunque dispuesto a demostrar su ira y hacer notorio su poder, soportó con mucha paciencia a los vasos de ira preparados para destrucción[a]? [a]*Prov. 16:4; 1 Ped. 2:8*

23 *Lo hizo* para dar a conocer las riquezas de su gloria[a] sobre los vasos de misericordia, que de antemano El preparó para gloria, [a]*Rom. 2:4; Ef. 3:16*

24 *es decir*, nosotros, a quienes también llamó, no sólo de entre los judíos, sino también de entre los gentiles[a]. [a]*Rom. 3:29*

25 Como también dice en Oseas:
A LOS QUE NO ERAN MI PUEBLO, LLAMARE: "PUEBLO MIO",
Y A LA QUE NO ERA AMADA: "AMADA *mía*".[a]
    [a]*Os. 2:23; 1 Ped. 2:10*

26 Y ACONTECERA QUE EN EL LUGAR DONDE LES FUE DICHO: "VOSOTROS NO SOIS MI PUEBLO",
ALLI SERAN LLAMADOS HIJOS DEL DIOS VIVIENTE[a].   [a]*Os. 1:10; Mat. 16:16*

27 Isaías también exclama en cuanto a Israel: AUNQUE EL NUMERO DE LOS HIJOS DE ISRAEL SEA COMO LA ARENA DEL MAR, *sólo* EL REMANENTE[a] SERA SALVO; [a]*Gén. 22:17; Os. 1:10*

28 PORQUE EL SEÑOR EJECUTARA SU PALABRA SOBRE LA TIERRA CABALMENTE Y CON BREVEDAD[a]. [a]*Isa. 10:23*

29 Y como Isaías predijo:
SI EL SEÑOR DE LOS EJERCITOS[a] NO NOS HUBIERA DEJADO DESCENDENCIA,
HUBIERAMOS LLEGADO A SER COMO SODOMA,
Y HECHOS SEMEJANTES A GOMORRA.
    [a]*Sant. 5:4*

Razón del tropiezo de Israel

30 ¿Qué diremos entonces? Que los gentiles, que no iban tras la justicia, alcanzaron justicia, es decir, la justicia que es por fe[a]; [a]*Rom. 1:17; 3:21, 22*

31 pero Israel, que iba tras una ley de justicia[a], no alcanzó *esa* ley. [a]*Isa. 51:1; Rom. 9:30*

32 ¿Por qué? Porque no *iban tras ella* por fe, sino como por obras. Tropezaron en la piedra de tropiezo[a], [a]*Isa. 8:14; 1 Ped. 2:6, 8*

33 tal como está escrito:
HE AQUI, PONGO EN SION UNA PIEDRA DE TROPIEZO Y ROCA DE ESCANDALO[a];
Y EL QUE CREA EN EL NO SERA AVERGONZADO[b].   [a]*Isa. 8:14* [b]*Isa. 28:16*

10 Hermanos, el deseo de mi corazón y mi oración a Dios por ellos es para *su* salvación.

2 Porque yo testifico a su favor de que tienen celo de Dios[a], pero no conforme a un pleno conocimiento. [a]*Hech. 21:20*

3 Pues desconociendo la justicia de Dios y procurando establecer la suya propia[a], no se sometieron a la justicia de Dios. [a]*Isa. 51:1; Rom. 10:2, 3, 20*

4 Porque Cristo es el fin de la ley para justicia a todo aquel que cree[a]. [a]*Rom. 3:22; 7:1-4*

Cómo ser salvo

5 Porque Moisés escribe que el hombre que practica la justicia que es de la ley, vivirá por ella[a]. [a]*Lev. 18:5; Neh. 9:29*

6 Pero la justicia que es de la fe[a], dice así: NO DIGAS EN TU CORAZON: "¿QUIEN SUBIRA AL CIELO[b]?" (esto es, para hacer bajar a Cristo), [a]*Rom. 9:30* [b]*Deut. 30:12*

7 o "¿QUIEN DESCENDERA AL ABISMO?" (esto es, para subir a Cristo de entre los muertos[a]). [a]*Heb. 13:20*

8 Mas, ¿qué dice? CERCA DE TI ESTA LA PALABRA, EN TU BOCA Y EN TU CORAZON[a], es decir, la palabra de fe que predicamos: [a]*Deut. 30:14*

9 que si confiesas con tu boca a Jesús *por* Señor[a], y crees en tu corazón que Dios le resucitó de entre los muertos, serás salvo[b]; [a]*Mat. 10:32* [b]*Rom. 4:24*

10 porque con el corazón se cree para justicia, y con la boca se confiesa para salvación.

11 Pues la Escritura dice: TODO EL QUE CREE EN EL NO SERA AVERGONZADO[a]. [a]*Isa. 28:16; Rom. 9:33*

12 Porque no hay distinción entre judío y griego[a], pues el mismo *Señor* es Señor de todos, abundando en riquezas para todos los que le invocan; [a]*Rom. 3:22, 29*

13 porque: TODO AQUEL QUE INVOQUE EL NOMBRE DEL SEÑOR SERA SALVO[a]. [a]*Joel 2:32; Hech. 2:21*

14 ¿Cómo, pues, invocarán a aquel en quien no han creído? ¿Y cómo creerán en aquel de quien no han oído? ¿Y cómo oirán sin haber quien les predique[b]? [a]*Ef. 2:17* [b]*Hech. 8:31*

15 ¿Y cómo predicarán si no son enviados? Tal como está escrito: ¡CUAN HERMOSOS SON LOS PIES DE LOS QUE ANUNCIAN EL EVANGELIO DEL BIEN[a]! [a]*Isa. 52:7; Rom. 1:15*

Israel rechaza el evangelio

16 Sin embargo, no todos hicieron caso al evangelio, porque Isaías dice: Señor, ¿quien ha creido a nuestro anuncio[a]? [a]*Isa. 53:1; Juan 12:38*

17 Así que la fe *viene* del oír[a], y el oír, por la palabra de Cristo[b]. [a]*Gál. 3:2, 5* [b]*Col. 3:16*

18 Pero yo digo, ¿acaso nunca han oído? Ciertamente que sí:

Por toda la tierra ha salido su voz,
y hasta los confines del mundo sus palabras[a]. [a]*Sal. 19:4; Rom. 1:8*

19 Y añado: ¿Acaso Israel no sabía? En primer lugar, Moisés dice:

Yo os provocare a celos con un *pueblo* que no es pueblo;
con un pueblo sin entendimiento os provocare a ira[a]. [a]*Deut. 32:21; Rom. 11:11, 14*

20 E Isaías es muy osado, y dice:

Fui hallado por los que no me buscaban;
me manifeste a los que no preguntaban por mi[a]. [a]*Isa. 65:1; Rom. 9:30*

21 Pero en cuanto a Israel, dice: Todo el dia he extendido mis manos a un pueblo desobediente y rebelde[a]. [a]*Isa. 65:2*

El remanente de Israel

11 Digo entonces: ¿Acaso ha desechado Dios a su pueblo[a]? ¡De ningún modo! Porque yo también soy israelita, descendiente de Abraham, de la tribu de Benjamín. [a]*1 Sam. 12:22; Jer. 31:37*

2 Dios no ha desechado a su pueblo[a], al cual conoció con anterioridad. ¿O no sabéis lo que dice la Escritura en *el pasaje sobre* Elías, cómo suplica a Dios contra Israel: [a]*Sal. 94:14*

3 Señor, han dado muerte a tus profetas, han derribado tus altares; y yo solo he quedado y atentan contra mi vida[a]? [a]*1 Rey. 19:10, 14*

4 Pero, ¿qué le dice la respuesta divina?: Me he reservado siete mil hombres que no han doblado la rodilla a Baal[a]. [a]*1 Rey. 19:18*

5 Y de la misma manera, también ha quedado en el tiempo presente un remanente[a] conforme a la elección de la gracia *de Dios.* [a]*2 Rey. 19:4; Rom. 9:27*

6 Pero si es por gracia, ya no es a base de obras[a], de otra manera la gracia ya no es gracia. Y si por obras, ya no es gracia; de otra manera la obra ya no es obra. [a]*Rom. 4:4*

7 Entonces ¿qué? Aquello que Israel busca[a] no lo ha alcanzado, pero los que fueron escogidos lo alcanzaron y los demás fueron endurecidos[b]; [a]*Rom. 9:31* [b]*Mar. 6:52*

8 tal como está escrito:

Dios les dio un espiritu de estupor, ojos con que no ven y oidos con que no

oyen, hasta el dia de hoy[a]. [a]*Deut. 29:4; Isa. 29:10*

9 Y David dice:

Su banquete se convierta en lazo y en trampa,
y en piedra de tropiezo y en retribucion para ellos[a]. [a]*Sal. 69:22*

10 Oscurezcanse sus ojos para que no puedan ver,
y dobla sus espaldas para siempre[a]. [a]*Sal. 69:23*

La salvación de los gentiles

11 Digo entonces: ¿Acaso tropezaron para caer? ¡De ningún modo! Pero por su transgresión *ha venido* la salvación a los gentiles[a], para causarles celos. [a]*Hech. 28:28*

12 Y si su transgresión es riqueza para el mundo, y su fracaso es riqueza para los gentiles, ¡cuánto más será su plenitud[a]! [a]*Rom. 11:25*

13 Pero a vosotros hablo, gentiles. Entonces, puesto que yo soy apóstol de los gentiles[a], honro mi ministerio, [a]*Hech. 9:15*

14 si en alguna manera puedo causar celos a mis compatriotas y salvar a algunos de ellos[a]. [a]*1 Cor. 1:21; 7:16*

15 Porque si el excluirlos a ellos es la reconciliación[a] del mundo, ¿qué será *su* admisión, sino vida de entre los muertos? [a]*Rom. 5:11*

16 Y si el primer pedazo *de masa* es santo, también lo es *toda* la masa; y si la raíz es santa, también lo son las ramas. [a]*Núm. 15:18; Neh. 10:37*

17 Pero si algunas de las ramas fueron desgajadas, y tú, siendo un olivo silvestre[a], fuiste injertado entre ellas y fuiste hecho participante con ellas de la rica savia de la raíz del olivo, [a]*Jer. 11:16; Juan 15:2*

18 no seas arrogante para con las ramas; pero si eres arrogante, *recuerda que* tú no eres el que sustenta la raíz, sino la raíz *la que te sustenta* a ti[a]. [a]*Juan 4:22*

19 Dirás entonces[a]: Las ramas fueron desgajadas para que yo fuera injertado. [a]*Rom. 9:19*

20 Muy cierto; fueron desgajadas por su incredulidad, pero tú por la fe te mantienes firme[a]. No seas altanero, sino teme; [a]*Rom. 5:2; 1 Cor. 10:12*

21 porque si Dios no perdonó a las ramas naturales, tampoco a ti te perdonará.

22 Mira, pues, la bondad y la severidad de Dios; severidad para con los que cayeron, pero para ti, bondad de Dios si permaneces en *su* bondad[a]; de lo contrario también tú serás cortado. [a]*1 Cor. 15:2; Heb. 3:6, 14*

23 Y también ellos, si no permanecen en *su* incredulidad[a], serán injertados, pues poderoso es Dios para injertarlos de nuevo. [a]*2 Cor. 3:16*

24 Porque si tú fuiste cortado de lo que por naturaleza es un olivo silvestre, y contra lo que es natural fuiste injertado en un olivo cultivado, ¿cuánto más éstos, que son las *ramas* naturales, serán injertados en su propio olivo?

La salvación de Israel al fin de los tiempos

25 Porque no quiero, hermanos, que ignoréis este misterio, para que no seáis sabios en vuestra propia opinión[a]: que a Israel le ha acontecido un endurecimiento parcial hasta que haya entrado la plenitud de los gentiles; [a]*Rom. 12:16*

26 y así, todo Israel será salvo; tal como está escrito:

EL LIBERTADOR VENDRA DE SION;
APARTARA LA IMPIEDAD DE JACOB[a]. [a]*Isa. 59:20*

27 Y ESTE ES MI PACTO CON ELLOS[a],
CUANDO YO QUITE SUS PECADOS. [a]*Isa. 59:21; Jer. 31:33, 34*

28 En cuanto al evangelio, son enemigos por causa de vosotros; pero en cuanto a la elección *de Dios,* son amados por causa de los padres[a]; [a]*Deut. 7:8; 10:15*

29 porque los dones y el llamamiento de Dios[a] son irrevocables. [a]*Rom. 8:28; 1 Cor. 1:26*

30 Pues así como vosotros en otro tiempo fuisteis desobedientes a Dios, pero ahora se os ha mostrado misericordia por razón de la desobediencia de ellos,

31 así también ahora éstos han sido desobedientes, para que por la misericordia mostrada a vosotros, también a ellos ahora les sea mostrada misericordia.

32 Porque Dios ha encerrado a todos en desobediencia para mostrar misericordia a todos[a]. [a]*Rom. 3:9; Gál. 3:22*

La insondable sabiduría de Dios

33 ¡Oh, profundidad de las riquezas[a] y de la sabiduría y del conocimiento de Dios[b]! ¡Cuán insondables son sus juicios e inescrutables sus caminos! [a]*Rom. 2:4* [b]*Col. 2:3*

34 Pues, ¿QUIEN HA CONOCIDO LA MENTE DEL SEÑOR?, ¿O QUIEN LLEGO A SER SU CONSEJERO[a]?, [a]*Isa. 40:13, 14; 1 Cor. 2:16*

35 ¿O QUIEN LE HA DADO A EL PRIMERO PARA QUE SE LE TENGA QUE RECOMPENSAR[a]? [a]*Job 35:7; 41:11*

36 Porque de El, por El y para El son todas las cosas[a]. A El *sea* la gloria para siempre. Amén. [a]*1 Cor. 8:6; 11:12*

Actitud consecuente del creyente

12 Por consiguiente, hermanos, os ruego por las misericordias de Dios que presentéis vuestros cuerpos *como* sacrificio vivo y santo[a], aceptable a Dios, *que es* vuestro culto racional. [a]*Rom. 6:13, 16, 19; 1 Cor. 6:20*

2 Y no os adaptéis a este mundo, sino transformaos mediante la renovación de vuestra mente, para que verifiquéis cuál es la voluntad de Dios: lo que es bueno, aceptable y perfecto[a]. [a]*Ef. 5:10, 17; Col. 1:9*

Nuestros deberes cristianos

3 Porque en virtud de la gracia que me ha sido dada, digo a cada uno de vosotros que no piense más alto de sí que lo que debe pensar[a], sino que piense con buen juicio, según la medida de fe que Dios ha distribuido a cada uno. [a]*Rom. 11:20; 12:16*

4 Pues así como en un cuerpo tenemos muchos miembros, pero no todos los miembros tienen la misma función[a], [a]*1 Cor. 12:12-14; Ef. 4:4, 16*

5 así nosotros, que somos muchos[a], somos un cuerpo en Cristo[b] e individualmente miembros los unos de los otros. [a]*1 Cor. 10:33* [b]*1 Cor. 10:17*

6 Pero teniendo dones que difieren, según la gracia que nos ha sido dada[a], *usémoslos:* si el de profecía, *úsese* en proporción a la fe; [a]*Rom. 12:3; 1 Cor. 7:7*

7 si el de servicio[a], en servir; o el que enseña[b], en la enseñanza; [a]*Hech. 6:1* [b]*Hech. 13:1*

8 el que exhorta, en la exhortación; el que da, con liberalidad; el que dirige[a], con diligencia; el que muestra misericordia, con alegría. [a]*1 Cor. 12:28; 1 Tim. 5:17*

9 El amor *sea* sin hipocresía[a]; aborreciendo lo malo, aplicándoos a lo bueno. [a]*2 Cor. 6:6; 1 Tim. 1:5*

10 *Sed* afectuosos unos con otros con amor fraternal[a]; con honra, daos preferencia unos a otros; [a]*Juan 13:34; 1 Tes. 4:9*

11 no seáis perezosos en *lo que requiere* diligencia; fervientes en espíritu[a], sirviendo al Señor[b]; [a]*Hech. 18:25* [b]*Hech. 20:19*

12 gozándoos en la esperanza[a], perseverando en el sufrimiento, dedicados a la oración[b]; [a]*Rom. 5:2* [b]*Hech. 1:14*

13 contribuyendo para las necesidades de los santos[a], practicando la hospitalidad[b]. [a]*Rom. 15:25* [b]*Mat. 25:35*

14 Bendecid a los que os persiguen[a]; bendecid, y no maldigáis. [a]*Mat. 5:44; Luc. 6:28*

15 Gozaos con los que se gozan y llorad con los que lloran[a]. [a]*Job 30:25; Heb. 13:3*

16 Tened el mismo sentir unos con otros; no seáis altivos en vuestro pensar, sino condescendiendo con los humildes. No seáis sabios en vuestra propia opinión[a]. [a]*Prov. 3:7; Rom. 11:25*

17 Nunca paguéis a nadie mal por mal[a]. Respetad lo bueno delante de todos los hombres[b]. [a]*Prov. 20:22* [b]*2 Cor. 8:21*

18 Si es posible, en cuanto de vosotros dependa, estad en paz con todos los hombres[a]. [a]*Mar. 9:50; Rom. 14:19*

19 Amados, nunca os venguéis vosotros mismos, sino dad lugar a la ira *de Dios,* porque escrito está: MIA ES LA VENGANZA, YO PAGARE, dice el Señor[a]. [a]*Deut. 32:35; Sal. 94:1*

20 PERO SI TU ENEMIGO TIENE HAMBRE, DALE DE COMER; Y SI TIENE SED, DALE DE BEBER, PORQUE

HACIENDO ESTO, CARBONES ENCENDIDOS AMONTONARAS SOBRE SU CABEZA[a]. [a]*2 Rey. 6:22; Prov. 25:21, 22*

21 No seas vencido por el mal, sino vence con el bien el mal.

Actitud hacia las autoridades

13 Sométase toda persona a las autoridades que gobiernan[a]; porque no hay autoridad sino de Dios, y las que existen, por Dios son constituidas. [a]*Hech. 2:41*

2 Por consiguiente, el que resiste a la autoridad, a lo ordenado por Dios se ha opuesto; y los que se han opuesto, sobre sí recibirán condenación.

3 Porque los gobernantes no son motivo de temor para los de buena conducta, sino para el que hace el mal. ¿Deseas, pues, no temer a la autoridad? Haz lo bueno y tendrás elogios de ella[a], [a]*1 Ped. 2:14*

4 pues es para ti un ministro de Dios para bien. Pero si haces lo malo, teme; porque no en vano lleva la espada, pues ministro es de Dios, un vengador[a] que castiga al que practica lo malo. [a]*1 Tes. 4:6*

5 Por tanto, es necesario someterse, no sólo por razón del castigo, sino también por causa de la conciencia[a]. [a]*Ecl. 8; 1 Ped. 2:13-19*

6 Pues por esto también pagáis impuestos, porque *los gobernantes* son servidores de Dios, dedicados precisamente a esto.

7 Pagad a todos lo que debáis[a]; al que impuesto, impuesto; al que tributo, tributo; al que temor, temor; al que honor, honor. [a]*Mat. 22:21; Mar. 12:17*

El amor, cumplimiento de la ley

8 No debáis a nadie nada, sino el amaros unos a otros; porque el que ama a su prójimo, ha cumplido la ley[a]. [a]*Mat. 7:12; 22:39, 40*

9 Porque esto: NO COMETERAS ADULTERIO, NO MATARAS, NO HURTARAS, NO CODICIARAS[a], y cualquier otro mandamiento, en estas palabras se resume: AMARAS A TU PROJIMO COMO A TI MISMO[b]. [a]*Ex. 20:13* [b]*Lev. 19:18*

10 El amor no hace mal al prójimo; por tanto, el amor es el cumplimiento de la ley[a]. [a]*Mat. 7:12; 22:39, 40*

Se acerca el amanecer

11 Y *haced todo* esto, conociendo el tiempo, que ya es hora de despertarnos del sueño[a]; porque ahora la salvación está más cerca de nosotros que cuando creímos. [a]*Mar. 13:37; 1 Cor. 15:34*

12 La noche está muy avanzada, y el día está cerca. Por tanto, desechemos las obras de las tinieblas[a] y vistámonos con las armas de la luz[b]. [a]*Ef. 5:11* [b]*2 Cor. 6:7*

13 Andemos decentemente[a], como de día, no en orgías ni borracheras, no en promiscuidad sexual y lujurias, no en pleitos y envidias; [a]*1 Tes. 4:12*

14 antes bien, vestíos del Señor Jesucristo[a], y no penséis en proveer para las lujurias de la carne. [a]*Job 29:14; Gál. 3:27*

Principios que rigen problemas de conciencia

14 Aceptad[a] al que es débil en la fe, *pero* no para juzgar *sus* opiniones. [a]*Hech. 28:2; Rom. 11:15*

2 Uno tiene fe en que puede comer de todo, pero el que es débil[a] *sólo* come legumbres. [a]*Rom. 14:1; 15:1*

3 El que come no menosprecie al que no come[a], y el que no come no juzgue al que come, porque Dios lo ha aceptado. [a]*Luc. 18:9; Rom. 14:10*

4 ¿Quién eres tú para juzgar al criado de otro[a]? Para su propio amo está en pie o cae, y en pie se mantendrá, porque poderoso es el Señor para sostenerlo en pie. [a]*Rom. 9:20; Sant. 4:12*

5 Uno juzga que un día es superior a otro[a], otro juzga *iguales* todos los días. Cada cual esté plenamente convencido según su propio sentir[b]. [a]*Gál. 4:10* [b]*Luc. 1:1*

6 El que guarda cierto día, para el Señor lo guarda; y el que come, para el Señor come, pues da gracias a Dios[a]; y el que no come, para el Señor se abstiene, y da gracias a Dios. [a]*Mat. 14:19; 15:36*

7 Porque ninguno de nosotros vive para sí mismo, y ninguno muere para sí mismo[a]; [a]*Rom. 8:38, 39; 2 Cor. 5:15*

8 pues si vivimos, para el Señor vivimos, y si morimos, para el Señor morimos; por tanto, ya sea que vivamos o que muramos[a], del Señor somos. [a]*Luc. 20:38; Fil. 1:20*

9 Porque para esto Cristo murió y resucitó[a], para ser Señor[b] tanto de los muertos como de los vivos. [a]*Apoc. 1:18* [b]*Mat. 28:18*

10 Pero tú, ¿por qué juzgas a tu hermano? O también, tú, ¿por qué menosprecias a tu hermano? Porque todos compareceremos ante el tribunal de Dios[a]. [a]*Rom. 2:16; 2 Cor. 5:10*

11 Porque está escrito:
  VIVO YO—DICE EL SEÑOR—QUE ANTE MI SE
    DOBLARA TODA RODILLA,
  Y TODA LENGUA ALABARA A DIOS[a].
    [a]*Isa. 45:23; Fil. 2:10, 11*

12 De modo que cada uno de nosotros dará a Dios cuenta de sí mismo[a]. [a]*Mat. 12:36; 16:27*

13 Por consiguiente, ya no nos juzguemos[a] los unos a los otros, sino más bien decidid esto: no poner obstáculo o piedra de tropiezo al hermano[b]. [a]*Mat. 7:1* [b]*1 Cor. 8:13*

14 Yo sé, y estoy convencido en el Señor Jesús, de que nada es inmundo en sí mismo;

pero para el que estima que algo es inmundo, para él lo es[a]. [a]*Hech. 10:15; Rom. 14:2, 20*

15 Porque si por causa de la comida tu hermano se entristece, ya no andas conforme al amor[a]. No destruyas con tu comida a aquel por quien Cristo murió[b]. [a]*Ef. 5:2* [b]*Rom. 14:20*

16 Por tanto, no permitáis que se hable mal de lo que para vosotros es bueno[a]. [a]*1 Cor. 10:30; Tito 2:5*

17 Porque el reino de Dios no es comida ni bebida, sino justicia y paz y gozo en el Espíritu Santo[a]. [a]*Rom. 15:13; Gál. 5:22*

18 Porque el que de esta *manera* sirve a Cristo, es aceptable a Dios y aprobado por los hombres[a]. [a]*2 Cor. 8:21; Fil. 4:8*

19 Así que procuremos lo que contribuye a la paz[a] y a la edificación mutua. [a]*Sal. 34:14; Rom. 12:18*

20 No destruyas la obra de Dios por causa de la comida. En realidad, todas las cosas son limpias, pero son malas para el hombre que escandaliza *a otro* al comer[a]. [a]*1 Cor. 8:9-12*

21 Es mejor no comer carne, ni beber vino, ni *hacer nada* en que tu hermano tropiece[a]. [a]*1 Cor. 8:13*

22 La fe que tú tienes, ten*la* conforme a tu propia convicción delante de Dios. Dichoso el que no se condena a sí mismo[a] en lo que aprueba. [a]*1 Jn. 3:21*

23 Pero el que duda[a], si come se condena, porque no *lo hace* por fe; y todo lo que no procede de fe, es pecado. [a]*Rom. 14:5*

15 Así que, nosotros los que somos fuertes, debemos sobrellevar las flaquezas de los débiles[a] y no agradarnos a nosotros mismos. [a]*Rom. 14:1; Gál. 6:2*

2 Cada uno de nosotros agrade a su prójimo en lo que es bueno para *su* edificación[a]. [a]*Rom. 14:19; 1 Cor. 9:22*

3 Pues ni aun Cristo se agradó a sí mismo[a]; antes bien, como está escrito: LOS VITUPERIOS DE LOS QUE TE INJURIABAN CAYERON SOBRE MÍ[b]. [a]*2 Cor. 8:9* [b]*Sal. 69:9*

4 Porque todo lo que fue escrito en tiempos pasados, para nuestra enseñanza se escribió[a], a fin de que por medio de la paciencia y del consuelo de las Escrituras tengamos esperanza. [a]*Rom. 4:23, 24; 2 Tim. 3:16*

5 Y que el Dios de la paciencia y del consuelo os conceda tener el mismo sentir los unos para con los otros[a] conforme a Cristo Jesús, [a]*Rom. 12:16*

6 para que unánimes, a una voz, glorifiquéis al Dios y Padre de nuestro Señor Jesucristo[a]. [a]*Apoc. 1:6*

El evangelio a los gentiles

7 Por tanto, aceptaos los unos a los otros[a], como también Cristo nos aceptó para gloria de Dios. [a]*Rom. 14:1*

8 Pues *os* digo que Cristo se hizo servidor de la circuncisión[a] para demostrar la verdad de Dios, para confirmar las promesas *dadas* a los padres, [a]*Mat. 15:24; Hech. 3:26*

9 y para que los gentiles glorifiquen a Dios por su misericordia; como está escrito:
POR TANTO, TE CONFESARE ENTRE LOS GENTILES,
Y A TU NOMBRE CANTARE[a].   [a]*2 Sam. 22:50; Sal. 18:49*

10 Y vuelve a decir:
REGOCIJAOS, GENTILES, CON SU PUEBLO[a].
[a]*Deut. 32:43*

11 Y de nuevo:
ALABAD AL SEÑOR TODOS LOS GENTILES,
Y ALABENLE TODOS LOS PUEBLOS[a].   [a]*Sal. 117:1*

12 Y a su vez, Isaías dice:
RETOÑARA LA RAIZ DE ISAÍ[a],
EL QUE SE LEVANTA A REGIR A LOS GENTILES;
LOS GENTILES PONDRAN EN EL SU ESPERANZA.
[a]*Apoc. 5:5; 22:16*

13 Y el Dios de la esperanza os llene de todo gozo y paz[a] en el creer, para que abundéis en esperanza por el poder del Espíritu Santo. [a]*Rom. 14:17*

14 En cuanto a vosotros, hermanos míos, yo mismo estoy también convencido de que vosotros estáis llenos de bondad, llenos de todo conocimiento[a] y capaces también de amonestaros los unos a los otros. [a]*1 Cor. 1:5; 8:1, 7, 10*

15 Pero os he escrito con atrevimiento sobre algunas cosas, para así hacer que *las* recordéis otra vez, por la gracia que me fue dada por Dios[a], [a]*Rom. 12:3*

16 para ser ministro de Cristo Jesús a los gentiles[a], ministrando a manera de sacerdote el evangelio de Dios, a fin de que la ofrenda *que hago* de los gentiles sea aceptable[b], santificada por el Espíritu Santo. [a]*Hech. 9:15* [b]*Rom. 12:1*

17 Por tanto, en Cristo Jesús he hallado razón para gloriarme en las cosas que se refieren a Dios[a]. [a]*Heb. 2:17; 5:1*

18 Porque no me atreveré a hablar de nada sino de lo que Cristo ha hecho por medio de mí[a] para la obediencia de los gentiles, en palabra y en obra, [a]*Hech. 15:12; 21:19*

19 con el poder de señales y prodigios, en el poder del Espíritu[a] de Dios; de manera que desde Jerusalén y por los alrededores hasta el Ilírico he predicado en toda su plenitud el evangelio de Cristo. [a]*Rom. 15:13; 1 Cor. 2:4*

20 De esta manera me esforcé en anunciar el evangelio, no donde Cristo era *ya* conocido, para no edificar sobre el fundamento de otro[a]; [a]*1 Cor. 3:10; 2 Cor. 10:15, 16*

21 sino como está escrito:
AQUELLOS A QUIENES NUNCA LES FUE ANUNCIADO ACERCA DE EL, VERAN,

Y LOS QUE NO HAN OIDO, ENTENDERANᵃ.
ᵃ*Isa. 52:15*

Anhelo de Pablo
de visitar Roma

22 Por esta razón muchas veces me he visto impedido de ir a vosotrosᵃ, ᵃ*Rom. 1:13; 1 Tes. 2:18*
23 pero ahora, no quedando ya más lugares para mí en estas regiones, y puesto que por muchos años he tenido un gran deseo de ir a vosotrosᵃ, ᵃ*Hech. 19:21; Rom. 1:10, 11*
24 cuando vaya a España *iré a vosotros*. Porque espero veros al pasar y que me ayudéis a continuar hacia alláᵃ, después de que haya disfrutado un poco de vuestra compañíaᵇ. ᵃ*Hech. 15:3* ᵇ*Rom. 1:12*
25 Pero ahora voy a Jerusalénᵃ para el servicio de los santosᵇ, ᵃ*Hech. 19:21* ᵇ*Hech. 24:17*
26 pues Macedoniaᵃ y Acaya han tenido a bien hacer una colecta para los pobres de entre los santos *que están* en Jerusalén. ᵃ*Hech. 16:9; 1 Cor. 16:5*
27 Sí, tuvieron a bien *hacerlo*, y *a la verdad que* están en deuda con ellos. Porque si los gentiles han participado de sus bienes espirituales, también están obligados a servir a los santos en los bienes materialesᵃ. ᵃ*1 Cor. 9:11*
28 Así que cuando haya cumplido esto y les haya entregado esta ofrendaᵃ, iré a España *llegando* de paso a *veros*. ᵃ*Juan 3:33*
29 Y sé que cuando vaya a vosotrosᵃ, iré en la plenitud de la bendición de Cristo. ᵃ*Hech. 19:21; Rom. 1:10, 11*
30 Os ruego, hermanos, por nuestro Señor Jesucristo y por el amor del Espírituᵃ, que os esforcéis juntamente conmigo en vuestras oraciones a Dios por míᵇ, ᵃ*Gál. 5:22* ᵇ*2 Cor. 1:11*
31 para que sea librado de los que son desobedientes en Judea, y *que* mi servicio a Jerusalénᵃ sea aceptable a los santos, ᵃ*Rom. 15:25, 26; 2 Cor. 8:4*
32 y para que con gozo llegue a vosotros por la voluntad de Diosᵃ, y encuentre *confortante* reposo con vosotros. ᵃ*Hech. 18:21; Rom. 1:10*
33 El Dios de paz sea con todos vosotrosᵃ. Amén. ᵃ*Rom. 16:20; 2 Cor. 13:11*

Recomendaciones y saludos personales

16 Os recomiendoᵃ a nuestra hermana Febe, diaconisa de la iglesia en Cencrea; ᵃ*2 Cor. 3:1*
2 que la recibáis en el Señor de una manera dignaᵃ de los santos, y que la ayudéis en cualquier asunto en que ella necesite de vosotros, porque ella también ha ayudado a muchos y *aun* a mí mismo. ᵃ*Fil. 2:29*
3 Saludad a Priscila y a Aquilaᵃ, mis colaboradores en Cristo Jesús, ᵃ*Hech. 18:2*
4 los cuales expusieron su vida por mí, a quienes no sólo yo doy gracias, sino también todas las iglesias de los gentiles.

5 *Saludad* también a la iglesia que está en su casaᵃ. Saludad a mi querido *hermano* Epeneto, que es el primer convertido a Cristo en Asia. ᵃ*1 Cor. 16:19; Col. 4:15*
6 Saludad a María, que ha trabajado mucho por vosotros.
7 Saludad a Andrónico y a Junias, mis parientes y compañeros de prisiónᵃ, que se destacan entre los apóstoles y quienes también vinieron a Cristo antes que yo. ᵃ*Col. 4:10; Filem. 23*
8 Saludad a Amplias, mi querido *hermano* en el Señor.
9 Saludad a Urbano, nuestro colaborador en Cristoᵃ, y a mi querido *hermano* Estaquis. ᵃ*Rom. 8:11; 16:3, 7, 10*
10 Saludad a Apeles, el aprobado en Cristoᵃ. Saludad a los de la *casa* de Aristóbulo. ᵃ*Rom. 8:11; 16:3, 7, 9*
11 Saludad a Herodión, mi parienteᵃ. Saludad a los de la *casa* de Narciso, que son del Señor. ᵃ*Rom. 9:3; 16:7, 21*
12 Saludad a Trifena y a Trifosa, obreras del Señor. Saludad a la querida *hermana* Pérsida, que ha trabajado mucho en el Señor.
13 Saludad a Rufoᵃ, escogido en el Señor, también a su madre y mía. ᵃ*Mar. 15:21*
14 Saludad a Asíncrito, a Flegonte, a Hermes, a Patrobas, a Hermas y a los hermanos con ellos.
15 Saludad a Filólogo y a Julia, a Nereo y a su hermana, y a Olimpas y a todos los santosᵃ que están con ellos. ᵃ*Rom. 16:2, 14*
16 Saludaos los unos a los otros con un beso santoᵃ. Todas las iglesias de Cristo os saludan. ᵃ*1 Cor. 16:20; 2 Cor. 13:12*

Advertencias contra las
disensiones y la apostasía

17 Y os ruego, hermanos, que vigiléis a los que causan disensiones y tropiezos contra las enseñanzas que vosotros aprendisteis, y que os apartéis de ellosᵃ. ᵃ*Mat. 7:15; Gál. 1:8, 9*
18 Porque los tales son esclavos, no de Cristo nuestro Señor, sino de sus propios apetitos, y por medio de palabras suaves y lisonjeras engañan los corazones de los ingenuos. ᵃ*Col. 2:4; 2 Ped. 2:3*
19 Porque la *noticia* de vuestra obediencia se ha extendido a todosᵃ; por tanto, me regocijo por vosotros, pero quiero que seáis sabios para lo bueno e inocentes para lo malo. ᵃ*Rom. 1:8*
20 Y el Dios de pazᵃ aplastará pronto a Satanás debajo de vuestros pies.
La gracia de nuestro Señor Jesucristo sea con vosotros. ᵃ*Rom. 15:33*

Saludos y bendición final

21 Timoteoᵃ, mi colaborador, os saluda, y *también* Lucio, Jasón y Sosípater, mis parientes. ᵃ*Hech. 16:1*

22 Yo, Tercio, que escribo esta carta, os saludoª en el Señor. ª*1 Cor. 16:21; Gál. 6:11*

23 Gayoª, hospedador mío y de toda la iglesia, os saluda. Erasto, el tesorero de la ciudad, os saluda, y el hermano Cuarto. ª*Hech. 19:29; 20:4*

24 La gracia de nuestro Señor Jesucristo sea con todos vosotros. Amén.

Doxología final

25 Y a aquel que es poderoso para afirmaros conforme a mi evangelio y a la predicación de Jesucristoª, según la revelación del misterio que ha sido mantenido en secreto durante siglos sin fin, ª*Rom. 2:16; Ef. 3:20*

26 pero que ahora ha sido manifestado, y por las Escrituras de los profetasª, conforme al mandamiento del Dios eterno, se ha dado a conocer a todas las naciones para *guiarlas a* la obediencia de la feᵇ, ª*Rom. 1:2* ᵇ*Rom. 1:5*

27 al único y sabio Dios, por medio de Jesucristo, sea la gloria para siempreª. Amén. ª*Rom. 11:36*

Primera Epístola del Apóstol San Pablo a los
CORINTIOS

Saludo

1 Pablo, llamado *a ser* apóstol de Jesucristo por la voluntad de Diosª, y Sóstenes, nuestro hermano, ª*Rom. 1:10; 15:32*

2 a la iglesia de Dios que está en Corinto, a los que han sido santificados en Cristo Jesús, llamados *a ser* santosª, con todos los que en cualquier parte invocan el nombre de nuestro Señor Jesucristo, *Señor* de ellos y nuestro: ª*Rom. 1:7; 8:28*

3 Gracia a vosotros y paz de parte de Dios nuestro Padre y del Señor Jesucristoª. ª*Rom. 1:7*

Acción de gracias

4 Siempre doy gracias a mi Dios por vosotrosª, por la gracia de Dios que os fue dada en Cristo Jesús, ª*Rom. 1:8*

5 porque en todo fuisteis enriquecidos en El, en toda palabra y en todo conocimientoª, ª*Rom. 15:14; 2 Cor. 8:7*

6 así como el testimonio acerca de Cristoª fue confirmado en vosotros; ª*2 Tes. 1:10; 1 Tim. 2:6*

7 de manera que nada os falta en ningún don, esperando ansiosamente la revelación de nuestro Señor Jesucristoª; ª*Luc. 17:30; Rom. 8:19, 23*

8 el cual también os confirmará hasta el fin, *para que seáis* irreprensiblesª en el día de nuestro Señor Jesucristo. ª*Col. 2:7*

9 Fiel es Diosª, por medio de quien fuisteis llamados a la comunión con su Hijo Jesucristo, Señor nuestro. ª*Deut. 7:9; Isa. 49:7*

Exhortación a la unidad

10 Os ruego, hermanos, por el nombre de nuestro Señor Jesucristo, que todos os pongáis de acuerdo, y que no haya divisiones entre vosotros, sino que estéis enteramente unidos en un mismo sentirª y en un mismo parecer. ª*Rom. 12:16; Fil. 1:27*

11 Porque he sido informado acerca de vosotros, hermanos míos, por *los* de Cloé, que hay contiendas entre vosotros.

12 Me refiero a que cada uno de vosotros dice: Yo soy de Pablo, yo de Apolosª, yo de Cefasᵇ, yo de Cristo. ª*Mat. 23:8-10* ᵇ*Juan 1:42*

13 ¿Está dividido Cristo? ¿Acaso fue Pablo crucificado por vosotros? ¿O fuisteis bautizadosª en el nombre de Pablo? ª*Mat. 28:19; Hech. 2:38*

14 Doy gracias a Dios que no bauticé a ninguno de vosotrosª, excepto a Crispo y a Gayo, ª*Hech. 18:8*

15 para que nadie diga que fuisteis bautizados en mi nombre.

16 También bauticé a los de la casa de Estéfanasª; por lo demás, no sé si bauticé a algún otro. ª*1 Cor. 16:15, 17*

17 Pues Cristo no me envió a bautizarª, sino a predicar el evangelio, no con palabras elocuentesᵇ, para que no se haga vana la cruz de Cristo. ª*Juan 4:2* ᵇ*1 Cor. 2:1, 4, 13*

Cristo, poder de Dios

18 Porque la palabra de la cruz es necedad para los que se pierdenª, pero para nosotros los salvos es poder de Dios. ª*Hech. 2:47; 2 Cor. 2:15*

19 Porque está escrito:
DESTRUIRE LA SABIDURIA DE LOS SABIOS,
Y EL ENTENDIMIENTO DE LOS INTELIGENTES
DESECHAREª. ª*Isa. 29:14*

20 ¿Dónde está el sabio? ¿Dónde el escriba? ¿Dónde el polemista de este siglo? ¿No ha hecho Dios que la sabiduría de este mundo sea necedadª? ª*Job 12:17; Isa. 19:11, 12*

21 Porque ya que en la sabiduría de Dios el mundo no conoció a Diosª por medio de *su propia* sabiduría, agradó a Diosᵇ, mediante la necedad de la predicación, salvar a los que creen. ª*Juan 12:31* ᵇ*Luc. 12:32*

22 Porque en verdad los judíos piden señalesª y los griegos buscan sabiduría; ª*Mat. 12:38*

23 pero nosotros predicamos a Cristo crucificadoª, piedra de tropiezo para los judíosᵇ, y necedad para los gentiles; ª*1 Cor. 2:2* ᵇ*Luc. 2:34*

24 mas para los llamados, tanto judíos como griegos, Cristo *es* poder de Diosª y sabiduría de Diosᵇ. ª*Rom. 1:16* ᵇ*Luc. 11:49*

25 Porque la necedad de Dios es más sabia que los hombres, y la debilidad de Dios[a] es más fuerte que los hombres. [a]*2 Cor. 13:4*

Cristo, sabiduría de Dios

26 Pues considerad, hermanos, vuestro llamamiento; no hubo muchos sabios conforme a la carne[a], ni muchos poderosos, ni muchos nobles; [a]*Mat. 11:25; 1 Cor. 1:20*
27 sino que Dios ha escogido lo necio del mundo[a], para avergonzar a los sabios; y Dios ha escogido lo débil del mundo, para avergonzar a lo que es fuerte; [a]*1 Cor. 1:20*
28 y lo vil y despreciado del mundo ha escogido Dios; lo que no es[a], para anular lo que es; [a]*Rom. 4:17*
29 para que nadie se jacte[a] delante de Dios. [a]*Ef. 2:9*
30 Mas por obra suya estáis vosotros en Cristo Jesús, el cual se hizo para nosotros sabiduría de Dios[a], y justificación[b], y santificación, y redención, [a]*1 Cor. 1:24* [b]*Jer. 23:5, 6*
31 para que, tal como está escrito: EL QUE SE GLORIA, QUE SE GLORIE EN EL SEÑOR[a]. [a]*Jer. 9:23, 24; 2 Cor. 10:17*

Predicando a Cristo crucificado

2 Cuando fui a vosotros, hermanos, proclamándoos el testimonio de Dios[a], no fui con superioridad de palabra o de sabiduría, [a]*1 Cor. 2:7*
2 pues nada me propuse saber entre vosotros, excepto a Jesucristo, y éste crucificado[a]. [a]*1 Cor. 1:23; Gál. 6:14*
3 Y estuve entre vosotros con debilidad[a], y con temor y mucho temblor. [a]*1 Cor. 4:10; 2 Cor. 11:30*
4 Y ni mi mensaje ni mi predicación fueron con palabras persuasivas de sabiduría[a], sino con demostración del Espíritu y de poder, [a]*1 Cor. 1:17; 2:1, 13*
5 para que vuestra fe no descanse en la sabiduría de los hombres, sino en el poder de Dios[a]. [a]*2 Cor. 4:7; 6:7*

La revelación por el Espíritu de Dios

6 Sin embargo, hablamos sabiduría entre los que han alcanzado madurez[a]; pero una sabiduría no de este siglo, ni de los gobernantes de este siglo, que van desapareciendo, [a]*Ef. 4:13; Fil. 3:15*
7 sino que hablamos sabiduría de Dios en misterio, la *sabiduría* oculta que, desde antes de los siglos[a], Dios predestinó para nuestra gloria; [a]*Heb. 1:2; 11:3*
8 *la sabiduría* que ninguno de los gobernantes de este siglo ha entendido[a], porque si la hubieran entendido no habrían crucificado al Señor de gloria[b]; [a]*Mat. 13:22* [b]*Hech. 7:2*
9 sino como está escrito:

COSAS QUE OJO NO VIO, NI OIDO OYO,
NI HAN ENTRADO AL CORAZON DEL HOMBRE,
son LAS COSAS QUE DIOS HA PREPARADO
    PARA LOS QUE LE AMAN[a].   [a]*Isa. 64:4; 65:17*
10 Pero Dios nos *las* reveló por medio del Espíritu, porque el Espíritu todo lo escudriña[a], aun las profundidades de Dios[b]. [a]*Juan 14:26* [b]*Rom. 11:33*
11 Porque entre los hombres, ¿quién conoce los *pensamientos* de un hombre, sino el espíritu del hombre[a] que está en él? Asimismo, nadie conoce los *pensamientos* de Dios, sino el Espíritu de Dios. [a]*Prov. 20:27*
12 Y nosotros hemos recibido, no el espíritu del mundo, sino el Espíritu que viene de Dios[a], para que conozcamos lo que Dios nos ha dado gratuitamente, [a]*Rom. 8:15; 1 Cor. 1:27*
13 de lo cual también hablamos, no con palabras enseñadas por sabiduría humana, sino con las enseñadas por el Espíritu[a], combinando *pensamientos* espirituales con *palabras* espirituales. [a]*1 Cor. 1:17; 2:1, 4*
14 Pero el hombre natural no acepta las cosas del Espíritu de Dios[a], porque para él son necedad[b]; y no las puede entender, porque se disciernen espiritualmente. [a]*Juan 14:17* [b]*1 Cor. 1:18*
15 En cambio, el que es espiritual[a] juzga todas las cosas; pero él no es juzgado por nadie. [a]*1 Cor. 3:1; 14:37*
16 Porque ¿QUIEN HA CONOCIDO LA MENTE DEL SEÑOR, PARA QUE LE INSTRUYA[a]? Mas nosotros tenemos la mente de Cristo. [a]*Isa. 40:13; Rom. 11:34*

Divisiones de la iglesia de Corinto

3 Así que yo, hermanos, no pude hablaros como a espirituales, sino como a carnales, como a niños[a] en Cristo. [a]*1 Cor. 2:6; Ef. 4:14*
2 Os di a beber leche, no alimento sólido[a], porque todavía no podíais *recibirlo*. En verdad, ni aun ahora podéis, [a]*Heb. 5:12, 13; 1 Ped. 2:2*
3 porque todavía sois carnales. Pues habiendo celos y contiendas[a] entre vosotros, ¿no sois carnales y andáis como hombres? [a]*Rom. 13:13; 1 Cor. 1:10, 11*
4 Porque cuando uno dice: Yo soy de Pablo, y otro: Yo soy de Apolos[a], ¿no sois *simplemente* hombres? [a]*1 Cor. 1:12*
5 ¿Qué es, pues, Apolos? Y ¿qué es Pablo? Servidores mediante los cuales vosotros habéis creído, según el Señor dio *oportunidad* a cada uno[a]. [a]*Rom. 12:6; 1 Cor. 3:10*
6 Yo planté, Apolos regó, pero Dios ha dado el crecimiento[a]. [a]*1 Cor. 15:10*
7 Así que ni el que planta ni el que riega es algo, sino Dios que da el crecimiento.
8 Ahora bien, el que planta y el que riega son una misma cosa, pero cada uno recibirá su propia recompensa conforme a su propia labor[a]. [a]*1 Cor. 3:14; 4:5*

9 Porque nosotros somos colaboradores[a] de Dios, y vosotros sois labranza de Dios, edificio de Dios. [a]*Mar. 16:20; 2 Cor. 6:1*

Jesucristo, único cimiento

10 Conforme a la gracia de Dios que me fue dada[a], yo, como sabio arquitecto, puse el fundamento, y otro edifica sobre él. Pero cada uno tenga cuidado cómo edifica encima. [a]*Rom. 12:3; 1 Cor. 15:10*

11 Pues nadie puede poner otro fundamento que el que ya está puesto, el cual es Jesucristo[a]. [a]*Isa. 28:16; 1 Ped. 2:4*

12 Ahora bien, si sobre el fundamento alguno edifica con oro, plata, piedras preciosas, madera, heno, paja,

13 la obra de cada uno se hará evidente[a]; porque el día la dará a conocer, pues con fuego *será* revelada; el fuego mismo probará la calidad de la obra de cada uno. [a]*Mat. 10:15; 1 Cor. 1:8*

14 Si permanece la obra de alguno que ha edificado sobre *el fundamento,* recibirá recompensa[a]. [a]*1 Cor. 3:8; 4:5*

15 Si la obra de alguno es consumida *por el fuego,* sufrirá pérdida; sin embargo, él será salvo, aunque así como por fuego[a]. [a]*Job 23:10; Sal. 66:10, 12*

Vosotros sois templo de Dios

16 ¿No sabéis que sois templo de Dios y que el Espíritu de Dios habita en vosotros[a]? [a]*Rom. 6:16; 8:9*

17 Si alguno destruye el templo de Dios, Dios lo destruirá a él, porque el templo de Dios es santo, y eso es lo que vosotros sois.

Vosotros sois de Cristo

18 Nadie se engañe a sí mismo. Si alguno de vosotros se cree sabio según este mundo[a], hágase necio a fin de llegar a ser sabio. [a]*1 Cor. 1:20*

19 Porque la sabiduría de este mundo es necedad ante Dios. Pues escrito está: *El es* EL QUE PRENDE A LOS SABIOS EN SU *propia* ASTUCIA[a]. [a]*Job 5:13*

20 Y también: EL SEÑOR CONOCE LOS RAZONAMIENTOS de los sabios, LOS CUALES SON INUTILES[a]. [a]*Sal. 94:11*

21 Así que nadie se jacte en los hombres, porque todo es vuestro[a]: [a]*Rom. 8:32*

22 ya sea Pablo, o Apolos, o Cefas[a], o el mundo, o la vida, o la muerte[b], o lo presente, o lo por venir, todo es vuestro, [a]*1 Cor. 1:12* [b]*Rom. 8:38*

23 y vosotros de Cristo[a], y Cristo de Dios[b]. [a]*1 Cor. 15:23* [b]*1 Cor. 11:3*

Sólo Dios es juez

4 Que *todo* hombre nos considere de esta manera: como servidores de Cristo y administradores[a] de los misterios de Dios. [a]*1 Cor. 9:17; Tito 1:7*

2 Ahora bien, además se requiere de los administradores que *cada* uno sea hallado fiel.

3 En cuanto a mí, es de poca importancia que yo sea juzgado por vosotros, o por *cualquier* tribunal humano; de hecho, ni aun yo me juzgo a mí mismo.

4 Porque no estoy consciente[a] de nada en contra mía; mas no por eso estoy sin culpa, pues el que me juzga es el Señor. [a]*Hech. 23:1; 2 Cor. 1:12*

5 Por tanto, no juzguéis[a] antes de tiempo, *sino esperad* hasta que el Señor venga[b], el cual sacará a la luz las cosas ocultas en las tinieblas y también pondrá de manifiesto los designios de los corazones; y entonces cada uno recibirá su alabanza de parte de Dios. [a]*Mat. 7:1* [b]*Juan 21:22*

6 Esto, hermanos, lo he aplicado en sentido figurado a mí mismo y a Apolos por amor a vosotros, para que en nosotros aprendáis a no sobrepasar lo que está escrito, para que ninguno de vosotros se vuelva arrogante a favor del uno contra el otro[a]. [a]*1 Cor. 1:12; 3:4*

7 Porque ¿quién te distingue? ¿Qué tienes que no recibiste? Y si lo recibiste, ¿por qué te jactas como si no lo hubieras recibido[a]? [a]*Juan 3:27; Rom. 12:3, 6*

8 Ya estáis saciados, ya os habéis hecho ricos[a], *ya* habéis llegado a reinar sin *necesidad de* nosotros; y ojalá hubierais llegado a reinar, para que nosotros reinásemos también con vosotros. [a]*Apoc. 3:17, 18*

9 Porque pienso que Dios nos ha exhibido a nosotros los apóstoles en último lugar, como a sentenciados a muerte[a]; porque hemos llegado a ser un espectáculo para el mundo[b], los ángeles y los hombres. [a]*Rom. 8:36* [b]*Heb. 10:33*

10 Nosotros somos necios por amor de Cristo, mas vosotros, prudentes en Cristo[a]; nosotros somos débiles, mas vosotros, fuertes; vosotros sois distinguidos, mas nosotros, sin honra. [a]*1 Cor. 1:19, 20; 3:18*

11 Hasta el momento presente pasamos hambre y sed, andamos mal vestidos, somos maltratados y no tenemos dónde vivir[a]; [a]*Rom. 8:35; 2 Cor. 11:23-27*

12 nos agotamos trabajando con nuestras propias manos[a]; cuando nos ultrajan[b], bendecimos; cuando somos perseguidos, lo soportamos; [a]*Hech. 18:3* [b]*1 Ped. 3:9*

13 cuando nos difaman, tratamos de reconciliar; hemos llegado a ser, hasta ahora, la escoria del mundo, el desecho de todo[a]. [a]*Lam. 3:45*

14 No escribo esto para avergonzaros[a], sino para amonestaros como a hijos míos amados. [a]*1 Cor. 6:5; 15:34*

15 Porque aunque tengáis innumerables maestros en Cristo, sin embargo no *tenéis* muchos padres; pues en Cristo Jesús yo os

engendré[a] por medio del evangelio. [a]*Núm. 11:12; 1 Cor. 3:8*

16 Por tanto, os exhorto: sed imitadores míos[a]. [a]*1 Cor. 11:1; Fil. 3:17*

17 Por esta razón os he enviado a Timoteo[a], que es mi hijo amado y fiel en el Señor, y él os recordará mis caminos, los *caminos* en Cristo, tal como enseño en todas partes, en cada iglesia. [a]*Hech. 16:1; 1 Cor. 16:10*

18 Y algunos se han vuelto arrogantes[a], como si yo no hubiera de ir a vosotros. [a]*1 Cor. 4:6*

19 Pero iré a vosotros[a] pronto, si el Señor quiere[b], y conoceré, no las palabras de los arrogantes sino su poder. [a]*Hech. 19:21* [b]*Hech. 18:21*

20 Porque el reino de Dios no *consiste* en palabras, sino en poder[a]. [a]*1 Cor. 2:4*

21 ¿Qué queréis? ¿Iré a vosotros con vara[a], o con amor y espíritu de mansedumbre? [a]*2 Cor. 1:23; 2:1, 3*

Inmoralidad en la iglesia de Corinto

5 En efecto, se oye que entre vosotros hay inmoralidad, y una inmoralidad tal como no existe ni siquiera entre los gentiles, al extremo de que alguno tiene la mujer de su padre[a]. [a]*Lev. 18:8; Deut. 22:30*

2 Y os habéis vuelto arrogantes en lugar de haberos entristecido, para que el que de entre vosotros ha cometido esta acción fuera expulsado de en medio de vosotros[a]. [a]*1 Cor. 5:13*

3 Pues yo, por mi parte, aunque ausente en cuerpo pero presente en espíritu[a], como si estuviera presente, ya he juzgado al que cometió tal *acción*. [a]*Col. 2:5; 1 Tes. 2:17*

4 En el nombre de nuestro Señor Jesús, cuando vosotros estéis reunidos, y yo con vosotros en espíritu, con el poder de nuestro Señor Jesús[a], [a]*Juan 20:23; 2 Cor. 2:10*

5 entregad a ese tal a Satanás[a] para la destrucción de su carne, a fin de que su espíritu sea salvo en el día del Señor Jesús[b]. [a]*Mat. 4:10* [b]*1 Cor. 1:8*

6 Vuestra jactancia no es buena. ¿No sabéis que un poco de levadura fermenta toda *la masa*[b]? [a]*1 Cor. 5:2* [b]*Os. 7:4*

7 Limpiad la levadura vieja para que seáis masa nueva, así como *lo* sois, sin levadura. Porque aun Cristo, nuestra Pascua, ha sido sacrificado[a]. [a]*Mar. 14:12; 1 Ped. 1:19*

8 Por tanto, celebremos la fiesta no con la levadura vieja, ni con la levadura de malicia y maldad, sino con panes sin levadura[a] de sinceridad y de verdad. [a]*Ex. 12:19; 13:7*

9 En mi carta os escribí que no anduvierais en compañía de personas inmorales[a]; [a]*2 Cor. 6:14; Ef. 5:11*

10 no *me refería a* la gente inmoral de este mundo, o a los avaros y estafadores, o a los idólatras[a], porque entonces tendríais que salir del mundo. [a]*1 Cor. 10:27*

11 Sino que en efecto os escribí que no anduvierais en compañía de ninguno que, llamándose hermano, es una persona inmoral[a], o avaro, o idólatra, o difamador, o borracho, o estafador; con ése, ni siquiera comáis. [a]*Hech. 1:15; 2 Tes. 3:6*

12 Pues ¿por qué he de juzgar yo a los de afuera? ¿No juzgáis vosotros a los que están dentro *de la iglesia*[a]? [a]*1 Cor. 5:3-5; 6:1-4*

13 Pero Dios juzga a los que están fuera. EXPULSAD DE ENTRE VOSOTROS AL MALVADO[a]. [a]*Deut. 13:5; 17:7, 12*

El cristiano y los tribunales civiles

6 ¿Se atreve alguno de vosotros, cuando tiene algo contra su prójimo, a ir a juicio ante los incrédulos y no ante los santos[a]? [a]*Mat. 18:17*

2 ¿O no sabéis que los santos han de juzgar[a] al mundo? Y si el mundo es juzgado por vosotros, ¿no sois competentes para *juzgar* los casos más triviales? [a]*Dan. 7:18, 22, 27; Mat. 19:28*

3 ¿No sabéis[a] que hemos de juzgar a los ángeles? ¡Cuánto más asuntos de esta vida! [a]*Rom. 6:16*

4 Entonces, si tenéis tribunales que juzgan los casos de esta vida, ¿por qué ponéis por jueces a los que nada son en la iglesia?

5 Para vergüenza vuestra *lo* digo[a]. ¿Acaso no hay entre vosotros algún hombre sabio que pueda juzgar entre sus hermanos, [a]*1 Cor. 4:14; 15:34*

6 sino que hermano contra hermano litiga, y esto ante incrédulos[a]? [a]*2 Cor. 6:14, 15; 1 Tim. 5:8*

7 Así que, en efecto, es ya un fallo entre vosotros el hecho de que tengáis litigios entre vosotros. ¿Por qué no sufrís mejor la injusticia? ¿Por qué no ser mejor defraudados[a]? [a]*Mat. 5:39, 40*

8 Por el contrario, vosotros mismos cometéis injusticias y defraudáis, y esto a los hermanos[a]. [a]*1 Cor. 4:6*

9 ¿O no sabéis que los injustos no heredarán el reino de Dios[a]? No os dejéis engañar: ni los inmorales, ni los idólatras, ni los adúlteros, ni los afeminados, ni los homosexuales, [a]*Hech. 20:32; 1 Cor. 15:50*

10 ni los ladrones, ni los avaros, ni los borrachos, ni los difamadores, ni los estafadores heredarán el reino de Dios[a]. [a]*Hech. 20:32; 1 Cor. 15:50*

11 Y esto erais algunos de vosotros; pero fuisteis lavados, pero fuisteis santificados[a], pero fuisteis justificados[b] en el nombre del Señor Jesucristo y en el Espíritu de nuestro Dios. [a]*1 Cor. 1:2, 30* [b]*Rom. 8:30*

El cuerpo es templo del Espíritu Santo

12 Todas las cosas me son lícitas, pero no todas son de provecho[a]. Todas las cosas me

son lícitas, pero yo no me dejaré dominar por ninguna. ª*1 Cor. 10:23*

13 Los alimentos son para el estómago y el estómago para los alimentos, pero Dios destruirá a los dos. Sin embargo, el cuerpo no es para la fornicación, sino para el Señorª, y el Señor es para el cuerpo. ª*1 Cor. 6:15, 19*

14 Y Dios, que resucitó al Señor, también nos resucitaráª a nosotros mediante su poder. ª*Juan 6:39, 40; 1 Cor. 15:23*

15 ¿No sabéis que vuestros cuerpos son miembros de Cristoª? ¿Tomaré, acaso, los miembros de Cristo y los haré miembros de una ramera? ¡De ningún modo! ª*Rom. 12:5; 1 Cor. 6:13*

16 ¿O no sabéis que el que se une a una ramera es un cuerpo *con ella?* Porque Él dice: LOS DOS VENDRAN A SER UNA SOLA CARNEª. ª*Gén. 2:24; Mat. 19:5*

17 Pero el que se une al Señor, es un espíritu *con Él*ª. ª*Juan 17:21-23; Rom. 8:9-11*

18 Huid de la fornicaciónª. Todos *los demás* pecados que un hombre comete están fuera del cuerpo, pero el fornicario peca contra su propio cuerpo. ª*1 Cor. 6:9; 2 Cor. 12:21*

19 ¿O no sabéis que vuestro cuerpo es temploª del Espíritu Santo, que está en vosotros, el cual tenéis de Dios, y que no sois vuestros? ª*Juan 2:21; 1 Cor. 3:16*

20 Pues por precio habéis sido compradosª; por tanto, glorificad a Dios en vuestro cuerpo y en vuestro espíritu, los cuales son de Dios. ª*Hech. 20:28; 1 Cor. 7:23*

Respuestas acerca del matrimonio

7 En cuanto a las cosas de que me escribisteis, bueno es para el hombreª no tocar mujer. ª*1 Cor. 7:8, 26*

2 No obstante, por razón de las inmoralidades, que cada uno tenga su propia mujer, y cada una tenga su propio marido.

3 Que el marido cumpla su deber para con su mujer, e igualmente la mujer *lo cumpla* con el marido.

4 La mujer no tiene autoridad sobre su propio cuerpo, sino el marido. Y asimismo el marido no tiene autoridad sobre su propio cuerpo, sino la mujer.

5 No os privéis el uno del otro, excepto de común acuerdo y por cierto tiempo, para dedicaros a la oración; volved después a juntaros a fin de que Satanásª no os tiente por causa de vuestra falta de dominio propio. ª*Mat. 4:10*

6 Mas esto digo por vía de concesión, no como una ordenª. ª*2 Cor. 8:8*

7 Sin embargo, yo desearía que todos los hombres fueran como yoª. No obstante, cada cual ha recibido de Dios su propio don, uno de esta manera y otro de aquélla. ª*1 Cor. 7:8; 9:5*

8 A los solteros y a las viudas digo que es bueno para ellosª si se quedan como yo. ª*1 Cor. 7:1, 26*

9 Pero si carecen de dominio propio, cásenseª; que mejor es casarse que quemarse. ª*1 Tim. 5:14*

10 A los casados instruyo, no yo, sino el Señorª: que la mujer no debe dejar al marido ª*Mal. 2:16; Mat. 5:32*

11 (pero si lo deja, quédese sin casar, o *de lo contrario* que se reconcilie con su marido), y que el marido no abandone a su mujer.

12 Pero a los demás digo yo, no el Señorª, que si un hermano tiene una mujer que no es creyente, y ella consiente en vivir con él, no la abandone. ª*1 Cor. 7:6; 2 Cor. 11:17*

13 Y la mujer cuyo marido no es creyente, y él consiente en vivir con ella, no abandone a su marido.

14 Porque el marido que no es creyente es santificado por medio de su mujer; y la mujer que no es creyente es santificada por medio de su marido creyente; de otra manera vuestros hijos serían inmundos, mas ahora son santosª. ª*Esd. 9:2; Mal. 2:15*

15 Sin embargo, si el que no es creyente se separa, que se separe; en tales *casos* el hermano o la hermana no están obligados, sino que Dios nos ha llamado *para vivir* en pazª. ª*Rom. 14:19*

16 Pues ¿cómo sabes tú, mujer, si salvarás a tu marido? ¿O cómo sabes tú, marido, si salvarás a tu mujerª? ª*Rom. 11:14; 1 Ped. 3:1*

Andad en la voluntad de Dios

17 Fuera de esto, según el Señor ha asignado a cada unoª, según Dios llamó a cada cual, así ande. Y esto ordeno en todas las iglesiasᵇ. ª*Rom. 12:3* ᵇ*1 Cor. 4:17*

18 ¿Fue llamado alguno *ya* circuncidado? Quédese circuncidado. ¿Fue llamado alguno estando incircuncidado? No se circuncideª. ª*Hech. 15:1*

19 La circuncisión nada es, y nada es la incircuncisiónª, sino el guardar los mandamientos de Dios. ª*Rom. 2:27, 29; Gál. 3:28*

20 Cada uno permanezca en la condición en que fue llamadoª. ª*1 Cor. 7:24*

21 ¿Fuiste llamado siendo esclavo? No te preocupes; aunque si puedes obtener tu libertad, prefiérelo.

22 Porque el que fue llamado por el Señor siendo esclavo, liberto es del Señorª; de la misma manera, el que fue llamado siendo libre, esclavo es de Cristoᵇ. ª*Juan 8:32, 36* ᵇ*Ef. 6:6*

23 Comprados fuisteis por precioª; no os hagáis esclavos de los hombres. ª*1 Cor. 6:20*

24 Hermanos, cada uno permanezca con Dios en la condición en que fue llamadoª. ª*1 Cor. 7:20*

Sobre casarse o no casarse

25 En cuanto a las doncellas no tengo mandamiento del Señor, pero doy mi opinión como el que habiendo recibido la misericordia del Señor[a] es digno de confianza. [a]2 Cor. 4:1; 1 Tim. 1:13, 16

26 Creo, pues, que esto es bueno en vista de la presente aflicción; *es decir,* que es bueno que el hombre[a] se quede como está. [a]1 Cor. 7:1, 8

27 ¿Estás unido a mujer? No procures separarte. ¿Estás libre de mujer? No busques mujer.

28 Pero si te casas, no has pecado; y si una doncella se casa, no ha pecado. Sin embargo, ellos tendrán problemas en esta vida, y yo os *los* quiero evitar.

29 Mas esto digo, hermanos: el tiempo ha sido acortado[a]; de modo que de ahora en adelante los que tienen mujer sean como si no la tuvieran; [a]Rom. 13:11, 12; 1 Cor. 7:31

30 y los que lloran, como si no lloraran; y los que se regocijan, como si no se regocijaran; y los que compran, como si no tuvieran nada;

31 y los que aprovechan el mundo, como si no *lo* aprovecharan plenamente[a]; porque la apariencia de este mundo es pasajera[b]. [a]1 Cor. 9:18 [b]1 Cor. 7:29

32 Mas quiero que estéis libres de preocupación. El soltero se preocupa por las cosas del Señor, cómo puede agradar al Señor[a]; [a]1 Tim. 5:5

33 pero el casado se preocupa por las cosas del mundo, de cómo agradar a su mujer,

34 y *sus intereses* están divididos. Y la mujer que no está casada y la doncella se preocupan por las cosas del Señor, para ser santas tanto en cuerpo como en espíritu; pero la casada se preocupa por las cosas del mundo, de cómo agradar a su marido.

35 Y esto digo para vuestro propio beneficio; no para poneros restricción, sino para *promover* lo que es honesto y para *asegurar vuestra* constante devoción al Señor.

36 Pero si alguno cree que no está obrando correctamente con respecto a su *hija* virgen, si ella es de edad madura, y si es necesario que así se haga, que haga lo que quiera, no peca; que se case.

37 Pero el que está firme en su corazón, y sin presión alguna, y tiene control sobre su propia voluntad, y ha decidido en su corazón conservar soltera a su *hija,* bien hará.

38 Así los dos, el que da en matrimonio a su *hija* virgen, hace bien; y el que no la da en matrimonio, hace mejor.

39 La mujer está ligada mientras el marido vive; pero si el marido muere, está en libertad[a] de casarse con quien desee, sólo que en el Señor. [a]Rom. 7:2

40 Pero en mi opinión[a], será más feliz si se queda como está; y creo que yo también tengo el Espíritu de Dios. [a]1 Cor. 7:6, 25

Libertad cristiana

8 En cuanto a lo sacrificado a los ídolos[a], sabemos que todos tenemos conocimiento. El conocimiento envanece, pero el amor edifica[b]. [a]Hech. 15:20 [b]Rom. 14:19

2 Si alguno cree que sabe algo[a], no ha aprendido todavía como debe saber[b]; [a]1 Cor. 3:18 [b]1 Cor. 13:8-12

3 pero si alguno ama a Dios, ése es conocido por Él[a]. [a]Sal. 1:6; Jer. 1:5

4 Por tanto, en cuanto al comer de lo sacrificado a los ídolos, sabemos que un ídolo no es nada en el mundo, y que no hay sino un solo Dios[a]. [a]Deut. 4:35, 39; 6:4

5 Porque aunque haya *algunos* llamados dioses[a], ya sea en el cielo o en la tierra, como por cierto hay muchos dioses y muchos señores, [a]2 Tes. 2:4

6 sin embargo, no todos tienen este conocimiento; sino que algunos, estando acostumbrados al ídolo hasta ahora, comen *alimento* como si éste fuera sacrificado a un ídolo; y su conciencia, siendo débil, se mancha[a]. [a]Rom. 14:14, 22, 23

7 Sin embargo, no todos tienen este conocimiento; sino que algunos, estando acostumbrados al ídolo hasta ahora, comen *alimento* como si éste fuera sacrificado a un ídolo; y su conciencia, siendo débil, se mancha[a]. [a]Rom. 14:14, 22, 23

8 Pero la comida no nos recomendará a Dios, *pues* ni somos menos si no comemos, ni *somos* más si comemos[a]. [a]Rom. 14:17

9 Mas tened cuidado, no sea que esta vuestra libertad de alguna manera se convierta en piedra de tropiezo[a] para el débil. [a]Rom. 14:13, 21; 1 Cor. 10:28

10 Porque si alguno te ve a ti, que tienes conocimiento, sentado *a la mesa* en un templo de ídolos, ¿no será estimulada su conciencia, si él es débil, a comer lo sacrificado a los ídolos[a]? [a]Hech. 15:20; 1 Cor. 8:1, 4, 7

11 Y por tu conocimiento se perderá el que es débil, el hermano por quien Cristo murió[a]. [a]Rom. 14:15, 20

12 Y así, al pecar contra los hermanos y herir su conciencia[a] cuando *ésta* es débil, pecáis contra Cristo. [a]Mat. 18:6; Rom. 14:20

13 Por consiguiente, si la comida hace que mi hermano tropiece, no comeré carne jamás, para no hacer tropezar a mi hermano[a]. [a]Rom. 14:21; 1 Cor. 10:32

Pablo defiende su apostolado

9 ¿No soy libre[a]? ¿No soy apóstol? ¿No he visto a Jesús nuestro Señor? ¿No sois vosotros mi obra en el Señor? [a]1 Cor. 9:19; 10:29

2 Si para otros no soy apóstol, por lo menos para vosotros sí lo soy; pues vosotros sois el sello[a] de mi apostolado en el Señor. [a]*Juan 3:33; 2 Cor. 3:2, 3*

3 Mi defensa contra los que me examinan es ésta:

4 ¿Acaso no tenemos derecho a comer y beber[a]? [a]*1 Cor. 9:14; 1 Tes. 2:6, 9*

5 ¿Acaso no tenemos derecho a llevar con nosotros una esposa creyente[a], así como los demás apóstoles y los hermanos del Señor y Cefas? [a]*1 Cor. 7:7, 8*

6 ¿O acaso sólo Bernabé[a] y yo no tenemos el derecho a no trabajar? [a]*Hech. 4:36*

7 ¿Quién ha servido alguna vez como soldado[a] a sus propias expensas? ¿Quién planta una viña y no come de su fruto[b]? ¿O quién cuida un rebaño y no bebe de la leche del rebaño? [a]*2 Cor. 10:4* [b]*Deut. 20:6*

8 ¿Acaso digo esto según el juicio humano[a]? ¿No dice también la ley esto mismo? [a]*Rom. 3:5*

9 Pues en la ley de Moisés está escrito: No PONDRÁS BOZAL AL BUEY CUANDO TRILLA[a]. ¿Acaso le preocupan a Dios los bueyes? [a]*Deut. 25:4; 1 Tim. 5:18*

10 ¿O lo dice especialmente por nosotros? Sí, se escribió por nosotros[a], porque el que ara debe arar con esperanza, y el que trilla *debe trillar* con la esperanza de recibir *de la cosecha.* [a]*Rom. 4:23, 24*

11 Si en vosotros sembramos lo espiritual, ¿será demasiado que de vosotros cosechemos lo material[a]? [a]*Rom. 15:27; 1 Cor. 9:14*

12 Si otros tienen este derecho sobre vosotros, ¿no lo *tenemos* aún más nosotros? Sin embargo, no hemos usado este derecho[a], sino que sufrimos todo para no causar estorbo[b] al evangelio de Cristo. [a]*Hech. 18:3* [b]*2 Cor. 6:3*

13 ¿No sabéis que los que desempeñan los servicios sagrados comen la *comida* del templo, y los que regularmente sirven al altar, del altar reciben su parte[a]? [a]*Lev. 6:16, 26; 7:6, 31*

14 Así también ordenó el Señor que los que proclaman el evangelio[a], vivan del evangelio. [a]*1 Cor. 4:15; 9:12, 16, 18, 23*

15 Mas yo de nada de esto me he aprovechado[a]. Y no escribo esto para que así se haga conmigo; porque mejor me fuera morir, que permitir que alguno me prive de esta gloria. [a]*Hech. 18:3; 20:33*

16 Porque si predico el evangelio, no tengo nada de qué gloriarme, pues estoy bajo el deber[a] *de hacerlo;* pues ¡ay de mí si no predico el evangelio! [a]*Hech. 9:15; Rom. 1:14*

17 Porque si hago esto voluntariamente, tengo recompensa[a]; pero si *lo hago* en contra de mi voluntad, un encargo se me ha confiado. [a]*Juan 4:36; 1 Cor. 3:8*

18 ¿Cuál es, entonces, mi recompensa? Que al predicar el evangelio, pueda ofrecerlo gratuitamente[a] sin hacer pleno uso de mi derecho en el evangelio. [a]*Hech. 18:3; 2 Cor. 11:7*

Celo evangelizador de Pablo

19 Porque aunque soy libre de todos, de todos me he hecho esclavo[a] para ganar a mayor número. [a]*2 Cor. 4:5; Gál. 5:13*

20 A los judíos me hice como judío, para ganar a los judíos; a los que están bajo *la* ley, como bajo *la* ley[a] (aunque yo no estoy bajo *la* ley) para ganar a los que están bajo *la* ley; [a]*Hech. 16:3; 21:23-26*

21 a los que están sin ley[a], como sin ley (aunque no estoy sin la ley de Dios, sino bajo la ley de Cristo[b]) para ganar a los que están sin ley. [a]*Rom. 2:12, 14* [b]*1 Cor. 7:22*

22 A los débiles me hice débil[a], para ganar a los débiles; a todos me he hecho todo[b], para que por todos los medios salve a algunos. [a]*Rom. 14:1* [b]*1 Cor. 10:33*

23 Y todo lo hago por amor del evangelio, para ser partícipe de él.

Disciplina personal de Pablo

24 ¿No sabéis que los que corren en el estadio, todos en verdad corren, pero *sólo* uno obtiene el premio[a]? Corred de tal modo que ganéis. [a]*Fil. 3:14; Col. 2:18*

25 Y todo el que compite en los juegos se abstiene de todo. Ellos *lo hacen* para recibir una corona[a] corruptible, pero nosotros, una incorruptible. [a]*2 Tim. 4:8; Sant. 1:12*

26 Por tanto, yo de esta manera corro[a], no como sin tener meta; de esta manera peleo, no como dando golpes al aire, [a]*Gál. 2:2; 2 Tim. 4:7*

27 sino que golpeo mi cuerpo[a] y lo hago mi esclavo, no sea que habiendo predicado a otros, yo mismo sea descalificado. [a]*Rom. 8:13*

Ejemplos de la historia de Israel

10 Porque no quiero que ignoréis, hermanos, que nuestros padres todos estuvieron bajo la nube[a], y todos pasaron por el mar; [a]*Ex. 13:21; Sal. 105:39*

2 y en Moisés todos fueron bautizados[a] en la nube y en el mar; [a]*Rom. 6:3; 1 Cor. 1:13*

3 y todos comieron el mismo alimento espiritual[a]; [a]*Ex. 16:4, 35; Deut. 8:3*

4 y todos bebieron la misma bebida espiritual, porque bebían de una roca espiritual[a] que los seguía; y la roca era Cristo[a]. [a]*Ex. 17:6; Núm. 20:11*

5 Sin embargo, Dios no se agradó de la mayor parte de ellos, pues quedaron tendidos en el desierto[a]. [a]*Núm. 14:29, 37; 26:65*

6 Estas cosas sucedieron como ejemplo para nosotros, a fin de que no codiciemos lo malo, como ellos *lo* codiciaron[a]. [a]*Núm. 11:4, 34; Sal. 106:14*

7 No seáis, *pues*, idólatras, como *fueron* algunos de ellos, según está escrito: EL PUEBLO

SE SENTO A COMER Y A BEBER, Y SE LEVANTO A JUGAR[a]. [a]*Ex. 32:6, 19*

8 Ni forniquemos, como algunos de ellos fornicaron, y en un día cayeron veintitrés mil[a]. [a]*Núm. 25:9*

9 Ni provoquemos al Señor, como algunos de ellos le provocaron[a], y fueron destruidos por las serpientes. [a]*Núm. 21:5, 6*

10 Ni murmuréis, como algunos de ellos murmuraron, y fueron destruidos[a] por el destructor. [a]*Núm. 16:49*

11 Estas cosas les sucedieron como ejemplo, y fueron escritas como enseñanza para nosotros[a], para quienes ha llegado el fin de los siglos[b]. [a]*Rom. 4:23, 24* [b]*Rom. 13:11*

12 Por tanto, el que cree que está firme, tenga cuidado, no sea que caiga[a]. [a]*Rom. 11:20; 2 Ped. 3:17*

13 No os ha sobrevenido ninguna tentación que no sea común a los hombres; y fiel es Dios[a], que no permitirá que vosotros seáis tentados más allá de lo que podéis *soportar,* sino que con la tentación proveerá también la vía de escape[b], a fin de que podáis resistir*la.* [a]*1 Cor. 1:9* [b]*2 Ped. 2:9*

14 Por tanto, amados míos, huid de la idolatría[a]. [a]*1 Cor. 10:7, 19, 20; 1 Jn. 5:21*

15 *Os* hablo como a sabios; juzgad vosotros lo que digo.

16 La copa de bendición que bendecimos, ¿no es la participación en la sangre de Cristo[a]? El pan que partimos, ¿no es la participación en el cuerpo de Cristo? [a]*Mat. 26:27, 28; Mar. 14:23, 24*

17 Puesto que el pan es uno, nosotros, que somos muchos, somos un cuerpo[a]; pues todos participamos de aquel mismo pan. [a]*Rom. 12:5; 1 Cor. 12:12, 13, 27*

18 Considerad al pueblo de Israel: los que comen los sacrificios[a], ¿no participan del altar? [a]*Lev. 7:6, 14, 15; Deut. 12:17, 18*

19 ¿Qué quiero decir, entonces? ¿Que lo sacrificado a los ídolos es algo, o que un ídolo es algo[a]? [a]*1 Cor. 8:4*

20 *No,* sino que *digo que* lo que los gentiles sacrifican, lo sacrifican a los demonios y no a Dios[a]; no quiero que seáis partícipes con los demonios. [a]*Deut. 32:17; Sal. 106:37*

21 No podéis beber la copa del Señor y la copa de los demonios[a]; no podéis participar de la mesa del Señor y de la mesa de los demonios. [a]*2 Cor. 6:16*

22 ¿O provocaremos a celos al Señor[a]? ¿Somos, acaso, más fuertes que El[b]? [a]*Deut. 32:21* [b]*Ecl. 6:10*

Libertad cristiana

23 Todo es lícito, pero no todo es de provecho[a]. Todo es lícito, pero no todo edifica[b]. [a]*1 Cor. 6:12* [b]*Rom. 14:19*

24 Nadie busque su propio *bien,* sino el de su prójimo[a]. [a]*Rom. 15:2; 1 Cor. 10:33*

25 Comed de todo lo que se vende en la carnicería sin preguntar nada por motivos de conciencia[a]; [a]*Hech. 10:15; 1 Cor. 8:7*

26 PORQUE DEL SEÑOR ES LA TIERRA Y TODO LO QUE EN ELLA HAY[a]. [a]*Sal. 24:1; 50:12*

27 Si algún incrédulo[a] os invita y queréis ir, comed de todo lo que se os ponga delante[b] sin preguntar nada por motivos de conciencia. [a]*1 Cor. 5:10* [b]*Luc. 10:8*

28 Pero si alguien os dice: Esto ha sido sacrificado a los ídolos, no *la* comáis, por causa del que *os* lo dijo, y por motivos de conciencia[a]; PORQUE DEL SEÑOR ES LA TIERRA Y TODO LO QUE EN ELLA HAY. [a]*1 Cor. 8:7, 10-12*

29 Quiero decir, no vuestra conciencia, sino la del otro; pues ¿por qué ha de ser juzgada mi libertad por la conciencia ajena[a]? [a]*Rom. 14:16; 1 Cor. 9:19*

30 Si participo con agradecimiento, ¿por qué he de ser censurado a causa de aquello por lo cual doy gracias[a]? [a]*Rom. 14:6*

31 Entonces, ya sea que comáis, que bebáis, o que hagáis cualquier otra cosa, hacedlo todo para la gloria de Dios[a]. [a]*Col. 3:17; 1 Ped. 4:11*

32 No seáis motivo de tropiezo[a] ni a judíos, ni a griegos, ni a la iglesia de Dios; [a]*Hech. 24:16; 1 Cor. 8:13*

33 así como también yo *procuro* agradar a todos en todo[a], no buscando mi propio beneficio, sino el de muchos, para que sean salvos. [a]*Rom. 15:2; 1 Cor. 9:22*

11 Sed imitadores de mí[a], como también yo *lo soy* de Cristo. [a]*1 Cor. 4:16; Fil. 3:17*

La mujer en la iglesia

2 Os alabo porque en todo os acordáis de mí[a] y guardáis las tradiciones con firmeza, tal como yo os las entregué. [a]*1 Cor. 4:17; 15:2*

3 Pero quiero que sepáis que la cabeza[a] de todo hombre es Cristo, y la cabeza de la mujer es el hombre, y la cabeza de Cristo es Dios. [a]*Ef. 1:22; 4:15*

4 Todo hombre que cubre su cabeza mientras ora o profetiza[a], deshonra su cabeza. [a]*Hech. 13:1; 1 Tes. 5:20*

5 Pero toda mujer que tiene la cabeza descubierta mientras ora o profetiza, deshonra su cabeza; porque se hace una con la que está rapada[a]. [a]*Deut. 21:12*

6 Porque si la mujer no se cubre *la cabeza,* que también se corte *el cabello;* pero si es deshonroso para la mujer cortarse *el cabello,* o raparse, que se cubra.

7 Pues el hombre no debe cubrirse la cabeza, ya que él es la imagen y gloria de Dios[a]; pero la mujer es la gloria del hombre. [a]*Gén. 1:26; 5:1*

8 Porque el hombre no procede de la mujer, sino la mujer del hombre[a]; [a]*Gén. 2:21-23; 1 Tim. 2:13*

9 pues en verdad el hombre no fue creado a causa de la mujer, sino la mujer a causa del hombre[a]. [a]*Gén. 2:18*

10 Por tanto, la mujer debe tener *un símbolo de* autoridad sobre la cabeza, por causa de los ángeles.

11 Sin embargo, en el Señor, ni la mujer es independiente del hombre, ni el hombre independiente de la mujer.

12 Porque así como la mujer procede del hombre, también el hombre *nace* de la mujer; y todas las cosas proceden de Dios[a]. [a]*Rom. 11:36; 2 Cor. 5:18*

13 Juzgad[a] vosotros mismos: ¿es propio que la mujer ore a Dios *con la cabeza* descubierta? [a]*Luc. 12:57*

14 ¿No os enseña la misma naturaleza que si el hombre tiene el cabello largo le es deshonra,

15 pero que si la mujer tiene el cabello largo le es una gloria? Pues a ella el cabello le es dado por velo.

16 Pero si alguno parece ser contencioso, nosotros no tenemos tal costumbre[b], ni *la tienen* las iglesias de Dios[b]. [a]*1 Cor. 4:5* [b]*1 Cor. 7:17*

La Cena del Señor

17 Pero al daros estas instrucciones, no os alabo[a], porque no os congregáis para lo bueno, sino para lo malo[a]. [a]*1 Cor. 11:2, 22*

18 Pues, en primer lugar, oigo que cuando os reunís como iglesia hay divisiones[a] entre vosotros; y en parte lo creo. [a]*1 Cor. 1:10; 3:3*

19 Porque es necesario que entre vosotros haya bandos[a], a fin de que se manifiesten entre vosotros los que son aprobados. [a]*Mat. 18:7; Luc. 17:1*

20 Por tanto, cuando os reunís, esto *ya* no es comer la cena del Señor,

21 porque al comer, cada uno toma primero su propia cena; y uno pasa hambre y otro se embriaga[a]. [a]*Jud. 12*

22 ¿Qué? ¿No tenéis casas para comer y beber? ¿O menospreciáis la iglesia de Dios[a] y avergonzáis a los que nada tienen[b]? ¿Qué os diré? ¿Os alabaré? En esto no os alabaré. [a]*1 Cor. 10:32* [b]*Sant. 2:6*

23 Porque yo recibí del Señor lo mismo que os he enseñado: que [a]el Señor Jesús, la noche en que fue entregado, tomó pan, [a]*Mat. 26:26-28; Mar. 14:22-24*

24 y después de dar gracias, *lo* partió y dijo: Esto es mi cuerpo que es para vosotros; haced esto en memoria de mí.

25 De la misma manera *tomó* también la copa después de haber cenado, diciendo: Esta copa es el nuevo pacto en mi sangre[a]; haced esto cuantas veces *la* bebáis en memoria de mí. [a]*Ex. 24:6-8; Luc. 22:20*

26 Porque todas las veces que comáis este pan y bebáis *esta* copa, la muerte del Señor proclamáis hasta que El venga[a]. [a]*Juan 21:22; 1 Cor. 4:5*

27 De manera que el que coma el pan o beba la copa del Señor indignamente, será culpable del cuerpo y de la sangre del Señor[a]. [a]*Heb. 10:29*

28 Por tanto, examínese cada uno a sí mismo[a], y entonces coma del pan y beba de la copa. [a]*Mat. 26:22; 2 Cor. 13:5*

29 Porque el que come y bebe sin discernir correctamente el cuerpo *del Señor,* come y bebe juicio para sí.

30 Por esta razón hay muchos débiles y enfermos entre vosotros, y muchos duermen[a]. [a]*Hech. 7:60*

31 Pero si nos juzgáramos a nosotros mismos, no seríamos juzgados.

32 Pero cuando somos juzgados, el Señor nos disciplina[a] para que no seamos condenados con el mundo. [a]*2 Sam. 7:14; Sal. 94:12*

33 Así que, hermanos míos, cuando os reunáis para comer, esperaos unos a otros.

34 Si alguno tiene hambre[a], coma en su casa[b], para que no os reunáis para juicio. Los demás asuntos los arreglaré cuando vaya. [a]*1 Cor. 11:21* [b]*1 Cor. 11:22*

Los dones espirituales

12 En cuanto a los *dones* espirituales[a], no quiero, hermanos, que seáis ignorantes. [a]*1 Cor. 12:4; 14:1*

2 Sabéis que cuando erais paganos[a], de una manera u otra erais arrastrados hacia los ídolos mudos[b]. [a]*1 Cor. 6:11* [b]*Sal. 115:5*

3 Por tanto, os hago saber que nadie hablando por el Espíritu de Dios, dice: Jesús es anatema[a]; y nadie puede decir: Jesús es el Señor, excepto por el Espíritu Santo. [a]*Rom. 9:3*

Diversidad y unidad de los dones

4 Ahora bien, hay diversidad de dones, pero el Espíritu es el mismo[a]. [a]*Rom. 12:6, 7; 1 Cor. 12:11*

5 Y hay diversidad de ministerios, pero el Señor es el mismo.

6 Y hay diversidad de operaciones, pero es el mismo Dios el que hace todas las cosas en todos[a]. [a]*1 Cor. 15:28; Ef. 1:23*

7 Pero a cada uno se le da la manifestación del Espíritu para el bien común[a]. [a]*1 Cor. 12:12-30; 14:26*

8 Pues a uno le es dada palabra de sabiduría[a] por el Espíritu; a otro, palabra de conocimiento según el mismo Espíritu; [a]*1 Cor. 2:6; 2 Cor. 1:12*

9 a otro, fe[a] por el mismo Espíritu; a otro,

dones de sanidad[b] por el único Espíritu; [a]*1 Cor. 13:2* [b]*1 Cor. 12:28, 30*

10 a otro, poder de milagros; a otro, profecía; a otro, discernimiento de espíritus[a]; a otro, *diversas* clases de lenguas, y a otro, interpretación de lenguas. [a]*1 Cor. 14:29; 1 Jn. 4:1*

11 Pero todas estas cosas las hace uno y el mismo Espíritu, distribuyendo individualmente a cada uno según la voluntad de Él[a]. [a]*1 Cor. 12:4*

La iglesia, cuerpo de Cristo

12 Porque así como el cuerpo es uno, y tiene muchos miembros, pero todos los miembros del cuerpo, aunque son muchos, constituyen un solo cuerpo, así también es Cristo[a]. [a]*1 Cor. 12:27*

13 Pues por un mismo Espíritu[a] todos fuimos bautizados en un solo cuerpo, ya judíos o griegos, ya esclavos o libres, y a todos se nos dio a beber del mismo Espíritu[b]. [a]*Ef. 2:18* [b]*Juan 7:37-39*

14 Porque el cuerpo no es un solo miembro, sino muchos[a]. [a]*1 Cor. 12:20*

15 Si el pie dijera: Porque no soy mano, no soy *parte* del cuerpo, no por eso deja de ser *parte* del cuerpo.

16 Y si el oído dijera: Porque no soy ojo, no soy *parte* del cuerpo, no por eso deja de ser *parte* del cuerpo.

17 Si todo el cuerpo fuera ojo, ¿qué sería del oído? Si todo fuera oído, ¿qué sería del olfato?

18 Ahora bien, Dios ha colocado[a] a cada uno de los miembros en el cuerpo según le agradó[b]. [a]*1 Cor. 12:28* [b]*Rom. 12:6*

19 Y si todos fueran un solo miembro, ¿qué sería del cuerpo?

20 Sin embargo, hay muchos miembros, pero un solo cuerpo[a]. [a]*1 Cor. 12:12, 14*

21 Y el ojo no puede decir a la mano: No te necesito; ni tampoco la cabeza a los pies: No os necesito.

22 Por el contrario, la verdad es que los miembros del cuerpo que parecen ser *los* más débiles, son *los más* necesarios;

23 y las *partes* del cuerpo que estimamos menos honrosas, a éstas las vestimos con más honra; *de manera que* las *partes que consideramos* más íntimas, reciben un trato más honroso,

24 ya que nuestras *partes* presentables no *lo* necesitan. Mas *así* formó Dios el cuerpo, dando mayor honra a la *parte* que carecía de ella,

25 a fin de que en el cuerpo no haya división, sino que los miembros tengan el mismo cuidado unos por otros.

26 Y si un miembro sufre, todos los miembros sufren con él; *y si un* miembro es honrado, todos los miembros se regocijan con él.

27 Ahora bien, vosotros sois el cuerpo de Cristo, y *cada uno* individualmente un miembro de él[a]. [a]*Rom. 12:5; 1 Cor. 12:12*

28 Y en la iglesia[a], Dios ha designado: primeramente, apóstoles[b]; en segundo *lugar,* profetas; en tercer *lugar,* maestros; luego, milagros; después, dones de sanidad, ayudas, administraciones, *diversas* clases de lenguas. [a]*1 Cor. 10:32* [b]*Ef. 4:11*

29 ¿Acaso son todos apóstoles? ¿Acaso son todos profetas? ¿Acaso son todos maestros? ¿Acaso son todos *obradores de* milagros?

30 ¿Acaso tienen todos dones de sanidad? ¿Acaso hablan todos en lenguas? ¿Acaso interpretan todos[a]? [a]*1 Cor. 12:10*

31 Mas desead ardientemente los mejores dones[a].

Y aun yo os muestro un camino más excelente. [a]*1 Cor. 14:1, 39*

Excelencia del amor

13 Si yo hablara lenguas humanas[a] y angélicas, pero no tengo amor, he llegado a ser *como* metal que resuena o címbalo que retiñe[b]. [a]*1 Cor. 12:10* [b]*Sal. 150:5*

2 Y si tuviera *el don de* profecía, y entendiera todos los misterios[a] y todo conocimiento, y si tuviera toda la fe como para trasladar montañas, pero no tengo amor, nada soy. [a]*1 Cor. 14:2; 15:51*

3 Y si diera todos mis bienes[a] para dar de comer *a los pobres,* y si entregara mi cuerpo para ser quemado[b], pero no tengo amor, de nada me aprovecha. [a]*Mat. 6:2* [b]*Dan. 3:28*

4 El amor es paciente, es bondadoso[a]; el amor no tiene envidia; el amor no es jactancioso, no es arrogante; [a]*Prov. 10:12; 17:9*

5 no se porta indecorosamente; no busca lo suyo, no se irrita, no toma en cuenta el mal *recibido*[a]; [a]*2 Cor. 5:19*

6 no se regocija de la injusticia, sino que se alegra con la verdad[a]; [a]*2 Jn. 4; 3 Jn. 3, 4*

7 todo lo sufre, todo lo cree, todo lo espera, todo lo soporta. [a]*1 Cor. 9:12*

8 El amor nunca deja de ser; pero si *hay dones de* profecía[a], se acabarán; si *hay* lenguas[b], cesarán; si *hay* conocimiento, se acabará. [a]*1 Cor. 13:2* [b]*1 Cor. 13:1*

9 Porque en parte conocemos[a], y en parte profetizamos; [a]*1 Cor. 8:2; 13:12*

10 pero cuando venga lo perfecto, lo incompleto se acabará.

11 Cuando yo era niño, hablaba como niño, pensaba como niño, razonaba como niño; *pero* cuando llegué a ser hombre, dejé las cosas de niño.

12 Porque ahora vemos por un espejo, veladamente, pero entonces *veremos* cara a cara[a]; ahora conozco en parte, pero entonces cono-

ceré plenamente, como he sido conocido.
[a]*Gén. 32:30; Núm. 12:8*

13 Y ahora permanecen la fe, la esperanza y el amor, estos tres; pero el mayor de ellos es el amor[a]. [a]*Gál. 5:6*

Superioridad del don de profecía

14 Procurad alcanzar el amor[a]; pero también desead ardientemente *los dones* espirituales[b], sobre todo que profeticéis.
[a]*1 Cor. 16:14* [b]*1 Cor. 12:1, 31*

2 Porque el que habla en lenguas[a] no habla a los hombres, sino a Dios, pues nadie *lo* entiende, sino que en *su* espíritu habla misterios[b]. [a]*Mar. 16:17* [b]*1 Cor. 13:2*

3 Pero el que profetiza habla a los hombres para edificación[a], exhortación y consolación.
[a]*Rom. 14:19; 1 Cor. 14:5, 12, 17, 26*

4 El que habla en lenguas, a sí mismo se edifica, pero el que profetiza[a] edifica a la iglesia.
[a]*1 Cor. 13:2*

5 Yo quisiera que todos hablarais en lenguas, pero *aún* más, que profetizarais[a]; pues el que profetiza es superior al que habla en lenguas, a menos de que *las* interprete para que la iglesia reciba edificación. [a]*Núm. 11:29*

6 Ahora bien, hermanos, si yo voy a vosotros hablando en lenguas, ¿de qué provecho os seré a menos de que os hable por medio de revelación[a], o de conocimiento, o de profecía, o de enseñanza? [a]*Ef. 1:17*

7 Aun las cosas inanimadas, como la flauta o el arpa, al producir un sonido, si no dan con distinción los sonidos, ¿cómo se sabrá lo que se toca en la flauta o en el arpa?

8 Porque si la trompeta da un sonido incierto, ¿quién se preparará para la batalla[a]?
[a]*Núm. 10:9; Jer. 4:19*

9 Así también vosotros, a menos de que con la boca pronunciéis palabras inteligibles, ¿cómo se sabrá lo que decís? Pues hablaréis al aire[a]. [a]*1 Cor. 9:26*

10 Hay, quizás, muchas variedades de idiomas en el mundo, y ninguno carece de significado.

11 Pues si yo no sé el significado de las palabras, seré para el que habla un extranjero[a], y el que habla será un extranjero para mí.
[a]*Hech. 28:2*

12 Así también vosotros, puesto que anheláis *dones* espirituales, procurad abundar *en ellos* para la edificación de la iglesia[a]. [a]*Rom. 14:19; 1 Cor. 14:4, 5, 17, 26*

13 Por tanto, el que habla en lenguas, pida en oración para que pueda interpretar.

14 Porque si yo oro en lenguas, mi espíritu ora, pero mi entendimiento queda sin fruto.

15 Entonces ¿qué? Oraré con el espíritu, pero también oraré con el entendimiento; cantaré[a] con el espíritu, pero también cantaré con el entendimiento. [a]*Ef. 5:19; Col. 3:16*

16 De otra manera, si bendices *sólo* en el espíritu, ¿cómo dirá el Amén a tu acción de gracias el que ocupa el lugar del que no tiene *ese* don, puesto que no sabe lo que dices?
[a]*Deut. 27:15-26; 1 Crón. 16:36*

17 Porque tú das gracias bien, pero el otro no es edificado[a]. [a]*Rom. 14:19; 1 Cor. 14:4, 5, 12, 26*

18 Doy gracias a Dios porque hablo en lenguas más que todos vosotros;

19 sin embargo, en la iglesia prefiero hablar cinco palabras con mi entendimiento, para instruir también a otros, antes que diez mil palabras en lenguas.

20 Hermanos, no seáis niños en la manera de pensar[a]; más bien, sed niños[b] en la malicia, pero en la manera de pensar sed maduros.
[a]*Ef. 4:14* [b]*Sal. 131:2*

21 En la ley está escrito: Por hombres de lenguas extrañas y por boca de extraños hablaré a este pueblo, y ni aun así me escucharan[a], dice el Señor. [a]*Isa. 28:11, 12*

22 Así que las lenguas son una señal, no para los que creen, sino para los incrédulos; pero la profecía *es una señal*, no para los incrédulos, sino para los creyentes. [a]*1 Cor. 14:1*

23 Por tanto, si toda la iglesia se reúne y todos hablan en lenguas, y entran *algunos* sin *ese* don o incrédulos, ¿no dirán que estáis locos[a]? [a]*Hech. 2:13*

24 Pero si todos profetizan, y entra un incrédulo, o uno sin *ese* don, por todos será convencido[a], por todos será juzgado; [a]*Juan 16:8*

25 los secretos de su corazón quedarán al descubierto, y él se postrará[a] y adorará a Dios, declarando que en verdad Dios está entre vosotros[b]. [a]*Luc. 17:16* [b]*Isa. 45:14*

El orden en los cultos

26 ¿Qué[a] hay *que hacer*, pues, hermanos[b]? Cuando os reunís, cada cual aporte salmo, enseñanza, revelación, lenguas *o* interpretación. Que todo se haga para edificación.
[a]*1 Cor. 14:15* [b]*Rom. 1:13*

27 Si alguno habla en lenguas, que *hablen* dos, o a lo más tres, y por turno, y que uno interprete[a]; [a]*1 Cor. 12:10; 14:5, 13, 26*

28 pero si no hay intérprete, que guarde silencio en la iglesia y que hable para sí y para Dios.

29 Y que dos o tres profetas[a] hablen, y los demás juzguen[b]. [a]*1 Cor. 13:2* [b]*1 Cor. 12:10*

30 Pero si a otro que está sentado le es revelado algo, el primero calle.

31 Porque todos podéis profetizar uno por uno, para que todos aprendan y todos sean exhortados.

32 Los espíritus de los profetas están sujetos a los profetas;

33 porque Dios no es *Dios* de confusión, sino de paz, como en todas las iglesias[a] de los santos. [a]*1 Cor. 4:17; 7:17*

34 Las mujeres guarden silencio en las iglesias, porque no les es permitido hablar, antes bien, que se sujeten[a] como dice también la ley. [a]*1 Tim. 2:11, 12; 1 Ped. 3:1*

35 Y si quieren aprender algo, que pregunten a sus propios maridos en casa; porque no es correcto que la mujer hable en la iglesia.

36 ¿Acaso la palabra de Dios salió de vosotros, o sólo a vosotros ha llegado?

37 Si alguno piensa que es profeta o espiritual[a], reconozca que lo que os escribo es mandamiento del Señor. [a]*1 Cor. 2:15*

38 Pero si alguno no reconoce *esto,* él no es reconocido.

39 Por tanto, hermanos míos, anhelad[a] el profetizar[b], y no prohibáis hablar en lenguas. [a]*1 Cor. 12:31* [b]*1 Cor. 13:2*

40 Pero que todo se haga decentemente y con orden[a]. [a]*1 Cor. 14:33*

Síntesis del evangelio

15 Ahora os hago saber, hermanos, el evangelio que os prediqué[a], el cual también recibisteis, en el cual también estáis firmes[b], [a]*Rom. 2:16* [b]*Rom. 5:2*

2 por el cual también sois salvos, si retenéis[a] la palabra que os prediqué, a no ser que hayáis creído en vano. [a]*Rom. 11:22*

3 Porque yo os entregué en primer lugar lo mismo que recibí: que Cristo murió por nuestros pecados[a], conforme a las Escrituras; [a]*Juan 1:29; Gál. 1:4*

4 que fue sepultado y que resucitó al tercer día, conforme a las Escrituras[a]; [a]*Sal. 16:8; Hech. 2:31*

5 que se apareció a Cefas[a] y después a los doce; [a]*Luc. 24:34; 1 Cor. 1:12*

6 luego se apareció a más de quinientos hermanos a la vez, la mayoría de los cuales viven aún, pero algunos ya duermen[a]; [a]*Hech. 7:60; 1 Cor. 15:18, 20*

7 después se apareció a Jacobo, luego a todos los apóstoles, [a]*Luc. 24:33, 36, 37; Hech. 1:3, 4*

8 y al último de todos, como a uno nacido fuera de tiempo, se me apareció también a mí[a]. [a]*Hech. 9:3-8; 22:6-11*

9 Porque yo soy el más insignificante de los apóstoles[a], que no soy digno de ser llamado apóstol, pues perseguí a la iglesia de Dios[b]. [a]*2 Cor. 12:11* [b]*Hech. 8:3*

10 Pero por la gracia de Dios[a] soy lo que soy, y su gracia para conmigo no resultó vana; antes bien he trabajado mucho más que todos ellos[b], aunque no yo, sino la gracia de Dios en mí. [a]*Rom. 12:3* [b]*2 Cor. 11:23*

11 Sin embargo, *haya sido* yo o ellos, así predicamos y así creísteis.

Si Cristo no ha resucitado

12 Ahora bien, si se predica que Cristo ha resucitado de entre los muertos, ¿cómo dicen algunos entre vosotros que no hay resurrección de muertos[a]? [a]*Hech. 17:32; 23:8*

13 Y si no hay resurrección de muertos, *entonces* ni siquiera Cristo ha resucitado;

14 y si Cristo no ha resucitado, vana es entonces nuestra predicación, y vana también vuestra fe[a]. [a]*1 Tes. 4:14*

15 Aún más, somos hallados testigos falsos de Dios, porque hemos testificado contra Dios que El resucitó a Cristo[a], a quien no resucitó, si en verdad los muertos no resucitan. [a]*Hech. 2:24*

16 Pues si los muertos no resucitan, *entonces* ni siquiera Cristo ha resucitado;

17 y si Cristo no ha resucitado, vuestra fe es falsa; todavía estáis en vuestros pecados[a]. [a]*Rom. 4:25*

18 Entonces también los que han dormido en Cristo han perecido[a]. [a]*1 Cor. 15:6; 1 Tes. 4:16*

19 Si hemos esperado en Cristo para esta vida solamente, somos, de todos los hombres, los más dignos de lástima[a]. [a]*1 Cor. 4:9; 2 Tim. 3:12*

Cristo, garantía de la resurrección

20 Mas ahora Cristo ha resucitado de entre los muertos, primicias[a] de los que durmieron[b]. [a]*Hech. 26:23* [b]*1 Cor. 15:6*

21 Porque ya que la muerte *entró* por un hombre[a], también por un hombre *vino* la resurrección de los muertos. [a]*Rom. 5:12*

22 Porque así como en Adán todos mueren, también en Cristo todos serán vivificados[a]. [a]*Rom. 5:14-18*

23 Pero cada uno en su debido orden: Cristo, las primicias; luego los que son de Cristo[a] en su venida; [a]*1 Cor. 6:14; 15:52*

24 entonces *vendrá* el fin, cuando entregue el reino[a] al Dios y Padre, después que haya abolido todo dominio y toda autoridad y poder. [a]*Dan. 2:44; 7:14, 27*

25 Pues El debe reinar hasta que haya puesto a todos sus enemigos debajo de sus pies[a]. [a]*Sal. 110:1; Mat. 22:44*

26 Y el último enemigo que será abolido es la muerte[a]. [a]*2 Tim. 1:10; Apoc. 20:14*

27 Porque EL HA PUESTO TODO EN SUJECION BAJO SUS PIES[a]. Pero cuando dice que todas las cosas *le* están sujetas, es evidente que se exceptúa a aquel que ha sometido a El todas las cosas. [a]*Sal. 8:6*

28 Y cuando todo haya sido sometido a El, entonces también el Hijo mismo se sujetará a aquel que sujetó a El todas las cosas, para que Dios sea todo en todos[a]. [a]*1 Cor. 3:23; 12:6*

29 De no ser así, ¿qué harán los que se bautizan por los muertos? Si de ninguna manera los

muertos resucitan, ¿por qué, entonces, se bautizan por ellos?

30 Y también, ¿por qué estamos en peligro a toda hora[a]? [a]2 Cor. 11:26

31 Os aseguro, hermanos, por la satisfacción que siento por vosotros en Cristo Jesús nuestro Señor, que cada día estoy en peligro de muerte[a]. [a]Rom. 8:36

32 Si por motivos humanos luché contra fieras en Efeso, ¿de qué me aprovecha? Si los muertos no resucitan, COMAMOS Y BEBAMOS, QUE MAÑANA MORIREMOS[a]. [a]Isa. 22:13; 56:12

33 No os dejéis engañar[a]: Las malas compañías corrompen las buenas costumbres. [a]1 Cor. 6:9

34 Sed sobrios, como conviene, y dejad de pecar; porque algunos no tienen conocimiento de Dios[a]. Para vergüenza vuestra lo digo. [a]Mat. 22:29; Hech. 26:8

La gloria del cuerpo resucitado

35 Pero alguno dirá: ¿Cómo resucitan los muertos[a]? ¿Y con qué clase de cuerpo vienen? [a]Ezeq. 37:3

36 ¡Necio! Lo que tú siembras no llega a tener vida si antes no muere[a]; [a]Juan 12:24

37 y lo que siembras, no siembras el cuerpo que nacerá, sino grano desnudo, quizás de trigo o de alguna otra especie.

38 Pero Dios le da un cuerpo como El quiso, y a cada semilla su propio cuerpo[a]. [a]Gén. 1:11

39 No toda carne es la misma carne, sino que una es la de los hombres, otra la de las bestias, otra la de las aves y otra la de los peces.

40 Hay, asimismo, cuerpos celestiales y cuerpos terrestres, pero la gloria del celestial es una, y la del terrestre es otra.

41 Hay una gloria del sol, y otra gloria de la luna, y otra gloria de las estrellas; pues una estrella es distinta de otra estrella en gloria.

42 Así es también la resurrección de los muertos. Se siembra un cuerpo corruptible, se resucita un cuerpo incorruptible[a]; [a]Dan. 12:3; Mat. 13:43

43 se siembra en deshonra, se resucita en gloria[a]; se siembra en debilidad, se resucita en poder; [a]Fil. 3:21; Col. 3:4

44 se siembra un cuerpo natural[a], se resucita un cuerpo espiritual. Si hay un cuerpo natural, hay también un cuerpo espiritual. [a]1 Cor. 2:14

45 Así también está escrito: El primer HOMBRE, Adán, FUE HECHO ALMA VIVIENTE[a]. El último Adán, espíritu que da vida. [a]Gén. 2:7

46 Sin embargo, el espiritual no es primero, sino el natural; luego el espiritual.

47 El primer hombre es de la tierra[a], terrenal; el segundo hombre del cielo. [a]Juan 3:31

48 Como es el terrenal, así son también los que son terrenales; y como es el celestial, así son también los que son celestiales[a]. [a]Fil. 3:20, 21

49 Y tal como hemos traído la imagen del terrenal[a], traeremos también la imagen del celestial[b]. [a]Gén. 5:3 [b]Rom. 8:29

La victoria final sobre la muerte

50 Y esto digo, hermanos: que la carne y la sangre no pueden heredar el reino de Dios[a]; ni lo que se corrompe hereda lo incorruptible. [a]1 Cor. 6:9

51 He aquí, os digo un misterio[a]: no todos dormiremos, pero todos seremos transformados[b] [a]1 Cor. 13:2 [b]2 Cor. 5:2, 4

52 en un momento, en un abrir y cerrar de ojos, a la trompeta final; pues la trompeta sonará y los muertos resucitarán incorruptibles, y nosotros seremos transformados[a]. [a]1 Tes. 4:15, 17

53 Porque es necesario que esto corruptible se vista de incorrupción, y esto mortal se vista de inmortalidad[a]. [a]Rom. 2:7; 2 Cor. 5:4

54 Pero cuando esto corruptible se haya vestido de incorrupción, y esto mortal se haya vestido de inmortalidad, entonces se cumplirá la palabra que está escrita: DEVORADA HA SIDO LA MUERTE en victoria[a]. [a]Isa. 25:8

55 ¿DONDE ESTA, OH MUERTE, TU VICTORIA? ¿DONDE, OH SEPULCRO, TU AGUIJÓN[a]? [a]Os. 13:14

56 El aguijón de la muerte es el pecado, y el poder del pecado es la ley[a]; [a]Rom. 3:20; 4:15

57 pero a Dios gracias, que nos da la victoria por medio de nuestro Señor Jesucristo[a]. [a]Rom. 8:37; 2 Cor. 2:14

58 Por tanto, mis amados hermanos, estad firmes, constantes, abundando siempre en la obra del Señor[a], sabiendo que vuestro trabajo en el Señor no es en vano. [a]1 Cor. 16:10

Ofrenda para los cristianos de Jerusalén

16 Ahora bien, en cuanto a la ofrenda[a] para los santos, haced vosotros también como instruí a las iglesias de Galacia. [a]Hech. 24:17; Rom. 15:25, 26

2 Que el primer día de la semana, cada uno de vosotros aparte y guarde según haya prosperado, para que cuando yo vaya no se recojan entonces ofrendas[a]. [a]2 Cor. 9:4, 5

3 Y cuando yo llegue, enviaré con cartas a quienes vosotros hayáis designado, para que lleven vuestra contribución a Jerusalén[a]. [a]2 Cor. 3:1; 8:18, 19

4 Y si es conveniente que yo también vaya, irán conmigo.

5 Iré a vosotros cuando haya pasado por Macedonia (pues voy a pasar por Macedonia[a]). [a]Hech. 19:21

6 y tal vez me quede con vosotros, o aun pase allí el invierno, para que me encaminéis[a] adonde haya de ir. [a]Hech. 15:3; 1 Cor. 16:11

7 Pues no deseo veros ahora *sólo* de paso[a], porque espero permanecer con vosotros por algún tiempo, si el Señor *me lo* permite. [a]*2 Cor. 1:15, 16*

8 Pero me quedaré en Efeso[a] hasta Pentecostés; [a]*Hech. 18:19*

9 porque se me ha abierto una puerta grande[a] para *el servicio* eficaz, y hay muchos adversarios. [a]*Hech. 14:27*

Recomendaciones finales

10 Si llega Timoteo[a], ved que esté con vosotros sin temor, pues él hace la obra del Señor[b] como también yo. [a]*Hech. 16:1* [b]*1 Cor. 15:58*

11 Por tanto, nadie lo desprecie. Más bien, enviadlo en paz[a] para que venga a mí, porque lo espero con los hermanos. [a]*Hech. 15:33*

12 En cuanto a nuestro hermano Apolos[a], mucho lo animé a que fuera a vosotros con los hermanos, pero de ninguna manera tuvo el deseo de ir ahora; sin embargo, irá cuando tenga oportunidad. [a]*Hech. 18:24; 1 Cor. 1:12*

13 Estad alerta[a], permaneced firmes en la fe, portaos varonilmente, sed fuertes. [a]*Mat. 24:42*

14 Todas vuestras cosas sean hechas con amor[a]. [a]*1 Cor. 14:1*

15 Os exhorto, hermanos (ya conocéis a *los de* la casa de Estéfanas[a], que fueron los primeros convertidos de Acaya, y que se han dedicado al servicio[b] de los santos), [a]*1 Cor. 1:16* [b]*Rom. 15:31*

16 que también vosotros estéis en sujeción a los que son como ellos, y a todo el que ayuda en la obra y trabaja[a]. [a]*1 Tes. 5:12; Heb. 13:17*

17 Y me regocijo por la venida de Estéfanas, de Fortunato y de Acaico, pues ellos han suplido lo que faltaba[a] de vuestra parte. [a]*2 Cor. 11:9; Fil. 2:30*

18 Porque ellos han recreado mi espíritu y el vuestro. Por tanto, reconoced a tales personas[a]. [a]*Fil. 2:29; 1 Tes. 5:12*

Saludos y despedida

19 Las iglesias de Asia os saludan. Aquila y Priscila[a], con la iglesia que está en su casa[b], os saludan muy afectuosamente en el Señor. [a]*Hech. 18:2* [b]*Rom. 16:5*

20 Todos los hermanos os saludan. Saludaos los unos a los otros con beso santo[a]. [a]*Rom. 16:16*

21 Este saludo es de mi puño y letra[a]—Pablo. [a]*Rom. 16:22; Gál. 6:11*

22 Si alguno no ama al Señor, que sea anatema. ¡Maranata[a]! [a]*Fil. 4:5; Apoc. 22:20*

23 La gracia del Señor Jesús *sea* con vosotros[a]. [a]*Rom. 16:20*

24 Mi amor *sea* con todos vosotros en Cristo Jesús. Amén.

Segunda Epístola del Apóstol San Pablo a los
CORINTIOS

Saludo

1 Pablo, apóstol de Cristo Jesús por la voluntad de Dios, y el hermano Timoteo[a]:

A la iglesia de Dios que está en Corinto[b], con todos los santos que están en toda Acaya: [a]*Hech. 16:1* [b]*Hech. 18:1*

2 Gracia y paz a vosotros, de Dios nuestro Padre y del Señor Jesucristo[a]. [a]*Rom. 1:7*

El Dios de toda consolación

3 Bendito *sea* el Dios y Padre de nuestro Señor Jesucristo[a], Padre de misericordias y Dios de toda consolación, [a]*Ef. 1:3; 1 Ped. 1:3*

4 el cual nos consuela en toda tribulación nuestra, para que nosotros podamos consolar a los que están en cualquier aflicción con el consuelo con que nosotros mismos somos consolados por Dios. [a]*Isa. 51:12; 66:13*

5 Porque así como los sufrimientos de Cristo son nuestros en abundancia, así también abunda nuestro consuelo por medio de Cristo[a]. [a]*2 Cor. 4:10; Fil. 3:10*

6 Pero si somos atribulados, es para vuestro consuelo y salvación[a]; o si somos consolados, es para vuestro consuelo, que obra al soportar las mismas aflicciones que nosotros también sufrimos. [a]*2 Cor. 4:15; 12:15*

7 Y nuestra esperanza respecto de vosotros *está* firmemente establecida, sabiendo que como sois copartícipes de los sufrimientos, así también *lo sois* de la consolación[a]. [a]*Rom. 8:17*

8 Porque no queremos que ignoréis, hermanos, acerca de nuestra aflicción sufrida en Asia[a], porque fuimos abrumados sobremanera, más allá de nuestras fuerzas, de modo que hasta perdimos la esperanza de *salir con* vida. [a]*Hech. 16:6*

9 De hecho, dentro de nosotros mismos *ya* teníamos la sentencia de muerte, a fin de que no confiáramos en nosotros mismos, sino en Dios que resucita a los muertos,

10 el cual nos libró de tan gran *peligro de* muerte y *nos* librará, y en quien hemos puesto nuestra esperanza[a] de que El aún nos ha de librar, [a]*1 Tim. 4:10*

11 cooperando también vosotros con nosotros con la oración, para que por muchas personas sean dadas gracias a favor nuestro por el don que nos ha sido impartido por medio de *las oraciones de* muchos[a]. [a]*2 Cor. 4:15; 9:11, 12*

Sinceridad de Pablo

12 Porque nuestra satisfacción es ésta: el testimonio de nuestra conciencia[a] que en la santidad y en la sinceridad *que viene* de Dios, no

en sabiduría carnal sino en la gracia de Dios, nos hemos conducido en el mundo y especialmente hacia vosotros. ªHech. 23:1; 1 Tes. 2:10

13 Porque ninguna otra cosa os escribimos sino lo que leéis y entendéis, y espero que entenderéis hasta el finª, ª1 Cor. 1:8

14 así como también nos habéis entendido en parte, que nosotros somos el motivo de vuestra gloria, así como también vosotros la nuestra en el día de nuestro Señor Jesúsª. ª1 Cor. 1:8

15 Y con esta confianza me propuse ir primero a vosotros para que dos veces recibierais bendiciónª, ªRom. 1:11; 15:29

16 es decir, *quería* visitaros de paso a Macedoniaª, y de Macedonia ir de nuevo a vosotros y ser encaminado por vosotros en mi viaje a Judea. ªRom. 15:26

17 Por tanto, cuando me propuse esto, ¿acaso obré precipitadamente? O lo que me propongo, ¿me lo propongo conforme a la carneª, para que en mí haya *al mismo tiempo* el sí, sí, y el no, no? ª2 Cor. 10:2, 3; 11:18

18 Pero como Dios es fielª, nuestra palabra a vosotros no es sí y no. ª1 Cor. 1:9

19 Porque el Hijo de Dios, Cristo Jesúsª, que fue predicado entre vosotros por nosotros (por mí y Silvano y Timoteo) no fue sí y no, sino que ha sido sí en El. ªMat. 4:3; 16:16

20 Pues tantas como sean las promesas de Diosª, en El *todas* son sí; por eso también por medio de El, Amén, para la gloria de Dios por medio de nosotros. ªRom. 15:8

21 Ahora bien, el que nos confirma con vosotros en Cristo, y *el que* nos ungió, es Dios, ª1 Jn. 2:20, 27

22 quien también nos selló y *nos* dio el Espíritu en nuestro corazónª como garantía. ªRom. 8:16; 2 Cor. 5:5

23 Mas yo invoco a Dios como testigoª sobre mi alma, que por ser indulgente con vosotros no he vuelto a Corinto. ªRom. 1:9; Gál. 1:20

24 No es que nos enseñoreemos de vuestra feª, sino que somos colaboradores *con vosotros* para vuestro gozo; porque en la fe permanecéis firmes. ª2 Cor. 4:5; 11:20

Problemas en la iglesia de Corinto

2 Pero en mí mismo decidí esto: no ir otra vez a vosotrosª con tristeza. ª1 Cor. 4:21; 2 Cor. 12:21

2 Porque si yo os causo tristezaª, ¿quién *será* el que me alegre sino aquel a quien entristecí? ª2 Cor. 7:8

3 Y esto mismo *os* escribí, para que cuando yo llegue no tenga tristeza de parte de los que debieran alegrarme, confiando en todos vosotrosª de que mi gozo sea *el mismo* de todos vosotros. ªGál. 5:10; 2 Tes. 3:4

4 Pues por la mucha aflicción y angustia de corazón os escribí con muchas lágrimas, no para entristecerosª, sino para que conozcáis el amor que tengo especialmente por vosotros. ª2 Cor. 2:9; 7:8, 12

5 Pero si alguno ha causado tristeza, no me *la* ha causado a mí, sino hasta cierto punto (para no exagerar) a todos vosotrosª. ª1 Cor. 5:1, 2

6 Es suficiente para tal *persona* este castigoª que *le fue impuesto* por la mayoría; ª1 Cor. 5:4, 5; 2 Cor. 7:11

7 así que, por el contrario, vosotros más bien deberíais perdonar*lo*ª y consolar*lo*, no sea que en alguna manera éste sea abrumado por tanta tristeza. ªGál. 6:1; Ef. 4:32

8 Por lo cual os ruego que reafirméis *vuestro* amor hacia él.

9 Pues también con este fin os escribí, para poneros a prueba y *ver* si sois obedientes en todoª. ª2 Cor. 7:15; 10:6

10 Pero a quien perdonéis algo, yo también *lo perdono;* porque en verdad, lo que yo he perdonado, si algo he perdonado, *lo hice* por vosotros en presencia de Cristoª, ª1 Cor. 5:4; 2 Cor. 4:6

11 para que Satanás no tome ventaja sobre nosotros, pues no ignoramos sus ardidesª. ªLuc. 22:31; 2 Cor. 4:4

De Troas a Macedonia

12 Cuando llegué a Troasª para *predicar* el evangelio de Cristo, y se me abrió una puerta en el Señorᵇ, ªHech. 16:8 ᵇHech. 14:27

13 no tuve reposo en mi espíritu al no encontrar a Titoª, mi hermano; despidiéndome, pues, de ellos, salí para Macedonia. ª2 Cor. 7:6, 13, 14; 8:6, 16, 23

Triunfantes en Cristo

14 Pero gracias a Diosª, que en Cristo siempre nos lleva en triunfo, y que por medio de nosotros manifiesta en todo lugar la fragancia de su conocimiento. ªRom. 1:8; 6:17

15 Porque fragante aromaª de Cristo somos para Dios entre los que se salvan y entre los que se pierdenᵇ; ªCant. 1:3 ᵇ1 Cor. 1:18

16 para unos, olor de muerte para muerte, y para otros, olor de vida para vidaª. Y para estas cosas ¿quién está capacitado? ªLuc. 2:34 ᵇ2 Cor. 3:5, 6

17 Pues no somos como muchos, que comercian con la palabra de Dios, sino que con sinceridadª, como de parte de Dios y delante de Dios hablamos en Cristo. ª1 Cor. 5:8; 2 Cor. 1:12

Ministros del nuevo pacto

3 ¿Comenzamos otra vez a recomendarnosª a nosotros mismos? ¿O acaso necesitamos, como algunos, cartas de recomendación para vosotros o de parte de vosotros? ª2 Cor. 5:12; 10:12, 18

2 Vosotros sois nuestra carta, escrita en

nuestros corazones, conocida y leída por todos los hombres[a]. [a]*1 Cor. 9:2*

3 siendo manifiesto que sois carta de Cristo redactada por nosotros, no escrita con tinta, sino con el Espíritu del Dios vivo; no en tablas de piedra, sino en tablas de corazones humanos[a]. [a]*Prov. 3:3; 7:3*

4 Y esta confianza tenemos hacia Dios por medio de Cristo[a]: [a]*Ef. 3:12*

5 no que seamos suficientes en nosotros mismos para pensar que cosa alguna *procede* de nosotros, sino que nuestra suficiencia es de Dios[a], [a]*1 Cor. 15:10*

6 el cual también nos hizo suficientes *como* ministros de un nuevo pacto[a], no de la letra, sino del Espíritu[b]; porque la letra mata, pero el Espíritu da vida. [a]*Jer. 31:31* [b]*Rom. 2:29*

7 Y si el ministerio de muerte[a] grabado con letras en piedras fue con gloria, de tal manera que los hijos de Israel no podían fijar la vista en el rostro de Moisés por causa de la gloria de su rostro, que se desvanecía[b], [a]*Rom. 4:15* [b]*Ex. 34:29-35*

8 ¿cómo no será aún con más gloria el ministerio del Espíritu?

9 Porque si el ministerio de condenación tiene gloria, mucho más abunda en gloria el ministerio de justicia[a]. [a]*Rom. 1:17; 3:21, 22*

10 Pues en verdad, lo que tenía gloria, en este caso no tiene gloria por razón de la gloria que *lo* sobrepasa.

11 Porque si lo que se desvanece *fue* con gloria, mucho más *es* con gloria lo que permanece.

Transformados de gloria en gloria

12 Teniendo, por tanto, tal esperanza, hablamos con mucha franqueza[a], [a]*Hech. 4:13, 29; 2 Cor. 7:4*

13 y no *somos* como Moisés, *que* ponía un velo sobre su rostro para que los hijos de Israel no fijaran su vista en el fin de aquello que había de desvanecerse[a]. [a]*Ex. 34:33-35; 2 Cor. 3:7*

14 Pero el entendimiento de ellos se endureció; porque hasta el día de hoy, en la lectura[a] del antiguo pacto[b] el mismo velo permanece sin alzarse, pues *sólo* en Cristo es quitado. [a]*Hech. 13:15* [b]*2 Cor. 3:6*

15 Y hasta el día de hoy, cada vez que se lee a Moisés, un velo está puesto sobre sus corazones;

16 pero cuando alguno se vuelve al Señor, el velo es quitado[a]. [a]*Ex. 34:34; Rom. 11:23*

17 Ahora bien, el Señor es el Espíritu; y donde está el Espíritu del Señor, *hay* libertad[a]. [a]*Juan 8:32; Gál. 5:1, 13*

18 Pero nosotros todos, con el rostro descubierto, contemplando como en un espejo[a] la gloria del Señor, estamos siendo transforma-

dos en la misma imagen[b] de gloria en gloria, como por el Señor, el Espíritu. [a]*1 Cor. 13:12* [b]*Rom. 8:29*

Ministros de Cristo

4 Por tanto, puesto que tenemos este ministerio, según hemos recibido misericordia[a], no desfallecemos; [a]*1 Cor. 7:25*

2 sino que hemos renunciado a lo oculto y vergonzoso[a], no andando con astucia, ni adulterando la palabra de Dios, sino que, mediante la manifestación de la verdad, nos recomendamos a la conciencia de todo hombre en la presencia de Dios. [a]*Rom. 6:21; 1 Cor. 4:5*

3 Y si todavía nuestro evangelio está velado[a], para los que se pierden está velado, [a]*1 Cor. 2:6; 2 Cor. 3:14*

4 en los cuales el dios de este mundo[a] ha cegado el entendimiento de los incrédulos, para que no vean el resplandor del evangelio de la gloria de Cristo[b], que es la imagen de Dios. [a]*Mat. 13:22* [b]*Hech. 26:18*

5 Porque no nos predicamos a nosotros mismos[a], sino a Cristo Jesús como Señor, y a nosotros como siervos vuestros por amor de Jesús. [a]*1 Cor. 4:15, 16; 1 Tes. 2:6, 7*

6 Pues Dios, que dijo que de las tinieblas resplandecerá la luz[a], es el que ha resplandecido en nuestros corazones[b], para iluminación del conocimiento de la gloria de Dios en la faz de Cristo. [a]*Gén. 1:3* [b]*2 Ped. 1:19*

7 Pero tenemos este tesoro en vasos de barro[a], para que la extraordinaria grandeza del poder sea de Dios y no de nosotros[b]. [a]*Job 4:19* [b]*Jue. 7:2*

8 Afligidos en todo[a], pero no agobiados; perplejos, pero no desesperados; [a]*2 Cor. 1:8; 7:5*

9 perseguidos, pero no abandonados[a]; derribados, pero no destruidos; [a]*Sal. 129:2; Heb. 13:5*

10 llevando siempre en el cuerpo por todas partes la muerte de Jesús[a], para que también la vida de Jesús se manifieste en nuestro cuerpo. [a]*Rom. 8:36; Gál. 6:17*

11 Porque nosotros que vivimos, constantemente estamos siendo entregados a muerte por causa de Jesús, para que también la vida de Jesús se manifieste en nuestro cuerpo mortal.

12 Así que en nosotros obra la muerte, pero en vosotros, la vida.

13 Pero teniendo el mismo espíritu de fe, según lo que está escrito: CREÍ, POR TANTO HABLÉ[a], nosotros también creemos, por lo cual también hablamos; [a]*Sal. 116:10*

14 sabiendo que aquel que resucitó al Señor Jesús[a], a nosotros también nos resucitará con Jesús[b], y nos presentará juntamente con vosotros. [a]*Hech. 2:24* [b]*1 Tes. 4:14*

15 Porque todo *esto es* por amor a vosotros[a], para que la gracia que se está extendiendo por medio de muchos, haga que las acciones de

gracias abunden para la gloria de Dios. [a]Rom. 8:28; 2 Cor. 1:6

Lo temporal y lo eterno

16 Por tanto no desfallecemos, antes bien, aunque nuestro hombre exterior va decayendo, sin embargo nuestro hombre interior[a] se renueva de día en día. [a]Rom. 7:22

17 Pues *esta* aflicción leve y pasajera nos produce un eterno peso de gloria que sobrepasa toda comparación[a], [a]Rom. 8:18

18 al no poner nuestra vista en las cosas que se ven, sino en las que no se ven[a]; porque las cosas que se ven son temporales, pero las que no se ven son eternas. [a]Rom. 8:24; 2 Cor. 5:7

5 Porque sabemos que si la tienda terrenal que es nuestra morada[a], es destruida, tenemos de Dios un edificio, una casa no hecha por manos, eterna en los cielos. [a]Job 4:19; 1 Cor. 15:47

2 Pues, en verdad, en esta *morada* gemimos, anhelando ser vestidos[a] con nuestra habitación celestial; [a]Rom. 8:23; 1 Cor. 15:53, 54

3 y una vez vestidos, no seremos hallados desnudos.

4 Porque asimismo, los que estamos en esta tienda, gemimos agobiados, pues no queremos ser desvestidos, sino vestidos, para que lo mortal sea absorbido por la vida[a]. [a]1 Cor. 15:54

5 Y el que nos preparó para esto mismo es Dios, quien nos dio el Espíritu como garantía[a]. [a]Rom. 8:23; 2 Cor. 1:22

6 Por tanto, animados siempre y sabiendo que mientras habitamos en el cuerpo[a], estamos ausentes del Señor [a]Heb. 11:13, 14

7 (porque por fe andamos, no por vista[a]); [a]1 Cor. 13:12; 2 Cor. 4:18

8 pero cobramos ánimo y preferimos más bien estar ausentes del cuerpo y habitar con el Señor[a]. [a]Juan 12:26; Fil. 1:23

9 Por eso, ya sea presentes o ausentes, ambicionamos serle agradables[a]. [a]Rom. 14:18; Col. 1:10

10 Porque todos nosotros debemos comparecer ante el tribunal de Cristo, para que cada uno sea recompensado por sus hechos estando en el cuerpo[a], de acuerdo con lo que hizo, sea bueno o sea malo. [a]Mat. 16:27; Hech. 10:42

La nueva criatura

11 Por tanto, conociendo el temor del Señor, persuadimos a los hombres, pero a Dios somos manifiestos, y espero que también seamos manifiestos en vuestras conciencias[a]. [a]2 Cor. 4:2

12 No nos recomendamos otra vez a vosotros, sino que os damos oportunidad de estar orgullosos de nosotros[a], para que tengáis *respuesta* para los que se jactan en las apariencias y no en el corazón. [a]2 Cor. 1:14; Fil. 1:26

13 Porque si estamos locos, es para Dios; y si somos cuerdos, es para vosotros[a]. [a]Mar. 3:21; 2 Cor. 11:1, 16

14 Pues el amor de Cristo nos apremia, habiendo llegado a esta conclusión: que uno murió por todos, por consiguiente, todos murieron[a]; [a]Rom. 5:15; 6:6, 7

15 y por todos murió, para que los que viven, ya no vivan para sí, sino para aquel que murió y resucitó por ellos[a]. [a]Rom. 14:7-9

16 De manera que nosotros de ahora en adelante *ya* no conocemos a nadie según la carne[a]; aunque hemos conocido a Cristo según la carne, sin embargo, ahora ya no *le* conocemos *así*. [a]Juan 8:15; 2 Cor. 11:18

17 De modo que si alguno está en Cristo, nueva criatura *es*; las cosas viejas pasaron; he aquí, son hechas nuevas[a]. [a]Isa. 43:18, 19; 65:17

El ministerio de la reconciliación

18 Y todo esto procede de Dios, quien nos reconcilió consigo mismo por medio de Cristo[a], y nos dio el ministerio de la reconciliación; [a]Rom. 5:10; Col. 1:20

19 a saber, que Dios estaba en Cristo[a] reconciliando al mundo consigo mismo, no tomando en cuenta a los hombres sus transgresiones, y nos ha encomendado a nosotros la palabra de la reconciliación. [a]Col. 2:9

20 Por tanto, somos embajadores de Cristo, como si Dios rogara por medio de nosotros; en nombre de Cristo os rogamos: ¡Reconciliaos con Dios[a]! [a]Rom. 5:10; Col. 1:20

21 Al que no conoció pecado[a], le hizo pecado por nosotros, para que fuéramos hechos justicia de Dios en El. [a]Hech. 3:14; Heb. 4:15

Características del ministerio cristiano

6 Y como colaboradores *con El*[a], también os exhortamos a no recibir la gracia de Dios en vano; [a]1 Cor. 3:9

2 pues El dice:

En el tiempo propicio te escuche,
Y en el día de salvacion te socorri[a].

He aquí, ahora es el tiempo propicio; he aquí, ahora es el dia de salvacion. [a]Isa. 49:8

3 No dando *nosotros* en nada motivo de tropiezo, para que el ministerio no sea desacreditado[a], [a]1 Cor. 8:9, 13; 9:12

4 sino que en todo nos recomendamos a nosotros mismos como ministros de Dios[a], en mucha perseverancia, en aflicciones, en privaciones, en angustias[b], [a]1 Cor. 3:5 [b]Hech. 9:16

5 en azotes, en cárceles[a], en tumultos, en trabajos, en desvelos, en ayunos[b], [a]Hech. 16:23 [b]1 Cor. 4:11

6 en pureza, en conocimiento, en paciencia, en bondad, en el Espíritu Santo[a], en amor sincero, [a]1 Cor. 2:4; 1 Tes. 1:5

7 en la palabra de verdad, en el poder de Dios[a]; por armas de justicia[b] para la derecha y para la izquierda; [a]1 Cor. 2:5 [b]Rom. 13:12

8 en honra y en deshonra[a], en mala fama y en buena fama; como impostores, pero veraces; [a]*1 Cor. 4:10*

9 como desconocidos, pero bien conocidos; como moribundos, y he aquí, vivimos; como castigados, pero no condenados a muerte[a]; [a]*Rom. 8:36*

10 como entristecidos, mas siempre gozosos[a]; como pobres, pero enriqueciendo a muchos[b]; como no teniendo nada, aunque poseyéndolo todo. [a]*Juan 16:22* [b]*1 Cor. 1:5*

11 Nuestra boca, oh corintios, os ha hablado con toda franqueza[a]. Nuestro corazón se ha abierto de par en par. [a]*Ezeq. 33:22; Ef. 6:19*

12 No estáis limitados por nosotros, sino que estáis limitados en vuestros sentimientos[a]. [a]*2 Cor. 7:2*

13 Ahora bien, en igual reciprocidad (os hablo como a niños[a]) vosotros también abrid de par en par *vuestro corazón.* [a]*1 Cor. 4:14*

Exhortaciones al creyente

14 No estéis unidos en yugo desigual con los incrédulos[a], pues ¿qué asociación tienen la justicia y la iniquidad? ¿O qué comunión la luz con las tinieblas[b]? [a]*Deut. 22:10* [b]*Ef. 5:7, 11*

15 ¿O qué armonía tiene Cristo con Belial[a]? ¿O qué tiene en común un creyente con un incrédulo? [a]*1 Cor. 10:21*

16 ¿O qué acuerdo tiene el templo de Dios con los ídolos? Porque nosotros somos el templo del Dios vivo, como Dios dijo:

HABITARÉ EN ELLOS, Y ANDARÉ ENTRE ELLOS[a];

Y SERÉ SU DIOS, Y ELLOS SERÁN MI PUEBLO. [a]*Apoc. 2:1*

17 Por tanto, SALID DE EN MEDIO DE ELLOS[a] Y APARTAOS, dice el Señor;

Y NO TOQUÉIS LO INMUNDO,

y yo os recibiré. [a]*Apoc. 18:4*

18 Y yo seré para vosotros padre,

y vosotros seréis para mí hijos e hijas[a],

dice el Señor Todopoderoso. [a]*2 Sam. 7:14; 1 Crón. 17:13*

7 Por tanto, amados, teniendo estas promesas, limpiémonos de toda inmundicia de la carne y del espíritu, perfeccionando la santidad en el temor de Dios[a]. [a]*1 Ped. 1:15, 16*

2 Aceptadnos[a] *en vuestro corazón;* a nadie hemos ofendido, a nadie hemos corrompido, de nadie hemos tomado ventaja. [a]*2 Cor. 6:12, 13; 12:15*

3 No hablo para condena*ros;* porque he dicho antes que estáis en nuestro corazón[a] para morir juntos y para vivir juntos. [a]*2 Cor. 6:11, 12; Fil. 1:7*

4 Mucha es mi confianza en vosotros, tengo mucho orgullo de vosotros[a], lleno estoy de consuelo[b] y sobreabundo de gozo en toda nuestra aflicción. [a]*2 Cor. 7:14* [b]*2 Cor. 1:4*

Pablo confortado

5 Pues aun cuando llegamos a Macedonia, nuestro cuerpo no tuvo ningún reposo, sino que nos vimos atribulados por todos lados[a]: por fuera, conflictos; por dentro, temores[b]. [a]*2 Cor. 4:8* [b]*Deut. 32:25*

6 Pero Dios, que consuela[a] a los deprimidos, nos consoló con la llegada de Tito[b]; [a]*2 Cor. 1:3, 4* [b]*2 Cor. 2:13*

7 y no sólo con su llegada, sino también con el consuelo con que él fue consolado en vosotros, haciéndonos saber vuestro gran afecto, vuestro llanto y vuestro celo por mí; de manera que me regocijé aún más.

8 Porque si bien os causé tristeza[a] con mi carta, no me pesa; aun cuando me pesó, pues veo que esa carta os causó tristeza, aunque sólo por poco tiempo; [a]*2 Cor. 2:2*

9 *pero* ahora me regocijo, no de que fuisteis entristecidos, sino de que fuisteis entristecidos para arrepentimiento; porque fuisteis entristecidos conforme a *la voluntad de* Dios, para que no sufrierais pérdida alguna de parte nuestra.

10 Porque la tristeza que es conforme a *la voluntad de* Dios produce un arrepentimiento *que conduce* a la salvación[a], sin dejar pesar; pero la tristeza del mundo produce muerte. [a]*Hech. 11:18*

11 Porque mirad, ¡qué solicitud ha producido en vosotros esto, esta tristeza piadosa, qué vindicación de vosotros mismos, qué indignación, qué temor, qué gran afecto, qué celo[a], qué castigo del mal! En todo habéis demostrado ser inocentes en el asunto. [a]*2 Cor. 7:7*

12 Así que, aunque os escribí[a], no *fue* por causa del que ofendió, ni por causa del ofendido, sino para que vuestra solicitud por nosotros se manifestara a vosotros delante de Dios. [a]*2 Cor. 2:3, 9; 7:8*

13 Por esta razón hemos sido consolados.

Y aparte de nuestro consuelo, mucho más nos regocijamos por el gozo de Tito, pues su espíritu ha sido confortado por todos vosotros[a]. [a]*1 Cor. 16:18*

14 Porque si en algo me he jactado con él acerca de vosotros[a], no fui avergonzado, sino que *así* como os hemos dicho todo con verdad, así también nuestra jactancia ante Tito resultó ser *la* verdad. [a]*2 Cor. 7:4; 8:24*

15 Y su amor hacia vosotros abunda aún más al acordarse de la obediencia de todos vosotros, *y de* cómo lo recibisteis con temor y temblor[a]. [a]*1 Cor. 2:3; Fil. 2:12*

16 Me gozo de que en todo tengo confianza en vosotros[a]. [a]*2 Cor. 2:3*

Generosidad de los macedonios

8 Ahora, hermanos, *deseamos* haceros saber la gracia de Dios que ha sido dada[a] en las iglesias de Macedonia; [a]*2 Cor. 8:5*

2 pues en medio de una gran prueba de aflicción, abundó su gozo, y su profunda pobreza sobreabundó en la riqueza[a] de su liberalidad. [a]*Rom. 2:4*

3 Porque yo testifico que según sus posibilidades[a], y aun más allá de sus posibilidades, *dieron* de su propia voluntad, [a]*1 Cor. 16:2; 2 Cor. 8:11*

4 suplicándonos con muchos ruegos el privilegio de participar en el sostenimiento de los santos[a]; [a]*Hech. 24:17; Rom. 15:25, 26, 31*

5 y *esto* no como lo habíamos esperado, sino que primeramente se dieron a sí mismos al Señor, y luego a nosotros por la voluntad de Dios[a]. [a]*1 Cor. 1:1*

6 En consecuencia, rogamos a Tito[a] que como él ya había comenzado antes, así también llevara a cabo en vosotros esta obra de gracia. [a]*2 Cor. 2:13; 8:16, 17, 23*

7 Mas así como vosotros abundáis[a] en todo: en fe, en palabra, en conocimiento, en toda solicitud, y en el amor que hemos inspirado en vosotros, *ved* que también abundéis[a] en esta obra de gracia[b]. [a]*Rom. 15:14* [b]*2 Cor. 9:8*

8 No digo *esto* como un mandamiento[a], sino para probar, por la solicitud de otros, también la sinceridad de vuestro amor. [a]*1 Cor. 7:6*

9 Porque conocéis la gracia de nuestro Señor Jesucristo, que siendo rico, sin embargo por amor a vosotros se hizo pobre, para que vosotros por medio de su pobreza[a] llegarais a ser ricos. [a]*Mat. 20:28; 2 Cor. 6:10*

10 Y doy *mi* opinión en este asunto, porque esto os conviene a vosotros, que fuisteis los primeros en comenzar hace un año[a] no sólo a hacer *esto*, sino también a desear *hacerlo*. [a]*1 Cor. 16:2, 3; 2 Cor. 9:2*

11 Ahora pues, acabad también de hacerlo; para que como *hubo* la buena voluntad[a] para desearlo, así también *la haya* para llevarlo a cabo según lo que tengáis. [a]*2 Cor. 8:12, 19; 9:2*

12 Porque si hay buena voluntad, se acepta según lo que se tiene, no según lo que no se tiene[a]. [a]*Mar. 12:43, 44; Luc. 21:3, 4*

13 Esto no es para holgura de otros *y* para aflicción vuestra, sino para *que haya* igualdad; 14 en el momento actual vuestra abundancia *suple* la necesidad de ellos, para que también la abundancia de ellos supla vuestra necesidad[a], de modo que haya igualdad. [a]*Hech. 4:34; 2 Cor. 9:12*

15 Como está escrito: EL QUE *recogió* MUCHO, NO TUVO DEMASIADO; Y EL QUE *recogió* POCO, NO TUVO ESCASEZ[a]. [a]*Ex. 16:18*

Delegación encabezada por Tito

16 Pero gracias a Dios[a] que pone la misma solicitud por vosotros en el corazón[b] de Tito. [a]*2 Cor. 2:14* [b]*Apoc. 17:17*

17 Pues él no sólo aceptó nuestro ruego, sino que, siendo de por sí muy diligente, ha ido a vosotros por su propia voluntad[a]. [a]*2 Cor. 8:6; 12:18*

18 Y junto con él hemos enviado al hermano[a] cuya fama en *las cosas del* evangelio *se ha divulgado* por todas las iglesias; [a]*1 Cor. 16;3; 2 Cor. 12:18*

19 y no sólo *esto*, sino que también ha sido designado por las iglesias como nuestro compañero de viaje[a] en esta obra de gracia, la cual es administrada por nosotros para la gloria del Señor mismo, y *para manifestar* nuestra buena voluntad; [a]*Hech. 14:23; 1 Cor. 16:3, 4*

20 teniendo cuidado de que nadie nos desacredite en esta generosa ofrenda administrada por nosotros;

21 pues nos preocupamos por lo que es honrado, no sólo ante los ojos del Señor, sino también ante los ojos de los hombres[a]. [a]*Prov. 3:4; Rom. 12:17*

22 Y con ellos hemos enviado a nuestro hermano, de quien hemos comprobado con frecuencia que fue diligente en muchas cosas, pero que ahora es mucho más diligente debido a *la* gran confianza *que tiene* en vosotros.

23 En cuanto a Tito, *es* mi compañero y colaborador entre vosotros; en cuanto a nuestros hermanos, *son* mensajeros[a] de las iglesias y gloria de Cristo. [a]*Juan 13:16; Fil. 2:25*

24 Por tanto, mostradles abiertamente ante las iglesias la prueba de vuestro amor, y de nuestra razón para jactarnos respecto a vosotros[a]. [a]*2 Cor. 7:4*

Llamamiento a la liberalidad

9 Porque me es por demás escribiros acerca de este servicio a los santos[a]; [a]*2 Cor. 8:4; 1 Tes. 4:9*

2 pues conozco vuestra *buena* disposición, de la que me glorío[a] por vosotros ante los macedonios, *es decir*, que Acaya[b] ha estado preparada desde el año pasado; y vuestro celo ha estimulado a la mayoría *de ellos*. [a]*2 Cor. 7:4* [b]*Hech. 18:12*

3 Pero he enviado a los hermanos para que nuestra jactancia acerca de vosotros[a] no sea hecha vana en este caso, a fin de que, como decía, estéis preparados[b]; [a]*2 Cor. 7:4* [b]*1 Cor. 16:2*

4 no sea que algunos macedonios[a] vayan conmigo y os encuentren desprevenidos, *y* nosotros (por no decir vosotros) seamos avergonzados por esta confianza. [a]*Rom. 15:26*

5 Así que creí necesario exhortar a los hermanos a que se adelantaran en ir a vosotros, y prepararan de antemano vuestra generosa ofrenda, ya prometida, para que la misma estuviera lista como ofrenda generosa[a], y no como por codicia. [a]*Gén. 33:11; Jue. 1:15*

Recompensa de la liberalidad

6 Pero esto *digo*: El que siembra escasa-

mente, escasamente también segará; y el que siembra abundantemente, abundantemente también segará[a]. [a]*Prov. 11:24, 25; 22:9*

7 Que cada uno *dé* como propuso en su corazón, no de mala gana ni por obligación[a], porque Dios ama al dador alegre[b]. [a]*Deut. 15:10* [b]*Ex. 25:2*

8 Y Dios puede hacer que toda gracia abunde para vosotros, a fin de que teniendo siempre todo lo suficiente en todas las cosas, abundéis[a] para toda buena obra; [a]*Ef. 3:20*

9 como está escrito:

EL ESPARCIO, DIO A LOS POBRES;
SU JUSTICIA PERMANECE PARA SIEMPRE[a].
[a]*Sal. 112:9*

10 Y el que suministra semilla al sembrador y pan para *su* alimento[a], suplirá y multiplicará vuestra sementera y aumentará la siega de vuestra justicia[b]; [a]*Isa. 55:10* [b]*Os. 10:12*

11 seréis enriquecidos en todo[a] para toda liberalidad, la cual por medio de nosotros produce acción de gracias a Dios. [a]*1 Cor. 1:5*

12 Porque la ministración de este servicio no sólo suple con plenitud lo que falta a los santos[a], sino que también sobreabunda a través de muchas acciones de gracias a Dios[b]. [a]*2 Cor. 8:14* [b]*2 Cor. 1:11*

13 Por la prueba dada por esta ministración, glorificarán a Dios[a] por *vuestra* obediencia a vuestra confesión del evangelio de Cristo, y por la liberalidad de vuestra contribución para ellos y para todos; [a]*Mat. 9:8*

14 mientras que también ellos, mediante la oración a vuestro favor, demuestran su anhelo por vosotros debido a la sobreabundante gracia de Dios en vosotros.

15 ¡Gracias a Dios por su don inefable[a]! [a]*Rom. 5:15, 16*

Las armas del apostolado

10 Y yo mismo, Pablo, os ruego por la mansedumbre y la benignidad[a] de Cristo, yo, que soy humilde cuando *estoy* delante de vosotros, pero osado para con vosotros cuando *estoy* ausente. [a]*Mat. 11:29; 1 Cor. 4:21*

2 ruego, pues, que cuando esté presente, no tenga que ser osado con la confianza con que me propongo proceder resueltamente contra algunos que nos consideran como si anduviéramos según la carne[a]. [a]*Rom. 8:4; 1 Cor. 4:21*

3 Pues aunque andamos en la carne, no luchamos según la carne[a]; [a]*Rom. 8:4; 2 Cor. 1:17*

4 porque las armas de nuestra contienda no son carnales, sino poderosas en Dios[a] para la destrucción de fortalezas; [a]*1 Cor. 9:7; 2 Cor. 6:7*

5 destruyendo especulaciones y todo razonamiento altivo[a] que se levanta contra el conocimiento de Dios, y poniendo todo pensamiento en cautiverio a la obediencia de Cristo, [a]*Isa. 2:11, 12*

6 y estando preparados para castigar toda desobediencia cuando vuestra obediencia sea completa[a]. [a]*2 Cor. 2:9*

7 Vosotros veis las cosas según la apariencia exterior[a]. Si alguno tiene confianza en sí mismo de que es de Cristo, considere esto dentro de sí otra vez: que así como él es de Cristo, también lo somos nosotros[b]. [a]*Juan 7:24* [b]*1 Cor. 9:1*

8 Pues aunque yo me gloríe más todavía respecto de nuestra autoridad, que el Señor *nos* dio para edificación y no para vuestra destrucción[a], no me avergonzaré, [a]*2 Cor. 13:10*

9 para que no parezca como que deseo asustaros con mis cartas.

10 Porque ellos dicen: Las cartas son severas y duras, pero la presencia física es poco impresionante, y la manera de hablar menospreciable[a]. [a]*1 Cor. 1:17; 2 Cor. 11:6*

11 Esto tenga en cuenta tal persona: que lo que somos en palabra por carta, estando ausentes, lo *somos* también en hechos, estando presentes.

12 Porque no nos atrevemos a contarnos ni a compararnos con algunos que se alaban a sí mismos[a]; pero ellos, midiéndose a sí mismos y comparándose consigo mismos, carecen de entendimiento. [a]*2 Cor. 3:1; 10:18*

13 Mas nosotros no nos gloriaremos desmedidamente, sino dentro de la medida de la esfera que Dios nos señaló[a] como límite para llegar también hasta vosotros. [a]*Rom. 12:3; 2 Cor. 10:15, 16*

14 Pues no nos excedemos a nosotros mismos, como si no os hubiéramos alcanzado, ya que nosotros fuimos los primeros en llegar hasta vosotros con el evangelio de Cristo[a]; [a]*2 Cor. 2:12*

15 no gloriándonos desmedidamente, *esto es,* en los trabajos de otros, sino teniendo la esperanza de que conforme vuestra fe crezca, nosotros seremos, dentro de nuestra esfera, engrandecidos aún más por vosotros[a], [a]*Hech. 5:13; 2 Tes. 1:3*

16 para anunciar el evangelio aun a las regiones *que están* más allá de vosotros, y para no gloriarnos en lo que ya se ha hecho en la esfera de otro[a]. [a]*Rom. 15:20*

17 Pero EL QUE SE GLORIA, QUE SE GLORIE EN EL SEÑOR[a]. [a]*Jer. 9:24; 1 Cor. 1:31*

18 Porque no es aprobado el que se alaba a sí mismo, sino aquel a quien el Señor alaba[a]. [a]*Rom. 2:29; 1 Cor. 4:5*

Pablo defiende su apostolado

11 Ojalá que me soportarais un poco de insensatez[a]; y en verdad me soportáis. [a]*Mat. 17:17; 2 Cor. 5:13*

2 Porque celoso estoy de vosotros con celo de Dios; pues os desposé a un esposo para

presentaros^a *como* virgen pura a Cristo. ^a*2 Cor. 4:14*

3 Pero temo que, así como la serpiente con su astucia engañó a Eva^a, vuestras mentes sean desviadas de la sencillez y pureza *de la devoción* a Cristo. ^a*Gén. 3:4, 13; Juan 8:44*

4 Porque si alguien viene y predica a otro Jesús^a, a quien no hemos predicado, o recibís un espíritu diferente, que no habéis recibido, o *aceptáis* un evangelio distinto^b, que no habéis aceptado, bien lo toleráis. ^a*1 Cor. 3:11* ^b*Gál. 1:6*

5 Pues yo no me considero inferior en nada a los más eminentes apóstoles^a. ^a*2 Cor. 12:11; Gál. 2:6*

6 Pero aunque yo sea torpe en el hablar, no *lo soy* en el conocimiento^a; de hecho, por todos los medios os *lo* hemos demostrado en todas las cosas. ^a*1 Cor. 12:8; Ef. 3:4*

7 ¿O cometí un pecado al humillarme a mí mismo para que vosotros fuerais exaltados, porque os prediqué el evangelio de Dios^a gratuitamente^b? ^a*Rom. 1:1* ^b*Hech. 18:3*

8 A otras iglesias despojé, tomando salario *de ellas*^a para serviros a vosotros; ^a*1 Cor. 4:12; 9:6*

9 y cuando estaba con vosotros y tuve necesidad, a nadie fui carga; porque cuando los hermanos llegaron de Macedonia^a, suplieron plenamente mi necesidad, y en todo me guardé, y me guardaré, de seros carga^b. ^a*Hech. 18:5* ^b*2 Cor. 12:13, 14, 16*

10 Como la verdad de Cristo está en mí^a, este gloriarme no se me impedirá^b en las regiones de Acaya. ^a*Rom. 1:9* ^b*1 Cor. 9:15*

11 ¿Por qué? ¿Porque no os amo^a? ¡Dios lo sabe^b! ^a*2 Cor. 12:15* ^b*Rom. 1:9*

12 Pero lo que hago continuaré haciéndolo, a fin de privar de. oportunidad a aquellos que desean una oportunidad de ser considerados iguales a nosotros en aquello en que se glorían^a. ^a*1 Cor. 9:12*

13 Porque los tales son falsos apóstoles, obreros fraudulentos^a, que se disfrazan como apóstoles de Cristo. ^a*Fil. 3:2*

14 Y no es de extrañar, pues aun Satanás^a se disfraza como ángel de luz. ^a*Mat. 4:10; Ef. 6:12*

15 Por tanto, no es de sorprender que sus servidores también se disfracen como servidores de justicia; cuyo fin será conforme a sus obras^a. ^a*Rom. 2:6; 3:8*

Credenciales de un apóstol verdadero

16 Otra vez digo: nadie me tenga por insensato; pero si *vosotros lo hacéis,* recibidme aunque sea como insensato^a, para que yo también me gloríe un poco. ^a*2 Cor. 11:1*

17 Lo que digo, no lo digo como lo diría el Señor^a, sino como en insensatez, en esta confianza de gloriarme. ^a*1 Cor. 7:12, 25*

18 Pues ya que muchos se glorían según la carne^a, yo también me gloriaré. ^a*2 Cor. 5:16; Fil. 3:3, 4*

19 Porque vosotros, siendo *tan* sabios^a, con gusto toleráis a los insensatos. ^a*1 Cor. 4:10*

20 Pues toleráis si alguno os esclaviza^a, si alguno os devora, si alguno se aprovecha de vosotros, si alguno se exalta a sí mismo, si alguno os golpea en el rostro. ^a*Gál. 2:4; 4:3, 9*

21 Para vergüenza *mía* digo que *en comparación* nosotros hemos sido débiles. Pero en cualquier otra cosa que alguien *más* sea osado^a (hablo con insensatez), yo soy igualmente osado. ^a*2 Cor. 10:2*

22 ¿Son ellos hebreos? Yo también^a. ¿Son israelitas? Yo también. ¿Son descendientes de Abraham? Yo también^b. ^a*Fil. 3:5* ^b*Rom. 11:1*

23 ¿Son servidores de Cristo? (Hablo como si hubiera perdido el juicio.) Yo más. En muchos más trabajos^a, en muchas más cárceles^b, en azotes un sinnúmero de veces, a menudo en peligros de muerte. ^a*1 Cor. 15:10* ^b*2 Cor. 6:5*

24 Cinco veces he recibido de los judíos treinta y nueve *azotes*^a. ^a*Deut. 25:3*

25 Tres veces he sido golpeado con varas^a, una vez fui apedreado^b, tres veces naufragué, y he pasado una noche y un día en lo profundo. ^a*Hech. 16:22* ^b*Hech. 14:19*

26 Con frecuencia en viajes, en peligros de ríos, peligros de salteadores, peligros de *mis* compatriotas, peligros de los gentiles, peligros en la ciudad^a, peligros en el desierto, peligros en el mar, peligros entre falsos hermanos^b; ^a*Hech. 21:31* ^b*Gál. 2:4*

27 en trabajos y fatigas, en muchas noches de desvelo, en hambre y sed, a menudo sin comida^a, en frío y desnudez^b. ^a*2 Cor. 6:5* ^b*1 Cor. 4:11*

28 Además de tales cosas externas, está sobre mí la presión cotidiana *de* la preocupación por todas las iglesias^a. ^a*1 Cor. 7:17*

29 ¿Quién es débil sin que yo sea débil^a? ¿A quién se le hace pecar sin que yo no me preocupe intensamente? ^a*1 Cor. 8:9, 13; 9:22*

30 Si tengo que gloriarme, me gloriaré en cuanto a mi debilidad^a. ^a*1 Cor. 2:3*

31 El Dios y Padre del Señor Jesús, el cual es bendito para siempre^a, sabe que no miento. ^a*Rom. 1:25*

32 En Damasco, el gobernador bajo el rey Aretas, vigilaba la ciudad de los damascenos con el fin de prenderme^a, ^a*Hech. 9:24*

33 pero me bajaron en un cesto por una ventana en la muralla^a, y *así* escapé de sus manos. ^a*Hech. 9:25*

El poder de Dios y las flaquezas de Pablo

12 El gloriarse es necesario, aunque no es provechoso; pasaré entonces a las visiones y revelaciones del Señor^a. ^a*1 Cor. 14:6; 2 Cor. 12:7*

2 Conozco a un hombre en Cristo[a], que hace catorce años (no sé si en el cuerpo, no sé si fuera del cuerpo, Dios lo sabe[b]) el tal fue arrebatado hasta el tercer cielo. [a]*Rom. 16:7* [b]*2 Cor. 11:11*

3 Y conozco a tal hombre (si en el cuerpo o fuera del cuerpo no lo sé, Dios lo sabe[a]) [a]*2 Cor. 11:11*

4 que fue arrebatado al paraíso[a], y escuchó palabras inefables que al hombre no se le permite expresar. [a]*Ezeq. 8:3; Luc. 23:43*

5 De tal *hombre sí* me gloriaré; pero en cuanto a mí mismo, no me gloriaré sino en *mis* debilidades[a]. [a]*1 Cor. 2:3; 2 Cor. 12:9, 10*

6 Porque si quisiera gloriarme, no sería insensato, pues diría la verdad[a]; mas me abstengo *de hacerlo* para que nadie piense de mí más de lo que ve *en* mí, u oye de mí. [a]*2 Cor. 5:13; 7:14*

7 Y dada la extraordinaria grandeza de las revelaciones, por esta razón, para impedir que me enalteciera, me fue dada una espina en la carne[a], un mensajero de Satanás que me abofetee, para que no me enaltezca. [a]*Núm. 33:55; Ezeq. 28:24*

8 Acerca de esto, tres veces[a] he rogado al Señor para que *lo* quitara de mí. [a]*Mat. 26:44*

9 Y Él me ha dicho: Te basta mi gracia, pues mi poder[a] se perfecciona en la debilidad. Por tanto, muy gustosamente me gloriaré más bien en mis debilidades, para que el poder de Cristo more en mí. [a]*1 Cor. 2:5; Ef. 3:16*

10 Por eso me complazco en *las* debilidades, en insultos, en privaciones, en persecuciones y en angustias[a] por amor a Cristo; porque cuando soy débil, entonces soy fuerte. [a]*2 Cor. 6:4; 2 Tes. 1:4*

11 Me he vuelto insensato; vosotros me obligasteis *a ello*. Pues yo debiera haber sido encomiado por vosotros, porque en ningún sentido fui inferior a los más eminentes apóstoles[a], aunque nada soy[b]. [a]*1 Cor. 15:10* [b]*1 Cor. 3:7*

12 Entre vosotros se operaron las señales de un verdadero apóstol, con toda perseverancia, por medio de señales, prodigios, y milagros[a]. [a]*Juan 4:48; Rom. 15:19*

13 Pues ¿en qué fuisteis tratados como inferiores a las demás iglesias, excepto en que yo mismo no fui una carga para vosotros? ¡Perdonadme este agravio[a]! [a]*2 Cor. 11:7*

Planes para visitar Corinto por tercera vez

14 He aquí, esta es la tercera vez que estoy preparado para ir a vosotros[a], y no os seré una carga, pues no busco lo que es vuestro[b], sino a vosotros; porque los hijos no tienen la responsabilidad de atesorar para *sus* padres, sino los padres para *sus* hijos. [a]*2 Cor. 1:15* [b]*1 Cor. 10:24, 33*

15 Y yo muy gustosamente gastaré *lo mío,* y *aun yo mismo* me gastaré por vuestras almas.

Si os amo más, ¿seré amado menos[a]? [a]*2 Cor. 11:11*

16 Pero, en todo caso, yo no os fui carga[a]; no obstante, siendo astuto, os sorprendí con engaño. [a]*2 Cor. 11:9*

17 ¿Acaso he tomado ventaja de vosotros por medio de alguno de los que os he enviado[a]? [a]*2 Cor. 9:5*

18 A Tito le rogué *que fuera*[a], y con él envié al hermano. ¿Acaso obtuvo Tito ventaja de vosotros? ¿No nos hemos conducido nosotros en el mismo espíritu[b] *y seguido* las mismas pisadas? [a]*2 Cor. 2:13* [b]*1 Cor. 4:21*

19 Todo este tiempo habéis estado pensando que nos defendíamos ante vosotros. *En realidad,* es delante de Dios que hemos estado hablando en Cristo[a]; y todo, amados[b], para vuestra edificación. [a]*Rom. 9:1* [b]*Heb. 6:9*

20 Porque temo que quizá cuando yo vaya, halle que no sois lo que deseo, y yo sea hallado por vosotros que no soy lo que deseáis; que quizá *haya* pleitos, celos, enojos[a], rivalidades, difamaciones, chismes, arrogancia, desórdenes[b]; [a]*Rom. 1:30* [b]*1 Cor. 14:33*

21 temo que cuando os visite de nuevo, mi Dios me humille delante de vosotros, y yo tenga que llorar por muchos que han pecado anteriormente[a] y no se han arrepentido de la impureza, inmoralidad y sensualidad[b] que han practicado. [a]*2 Cor. 13:2* [b]*1 Cor. 6:9, 18*

Pablo advierte que obrará con severidad

13 Esta es la tercera vez que voy a vosotros. POR EL TESTIMONIO DE DOS O TRES TESTIGOS SE JUZGARAN TODOS LOS ASUNTOS[a]. [a]*Deut. 17:6; 19:15*

2 Dije previamente, cuando *estuve* presente la segunda vez, y aunque ahora estoy ausente, lo digo de antemano a los que pecaron anteriormente[a] y *también* a todos los demás, que si voy otra vez, no seré indulgente[b], [a]*2 Cor. 12:21* [b]*1 Cor. 4:21*

3 puesto que buscáis una prueba del Cristo que habla en mí[a], el cual no es débil para con vosotros, sino poderoso en vosotros[b]. [a]*Mat. 10:20* [b]*2 Cor. 9:8*

4 Porque ciertamente El fue crucificado[a] por debilidad, pero vive por el poder de Dios[b]. Así también nosotros somos débiles en El, sin embargo, viviremos con El por el poder de Dios para con vosotros. [a]*Fil. 2:7, 8* [b]*Rom. 1:4*

5 Poneos a prueba *para ver* si estáis en la fe; examinaos a vosotros mismos[a]. ¿O no os reconocéis a vosotros mismos que Jesucristo está en vosotros, a menos de que en verdad no paséis la prueba? [a]*1 Cor. 11:28*

6 Mas espero que reconoceréis que nosotros no estamos reprobados.

7 Y rogamos a Dios que no hagáis nada malo; no para que nosotros aparezcamos aprobados, sino para que vosotros hagáis lo bueno, aunque nosotros aparezcamos reprobados.

8 Porque nada podemos hacer contra la verdad, sino *sólo* a favor de la verdad.

9 Pues nos regocijamos cuando nosotros somos débiles, pero vosotros sois fuertes; también oramos por esto, para que vosotros seáis hechos perfectos[a]. [a]*1 Cor. 1:10; 2 Cor. 13:11*

10 Por esta razón os escribo estas cosas estando ausente, a fin de que cuando *esté* presente no tenga que usar de severidad según la autoridad que el Señor me dio para edificación y no para destrucción[a]. [a]*1 Cor. 5:4; 2 Cor. 10:8*

Bendición y despedida

11 Por lo demás, hermanos, regocijaos, sed perfectos, confortaos, sed de un mismo sentir[a], vivid en paz; y el Dios de amor y paz será con vosotros. [a]*Rom. 12:16*

12 Saludaos los unos a los otros con beso santo[a]. [a]*Rom. 16:16*

13 Todos los santos os saludan[a]. [a]*Fil. 4:22*

14 La gracia del Señor Jesucristo, el amor de Dios y la comunión del Espíritu Santo[a] sean con todos vosotros. [a]*Fil. 2:1*

La Epístola del Apóstol San Pablo a los

GALATAS

Saludo

1 Pablo, apóstol (no de parte de hombres[a] ni mediante hombre *alguno,* sino por medio de Jesucristo y de Dios el Padre que le resucitó de entre los muertos), [a]*Gál. 1:11, 12*

2 y todos los hermanos que están conmigo:

A las iglesias de Galacia[a]: [a]*Hech. 16:6; 1 Cor. 16:1*

3 Gracia a vosotros y paz de Dios nuestro Padre y del Señor Jesucristo[a], [a]*Rom. 1:7*

4 que se dio a sí mismo por nuestros pecados[a] para librarnos de este presente siglo malo, conforme a la voluntad de nuestro Dios y Padre[b], [a]*Mat. 20:28* [b]*Fil. 4:20*

5 a quien *sea* la gloria por los siglos de los siglos[a]. Amén. [a]*Rom. 11:36*

No hay otro evangelio

6 Me maravillo de que tan pronto hayáis abandonado al que os llamó por la gracia de Cristo, para *seguir* un evangelio diferente[a]; [a]*2 Cor. 11:4; Gál. 1:7, 11*

7 que *en realidad* no es otro *evangelio,* sólo que hay algunos que os perturban[a] y quieren pervertir el evangelio de Cristo. [a]*Hech. 15:24; Gál. 5:10*

8 Pero si aun nosotros, o un ángel del cielo[a], os anunciara *otro* evangelio contrario al que os hemos anunciado, sea anatema. [a]*2 Cor. 11:14*

9 Como hemos dicho antes, también repito ahora: Si alguno os anuncia un evangelio contrario al que recibisteis[a], sea anatema. [a]*Rom. 16:17*

10 Porque ¿busco ahora el favor de los hombres o el de Dios? ¿O me esfuerzo por agradar a los hombres? Si yo todavía estuviera tratando de agradar a los hombres, no sería siervo de Cristo[a]. [a]*Rom. 1:1; Fil. 1:1*

El evangelio predicado por Pablo

11 Pues quiero que sepáis, hermanos, que el evangelio que fue anunciado por mí[a] no es según el hombre. [a]*Rom. 2:16; 1 Cor. 15:1*

12 Pues ni lo recibí de hombre, ni me fue enseñado, sino *que lo recibí* por medio de una revelación de Jesucristo[a]. [a]*1 Cor. 11:23; Gál. 1:1*

13 Porque vosotros habéis oído acerca de mi antigua manera de vivir en el judaísmo[a], de cuán desmedidamente perseguía yo a la iglesia de Dios y trataba de destruirla, [a]*Hech. 26:4, 5*

14 y *cómo* yo aventajaba en el judaísmo a muchos de mis compatriotas contemporáneos, mostrando mucho más celo por las tradiciones de mis antepasados[a]. [a]*Jer. 9:14; Mat. 15:2*

15 Pero cuando Dios, que me apartó desde el vientre de mi madre y me llamó por su gracia[a], tuvo a bien [a]*Gál. 1:6*

16 revelar a su Hijo en mí para que yo le anunciara entre los gentiles[a], no consulté enseguida con carne y sangre, [a]*Hech. 9:15; Gál. 2:9*

17 ni subí a Jerusalén a los que eran apóstoles antes que yo, sino que fui a Arabia, y regresé otra vez a Damasco[a]. [a]*Hech. 9:2, 19-22*

Visita de Pablo a Jerusalén

18 Entonces, tres años después[a], subí a Jerusalén[b] para conocer a Pedro, y estuve con él quince días. [a]*Hech. 9:22, 23* [b]*Hech. 9:26*

19 Pero no vi a ningún otro de los apóstoles, sino a Jacobo, el hermano del Señor[a]. [a]*Mat. 12:46; Hech. 12:17*

20 (En lo que os escribo, os aseguro delante de Dios que no miento[a].) [a]*Rom. 9:1; 2 Cor. 1:23*

21 Después fui a las regiones[a] de Siria y Cilicia. [a]*Hech. 9:30*

22 Pero *todavía* no era conocido en persona en las iglesias de Judea[a] que eran en Cristo; [a]*1 Cor. 7:17; 1 Tes. 2:14*

23 sino que sólo oían *decir:* El que en otro tiempo nos perseguía, ahora predica la fe que en un tiempo quería destruir[a]. [a]*Hech. 9:21*

24 Y glorificaban a Dios[a] por causa de mí. [a]*Mat. 9:8*

Los apóstoles respaldan a Pablo

2 Entonces, después de catorce años, subí otra vez a Jerusalén con Bernabé[a], llevando también a Tito. [a]*Hech. 4:36; Gál. 2:9, 13*

2 Subí por causa de una revelación y les presenté el evangelio que predico entre los gentiles, pero *lo hice* en privado a los que tenían *alta* reputación, para cerciorarme de que no corría ni había corrido en vano[a]. [a]*Rom. 9:16; 1 Cor. 9:24*

3 Pero ni aun Tito[a], que estaba conmigo, fue obligado a circuncidarse, aunque era griego. [a]*2 Cor. 2:13; Gál. 2:1*

4 Y *esto fue* por causa de los falsos hermanos[a] introducidos secretamente, que se habían infiltrado para espiar la libertad que tenemos en Cristo Jesús, a fin de someternos a esclavitud, [a]*Hech. 15:1, 24; 2 Cor. 11:13, 26*

5 a los cuales ni por un momento cedimos, para no someternos, a fin de que la verdad del evangelio[a] permanezca con vosotros. [a]*Gál. 1:6; 2:14*

6 Y de aquellos que tenían reputación de ser algo (lo que eran, nada me importa; Dios no hace acepción de personas[a]), pues bien, los que tenían reputación, nada me enseñaron. [a]*Hech. 10:34*

7 Sino al contrario, al ver que se me había encomendado el evangelio a los de la incircuncisión[a], así como Pedro *lo había sido* a los de la circuncisión [a]*Hech. 9:15; Gál. 1:16*

8 (porque aquel que obró eficazmente para con Pedro en *su* apostolado[a] a los de la circuncisión, también obró eficazmente para conmigo *en mi apostolado* a los gentiles), [a]*Hech. 1:25*

9 y al reconocer la gracia que se me había dado[a], Jacobo, Pedro y Juan, que eran considerados como columnas, nos dieron a mí y a Bernabé la diestra de compañerismo, para que nosotros *fuéramos* a los gentiles y ellos a los de la circuncisión. [a]*Rom. 12:3*

10 Sólo *nos pidieron* que nos acordáramos de los pobres[a], lo mismo que yo estaba también deseoso de hacer. [a]*Hech. 24:17*

Judíos y gentiles justificados por la fe

11 Pero cuando Pedro[a] vino a Antioquía, me opuse a él cara a cara, porque era de condenar. [a]*Gál. 1:18; 2:7, 9, 14*

12 Porque antes de venir algunos de parte de Jacobo, él comía con los gentiles[a], pero cuando vinieron, empezó a retraerse y apartarse, porque temía a los de la circuncisión[b]. [a]*Hech. 11:3* [b]*Hech. 11:2*

13 Y el resto de los judíos se le unió en *su* hipocresía, *de tal manera* que aun Bernabé fue arrastrado por la hipocresía de ellos. [a]*Hech. 4:36; Gál. 2:1, 9*

14 Pero cuando vi que no andaban con rectitud en cuanto a la verdad del evangelio[a], dije a Pedro delante de todos: Si tú, siendo judío, vives como los gentiles y no como los judíos, ¿por qué obligas a los gentiles a vivir como judíos? [a]*Gál. 1:6; 2:5*

15 Nosotros *somos* judíos de nacimiento[a] y no pecadores de entre los gentiles; [a]*Fil. 3:4, 5*

16 sin embargo, sabiendo que el hombre no es justificado por las obras de *la* ley[a], sino mediante la fe en Cristo Jesús, también nosotros hemos creído en Cristo Jesús, para que seamos justificados por la fe en Cristo, y no por las obras de *la* ley; puesto que por las obras de *la* ley nadie será justificado. [a]*Hech. 13:39; Gál. 3:11*

17 Pero si buscando ser justificados en Cristo, también nosotros hemos sido hallados pecadores[a], ¿es Cristo, entonces, ministro de pecado? ¡De ningún modo! [a]*Gál. 2:15*

18 Porque si yo reedifico lo que *en otro tiempo* destruí, yo mismo resulto transgresor[a]. [a]*Rom. 3:5*

19 Pues mediante *la* ley yo morí a *la* ley[a], a fin de vivir para Dios. [a]*Rom. 6:2; 7:4*

20 Con Cristo he sido crucificado[a], y ya no soy yo el que vive, sino que Cristo vive en mí; y la *vida* que ahora vivo en la carne, la vivo por fe en el Hijo de Dios, el cual me amó y se entregó a sí mismo por mí. [a]*Rom. 6:6; Gál. 5:24*

21 No hago nula la gracia de Dios, porque si la justicia *viene* por medio de *la* ley[a], entonces Cristo murió en vano. [a]*Gál. 3:21*

La fe y la vida cristiana

3 ¡Oh, gálatas insensatos! ¿Quién os ha fascinado a vosotros, ante cuyos ojos Jesucristo fue presentado públicamente *como* crucificado[a]?. [a]*1 Cor. 1:23; Gál. 5:11*

2 Esto es lo único que quiero averiguar de vosotros: ¿recibisteis el Espíritu por las obras de *la* ley, o por el oír con fe[a]? [a]*Rom. 10:17*

3 ¿Tan insensatos sois? Habiendo comenzado por el Espíritu, ¿vais a terminar ahora por la carne?

4 ¿Habéis padecido tantas cosas en vano? ¡Si es que en realidad fue en vano[a]! [a]*1 Cor. 15:2*

5 Aquel, pues, que os suministra el Espíritu y hace milagros entre vosotros, ¿lo hace por las obras de *la* ley o por el oír con fe[a]? [a]*Rom. 10:17*

6 Así Abraham CREYO A DIOS Y LE FUE CONTADO COMO JUSTICIA[a]. [a]*Gén. 15:6; Rom. 4:3*

7 Por consiguiente, sabed que los que son de fe[a], éstos son hijos de Abraham. [a]*Gál. 3:9*

8 Y la Escritura, previendo que Dios justificaría a los gentiles por la fe, anunció de antemano las buenas nuevas a Abraham, *diciendo:* EN TI SERAN BENDITAS TODAS LAS NACIONES[a]. [a]*Gén. 12:3*

9 Así que, los que son de fe son bendecidos con Abraham[a], el creyente. [a]*Gál. 3:7*

10 Porque todos los que son de las obras de *la ley* están bajo maldición, pues escrito está: MALDITO TODO EL QUE NO PERMANECE EN TODAS LAS COSAS ESCRITAS EN EL LIBRO DE LA LEY, PARA HACERLAS[a]. [a]*Deut. 27:26*

11 Y que nadie es justificado ante Dios por *la ley*[a] es evidente, porque EL JUSTO VIVIRÁ POR LA FE[b]. [a]*Gál. 2:16* [b]*Hab. 2:4*

12 Sin embargo, la ley no es de fe; al contrario, EL QUE LAS HACE, VIVIRÁ POR ELLAS[a]. [a]*Lev. 18:5; Rom. 10:5*

13 Cristo nos redimió de la maldición de la ley, habiéndose hecho maldición por nosotros (porque escrito está: MALDITO TODO EL QUE CUELGA DE UN MADERO[a]), [a]*Deut. 21:23; Hech. 5:30*

14 a fin de que en Cristo Jesús la bendición de Abraham viniera a los gentiles, para que recibiéramos[a] la promesa del Espíritu mediante la fe[b]. [a]*Gál. 3:2* [b]*Hech. 2:33*

La promesa, y el propósito de la ley

15 Hermanos, hablo en términos humanos[a]: un pacto, aunque sea humano, una vez ratificado nadie lo invalida ni le añade condiciones. [a]*Rom. 3:5*

16 Ahora bien, las promesas fueron hechas a Abraham y a su descendencia. No dice: y a las descendencias, como *refiriéndose* a muchas, sino *más bien* a una: y a tu descendencia[a], es decir, Cristo. [a]*Hech. 3:25*

17 Lo que digo es esto: La ley, que vino cuatrocientos treinta años[a] más tarde, no invalida un pacto ratificado anteriormente por Dios, como para anular la promesa. [a]*Gén. 15:13, 14; Ex. 12:40*

18 Porque si la herencia depende de la ley, ya no depende de una promesa[a]; pero Dios se la concedió a Abraham por medio de una promesa. [a]*Rom. 4:14*

19 Entonces, ¿para qué *fue dada* la ley? Fue añadida a causa de las transgresiones[a], hasta que viniera la descendencia a la cual había sido hecha la promesa, *ley* que fue promulgada mediante ángeles por mano de un mediador. [a]*Rom. 5:20*

20 Ahora bien, un mediador no es de uno *solo*, pero Dios es uno[a]. [a]*1 Tim. 2:5; Heb. 8:6*

21 ¿Es entonces la ley contraria a las promesas de Dios? ¡De ningún modo[a]! Porque si se hubiera dado una ley capaz de impartir vida, entonces la justicia ciertamente hubiera dependido de la ley. [a]*Luc. 20:16; Gál. 2:17*

22 Pero la Escritura lo encerró todo bajo pecado[a], para que la promesa *que es* por fe en Jesucristo fuera dada a todos los que creen. [a]*Rom. 11:32*

23 Y antes de venir la fe, estábamos encerrados bajo la ley, confinados[a] para la fe que había de ser revelada. [a]*Rom. 11:32*

24 De manera que la ley ha venido a ser nuestro ayo *para conducirnos* a Cristo, a fin de que seamos justificados por fe[a]. [a]*Gál. 2:16*

25 Pero ahora que ha venido la fe, ya no estamos bajo ayo[a], [a]*1 Cor. 4:15*

26 pues todos sois hijos de Dios[a] mediante la fe en Cristo Jesús. [a]*Rom. 8:14; Gál. 4:5*

27 Porque todos los que fuisteis bautizados en Cristo, de Cristo os habéis revestido[a]. [a]*Rom. 13:14*

28 No hay judío ni griego; no hay esclavo ni libre; no hay hombre ni mujer[a]; porque todos sois uno en Cristo Jesús. [a]*Rom. 3:22; 1 Cor. 12:13*

29 Y si sois de Cristo, entonces sois descendencia de Abraham, herederos según la promesa[a]. [a]*Rom. 4:13; 9:8*

La adopción es sólo mediante Jesucristo

4 Digo, pues: Mientras el heredero es menor de edad en nada es diferente del siervo, aunque sea el dueño de todo,

2 sino que está bajo guardianes y tutores hasta la edad señalada por el padre.

3 Así también nosotros, mientras éramos niños, estábamos sujetos a servidumbre[a] bajo las cosas elementales del mundo[b]. [a]*Gál. 2:4* [b]*Gál. 4:9*

4 Pero cuando vino la plenitud del tiempo, Dios envió a su Hijo, nacido de mujer[a], nacido bajo la ley, [a]*Juan 1:14; Rom. 1:3*

5 a fin de que redimiera a los que estaban bajo *la* ley, para que recibiéramos la adopción de hijos[a]. [a]*Rom. 8:14; Gál. 3:26*

6 Y porque sois hijos, Dios ha enviado el Espíritu de su Hijo a nuestros corazones[a], clamando: ¡Abba! ¡Padre! [a]*Hech. 16:7; Rom. 5:5*

7 Por tanto, ya no eres siervo, sino hijo; y si hijo, también heredero por medio de Dios[a]. [a]*Rom. 8:17*

No os volváis a la esclavitud

8 Pero en aquel tiempo, cuando no conocíais a Dios[a], erais siervos de aquellos que por naturaleza no son dioses. [a]*1 Cor. 1:21; Ef. 2:12*

9 Pero ahora que conocéis a Dios, o más bien, que sois conocidos por Dios[a], ¿cómo es que os volvéis otra vez a las cosas débiles, inútiles y elementales, a las cuales deseáis volver a estar esclavizados de nuevo? [a]*1 Cor. 8:3*

10 Observáis los días[a], los meses, las estaciones y los años. [a]*Rom. 14:5; Col. 2:16*

11 Temo por vosotros, que quizá en vano he trabajado por vosotros.

12 Os ruego, hermanos[a], haceos como yo, pues yo también *me he hecho* como vosotros. Ningún agravio me habéis hecho; [a]*Gál. 6:18*

13 pero sabéis que fue por causa de una enfermedad física que os anuncié el evangelio la primera vez;

14 y lo que para vosotros fue una prueba en mi condición física, no despreciasteis ni rechazasteis, sino que me recibisteis como un ángel de Dios, como a Cristo Jesús[a] mismo. [a]*Gál. 3:26*

15 ¿Dónde está, pues, aquel sentido de bendición que tuvisteis? Pues testigo soy en favor vuestro de que de ser posible, os hubierais sacado los ojos y me los hubierais dado.

16 ¿Me he vuelto, por tanto, vuestro enemigo al deciros la verdad[a]? [a]*Amós 5:10*

17 Ellos os tienen celo, no con buena intención, sino que quieren excluiros a fin de que mostréis celo por ellos.

18 Es bueno mostrar celo con buena intención siempre, y no sólo cuando yo estoy presente con vosotros[a]. [a]*Gál. 4:13, 14*

19 Hijos míos, por quienes de nuevo sufro dolores de parto hasta que Cristo sea formado en vosotros[a], [a]*Ef. 4:13*

20 quisiera estar presente con vosotros ahora y cambiar mi tono, pues perplejo estoy[a] en cuanto a vosotros. [a]*2 Cor. 4:8*

Alegoría de la libertad en Cristo

21 Decidme, los que deseáis estar bajo *la* ley, ¿no oís a la ley[a]? [a]*Luc. 16:29*

22 Porque está escrito que Abraham tuvo dos hijos, uno de la sierva[a] y otro de la libre[b]. [a]*Gén. 16:15* [b]*Gén. 21:2*

23 Pero el hijo de la sierva nació según la carne[a], y el hijo de la libre por medio de la promesa[b]. [a]*Rom. 9:7* [b]*Gén. 17:16*

24 Esto contiene una alegoría, pues estas *mujeres* son dos pactos; uno *procede* del monte Sinaí que engendra hijos para ser esclavos[a]; éste es Agar. [a]*Gál. 4:3*

25 Ahora bien, Agar es el monte Sinaí en Arabia, y corresponde a la Jerusalén actual, porque ella está en esclavitud con sus hijos.

26 Pero la Jerusalén de arriba[a] es libre; ésta es nuestra madre. [a]*Heb. 12:22; Apoc. 3:12*

27 Porque escrito está:

REGOCIJATE, OH ESTERIL, LA QUE NO
  CONCIBES;
PRORRUMPE Y CLAMA, TU QUE NO TIENES
  DOLORES DE PARTO,
PORQUE MAS SON LOS HIJOS DE LA DESOLADA,
QUE DE LA QUE TIENE MARIDO[a]. [a]*Isa. 54:1*

28 Y vosotros, hermanos, como Isaac, sois hijos de la promesa[a]. [a]*Rom. 9:7; Gál. 3:29*

29 Pero así como entonces el que nació según la carne persiguió[a] al que *nació* según el Espíritu, así también *sucede* ahora. [a]*Gén. 21:9*

30 Pero, ¿qué dice la Escritura?

ECHA FUERA A LA SIERVA Y A SU HIJO,
PUES EL HIJO DE LA SIERVA NO SERA HEREDERO
  CON EL HIJO DE LA LIBRE[a]. [a]*Gén. 21:10, 12;
  Juan 8:35*

31 Así que, hermanos, no somos hijos de la sierva, sino de la libre.

5 Para libertad[a] fue que Cristo nos hizo libres; por tanto, permaneced firmes, y no os sometáis otra vez al yugo de esclavitud. [a]*Juan 8:32, 36; Rom. 8:15*

La libertad cristiana

2 Mirad, yo, Pablo, os digo que si os dejáis circuncidar, Cristo de nada os aprovechará[a]. [a]*Hech. 15:1; Gál. 5:3, 6, 11*

3 Y otra vez testifico a todo hombre que se circuncida, que está obligado a cumplir toda la ley[a]. [a]*Rom. 2:25*

4 De Cristo os habéis separado, vosotros que procuráis ser justificados por *la* ley; de la gracia habéis caído[a]. [a]*Heb. 12:15; 2 Ped. 3:17*

5 Pues nosotros, por medio del Espíritu, esperamos por la fe la esperanza de justicia[a]. [a]*Rom. 8:23; 1 Cor. 1:7*

6 Porque en Cristo Jesús ni la circuncisión ni la incircuncisión significan nada[a], sino la fe que obra por amor. [a]*1 Cor. 7:19; Gál. 6:15*

7 Vosotros corríais[a] bien, ¿quién os impidió obedecer a la verdad? [a]*Gál. 2:2*

8 Esta persuasión no *vino* de aquel que os llama[a]. [a]*Rom. 8:28; Gál. 1:6*

9 Un poco de levadura fermenta toda la masa[a]. [a]*1 Cor. 5:6*

10 Yo tengo confianza respecto a vosotros en el Señor de que no optaréis por otro punto de vista; pero el que os perturba[a] llevará su castigo, quienquiera que sea. [a]*Gál. 1:7; 5:12*

11 Pero yo, hermanos, si todavía predico la circuncisión, ¿por qué soy perseguido aún[a]? En tal caso, ¿por qué el escándalo de la cruz ha sido abolido. [a]*Gál. 4:29; 6:12*

12 ¡Ojalá que los que os perturban también se mutilaran! [a]*Deut. 23:1*

La libertad y el amor

13 Porque vosotros, hermanos, a libertad fuisteis llamados; sólo que no *uséis* la libertad como pretexto para la carne[a], sino servíos por amor los unos a los otros. [a]*1 Cor. 8:9; 1 Ped. 2:16*

14 Porque toda la ley en una palabra se cumple en el *precepto:* AMARAS A TU PROJIMO COMO A TI MISMO[a]. [a]*Lev. 19:18; Mat. 7:12*

15 Pero si os mordéis y os devoráis unos a otros, tened cuidado, no sea que os consumáis unos a otros[a]. [a]*Gál. 5:20; Fil. 3:2*

Conflicto entre el Espíritu y la carne

16 Digo, pues: Andad por el Espíritu, y no cumpliréis el deseo de la carne. [a]*Rom. 8:4; 13:14*

17 Porque el deseo de la carne es contra el Espíritu, y el *del* Espíritu *es* contra la carne, pues éstos se oponen el uno al otro[a], de manera que no podéis hacer lo que deseáis[b]. [a]*Rom. 7:18, 23* [b]*Rom. 7:15*

18 Pero si sois guiados por el Espíritu[a], no estáis bajo la ley. [a]*Rom. 8:14*

19 Ahora bien, las obras de la carne son evidentes, las cuales son: inmoralidad, impureza, sensualidad[a], [a]*1 Cor. 6:9, 18; 2 Cor. 12:21*

20 idolatría, hechicería, enemistades, pleitos, celos, enojos, rivalidades[a], disensiones, sectarismos, [a]*2 Cor. 12:20*

21 envidias, borracheras, orgías y cosas semejantes, contra las cuales os advierto, como ya os lo he dicho antes, que los que practican tales cosas no heredarán el reino de Dios[a]. [a]*1 Cor. 6:9*

El fruto del Espíritu en la conducta cristiana

22 Mas el fruto[a] del Espíritu es amor, gozo, paz, paciencia, benignidad, bondad, fidelidad, [a]*Mat. 7:16; Ef. 5:9*

23 mansedumbre, dominio propio[a]; contra tales cosas no hay ley. [a]*Hech. 24:25*

24 Pues los que son de Cristo Jesús han crucificado[a] la carne con sus pasiones y deseos. [a]*Rom. 6:6; Gál. 2:20*

25 Si vivimos por el Espíritu, andemos también por el Espíritu[a]. [a]*Gál. 5:16*

26 No nos hagamos vanagloriosos[a], provocándonos unos a otros, envidiándonos unos a otros. [a]*Fil. 2:3*

6 Hermanos, aun si alguno es sorprendido en alguna falta, vosotros que sois espirituales[a], restauradlo en un espíritu de mansedumbre, mirándote a ti mismo, no sea que tú también seas tentado. [a]*1 Cor. 2:15*

2 Llevad los unos las cargas de los otros[a], y cumplid así la ley de Cristo. [a]*Rom. 15:1*

3 Porque si alguno se cree que es algo, no siendo nada, se engaña a sí mismo[a]. [a]*Hech. 5:36; 1 Cor. 3:18*

4 Pero que cada uno examine su propia obra[a], y entonces tendrá *motivo para* gloriarse solamente con respecto a sí mismo, y no con respecto a otro. [a]*1 Cor. 11:28*

5 Porque cada uno llevará su propia carga[a]. [a]*Prov. 9:12; Rom. 14:12*

6 Y al que se le enseña la palabra, que comparta toda cosa buena con el que le enseña[a]. [a]*1 Cor. 9:11, 14; 2 Tim. 4:2*

7 No os dejéis engañar, de Dios nadie se burla[a]; pues todo lo que el hombre siembre, eso también segará. [a]*Job 13:9*

8 Porque el que siembra para su propia carne, de la carne segará corrupción[a], pero el que siembra para el Espíritu, del Espíritu segará vida eterna[b]. [a]*Job 4:8* [b]*Rom. 8:11*

9 Y no nos cansemos de hacer el bien, pues a su tiempo, si no nos cansamos, segaremos[a]. [a]*Mat. 10:22; 1 Cor. 15:58*

10 Así que entonces, hagamos bien a todos según tengamos oportunidad[a], y especialmente a los de la familia de la fe. [a]*Prov. 3:27; Juan 12:35*

Declaraciones finales

11 Mirad con qué letras tan grandes os escribo de mi propia mano[a]. [a]*1 Cor. 16:21*

12 Los que desean agradar en la carne[a] tratan de obligaros a que os circuncidéis, simplemente para no ser perseguidos a causa de la cruz de Cristo. [a]*Mat. 23:27, 28*

13 Porque ni aun los mismos que son circuncidados guardan la ley[a], mas ellos desean haceros circuncidar para gloriarse en vuestra carne. [a]*Rom. 2:25*

14 Pero jamás acontezca que yo me gloríe, sino en la cruz de nuestro Señor Jesucristo, por el cual el mundo ha sido crucificado para mí y yo para el mundo[a]. [a]*Rom. 6:2, 6; Gál. 2:19, 20*

15 Porque ni la circuncisión es nada, ni la incircuncisión[a], sino una nueva creación. [a]*Rom. 2:26, 28; 1 Cor. 7:19*

16 Y a los que anden conforme a esta regla, paz y misericordia *sea* sobre ellos y sobre el Israel de Dios[a]. [a]*Rom. 9:6; Gál. 3:7, 29*

17 De aquí en adelante nadie me cause molestias, porque yo llevo en mi cuerpo las marcas[a] de Jesús. [a]*Isa. 44:5; Ezeq. 9:4*

18 Hermanos[a], la gracia de nuestro Señor Jesucristo sea con vuestro espíritu[b]. Amén. [a]*Hech. 1:15* [b]*Rom. 16:20*

La Epístola del Apóstol San Pablo a los
EFESIOS

Saludo

1 Pablo, apóstol de Cristo Jesús[a] por la voluntad de Dios:

A los santos que están en Efeso y *que son* fieles en Cristo Jesús: [a]*Rom. 8:1; Gál. 3:26*

2 Gracia a vosotros y paz de Dios nuestro Padre y del Señor Jesucristo[a]. [a]*Rom. 1:7*

Beneficios de la redención

3 Bendito *sea* el Dios y Padre de nuestro Señor Jesucristo, que nos ha bendecido con toda bendición espiritual en los *lugares* celestiales en Cristo[a], [a]*Ef. 1:20; 2:6*

4 según nos escogió[a] en El antes de la fundación del mundo, para que fuéramos santos y sin mancha delante de El. En amor [a]*Ef. 2:10; 2 Tes. 2:13, 14*

5 nos predestinó[a] para adopción como hijos para sí mediante Jesucristo, conforme al beneplácito de su voluntad, [a]*Hech. 13:48; Rom. 8:29, 30*

6 para alabanza de la gloria[a] de su gracia que gratuitamente ha impartido sobre nosotros en el Amado[b]. [a]*Ef. 1:12, 14* [b]*Mat. 3:17*

7 En El tenemos redención[a] mediante su

sangre, el perdón de nuestros pecados según las riquezas de su gracia [a]*Rom. 3:24; 1 Cor. 1:30*

8 que ha hecho abundar para con nosotros. En toda sabiduría y discernimiento

9 nos dio a conocer el misterio[a] de su voluntad, según el beneplácito que se propuso en El, [a]*Rom. 11:25; 16:25*

10 con miras a una *buena* administración en el cumplimiento de los tiempos[a], *es decir,* de reunir todas las cosas en Cristo[b], *tanto* las *que están* en los cielos, *como* las *que están* en la tierra. En El [a]*Mar. 1:15* [b]*Ef. 3:15*

11 también hemos obtenido herencia, habiendo sido predestinados según el propósito de aquel que obra todas las cosas conforme al consejo de su voluntad[a], [a]*Rom. 9:11; Heb. 6:17*

12 a fin de que nosotros, que fuimos los primeros en esperar en Cristo, seamos para alabanza de su gloria[a]. [a]*Ef. 1:6, 14*

13 En El también vosotros, después de escuchar el mensaje de la verdad, el evangelio de vuestra salvación, y habiendo creído, fuisteis sellados en El[a] con el Espíritu Santo de la promesa[b], [a]*Juan 3:33* [b]*Hech. 1:4, 5*

14 que nos es dado como garantía[a] de nuestra herencia, con miras a la redención de la posesión *adquirida de Dios,* para alabanza de su gloria. [a]*2 Cor. 1:22*

Pablo ora por los efesios

15 Por esta razón también yo, habiendo oído de la fe en el Señor Jesús que *hay* entre vosotros, y *de* vuestro amor por todos los santos[a], [a]*Rom. 1:8; Ef. 1:1*

16 no ceso de dar gracias por vosotros[a], haciendo mención *de vosotros* en mis oraciones; [a]*Rom. 1:8, 9; Col. 1:9*

17 *pidiendo* que el Dios de nuestro Señor Jesucristo[a], el Padre de gloria, os dé espíritu de sabiduría y de revelación en un mejor conocimiento de El. [a]*Juan 20:17; Rom. 15:6*

18 *Mi oración es* que los ojos de vuestro corazón sean iluminados[a], para que sepáis cuál es la esperanza de su llamamiento, cuáles son las riquezas de la gloria de su herencia en los santos, [a]*Hech. 26:18; 2 Cor. 4:6*

19 y cuál es la extraordinaria grandeza de su poder para con nosotros los que creemos, conforme a la eficacia de la fuerza de su poder[a], [a]*Ef. 3:7; 6:10*

20 el cual obró en Cristo cuando le resucitó de entre los muertos[a] y le sentó a su diestra en los *lugares* celestiales, [a]*Hech. 2:24*

21 muy por encima de todo principado, autoridad, poder, dominio[a] y de todo nombre que se nombra, no sólo en este siglo sino también en el venidero. [a]*Mat. 28:18; Rom. 8:38, 39*

22 Y todo sometió bajo sus pies[a], y a El lo dio por cabeza sobre todas las cosas a la iglesia, [a]*Sal. 8:6; 1 Cor. 15:27*

23 la cual es su cuerpo[a], la plenitud de aquel que lo llena todo en todo. [a]*1 Cor. 12:27; Ef. 4:12*

De muerte a vida por Cristo

2 Y *El os dio vida* a vosotros, que estabais muertos en vuestros delitos y pecados[a], [a]*Luc. 15:24, 32; Ef. 2:5*

2 en los cuales anduvisteis en otro tiempo según la corriente de este mundo, conforme al príncipe de la potestad del aire[a], el espíritu que ahora opera en los hijos de desobediencia[b], [a]*Juan 12:31* [b]*Ef. 5:6*

3 entre los cuales también todos nosotros en otro tiempo vivíamos en las pasiones de nuestra carne[a], satisfaciendo los deseos de la carne y de la mente, y éramos por naturaleza[b] hijos de ira, lo mismo que los demás. [a]*Gál. 5:16, 17* [b]*Rom. 2:14*

4 Pero Dios, que es rico en misericordia, por causa del gran amor con que nos amó[a], [a]*Juan 3:16*

5 aun cuando estábamos muertos en *nuestros* delitos, nos dio vida juntamente con Cristo (por gracia habéis sido salvados[a]), [a]*Hech. 15:11; Ef. 2:8*

6 y con El *nos* resucitó[a], y con El *nos* sentó en los *lugares* celestiales en Cristo Jesús, [a]*Col. 2:12*

7 a fin de poder mostrar en los siglos venideros las sobreabundantes riquezas de su gracia[a] por *su* bondad para con nosotros en Cristo Jesús. [a]*Rom. 2:4; Ef. 1:7*

8 Porque por gracia habéis sido salvados[a] por medio de la fe, y esto no de vosotros, *sino que es* don de Dios; [a]*Hech. 15:11; Ef. 2:5*

9 no por obras[a], para que nadie se gloríe. [a]*Rom. 3:28; 2 Tim. 1:9*

10 Porque somos hechura suya, creados[a] en Cristo Jesús para *hacer* buenas obras, las cuales Dios preparó de antemano para que anduviéramos en ellas. [a]*Ef. 2:15; 4:24*

En Cristo hay paz y unidad

11 Recordad, pues, que en otro tiempo vosotros los gentiles en la carne, llamados incircuncisión por la tal llamada circuncisión, hecha por manos en la carne[a], [a]*Rom. 2:28, 29; Col. 2:11, 13*

12 *recordad* que en ese tiempo estabais separados de Cristo, excluidos de la ciudadanía de Israel, extraños a los pactos de la promesa, sin tener esperanza, y sin Dios en el mundo. [a]*Gál. 3:17; Heb. 8:6*

13 Pero ahora en Cristo Jesús, vosotros, que en otro tiempo estabais lejos, habéis sido acercados por la sangre de Cristo[a]. [a]*Rom. 3:25; Col. 1:20*

14 Porque El mismo es nuestra paz[a], quien de ambos *pueblos* hizo uno, derribando la pared intermedia de separación, [a]*Isa. 9:6; Ef. 2:15*

15 aboliendo en su carne la enemistad, la ley de *los* mandamientos *expresados* en ordenanzas, para crear en sí mismo de los dos un nuevo hombre, estableciendo *así* la paz[a], [a]*Isa. 9:6; Ef. 2:14*

16 y para reconciliar con Dios[a] a los dos en un cuerpo por medio de la cruz, habiendo dado muerte en ella a la enemistad. [a]*2 Cor. 5:18; Col. 1:20, 22*

17 Y VINO Y ANUNCIO[a] PAZ A VOSOTROS QUE ESTABAIS LEJOS, Y PAZ A LOS QUE ESTABAN CERCA; [a]*Rom. 10:14*

18 porque por medio de El los unos y los otros tenemos nuestra entrada al Padre[a] en un mismo Espíritu. [a]*Col. 1:12*

19 Así pues, ya no sois extranjeros ni advenedizos, sino que sois conciudadanos[a] de los santos y sois de la familia de Dios, [a]*Fil. 3:20; Heb. 12:22, 23*

20 edificados[a] sobre el fundamento[b] de los apóstoles y profetas, siendo Cristo Jesús mismo la *piedra* angular, [a]*1 Cor. 3:9* [b]*Mat. 16:18*

21 en quien todo el edificio, bien ajustado, va creciendo para *ser* un templo santo en el Señor[a], [a]*1 Cor. 3:16, 17*

22 en quien también vosotros sois juntamente edificados[a] para morada de Dios en el Espíritu. [a]*1 Cor. 3:9*

El ministerio de Pablo a los gentiles

3 Por esta causa yo, Pablo, prisionero[a] de Cristo Jesús por amor de vosotros los gentiles [a]*Hech. 23:18; Ef. 4:1*

2 (si en verdad habéis oído de la dispensación de la gracia de Dios que me fue dada para vosotros[a]; [a]*Ef. 1:10; 3:9*

3 que por revelación me fue dado a conocer[a] el misterio, tal como antes os escribí brevemente. [a]*Ef. 1:9; 3:4, 9*

4 En vista de lo cual, leyendo, podréis comprender mi discernimiento del misterio de Cristo[a], [a]*Rom. 11:25; Ef. 6:19*

5 que en otras generaciones no se dio a conocer a los hijos de los hombres, como ahora ha sido revelado a sus santos apóstoles y profetas[a] por el Espíritu; [a]*1 Cor. 12:28; Ef. 2:20*

6 *a saber,* que los gentiles son coherederos[a] y miembros del mismo cuerpo, participando igualmente de la promesa en Cristo Jesús mediante el evangelio, [a]*Gál. 3:29*

7 del cual fui hecho ministro[a], conforme al don de la gracia de Dios que se me ha concedido según la eficacia de su poder. [a]*1 Cor. 3:5; Col. 1:23, 25*

8 A mí, que soy menos que el más pequeño de todos los santos, se me concedió esta gra-

cia: anunciar a los gentiles las inescrutables riquezas de Cristo[a], [a]*Rom. 2:4; Ef. 1:7*

9 y sacar a luz cuál es la dispensación del misterio[a] que por los siglos ha estado oculto en Dios, creador de todas las cosas; [a]*Rom. 11:25; Ef. 6:19*

10 a fin de que la infinita sabiduría de Dios sea ahora dada a conocer[a] por medio de la iglesia a los principados y potestades[b] en los *lugares* celestiales, [a]*Ef. 1:23* [b]*Ef. 1:21*

11 conforme al propósito eterno[a] que llevó a cabo en Cristo Jesús nuestro Señor, [a]*Ef. 1:11*

12 en quien tenemos libertad y acceso *a Dios* con confianza[a] por medio de la fe en El. [a]*2 Cor. 3:4; Heb. 4:16*

13 Ruego, por tanto, que no desmayéis a causa de mis tribulaciones por vosotros[a], porque son vuestra gloria). [a]*Ef. 3:1*

Pablo ora otra vez por los efesios

14 Por esta causa, *pues,* doblo mis rodillas[a] ante el Padre de nuestro Señor Jesucristo, [a]*Fil. 2:10*

15 de quien recibe nombre toda familia en el cielo y en la tierra,

16 que os conceda, conforme a las riquezas de su gloria, ser fortalecidos[a] con poder por su Espíritu en el hombre interior; [a]*1 Cor. 16:13; Fil. 4:13*

17 de manera que Cristo more por la fe en vuestros corazones[a]; *y* que arraigados[b] y cimentados en amor, [a]*Juan 14:23* [b]*1 Cor. 3:6*

18 seáis capaces de comprender con todos los santos cuál es la anchura, la longitud, la altura y la profundidad[a], [a]*Job 11:8, 9*

19 y de conocer el amor de Cristo[a] que sobrepasa el conocimiento, para que seáis llenos hasta *la medida de* toda la plenitud de Dios. [a]*Rom. 8:35, 39*

Doxología

20 Y a aquel que es poderoso para hacer todo mucho más abundantemente[a] de lo que pedimos o entendemos, según el poder que obra en nosotros, [a]*2 Cor. 9:8*

21 a El *sea* la gloria en la iglesia y en Cristo Jesús por todas las generaciones, por los siglos de los siglos. Amén[a]. [a]*Rom. 11:36*

La vida en Cristo

4 Yo, pues, prisionero del Señor, os ruego que viváis de una manera digna[a] de la vocación con que habéis sido llamados, [a]*Ef. 2:10; Col. 1:10*

2 con toda humildad y mansedumbre, con paciencia[a], soportándoos unos a otros en amor, [a]*Col. 3:12, 13*

3 esforzándoos por preservar la unidad del Espíritu en el vínculo de la paz[a]. [a]*Col. 3:14, 15*

4 *Hay* un solo cuerpo y un solo Espíritu[a], así como también vosotros fuisteis llamados en

una misma esperanza de vuestra vocación[b]; [a]*1 Cor. 12:4* [b]*Ef. 1:18*

5 un solo Señor[a], una sola fe, un solo bautismo, [a]*1 Cor. 8:6*

6 un solo Dios y Padre de todos, que está sobre todos, por todos y en todos[a]. [a]*Rom. 11:36; Col. 1:16*

7 Pero a cada uno de nosotros se nos ha concedido la gracia conforme a la medida del don de Cristo[a]. [a]*Rom. 12:3*

8 Por tanto, dice:

CUANDO ASCENDIO A LO ALTO,
LLEVO CAUTIVA UNA HUESTE DE CAUTIVOS[a],
Y DIO DONES A LOS HOMBRES. [a]*Jue. 5:12;
     Col. 2:15*

9 (Esta *expresión:* Ascendió, ¿qué significa, sino que El también había descendido[a] a las profundidades de la tierra? [a]*Juan 3:13*

10 El que descendió es también el mismo que ascendió mucho más arriba de todos los cielos[a], para poder llenarlo todo[b].) [a]*Ef. 1:20, 21* [b]*Ef. 1:23*

11 Y El dio a algunos *el ser* apóstoles, a otros profetas, a otros evangelistas[a], a otros pastores y maestros, [a]*Hech. 21:8*

12 a fin de capacitar a los santos para la obra del ministerio, para la edificación[a] del cuerpo de Cristo[a], [a]*2 Cor. 13:9*

13 hasta que todos lleguemos a la unidad de la fe y del conocimiento pleno del Hijo de Dios[a], a la condición de un hombre maduro[b], a la medida de la estatura de la plenitud de Cristo[a]; [a]*Juan 6:69* [b]*1 Cor. 14:20*

14 para que ya no seamos niños[a], sacudidos por las olas y llevados de aquí para allá por todo viento de doctrina, por la astucia de los hombres, por las artimañas engañosas del error; [a]*1 Cor. 14:20*

15 sino que hablando la verdad en amor, crezcamos[a] en todos *los aspectos* en aquel que es la cabeza, *es decir,* Cristo, [a]*Ef. 2:21*

16 de quien todo el cuerpo (estando bien ajustado y unido por la cohesión que las coyunturas proveen), conforme al funcionamiento adecuado de cada miembro, produce el crecimiento del cuerpo[a] para su propia edificación en amor. [a]*Rom. 12:4, 5; 1 Cor. 10:17*

Nueva vida en Cristo

17 Esto digo, pues, y afirmo juntamente con el Señor: que ya no andéis así como andan también los gentiles, en la vanidad de su mente, [a]*Rom. 1:21; Col. 2:18*

18 entenebrecidos[a] en su entendimiento, excluidos de la vida de Dios[b] por causa de la ignorancia que hay en ellos, por la dureza de su corazón; [a]*Rom. 1:21* [b]*Ef. 2:1, 12*

19 y ellos, habiendo llegado a ser insensibles, se entregaron a la sensualidad para cometer con avidez toda clase de impurezas[a]. [a]*Rom. 1:24; Col. 3:5*

20 Pero vosotros no habéis aprendido[a] a Cristo de esta manera, [a]*Mat. 11:29*

21 si en verdad lo oísteis[a] y habéis sido enseñados en El[b], conforme a la verdad que hay en Jesús, [a]*Rom. 10:14* [b]*Col. 2:7*

22 que en cuanto a vuestra anterior manera de vivir, os despojéis[a] del viejo hombre[b], que se corrompe según los deseos engañosos, [a]*Ef. 4:25, 31* [b]*Rom. 6:6*

23 y que seáis renovados en el espíritu de vuestra mente[a], [a]*Rom. 12:2*

24 y os vistáis del nuevo hombre, el cual, en *la semejanza de* Dios, ha sido creado[a] en la justicia y santidad de la verdad. [a]*Ef. 2:10*

25 Por tanto, dejando a un lado la falsedad, HABLAD VERDAD CADA CUAL CON SU PROJIMO[a], porque somos miembros los unos de los otros. [a]*Zac. 8:16; Ef. 4:15*

26 AIRAOS, PERO NO PEQUEIS[a]; no se ponga el sol sobre vuestro enojo, [a]*Sal. 4:4*

27 ni deis oportunidad al diablo[a]. [a]*Rom. 12:19; Sant. 4:7*

28 El que roba, no robe más, sino más bien que trabaje, haciendo con sus manos[a] lo que es bueno, a fin de que tenga qué compartir con el que tiene necesidad. [a]*1 Tes. 4:11; 2 Tes. 3:8, 11, 12*

29 No salga de vuestra boca ninguna palabra mala, sino sólo la que sea buena para edificación, según la necesidad *del momento,* para que imparta gracia a los que escuchan[a]. [a]*Ecl. 10:12; Rom. 14:19*

30 Y no entristezcáis al Espíritu Santo de Dios, por el cual fuisteis sellados[a] para el día de la redención. [a]*Juan 3:33; Ef. 1:13*

31 Sea quitada de vosotros[a] toda amargura, enojo, ira, gritos, maledicencia, así como toda malicia. [a]*Ef. 4:22*

32 Sed más bien amables unos con otros, misericordiosos, perdonándoos unos a otros, así como también Dios os perdonó en Cristo[a]. [a]*Mat. 6:14, 15; 2 Cor. 2:10*

El andar de los hijos de Dios

5 Sed, pues, imitadores de Dios[a] como hijos amados; [a]*Mat. 5:48; Luc. 6:36*

2 y andad en amor[a], así como también Cristo os amó y se dio a sí mismo por nosotros[b], ofrenda y sacrificio a Dios, como fragante aroma. [a]*Rom. 14:15* [b]*Juan 6:51*

3 Pero que la inmoralidad, y toda impureza o avaricia, ni siquiera se mencionen entre vosotros[a], como corresponde a los santos; [a]*Col. 3:5*

4 ni obscenidades, ni necedades[a], ni groserías, que no son apropiadas, sino más bien acciones de gracias[b]. [a]*Mat. 12:34* [b]*Ef. 5:20*

5 Porque con certeza sabéis esto: que ningún inmoral, impuro, o avaro, que es idólatra[a],

tiene herencia en el reino de Cristo[b] y de Dios.
[a]*1 Cor. 6:9* [b]*Col. 1:13*

6 Que nadie os engañe con palabras vanas[a], pues por causa de estas cosas la ira de Dios viene sobre los hijos de desobediencia.
[a]*Col. 2:8*

7 Por tanto, no seáis partícipes con ellos[a];
[a]*Ef. 3:6*

8 porque antes erais[a] tinieblas, pero ahora sois luz en el Señor; andad como hijos de luz
[a]*Ef. 2:2*

9 (porque el fruto de la luz[a] *consiste* en toda bondad, justicia y verdad), [a]*Gál. 5:22*

10 examinando qué es lo que agrada al Señor[a]. [a]*Rom. 12:2*

11 Y no participéis en las obras estériles de las tinieblas, sino más bien, desenmascaradlas[a]; [a]*1 Tim. 5:20*

12 porque es vergonzoso aun hablar de las cosas que ellos hacen en secreto.

13 Pero todas las cosas se hacen visibles cuando son expuestas por la luz, pues todo lo que se hace visible es luz[a]. [a]*Juan 3:20, 21*

14 Por esta razón dice:
Despierta, tú que duermes[a],
y levántate de entre los muertos,
y te alumbrará Cristo. [a]*Rom. 13:11*

15 Por tanto, tened cuidado cómo andáis[a]; no como insensatos, sino como sabios, [a]*Ef. 5:2*

16 aprovechando bien el tiempo[a], porque los días son malos. [a]*Col. 4:5*

17 Así pues, no seáis necios, sino entended cuál es la voluntad del Señor[a]. [a]*Rom. 12:2; Col. 1:9*

18 Y no os embriaguéis con vino[a], en lo cual hay disolución, sino sed llenos del Espíritu,
[a]*Prov. 20:1; 23:31, 32*

19 hablando entre vosotros con salmos[a], himnos y cantos espirituales, cantando y alabando con vuestro corazón al Señor; [a]*1 Cor. 14:26*

20 dando siempre gracias por todo, en el nombre de nuestro Señor Jesucristo, a Dios, el Padre[a]; [a]*Rom. 1:8; 1 Cor. 15:24*

21 sometiéndoos unos a otros[a] en el temor de Cristo[b]. [a]*Gál. 5:13* [b]*2 Cor. 5:11*

Cristo y la iglesia, un modelo para el hogar

22 [a]Las mujeres *estén sometidas* a sus propios maridos como al Señor. [a]*Col. 3:18-4:1*

23 Porque el marido es cabeza de la mujer[a], así como Cristo es cabeza de la iglesia, *siendo* El mismo el Salvador del cuerpo. [a]*1 Cor. 11:3*

24 Pero así como la iglesia está sujeta a Cristo, también las mujeres *deben estarlo* a sus maridos en todo.

25 Maridos, amad a vuestras mujeres[a], así como Cristo amó a la iglesia y se dio a sí mismo por ella[b]. [a]*Ef. 5:28, 33* [b]*Ef. 5:2*

26 para santificarla[a], habiéndola purificado por el lavamiento del agua con la palabra,
[a]*Heb. 10:10, 14, 29; 13:12*

27 a fin de presentársela a sí mismo, una iglesia en toda su gloria, sin que tenga mancha ni arruga ni cosa semejante, sino que fuera santa e inmaculada[a]. [a]*2 Cor. 4:14; 11:2*

28 Así también deben amar los maridos a sus mujeres, como a sus propios cuerpos. El que ama a su mujer, a sí mismo se ama[a]. [a]*Ef. 5:25, 33; 1 Ped. 3:7*

29 Porque nadie aborreció jamás su propio cuerpo, sino que lo sustenta y lo cuida, así como también Cristo a la iglesia;

30 porque somos miembros de su cuerpo[a].
[a]*1 Cor. 6:15; 12:27*

31 Por esto el hombre dejará a su padre y a su madre, y se unirá a su mujer, y los dos serán una sola carne[a]. [a]*Gén. 2:24; Mat. 19:5*

32 Grande es este misterio, pero hablo con referencia a Cristo y a la iglesia.

33 En todo caso, cada uno de vosotros ame también a su mujer como a sí mismo, y que la mujer respete a su marido[a]. [a]*1 Ped. 3:2, 5, 6*

Exhortación a los hijos y a los padres

6 Hijos, obedeced a vuestros padres en el Señor[a], porque esto es justo. [a]*Prov. 6:20; 23:22*

2 Honra a tu padre y a *tu* madre[a] (que es el primer mandamiento con promesa), [a]*Ex. 20:12; Deut. 5:16*

3 para que te vaya bien, y para que tengas larga vida sobre la tierra.

4 Y *vosotros*, padres, no provoquéis a ira a vuestros hijos[a], sino criadlos en la disciplina e instrucción del Señor[b]. [a]*Col. 3:21* [b]*Gén. 18:19*

Relaciones entre amos y siervos

5 Siervos, obedeced a vuestros amos en la tierra[a], con temor y temblor, con la sinceridad de vuestro corazón, como a Cristo; [a]*Col. 3:22; 1 Tim. 6:1*

6 no para ser vistos, como los que quieren agradar a los hombres[a], sino como siervos de Cristo, haciendo de corazón la voluntad de Dios. [a]*Gál. 1:10*

7 Servid de buena voluntad, como al Señor y no a los hombres[a], [a]*Col. 3:23*

8 sabiendo que cualquier cosa buena que cada uno haga, esto recibirá del Señor, sea siervo o sea libre[a]. [a]*Mat. 16:27; 1 Cor. 12:13*

9 Y *vosotros*, amos, haced lo mismo con ellos, y dejad las amenazas, sabiendo que el Señor de ellos y de vosotros está en los cielos[a], y que para El no hay acepción de personas.
[a]*Job 31:13; Juan 13:13*

La armadura de Dios para el cristiano

10 Por lo demás, fortaleceos en el Señor[a] y en el poder de su fuerza[b]. [a]*1 Cor. 16:13* [b]*Ef. 1:19*

11 Revestíos con toda la armadura de Dios[a]

para que podáis estar firmes contra las insidias del diablo. ªRom. 13:12; Ef. 6:13

12 Porque nuestra lucha no es contra sangre y carneª, sino contra principados, contra potestades, contra los poderes de este mundo de tinieblas, contra las *huestes* espirituales de maldad en las *regiones* celestes. ªMat. 16:17

13 Por tanto, tomad toda la armadura de Dios, para que podáis resistir en el día maloª, y habiéndolo hecho todo, estar firmes. ªEf. 5:16

14 Estad, pues, firmes, CEÑIDA VUESTRA CINTURA CON LA VERDADª, REVESTIDOSᵇ CON LA CORAZA DE LA JUSTICIA, ªIsa. 11:5 ᵇIsa. 59:17

15 y calzados LOS PIES CON EL APRESTO DEL EVANGELIO DE LA PAZª; ªIsa. 52:7; Rom. 10:15

16 en todo, tomando el escudo de la feª con el que podréis apagar todos los dardos encendidos del maligno. ªl Tes. 5:8

17 Tomad también el YELMO DE LA SALVACIONª, y la espadaᵇ del Espíritu que es la palabra de Dios. ªIsa. 59:17 ᵇIsa. 49:2

18 Con toda oración y súplicaª orad en todo tiempo en el Espíritu, y así, velad con toda perseverancia y súplica por todos los santos; ªFil. 4:6

19 y *orad* por míª, para que me sea dada palabra al abrir mi boca, a fin de dar a conocer sin temor el misterio del evangelio, ªl Tes. 5:25

20 por el cual soy embajadorª en cadenas; que *al proclamar*lo hable con denuedo, como debo hablar. ª2 Cor. 5:20; Filem. 9 marg.

Despedida y bendición

21 ªPero a fin de que también vosotros sepáis mi situación y lo que hago, todo os lo hará saber Tíquico, amado hermano y fiel ministro en el Señor, ªCol. 4:7-9

22 a quien he enviado a vosotros precisamente para esto, para que sepáis de nosotros y para que consuele vuestros corazonesª. ªCol. 2:2; 4:8

23 Paz sea a los hermanos, y amor con feª de Dios el Padre y del Señor Jesucristo. ªGál. 5:6; 1 Tes. 5:8

24 La gracia sea con todos los que aman a nuestro Señor Jesucristo con *amor* incorruptible.

La Epístola del Apóstol San Pablo a los
FILIPENSES

Saludo

1 Pabloª y Timoteoᵇ, siervos de Cristo Jesús: A todos los santos en Cristo Jesús que están en Filipos, incluyendo a los obispos y diáconos: ª2 Cor. 1:1 ᵇHech. 16:1

2 Gracia a vosotros y paz de Dios nuestro Padre y del Señor Jesucristoª. ªRom. 1:7

Pablo ora por los filipenses

3 Doy gracias a mi Dios siempre que me acuerdo de vosotrosª, ªRom. 1:8

4 orando siempre con gozo en cada una de mis oraciones por todos vosotrosª, ªRom. 1:9

5 por vuestra participación en el evangelio desde el primer día hasta ahoraª, ªHech. 16:12-40; Fil. 2:12

6 estando convencido precisamente de esto: que el que comenzó en vosotros la buena obra, la perfeccionará hasta el día de Cristo Jesúsª. ªl Cor. 1:8; Fil. 1:10

7 Es justo que yo sienta esto acerca de todos vosotros, porque os llevo en el corazónª, pues tanto en mis prisionesᵇ como en la defensa y confirmación del evangelio, todos vosotros sois participantes conmigo de la gracia. ª2 Cor. 7:3 ᵇHech. 21:33

8 Porque Dios me es testigoª de cuánto os añoro a todos con el entrañable amor de Cristo Jesús. ªRom. 1:9

9 Y esto pido en oración: que vuestro amor abunde aún más y másª en conocimiento verdadero y *en* todo discernimientoᵇ, ªl Tes. 3:12 ᵇCol. 1:9

10 a fin de que escojáis lo mejorª, para que seáis puros e irreprensibles para el día de Cristoᵇ; ªRom. 2:18 ᵇl Cor. 1:8

11 llenos del fruto de justiciaª que *es* por medio de Jesucristo, para la gloria y alabanza de Dios. ªSant. 3:18

La vida es Cristo

12 Y quiero que sepáis, hermanos, que las circunstancias *en que me he visto,* han redundado en el mayor progreso del evangelioª, ªLuc. 21:13; Fil. 1:5, 7, 16, 27

13 de tal manera que mis prisionesª por *la causa de* Cristo se han hecho notorias en toda la guardia pretoriana y a todos los demás; ªFil. 1:7; 2 Tim. 2:9

14 y la mayoría de los hermanos, confiando en el Señor por causa de mis prisiones, tienen mucho más valor para hablar la palabra de Dios sin temorª. ªHech. 4:31; 2 Cor. 3:12

15 Algunos, a la verdad, predican a Cristo aun por envidia y rivalidadª, pero también otros *lo hacen* de buena voluntad; ª2 Cor. 11:13

16 éstos *lo hacen* por amor, sabiendo que he sido designado para la defensa del evangelioª. ªFil. 1:5, 7, 12, 27; 2:22

17 aquéllos proclaman a Cristo por ambición personalª, no con sinceridad, pensando causarme angustia en mis prisiones. ªRom. 2:8; Fil. 2:3

18 ¿Entonces qué? Que de todas maneras, ya sea fingidamente o en verdad, Cristo es pro-

clamado; y en esto me regocijo, sí, y me regocijaré.

19 Porque sé que esto resultará en mi liberación mediante vuestras oraciones[a] y la suministración del Espíritu de Jesucristo[b]. [a]*2 Cor. 1:11* [b]*Hech. 16:7*

20 conforme a mi anhelo y esperanza de que en nada seré avergonzado, sino *que* con toda confianza, aun ahora, como siempre, Cristo será exaltado en mi cuerpo[a], ya sea por vida o por muerte[b]. [a]*1 Cor. 6:20* [b]*Rom. 14:8*

21 Pues para mí, el vivir es Cristo[a] y el morir es ganancia. [a]*Gál. 2:20*

22 Pero si el vivir en la carne, esto *significa* para mí *una* labor fructífera[a], entonces, no sé cuál escoger. [a]*Rom. 1:13*

23 pues de ambos *lados* me siento apremiado, teniendo el deseo de partir y estar con Cristo[a], pues *eso* es mucho mejor; [a]*Juan 12:26; 2 Cor. 5:8*

24 y sin embargo, continuar en la carne es más necesario por causa de vosotros.

25 Y convencido de esto[a], sé que permaneceré y continuaré con todos vosotros para vuestro progreso y gozo en la fe, [a]*Fil. 2:24*

26 para que vuestra profunda satisfacción por mí abunde en Cristo Jesús[a] a causa de mi visita otra vez a vosotros. [a]*2 Cor. 5:12; 7:4*

Luchando unánimes por la fe

27 Solamente comportaos de una manera digna[a] del evangelio de Cristo, de modo que ya sea que vaya a veros, o que permanezca ausente, pueda oír de vosotros estáis firmes en un mismo espíritu, luchando unánimes por la fe del evangelio; [a]*Ef. 4:1*

28 de ninguna manera amedrentados por *vuestros* adversarios, lo cual es señal[a] de perdición para ellos, pero de salvación para vosotros, y esto, de Dios. [a]*2 Tes. 1:5*

29 Porque a vosotros se os ha concedido por amor de Cristo, no sólo creer en El, sino también sufrir por El[a], [a]*Mat. 5:11, 12; Hech. 14:22*

30 sufriendo el mismo conflicto[a] que visteis en mí, y que ahora oís *que está* en mí. [a]*Col. 1:29; 2:1*

Humillación y exaltación de Cristo

2 Por tanto, si hay algún estímulo en Cristo, si hay algún consuelo de amor, si hay alguna comunión del Espíritu[a], si algún afecto y compasión, [a]*2 Cor. 13:14*

2 haced completo mi gozo[a], siendo del mismo sentir, conservando el mismo amor, unidos en espíritu, dedicados a un mismo propósito. [a]*Juan 3:29*

3 Nada hagáis por egoísmo o por vanagloria, sino que con actitud humilde cada uno de vosotros considere al otro como más importante que a sí mismo[a], [a]*Rom. 12:10; Ef. 5:21*

4 no buscando cada uno sus propios intereses, sino más bien los intereses de los demás[a]. [a]*Rom. 15:1, 2*

5 Haya, *pues,* en vosotros esta actitud que hubo también en Cristo Jesús[a], [a]*Mat. 11:29; Rom. 15:3*

6 el cual, aunque existía en forma de Dios[a], no consideró el ser igual a Dios[b] como algo a qué aferrarse. [a]*Juan 1:1* [b]*Juan 5:18*

7 sino que se despojó a sí mismo[a] tomando forma de siervo, haciéndose semejante a los hombres[b]. [a]*2 Cor. 8:9* [b]*Juan 1:14*

8 Y hallándose en forma de hombre, se humilló a sí mismo, haciéndose obediente hasta la muerte[a], y muerte de cruz. [a]*Mat. 26:39; Juan 10:18*

9 Por lo cual Dios también le exaltó hasta lo sumo, y le confirió el nombre que es sobre todo nombre[a], [a]*Ef. 1:21*

10 para que al nombre de Jesús SE DOBLE TODA RODILLA[a] de los que están en el cielo, y en la tierra, y debajo de la tierra, [a]*Isa. 45:23; Rom. 14:11*

11 y toda lengua confiese que Jesucristo es Señor[a], para gloria de Dios Padre. [a]*Juan 13:13; Rom. 10:9*

Exhortación a la obediencia

12 Así que, amados míos, tal como siempre habéis obedecido, no sólo en mi presencia, sino ahora mucho más en mi ausencia, ocupaos en vuestra salvación[a] con temor y temblor[b]; [a]*Heb. 5:9* [b]*2 Cor. 7:15*

13 porque Dios es quien obra en vosotros[a] tanto el querer como el hacer, para *su* beneplácito. [a]*Rom. 12:3; 1 Cor. 12:6*

14 Haced todas las cosas sin murmuraciones[a] ni discusiones, [a]*1 Cor. 10:10; 1 Ped. 4:9*

15 para que seáis irreprensibles y sencillos, hijos de Dios[a] sin tacha en medio de una generación torcida y perversa[b], en medio de la cual resplandecéis como luminares en el mundo, [a]*Mat. 5:45* [b]*Deut. 32:5*

16 sosteniendo firmemente la palabra de vida, a fin de que yo tenga motivo para gloriarme en el día de Cristo, ya que no habré corrido en vano[a] ni habré trabajado en vano[b]. [a]*Gál. 2:2* [b]*Isa. 49:4*

17 Pero aunque yo sea derramado como libación[a] sobre el sacrificio[b] y servicio de vuestra fe, me regocijo y comparto mi gozo con todos vosotros. [a]*2 Cor. 12:15* [b]*Núm. 28:6, 7*

18 Y también vosotros, *os ruego,* regocijaos de la misma manera, y compartid vuestro gozo conmigo.

Timoteo y Epafrodito, soldados fieles

19 Mas espero en el Señor Jesús enviaros pronto a Timoteo[a], a fin de que yo también sea alentado al saber de vuestra condición. [a]*Fil. 1:1; 2:23*

20 Pues a nadie *más* tengo del mismo sentir

míoª y que esté sinceramente interesado en vuestro bienestar. ªI Cor. 16:10; 2 Tim. 3:10

21 Porque todos buscan sus propios intereses ª, no los de Cristo Jesús. ªI Cor. 10:24; 13:5

22 Pero vosotros conocéis sus probados méritos ª, que sirvió conmigo en la propagación del evangelio como un hijo *sirve* a su padre. ªHech. 16:2; Rom. 5:4

23 Por tanto, a éste espero enviarlo inmediatamenteª tan pronto vea cómo *van* las cosas conmigo; ªFil. 2:19

24 y confío en el Señorª que también yo mismo iré pronto. ªFil. 1:25

25 Pero creí necesario enviaros a Epafrodito, mi hermano, colaboradorª y compañero de milicia, quien también es vuestro mensajero y servidor para mis necesidades; ªRom. 16:3, 9, 21; Fil. 4:3

26 porque él os añoraba a todos vosotros, y estaba angustiado porque habíais oído que se había enfermado.

27 Pues en verdad estuvo enfermo, a punto de morir; pero Dios tuvo misericordia de él, y no sólo de él, sino también de mí, para que yo no tuviera tristeza sobre tristeza.

28 Así que lo he enviado con mayor solicitud, para que al verlo de nuevo, os regocijéis y yo esté más tranquilo *en cuanto a vosotros*.

29 Recibidlo, pues, en el Señor con todo gozo, y tened en alta estima a los *que son* como élª; ªI Cor. 16:18

30 porque estuvo al borde de la muerte por la obra de Cristo, arriesgando su vida para completar lo que faltaba en vuestro servicio hacia míª. ªI Cor. 16:17; Fil. 4:10

El valor infinito de conocer a Cristo

3 Por lo demás, hermanos míos, regocijaos en el Señorª. A mí no me es molesto escribiros *otra vez* lo mismo, y para vosotros es motivo de seguridad. ªFil. 2:18; 4:4

2 Cuidaos de los perrosª, cuidaos de los malos obrerosᵇ, cuidaos de la falsa circuncisión; ªSal. 22:16, 20 ᵇ2 Cor. 11:13

3 porque nosotros somos la *verdadera* circuncisión, que adoramos en el Espíritu de Diosª y nos gloriamos en Cristo Jesúsᵇ, no poniendo la confianza en la carne, ªRom. 2:29 ᵇRom. 8:39

4 aunque yo mismo podría confiar también en la carneª. Si algún otro cree *tener motivo para* confiar en la carne, yo mucho más: ª2 Cor. 5:16; 11:18

5 circuncidado el octavo díaª, del linaje de Israel, de la tribu de Benjamín, hebreo de hebreosᵇ; en cuanto a la ley, fariseo; ªLuc. 1:59 ᵇRom. 11:1

6 en cuanto al celo, perseguidor de la iglesiaª; en cuanto a la justicia de la ley, hallado irreprensible. ªHech. 8:3; 22:4, 5

7 Pero todo lo que para mí era ganancia, lo he estimado como pérdida por amor de Cristoª. ªLuc. 14:33

8 Y aún más, yo estimo como pérdida todas las cosas en vista del incomparable valor de conocer a Cristo Jesúsª, mi Señor, por quien lo he perdido todo, y lo considero como basura a fin de ganar a Cristo, ªJer. 9:23, 24; Juan 17:3

9 y ser hallado en El, no teniendo mi propia justicia derivada de *la* leyª, sino la que es por la fe en Cristo, la justicia que *procede* de Dios sobre la base de la feᵇ, ªRom. 10:5 ᵇRom. 9:30

10 y conocerle a El, el poder de su resurrecciónª y la participación en sus padecimientosᵇ, llegando a ser como El en su muerte, ªRom. 6:5 ᵇRom. 8:17

11 a fin de llegarª a la resurrección de entre los muertos. ªHech. 26:7; 1 Cor. 15:23

12 No que ya *lo* haya alcanzadoª o que ya haya llegado a ser perfecto, sino que sigo adelante, a fin de poder alcanzar aquello para lo cual también fui alcanzado por Cristo Jesús. ªI Cor. 9:24, 25

13 Hermanos, yo mismo no considero haber*lo* ya alcanzado; pero una cosa *hago:* olvidando lo que *queda* atrásª y extendiéndome a lo que *está* delante, ªLuc. 9:62

14 prosigo hacia la meta para *obtener* el premio del supremo llamamiento de Diosª en Cristo Jesús. ªRom. 8:28; 11:29

15 Así que todos los que somos perfectos, tengamos esta *misma* actitud; y si en algo tenéis una actitud distinta, eso también os lo revelará Diosª; ªJuan 6:45; Ef. 1:17

16 sin embargo, continuemos viviendo según la misma *norma* que hemos alcanzadoª. ªGál. 6:16

La ciudadanía celestial

17 Hermanos, sed imitadores míosª, y observad a los que andan según el ejemploᵇ que tenéis en nosotros. ªI Cor. 4:16 ᵇI Ped. 5:3

18 Porque muchos andan como os he dicho muchas veces, y ahora os lo digo aun llorandoª, *que son* enemigos de la cruz de Cristo, ªHech. 20:31

19 cuyo fin es perdición, cuyo dios es *su* apetitoª y *cuya* gloria está en su vergüenzaᵇ, los cuales piensan sólo en las cosas terrenales. ªRom. 16:18 ᵇRom. 6:21

20 Porque nuestra ciudadanía está en los cielosª, de donde también ansiosamente esperamos a un Salvador, el Señor Jesucristo, ªEf. 2:19; Fil. 1:27

21 el cual transformará el cuerpo de nuestro estado de humillación en conformidadª al cuerpo de su gloria, por el ejercicio del poder que tiene aun para sujetar todas las cosas a sí mismo. ªRom. 8:29; Col. 3:4

Regocijo y paz en el Señor

4 Así que, hermanos míos, amados y añorados, gozo y corona mía, estad así firmes en el Señor[a], amados. [a]*1 Cor. 16:13; Fil. 1:27*

2 Ruego a Evodia y a Síntique, que vivan en armonía[a] en el Señor. [a]*Fil. 2:2*

3 En verdad, fiel compañero, también te ruego que ayudes a estas *mujeres* que han compartido mis luchas en *la causa* del evangelio, junto con Clemente y los demás colaboradores míos, cuyos nombres están en el libro de la vida[a]. [a]*Luc. 10:20*

4 Regocijaos en el Señor[a] siempre. Otra vez lo diré: ¡Regocijaos! [a]*Fil. 3:1*

5 Vuestra bondad sea conocida de todos los hombres. El Señor está cerca[a]. [a]*1 Cor. 16:22 marg.; Heb. 10:37*

6 Por nada estéis afanosos[a]; antes bien, en todo, mediante oración y súplica con acción de gracias, sean dadas a conocer vuestras peticiones delante de Dios[b]. [a]*Mat. 6:25* [b]*Ef. 6:18*

7 Y la paz de Dios[a], que sobrepasa todo entendimiento, guardará vuestros corazones y vuestras mentes en Cristo Jesús. [a]*Isa. 26:3; Juan 14:27*

El secreto de la paz

8 Por lo demás, hermanos, todo lo que es verdadero, todo lo digno, todo lo justo, todo lo puro, todo lo amable, todo lo honorable, si hay alguna virtud o algo que merece elogio, en esto meditad[a]. [a]*Rom. 14:18; 1 Ped. 2:12*

9 Lo que también habéis aprendido y recibido y oído y visto en mí, esto practicad, y el Dios de paz estará con vosotros. [a]*Fil. 3:17*

Actitud ejemplar de Pablo hacia las cosas materiales

10 Me alegré grandemente en el Señor de que ya al fin habéis reavivado vuestro cuidado para conmigo; en verdad, *antes* os preocupabais, pero os faltaba la oportunidad[a]. [a]*2 Cor. 11:9; Fil. 2:30*

11 No que hable porque tenga escasez, pues he aprendido a contentarme[a] cualquiera que sea mi situación. [a]*2 Cor. 9:8; 1 Tim. 6:6, 8*

12 Sé vivir en pobreza, y sé vivir en prosperidad; en todo y por todo he aprendido el secreto tanto de estar saciado como *de* tener hambre[a], de tener abundancia como de sufrir necesidad. [a]*1 Cor. 4:11*

13 Todo lo puedo en Cristo que me fortalece[a]. [a]*2 Cor. 12:9; Ef. 3:16*

14 Sin embargo, habéis hecho bien en compartir *conmigo* en mi aflicción[a]. [a]*Heb. 10:33; Apoc. 1:9*

15 Y vosotros mismos también sabéis, filipenses, que al comienzo *de la predicación* del evangelio, después que partí de Macedonia, ninguna iglesia compartió conmigo en cuestión de dar y recibir, sino vosotros solos[a]; [a]*2 Cor. 11:9*

16 porque aun a Tesalónica[a] enviasteis *dádivas* más de una vez para mis necesidades. [a]*Hech. 17:1; 1 Tes. 2:9*

17 No es que busque la dádiva en sí, sino que busco fruto que aumente en vuestra cuenta[a]. [a]*1 Cor. 9:11, 12; 2 Cor. 9:5*

18 Pero he recibido todo y tengo abundancia; estoy bien abastecido, habiendo recibido de Epafrodito[a] lo que habéis enviado: fragante aroma, sacrificio aceptable, agradable a Dios. [a]*Fil. 2:25*

19 Y mi Dios proveerá a todas vuestras necesidades[a], conforme a sus riquezas en gloria en Cristo Jesús. [a]*2 Cor. 9:8*

20 A nuestro Dios y Padre *sea* la gloria por los siglos de los siglos[b]. Amén. [a]*Gál. 1:4* [b]*Rom. 11:36*

Saludos y bendición

21 Saludad a todos los santos en Cristo Jesús. Los hermanos que están conmigo[a] os saludan. [a]*Gál. 1:2*

22 Todos los santos os saludan[a], especialmente los de la casa del César. [a]*Hech. 9:13; 2 Cor. 13:13*

23 La gracia del Señor Jesucristo sea con vuestro espíritu[a]. [a]*Rom. 16:20; 2 Tim. 4:22*

La Epístola del Apóstol San Pablo a los
COLOSENSES

Saludo

1 Pablo, apóstol de Jesucristo por la voluntad de Dios, y el hermano Timoteo[a], [a]*2 Cor. 1:1; 1 Tes. 3:2*

2 a los santos y fieles hermanos en Cristo *que están* en Colosas: Gracia a vosotros y paz de Dios nuestro Padre[a]. [a]*Rom. 1:7; Col. 4:18*

Gratitud de Pablo por los colosenses

3 Damos gracias a Dios[a], el Padre de nuestro Señor Jesucristo[b], orando siempre por vosotros, [a]*Rom. 1:8* [b]*Rom. 15:6*

4 al oír de vuestra fe en Cristo Jesús y del amor[a] que tenéis por todos los santos, [a]*Gál. 5:6*

5 a causa de la esperanza reservada para vosotros en los cielos[a], de la cual oísteis antes en la palabra de verdad, el evangelio[b], [a]*2 Tim. 4:8* [b]*Ef. 1:13*

6 que ha llegado hasta vosotros; así como en todo el mundo está dando fruto constantemente[a] y creciendo, así *lo ha estado haciendo* también en vosotros, desde el día que oísteis y comprendisteis la gracia de Dios en verdad[b]; [a]*Rom. 1:13* [b]*Ef. 4:21*

7 tal como *lo* aprendisteis de Epafras[a], nuestro amado consiervo, quien es fiel servidor de Cristo de parte nuestra, [a]*Col. 4:12; Filem. 23*
8 el cual también nos informó acerca de vuestro amor en el Espíritu[a]. [a]*Rom. 15:30*

Pablo ora por los colosenses

9 Por esta razón, también nosotros, desde el día que *lo* supimos, no hemos cesado de orar por vosotros[a] y de rogar que seáis llenos del conocimiento de su voluntad en toda sabiduría y comprensión espiritual, [a]*Ef. 1:16*
10 para que andéis como es digno del Señor[a], agradándo*le* en todo, dando fruto en toda buena obra y creciendo en el conocimiento de Dios; [a]*Ef. 4:1; Col. 2:6*
11 fortalecidos con todo poder según la potencia de su gloria, para obtener toda perseverancia y paciencia, con gozo
12 dando gracias al Padre que nos ha capacitado para compartir la herencia[a] de los santos en luz[b]. [a]*Hech. 20:32* [b]*Hech. 26:18*

La persona y la obra de Jesucristo

13 Porque El nos libró del dominio de las tinieblas[a] y nos trasladó al reino de su Hijo amado, [a]*Hech. 26:18; Ef. 6:12*
14 en quien tenemos redención: el perdón de los pecados[a]. [a]*Rom. 3:24; Ef. 1:7*
15 El es la imagen del Dios invisible[a], el primogénito de toda creación[b]. [a]*Juan 1:18* [b]*Rom. 8:29*
16 Porque en El fueron creadas todas las cosas, *tanto* en los cielos *como* en la tierra, visibles e invisibles; ya sean tronos o dominios o poderes o autoridades; todo ha sido creado por medio de El y para El[a]. [a]*Juan 1:3; Rom. 11:36*
17 Y El es antes de todas las cosas[a], y en El todas las cosas permanecen. [a]*Juan 1:1; 8:58*
18 El es también la cabeza del cuerpo *que es* la iglesia; y El es el principio[a], el primogénito de entre los muertos, a fin de que El tenga en todo la primacía. [a]*Apoc. 3:14*
19 Porque agradó *al Padre*[a] que en El habitara toda la plenitud, [a]*Ef. 1:5*
20 y por medio de El reconciliar todas las cosas consigo[a], habiendo hecho la paz por medio de la sangre de su cruz, por medio de El, *repito,* ya sean las que están en la tierra o las que están en los cielos[b]. [a]*2 Cor. 5:18* [b]*Col. 1:16*
21 Y aunque vosotros antes estabais alejados y *erais* de ánimo hostil[a], *ocupados* en malas obras, [a]*Rom. 5:10; Ef. 2:3, 12*
22 sin embargo, ahora El os ha reconciliado en su cuerpo de carne[a], mediante su muerte, a fin de presentaros santos, sin mancha e irreprensibles delante de El, [a]*Rom. 7:4; Ef. 1:4*
23 si en verdad permanecéis en la fe bien cimentados y constantes[a], sin moveros de la esperanza del evangelio que habéis oído, que fue proclamado a toda la creación debajo del

cielo[b], y del cual yo, Pablo, fui hecho ministro. [a]*Ef. 3:17* [b]*Mar. 16:15*

Cristo en vosotros, la esperanza de gloria

24 Ahora me alegro de mis sufrimientos por vosotros, y en mi carne, completando lo que falta de las aflicciones de Cristo, hago mi parte por su cuerpo[a], que es la iglesia, [a]*Col. 1:18; 2 Tim. 1:8*
25 de la cual fui hecho ministro conforme a la administración de Dios que me fue dada para beneficio vuestro[a], a fin de llevar a cabo *la predicación de* la palabra de Dios, [a]*Ef. 3:2*
26 *es decir,* el misterio que ha estado oculto desde los siglos y generaciones *pasadas,* pero que ahora ha sido manifestado a sus santos[a], [a]*Rom. 16:25, 26; Ef. 3:3, 4*
27 a quienes Dios quiso dar a conocer cuáles son las riquezas de la gloria[a] de este misterio entre los gentiles, que es Cristo en vosotros[b], la esperanza de la gloria. [a]*Ef. 1:7, 18* [b]*Rom. 8:10*
28 A El nosotros proclamamos, amonestando a todos los hombres, y enseñando a todos los hombres[a] con toda sabiduría, a fin de poder presentar a todo hombre perfecto en Cristo. [a]*Hech. 20:31; Col. 3:16*
29 Y con este fin también trabajo, esforzándome[a] según su poder que obra poderosamente en mí. [a]*Col. 2:1; 4:12*

Preocupación de Pablo por los colosenses

2 Porque quiero que sepáis qué gran lucha[a] tengo por vosotros y por los que están en Laodicea, y por todos los que no me han visto en persona, [a]*Col. 1:29; 4:12*
2 para que sean alentados sus corazones[a], y unidos en amor, *alcancen* todas las riquezas que *proceden* de una plena seguridad de comprensión, *resultando* en un verdadero conocimiento del misterio de Dios, *es decir,* de Cristo, [a]*1 Cor. 14:3; Ef. 6:22*
3 en quien están escondidos todos los tesoros de la sabiduría y del conocimiento[a]. [a]*Isa. 11:2; Rom. 11:33*
4 Esto lo digo para que nadie os engañe con razonamientos persuasivos[a]. [a]*Rom. 16:18*
5 Porque aunque estoy ausente en el cuerpo, sin embargo estoy con vosotros en espíritu[a], regocijándome al ver vuestra buena disciplina y la estabilidad de vuestra fe en Cristo. [a]*1 Cor. 5:3*
6 Por tanto, de la manera que recibisteis a Cristo Jesús el Señor, *así* andad en El[a]; [a]*Col. 1:10*
7 firmemente arraigados[a] y edificados en El y confirmados en vuestra fe, tal como fuisteis instruidos, rebosando de gratitud. [a]*Ef. 3:17*

Jesucristo: Dios, salvador y vencedor

8 Mirad que nadie os haga cautivos por medio de *su* filosofía y vanas sutilezas, según

la tradición de los hombres[a], conforme a los principios elementales del mundo y no según Cristo. [a]*Ef. 5:6; Col. 2:23*

9 Porque toda la plenitud de la Deidad reside[a] corporalmente en El, [a]*2 Cor. 5:19; Col. 1:19*

10 y habéis sido hechos completos en El[a], que es la cabeza sobre todo poder y autoridad; [a]*Ef. 3:19*

11 en El también fuisteis circuncidados con una circuncisión no hecha por manos[a], al quitar el cuerpo de la carne mediante la circuncisión de Cristo; [a]*Rom. 2:29; Ef. 2:11*

12 habiendo sido sepultados con El en el bautismo, en el cual también habéis resucitado con El[a] por la fe en la acción *del poder* de Dios, que le resucitó de entre los muertos[b]. [a]*Rom. 6:5* [b]*Hech. 2:24*

13 Y cuando estabais muertos en vuestros delitos[a] y en la incircuncisión de vuestra carne, os dio vida juntamente con El, habiéndonos perdonado todos los delitos, [a]*Ef. 2:1*

14 habiendo cancelado el documento de deuda que consistía en decretos contra nosotros[a] y que nos era adverso, y lo ha quitado de en medio, clavándolo en la cruz. [a]*Ef. 2:15; Col. 2:20*

15 Y habiendo despojado[a] a los poderes y autoridades, hizo de ellos un espectáculo público, triunfando sobre ellos por medio de El. [a]*Ef. 4:8*

Advertencias contra mandamientos de hombres

16 Por tanto, que nadie se constituya en vuestro juez con respecto a comida o bebida[a], o en cuanto a día de fiesta, o luna nueva, o día de reposo[b]; [a]*Mar. 7:19* [b]*Lev. 23:2*

17 cosas que *sólo* son sombra de lo que ha de venir[a], pero el cuerpo pertenece a Cristo. [a]*Heb. 8:5; 10:1*

18 Nadie os defraude de vuestro premio[a] deleitándose en la humillación de sí mismo y en la adoración de los ángeles, basándose en las *visiones* que ha visto, hinchado sin causa por su mente carnal, [a]*1 Cor. 9:24; Fil. 3:14*

19 pero no asiéndose a la Cabeza, de la cual todo el cuerpo, nutrido y unido por las coyunturas y ligamentos, crece con un crecimiento[a] *que es* de Dios. [a]*Ef. 1:23; 4:16*

20 Si habéis muerto con Cristo a los principios elementales del mundo[a], ¿por qué, como si *aún* vivierais en el mundo, os sometéis a preceptos tales como: [a]*Col. 2:8*

21 no manipules, ni gustes, ni toques

22 (todos los cuales *se refieren a* cosas destinadas a perecer con el uso[a]), según los preceptos y enseñanzas de los hombres[b]? [a]*1 Cor. 6:13* [b]*Isa. 29:13*

23 Tales cosas tienen a la verdad, la aparien-

cia de sabiduría en una religión humana, en la humillación de sí mismo[a] y en el trato severo del cuerpo, *pero* carecen de valor alguno contra los apetitos de la carne. [a]*Col. 2:18*

La meta del cristiano

3 Si habéis, pues, resucitado con Cristo[a], buscad las cosas de arriba, donde está Cristo sentado a la diestra de Dios[b]. [a]*Col. 2:12* [b]*Sal. 110:1*

2 Poned la mira en las cosas de arriba, no en las de la tierra[a]. [a]*Mat. 16:23; Fil. 3:19, 20*

3 Porque habéis muerto, y vuestra vida está escondida con Cristo[a] en Dios. [a]*Rom. 6:2; 2 Cor. 5:14*

4 Cuando Cristo, nuestra vida, sea manifestado, entonces vosotros también seréis manifestados con El en gloria[a]. [a]*1 Cor. 1:7; Fil. 3:21*

La vida vieja y la vida nueva

5 Por tanto, considerad los miembros de vuestro cuerpo terrenal[a] como muertos a la fornicación, la impureza, las pasiones, los malos deseos y la avaricia, que es idolatría. [a]*Rom. 8:13; Col. 2:11*

6 Pues la ira de Dios vendrá sobre los hijos de desobediencia por causa de estas cosas[a], [a]*Rom. 1:18; Ef. 5:6*

7 en las cuales vosotros también anduvisteis[a] en otro tiempo cuando vivíais en ellas. [a]*Ef. 2:2*

8 Pero ahora desechad también vosotros todas estas cosas[a]: ira, enojo, malicia, maledicencia[b], lenguaje soez de vuestra boca. [a]*Ef. 4:22* [b]*Ef. 4:31*

9 No mintáis[a] los unos a los otros, puesto que habéis desechado al viejo hombre con sus *malos* hábitos, [a]*Ef. 4:25*

10 y os habéis vestido del nuevo *hombre,* el cual se va renovando[a] hacia un verdadero conocimiento, conforme a la imagen de aquel que lo creó; [a]*Rom. 12:2; 2 Cor. 4:16*

11 *una renovación* en la cual no hay *distinción entre* griego y judío[a], circunciso e incircunciso, bárbaro, escita, esclavo *o* libre, sino que Cristo es todo, y en todos. [a]*1 Cor. 12:13; Gál. 3:28*

12 Entonces, como escogidos de Dios, santos y amados, revestíos de tierna compasión, bondad[a], humildad, mansedumbre y paciencia[b]; [a]*Luc. 1:78* [b]*1 Cor. 13:4*

13 soportándoos unos a otros y perdonándoos unos a otros, si alguno tiene queja contra otro; como Cristo os perdonó, así también *hacedlo* vosotros[a]. [a]*Rom. 15:7; Ef. 4:32*

14 Y sobre todas estas cosas, *vestíos de* amor, que es el vínculo de la unidad[a]. [a]*Juan 17:23; Heb. 6:1*

15 Y que la paz de Cristo reine en vuestros corazones[a], a la cual en verdad fuisteis llamados en un solo cuerpo[b]; y sed agradecidos. [a]*Juan 14:27* [b]*Ef. 2:16*

16 Que la palabra de Cristo[a] habite en abundancia en vosotros, con toda sabiduría enseñándoos y amonestándoos unos a otros[b] con salmos, himnos y canciones espirituales, cantando a Dios con acción de gracias en vuestros corazones. [a]*Rom. 10:17* [b]*Col. 1:28*

17 Y todo lo que hacéis, de palabra o de hecho, *hacedlo* todo en el nombre del Señor Jesús[a], dando gracias por medio de El a Dios el Padre. [a]*1 Cor. 10:31*

Relaciones sociales del cristiano

18 [a]Mujeres, estad sujetas a vuestros maridos, como conviene en el Señor. [a]*Ef. 5:22-6:9*

19 Maridos, amad a vuestras mujeres[a] y no seáis ásperos con ellas. [a]*Ef. 5:25; 1 Ped. 3:7*

20 Hijos, sed obedientes a vuestros padres en todo, porque esto es agradable al Señor[a]. [a]*Ef. 6:1*

21 Padres, no exasperéis a vuestros hijos[a], para que no se desalienten. [a]*Ef. 6:4*

22 Siervos, obedeced en todo a vuestros amos en la tierra[a], no para ser vistos, como los que quieren agradar a los hombres, sino con sinceridad de corazón, temiendo al Señor. [a]*Ef. 6:5*

23 Y todo lo que hagáis, hacedlo de corazón, como para el Señor y no para los hombres[a], [a]*Ef. 6:7*

24 sabiendo que del Señor recibiréis la recompensa[a] de la herencia. Es a Cristo el Señor a quien servís. [a]*Ef. 6:8*

25 Porque el que procede con injusticia sufrirá las consecuencias del mal que ha cometido, y eso, sin acepción de personas[a]. [a]*Deut. 10:17; Hech. 10:34*

4 Amos, tratad con justicia y equidad a vuestros siervos, sabiendo que vosotros también tenéis un Señor en el cielo[a]. [a]*Ef. 6:9*

Exhortaciones finales

2 Perseverad en la oración[a], velando en ella con acción de gracias; [a]*Hech. 1:14; Ef. 6:18*

3 orando al mismo tiempo también por nosotros, para que Dios nos abra una puerta para la palabra[a], a fin de dar a conocer el misterio de Cristo, por el cual también he sido encarcelado[b], [a]*2 Tim. 4:2* [b]*Ef. 6:20*

4 para manifestarlo como debo hacerlo[a]. [a]*Ef. 6:20*

5 Andad sabiamente[a] para con los de afuera, aprovechando bien el tiempo[b]. [a]*Ef. 5:15* [b]*Ef. 5:16*

6 Que vuestra conversación sea siempre con gracia[a], sazonada *como* con sal, para que sepáis cómo debéis responder a cada persona. [a]*Ef. 4:29*

Asuntos personales

7 [a]En cuanto a todos mis asuntos, os informará Tíquico, *nuestro* amado hermano, fiel ministro y consiervo en el Señor. [a]*Ef. 6:21, 22*

8 *Porque* precisamente para esto os lo he enviado, para que sepáis de nuestras circunstancias y que conforte vuestros corazones[a]; [a]*Ef. 6:22; Col. 2:2*

9 y con él a Onésimo[a], fiel y amado hermano, que es uno de vosotros. Ellos os informarán acerca de todo lo que aquí pasa. [a]*Filem. 10*

Saludos

10 Aristarco, mi compañero de prisión, os envía saludos; también Marcos, el primo de Bernabé[a] (acerca del cual recibisteis instrucciones; si va a vosotros, recibidle bien); [a]*Hech. 4:36; 12:12, 25*

11 y *también* Jesús, llamado Justo; estos son los únicos colaboradores *conmigo* en el reino de Dios que son de la circuncisión[a], y ellos han resultado ser un estímulo para mí. [a]*Hech. 11:2*

12 Epafras[a], que es uno de vosotros, siervo de Jesucristo, os envía saludos, siempre esforzándose intensamente a favor vuestro en sus oraciones, para que estéis firmes, perfectos y completamente seguros en toda la voluntad de Dios. [a]*Col. 1:7; Filem. 23*

13 Porque le soy testigo de que tiene profundo interés por vosotros y por los que están en Laodicea[a] y en Hierápolis. [a]*Col. 2:1; 4:15, 16*

14 Lucas[a], el médico amado, os envía saludos, y *también* Demas. [a]*2 Tim. 4:11; Filem. 24*

15 Saludad a los hermanos que están en Laodicea, también a Ninfas y a la iglesia que está en su casa[a]. [a]*Rom. 16:5*

16 Cuando esta carta se haya leído entre vosotros, hacedla leer también en la iglesia de los laodicenses; y vosotros, por vuestra parte, leed la carta *que viene* de Laodicea[a]. [a]*Col. 2:1; 4:13, 15*

17 Y decid a Arquipo[a]: Cuida el ministerio que has recibido del Señor, para que lo cumplas[b]. [a]*Filem. 2* [b]*2 Tim. 4:5*

18 Yo, Pablo, escribo este saludo con mi propia mano[a]. Acordaos de mis cadenas[b]. La gracia sea con vosotros. [a]*1 Cor. 16:21* [b]*Fil. 1:7*

Saludo

1 Pablo[a], Silvano[b] y Timoteo, a la iglesia de los tesalonicenses en Dios Padre y en el Señor Jesucristo: Gracia a vosotros y paz. [a]*2 Tes. 1:1* [b]*2 Cor. 1:19*

Fe y ejemplo de los tesalonicenses

2 Siempre damos gracias a Dios por todos vosotros[a], haciendo mención *de vosotros* en nuestras oraciones; [a]*Rom. 1:8; Ef. 5:20*

3 teniendo presente sin cesar delante de nuestro Dios y Padre vuestra obra de fe[a], vuestro trabajo de amor[b] y la firmeza de vuestra esperanza en nuestro Señor Jesucristo; [a]*Juan 6:29* [b]*1 Cor. 13:13*

4 sabiendo, hermanos amados de Dios, *su* elección de vosotros[a], [a]*Rom. 9:11; 2 Ped. 1:10*

5 pues nuestro evangelio no vino a vosotros solamente en palabras, sino también en poder y en el Espíritu Santo[a] y con plena convicción; como sabéis qué clase de personas demostramos ser entre vosotros por amor a vosotros. [a]*Rom. 15:19; 1 Cor. 2:4*

6 Y vosotros vinisteis a ser imitadores de nosotros y del Señor[a], habiendo recibido la palabra, en medio de mucha tribulación, con el gozo del Espíritu Santo[b], [a]*1 Cor. 4:16* [b]*Hech. 13:52*

7 de manera que llegasteis a ser un ejemplo para todos los creyentes en Macedonia[a] y en Acaya. [a]*Rom. 15:26*

8 Porque *saliendo* de vosotros, la palabra del Señor ha resonado, no sólo en Macedonia y Acaya, sino que también por todas partes vuestra fe en Dios se ha divulgado, de modo que nosotros no tenemos necesidad de hablar nada. [a]*Col. 3:16; 2 Tes. 3:1*

9 Pues ellos mismos cuentan acerca de nosotros, de la acogida que tuvimos por parte de vosotros, y de cómo os convertisteis de los ídolos[a] a Dios para servir al Dios vivo y verdadero, [a]*1 Cor. 12:2*

10 y esperar de los cielos a su Hijo[a], al cual resucitó de entre los muertos, *es decir*, a Jesús, quien nos libra[b] de la ira venidera. [a]*Mat. 16:27, 28* [b]*Rom. 5:9*

Comportamiento de Pablo como ministro de Jesucristo

2 Porque vosotros mismos sabéis, hermanos, que nuestra visita a vosotros no fue en vano[a], [a]*2 Tes. 1:10*

2 sino que después de haber sufrido y sido maltratados[a] en Filipos, como sabéis, tuvimos el valor, *confiados* en nuestro Dios, de hablaros[b] el evangelio de Dios en medio de mucha oposición. [a]*Hech. 14:5* [b]*Hech. 17:1-9*

3 Pues nuestra exhortación no *procede* de error ni de impureza[a] ni *es* con engaño[b]; [a]*1 Tes. 4:7* [b]*2 Cor. 4:2*

4 sino que así como hemos sido aprobados por Dios para que se nos confiara el evangelio[a], así hablamos, no como agradando a los hombres, sino a Dios que examina nuestros corazones. [a]*Gál. 2:7*

5 Porque como sabéis, nunca fuimos a *vosotros* con palabras lisonjeras, ni con pretexto para lucrar[a], Dios es testigo, [a]*Hech. 20:33; 2 Ped. 2:3*

6 ni buscando gloria de los hombres[a], ni de vosotros ni de otros, aunque como apóstoles de Cristo hubiéramos podido imponer nuestra autoridad. [a]*Juan 5:41, 44; 2 Cor. 4:5*

7 Más bien demostramos ser benignos[a] entre vosotros, como una madre que cría con ternura a sus propios hijos. [a]*2 Tim. 2:24*

8 Teniendo así un gran afecto por vosotros, nos hemos complacido en impartiros[a] no sólo el evangelio de Dios, sino también nuestras propias vidas, pues llegasteis a sernos muy amados. [a]*2 Cor. 12:15; 1 Jn. 3:16*

9 Porque recordáis, hermanos, nuestros trabajos y fatigas[a], *cómo*, trabajando de día y de noche para no ser carga[b] a ninguno de vosotros, os proclamamos el evangelio de Dios. [a]*Fil. 4:16* [b]*1 Cor. 9:4, 5*

10 Vosotros sois testigos, y *también* Dios, de cuán santa, justa e irreprensiblemente nos comportamos con vosotros[a] los creyentes; [a]*2 Cor. 1:12; 1 Tes. 1:5*

11 así como sabéis de qué manera os exhortábamos[a], alentábamos e implorábamos a cada uno de vosotros, como un padre *lo haría* con sus propios hijos[b], [a]*1 Tes. 5:14* [b]*1 Cor. 4:14*

12 para que anduvierais como es digno[a] del Dios que os ha llamado a su reino y a su gloria[b]. [a]*Ef. 4:1* [b]*2 Cor. 4:6*

Pablo da gracias por los tesalonicenses

13 Por esto también nosotros sin cesar damos gracias a Dios de que cuando recibisteis de nosotros la palabra del mensaje de Dios[a], *la* aceptasteis no *como* la palabra de hombres, sino como lo que realmente es, la palabra de Dios[b], la cual también hace su obra en vosotros los que creéis. [a]*Rom. 10:17* [b]*Mat. 10:20*

14 Pues vosotros, hermanos, vinisteis a ser imitadores de las iglesias de Dios en Cristo Jesús que están en Judea[a], porque también vosotros padecisteis los mismos sufrimientos a manos de vuestros propios compatriotas[b], tal como ellos *padecieron* a manos de los judíos, [a]*Gál. 1:22* [b]*Hech. 17:5*

15 los cuales mataron tanto al Señor Jesús[a] como a los profetas, y nos expulsaron, y no agradan a Dios sino que son contrarios a todos los hombres, ªLuc. 24:20; Hech. 2:23

16 impidiéndonos hablar a los gentiles para que se salven, con el resultado de que siempre llenan la medida de sus pecadosª. Pero la ira ha venido sobre ellos hasta el extremo. ªGén. 15:16; Dan. 8:23

17 Pero nosotros, hermanos, separados de vosotros por breve tiempo, en persona pero no en espírituª, estábamos muy ansiosos, con profundo deseo de ver vuestro rostro. ª1 Cor. 5:3

18 Ya que queríamos ir a vosotros (al menos yo, Pablo, más de una vez) pero Satanás nos lo ha impedidoª. ªRom. 1:13; 15:22

19 Porque ¿quién es nuestra esperanza o gozo o corona de gloriaª? ¿No lo sois vosotros en la presencia de nuestro Señor Jesús en su venidaᵇ? ªFil. 4:1 ᵇMat. 16:27

20 Pues vosotros sois nuestra gloriaª y nuestro gozo. ª2 Cor. 1:14

Interés de Pablo por sus hijos en la fe

3 Por lo cual, no pudiendo soportarlo más, pensamos que era mejor quedarnos solos en Atenasª, ªHech. 17:15, 16

2 y enviamos a Timoteoª, nuestro hermano y colaborador de Dios en el evangelio de Cristo, para fortaleceros y alentaros respecto a vuestra fe; ª2 Cor. 1:1; Col. 1:1

3 a fin de que nadie se inquiete por causa de estas aflicciones, porque vosotros mismos sabéis que para esto hemos sido destinadosª. ªHech. 9:16; 14:22

4 Porque en verdad, cuando estábamos con vosotros os predecíamos que íbamos a sufrir aflicción, y así ha acontecidoª, como sabéis. ª1 Tes. 2:14

5 Por eso también yo, cuando ya no pude soportar más, envié para informarme de vuestra fe, por temor a que el tentador os hubiera tentadoᵇ y que nuestro trabajo resultara en vanoᵇ. ªMat. 4:3 ᵇ2 Cor. 6:1

6 Pero ahora Timoteo ha regresadoª de vosotros a nosotros, y nos ha traído buenas noticias de vuestra fe y amorᵇ y de que siempre tenéis buen recuerdo de nosotros, añorando vernos, como también nosotros a vosotros; ªHech. 18:5 ᵇ1 Tes. 1:3

7 por eso, hermanos, en toda nuestra necesidad y aflicción fuimos consolados respecto a vosotros por medio de vuestra fe;

8 porque ahora sí que vivimos, si vosotros estáis firmesª en el Señor. ª1 Cor. 16:13

9 Pues ¿qué acción de gracias podemos dar a Dios por todo el gozo con que nos regocijamos delante de nuestro Dios a causa de vosotros, ª1 Tes. 1:2

10 según oramos intensamente de noche y de díaª que podamos ver vuestro rostro y que completemos lo que faltaᵇ a vuestra fe? ª2 Tim. 1:3 ᵇ2 Cor. 13:9

Exhortación a la santidad

11 Ahora, pues, que el mismo Dios y Padre nuestro, y Jesús nuestro Señor, dirijan nuestro caminoª a vosotros; ª2 Tes. 3:5

12 y que el Señor os haga crecer y abundar en amor unos para con otrosª, y para con todos, como también nosotros lo hacemos para con vosotros; ªFil. 1:9; 1 Tes. 4:1, 10

13 a fin de que El afirme vuestros corazonesª irreprensibles en santidad delante de nuestro Dios y Padre, en la venida de nuestro Señor Jesúsᵇ con todos sus santos. ª1 Cor. 1:8 ᵇ1 Tes. 2:19

4 Por lo demás, hermanos, os rogamos, pues, y os exhortamos en el Señor Jesús, que como habéis recibido de nosotros instrucciones acerca de la manera en que debéis andarª y agradarᵇ a Dios (como de hecho ya andáis), así abundéis en ello más y más. ªEf. 4:1 ᵇ2 Cor. 5:9

2 Pues sabéis qué preceptos os dimos por autoridad del Señor Jesús.

3 Porque esta es la voluntad de Dios: vuestra santificación; es decir, que os abstengáis de inmoralidad sexualª; ª1 Cor. 6:18

4 que cada uno de vosotrosª sepa cómo poseer su propio vaso en santificación y honor, ª1 Cor. 7:2, 9

5 no en pasión de concupiscenciaª, como los gentiles que no conocen a Diosᵇ; ªRom. 1:26 ᵇGál. 4:8

6 y que nadie peque y defraudeª a su hermano en este asunto, porque el Señor es el vengador en todas estas cosasᵇ, como también antes os lo dijimos y advertimos solemnemente. ª1 Cor. 6:8 ᵇRom. 12:19

7 Porque Dios no nos ha llamado a impurezaª, sino a santificación. ª1 Tes. 2:3

8 Por consiguiente, el que rechaza esto no rechaza a hombre, sino al Dios que os da su Espíritu Santoª. ªRom. 5:5; 2 Cor. 1:22

9 Mas en cuanto al amor fraternalª, no tenéis necesidad de que nadie os escriba, porque vosotros mismos habéis sido enseñados por Dios a amaros unos a otrosᵇ; ªJuan 13:34 ᵇJer. 31:33, 34

10 porque en verdad lo practicáisª con todos los hermanos que están en toda Macedonia. Pero os instamos, hermanos, a que abundéis en ello más y más, ª1 Tes. 1:7

11 y a que tengáis por vuestra ambición el llevar una vida tranquila, y os ocupéis en vuestros propios asuntos y trabajéis con vuestras manosª, tal como os hemos mandado; ªHech. 18:3; Ef. 4:28

12 a fin de que os conduzcáis[a] honradamente para con los de afuera, y no tengáis necesidad de nada[b]. [a]*Rom. 13:13* [b]*Ef. 4:28*

La venida del Señor

13 Pero no queremos, hermanos, que ignoréis acerca de los que duermen, para que no os entristezcáis como lo hacen los demás que no tienen esperanza[a]. [a]*Ef. 2:12*

14 Porque si creemos que Jesús murió y resucitó[a], así también Dios traerá con El a los que durmieron en Jesús. [a]*Rom. 14:9; 2 Cor. 4:14*

15 Por lo cual os decimos esto por la palabra del Señor: que nosotros los que estemos vivos[a] y que permanezcamos hasta la venida del Señor[b], no precederemos a los que durmieron. [a]*1 Cor. 15:52* [b]*1 Tes. 2:19*

16 Pues el Señor mismo descenderá del cielo con voz de mando, con voz de arcángel y con la trompeta de Dios[a], y los muertos en Cristo se levantarán primero. [a]*Mat. 24:31*

17 Entonces nosotros, los que estemos vivos y que permanezcamos[a], seremos arrebatados juntamente con ellos en las nubes al encuentro del Señor en el aire, y así estaremos con el Señor siempre. [a]*1 Cor. 15:52; 1 Tes. 5:10*

18 Por tanto, confortaos unos a otros con estas palabras.

Preparados para el día del Señor

5 Ahora bien, hermanos, con respecto a los tiempos[a] y a las épocas, no tenéis necesidad de que se os escriba *nada*. [a]*Hech. 1:7*

2 Pues vosotros mismos sabéis perfectamente que el día del Señor vendrá[a] así como un ladrón en la noche; [a]*1 Cor. 1:8*

3 *que* cuando estén diciendo: Paz y seguridad, entonces la destrucción vendrá sobre ellos repentinamente[a], como dolores de parto a una mujer que está encinta[b], y no escaparán. [a]*2 Tes. 1:9* [b]*Juan 16:21*

4 Mas vosotros, hermanos, no estáis en tinieblas[a], para que el día os sorprenda como ladrón; [a]*Hech. 26:18; 1 Jn. 2:8*

5 porque todos vosotros sois hijos de luz[a] e hijos del día. No somos de la noche ni de las tinieblas. [a]*Luc. 16:8*

6 Por tanto, no durmamos[a] como los demás[b], sino estemos alerta y seamos sobrios. [a]*Rom. 13:11* [b]*Ef. 2:3*

7 Porque los que duermen, de noche duermen, y los que se emborrachan, de noche se emborrachan[a]. [a]*Hech. 2:15; 2 Ped. 2:13*

8 Pero puesto que nosotros somos del día, seamos sobrios, habiéndonos puesto la coraza[a] de la fe y del amor, y por yelmo[b] la esperanza de la salvación. [a]*Ef. 6:14* [b]*Ef. 6:17*

9 Porque no nos ha destinado Dios para ira[a], sino para obtener salvación por medio de nuestro Señor Jesucristo[b], [a]*1 Tes. 1:10* [b]*2 Tes. 2:13, 14*

10 que murió por nosotros[a], para que ya sea que estemos despiertos o dormidos, vivamos juntamente con El. [a]*Rom. 14:9*

11 Por tanto, alentaos los unos a los otros, y edificaos el uno al otro[a], tal como lo estáis haciendo. [a]*Ef. 4:29*

Deberes prácticos de la vida cristiana

12 Pero os rogamos hermanos, que reconozcáis a los que con diligencia trabajan entre vosotros[a], y os dirigen[b] en el Señor y os instruyen, [a]*Rom. 16:6, 12* [b]*Heb. 13:17*

13 y que los tengáis en muy alta estima con amor, por causa de su trabajo. Vivid en paz los unos con otros[a]. [a]*Mar. 9:50*

14 Y os exhortamos, hermanos, a que amonestéis a los indisciplinados[a], animéis a los desalentados[b], sostengáis a los débiles y seáis pacientes con todos. [a]*2 Tes. 3:6, 7, 11* [b]*Isa. 35:4*

15 Mirad que ninguno devuelva a otro mal por mal[a], sino procurad siempre lo bueno los unos para con los otros, y para con todos. [a]*Mat. 5:44; Rom. 12:17*

16 Estad siempre gozosos[a]; [a]*Fil. 4:4*

17 orad sin cesar[a]; [a]*Ef. 6:18*

18 dad gracias en todo[a], porque esta es la voluntad de Dios para vosotros en Cristo Jesús. [a]*Ef. 5:20*

19 No apaguéis el Espíritu[a]; [a]*Ef. 4:30*

20 no menospreciéis las profecías[a]. [a]*Hech. 13:1; 1 Cor. 14:31*

21 Antes bien, examinadlo todo *cuidadosamente*[a], retened lo bueno; [a]*1 Cor. 14:29; 1 Jn. 4:1*

22 absteneos de toda forma de mal.

Pablo ora por la santificación de los tesalonicenses

23 Y que el mismo Dios de paz os santifique por completo; y que todo vuestro ser, espíritu, alma y cuerpo[a], sea preservado irreprensible[b] para la venida de nuestro Señor Jesucristo. [a]*Luc. 1:46, 47* [b]*Sant. 1:4*

24 Fiel[a] es el que os llama, el cual también *lo* hará. [a]*1 Cor. 1:9; 2 Tes. 3:3*

Saludos y bendición final

25 Hermanos, orad por nosotros[a]. [a]*Ef. 6:19; 2 Tes. 3:1*

26 Saludad a todos los hermanos con beso santo[a]. [a]*Rom. 16:16*

27 Os encargo solemnemente por el Señor que se lea esta carta[a] a todos los hermanos. [a]*Col. 4:16*

28 La gracia de nuestro Señor Jesucristo[a] sea con vosotros. [a]*Rom. 16:20; 2 Tes. 3:18*

Saludo

1 Pablo, Silvano y Timoteo:
A la iglesia de los tesalonicenses[a] en Dios nuestro Padre y en el Señor Jesucristo: [a]*Hech. 17:1; 1 Tes. 1:1*

2 Gracia a vosotros[a] y paz de Dios el Padre y del Señor Jesucristo. [a]*Rom. 1:7*

Acción de gracias

3 Siempre tenemos que dar gracias a Dios por vosotros[a], hermanos, como es justo, porque vuestra fe aumenta grandemente, y el amor de cada uno de vosotros hacia los demás[b] abunda *más y más;* [a]*Rom. 1:8* [b]*1 Tes. 3:12*

4 de manera que nosotros mismos hablamos con orgullo[a] de vosotros entre las iglesias de Dios, por vuestra perseverancia y fe[b] en medio de todas las persecuciones y aflicciones que soportáis[b]. [a]*2 Cor. 7:4* [b]*1 Cor. 7:17*

5 *Esta es* una señal evidente del justo juicio de Dios, para que seáis considerados dignos del reino de Dios[a], por el cual en verdad estáis sufriendo. [a]*Luc. 20:35; 2 Tes. 1:11*

Justicia de la retribución final

6 Porque después de todo, es justo delante[a] de Dios retribuir con aflicción a los que os afligen, [a]*Ex. 23:22; Col. 3:25*

7 *y daros* alivio a vosotros que sois afligidos, y también a nosotros, cuando el Señor Jesús sea revelado[a] desde el cielo con sus poderosos ángeles en llama de fuego, [a]*Luc. 17:30*

8 dando retribución a los que no conocen a Dios[a], y a los que no obedecen al evangelio de nuestro Señor Jesús[b]. [a]*Gál. 4:8* [b]*Rom. 2:8*

9 Estos sufrirán el castigo de eterna destrucción[a], excluidos de la presencia del Señor y de la gloria de su poder, [a]*Fil. 3:19; 1 Tes. 5:3*

10 cuando El venga para ser glorificado[a] en sus santos en aquel día[b] y para ser admirado entre todos los que han creído; porque nuestro testimonio ha sido creído por vosotros. [a]*Isa. 49:3* [b]*Isa. 2:11*

Oración por los tesalonicenses

11 Con este fin también nosotros oramos siempre por vosotros[a], para que nuestro Dios os considere dignos de vuestro llamamiento y cumpla todo deseo de bondad y la obra de fe, con poder, [a]*Col. 1:9*

12 a fin de que el nombre de nuestro Señor Jesús[a] sea glorificado en vosotros, y vosotros en El, conforme a la gracia de nuestro Dios y del Señor Jesucristo. [a]*Isa. 24:15; 66:5*

La venida del Señor y el hombre de pecado

2 Pero con respecto a la venida de nuestro Señor Jesucristo y a nuestra reunión con El[a], os rogamos, hermanos[b], [a]*Mar. 13:27* [b]*2 Tes. 1:3*

2 que no seáis sacudidos fácilmente en vuestro modo de pensar, ni os alarméis, ni por espíritu[a], ni por palabra[b], ni por carta como *si fuera* de nosotros, en el sentido de que el día del Señor ha llegado. [a]*1 Cor. 14:32* [b]*1 Tes. 5:2*

3 Que nadie os engañe en ninguna manera, porque *no vendrá* sin que primero venga la apostasía y sea revelado el hombre de pecado[a], el hijo de perdición[b], [a]*Dan. 7:25* [b]*Juan 17:12*

4 el cual se opone y se exalta sobre todo lo que se llama dios o *es* objeto de culto, de manera que se sienta en el templo de Dios, presentándose como si fuera Dios[a]. [a]*Isa. 14:14; Ezeq. 28:2*

5 ¿No os acordáis de que cuando yo estaba todavía con vosotros[a] os decía esto? [a]*1 Tes. 3:4*

6 Y vosotros sabéis lo que lo detiene *por ahora*[a], para ser revelado a su *debido* tiempo. [a]*2 Tes. 2:7*

7 Porque el misterio de la iniquidad[a] ya está en acción, sólo *que* aquel que *por ahora* lo detiene, *lo hará* hasta que él mismo sea quitado de en medio. [a]*Apoc. 17:5, 7*

8 Y entonces será revelado ese inicuo, a quien el Señor matará con el espíritu de su boca[a], y destruirá con el resplandor de su venida[b]. [a]*Isa. 11:4; Apoc. 2:16*

9 *inicuo* cuya venida es conforme a la actividad de Satanás, con todo poder y señales[a] y prodigios mentirosos, [a]*Mat. 24:24; Juan 4:48*

10 y con todo engaño de iniquidad para los que se pierden[a], porque no recibieron el amor de la verdad[b] para ser salvos. [a]*1 Cor. 1:18* [b]*2 Tes. 2:12, 13*

11 Por esto Dios[a] les enviará un poder engañoso, para que crean en la mentira, [a]*1 Rey. 22:22; Rom. 1:28*

12 a fin de que sean juzgados todos los que no creyeron en la verdad[a] sino que se complacieron en la iniquidad[b]. [a]*Rom. 2:8* [b]*Rom. 1:32*

Firmes en la doctrina

13 Pero nosotros siempre tenemos que dar gracias a Dios por vosotros, hermanos amados por el Señor, porque Dios os ha escogido desde el principio[a] para salvación mediante la santificación[b] por el Espíritu y la fe en la verdad. [a]*Ef. 1:4* [b]*1 Tes. 4:7*

14 Y fue para esto que El os llamó[a] mediante nuestro evangelio, para que alcancéis la gloria de nuestro Señor Jesucristo. [a]*1 Tes. 2:12*

15 Así que, hermanos, estad firmes y conservad las doctrinas[a] que os fueron enseñadas, ya de palabra, ya por carta nuestra. [a]*1 Cor. 11:2; 2 Tes. 3:6*

16 Y que nuestro Señor Jesucristo[a] mismo, y Dios nuestro Padre, que nos amó y nos dio consuelo eterno y buena esperanza por gracia, [a]*1 Tes. 3:11*

17 consuele vuestros corazones y *os* afirme[a] en toda obra y palabra buena. [a]*1 Tes. 3:2, 13; 2 Tes. 3:3*

Llamamiento a la oración

3 Finalmente, hermanos, orad por nosotros[a], para que la palabra del Señor se extienda rápidamente y sea glorificada, así como *sucedió* también con vosotros; [a]*1 Tes. 5:25*

2 y para que seamos librados[a] de hombres perversos y malos, porque no todos tienen fe. [a]*Rom. 15:31*

3 Pero fiel es el Señor[a] quien os fortalecerá y protegerá del maligno. [a]*1 Cor. 1:9; 1 Tes. 5:24*

4 Y tenemos confianza en el Señor respecto de vosotros, de que hacéis[a] y haréis lo que ordenamos. [a]*1 Tes. 4:10*

5 Que el Señor dirija vuestros corazones[a] hacia el amor de Dios y hacia la perseverancia de Cristo. [a]*1 Tes. 3:11*

Exhortación a una vida útil

6 Ahora bien, hermanos, os mandamos en el nombre de nuestro Señor Jesucristo, que os apartéis[a] de todo hermano que ande desordenadamente, y no según la doctrina que recibisteis de nosotros. [a]*Rom. 16:17; 1 Cor. 5:11*

7 Pues vosotros mismos sabéis cómo debéis seguir nuestro ejemplo[a], porque no obramos de manera indisciplinada entre vosotros, [a]*1 Tes. 1:6; 2 Tes. 3:9*

8 ni comimos de balde el pan de nadie, sino que con trabajo y fatiga[a] trabajamos día y noche a fin de no ser carga a ninguno de vosotros; [a]*1 Tes. 2:9*

9 no porque no tengamos derecho *a ello*[a], sino para ofrecernos como modelo a vosotros a fin de que sigáis nuestro ejemplo. [a]*1 Cor. 9:4*

10 Porque aun cuando estábamos con vosotros os ordenábamos esto: Si alguno no quiere trabajar, que tampoco coma[a]. [a]*1 Tes. 4:11*

11 Porque oímos que algunos entre vosotros andan desordenadamente, sin trabajar, pero andan metiéndose en todo[a]. [a]*1 Tim. 5:13; 1 Ped. 4:15*

12 A tales personas les ordenamos y exhortamos en el Señor Jesucristo, que trabajando tranquilamente, coman su propio pan[a]. [a]*1 Tes. 4:11*

13 Pero vosotros, hermanos, no os canséis de hacer el bien[a]. [a]*2 Cor. 4:1; Gál. 6:9*

14 Y si alguno no obedece nuestra enseñanza en esta carta, señalad al tal y no os asociéis con él[a], para que se avergüence[b]. [a]*2 Tes. 3:6* [b]*1 Cor. 4:14*

15 Sin embargo, no lo tengáis por enemigo, sino amonestadle[a] como a un hermano. [a]*1 Tes. 5:14*

Despedida y bendición final

16 Y que el mismo Señor de paz siempre os conceda paz en todas las circunstancias. El Señor sea con todos vosotros[a]. [a]*Rut 2:4*

17 Yo, Pablo, escribo este saludo con mi propia mano[a], y ésta es una señal distintiva en todas *mis* cartas; así escribo yo. [a]*1 Cor. 16:21*

18 La gracia de nuestro Señor Jesucristo sea con todos vosotros[a]. [a]*Rom. 16:20; 1 Tes. 5:28*

Primera Epístola del Apóstol San Pablo a
TIMOTEO

Saludo

1 Pablo, apóstol de Cristo Jesús por mandato[a] de Dios nuestro Salvador, y de Cristo Jesús nuestra esperanza, [a]*Tito 1:3*

2 a Timoteo, verdadero hijo en la fe[a]: Gracia, misericordia y paz de Dios Padre y *de* Cristo Jesús nuestro Señor. [a]*2 Tim. 1:2; Tito 1:4*

Advertencia contra doctrinas extrañas

3 Como te rogué al partir para Macedonia que te quedaras en Efeso para que instruyeras a algunos que no enseñaran doctrinas extrañas[a], [a]*Rom. 16:17; 2 Cor. 11:4*

4 ni prestaran atención a mitos[a] y genealogías interminables, lo que da lugar a discusiones inútiles en vez de *hacer avanzar* el plan de Dios que es por fe, *así te encargo ahora*. [a]*1 Tim. 4:7; 2 Tim. 4:4*

5 Pero el propósito de nuestra instrucción es el amor *nacido* de un corazón puro[a], de una buena conciencia y de una fe sincera. [a]*2 Tim. 2:22*

6 *Pues* algunos, desviándose de estas cosas, se han apartado hacia una vana palabrería[a]. [a]*Tito 1:10*

7 queriendo ser[a] maestros de la ley, aunque no entienden lo que dicen ni las cosas acerca de las cuales hacen declaraciones categóricas. [a]*Sant. 3:1*

8 Pero nosotros sabemos que la ley[a] es buena, si uno la usa legítimamente, [a]*Rom. 7:12, 16*

9 reconociendo esto: que la ley no ha sido instituida para el justo, sino para los transgresores y rebeldes[a], para los impíos[b] y pecadores, para los irreverentes y profanos, para los parricidas y matricidas, para los homicidas, [a]*Tito 1:6, 10* [b]*1 Ped. 4:18*

10 para los inmorales[a], homosexuales, secuestradores, mentirosos, perjuros, y para cualquier otra cosa que es contraria a la sana doctrina. [a]*1 Cor. 6:9*
11 según el glorioso evangelio del Dios bendito, que me ha sido encomendado[a]. [a]*Gál. 2:7*

Gratitud de Pablo por la gracia de Dios

12 Doy gracias a Cristo Jesús nuestro Señor, que me ha fortalecido[a], porque me tuvo por fiel, poniéndome en el ministerio; [a]*Hech. 9:22; Fil. 4:13*
13 aun habiendo sido yo antes blasfemo, perseguidor[a] y agresor. Sin embargo, se me mostró misericordia porque lo hice por ignorancia en *mi* incredulidad. [a]*Hech. 8:3; Fil. 3:6*
14 Pero la gracia[a] de nuestro Señor fue más que abundante, con la fe y el amor que *se hallan* en Cristo Jesús. [a]*Rom. 5:20; 1 Cor. 3:10*
15 Palabra fiel[a] y digna de ser aceptada por todos: Cristo Jesús vino al mundo para salvar a los pecadores, entre los cuales yo soy el primero. [a]*1 Tim. 3:1; 4:9*
16 Sin embargo, por esto hallé misericordia, para que en mí, como el primero, Jesucristo demostrara toda su paciencia[a] como un ejemplo para los que habrían de creer en El para vida eterna. [a]*Ef. 2:7*
17 Por tanto, al Rey eterno, inmortal, invisible, único Dios[a], *a El sea* honor y gloria por los siglos de los siglos. Amén. [a]*Juan 5:44; 1 Tim. 6:15*

Instrucciones a Timoteo

18 Esta comisión te confío, hijo Timoteo, conforme·a las profecías[a] que antes se hicieron en cuanto a ti, a fin de que por ellas pelees la buena batalla[b]. [a]*1 Tim. 4:14* [b]*2 Cor. 10:4*
19 guardando la fe[a] y una buena conciencia, que algunos han rechazado y naufragaron en lo que toca a la fe. [a]*1 Tim. 1:5*
20 Entre los cuales están Himeneo y Alejandro[a], a quienes he entregado a Satanás[b], para que aprendan a no blasfemar. [a]*2 Tim. 4:14* [b]*1 Cor. 5:5*

Llamado a la oración

2 Exhorto, pues, ante todo que se hagan rogativas[a], oraciones, peticiones y acciones de gracias por todos los hombres; [a]*Ef. 6:18*
2 por los reyes[a] y por todos los que están en autoridad, para que podamos vivir una vida tranquila y sosegada con toda piedad y dignidad. [a]*Esd. 6:10; Rom. 13:1*
3 *Porque* esto es bueno y agradable delante de Dios[a] nuestro Salvador, [a]*Luc. 1:47; 1 Tim. 1:1*
4 el cual quiere[a] que todos los hombres sean salvos y vengan al pleno conocimiento de la verdad. [a]*Ezeq. 18:23, 32; Juan 3:17*

5 Porque hay un solo Dios[a], *y* también un solo mediador[b] entre Dios y los hombres, Cristo Jesús hombre, [a]*Rom. 3:30* [b]*1 Cor. 8:6*
6 quien se dio a sí mismo en rescate por todos, testimonio *dado* a su debido tiempo[a]. [a]*Mar. 1:15; Gál. 4:4*
7 Y para esto[a] yo fui constituido predicador y apóstol (digo la verdad en Cristo, no miento) como maestro de los gentiles en fe y verdad. [a]*Ef. 3:8; 1 Tim. 1:11*
8 Por consiguiente, quiero que en todo lugar los hombres oren levantando[a] manos santas, sin ira ni discusiones. [a]*Sal. 63:4; Luc. 24:50*

Instrucciones para la mujer cristiana

9 Asimismo, que las mujeres[a] se vistan con ropa decorosa, con pudor y modestia, no con peinado ostentoso, no con oro, o perlas, o vestidos costosos; [a]*1 Ped. 3:3*
10 sino con buenas obras, como corresponde a las mujeres que profesan la piedad.
11 Que la mujer aprenda[a] calladamente, con toda obediencia. [a]*1 Cor. 14:34; Tito 2:5*
12 Yo no permito[a] que la mujer enseñe ni que ejerza autoridad sobre el hombre, sino que permanezca callada. [a]*1 Cor. 14:34; Tito 2:5*
13 Porque Adán[a] fue creado primero, después Eva. [a]*Gén. 2:7, 22; 3:16*
14 Y Adán no *fue el* engañado, sino que la mujer[a], siendo engañada completamente, cayó en transgresión. [a]*Gén. 3:6, 13; 2 Cor. 11:3*
15 Pero se salvará engendrando hijos, si permanece en fe, amor y santidad[a], con modestia. [a]*1 Tim. 1:14*

Requisitos para los obispos

3 Palabra fiel *es ésta*: Si alguno aspira al cargo de obispo[a], buena obra desea *hacer*. [a]*Hech. 20:28; Fil. 1:1*
2 Un obispo[a] debe ser, pues, irreprochable, marido de una sola mujer, sobrio, prudente, de conducta decorosa, hospitalario, apto para enseñar, [a]*1 Tim. 3:2-4; Tito 1:6-8*
3 no dado a la bebida, no pendenciero, sino amable, no contencioso, no avaricioso[a]. [a]*1 Tim. 3:8; 6:10*
4 Que gobierne bien su casa[a], teniendo a sus hijos sujetos con toda dignidad [a]*1 Tim. 3:12*
5 (pues si un hombre no sabe cómo gobernar su propia casa, ¿cómo podrá cuidar de la iglesia de Dios[a]?); [a]*1 Cor. 10:32; 1 Tim. 3:15*
6 no un recién convertido, no sea que se envanezca[a] y caiga en la condenación *en que cayó* el diablo. [a]*1 Tim. 6:4; 2 Tim. 3:4*
7 Debe gozar también de una buena reputación[a] entre los de afuera *de la iglesia*, para que no caiga en descrédito y en el lazo del diablo[b]. [a]*2 Cor. 8:21* [b]*1 Tim. 6:9*

Requisitos para los diáconos

8 De la misma manera, también los diáconos *deben ser* dignos, de una sola palabra, no dados al mucho vino^a, ni amantes de ganancias deshonestas, ª*1 Tim. 5:23; Tito 2:3*

9 *sino* guardando el misterio de la fe^a con limpia conciencia. ª*1 Tim. 1:5, 19*

10 Que también éstos sean sometidos a prueba primero^a, y si son irreprensibles, que entonces sirvan como diáconos. ª*1 Tim. 5:22*

11 De igual manera, las mujeres *deben ser* dignas, no calumniadoras^a, sino sobrias, fieles en todo. ª*2 Tim. 3:3; Tito 2:3*

12 Que los diáconos sean maridos^a de una *sola* mujer, y que gobiernen bien^b *sus* hijos y sus propias casas. ª*1 Tim. 3:2* ᵇ*1 Tim. 3:4*

13 Pues los que han servido bien como diáconos^a obtienen para sí una posición honrosa y gran confianza en la fe que es en Cristo Jesús.
ª*Mat. 25:21*

El misterio de la piedad

14 Te escribo estas cosas, esperando ir a ti pronto,

15 pero en caso que me tarde, *te escribo* para que sepas cómo debe conducirse uno en la casa de Dios^a, que es la iglesia del Dios vivo, columna y sostén de la verdad. ª*1 Cor. 3:16; 2 Cor. 6:16*

16 E indiscutiblemente, grande es el misterio de la piedad:

El fue manifestado en la carne^a,
vindicado en el Espíritu,
contemplado por ángeles,
proclamado entre las naciones^b,
creído en el mundo,
recibido arriba en gloria. ª*Juan 1:14*
       ᵇ*Rom. 16:26*

Predicción de la apostasía

4 Pero el Espíritu^a dice claramente que en los últimos tiempos algunos apostatarán de la fe, prestando atención a espíritus engañadores y a doctrinas de demonios, ª*Juan 16:13; Hech. 20:23*

2 mediante la hipocresía de mentirosos que tienen cauterizada la conciencia^a; ª*Ef. 4:19*

3 prohibiendo casarse y *mandando* abstenerse de alimentos que Dios ha creado^a para que con acción de gracias participen *de ellos* los que creen y que han conocido la verdad. ª*Gén. 1:29; 9:3*

4 Porque todo lo creado por Dios es bueno y nada se debe rechazar si se recibe con acción de gracias^a; ª*Rom. 14:6; 1 Cor. 10:30, 31*

5 porque es santificado mediante la palabra de Dios^a y la oración. ª*Gén. 1:25, 31; Heb. 11:3*

El buen ministro de Cristo

6 Al señalar estas cosas a los hermanos serás un buen ministro de Cristo Jesús, nutrido con las palabras de la fe y de la buena doctrina que has seguido^a. ª*Luc. 1:3; Fil. 2:20, 22*

7 Pero nada tengas que ver con las fábulas profanas propias de viejas. Más bien disciplínate a ti mismo para la piedad^a; ª*1 Tim. 4:8; 6:3, 5, 6*

8 porque el ejercicio físico^a aprovecha poco, pero la piedad es provechosa para todo, pues tiene promesa para la vida presente^b y *también* para la futura. ª*Col. 2:23* ᵇ*Mat. 6:33*

9 Palabra fiel *es* ésta^a, y digna de ser aceptada por todos. ª*1 Tim. 1:15*

10 Porque por esto trabajamos y nos esforzamos, porque hemos puesto nuestra esperanza^a en el Dios vivo, que es el Salvador de todos los hombres^b, especialmente de los creyentes.
ª*2 Cor. 1:10* ᵇ*1 Tim. 3:15*

11 Esto manda y enseña^a. ª*1 Tim. 5:7; 6:2*

12 No permitas que nadie menosprecie tu juventud; antes, sé ejemplo de los creyentes^a en palabra, conducta, amor, fe y pureza^b.
ª*Tito 2:7* ᵇ*1 Tim. 1:14*

13 Entretanto que llego, ocúpate en la lectura^a *de las Escrituras*, la exhortación y la enseñanza. ª*2 Tim. 3:15*

14 No descuides el don espiritual que está en ti, que te fue conferido por medio de la profecía con la imposición de manos^a del presbiterio^b. ª*Hech. 6:6* ᵇ*Hech. 11:30*

15 Reflexiona sobre estas cosas; dedícate a ellas, para que tu aprovechamiento sea evidente a todos.

16 Ten cuidado de ti mismo^a y de la enseñanza; persevera en estas cosas, porque haciéndolo asegurarás la salvación tanto para ti mismo como para los que te escuchan.
ª*Hech. 20:28*

5 No reprendas con dureza al anciano^a, sino, *más bien*, exhórta*lo* como a padre; a los más jóvenes, como a hermanos, ª*Lev. 19:32*

2 a las ancianas, como a madres; a las más jóvenes, como a hermanas, con toda pureza.

Responsabilidades hacia las viudas

3 Honra a las viudas que en verdad son viudas^a; ª*Hech. 6:1; 9:39, 41*

4 pero si alguna viuda tiene hijos o nietos, que aprendan *éstos* primero a mostrar piedad para con su propia familia^a y a recompensar a sus padres, porque esto es agradable delante de Dios^b. ª*Ef. 6:2* ᵇ*1 Tim. 2:3*

5 Pero la que en verdad es viuda^a y se ha quedado sola, tiene puesta su esperanza en Dios y continúa en súplicas y oraciones noche y día. ª*Hech. 6:1; 9:39, 41*

6 Mas la que se entrega a los placeres desenfrenados, *aun* viviendo, está muerta. ª*Sant. 5:5*

7 Ordena también estas cosas^a, para que sean irreprochables. ª*1 Tim. 4:11*

8 Pero si alguno no provee para los suyos, y

especialmente para los de su casa, ha negado la fe[a] y es peor que un incrédulo. [a]*2 Tim. 2:12; Tito 1:16*

9 Que la viuda sea puesta en la lista sólo si no es menor de sesenta años[a], *habiendo sido* la esposa de un solo marido, [a]*1 Tim. 5:16*

10 que tenga testimonio de buenas obras[a]; si ha criado hijos, si ha mostrado hospitalidad a extraños[b], si ha lavado los pies de los santos, si ha ayudado a los afligidos y si se ha consagrado a toda buena obra. [a]*Hech. 9:36* [b]*1 Tim. 3:2*

11 Pero rehúsa *poner en la lista* a viudas más jóvenes, porque cuando sienten deseos sensuales[a], contrarios a Cristo, se quieren casar, [a]*Apoc. 18:7*

12 incurriendo *así* en condenación, por haber abandonado su promesa anterior.

13 Y además, aprenden *a estar* ociosas, yendo de casa en casa; y no sólo ociosas, sino también charlatanas y entremetidas[a], hablando de cosas que no *son* dignas[b]. [a]*2 Tes. 3:11* [b]*Tito 1:11*

14 Por tanto, quiero que las *viudas* más jóvenes se casen[a], que tengan hijos, que cuiden *su* casa y no den al adversario ocasión de reproche. [a]*1 Cor. 7:9; 1 Tim. 4:3*

15 Pues algunas ya se han apartado[a] para seguir a Satanás. [a]*1 Tim. 1:20*

16 Si alguna creyente tiene viudas *en la familia*[a], que las mantenga, y que la iglesia no lleve la carga para que pueda ayudar a las que en verdad son viudas. [a]*1 Tim. 5:4*

Otras recomendaciones

17 Los ancianos[a] que gobiernan bien sean considerados dignos de doble honor, principalmente los que trabajan[b] en la predicación y en la enseñanza. [a]*Hech. 11:30* [b]*1 Tes. 5:12*

18 Porque la Escritura dice: NO PONDRÁS BOZAL AL BUEY CUANDO TRILLA[a], y: El obrero es digno de su salario. [a]*Deut. 25:4; 1 Cor. 9:9*

19 No admitas acusación contra un anciano, a menos de que haya dos o tres testigos[a]. [a]*Deut. 17:6; 19:15*

20 A los que continúan en pecado, repréndelos en presencia de todos[a] para que los demás tengan temor *de pecar*. [a]*Gál. 2:14; Ef. 5:11*

21 Te encargo solemnemente[a] en la presencia de Dios y de Cristo Jesús y de *sus* ángeles escogidos, que conserves estos *principios* sin prejuicios, no haciendo nada con *espíritu de* parcialidad. [a]*Luc. 9:26; 1 Tim. 6:13*

22 No impongas las manos sobre nadie con ligereza[a], compartiendo así *la responsabilidad por* los pecados de otros; guárdate libre de pecado. [a]*1 Tim. 3:10; 4:14*

23 Ya no bebas agua *sola,* sino usa un poco de vino[a] por causa de tu estómago y de tus frecuentes enfermedades. [a]*1 Tim. 3:8*

24 Los pecados de algunos hombres son ya evidentes, yendo delante de ellos al juicio; mas a otros, *sus pecados* los siguen[a]. [a]*Apoc. 14:13*

25 De la misma manera, las buenas obras son evidentes, y las que no lo son no se pueden ocultar[a]. [a]*Apoc. 10:9*

Cómo servir a los superiores

6 Todos los que están bajo yugo como esclavos[a], consideren a sus propios amos como dignos de todo honor, para que el nombre de Dios y *nuestra* doctrina no sean blasfemados. [a]*Ef. 6:5; Tito 2:9*

2 Y los que tienen amos *que son* creyentes, no les falten el respeto, porque son hermanos[a], sino sírvanles aún mejor, ya que son creyentes y amados los que se benefician de su servicio. Enseña y predica estos *principios.* [a]*Hech. 1:15; Gál. 3:28*

Las doctrinas falsas y el amor al dinero

3 Si alguno enseña una doctrina diferente[a] y no se conforma a las sanas palabras, las de nuestro Señor Jesucristo, y a la doctrina *que es* conforme a la piedad, [a]*1 Tim. 1:3*

4 está envanecido y nada entiende, sino que tiene un interés morboso en discusiones y contiendas de palabras[a], de las cuales nacen envidias, pleitos, blasfemias, malas sospechas, [a]*Hech. 18:15; 2 Tim. 2:14*

5 y constantes rencillas entre hombres de mente depravada[a], que están privados de la verdad, que suponen que la piedad es un medio de ganancia[b]. [a]*2 Tim. 3:8* [b]*Tito 1:11*

6 Pero la piedad[a], *en efecto,* es un medio de gran ganancia cuando *va* acompañada de contentamiento. [a]*Luc. 12:15-21; 1 Tim. 6:6-10*

7 Porque nada hemos traído al mundo[a], así que nada podemos sacar de él. [a]*Job 1:21; Ecl. 5:15*

8 Y si tenemos qué comer[a] y con qué cubrirnos, con eso estaremos contentos. [a]*Prov. 30:8*

9 Pero los que quieren enriquecerse[a] caen en tentación y lazo y en muchos deseos necios y dañosos que hunden a los hombres en la ruina y en la perdición. [a]*Prov, 15:27; 23:4*

10 Porque la raíz de todos los males es el amor al dinero[a], por el cual, codiciándolo algunos, se extraviaron de la fe[b] y se torturaron con muchos dolores. [a]*Col. 3:5* [b]*Sant. 5:19*

Exhortación y doxología

11 Pero tú, oh hombre de Dios[a], huye de estas cosas, y sigue la justicia, la piedad, la fe, el amor, la perseverancia y la amabilidad. [a]*2 Tim. 3:17*

12 Pelea la buena batalla[a] de la fe; echa mano de la vida eterna a la cual fuiste llamado, y *de la que* hiciste buena profesión en presencia de muchos testigos. [a]*1 Cor. 9:25, 26; Fil. 1:30*

13 Te mando delante de Dios[a], que da vida a todas las cosas, y de Cristo Jesús, que dio testimonio de la buena profesión[b] delante de Poncio Pilato, [a]*1 Tim. 5:21* [b]*2 Cor. 9:13*

14 que guardes el mandamiento sin mancha ni reproche hasta la manifestación de nuestro Señor Jesucristo[a], [a]*2 Tes. 2:8*

15 la cual manifestará a su debido tiempo[a] el bienaventurado y único Soberano, el Rey de reyes y Señor de señores; [a]*1 Tim. 2:6*

16 el único que tiene inmortalidad[a] y habita en luz inaccesible; a quien ningún hombre ha visto ni puede ver. A El *sea* la honra y el dominio eterno. Amén. [a]*1 Tim. 1:17*

Instrucciones para los ricos

17 A los ricos en este mundo[a], enséñales que no sean altaneros ni pongan su esperanza en la incertidumbre de las riquezas, sino en Dios, el cual nos da abundantemente todas las cosas para que las disfrutemos[b]. [a]*Mat. 12:32* [b]*Hech. 14:17*

18 *Enséñales* que hagan bien, que sean ricos en buenas obras[a], generosos[b] y prontos a compartir; [a]*1 Tim. 5:10* [b]*Rom. 12:8*

19 acumulando para sí el tesoro de un buen fundamento para el futuro[a], para que puedan echar mano de lo que en verdad es vida[b]. [a]*Mat. 6:20* [b]*1 Tim. 6:12*

Exhortación final y bendición

20 Oh Timoteo, guarda lo que se te ha encomendado[a], y evita las palabrerías vacías y profanas[b], y las objeciones de lo que falsamente se llama ciencia, [a]*2 Tim. 1:12, 14* [b]*1 Tim. 1:9*

21 la cual profesándola algunos, se han desviado[a] de la fe.

La gracia sea con vosotros. [a]*2 Tim. 2:18*

Segunda Epístola del Apóstol San Pablo a
TIMOTEO

Saludo

1 Pablo, apóstol[a] de Cristo Jesús por la voluntad de Dios, según la promesa de vida en Cristo Jesús, [a]*2 Cor. 1:1*

2 a Timoteo, amado hijo[a]: Gracia, misericordia y paz de Dios Padre y de Cristo Jesús nuestro Señor. [a]*1 Tim. 1:2; 2 Tim. 2:1*

Fidelidad y dinamismo en el servicio cristiano

3 Doy gracias a Dios[a], a quien sirvo con limpia conciencia como lo hicieron mis antepasados, de que sin cesar, noche y día, me acuerdo de ti en mis oraciones, [a]*Rom. 1:8*

4 deseando verte, al acordarme de tus lágrimas[b], para llenarme de alegría. [a]*2 Tim. 4:9, 21* [b]*Hech. 20:37*

5 Porque tengo presente la fe sincera *que hay* en ti, la cual habitó primero en tu abuela Loida[a] y *en* tu madre Eunice[b], y estoy seguro que en ti también. [a]*1 Tim. 1:5* [b]*Hech. 16:1*

6 Por lo cual te recuerdo que avives el *fuego del* don de Dios que hay en ti por la imposición de mis manos[a]. [a]*1 Tim. 4:14*

7 Porque no nos ha dado Dios espíritu de cobardía[a], sino de poder, de amor y de dominio propio. [a]*Juan 14:27; Rom. 8:15*

8 Por tanto, no te avergüences[a] del testimonio de nuestro Señor, ni de mí, prisionero suyo, sino participa conmigo en las aflicciones[b] por el evangelio, según el poder de Dios, [a]*Mar. 8:38* [b]*2 Tim. 2:3, 9*

9 quien nos ha salvado y nos ha llamado[a] con un llamamiento santo, no según nuestras obras[b], sino según su propósito[a] y *según la* gracia que nos fue dada en Cristo Jesús desde la eternidad, [a]*Rom. 8:28* [b]*Ef. 2:9*

10 y que ahora ha sido manifestada por la aparición de nuestro Salvador Cristo Jesús, quien abolió la muerte[a] y sacó a la luz la vida y la inmortalidad por medio del evangelio, [a]*1 Cor. 15:26; Heb. 2:14, 15*

11 para el cual yo fui constituido predicador, apóstol y maestro[a]. [a]*1 Tim. 2:7*

12 Por lo cual también sufro estas cosas, pero no me avergüenzo[a]; porque yo sé en quién he creído, y estoy convencido de que es poderoso para guardar mi depósito hasta aquel día. [a]*2 Tim. 1:8, 16*

13 Retén[a] la norma de las palabras sanas que has oído de mí, en la fe y el amor[b] en Cristo Jesús. [a]*2 Tim. 3:14* [b]*1 Tim. 1:14*

14 Guarda, mediante el Espíritu Santo que habita en nosotros[a], el tesoro que *te* ha sido encomendado. [a]*Rom. 8:9*

15 Ya sabes esto, que todos los que están en Asia me han vuelto la espalda[a], entre los cuales están Figelo y Hermógenes. [a]*2 Tim. 4:10, 11, 16*

16 Conceda el Señor misericordia a la casa de Onesíforo[a], porque muchas veces me dio refrigerio y no se avergonzó de mis cadenas, [a]*2 Tim. 4:19*

17 antes bien, cuando estuvo en Roma, me buscó con afán y me halló;

18 que el Señor le conceda hallar misericordia del Señor en aquel día[a]. Además, los servicios que prestó en Efeso, tú lo sabes mejor. [a]*1 Cor. 1:8; 3:13*

El buen soldado de Jesucristo

2 Tú, pues, hijo mío, fortalécete en la gracia[a] que *hay* en Cristo Jesús. [a]*Ef. 6:10*

2 Y lo que has oído de mí[a] en la presencia de

muchos testigos, eso encarga a hombres fieles que sean idóneos para enseñar también a otros. [a]*2 Tim. 1:13*

3 Sufre penalidades[a] *conmigo,* como buen soldado de Cristo Jesús. [a]*2 Tim. 1:8*

4 Ningún soldado en servicio activo se enreda[a] en los negocios de la vida diaria, a fin de poder agradar al que lo reclutó como soldado. [a]*2 Ped. 2:20*

5 Y también el que compite como atleta[a], no gana el premio si no compite de acuerdo con las reglas. [a]*1 Cor. 9:25*

6 El labrador que trabaja[a] debe ser el primero en recibir su parte de los frutos. [a]*1 Cor. 9:10*

7 Considera lo que digo, pues el Señor te dará entendimiento en todo.

8 Acuérdate de Jesucristo, resucitado de entre los muertos[a], descendiente de David, conforme a mi evangelio; [a]*Hech. 2:24*

9 por el cual sufro penalidades[a], hasta el encarcelamiento como un malhechor; pero la palabra de Dios no está presa. [a]*2 Tim. 1:8; 2:3*

10 Por tanto, todo lo soporto por amor a los escogidos[a], para que también ellos obtengan la salvación que *está* en Cristo Jesús, *y* con *ella* gloria eterna. [a]*Luc. 18:7; Tito 1:1*

11 Palabra fiel *es ésta:*

Que si morimos con El[a], también viviremos con El; [a]*Rom. 6:8; 1 Tes. 5:10*

12 si perseveramos, también reinaremos con El;

si le negamos[a], El también nos negará; [a]*Mat. 10:33; Luc. 12:9*

13 si somos infieles, El permanece fiel[a], pues no puede negarse a sí mismo. [a]*Rom. 3:3; 1 Cor. 1:9*

El buen obrero de Dios

14 Recuérda*les* esto, encargándo*les* solemnemente en la presencia de Dios, que no contiendan sobre palabras[b], *lo cual* para nada aprovecha *y lleva* a los oyentes a la ruina. [a]*1 Tim. 5:21* [b]*1 Tim. 6:4*

15 Procura con diligencia presentarte a Dios aprobado[a], *como* obrero que no tiene de qué avergonzarse, que maneja con precisión la palabra de verdad. [a]*Rom. 6:13; Sant. 1:12*

16 Evita las palabrerías vacías *y* profanas[a], porque *los dados a ellas,* conducirán más y más a la impiedad, [a]*1 Tim. 1:9; 6:20*

17 y su palabra se extenderá como gangrena; entre los cuales están Himeneo y Fileto[a], [a]*1 Tim. 1:20*

18 que se han desviado de la verdad diciendo que la resurrección ya tuvo lugar[a], trastornando así la fe de algunos. [a]*1 Cor. 15:12*

19 No obstante, el sólido fundamento de Dios permanece[a] firme, teniendo este sello: El Señor conoce a los que son suyos, y: Que se

aparte de la iniquidad todo aquel que menciona el nombre del Señor. [a]*Isa. 28:16, 17; 1 Tim. 3:15*

20 Ahora bien, en una casa grande no solamente hay vasos de oro y de plata, sino también de madera y de barro, y unos para honra y otros para deshonra[a]. [a]*Rom. 9:21*

21 Por tanto, si alguno se limpia de estas *cosas*[a], será un vaso para honra, santificado, útil para el Señor, preparado para toda buena obra. [a]*1 Tim. 6:11; 2 Tim. 2:16-18*

22 Huye, pues, de las pasiones juveniles y sigue la justicia, la fe, el amor y la paz, con los que invocan al Señor con un corazón puro[a]. [a]*1 Tim. 1:5*

23 Pero rechaza los razonamientos necios e ignorantes, sabiendo que producen altercados[a]. [a]*Tito 3:9; Sant. 4:1*

24 Y el siervo del Señor no debe ser rencilloso, sino amable para con todos, apto para enseñar[a], sufrido, [a]*1 Tim. 3:2*

25 corrigiendo tiernamente a los que se oponen, por si acaso Dios les da el arrepentimiento[a] que conduce al pleno conocimiento de la verdad[b], [a]*Hech. 8:22* [b]*1 Tim. 2:4*

26 y volviendo en sí, *escapen* del lazo del diablo[a], habiendo estado cautivos de él para *hacer* su voluntad. [a]*1 Tim. 3:7*

Carácter y conducta de los hombres en los últimos días

3 Pero debes saber esto: que en los últimos días[a] vendrán tiempos difíciles. [a]*1 Tim. 4:1*

2 Porque los hombres serán amadores de sí mismos, avaros[a], jactanciosos[b], soberbios, blasfemos, desobedientes a los padres[b], ingratos, irreverentes, [a]*Luc. 16:14* [b]*Rom. 1:30*

3 sin amor[a], implacables, calumniadores[b], desenfrenados, salvajes, aborrecedores de lo bueno, [a]*Rom. 1:31* [b]*1 Tim. 3:11*

4 traidores, impetuosos, envanecidos[a], amadores de los placeres en vez de amadores de Dios; [a]*1 Tim. 3:6*

5 teniendo apariencia de piedad[a], pero habiendo negado su poder; a los tales evita. [a]*1 Tim. 4:7*

6 Porque entre ellos están los que se meten en las casas[a] y llevan cautivas a mujercillas cargadas de pecados, llevadas por diversas pasiones[b], [a]*Jud. 4* [b]*Tito 3:3*

7 siempre aprendiendo, pero que nunca pueden llegar al pleno conocimiento de la verdad[a]. [a]*2 Tim. 2:25*

8 Y así como Janes y Jambres se opusieron a Moisés, de la misma manera éstos también se oponen a la verdad; hombres de mente depravada[a], reprobados en lo que respecta a la fe. [a]*1 Tim. 6:5*

9 Pero no progresarán más, pues su insensatez será manifiesta a todos[a], como también sucedió con la de aquellos *dos*. [a]*Luc. 6:11*

Comisión a Timoteo

10 Pero tú has seguido mi enseñanza[a], conducta, propósito, fe, paciencia, amor[b], perseverancia, [a]*Fil. 2:20, 22* [b]*1 Tim. 6:11*

11 persecuciones, sufrimientos, como los que me acaecieron en Antioquía, en Iconio y en Listra. ¡Qué persecuciones sufrí[a]! Y de todas ellas me libró el Señor[b]. [a]*2 Cor. 11:23-27* [b]*Rom. 15:31*

12 Y en verdad, todos los que quieren vivir piadosamente en Cristo Jesús, serán perseguidos[a]. [a]*Juan 15:20; Hech. 14:22*

13 Pero los hombres malos e impostores irán *de mal* en peor, engañando y siendo engañados[a]. [a]*Tito 3:3*

14 Tú, sin embargo, persiste en las cosas que has aprendido[a] y *de las cuales* te convenciste, sabiendo de quiénes *las* has aprendido; [a]*2 Tim. 1:13; Tito 1:9*

15 y que desde la niñez has sabido las Sagradas Escrituras[a], las cuales te pueden dar la sabiduría[b] que lleva a la salvación mediante la fe en Cristo Jesús. [a]*Juan 5:47* [b]*Sal. 119:98, 99*

16 Toda Escritura es inspirada[a] por Dios y útil para enseñar, para reprender, para corregir, para instruir en justicia, [a]*Rom. 4:23, 24; 15:4*

17 a fin de que el hombre de Dios sea perfecto, equipado para toda buena obra[a]. [a]*2 Tim. 2:21; Heb. 13:21*

4 Te encargo solemnemente, en la presencia de Dios y de Cristo Jesús, que ha de juzgar a los vivos y a los muertos[a], por su manifestación y por su reino: [a]*Hech. 10:42*

2 Predica la palabra[a]; insiste a tiempo y fuera de tiempo; redarguye[b], reprende, exhorta con mucha paciencia e instrucción. [a]*Gál. 6:6* [b]*1 Tim. 5:20*

3 Porque vendrá tiempo[a] cuando no soportarán la sana doctrina, sino que teniendo comezón de oídos, acumularán para sí maestros conforme a sus propios deseos; [a]*2 Tim. 3:1*

4 y apartarán sus oídos de la verdad[a], y se volverán a mitos. [a]*2 Tes. 2:11; Tito 1:14*

5 Pero tú, sé sobrio en todas las cosas, sufre penalidades, haz el trabajo de un evangelista, cumple tu ministerio[a]. [a]*Ef. 4:12; Col. 4:17*

6 Porque yo ya estoy para ser derramado como una ofrenda de libación[a], y el tiempo de mi partida ha llegado[b]. [a]*Fil. 2:17* [b]*Fil. 1:23*

7 He peleado la buena batalla[a], he terminado la carrera, he guardado la fe. [a]*1 Cor. 9:25, 26; Fil. 1:30*

8 En el futuro me está reservada[a] la corona de justicia que el Señor, el Juez justo, me entregará en aquel día[b]; y no sólo a mí, sino también a todos los que aman su venida. [a]*Col. 1:5* [b]*2 Tim. 1:12*

Instrucciones personales

9 Procura venir a verme pronto[a], [a]*2 Tim. 1:4; 4:21*

10 pues Demas[a] me ha abandonado, habiendo amado este mundo[b] presente, y se ha ido a Tesalónica; Crescente *se fue* a Galacia y Tito a Dalmacia. [a]*Col. 4:14* [b]*1 Tim. 6:17*

11 Sólo Lucas está conmigo[a]. Toma a Marcos y tráelo contigo, porque me es útil para el ministerio. [a]*Col. 4:14; Filem. 24*

12 Pero a Tíquico[a] lo envié a Efeso. [a]*Hech. 20:4; Ef. 6:21, 22*

13 Cuando vengas, trae la capa que dejé en Troas con Carpo[a], y los libros, especialmente los pergaminos. [a]*Hech. 16:8*

14 Alejandro[a], el calderero, me hizo mucho daño; el Señor le retribuirá conforme a sus hechos. [a]*Hech. 19:33; 1 Tim. 1:20*

15 Tú también cuídate de él, pues se opone vigorosamente a nuestra enseñanza.

16 En mi primera defensa nadie estuvo a mi lado, sino que todos me abandonaron; que no se les tenga en cuenta[a]. [a]*Hech. 7:60; 1 Cor. 13:5*

17 Pero el Señor estuvo conmigo y me fortaleció[a], a fin de que por mí se cumpliera cabalmente la proclamación *del mensaje*[b] y que todos los gentiles oyeran. Y fui librado de la boca del león. [a]*1 Tim. 1:12* [b]*Tito 1:3*

18 El Señor me librará de toda obra mala y me traerá a salvo a su reino celestial[a]. A El *sea* la gloria por los siglos de los siglos. Amén. [a]*1 Cor. 15:50; 2 Tim. 4:1*

Saludos y bendición

19 Saluda a Prisca y a Aquila[a], y a la casa de Onesíforo[b]. [a]*Hech. 18:2* [b]*2 Tim. 1:16*

20 Erasto[a] se quedó en Corinto, pero a Trófimo lo dejé enfermo en Mileto[b]. [a]*Hech. 19:22* [b]*Hech. 20:4, 15*

21 Procura venir[a] antes del invierno. Eubulo te saluda, también Pudente, Lino, Claudia y todos los hermanos. [a]*2 Tim. 4:9*

22 El Señor sea con tu espíritu[a]. La gracia sea con vosotros. [a]*Gál. 6:18; Fil. 4:23*

Saludo

1 Pablo, siervo de Dios y apóstol de Jesucristo, conforme a la fe de los escogidos de Dios y al pleno conocimiento de la verdad[a] que es según la piedad[b], [a]*1 Tim. 2:4* [b]*1 Tim. 6:3*

2 con la esperanza de vida eterna[a], la cual Dios, que no miente[b], prometió desde los tiempos eternos, [a]*2 Tim. 1:1* [b]*2 Tim. 2:13*

3 y manifestó a su debido tiempo[a] su palabra por la predicación que me fue confiada conforme al mandamiento de Dios nuestro Salvador[b], [a]*1 Tim. 2:6* [b]*Luc. 1:47*

4 a Tito, verdadero hijo[a] en la común fe[b]: Gracia y paz de Dios el Padre y de Cristo Jesús nuestro Salvador. [a]*2 Tim. 1:2* [b]*2 Ped. 1:1*

Requisitos para ancianos y obispos

5 Por esta causa te dejé en Creta, para que pusieras en orden lo que queda, y designaras[a] ancianos en cada ciudad como te mandé, [a]*Hech. 14:23*

6 *esto es*, si alguno es irreprensible[a], marido de una *sola* mujer, que tenga hijos creyentes, no acusados de disolución ni de rebeldía. [a]*1 Tim. 3:2-4; Tito 1:6-8*

7 Porque el obispo debe ser irreprensible como administrador de Dios[a], no obstinado[b], no iracundo, no dado a la bebida, no pendenciero, no amante de ganancias deshonestas, [a]*1 Cor. 4:1* [b]*2 Ped. 2:10*

8 sino hospitalario[a], amante de lo bueno, prudente, justo, santo, dueño de sí mismo, [a]*1 Tim. 3:2*

9 reteniendo la palabra fiel[a] que es conforme a la enseñanza, para que sea capaz también de exhortar con sana doctrina y refutar a los que contradicen. [a]*2 Tes. 2:15; 1 Tim. 1:19*

Los falsos maestros censurados

10 Porque hay muchos rebeldes[a], habladores vanos[b] y engañadores, especialmente los de la circuncisión, [a]*Tito 1:6* [b]*1 Tim. 1:6*

11 a quienes es preciso tapar la boca, porque están trastornando familias[a] enteras, enseñando, por ganancias[b] deshonestas, cosas que no deben. [a]*1 Tim. 5:4* [b]*1 Tim. 6:5*

12 Uno de ellos, su propio profeta, dijo: Los cretenses son siempre mentirosos, malas bestias, glotones ociosos[a]. [a]*Hech. 2:11; 27:7*

13 Este testimonio es verdadero. Por eso, repréndelos[a] severamente para que sean sanos en la fe, [a]*1 Tim. 5:20; 2 Tim. 4:2*

14 no prestando atención a mitos judaicos[a] y a mandamientos de hombres que se apartan de la verdad. [a]*1 Tim. 1:4*

15 Todas las cosas son puras para los puros, mas para los corrompidos e incrédulos nada es puro[a], sino que tanto su mente como su conciencia están corrompidas. [a]*Rom. 14:14, 23*

16 Profesan conocer a Dios[a], pero con *sus* hechos *lo* niegan, siendo abominables y desobedientes e inútiles para cualquier obra buena. [a]*1 Jn. 2:4*

La enseñanza de buena doctrina

2 Pero en cuanto a ti, enseña lo que está de acuerdo con la sana doctrina[a]. [a]*Tito 1:9*

2 Los ancianos deben ser sobrios[a], dignos, prudentes[a], sanos[b] en la fe, en el amor, en la perseverancia. [a]*1 Tim. 3:2* [b]*Tito 1:13*

3 Asimismo, las ancianas deben ser reverentes en *su* conducta: no calumniadoras[a] ni esclavas de mucho vino[b], que enseñen lo bueno, [a]*1 Tim. 3:11* [b]*1 Tim. 3:8*

4 que enseñen a las jóvenes a que amen a sus maridos, a que amen a sus hijos,

5 *a ser* prudentes, puras, hacendosas en el hogar[a], amables, sujetas a sus maridos[b], para que la palabra de Dios no sea blasfemada. [a]*1 Tim. 5:14* [b]*Ef. 5:22*

6 Asimismo, exhorta a los jóvenes[a] a que sean prudentes; [a]*1 Tim. 5:1*

7 muéstrate en todo como ejemplo de buenas obras[a], *con* pureza de doctrina, *con* dignidad, [a]*1 Tim. 4:12*

8 *con* palabra sana *e* irreprochable, a fin de que el adversario se avergüence[a] al no tener nada malo que decir de nosotros. [a]*2 Tes. 3:14; 1 Ped. 2:12*

9 *Exhorta* a los siervos[a] a que se sujeten a sus amos en todo, que sean complacientes, no contradiciendo, [a]*Ef. 6:5; 1 Tim. 6:1*

10 no defraudando, sino mostrando toda buena fe, para que adornen la doctrina de Dios nuestro Salvador en todo respecto[a]. [a]*Tito 1:3*

11 Porque la gracia de Dios se ha manifestado[a], trayendo salvación a todos los hombres[b], [a]*2 Tim. 1:10* [b]*1 Tim. 2:4*

12 enseñándonos, que negando la impiedad y los deseos mundanos[a], vivamos en este mundo sobria[b], justa y piadosamente, [a]*1 Tim. 6:9* [b]*1 Tim. 6:17*

13 aguardando la esperanza bienaventurada y la manifestación de la gloria de nuestro gran Dios y Salvador Cristo Jesús[a], [a]*1 Tim. 1:1; 2 Tim. 1:2*

14 quien se dio a sí mismo por nosotros[a], para REDIMIRNOS DE TODA INIQUIDAD[b] Y PURIFICAR PARA SI UN PUEBLO PARA POSESION SUYA, celoso de buenas obras. [a]*1 Tim. 2:6* [b]*1 Ped. 1:18, 19*

15 Esto habla, exhorta[a] y reprende con toda autoridad[a]. Que nadie te desprecie. [a]*1 Tim. 4:13; 5:20*

La base de la salvación

3 Recuérdales que estén sujetos a los gobernantes[a], a las autoridades; que sean obedientes, que estén preparados para toda buena obra[b]; [a]*Rom. 13:1* [b]*2 Tim. 2:21*

2 que no injurien a nadie, que no sean contenciosos[a], *sino* amables[a], mostrando toda consideración para *con* todos los hombres. [a]*1 Tim. 3:3; 1 Ped. 2:18*

3 Porque nosotros también en otro tiempo éramos necios[a], desobedientes, extraviados[b], esclavos de deleites y placeres diversos, viviendo en malicia y envidia, aborrecibles y odiándonos unos a otros. [a]*Rom. 11:30* [b]*2 Tim. 3:13*

4 Pero cuando se manifestó[a] la bondad de Dios nuestro Salvador, y *su* amor hacia la humanidad, [a]*Tito 2:11*

5 El nos salvó, no por obras de justicia que nosotros hubiéramos hecho[a], sino conforme a su misericordia, por medio del lavamiento de la regeneración y la renovación por el Espíritu Santo, [a]*Ef. 2:9*

6 que El derramó sobre nosotros[a] abundantemente por medio de Jesucristo nuestro Salvador, [a]*Rom. 5:5*

7 para que justificados por su gracia fuésemos hechos herederos[a] según *la* esperanza de la vida eterna. [a]*Mat. 25:34; Mar. 10:17*

8 Palabra fiel *es ésta,* y en cuanto a estas cosas quiero que hables con firmeza, para que los que han creído en Dios procuren ocuparse en buenas obras[a]. Estas cosas son buenas y útiles para los hombres. [a]*Tito 2:7, 14; 3:14*

9 Pero evita[a] controversias necias[b], genealogías, contiendas y discusiones acerca de la ley, porque son sin provecho y sin valor. [a]*2 Tim. 2:16* [b]*2 Tim. 2:23*

10 Al hombre que cause divisiones[a], después de la primera y segunda amonestación[b], deséchalo, [a]*Rom. 16:17* [b]*Mat. 18:15, 16*

11 sabiendo que el tal es perverso y peca[a], habiéndose condenado a sí mismo. [a]*Tito 1:14*

Recomendaciones finales
y bendición

12 Cuando te envíe a Artemas o a Tíquico, procura venir a mí[a] en Nicópolis, porque he decidido pasar allí el invierno. [a]*2 Tim. 4:9*

13 Encamina con diligencia a Zenas, intérprete de la ley, y a Apolos[a], para que nada les falte. [a]*Hech. 18:24; 1 Cor. 16:12*

14 Y que nuestro *pueblo* aprenda a ocuparse en buenas obras[a], atendiendo a las necesidades apremiantes, para que no estén sin fruto[b]. [a]*Tito 3:8* [b]*Mat. 7:19*

15 Todos los que están conmigo te saludan. Saluda a los que nos aman en *la* fe[a].
La gracia sea con todos vosotros[b]. [a]*1 Tim. 1:2* [b]*Col. 4:18*

La Epístola del Apóstol San Pablo a

FILEMON

Saludo

1 Pablo, prisionero[a] de Cristo Jesús, y el hermano Timoteo:
A Filemón nuestro amado *hermano* y colaborador, [a]*Ef. 3:1; Filem. 9, 23*

2 y a la hermana Apia, y a Arquipo[a], nuestro compañero de milicia[b], y a la iglesia que está en tu casa: [a]*Col. 4:17* [b]*Fil. 2:25*

3 Gracia a vosotros y paz de Dios nuestro Padre y del Señor Jesucristo[a]. [a]*Rom. 1:7*

El amor y la
fe de Filemón

4 Doy gracias a mi Dios siempre, haciendo mención de ti en mis oraciones[a], [a]*Rom. 1:8*

5 porque[a] oigo de tu amor y de la fe que tienes hacia el Señor Jesús y hacia todos los santos; [a]*Ef. 1:15; Col. 1:4*

6 y *ruego* que la comunión de tu fe llegue a ser eficaz por el conocimiento[a] de todo lo bueno que hay en vosotros mediante Cristo. [a]*Fil. 1:9; Col. 1:9*

7 Pues he llegado a tener mucho gozo[a] y consuelo en tu amor, porque los corazones de los santos han sido confortados[b] por ti, hermano. [a]*2 Cor. 7:4, 13* [b]*1 Cor. 16:18*

Pablo intercede
por Onésimo

8 Por lo cual, aunque tengo mucha libertad en Cristo para mandarte[a] *hacer* lo que conviene, [a]*2 Cor. 3:12; 1 Tes. 2:6*

9 no obstante, por causa del amor *que te* tengo, *te* ruego, siendo como soy, Pablo, anciano[a], y ahora también prisionero[b] de Cristo Jesús, [a]*Tito 2:2* [b]*Filem. 1*

10 te ruego por mi hijo[a] Onésimo[b], a quien he engendrado en mis prisiones, [a]*1 Cor. 4:14, 15* [b]*Col. 4:9*

11 el cual en otro tiempo te era inútil, pero ahora *nos* es útil a ti y a mí.

12 Y te lo he vuelto a enviar en persona, es decir, *como si fuera* mi propio corazón,

13 a quien hubiera querido retener conmigo, para que me sirviera en lugar tuyo en mis prisiones[a] por el evangelio; [a]*Fil. 1:7; Filem. 10*

14 pero no quise hacer nada sin tu consentimiento, para que tu bondad no fuera como por obligación, sino por *tu propia* voluntad[a]. [a]*2 Cor. 9:7; 1 Ped. 5:2*

15 Porque quizá por esto se apartó[a] *de ti* por algún tiempo, para que lo volvieras a recibir para siempre, [a]*Gén. 45:5, 8*

16 no ya como esclavo, sino *como* más que un esclavo, *como* un hermano amado[a], especialmente para mí, pero cuánto más para ti, tanto en la carne como en el Señor. [a]*Mat. 23:8; 1 Tim. 6:2*

17 Si me tienes pues por compañero[a], acéptalo como *me aceptarías* a mí. [a]*2 Cor. 8:23*

18 Y si te ha perjudicado en alguna forma, o te debe algo, cárgalo a mi cuenta.

19 Yo, Pablo, escribo *esto* con mi propia mano[a]; yo *lo* pagaré (por no decirte que aun tú mismo te me debes a mí). [a]*1 Cor. 16:21; 2 Cor. 10:1*

20 Sí, hermano, permíteme disfrutar este beneficio de ti en el Señor; recrea[a] mi corazón en Cristo. [a]*Filem. 7*

21 Te escribo confiado en tu obediencia[a], sabiendo que harás aun más de lo que digo. [a]*2 Cor. 2:3*

22 Y al mismo tiempo, prepárame también alojamiento, pues espero que por vuestras oraciones[a] os seré concedido. [a]*2 Cor. 1:11*

Saludos y bendición

23 Te saluda Epafras[a], mi compañero de prisión en Cristo Jesús; [a]*Col. 1:7; 4:12*

24 *también* Marcos[a], Aristarco, Demas[b] y Lucas, mis colaboradores. [a]*Hech. 12:12, 25* [b]*Col. 4:14*

25 La gracia del Señor Jesucristo[a] sea con vuestro espíritu. [a]*Gál. 6:18*

La Epístola a los
HEBREOS

Dios habla por el Hijo su palabra final al hombre

1 Dios, habiendo hablado hace mucho tiempo, en muchas ocasiones y de muchas maneras a los padres por los profetas[a], [a]*Núm. 12:6, 8; Joel 2:28*

2 en estos últimos días nos ha hablado por *su* Hijo, a quien constituyó heredero de todas las cosas[a], por medio de quien hizo también el universo. [a]*Sal. 2:8; Mat. 28:18*

3 El es el resplandor de su gloria y la expresión exacta de su naturaleza[a], y sostiene todas las cosas por la palabra de su poder[b]. Después de llevar a cabo la purificación de los pecados, se sentó a la diestra de la Majestad en las alturas, [a]*2 Cor. 4:4* [b]*Col. 1:17*

4 siendo mucho mejor que los ángeles, por cuanto ha heredado un nombre más excelente[a] que ellos. [a]*Ef. 1:21; Fil. 2:9*

El Hijo, superior a los ángeles

5 Porque ¿a cuál de los ángeles dijo Dios jamás:
Hijo mío eres tú,
yo te he engendrado hoy[a];
y otra vez:
Yo seré Padre para El,
y El será Hijo para mí[b]? [a]*Sal. 2:7* [b]*2 Sam. 7:14*

6 Y de nuevo, cuando trae al Primogénito al mundo[a], dice:
Y adorenle todos los angeles de Dios[b]. [a]*Mat. 24:14* [b]*Sal. 97:7*

7 Y de los ángeles dice:
El que hace a sus angeles, espiritus,
y a sus ministros, llama de fuego[a]. [a]*Sal. 104:4*

8 Pero del Hijo *dice:*
Tu trono, oh Dios, es por los siglos de los siglos,
y cetro de equidad es el cetro de tu reino[a]. [a]*Sal. 45:6*

9 Has amado la justicia y aborrecido la iniquidad;
por lo cual Dios, tu Dios, te ha ungido[a] con oleo de alegria mas que a tus compañeros[b]. [a]*Juan 10:17* [b]*Sal 45:7*

10 Y:
Tu, Señor, en el principio pusiste los cimientos de la tierra,
y los cielos son obra de tus manos[a]; [a]*Sal. 102:25*

11 [a]Ellos pereceran, pero tu permaneces;
y todos ellos como una vestidura se envejeceran, [a]*Sal. 102:26*

12 Y como un manto los enrollaras;
como una vestidura seran mudados[a].
Pero tu eres el mismo,
y tus años no tendran fin. [a]*Sal. 102:26, 27*

13 Pero, ¿a cuál de los ángeles ha dicho jamás:
Sientate a mi diestra[a]
hasta que ponga a tus enemigos por estrado de tus pies? [a]*Heb. 1:3*

14 ¿No son todos ellos espíritus ministradores[a], enviados para servir por causa de los que heredarán la salvación? [a]*Sal. 103:20, 21; Dan. 7:10*

Peligro de la negligencia

2 Por tanto, debemos prestar mucha mayor atención a lo que hemos oído, no sea que nos desviemos[a]. [a]*Prov. 3:21*

2 Porque si la palabra hablada por medio de ángeles[a] resultó ser inmutable, y toda transgresión y desobediencia recibió una justa retribución, [a]*Hech. 7:53*

3 ¿cómo escaparemos nosotros si descuidamos[a] una salvación tan grande? La cual, después que fue anunciada primeramente por medio del Señor, nos fue confirmada por los que oyeron, [a]*Heb. 10:29; 12:25*

4 testificando Dios juntamente con ellos, tanto por señales como por prodigios, y por diversos milagros y por dones del Espíritu Santo[a] según su propia voluntad. [a]*1 Cor. 12:4, 11; Ef. 4:7*

Cristo coronado de gloria y honor

5 Porque no sujetó a los ángeles el mundo venidero[a], acerca del cual estamos hablando. [a]*Mat. 24:14; Heb. 6:5*

6 Pero uno ha testificado en cierto lugar diciendo:

¿QUE ES EL HOMBRE PARA QUE DE EL TE ACUERDES,

O EL HIJO DEL HOMBRE PARA QUE TE INTERESES EN EL[a]? [a]*Sal. 8:4*

7 [a]LE HAS HECHO UN POCO INFERIOR A LOS ANGELES;

LE HAS CORONADO DE GLORIA Y HONOR,

Y LE HAS PUESTO SOBRE LAS OBRAS DE TUS MANOS; [a]*Sal. 8:5, 6*

8 TODO LO HAS SUJETADO BAJO SUS PIES.

Porque al sujetarlo todo a él, no dejó nada que no le sea sujeto. Pero ahora no vemos aún todas las cosas sujetas a él[a]. [a]*1 Cor. 15:25*

9 Pero vemos a aquel que fue hecho un poco inferior a los ángeles, *es decir*, a Jesús, coronado de gloria y honor[a] a causa del padecimiento de la muerte, para que por la gracia de Dios probara la muerte por todos. [a]*Hech. 2:33; 3:13*

10 Porque convenía que aquel para quien son todas las cosas y por quien son todas las cosas[a], llevando muchos hijos a la gloria, hiciera perfecto[b] por medio de los padecimientos al autor de la salvación de ellos. [a]*Rom. 11:36* [b]*Heb. 5:9*

11 Porque tanto el que santifica[a] como los que son santificados, son todos de un *Padre*; por lo cual *El* no se avergüenza de llamarlos hermanos, [a]*Heb. 13:12*

12 diciendo:

ANUNCIARE TU NOMBRE A MIS HERMANOS,

EN MEDIO DE LA CONGREGACION TE CANTARE HIMNOS[a]. [a]*Sal. 22:22*

13 Y otra vez:

YO EN EL CONFIARE[a].

Y otra vez:

HE AQUI, YO Y LOS HIJOS QUE DIOS ME HA DADO[b]. [a]*Isa. 8:17* [b]*Isa. 8:18*

14 Así que, por cuanto los hijos participan de carne y sangre[a], El igualmente participó también de lo mismo, para anular mediante la muerte el poder de aquel que tenía el poder de la muerte, es decir, el diablo, [a]*Mat. 16:17*

15 y librar a los que por el temor a la muerte, estaban sujetos a esclavitud[a] durante toda la vida. [a]*Rom. 8:15*

16 Porque ciertamente no ayuda a los ánge-

les, sino que ayuda a la descendencia de Abraham.

17 Por tanto, tenía que ser hecho semejante a sus hermanos[a] en todo, a fin de que llegara a ser un misericordioso y fiel sumo sacerdote en las cosas que a Dios atañen, para hacer propiciación[b] por los pecados del pueblo. [a]*Fil. 2:7* [b]*Dan. 9:24*

18 Pues por cuanto El mismo fue tentado[a] en el sufrimiento, es poderoso para socorrer a los que son tentados. [a]*Heb. 4:15*

Jesús, superior a Moisés

3 Por tanto, hermanos santos, participantes del llamamiento celestial[a], considerad a Jesús, el Apóstol y Sumo Sacerdote de nuestra fe. [a]*Fil. 3:14*

2 El cual fue fiel al que le designó, como también lo fue Moisés en toda la casa de Dios[a]. [a]*Ex. 40:16; Núm. 12:7*

3 Porque El ha sido considerado digno de más gloria que Moisés[a], así como el constructor de la casa tiene más honra que la casa. [a]*2 Cor. 3:7-11*

4 Porque toda casa es hecha por alguno, pero el que hace todas las cosas es Dios.

5 Y Moisés fue fiel en toda la casa de Dios como siervo[a], para testimonio[b] de lo que se iba a decir más tarde; [a]*Ex. 14:31* [b]*Deut. 18:18, 19*

6 pero Cristo *fue fiel* como Hijo sobre la casa de Dios, cuya casa somos nosotros[a], si retenemos firme hasta el fin nuestra confianza y la gloria de nuestra esperanza. [a]*1 Cor. 3:16; 1 Tim. 3:15*

7 Por lo cual, como dice el Espíritu Santo:

SI OIS HOY SU VOZ[a], [a]*Sal. 95:7*

8 NO ENDUREZCAIS VUESTROS CORAZONES,

COMO EN LA PROVOCACION,

COMO EN EL DIA DE LA PRUEBA EN EL DESIERTO[a], [a]*Sal. 95:8; Heb. 3:15*

9 [a]DONDE VUESTROS PADRES *me* TENTARON AL PONER*me* A PRUEBA,

Y VIERON MIS OBRAS POR CUARENTA AÑOS[b]. [a]*Sal. 95:9-11* [b]*Hech. 7:36*

10 POR LO CUAL ME DISGUSTE CON AQUELLA GENERACION,

Y DIJE: "SIEMPRE SE DESVIAN EN SU CORAZON,

Y NO HAN CONOCIDO MIS CAMINOS[a]";

[a]*Sal. 95:10*

11 COMO JURE EN MI IRA:

"NO ENTRARAN EN MI REPOSO[a]." [a]*Sal. 95:11; Heb. 4:3, 5*

12 Tened cuidado[a], hermanos, no sea que en alguno de vosotros haya un corazón malo de incredulidad, para apartarse del Dios vivo. [a]*Col. 2:8; Heb. 12:25*

13 Antes exhortaos los unos a los otros cada día[a], mientras *todavía* se dice: Hoy; no sea que alguno de vosotros sea endurecido por el engaño del pecado[b]. [a]*Heb. 10:24, 25* [b]*Ef. 4:22*

14 Porque somos hechos partícipes de Cristo, si es que retenemos[a] el principio de nuestra seguridad[b] firme hasta el fin. [a]*Heb. 3:6* [b]*Heb. 11:1*
15 en cuanto se dice:

SI OIS HOY SU VOZ,
   NO ENDUREZCAIS VUESTROS CORAZONES,
      COMO EN LA PROVOCACION[a].   [a]*Sal. 95:7, 8; Heb. 3:7*

16 Porque ¿quiénes, habiendo oído, le provocaron[a]? ¿Acaso no *fueron* todos los que salieron de Egipto *guiados* por Moisés? [a]*Jer. 32:29; 44:3, 8*
17 ¿Y con quiénes se disgustó por cuarenta años? ¿No fue con aquellos que pecaron, cuyos cuerpos cayeron en el desierto[a]? [a]*Núm. 14:29; 1 Cor. 10:5*
18 ¿Y a quiénes juró que no entrarían en su reposo[a], sino a los que fueron desobedientes? [a]*Núm. 14:23; Deut. 1:34, 35*
19 Vemos, pues, que no pudieron entrar a causa de *su* incredulidad[a]. [a]*Juan 3:18, 36; Rom. 11:23*

Reposo de Dios y del creyente

4 Por tanto, temamos, no sea que permaneciendo aún la promesa de entrar en su reposo, alguno de vosotros parezca no haberlo alcanzado[a]. [a]*2 Cor. 6:1; Gál. 5:4*
2 Porque en verdad, a nosotros se nos ha anunciado la buena nueva, como también a ellos; pero la palabra que ellos oyeron no les aprovechó por no ir acompañada por la fe en los que oyeron[a]. [a]*Rom. 10:17; Gál. 3:2*
3 Porque los que hemos creído entramos en ese reposo, tal como El ha dicho:

COMO JURE EN MI IRA:
   "NO ENTRARAN EN MI REPOSO[a]",

aunque las obras de El estaban acabadas desde la fundación del mundo. [a]*Sal. 95:11; Heb. 3:11*
4 Porque así ha dicho en cierto lugar acerca del séptimo *día:* Y DIOS REPOSO EN EL SEPTIMO DIA DE TODAS SUS OBRAS[a]; [a]*Gén. 2:2; Ex. 20:11*
5 y otra vez en este *pasaje:* NO ENTRARAN EN MI REPOSO[a]. [a]*Sal. 95:11; Heb. 3:11*
6 Por tanto, puesto que todavía falta que algunos entren en él, y aquellos a quienes antes se les anunció la buena nueva no entraron por causa de *su* desobediencia[a], [a]*Heb. 3:18; 4:11*
7 *Dios* otra vez fija un día: Hoy. Diciendo por medio de David después de mucho tiempo, como se ha dicho antes:

SI OIS HOY SU VOZ, NO ENDUREZCAIS
   VUESTROS CORAZONES[a].   [a]*Sal. 95:7, 8; Heb. 3:7, 8*

8 Porque si Josué les hubiera dado reposo[a], *Dios* no habría hablado de otro día después de ése. [a]*Jos. 22:4*
9 Queda, por tanto, un reposo sagrado para el pueblo de Dios.

10 Pues el que ha entrado a su reposo, él mismo ha reposado de sus obras, como Dios reposó de las suyas[a]. [a]*Gén. 2:2; Heb. 4:4*
11 Por tanto, esforcémonos por entrar en ese reposo, no sea que alguno caiga *siguiendo* el mismo ejemplo[a] de desobediencia. [a]*2 Ped. 2:6*

Poder de la palabra de Dios

12 Porque la palabra de Dios[a] es viva y eficaz, y más cortante que cualquier espada de dos filos; penetra hasta la división del alma y del espíritu, de las coyunturas y los tuétanos, y *es poderosa* para discernir los pensamientos y las intenciones del corazón. [a]*Jer. 23:29; Ef. 5:26*
13 Y no hay cosa creada oculta a su vista[a], sino que todas las cosas están al descubierto y desnudas ante los ojos de aquel a quien tenemos que dar cuenta. [a]*Sal. 33:13-15; 2 Crón. 16:9*

Jesús, el gran sumo sacerdote

14 Teniendo, pues, un gran sumo sacerdote[a] que trascendió[b] los cielos, Jesús, el Hijo de Dios, retengamos nuestra fe. [a]*Heb. 2:17* [b]*Ef. 4:10*
15 Porque no tenemos un sumo sacerdote que no pueda compadecerse de nuestras flaquezas, sino uno que ha sido tentado en todo como *nosotros*[a], *pero* sin pecado[b]. [a]*Heb. 2:18* [b]*2 Cor. 5:21*
16 Por tanto, acerquémonos[a] con confianza al trono de la gracia para que recibamos misericordia, y hallemos gracia para la ayuda oportuna. [a]*Heb. 7:19*

Jesús como sumo sacerdote

5 Porque todo sumo sacerdote tomado de entre los hombres[a] es constituido a favor de los hombres en las cosas que a Dios se refieren, para presentar ofrendas y sacrificios por los pecados; [a]*Ex. 28:1*
2 y puede obrar con benignidad[a] para con los ignorantes y extraviados, puesto que él mismo está sujeto a flaquezas; [a]*Heb. 2:18; 4:15*
3 y por esa causa está obligado a ofrecer *sacrificios* por los pecados, por sí mismo tanto como por el pueblo[a]. [a]*Lev. 9:7; 16:6*
4 Y nadie toma este honor para sí mismo[a], sino que lo *recibe* cuando es llamado por Dios, así como lo fue Aarón. [a]*Núm. 16:40; 18:7*
5 De la misma manera, Cristo no se glorificó a sí mismo para hacerse sumo sacerdote, sino que *lo glorificó* el que le dijo:

HIJO MIO ERES TU,
   YO TE HE ENGENDRADO HOY[a];   [a]*Sal. 2:7*

6 como también dice en otro *pasaje:*

TU ERES SACERDOTE PARA SIEMPRE
   SEGUN EL ORDEN DE MELQUISEDEC[a].   [a]*Sal. 110:4; Heb. 5:10*

7 Cristo, en los días de su carne, habiendo ofrecido oraciones y súplicas[a] con gran clamor y lágrimas al que podía librarle de la muerte,

fue oído a causa de su temor reverente; [a]*Mat. 26:39, 42, 44; Mar. 14:36, 39*

8 y aunque era Hijo[a], aprendió obediencia[b] por lo que padeció, [a]*Heb. 1:2* [b]*Fil. 2:8*

9 y habiendo sido hecho perfecto[a], vino a ser fuente de eterna salvación para todos los que le obedecen, [a]*Heb. 2:10*

10 siendo constituido por Dios sumo sacerdote[a] según el orden de Melquisedec. [a]*Heb. 2:17; 5:5*

Crecimiento en la madurez espiritual

11 Acerca de esto tenemos mucho que decir, y *es* difícil de explicar, puesto que os habéis hecho tardos para oír.

12 Pues aunque ya debierais ser maestros, otra vez tenéis necesidad de que alguien os enseñe los principios elementales[a] de los oráculos de Dios, y habéis llegado a tener necesidad de leche y no de alimento sólido. [a]*Heb. 6:1*

13 Porque todo el que toma *sólo* leche, no está acostumbrado a la palabra de justicia, porque es niño[a]. [a]*1 Cor. 3:1; 14:20*

14 Pero el alimento sólido es para los adultos[a], los cuales por la práctica tienen los sentidos ejercitados para discernir el bien y el mal. [a]*1 Cor. 2:6; Ef. 4:13*

6 Por tanto, dejando[a] las enseñanzas elementales acerca de Cristo, avancemos hacia la madurez, no echando otra vez el fundamento del arrepentimiento de obras muertas[b] y de la fe hacia Dios, [a]*Fil. 3:13, 14* [b]*Heb. 9:14*

2 de la enseñanza sobre lavamientos[a], de la imposición de manos, de la resurrección de los muertos[b] y del juicio eterno[b]. [a]*Juan 3:25* [b]*Hech. 17:31, 32*

3 Y esto haremos, si Dios lo permite[a]. [a]*Hech. 18:21*

4 Porque en el caso de los que fueron una vez iluminados[a], que probaron del don celestial y fueron hechos partícipes del Espíritu Santo, [a]*2 Cor. 4:4, 6; Heb. 10:32*

5 que gustaron[a] la buena palabra de Dios y los poderes del siglo venidero, [a]*1 Ped. 2:3*

6 pero *después* cayeron, es imposible renovarlos otra vez[a] para arrepentimiento, puesto que de nuevo crucifican para sí mismos al Hijo de Dios y lo exponen a la ignominia pública. [a]*Mat. 19:26; Heb. 10:26, 27*

7 Porque la tierra que bebe la lluvia que con frecuencia cae sobre ella y produce vegetación útil a aquellos a causa de los cuales es cultivada[a], recibe bendición de Dios; [a]*2 Tim. 2:6*

8 pero si produce espinos y abrojos no vale nada, está próxima a ser maldecida[a], y termina por ser quemada. [a]*Gén. 3:17, 18; Deut. 29:22*

Esperanza de cosas mejores

9 Pero en cuanto a vosotros, amados[a], aunque hablemos de esta manera, estamos persuadidos de las cosas que son mejores y que pertenecen a la salvación. [a]*1 Cor. 10:14; 2 Cor. 7:1*

10 Porque Dios no es injusto[a] como para olvidarse de vuestra obra y del amor que habéis mostrado hacia su nombre, habiendo servido, y sirviendo *aún*, a los santos. [a]*Prov. 19:17; Mat. 10:42*

11 Pero deseamos que cada uno de vosotros muestre la misma solicitud hasta el fin[a], para alcanzar la plena seguridad[b] de la esperanza, [a]*Heb. 3:6* [b]*Heb. 10:22*

12 a fin de que no seáis indolentes, sino imitadores[a] de los que mediante la fe y la paciencia heredan las promesas. [a]*Heb. 13:7*

La promesa de Dios es segura

13 Pues cuando Dios hizo la promesa a Abraham, no pudiendo jurar por uno mayor, juró por sí mismo[a], [a]*Gén. 22:16; Luc. 1:73*

14 diciendo: Ciertamente te bendecire y ciertamente te multiplicare[a]. [a]*Gén. 22:17*

15 Y así, habiendo esperado con paciencia[a], obtuvo la promesa. [a]*Gén. 12:4; 21:5*

16 Porque los hombres juran por uno mayor *que ellos mismos*, y para ellos un juramento *dado* como confirmación es el fin de toda discusión[a]. [a]*Ex. 22:11*

17 De la misma manera Dios, deseando mostrar más plenamente a los herederos de la promesa[a] la inmutabilidad de su propósito, interpuso un juramento, [a]*Heb. 11:9*

18 a fin de que por dos cosas inmutables, en las cuales es imposible que Dios mienta[a], seamos grandemente animados los que hemos huido para refugiarnos, echando mano de la esperanza puesta delante de nosotros, [a]*Núm. 23:19; Tito 1:2*

19 la cual tenemos como ancla del alma, una *esperanza* segura y firme, y que penetra hasta detrás del velo[a], [a]*Lev. 16:2, 15; Heb. 9:2, 3, 7*

20 donde Jesús entró por nosotros[a] como precursor, hecho, según el orden de Melquisedec, sumo sacerdote para siempre. [a]*Juan 14:2; Heb. 4:14*

El sacerdocio de Melquisedec

7 Porque este Melquisedec[a], rey de Salem, sacerdote del Dios Altísimo, el cual se encontró con Abraham cuando *éste* regresaba de la matanza de los reyes, y lo bendijo, [a]*Gén. 14:18-20; Heb. 7:6*

2 y a quien Abraham le entregó el diezmo de todos *los despojos, cuyo nombre* significa primeramente rey de justicia, y luego también rey de Salem, esto es, rey de paz,

3 sin padre, sin madre, sin genealogía, no teniendo principio de días ni fin de vida, siendo hecho semejante al Hijo de Dios[a], permanece sacerdote a perpetuidad. [a]*Mat. 4:3; Heb. 7:1, 28*

Grandeza de Melquisedec

4 Considerad, pues, la grandeza de este *hombre* a quien Abraham, el patriarca[a], dio el diezmo de lo mejor del botín. [a]*Hech. 2:29*

5 Y en verdad los de los hijos de Leví[a] que reciben el oficio de sacerdote, tienen mandamiento en la ley de recoger el diezmo del pueblo, es decir, de sus hermanos, aunque éstos son descendientes de Abraham. [a]*Núm. 18:21, 26; 2 Crón. 31:4, 5*

6 Pero aquel cuya genealogía no viene de ellos, recibió el diezmo de Abraham y bendijo al que tenía las promesas[a]. [a]*Rom. 4:13*

7 Y sin discusión alguna, el menor es bendecido por el mayor.

8 Aquí, ciertamente hombres mortales reciben el diezmo, pero allí, *los recibe* uno de quien se da testimonio de que vive[a]. [a]*Heb. 5:6; 6:20*

9 Y, por decirlo así, por medio de Abraham aun Leví, que recibía diezmos, pagaba diezmos,

10 porque aún estaba en los lomos de su padre cuando Melquisedec le salió al encuentro.

Cristo, sacerdote para siempre

11 Ahora bien, si la perfección era por medio del sacerdocio levítico[a] (pues sobre esa base recibió el pueblo la ley[b]), ¿qué necesidad *había* de que se levantara otro sacerdote según el orden de Melquisedec, y no designado según el orden de Aarón? [a]*Heb. 7:18, 19* [b]*Heb. 9:6*

12 Porque cuando se cambia el sacerdocio, necesariamente ocurre también un cambio de la ley.

13 Pues aquel[a] de quien se dicen estas cosas, pertenece a otra tribu, de la cual nadie ha servido en el altar. [a]*Heb. 7:14*

14 Porque es evidente que nuestro Señor descendió de Judá[a], una tribu de la cual Moisés no dijo nada tocante a sacerdotes. [a]*Núm. 24:17; Isa. 11:1*

15 Y esto es aún más evidente, si a semejanza de Melquisedec se levanta otro sacerdote,

16 que ha llegado a ser*lo*, no sobre la base de una ley de requisitos físicos[a], sino según el poder de una vida indestructible. [a]*Heb. 9:10*

17 Pues *de El* se da testimonio:
Tu eres sacerdote para siempre
segun el orden de Melquisedec[a].
   [a]*Sal. 110:4; Heb. 5:6*

18 Porque ciertamente, queda anulado el mandamiento anterior por ser débil e inútil[a] [a]*Rom. 8:3; Gál. 3:21*

19 (pues la ley nada hizo perfecto[a]), y se introduce una mejor esperanza, mediante la cual nos acercamos a Dios. [a]*Hech. 13:39; Rom. 3:20*

20 Y por cuanto no *fue* sin juramento,

21 pues en verdad ellos llegaron a ser sacerdotes sin juramento, pero El por un juramento del que le dijo:
El Señor ha jurado
   y no cambiara[a]:
"Tu eres sacerdote para siempre",
   [a]*Núm. 23:19; 1 Sam. 15:29*

22 por eso, Jesús ha venido a ser fiador[a] de un mejor pacto. [a]*Sal. 119:122; Isa. 38:14*

23 Los sacerdotes *anteriores* eran más numerosos porque la muerte les impedía continuar,

24 pero El conserva su sacerdocio inmutable puesto que permanece para siempre[a]. [a]*Isa. 9:7; Juan 12:34*

25 Por lo cual El también es poderoso para salvar para siempre a los que por medio de El se acercan a Dios, puesto que vive perpetuamente para interceder por ellos[a]. [a]*Rom. 8:34; Heb. 9:24*

26 Porque convenía que tuviéramos tal sumo sacerdote: santo, inocente[a], inmaculado, apartado de los pecadores y exaltado más allá de los cielos[b], [a]*1 Ped. 2:22* [b]*Heb. 4:14*

27 que no necesita, como aquellos sumos sacerdotes, ofrecer sacrificios diariamente, primero por sus propios pecados y después por los *pecados* del pueblo; porque esto lo hizo una vez para siempre[a], cuando se ofreció a sí mismo. [a]*Heb. 9:12, 28; 10:10*

28 Porque la ley designa como sumos sacerdotes a hombres débiles[a], pero la palabra del juramento, que vino después de la ley, *designa* al Hijo, hecho perfecto para siempre[b]. [a]*Heb. 5:2* [b]*Heb. 2:10*

Jesús, sumo sacerdote del santuario celestial

8 Ahora bien, el punto principal de lo que se ha dicho *es éste:* tenemos tal sumo sacerdote, el cual se ha sentado a la diestra del trono[a] de la Majestad en los cielos, [a]*Sal. 110:1; Heb. 1:3*

2 *como* ministro del santuario y del tabernáculo verdadero[a], que el Señor erigió, no el hombre. [a]*Heb. 9:11, 24*

3 Porque todo sumo sacerdote[a] está constituido para presentar ofrendas y sacrificios, por lo cual es necesario que éste también tenga algo que ofrecer. [a]*Heb. 2:17*

4 Así que si El estuviera sobre la tierra, ni siquiera sería sacerdote, habiendo *sacerdotes* que presentan las ofrendas según la ley[a]; [a]*Heb. 5:1; 7:27*

5 los cuales sirven a *lo que es* copia y sombra de las cosas celestiales, tal como Moisés fue advertido *por Dios* cuando estaba a punto de erigir el tabernáculo; pues, dice El: Mira, haz todas las cosas conforme al modelo que te fue mostrado en el monte[a]. [a]*Ex. 25:40*

Cristo, mediador de un mejor pacto

6 Pero ahora El ha obtenido un ministerio tanto mejor, por cuanto es también el mediador[a] de un mejor pacto, establecido sobre mejores promesas. [a]*1 Tim. 2:5*

7 Pues si aquel primer *pacto* hubiera sido sin defecto[a], no se hubiera buscado lugar para el segundo. [a]*Heb. 7:11*

8 Porque reprochándolos, El dice:
MIRAD QUE VIENEN DIAS, DICE EL SEÑOR,
EN QUE ESTABLECERE UN NUEVO PACTO[a]
CON LA CASA DE ISRAEL Y CON LA CASA DE
JUDA; [a]*Luc. 22:20; 2 Cor. 3:6*

9 NO COMO EL PACTO QUE HICE CON SUS PADRES
EL DIA QUE LOS TOME DE LA MANO
PARA SACARLOS DE LA TIERRA DE EGIPTO;
PORQUE NO PERMANECIERON EN MI PACTO,
Y YO ME DESENTENDI DE ELLOS, DICE EL
SEÑOR[a]. [a]*Ex. 19:5; 24:6-8*

10 PORQUE ESTE ES EL PACTO[a] QUE YO HARE CON
LA CASA DE ISRAEL
DESPUES DE AQUELLOS DIAS, DICE EL SEÑOR:
PONDRE MIS LEYES EN LA MENTE DE ELLOS,
Y LAS ESCRIBIRE SOBRE SUS CORAZONES.
Y YO SERE SU DIOS,
Y ELLOS SERAN MI PUEBLO. [a]*Rom. 11:27*

11 Y NINGUNO DE ELLOS ENSEÑARA A SU
CONCIUDADANO
NI NINGUNO A SU HERMANO, DICIENDO:
"CONOCE AL SEÑOR",
PORQUE TODOS ME CONOCERAN[a],
DESDE EL MENOR HASTA EL MAYOR DE ELLOS.
[a]*Isa. 54:13; Juan 6:45*

12 PUES TENDRE MISERICORDIA DE SUS
INIQUIDADES,
Y NUNCA MAS ME ACORDARE DE SUS
PECADOS[a]. [a]*Isa. 43:25; Jer. 31:34*

13 Cuando El dijo: Un nuevo *pacto*[a], hizo anticuado al primero; y lo que se hace anticuado y envejece, está próximo a desaparecer. [a]*2 Cor. 3:6; Luc. 22:20*

El santuario terrenal

9 Ahora bien, aun el primer *pacto* tenía ordenanzas de culto[a] y el santuario terrenal. [a]*Heb. 9:10*

2 Porque había un tabernáculo preparado[a] en la parte anterior, en el cual *estaban* el candelabro, la mesa y los panes consagrados; éste se llama el Lugar Santo. [a]*Ex. 25:8, 9; 26:1-30*

3 Y detrás del segundo velo[a] *había* un tabernáculo llamado el Lugar Santísimo, [a]*Ex. 26:31-33; 40:3*

4 el cual tenía el altar de oro del incienso[a] y el arca del pacto cubierta toda de oro, en la cual *había* una urna de oro que contenía el maná y la vara de Aarón que retoñó y las tablas del pacto; [a]*Ex. 30:1-5; 37:25, 26*

5 y sobre ella *estaban* los querubines de gloria que daban sombra al propiciatorio[a]; pero

de estas cosas no se puede hablar ahora en detalle. [a]*Ex. 25:17, 20; Lev. 16:2*

6 Así preparadas estas cosas, los sacerdotes entran continuamente[a] al primer tabernáculo para oficiar en el culto; [a]*Núm. 18:2-6; 28:3*

7 pero en el segundo, sólo *entra* el sumo sacerdote una vez al año, no sin *llevar* sangre[a], la cual ofrece por sí mismo y por los pecados del pueblo cometidos en ignorancia[b]. [a]*Lev. 16:11, 14* [b]*Núm. 15:25*

8 Queriendo el Espíritu Santo dar a entender esto: que el camino al Lugar Santísimo[a] aún no había sido revelado en tanto que el primer tabernáculo permaneciera en pie; [a]*Juan 14:6; Heb. 10:20*

9 lo cual *es* un símbolo para el tiempo presente, según el cual se presentan ofrendas y sacrificios[a] que no pueden hacer perfecto en su conciencia al que practica *ese* culto, [a]*Heb. 5:1*

10 puesto que *tienen que ver* sólo con comidas[a] y bebidas, y diversas abluciones y ordenanzas para el cuerpo, impuestas hasta el tiempo de reformar *las cosas*[b]. [a]*Lev. 11:2* [b]*Heb. 7:12*

La sangre del nuevo pacto

11 Pero cuando Cristo apareció *como* sumo sacerdote[a] de los bienes futuros, a través de un mayor y más perfecto tabernáculo, no hecho con manos, es decir, no de esta creación, [a]*Heb. 2:17*

12 y no por medio de la sangre de machos cabríos y de becerros, sino por medio de su propia sangre[a], entró al Lugar Santísimo una vez para siempre, habiendo obtenido redención eterna. [a]*Heb. 9:14; 13:12*

13 Porque si la sangre de los machos cabríos y de los toros[a], y la ceniza de la becerra rociada sobre los que se han contaminado, santifican para la purificación de la carne, [a]*Lev. 16:15; Heb. 9:19*

14 ¿cuánto más la sangre de Cristo[a], el cual por el Espíritu eterno se ofreció a sí mismo sin mancha a Dios, purificará vuestra conciencia de obras muertas para servir al Dios vivo? [a]*Heb. 9:12; 13:12*

15 Y por eso El es el mediador[a] de un nuevo pacto, a fin de que habiendo tenido lugar una muerte para la redención de las transgresiones *que se cometieron* bajo el primer pacto, los que han sido llamados reciban la promesa de la herencia eterna. [a]*1 Tim. 2:5; Heb. 8:6*

16 Porque donde hay un testamento, necesario es que ocurra la muerte del testador.

17 Pues un testamento es válido *sólo* en caso de muerte, puesto que no se pone en vigor mientras vive el testador.

18 Por tanto, ni aun el primer *pacto* se inauguró sin sangre.

19 Porque cuando Moisés terminó de promulgar todos los mandamientos a todo el pueblo, conforme a la ley[a], tomó la sangre de los becerros y de los machos cabríos, con agua, lana escarlata e hisopo[b], y roció el libro mismo y a todo el pueblo, [a]Ex. 24:6 [b]Lev. 14:4, 7

20 diciendo: ESTA ES LA SANGRE DEL PACTO QUE DIOS OS ORDENO[a]. [a]Ex. 24:8; Mat. 26:28

21 Y de la misma manera roció con sangre tanto el tabernáculo[a] como todos los utensilios del ministerio. [a]Ex. 24:6; 40:9

22 Y según la ley, casi todo[a] es purificado con sangre, y sin derramamiento de sangre no hay perdón. [a]Lev. 5:11, 12

El sacrificio definitivo

23 Por tanto, fue necesario que las representaciones de las cosas en los cielos[a] fueran purificadas de esta manera, pero las cosas celestiales mismas[a], con mejores sacrificios que éstos. [a]Heb. 8:5

24 Porque Cristo no entró en un lugar santo[a] hecho por manos, una representación del verdadero, sino en el cielo mismo, para presentarse ahora en la presencia de Dios por nosotros, [a]Heb. 4:14; 9:12

25 y no para ofrecerse a sí mismo muchas veces, como el sumo sacerdote[a] entra al Lugar Santísimo cada año con sangre ajena. [a]Heb. 9:7

26 De otra manera le hubiera sido necesario sufrir muchas veces desde la fundación del mundo; pero ahora, una sola vez[a] en la consumación de los siglos, se ha manifestado para destruir el pecado por el sacrificio de sí mismo. [a]Heb. 7:27; 9:12

27 Y así como está decretado[a] que los hombres mueran una sola vez, y después de esto, el juicio[b], [a]Gén. 3:19 [b]2 Cor. 5:10

28 así también Cristo, habiendo sido ofrecido una vez para llevar los pecados de muchos[a], aparecerá por segunda vez, sin relación con el pecado, para salvación de los que ansiosamente le esperan. [a]Isa. 53:12; 1 Ped. 2:24

La ley no puede quitar los pecados

10 Pues ya que la ley sólo tiene la sombra de los bienes futuros y no la forma misma de las cosas, nunca puede, por los mismos sacrificios que ellos ofrecen continuamente año tras año[a], hacer perfectos a los que se acercan[b]. [a]Rom. 8:3 [b]Heb. 7:19

2 De otra manera, ¿no habrían cesado de ofrecerse, ya que los adoradores, una vez purificados, no tendrían ya más conciencia de pecado[a]? [a]1 Ped. 2:19

3 Pero en esos sacrificios hay un recordatorio de pecados año tras año[a]. [a]Heb. 9:7

4 Porque es imposible que la sangre de toros y de machos cabríos quite los pecados[a]. [a]Heb. 9:12, 13

5 Por lo cual, al entrar El en el mundo, dice:

SACRIFICIO Y OFRENDA NO HAS QUERIDO[a], PERO UN CUERPO HAS PREPARADO PARA MI; [a]Sal. 40:6

6 EN HOLOCAUSTOS Y sacrificios POR EL PECADO NO TE HAS COMPLACIDO[a]. [a]Sal. 40:6

7 ENTONCES DIJE: "HE AQUI, YO HE VENIDO (EN EL ROLLO DEL LIBRO ESTA ESCRITO DE MI[a]) PARA HACER, OH DIOS, TU VOLUNTAD." [a]Esd. 6:2; Jer. 36:2

8 Habiendo dicho arriba: SACRIFICIOS Y OFRENDAS[a] Y HOLOCAUSTOS, Y sacrificios POR EL PECADO NO HAS QUERIDO, NI en ellos TE HAS COMPLACIDO (los cuales se ofrecen según la ley), [a]Sal. 40:6; Heb. 10:5, 6

9 entonces dijo: HE AQUI, YO HE VENIDO PARA HACER TU VOLUNTAD[a]. El quita lo primero para establecer lo segundo. [a]Sal. 40:7, 8; Heb. 10:7

10 Por esta voluntad hemos sido santificados[a] mediante la ofrenda[b] del cuerpo de Jesucristo una vez para siempre. [a]Juan 17:19 [b]Juan 6:51

Cristo puede quitar los pecados

11 Y ciertamente todo sacerdote está de pie, día tras día, ministrando y ofreciendo muchas veces[a] los mismos sacrificios, que nunca pueden quitar los pecados[b]; [a]Heb. 5:1 [b]Miq. 6:6-8

12 pero El, habiendo ofrecido un solo sacrificio por los pecados para siempre, SE SENTO A LA DIESTRA DE DIOS[a], [a]Heb. 1:3

13 esperando de ahí en adelante HASTA QUE SUS ENEMIGOS SEAN PUESTOS POR ESTRADO DE SUS PIES[a]. [a]Sal. 110:1; Heb. 1:13

14 Porque por una ofrenda El ha hecho perfectos[a] para siempre a los que son santificados. [a]Heb. 10:1

15 Y también el Espíritu Santo nos da testimonio[a]; porque después de haber dicho: [a]Heb. 3:7

16 ESTE ES EL PACTO QUE HARE CON ELLOS DESPUES DE AQUELLOS DIAS—DICE EL SEÑOR: PONDRE MIS LEYES EN SU CORAZON, Y EN SU MENTE LAS ESCRIBIRE[a], añade: [a]Jer. 31:33; Heb. 8:10

17 Y NUNCA MAS ME ACORDARE DE SUS PECADOS E INIQUIDADES[a]. [a]Jer. 31:34; Heb. 8:12

18 Ahora bien, donde hay perdón de estas cosas, ya no hay ofrenda por el pecado.

Exhortación a la perseverancia

19 Entonces, hermanos, puesto que tenemos confianza para entrar al Lugar Santísimo[a] por la sangre de Jesús, [a]Heb. 9:25

20 por un camino nuevo y vivo que El inauguró para nosotros por medio del velo[a], es decir, su carne, [a]Heb. 6:19; 9:3

21 y puesto que tenemos un gran sacerdote sobre la casa de Dios[a], [a]1 Tim. 3:15; Heb. 3:6

22 acerquémonos con corazón sincero[a], en plena certidumbre de fe, teniendo nuestro corazón purificado de mala conciencia y nues-

tro cuerpo lavado con agua pura. ªHeb. 7:19; 10:1

23 Mantengamos firme la profesiónª de nuestra esperanza sin vacilar, porque fiel es el que prometió; ªHeb. 3:1

24 y consideremos cómo estimularnos unos a otrosª al amor y a las buenas obras. ªHeb. 13:1

25 no dejando de congregarnos, como algunos tienen por costumbre, sino exhortándonos *unos a otros*ª, y mucho más al ver que el día se acerca. ªHeb. 3:13

Advertencia a los que continúan pecando

26 Porque si continuamos pecando deliberadamenteª después de haber recibido el conocimiento de la verdadᵇ, ya no queda sacrificio alguno por los pecados, ªNúm. 15:30 ᵇ1 Tim. 2:4

27 sino cierta horrenda expectación de juicio, y la furia de UN FUEGO QUE HA DE CONSUMIR A LOS ADVERSARIOSª. ªIsa. 26:11; 2 Tes. 1:7

28 Cualquiera que viola la ley de Moisés muere sin misericordia por *el testimonio de* dos o tres testigosª. ªDeut. 17:2-6; 19:15

29 ¿Cuánto mayor castigo pensáis que merecerá el que ha hollado bajo sus pies al Hijo de Dios, y ha tenido por inmunda la sangre del pactoª por la cual fue santificado, y ha ultrajado al Espíritu de gracia? ªEx. 24:8; Mat. 26:28

30 Pues conocemos al que dijo: MIA ES LA VENGANZA, YO PAGAREª. Y otra vez: EL SEÑOR JUZGARA A SU PUEBLOᵇ. ªDeut. 32:35 ᵇDeut. 32:36

31 ¡Horrenda cosa es caer en las manos del Dios vivoª! ªMat. 16:16; Heb. 3:12

Necesidad de perseverar

32 Pero recordad los días pasados, cuando después de haber sido iluminadosª, soportasteis una gran lucha de padecimientosᵇ; ªHeb. 6:4 ᵇFil. 1:30

33 por una parte, siendo hechos un espectáculo públicoª en oprobios y aflicciones, y por otra, siendo compañerosᵇ de los que eran tratados así. ª1 Cor. 4:9 ᵇFil. 4:14

34 Porque tuvisteis compasión de los prisioneros y aceptasteis con gozoª el despojo de vuestros bienes, sabiendo que tenéis para vosotros mismos una mejor y más duradera posesión. ªMat. 5:12

35 Por tanto, no desechéis vuestra confianzaª, la cual tiene gran recompensa. ªHeb. 10:19

36 Porque tenéis necesidad de pacienciaª, para que cuando hayáis hecho la voluntad de Dios, obtengáis la promesa. ªLuc. 21:19; Heb. 12:1

37 PORQUE DENTRO DE MUY POCO TIEMPO, QUE HA DE VENIR VENDRAª Y NO TARDARA. ªHab. 2:3

38 MAS MI JUSTO VIVIRA POR LA FEª; Y SI RETROCEDE, MI ALMA NO SE COMPLACERA EN EL. ªHab. 2:4; Rom. 1:17

39 Pero nosotros no somos de los que retroce-

den para perdición, sino de los que tienen fe para la preservación del alma.

La fe y sus héroes

11 Ahora bien, la fe es la certezaª de lo que se espera, la convicción de lo que no se ve. ªHeb. 3:14

2 Porque por ella recibieron aprobación los antiguosª. ªHeb. 1:1

3 Por la fe entendemos que el universo fue preparadoª por la palabra de Dios, de modo que lo que se ve no fue hecho de cosas visibles. ªJuan 1:3; Heb. 1:2

4 Por la fe Abel ofreció a Dios un mejor sacrificio que Caínª, por lo cual alcanzó el testimonio de que era justo, dando Dios testimonio de sus ofrendas; y por la fe, estando muerto, todavía habla. ªGén. 4:4; Mat. 23:35

5 Por la fe Enoc fue trasladado *al cielo* para que no viera muerteª; Y NO FUE HALLADO PORQUE DIOS LO TRASLADO; porque antes de ser trasladado recibió testimonio de haber agradado a Dios. ªLuc. 2:26; Juan 8:51

6 Y sin fe es imposible agradar *a Dios;* porque es necesario que el que se acerca a Diosª crea que El existe, y que es remunerador de los que le buscan. ªHeb. 7:19

7 Por la fe Noéª, siendo advertido *por Dios* acerca de cosas que aún no se veían, con temor preparó un arca para la salvación de su casa, por la cual condenó al mundo, y llegó a ser heredero de la justicia que es según la fe. ªGén. 6:13-22

8 Por la fe Abraham, al ser llamado, obedecióª, saliendo para un lugar que había de recibir como herencia; y salió sin saber adónde iba. ªGén. 12:1-4; Hech. 7:2-4

9 Por la fe habitó como extranjero en la tierra de la promesaª como en *tierra* extraña, viviendo en tiendas como Isaac y Jacob, coherederos de la misma promesa, ªHech. 7:5

10 porque esperaba la ciudadª que tiene cimientos, cuyo arquitecto y constructor es Dios. ªHeb. 12:22; 13:14

11 También por la fe Sara misma recibió fuerza para concebirª, aun pasada ya la edad propicia, pues consideró fiel al que lo había prometido. ªGén. 17:19; 18:11-14

12 Por lo cual también nació de uno (y *éste* casi muertoª con respecto a esto) *una descendencia* COMO LAS ESTRELLAS DEL CIELO EN NUMERO, E INNUMERABLE COMO LA ARENA QUE ESTA A LA ORILLA DEL MARᵇ. ªRom. 4:19 ᵇGén. 15:5

13 Todos éstos murieron en fe, sin haber recibido las promesasª, pero habiéndolas visto y aceptado con gusto desde lejos, confesando que eran extranjeros y peregrinos sobre la tierraᵇ. ªHeb. 11:39 ᵇGén. 23:4

14 Porque los que dicen tales cosas, clara-

mente dan a entender que buscan una patria propia.

15 Y si en verdad hubieran estado pensando en aquella *patria* de donde salieron, habrían tenido oportunidad de volver^a. ^a*Gén. 24:6-8*

16 Pero en realidad, anhelan una *patria* mejor, es decir, celestial^a. Por lo cual, Dios no se avergüenza de ser llamado Dios de ellos, pues les ha preparado una ciudad^b. ^a*2 Tim. 4:18* ^b*Heb. 11:10*

17 Por la fe Abraham, cuando fue probado, ofreció a Isaac^a; y el que había recibido las promesas^b ofrecía a su único *hijo*; ^a*Gén. 22:1-10* ^b*Heb. 11:13*

18 *fue a él* a quien se le dijo: EN ISAAC TE SERA LLAMADA DESCENDENCIA^a. ^a*Gén. 21:12; Rom. 9:7*

19 El consideró que Dios era poderoso para levantar aun de entre los muertos^a, de donde también, en sentido figurado, lo volvió a recibir. ^a*Rom. 4:21*

20 Por la fe bendijo Isaac a Jacob y a Esaú^a, aun respecto a cosas futuras. ^a*Gén. 27:27-29, 39, 40*

21 Por la fe Jacob, al morir, bendijo a cada uno de los hijos de José^a, y adoró, *apoyándose* sobre el extremo de su bastón. ^a*Gén. 48:1, 5, 16, 20*

22 Por la fe José, al morir, mencionó el éxodo de los hijos de Israel, y dio instrucciones acerca de sus huesos^a. ^a*Gén. 50:24, 25; Ex. 13:19*

23 Por la fe Moisés, cuando nació, fue escondido por sus padres durante tres meses, porque vieron que era un niño hermoso^a y no temieron el edicto del rey^b. ^a*Ex. 2:2* ^b*Ex. 1:16, 22*

24 Por la fe Moisés, cuando era ya grande, rehusó ser llamado hijo de la hija de Faraón^a, ^a*Ex. 2:10, 11*

25 escogiendo antes ser maltratado con el pueblo de Dios, que gozar de los placeres temporales del pecado^a, ^a*Heb. 11:37*

26 considerando como mayores riquezas el oprobio de Cristo que los tesoros de Egipto^a; porque tenía la mirada puesta en la recompensa. ^a*Luc. 14:33; Fil. 3:7, 8*

27 Por la fe salió de Egipto^a sin temer la ira del rey^b, porque se mantuvo firme como viendo al Invisible. ^a*Ex. 2:15* ^b*Ex. 2:14*

28 Por la fe celebró la Pascua y el rociamiento de la sangre^a, para que el exterminador de los primogénitos no los tocara. ^a*Ex. 12:21*

29 Por la fe pasaron el mar Rojo como por tierra seca, y cuando los egipcios lo intentaron *hacer*, se ahogaron^a. ^a*Ex. 14:22-29*

30 Por la fe cayeron los muros de Jericó^a, después de ser rodeados por siete días^b. ^a*Jos. 6:20* ^b*Jos. 6:15, 16*

31 Por la fe la ramera Rahab no pereció con los desobedientes, por haber recibido a los espías en paz^a. ^a*Jos. 2:9; 6:23*

32 ¿Y qué más diré? Pues el tiempo me faltaría para contar de Gedeón, Barac^a, Sansón, Jefté, David, Samuel y los profetas; ^a*Jue. 4; 5*

33 quienes por la fe conquistaron reinos, hicieron justicia, obtuvieron promesas^a, cerraron bocas de leones, ^a*2 Sam. 7:11, 12*

34 apagaron la violencia del fuego^a, escaparon del filo de la espada; siendo débiles, fueron hechos fuertes, se hicieron poderosos en la guerra, pusieron en fuga a ejércitos extranjeros. ^a*Dan. 3:23*

35 Las mujeres recibieron a sus muertos mediante la resurrección^a; y otros fueron torturados, no aceptando su liberación, a fin de obtener una mejor resurrección. ^a*1 Rey. 17:23; 2 Rey. 4:36, 37*

36 Otros experimentaron vituperios y azotes, y hasta cadenas y prisiones^a. ^a*Gén. 39:20; 1 Rey. 22:27*

37 Fueron apedreados^a, aserrados, tentados, muertos a espada; anduvieron de aquí para allá *cubiertos con* pieles de ovejas y de cabras; destituidos, afligidos, maltratados ^a*1 Rey. 21:13; 2 Crón. 24:21*

38 (de los cuales el mundo no era digno), errantes por desiertos y montañas, por cuevas y cavernas de la tierra)^a. ^a*1 Rey. 18:4, 13; 19:9*

39 Y todos éstos, habiendo obtenido aprobación por su fe, no recibieron la promesa^a, ^a*Heb. 10:36; 11:13*

40 porque Dios había provisto algo mejor para nosotros^a, a fin de que ellos no fueran hechos perfectos sin nosotros^b. ^a*Heb. 11:16* ^b*Apoc. 6:11*

La carrera del cristiano

12 Por tanto, puesto que tenemos en derredor nuestro tan gran nube de testigos, despojémonos también de todo peso y del pecado^a que tan fácilmente nos envuelve, y corramos con paciencia la carrera que tenemos por delante, ^a*Rom. 13:12; Ef. 4:22*

2 puestos los ojos en Jesús, el autor y consumador de la fe^a, quien por el gozo puesto delante de El soportó la cruz^b, menospreciando la vergüenza, y se ha sentado a la diestra del trono de Dios. ^a*Heb. 2:10* ^b*Fil. 2:8, 9*

3 Considerad, pues, a aquel que soportó tal hostilidad de los pecadores contra sí mismo^a, para que no os canséis ni os desaniméis en vuestro corazón. ^a*Apoc. 2:3*

4 Porque todavía, en vuestra lucha contra el pecado, no habéis resistido^a hasta el punto de derramar sangre^b; ^a*Heb. 10:32* ^b*Fil. 2:8*

5 además, habéis olvidado la exhortación que como a hijos se os dirige:

HIJO MIO, NO TENGAS EN POCO LA DISCIPLINA DEL SEÑOR,

NI TE DESANIMES^a AL SER REPRENDIDO POR EL; ^a*Heb. 12:3*

6 PORQUE EL SEÑOR AL QUE AMA, DISCIPLINA[a], Y AZOTA A TODO EL QUE RECIBE POR HIJO.
[a]*Apoc. 3:19*

7 Es para *vuestra* corrección que sufrís; Dios os trata como a hijos[a]; porque ¿qué hijo hay a quien *su* padre no discipline? [a]*Deut. 8:5; 2 Sam. 7:14*

8 Pero si estáis sin disciplina, de la cual todos han sido hechos participantes, entonces sois hijos ilegítimos y no hijos *verdaderos*[a].
[a]*1 Ped. 5:9*

9 Además, tuvimos padres terrenales para disciplinar*nos,* y *los* respetábamos, ¿con cuánta más razón no estaremos sujetos al Padre de nuestros espíritus[a], y viviremos[b]?
[a]*Núm. 16:22* [b]*Isa. 38:16*

10 Porque ellos nos disciplinaban por pocos días como les parecía, pero El *nos disciplina* para *nuestro* bien, para que participemos de su santidad[a]. [a]*2 Ped. 1:4*

11 Al presente ninguna disciplina parece ser causa de gozo, sino de tristeza; sin embargo, a los que han sido ejercitados por medio de ella, les da después fruto apacible de justicia[a].
[a]*Isa. 32:17; 2 Tim. 4:8*

12 Por tanto, fortaleced las manos débiles y las rodillas que flaquean[a], [a]*Isa. 35:3*

13 y haced sendas derechas para vuestros pies[a], para que la *pierna* coja no se descoyunte, sino que se sane. [a]*Prov. 4:26; Gál. 2:14*

Exhortación a la fidelidad

14 Buscad la paz con todos[a] y la santidad, sin la cual nadie verá al Señor. [a]*Rom. 14:19*

15 Mirad bien de que nadie deje de alcanzar la gracia de Dios; de que ninguna raíz de amargura[a], brotando, cause dificultades y por ella muchos sean contaminados[b]; [a]*Deut. 29:18* [b]*Tito 1:15*

16 de que no *haya* ninguna persona inmoral ni profana[a] como Esaú, que vendió su primogenitura por una comida[b]. [a]*1 Tim. 1:9* [b]*Gén. 25:33, 34*

17 Porque sabéis que aun después, cuando quiso heredar la bendición, fue rechazado, pues no halló ocasión para el arrepentimiento, aunque la buscó con lágrimas[a]. [a]*Gén. 27:30-40*

Contraste entre el monte Sinaí y el monte Sion

18 Porque no os habéis acercado a *un monte* que se puede tocar, ni a fuego ardiente, ni a tinieblas, ni a oscuridad, ni a torbellino[a], [a]*Ex. 19:12, 16; 20:18*

19 ni a sonido de trompeta[a], ni a ruido de palabras *tal,* que los que oyeron rogaron que no se les hablara más[b]; [a]*Ex. 19:16, 19* [b]*Ex. 20:19*

20 porque no podían soportar el mandato: SI AUN UNA BESTIA TOCA EL MONTE, SERA APEDREADA[a]. [a]*Ex. 19:12, 13*

21 Tan terrible era el espectáculo, *que* Moisés dijo: ESTOY ATERRADO Y TEMBLANDO[a]. [a]*Deut. 9:19*

22 Vosotros, en cambio, os habéis acercado al monte Sion[a] y a la ciudad[b] del Dios vivo, la Jerusalén celestial, y a miríadas de ángeles, [a]*Apoc. 14:1* [b]*Ef. 2:19*

23 a la asamblea general e iglesia de los primogénitos que están inscritos en los cielos[a], y a Dios, el Juez de todos, y a los espíritus de los justos hechos *ya* perfectos, [a]*Luc. 10:20*

24 y a Jesús, el mediador del nuevo pacto[a], y a la sangre rociada[b] que habla mejor que *la sangre* de Abel. [a]*1 Tim. 2:5* [b]*Heb. 9:19*

25 Mirad que no rechacéis al que habla. Porque si aquéllos no escaparon cuando rechazaron al que *les* amonestó sobre la tierra[a], mucho menos *escaparemos* nosotros si nos apartamos de aquel que *nos amonesta* desde el cielo[a]. [a]*Ex. 20:22; Heb. 8:5*

26 Su voz hizo temblar entonces la tierra, pero ahora El ha prometido, diciendo: AUN UNA VEZ MAS, YO HARE TEMBLAR NO SOLO LA TIERRA, SINO TAMBIEN EL CIELO[a]. [a]*Hag. 2:6*

27 Y esta *expresión:* Aún, una vez más, indica la remoción de las cosas movibles[a], como las cosas creadas, a fin de que permanezcan las cosas que son inconmovibles. [a]*Isa. 34:4; 54:10*

28 Por lo cual, puesto que recibimos un reino que es inconmovible[a], demostremos gratitud, mediante la cual ofrezcamos a Dios un servicio aceptable con temor y reverencia; [a]*Dan. 2:44*

29 porque nuestro Dios es fuego consumidor[a]. [a]*Deut. 4:24; 9:3*

Deberes cristianos

13 Permanezca el amor fraternal[a]. [a]*Rom. 12:10; 1 Tes. 4:9*

2 No os olvidéis de mostrar hospitalidad, porque por ella algunos, sin saberlo, hospedaron ángeles[a]. [a]*Gén. 18:1; 19:1, 2*

3 Acordaos[a] de los presos, como *si estuvierais* presos con ellos, y de los maltratados, puesto que también vosotros estáis en el cuerpo. [a]*Col. 4:18*

4 *Sea* el matrimonio honroso en todos, y el lecho *matrimonial* sin mancilla, porque a los inmorales y a los adúlteros[a] los juzgará Dios. [a]*1 Cor. 6:9; Gál. 5:19, 21*

5 *Sea vuestro* carácter sin avaricia, contentos con lo que tenéis, porque El mismo ha dicho: NUNCA TE DEJARE NI TE DESAMPARARE[a]. [a]*Deut. 31:6, 8; Jos. 1:5*

6 de manera que decimos confiadamente:
EL SEÑOR ES EL QUE ME AYUDA; NO TEMERE. ¿QUE PODRA HACERME EL HOMBRE[a]?
[a]*Sal. 118:6*

7 Acordaos de vuestros guías[a] que os hablaron la palabra de Dios, y considerando el

resultado de su conducta, imitad su fe.
[a]Heb. 13:17, 24

8 Jesucristo *es* el mismo[a] ayer y hoy y por los siglos. [a]2 Cor. 1:19; Heb. 1:12

9 No os dejéis llevar por doctrinas diversas y extrañas[a], porque buena cosa es para el corazón el ser fortalecido con la gracia, no con alimentos, de los que no recibieron beneficio los que de ellos se ocupaban[b]. [a]Ef. 4:14 [b]Heb. 9:10

10 Nosotros tenemos un altar del cual[a] no tienen derecho a comer los que sirven al tabernáculo. [a]1 Cor. 10:18

11 Porque los cuerpos de aquellos animales, cuya sangre es llevada al santuario por el sumo sacerdote *como ofrenda* por el pecado, son quemados fuera del campamento[a]. [a]Ex. 29:14; Lev. 4:12, 21

12 Por lo cual también Jesús, para santificar al pueblo mediante su propia sangre[a], padeció fuera de la puerta. [a]Heb. 9:12

13 Así pues, salgamos a El fuera del campamento, llevando su oprobio[a]. [a]Luc. 9:23; Heb. 11:26

14 Porque no tenemos aquí una ciudad permanente, sino que buscamos *la* que está por venir. [a]Ef. 2:19; Heb. 2:5

15 Por tanto, ofrezcamos continuamente mediante El, sacrificio de alabanza a Dios, es decir, el fruto de labios que confiesan su nombre[a]. [a]Isa. 57:19; Os. 14:2

16 Y no os olvidéis de hacer el bien y de la ayuda mutua[a], porque de tales sacrificios se agrada Dios[b]. [a]Rom. 12:13 [b]Fil. 4:18

17 Obedeced a vuestros pastores y sujetaos *a ellos,* porque ellos velan por vuestras almas[a], como quienes han de dar cuenta. Permitidles que lo hagan con alegría y no quejándose, porque eso no sería provechoso para vosotros. [a]Isa. 62:6; Ezeq. 3:17

Bendición y saludos finales

18 Orad por nosotros, pues confiamos en que tenemos una buena conciencia[a], deseando conducirnos honradamente en todo. [a]Hech. 24:16; 1 Tim. 1:5

19 Y aún más, *os* exhorto a hacer esto, a fin de que yo os sea restituido[a] muy pronto. [a]Filem. 22

20 Y el Dios de paz[a], que resucitó de entre los muertos a Jesús nuestro Señor, el gran Pastor de las ovejas[b] mediante la sangre del pacto eterno, [a]Rom. 15:33 [b]Isa. 63:11

21 os haga aptos en toda obra buena[a] para hacer su voluntad, obrando El en nosotros[b] lo que es agradable delante de El mediante Jesucristo, a quien *sea* la gloria por los siglos de los siglos. Amén. [a]1 Ped. 5:10 [b]Fil. 2:13

22 Os ruego, hermanos[a], que soportéis la palabra de exhortación, pues os he escrito brevemente[b]. [a]Heb. 3:1 [b]1 Ped. 5:12

23 Sabed que nuestro hermano Timoteo[a] ha sido puesto en libertad, con el cual, si viene pronto, os he de ver. [a]Col. 1:1; Hech. 16:1

24 Saludad a todos vuestros pastores[a] y a todos los santos. Los de Italia os saludan. [a]1 Cor. 16:16; Heb. 13:7, 17

25 La gracia sea con todos vosotros[a]. Amén. [a]Col. 4:18

La Epístola de
SANTIAGO

Saludo

1 Santiago[a], siervo de Dios y del Señor Jesucristo:
A las doce tribus que están en la dispersión: Saludos. [a]Hech. 12:17

Fe y sabiduría

2 Tened por sumo gozo[a], hermanos míos, el que os halléis en diversas pruebas[b], [a]Mat. 5:12 [b]1 Ped. 1:6

3 sabiendo que la prueba de vuestra fe produce paciencia[a], [a]Luc. 21:19

4 y que la paciencia ha de tener *su* perfecto resultado, para que seáis perfectos[a] y completos, sin que *os* falte nada. [a]Mat. 5:48; Col. 4:12

5 Pero si alguno de vosotros se ve falto de sabiduría[a], que *la* pida a Dios, el cual da a todos abundantemente y sin reproche, y le será dada[b]. [a]1 Rey. 3:9 [b]Mat. 7:7

6 Pero que pida con fe[a], sin dudar; porque el que duda es semejante a la ola del mar, impulsada por el viento y echada de una parte a otra. [a]Mat. 21:21

7 No piense, pues, ese hombre, que recibirá cosa alguna del Señor,

8 *siendo* hombre de doble ánimo[a], inestable en todos sus caminos. [a]Sant. 4:8

Lo transitorio de las riquezas

9 Pero que el hermano de condición humilde se gloríe en su alta posición[a], [a]Luc. 14:11

10 y el rico en su humillación, pues él pasará como la flor de la hierba[a]. [a]1 Cor. 7:31; 1 Ped. 1:24

11 Porque el sol sale con calor abrasador[a] y seca la hierba[b], y su flor se cae y la hermosura de su apariencia perece; así también se marchitará el rico en medio de sus empresas. [a]Mat. 20:12 [b]Sal. 102:4, 11

La tentación explicada

12 Bienaventurado el hombre que persevera[a] bajo la prueba, porque una vez que ha sido aprobado, recibirá la corona de la vida que *el*

Señor ha prometido[b] a los que le aman.
[a]*Luc. 6:22* [b]*Ex. 20:6*

13 Que nadie diga cuando es tentado: Soy tentado por Dios[a]; porque Dios no puede ser tentado por el mal y Él mismo no tienta a nadie. [a]*Gén. 22:1*

14 Sino que cada uno es tentado cuando es llevado y seducido por su propia pasión.

15 Después, cuando la pasión ha concebido, da a luz el pecado; y cuando el pecado es consumado[a], engendra la muerte. [a]*Rom. 5:12; 6:23*

16 Amados hermanos míos[a], no os engañéis.
[a]*1 Cor. 6:9*

17 Toda buena dádiva y todo don perfecto viene de lo alto[a], desciende del Padre de las luces, con el cual no hay cambio ni sombra de variación. [a]*Juan 3:3; Sant. 3:15, 17*

18 En el ejercicio de su voluntad, Él nos hizo nacer[a] por la palabra de verdad, para que fuéramos las primicias de sus criaturas[b]. [a]*Sant. 1:15* [b]*Jer. 2:3*

Hacedores de la palabra

19 *Esto* sabéis, mis amados hermanos. Pero que cada uno sea pronto para oír, tardo para hablar[a], tardo para la ira; [a]*Prov. 10:19; 17:27*

20 pues la ira del hombre no obra la justicia de Dios[a]. [a]*Mat. 5:22; Ef. 4:26*

21 Por lo cual, desechando toda inmundicia[a] y *todo* resto de malicia, recibid con humildad la palabra implantada, que es poderosa para salvar vuestras almas. [a]*Ef. 4:22; 1 Ped. 2:1*

22 Sed hacedores de la palabra[a] y no solamente oidores que se engañan a sí mismos.
[a]*Mat. 7:24-27; Luc. 6:46-49*

23 Porque si alguno es oidor de la palabra, y no hacedor, es semejante a un hombre que mira su rostro natural en un espejo[a];
[a]*1 Cor. 13:12*

24 pues después de mirarse a sí mismo e irse, inmediatamente se olvida de qué clase de persona es.

25 Pero el que mira atentamente a la ley perfecta, la *ley* de la libertad, y permanece *en ella*, no habiéndose vuelto un oidor olvidadizo sino un hacedor eficaz, éste será bienaventurado en lo que hace[a]. [a]*Juan 13:17*

26 Si alguno se cree religioso, pero no refrena su lengua[a], sino que engaña a su *propio* corazón, la religión del tal es vana. [a]*Sal. 39:1; 141:3*

27 La religión pura y sin mácula delante de *nuestro* Dios y Padre es ésta: visitar a los huérfanos y a las viudas en sus aflicciones, y guardarse sin mancha del mundo[a]. [a]*Mat. 12:32; Ef. 2:2*

El pecado de la parcialidad

2 Hermanos míos, no tengáis vuestra fe en nuestro glorioso Señor Jesucristo con *una actitud* de favoritismo[a]. [a]*Hech. 10:34; Sant. 2:9*

2 Porque si en vuestra congregación entra un hombre con anillo de oro y vestido de ropa lujosa, y también entra un pobre con ropa sucia[a], [a]*Zac. 3:3, 4*

3 y dais atención especial al que lleva la ropa lujosa[a], y decís: Tú siéntate aquí, en un buen lugar; y al pobre decís: Tú estate allí de pie, o siéntate junto a mi estrado; [a]*Luc. 23:11*

4 ¿no habéis hecho distinciones entre vosotros mismos, y habéis venido a ser jueces con malos pensamientos[a]? [a]*Luc. 18:6; Juan 7:24*

5 Hermanos míos amados, escuchad: ¿No escogió Dios a los pobres[a] de este mundo *para ser* ricos en fe y herederos del reino[b] que Él prometió a los que le aman? [a]*Job 34:19* [b]*Mat. 5:3*

6 Pero vosotros habéis menospreciado al pobre. ¿No son los ricos los que os oprimen y personalmente os arrastran a los tribunales[a]? [a]*Hech. 8:3; 16:19*

7 ¿No blasfeman ellos[a] el buen nombre por el cual habéis sido llamados? [a]*Hech. 11:26; 1 Ped. 4:16*

8 Si en verdad cumplís la ley real conforme a la Escritura: AMARAS A TU PROJIMO COMO A TI MISMO[a], bien hacéis. [a]*Lev. 19:18*

9 Pero si mostráis favoritismo[a], cometéis pecado y sois hallados culpables por la ley como transgresores. [a]*Hech. 10:34; Sant. 2:1*

10 Porque cualquiera que guarda toda la ley, pero tropieza[a] en un *punto*, se ha hecho culpable de todos. [a]*Sant. 3:2; 2 Ped. 1:10*

11 Pues el que dijo: NO COMETAS ADULTERIO[a], también dijo: NO MATES[b]. Ahora bien, si tú no cometes adulterio, pero matas, te has convertido en transgresor de la ley. [a]*Ex. 20:14* [b]*Ex. 20:13*

12 Así hablad y así proceded, como los que han de ser juzgados por *la* ley de la libertad[a].
[a]*Sant. 1:25*

13 Porque el juicio *será* sin misericordia[a] para el que no ha mostrado misericordia; la misericordia triunfa sobre el juicio. [a]*Prov. 21:13; Mat. 5:7*

La fe y las obras

14 ¿De qué sirve[a], hermanos míos, si alguno dice que tiene fe, pero no tiene obras? ¿Acaso puede esa fe salvarle? [a]*Sant. 1:22*

15 Si un hermano o una hermana no tienen ropa[a] y carecen del sustento diario, [a]*Mat. 25:35, 36; Luc. 3:11*

16 y uno de vosotros les dice: Id en paz[a], calentaos y saciaos, pero no les dais lo necesario para *su* cuerpo, ¿de qué sirve? [a]*Juan 3:17, 18*

17 Así también la fe[a] por sí misma, si no tiene obras, está muerta. [a]*Gál. 5:6; Sant. 2:20, 26*

18 Pero alguno dirá: Tú tienes fe y yo tengo obras. Muéstrame tu fe sin las obras[a], y yo te mostraré mi fe por mis obras. [a]*Rom. 3:28; 4:6*

19 Tú crees que Dios es uno. Haces bien; también los demonios creen[a], y tiemblan.
[a]*Mat. 8:29; Mar. 1:24*

20 Pero, ¿estás dispuesto a admitir, oh hombre vano, que la fe sin obras es estéril[a]? [a]Gál. 5:6; Sant. 2:17, 26

21 ¿No fue justificado por las obras Abraham nuestro padre[a] cuando ofreció a Isaac su hijo sobre el altar? [a]Gén. 22:9, 10, 12, 16-18

22 Ya ves que la fe actuaba juntamente con sus obras[a], y como resultado de las obras[b], la fe fue perfeccionada; [a]Juan 6:29 [b]1 Tes. 1:3

23 y se cumplió la Escritura que dice: Y ABRAHAM CREYO A DIOS Y LE FUE CONTADO POR JUSTICIA[a], y fue llamado amigo de Dios. [a]Gén. 15:6; Rom. 4:3

24 Vosotros veis que el hombre es justificado por las obras y no sólo por la fe.

25 Y de la misma manera, ¿no fue la ramera Rahab[a] también justificada por las obras cuando recibió a los mensajeros y los envió por otro camino[b]? [a]Heb. 11:31 [b]Jos. 2:4, 6, 15

26 Porque así como el cuerpo sin el espíritu está muerto, así también la fe sin las obras está muerta[a]. [a]Gál. 5:6; Sant. 2:17, 20

El poder de la lengua

3 Hermanos míos[a], no os hagáis maestros muchos de vosotros, sabiendo que recibiremos un juicio más severo. [a]Sant. 1:16; 3:10

2 Porque todos tropezamos de muchas maneras. Si alguno no tropieza en lo que dice[a], es un hombre perfecto, capaz también de refrenar todo el cuerpo. [a]Mat. 12:34-37; Sant. 3:2-12

3 Ahora bien, si ponemos el freno en la boca de los caballos[a] para que nos obedezcan, dirigimos también todo su cuerpo. [a]Sal. 32:9

4 Mirad también las naves; aunque son tan grandes e impulsadas por fuertes vientos, son, sin embargo, dirigidas mediante un timón muy pequeño por donde la voluntad del piloto quiere.

5 Así también la lengua es un miembro pequeño, y sin embargo, se jacta de grandes cosas[a]. Mirad, ¡qué gran bosque se incendia con tan pequeño fuego[b]! [a]Sal. 12:2, 3 [b]Prov. 26:20, 21

6 Y la lengua es un fuego[a], un mundo de iniquidad. La lengua está puesta entre nuestros miembros, la cual contamina todo el cuerpo, es encendida por el infierno e inflama el curso de nuestra vida. [a]Sal. 120:2, 3; Prov. 16:27

7 Porque todo género de fieras y de aves, de reptiles y de animales marinos, se puede domar y ha sido domado por el género humano,

8 pero ningún hombre puede domar la lengua; es un mal turbulento y lleno de veneno mortal[a]. [a]Sal. 140:3; Ecl. 10:11

9 Con ella bendecimos a nuestro Señor y Padre, y con ella maldecimos a los hombres, que han sido hechos a la imagen de Dios[a]; [a]Gén. 1:26; 1 Cor. 11:7

10 de la misma boca proceden bendición y maldición. Hermanos míos, esto no debe ser así.

11 ¿Acaso una fuente por la misma abertura echa agua dulce y amarga?

12 ¿Acaso, hermanos míos, puede una higuera producir aceitunas[a], o una vid higos? Tampoco la fuente de agua salada puede producir agua dulce. [a]Mat. 7:16

Sabiduría de lo alto

13 ¿Quién es sabio y entendido entre vosotros? Que muestre por su buena conducta[a] sus obras en mansedumbre de sabiduría. [a]1 Ped. 2:12

14 Pero si tenéis celos amargos y ambición personal[a] en vuestro corazón, no seáis arrogantes y así mintáis contra la verdad. [a]Rom. 2:8; 2 Cor. 12:20

15 Esta sabiduría no es la que viene de lo alto[a], sino que es terrenal, natural, diabólica. [a]Sant. 1:17

16 Porque donde hay celos[a] y ambición personal, allí hay confusión y toda cosa mala. [a]Rom. 2:8; 2 Cor. 12:20

17 Pero la sabiduría de lo alto es primeramente pura, después pacífica, amable, condescendiente, llena de misericordia y de buenos frutos, sin vacilación, sin hipocresía[a]. [a]Rom. 12:9; 2 Cor. 6:6

18 Y la semilla cuyo fruto es la justicia[a] se siembra en paz por aquellos que hacen la paz. [a]Prov. 11:18; Isa. 32:17

Guerras y conflictos

4 ¿De dónde vienen las guerras y los conflictos entre vosotros[a]? ¿No vienen de vuestras pasiones que combaten en vuestros miembros[b]? [a]Tito 3:9 [b]Rom. 7:23

2 Codiciáis y no tenéis, por eso cometéis homicidio[a]. Sois envidiosos y no podéis obtener, por eso combatís y hacéis guerra. No tenéis, porque no pedís. [a]Sant. 5:6; 1 Jn. 3:15

3 Pedís y no recibís[a], porque pedís con malos propósitos, para gastarlo en vuestros placeres. [a]1 Jn. 3:22; 5:14

4 ¡Oh almas adúlteras! ¿No sabéis que la amistad del mundo es enemistad hacia Dios[a]? Por tanto, el que quiere ser amigo del mundo, se constituye enemigo de Dios[b]. [a]Rom. 8:7 [b]Mat. 6:24

5 ¿O pensáis que la Escritura dice en vano: El celosamente anhela el Espíritu[a] que ha hecho morar en nosotros? [a]1 Cor. 6:19; 2 Cor. 6:16

6 Pero El da mayor gracia. Por eso dice: DIOS RESISTE A LOS SOBERBIOS PERO DA GRACIA A LOS HUMILDES[a]. [a]Sal. 138:6; Prov. 3:34

7 Por tanto, someteos a Dios[a]. Resistid, pues, al diablo y huirá de vosotros. [a]1 Ped. 5:6

8 Acercaos a Dios, y El se acercará a vosotros[a]. Limpiad vuestras manos[b], pecadores; y vosotros de doble ánimo, purificad vuestros corazones. [a]*2 Crón. 15:2* [b]*Job 17:9*

9 Afligíos, lamentad y llorad[a]; que vuestra risa se torne en llanto y vuestro gozo en tristeza. [a]*Neh. 8:9; Prov. 14:13*

10 Humillaos en la presencia del Señor[a] y El os exaltará. [a]*Job 5:11; Ezeq. 21:26*

11 Hermanos[a], no habléis mal los unos de los otros. El que habla mal de un hermano o juzga a su hermano, habla mal de la ley y juzga a la ley; pero si tú juzgas a la ley, no eres cumplidor de la ley, sino juez *de ella*. [a]*Sant. 1:16; 5:7, 9, 10*

12 *Sólo* hay un dador de la ley y juez[a], que es poderoso para salvar y para destruir; pero tú, ¿quién eres que juzgas a tu prójimo? [a]*Isa. 33:22; Sant. 5:9*

La incertidumbre de la vida

13 Oíd ahora, los que decís: Hoy o mañana iremos a tal o cual ciudad[a] y pasaremos allá un año, haremos negocio y tendremos ganancia. [a]*Prov. 27:1; Luc. 12:18-20*

14 Sin embargo, no sabéis cómo será vuestra vida mañana. *Sólo* sois un vapor que aparece por un poco de tiempo y luego se desvanece[a]. [a]*Job 7:7; Sal. 39:5*

15 Más bien, *debierais* decir: Si el Señor quiere[a], viviremos y haremos esto o aquello. [a]*Hech. 18:21*

16 Pero ahora os jactáis en vuestra arrogancia; toda jactancia semejante es mala[a]. [a]*1 Cor. 5:6*

17 A aquel, pues, que sabe hacer *lo* bueno y no lo hace[a], le es pecado. [a]*Luc. 12:47; Juan 9:41*

Advertencias a los ricos

5 ¡Oíd ahora, ricos[a]! Llorad y aullad por las miserias que vienen sobre vosotros. [a]*Luc. 6:24; 1 Tim. 6:9*

2 Vuestras riquezas se han podrido[a] y vuestras ropas están comidas de polilla. [a]*Job 13:28; Isa. 50:9*

3 Vuestro oro y vuestra plata se han enmohecido, su moho será un testigo contra vosotros y consumirá vuestra carne como fuego. Es en los últimos días que habéis acumulado tesoros[a]. [a]*Sant. 5:7, 8*

4 Mirad, el jornal de los obreros que han segado vuestros campos[a] y que ha sido retenido por vosotros, clama *contra vosotros*; y el clamor de los segadores[b] ha llegado a los oídos del Señor de los ejércitos. [a]*Lev. 19:13* [b]*Ex. 2:23*

5 Habéis vivido lujosamente sobre la tierra[a], y *habéis* llevado una vida de placer desenfrenado; habéis engordado vuestros corazones en el día de la matanza. [a]*Ezeq. 16:49; Luc. 16:19*

6 Habéis condenado y dado muerte[a] al justo; él no os hace resistencia. [a]*Sant. 4:2*

Exhortación a la paciencia

7 Por tanto, hermanos, sed pacientes hasta la venida del Señor[a]. Mirad *cómo* el labrador espera el fruto precioso de la tierra[b], siendo paciente en ello hasta que recibe *la lluvia* temprana y *la* tardía. [a]*Juan 21:22* [b]*Gál. 6:9*

8 Sed también vosotros pacientes[a]; fortaleced vuestros corazones[b], porque la venida del Señor está cerca. [a]*Luc. 21:19* [b]*1 Tes. 3:13*

9 Hermanos, no os quejéis unos contra otros, para que no seáis juzgados; mirad, el Juez está a las puertas[b]. [a]*1 Cor. 4:5* [b]*Mat. 24:33*

10 Hermanos, tomad como ejemplo de paciencia y aflicción a los profetas[a] que hablaron en el nombre del Señor. [a]*Mat. 5:12*

11 Mirad *que* tenemos por bienaventurados[a] a los que sufrieron. Habéis oído de la paciencia de Job, y habéis visto el resultado del proceder del Señor, que el Señor es muy compasivo, y misericordioso[b]. [a]*Mat. 5:10* [b]*Ex. 34:6*

Exhortaciones varias

12 Y sobre todo, hermanos míos, no juréis, ni por el cielo, ni por la tierra, ni con ningún otro juramento; antes bien, sea vuestro sí, sí, y vuestro no, no[a], para que no caigáis bajo juicio. [a]*Mat. 5:34-37*

13 ¿Sufre alguno entre vosotros? Que haga oración[a]. ¿Está alguno alegre? Que cante alabanzas. [a]*Sal. 50:15*

14 ¿Está alguno entre vosotros enfermo? Que llame a los ancianos de la iglesia y que ellos oren por él, ungiéndole con aceite en el nombre del Señor[a]; [a]*Mar. 6:13; 16:18*

15 y la oración de fe[a] restaurará al enfermo, y el Señor lo levantará[b], y si ha cometido pecados le serán perdonados. [a]*Sant. 1:6* [b]*Juan 6:39*

16 Por tanto, confesaos vuestros pecados unos a otros[a], y orad unos por otros para que seáis sanados[b]. La oración eficaz del justo puede lograr mucho. [a]*Mat. 3:6* [b]*Heb. 12:13*

17 Elías era un hombre de pasiones semejantes a las nuestras[a], y oró fervientemente para que no lloviera[b], y no llovió sobre la tierra por tres años y seis meses. [a]*Hech. 14:15* [b]*1 Rey. 17:1*

18 Y otra vez oró[a], y el cielo dio lluvia[b] y la tierra produjo su fruto. [a]*1 Rey. 18:42* [b]*1 Rey. 18:45*

19 Hermanos míos, si alguno de entre vosotros[a] se extravía de la verdad y alguno le hace volver, [a]*Mat. 18:15; Gál. 6:1*

20 sepa que el que hace volver a un pecador del error de su camino salvará su alma de muerte[a], y cubrirá multitud de pecados. [a]*Rom. 11:14; 1 Cor. 1:21*

SAN PEDRO

Saludo

1 Pedro, apóstol de Jesucristo:
A los expatriados[a], de la dispersión en el Ponto, Galacia, Capadocia, Asia y Bitinia, elegidos[b] [a]*1 Ped. 2:11* [b]*Mat. 24:22*

2 según el previo conocimiento de Dios Padre[a], por la obra santificadora del Espíritu[b], para obedecer a Jesucristo y ser rociados con su sangre: Que la gracia y la paz os sean multiplicadas. [a]*Rom. 8:29* [b]*2 Tes. 2:13*

La esperanza viva del cristiano

3 Bendito sea el Dios y Padre de nuestro Señor Jesucristo, quien según su gran misericordia[a], nos ha hecho nacer de nuevo a una esperanza viva, mediante la resurrección de Jesucristo de entre los muertos[b], [a]*Gál. 6:16* [b]*1 Cor. 15:20*

4 para *obtener* una herencia[a] incorruptible, inmaculada, y que no se marchitará, reservada en los cielos para vosotros, [a]*Hech. 20:32; Rom. 8:17*

5 que sois protegidos por el poder de Dios[a] mediante la fe[b], para la salvación que está preparada para ser revelada en el último tiempo. [a]*Juan 10:28* [b]*Ef. 2:8*

6 En lo cual os regocijáis grandemente[a], aunque ahora, por un poco de tiempo[b] si es necesario, seáis afligidos con diversas pruebas, [a]*Rom. 5:2* [b]*1 Ped. 5:10*

7 para que la prueba de vuestra fe, más preciosa que el oro que perece, aunque probado por fuego, sea hallada que resulta en alabanza[a], gloria y honor en la revelación de Jesucristo; [a]*Rom. 2:7, 10; 2 Cor. 4:17*

8 a quien sin haber*le* visto[a], *le* amáis[b], y a quien ahora no veis, pero creéis en El, *y* os regocijáis grandemente con gozo inefable y lleno de gloria, [a]*Juan 20:29* [b]*Ef. 3:19*

9 obteniendo, como resultado de vuestra fe[a], la salvación de vuestras almas. [a]*Rom. 6:22*

10 Acerca de esta salvación[a], los profetas que profetizaron de la gracia que *vendría* a vosotros, diligentemente inquirieron e indagaron, [a]*Mat. 13:17; Luc. 10:24*

11 procurando saber qué persona o tiempo indicaba el Espíritu de Cristo[a] dentro de ellos, al predecir los sufrimientos de Cristo y las glorias que seguirían. [a]*Rom. 8:9; 2 Ped. 1:21*

12 A ellos les fue revelado que no se servían a sí mismos, sino a vosotros, en estas cosas que ahora os han sido anunciadas mediante los que os predicaron el evangelio por el Espíritu Santo[a] enviado del cielo; cosas a las cuales los ángeles anhelan mirar. [a]*Hech. 2:2-4*

Exhortación a la santidad

13 Por tanto, ceñid vuestro entendimiento[a] para la acción; sed sobrios *en espíritu*[b], poned vuestra esperanza completamente en la gracia que se os traerá en la revelación de Jesucristo. [a]*Ef. 6:14* [b]*Rom. 12:3*

14 Como hijos obedientes, no os conforméis a los deseos[a] que antes *teníais* en vuestra ignorancia, [a]*Rom. 12:2; 1 Ped. 4:2, 3*

15 sino que así como aquel que os llamó es santo, así también sed vosotros santos[a] en toda *vuestra* manera de vivir[b]; [a]*2 Cor. 7:1* [b]*Sant. 3:13*

16 porque escrito está: SED SANTOS, PORQUE YO SOY SANTO[a]. [a]*Lev. 11:44, 45; 19:2*

17 Y si invocáis como Padre[a] a aquel que imparcialmente juzga según la obra de cada uno, conducíos en temor durante el tiempo de vuestra peregrinación; [a]*Sal. 89:26; Jer. 3:19*

18 sabiendo que no fuisteis redimidos[a] de vuestra vana manera de vivir heredada de vuestros padres[b] con cosas perecederas *como* oro o plata, [a]*Isa. 52:3* [b]*Ef. 4:17*

19 sino con sangre preciosa[a], como de un cordero sin tacha y sin mancha, *la sangre* de Cristo. [a]*Hech. 20:28; 1 Ped. 1:2*

20 Porque El estaba preparado[a] *desde* antes de la fundación del mundo, pero se ha manifestado en estos últimos tiempos por amor a vosotros [a]*Hech. 2:23; Ef. 1:4*

21 que por medio de El sois creyentes en Dios[a], que le resucitó de entre los muertos y le dio gloria, de manera que vuestra fe y esperanza sean en Dios. [a]*Rom. 4:24; 10:9*

Exhortación al amor fraternal

22 Puesto que en obediencia a la verdad habéis purificado vuestras almas[a] para un amor sincero de hermanos, amaos unos a otros entrañablemente, de corazón puro; [a]*Sant. 4:8*

23 *Pues* habéis nacido de nuevo[a], no de una simiente corruptible, sino *de una que es* incorruptible, *es decir,* mediante la palabra de Dios que vive y permanece[b]. [a]*Juan 3:3* [b]*Heb. 4:12*

24 Porque:

TODA CARNE ES COMO LA HIERBA,
Y TODA SU GLORIA COMO LA FLOR DE LA HIERBA.
SECASE LA HIERBA,
CAESE LA FLOR[a], [a]*Isa. 40:6; Sant. 1:10, 11*

25 MAS LA PALABRA DEL SEÑOR PERMANECE PARA SIEMPRE[a].

Y esta es la palabra que os fue predicada. [a]*Isa. 40:8*

Exhortación al crecimiento

2 Por tanto, desechando toda malicia[a] y todo engaño, e hipocresías, envidias y toda difamación, [a]*Ef. 4:22, 25, 31; Sant. 1:21*

2 desead como niños recién nacidos[a], la leche pura de la palabra, para que por ella crezcáis para salvación, [a]Mat. 18:3; 19:14

3 si es que habéis probado[a] la benignidad del Señor[b]. [a]Heb. 6:5 [b]Sal. 34:8

4 Y viniendo a El como a una piedra viva, desechada por los hombres[a], pero escogida y preciosa delante de Dios, [a]1 Ped. 2:7

5 también vosotros, como piedras vivas, sed edificados como casa espiritual para un sacerdocio santo[a], para ofrecer sacrificios espirituales[b] aceptables a Dios por medio de Jesucristo. [a]Isa. 61:6 [b]Rom. 15:16

6 Pues esto se encuentra en la Escritura:

HE AQUI, PONGO EN SION UNA PIEDRA
ESCOGIDA, UNA PRECIOSA piedra
ANGULAR[a],
Y EL QUE CREA EN EL NO SERA
AVERGONZADO. [a]Ef. 2:20

7 Este precioso valor es, pues, para vosotros los que creéis; pero para los que no creen,

LA PIEDRA QUE DESECHARON LOS
CONSTRUCTORES,
ESA, EN PIEDRA ANGULAR[a] SE HA CONVERTIDO, [a]Sal. 118:22; Mat. 21:42

8 y,

PIEDRA DE TROPIEZO Y ROCA DE ESCANDALO[a];

pues ellos tropiezan porque son desobedientes a la palabra, y para ello estaban también destinados. [a]Isa. 8:14

9 Pero vosotros sois linaje escogido, real sacerdocio, nación santa[a], pueblo adquirido para posesión de Dios, a fin de que anunciéis las virtudes de aquel que os llamó de las tinieblas a su luz admirable; [a]Ex. 19:6; Deut. 7:6

10 pues vosotros en otro tiempo no erais pueblo, pero ahora sois el pueblo de Dios; no habíais recibido misericordia, pero ahora habéis recibido misericordia[a]. [a]Os. 1:10; 2:23

Conducta de los creyentes en el mundo

11 Amados, os ruego como a extranjeros[a] y peregrinos, que os abstengáis de las pasiones carnales que combaten contra el alma[b]. [a]Lev. 25:23 [b]Sant. 4:1

12 Mantened entre los gentiles una conducta irreprochable, a fin de que en aquello que os calumnian como malhechores, ellos, por razón de vuestras buenas obras, al considerarlas, glorifiquen a Dios en el día de la visitación[a]. [a]Isa. 10:3; Luc. 19:44

13 Someteos, por causa del Señor, a toda institución humana[a], ya sea al rey, como autoridad, [a]Rom. 13:1

14 o a los gobernadores, como enviados por él para castigo de los malhechores[a] y alabanza de los que hacen el bien[b]. [a]Rom. 13:4 [b]Rom. 13:3

15 Porque esta es la voluntad de Dios[a]: que haciendo bien, hagáis enmudecer la ignorancia de los hombres insensatos. [a]1 Ped. 3:17

16 Andad como libres[a], pero no uséis la libertad como pretexto para la maldad, sino empleadla como siervos de Dios[b]. [a]Juan 8:32 [b]Rom. 6:22

17 Honrad a todos[a], amad a los hermanos, temed a Dios, honrad al rey[b]. [a]Rom. 12:10 [b]Prov. 24:21

Ejemplo de Cristo como siervo

18 Siervos[a], estad sujetos a vuestros amos con todo respeto, no sólo a los que son buenos y afables, sino también a los que son insoportables. [a]Ef. 6:5

19 Porque esto halla gracia, si por causa de la conciencia[a] ante Dios, alguno sobrelleva penalidades sufriendo injustamente. [a]Rom. 13:5; 1 Ped. 3:14, 17

20 Pues ¿qué mérito hay, si cuando pecáis y sois tratados con severidad lo soportáis con paciencia? Pero si cuando hacéis lo bueno[a] sufrís por ello y lo soportáis con paciencia, esto halla gracia con Dios. [a]1 Ped. 3:17

21 Porque para este propósito habéis sido llamados, pues también Cristo sufrió por vosotros[a], dejándoos ejemplo para que sigáis sus pisadas, [a]1 Ped. 3:18; 4:1, 13

22 EL CUAL NO COMETIO PECADO, NI ENGAÑO ALGUNO SE HALLO EN SU BOCA[a]; [a]Isa. 53:9; 2 Cor. 5:21

23 y quien cuando le ultrajaban[a], no respondía ultrajando; cuando padecía, no amenazaba, sino que se encomendaba a aquel que juzga con justicia; [a]Isa. 53:7; Heb. 12:3

24 y El mismo llevó nuestros pecados en su cuerpo[a] sobre la cruz, a fin de que muramos al pecado y vivamos a la justicia, porque por sus heridas[b] fuisteis sanados. [a]Isa. 53:4, 11 [b]Isa. 53:5

25 Pues vosotros andabais descarriados como ovejas[a], pero ahora habéis vuelto al Pastor[b] y Guardián de vuestras almas. [a]Isa. 53:6 [b]Juan 10:11

Deberes conyugales

3 Asimismo vosotras, mujeres, estad sujetas a vuestros maridos[a], de modo que si algunos de ellos son desobedientes a la palabra, puedan ser ganados sin palabra alguna por la conducta de sus mujeres [a]Ef. 5:22; Col. 3:18

2 al observar vuestra conducta casta y respetuosa.

3 Y que vuestro adorno no sea externo[a]: peinados ostentosos, joyas de oro o vestidos lujosos, [a]Isa. 3:18; 1 Tim. 2:9

4 sino que sea el yo interno[a], con el adorno incorruptible de un espíritu tierno y sereno, lo cual es precioso delante de Dios. [a]Rom. 7:22

5 Porque así también se adornaban en otro tiempo las santas mujeres que esperaban en Dios[a], estando sujetas a sus maridos. [a]1 Tim. 5:5; 1 Ped. 1:3

6 Así obedeció Sara a Abraham, llamándolo

señor[a], y vosotras habéis llegado a ser hijas de ella, si hacéis el bien y no estáis amedrentadas por ningún temor[b]. [a]*Gén. 18:12* [b]*1 Ped. 3:14*

7 Y vosotros, maridos[a], igualmente, convivid de manera comprensiva *con vuestras mujeres*, como con un vaso más frágil, puesto que es mujer, dándole honor como a coheredera de la gracia de la vida, para que vuestras oraciones no sean estorbadas. [a]*Ef. 5:25; Col. 3:19*

El secreto de la vida feliz

8 En conclusión, sed todos de un mismo sentir[a], compasivos, fraternales, misericordiosos[b] y de espíritu humilde; [a]*Rom. 12:16* [b]*Ef. 4:32*

9 no devolviendo mal por mal, o insulto por insulto, sino más bien bendiciendo[a], porque fuisteis llamados con el propósito de heredar bendición. [a]*Luc. 6:28; Rom. 12:14*

10 Pues

EL QUE QUIERE AMAR LA VIDA Y VER DIAS BUENOS,
REFRENE SU LENGUA DEL MAL Y SUS LABIOS NO HABLEN ENGAÑO[a]. [a]*Sal. 34:12, 13*

11 APARTESE DEL MAL Y HAGA EL BIEN;
BUSQUE LA PAZ Y SIGALA[a]. [a]*Sal. 34:14*

12 PORQUE LOS OJOS DEL SEÑOR ESTAN SOBRE LOS JUSTOS,
Y SUS OIDOS ATENTOS A SUS ORACIONES;
PERO EL ROSTRO DEL SEÑOR ESTA CONTRA LOS QUE HACEN EL MAL[a]. [a]*Sal. 34:15, 16*

Sufriendo por la justicia

13 ¿Y quién os podrá hacer daño si demostráis tener celo por lo bueno[a]? [a]*Prov. 16:7*

14 Pero aun si sufrís por causa de la justicia, dichosos *sois*. Y NO OS AMEDRENTEIS POR TEMOR A ELLOS NI OS TURBEIS[a], [a]*Isa. 8:12, 13; 1 Ped. 3:6*

15 sino santificad a Cristo como Señor en vuestros corazones, *estando* siempre preparados para presentar defensa[a] ante todo el que os demande razón de la esperanza que hay en vosotros[b], pero *hacedlo* con mansedumbre y reverencia; [a]*Col. 4:6* [b]*1 Ped. 1:3*

16 teniendo buena conciencia[a], para que en aquello en que sois calumniados, sean avergonzados los que difaman vuestra buena conducta en Cristo. [a]*1 Tim. 1:5; Heb. 13:18*

17 Pues es mejor[a] padecer por hacer el bien, si así es la voluntad de Dios[b], que por hacer el mal. [a]*1 Ped. 2:20* [b]*Hech. 18:21*

18 Porque también Cristo murió por *los* pecados una sola vez[a], el justo por los injustos, para llevarnos a Dios, muerto en la carne pero vivificado en el espíritu[b], [a]*Heb. 9:26, 28; 10:10*

19 en el cual también fue y predicó a los espíritus encarcelados[a], [a]*1 Ped. 4:6*

20 quienes en otro tiempo fueron desobedientes cuando la paciencia de Dios esperaba en los días de Noé[a], durante la construcción del arca[b], en la cual unos pocos, es decir, ocho

personas, fueron salvadas a través *del* agua. [a]*Gén. 6:3, 5, 13, 14* [b]*Heb. 11:7*

21 Y correspondiendo a esto, el bautismo ahora os salva (no quitando la suciedad de la carne[a], sino *como* una petición a Dios de una buena conciencia) mediante la resurrección de Jesucristo, [a]*Heb. 9:14; 10:22*

22 quien está a la diestra de Dios[a], habiendo subido al cielo después de que le habían sido sometidos ángeles, autoridades y potestades. [a]*Mar. 16:19*

Cómo quiere Dios que vivamos

4 Por tanto, puesto que Cristo ha padecido en la carne[a], armaos también vosotros con el mismo propósito, pues quien ha padecido en la carne ha terminado con el pecado, [a]*1 Ped. 2:21*

2 para vivir[a] el tiempo que *le* queda en la carne, no ya para las pasiones humanas, sino para la voluntad de Dios. [a]*Rom. 6:2; Col. 3:3*

3 Porque el tiempo ya pasado[a] *os* es suficiente para haber hecho lo que agrada a los gentiles, habiendo andado en sensualidad, lujurias, borracheras, orgías, embriagueces y abominables idolatrías. [a]*1 Cor. 12:2*

4 Y en *todo* esto, se sorprenden de que no corráis con *ellos* en el mismo desenfreno de disolución[a], *y os* ultrajan[b]; [a]*Ef. 5:18* [b]*1 Ped. 3:16*

5 pero ellos darán cuenta a aquel que está preparado para juzgar a los vivos y a los muertos[a]. [a]*Hech. 10:42; Rom. 14:9*

6 Porque con este fin fue predicado el evangelio aun a los muertos[a], para que aunque sean juzgados en la carne como hombres, vivan en el espíritu conforme a *la voluntad de* Dios. [a]*1 Ped. 1:12; 3:19*

El fin de todas las cosas y la conducta cristiana

7 Mas el fin de todas las cosas se acerca[a]; sed pues prudentes y de *espíritu* sobrio para la oración. [a]*Rom. 13:11; Heb. 9:26*

8 Sobre todo, sed fervientes en vuestro amor los unos por los otros[a], pues el amor cubre multitud de pecados[b]. [a]*1 Ped. 1:22* [b]*Prov. 10:12*

9 Sed hospitalarios los unos para con los otros[a], sin murmuraciones. [a]*1 Tim. 3:2; Heb. 13:2*

10 Según cada uno ha recibido un don *especial*[a], úselo sirviéndoos los unos a los otros como buenos administradores de la multiforme gracia de Dios[b]. [a]*Rom. 12:6, 7* [b]*1 Cor. 4:1*

11 El que habla[a], *que hable* conforme a las palabras de Dios; el que sirve, *que lo haga* por la fortaleza que Dios da[b], para que en todo Dios sea glorificado mediante Jesucristo, a quien pertenecen la gloria y el dominio por los siglos de los siglos. Amén. [a]*1 Tes. 2:4* [b]*Ef. 1:19*

Sufriendo como cristianos

12 Amados, no os sorprendáis del fuego de prueba[a] que en medio de vosotros ha venido para probaros, como si alguna cosa extraña os estuviera aconteciendo; [a]*1 Ped. 1:6, 7*

13 antes bien, en la medida en que compartís los padecimientos de Cristo[a], regocijaos, para que también en la revelación de su gloria os regocijéis con gran alegría. [a]*Rom. 8:17; 2 Cor. 1:5*

14 Si sois vituperados por el nombre de Cristo[a], dichosos sois[b], pues el Espíritu de gloria y de Dios reposa sobre vosotros. Ciertamente, por ellos El es blasfemado, pero por vosotros es glorificado. [a]*Juan 15:21* [b]*Mat. 5:11*

15 Que de ninguna manera sufra alguno de vosotros como homicida, o ladrón, o malhechor, o por entrometido[a]. [a]*1 Tes. 4:11; 2 Tes. 3:11*

16 Pero si *alguno sufre* como cristiano, que no se avergüence, sino que como tal glorifique a Dios[a]. [a]*1 Ped. 4:11*

17 Porque *es* tiempo de que el juicio comience[a] por la casa de Dios[b]; y si *comienza* por nosotros primero, ¿cuál *será* el fin de los que no obedecen al evangelio de Dios? [a]*Jer. 25:29* [b]*1 Tim. 3:15*

18 Y SI EL JUSTO CON DIFICULTAD SE SALVA, ¿QUE SERA DEL IMPIO Y DEL PECADOR[a]? [a]*Prov. 11:31; Luc. 23:31*

19 Por consiguiente, los que sufren conforme a la voluntad de Dios[a], encomienden sus almas al fiel Creador, haciendo el bien. [a]*1 Ped. 3:17*

Consejos a los ancianos de la iglesia

5 Por tanto, a los ancianos entre vosotros, exhorto yo, anciano como ellos y testigo de los padecimientos de Cristo[a], y también participante de la gloria que ha de ser revelada[b]: [a]*Luc. 24:48* [b]*1 Ped. 1:5, 7*

2 pastoread el rebaño de Dios entre vosotros[a], velando por él, no por obligación[b], sino voluntariamente, como *quiere* Dios; no por la avaricia del dinero, sino con sincero deseo; [a]*Juan 21:16* [b]*Filem. 14*

3 tampoco como teniendo señorío[a] sobre los que os han sido confiados, sino demostrando ser ejemplos del rebaño. [a]*Ezeq. 34:4; Mat. 20:25, 26*

4 Y cuando aparezca el Príncipe de los pastores[a], recibiréis la corona inmarcesible de gloria. [a]*1 Ped. 2:25*

5 Asimismo, *vosotros* los más jóvenes, estad sujetos a los mayores; y todos, revestíos de humildad en vuestro trato mutuo, porque Dios RESISTE A LOS SOBERBIOS, PERO DA GRACIA A LOS HUMILDES[a]. [a]*Prov. 3:34; Sant. 4:6*

Consejos para la iglesia

6 Humillaos[a], pues, bajo la poderosa mano de Dios, para que El os exalte a su debido tiempo, [a]*Mat. 23:12; Luc. 14:11*

7 echando toda vuestra ansiedad sobre El, porque El tiene cuidado de vosotros[a]. [a]*Sal. 55:22; Mat. 6:25*

8 Sed *de espíritu* sobrio[a], estad alerta[b]. Vuestro adversario, el diablo, anda *al acecho* como león rugiente, buscando a quien devorar. [a]*1 Ped. 1:13* [b]*Mat. 24:42*

9 Pero resistidle[a] firmes en la fe, sabiendo que las mismas experiencias de sufrimiento se van cumpliendo en vuestros hermanos en *todo* el mundo. [a]*Sant. 4:7*

10 Y después de que hayáis sufrido un poco de tiempo[a], el Dios de toda gracia, que os llamó[b] a su gloria eterna en Cristo, El mismo *os* perfeccionará, afirmará, fortalecerá *y* establecerá. [a]*1 Ped. 1:6* [b]*1 Cor. 1:9*

11 A El *sea* el dominio por los siglos de los siglos[a]. Amén. [a]*Rom. 11:36; 1 Ped. 4:11*

Saludos finales

12 Por conducto[a] de Silvano, *nuestro* fiel hermano (porque *así lo* considero), os he escrito brevemente[b], exhortando y testificando que esta es la verdadera gracia de Dios. Estad firmes en ella. [a]*2 Cor. 1:19* [b]*Heb. 13:22*

13 La que está en Babilonia, elegida juntamente con vosotros, os saluda, y *también* mi hijo Marcos[a]. [a]*Hech. 12:12, 25; 15:37, 39*

14 Saludaos unos a otros con un beso de amor[a].

La paz sea con todos vosotros los que estáis en Cristo. [a]*Rom. 16:16*

Saludo

1 Simón Pedro, siervo y apóstol de Jesucristo, a los que han recibido una fe como la nuestra[a], mediante la justicia[b] de nuestro Dios y Salvador, Jesucristo: [a]*Rom. 1:12* [b]*Rom. 3:21-26*

2 Gracia y paz os sean multiplicadas en el conocimiento de Dios y de Jesús nuestro Señor[a]. [a]*Juan 17:3; Fil. 3:8*

Virtudes del cristiano

3 Pues su divino poder nos ha concedido todo cuanto concierne a la vida y a la piedad, mediante el verdadero conocimiento de aquel que nos llamó por su gloria[a] y excelencia, [a]*1 Tes. 2:12; 2 Tes. 2:14*

4 por medio de las cuales nos ha concedido sus preciosas y maravillosas promesas[a], a fin de que por ellas lleguéis a ser partícipes de *la naturaleza divina*[b], habiendo escapado de la corrupción que hay en el mundo por *causa de la* concupiscencia. [a]*2 Ped. 3:9, 13* [b]*Ef. 4:13, 24*

5 Por esta razón también, obrando con toda diligencia, añadid a vuestra fe, virtud, y a la virtud, conocimiento[a]; [a]*Col. 2:3; 2 Ped. 1:2*

6 al conocimiento, dominio propio[a], al dominio propio, perseverancia, y a la perseverancia, piedad, [a]*Hech. 24:25* [b]*Luc. 21:19*

7 a la piedad, fraternidad y a la fraternidad, amor[a]. [a]*Rom. 12:10; 1 Ped. 1:22*

8 Pues estas *virtudes,* al estar en vosotros y al abundar, no os dejarán ociosos ni estériles[a] en el verdadero conocimiento de nuestro Señor Jesucristo. [a]*Col. 1:10*

9 Porque el que carece de estas *virtudes* es ciego *o* corto de vista, habiendo olvidado *la* purificación de sus pecados pasados. [a]*1 Jn. 2:11*

10 Así que, hermanos, sed tanto más diligentes para hacer firme vuestro llamado[a] y elección[b] *de parte de Dios;* porque mientras hagáis estas cosas nunca tropezaréis; [a]*Rom. 11:29* [b]*Mat. 22:14*

11 pues de esta manera os será concedida ampliamente la entrada al reino eterno[a] de nuestro Señor y Salvador Jesucristo. [a]*2 Tim. 4:18*

Propósito de la carta

12 Por tanto, siempre estaré listo para recordaros estas cosas, aunque vosotros *ya las* sabéis y habéis sido confirmados en la verdad que está presente *en vosotros*[a]. [a]*Col. 1:5, 6; 2 Jn. 2*

13 Y considero justo, mientras esté en este cuerpo[a], estimularos recordándoos[b] estas cosas, [a]*2 Cor. 5:1, 4* [b]*2 Ped. 3:1*

14 sabiendo que mi separación del cuerpo *terrenal* es inminente[a], tal como me lo ha declarado nuestro Señor Jesucristo[b]. [a]*2 Cor. 5:1* [b]*Juan 13:36*

15 También yo procuraré con diligencia, que en todo tiempo, después de mi partida[a], podáis recordar estas cosas. [a]*Luc. 9:31*

Testigos de la gloria de Cristo

16 Porque cuando os dimos a conocer el poder y la venida de nuestro Señor Jesucristo[a], no seguimos fábulas ingeniosamente inventadas[b], sino que fuimos testigos oculares de su majestad. [a]*Mar. 13:26* [b]*1 Tim. 1:4*

17 Pues cuando El recibió honor y gloria de Dios Padre, la majestuosa Gloria[a] le hizo esta declaración: Este es mi Hijo amado en quien me he complacido; [a]*Heb. 1:3*

18 y nosotros mismos escuchamos esta declaración, hecha desde el cielo cuando estábamos con El en el monte santo[a]. [a]*Ex. 3:5; Jos. 5:15*

La palabra profética

19 Y *así* tenemos la palabra profética más segura, a la cual hacéis bien en prestar atención como a una lámpara[a] que brilla en el lugar oscuro, hasta que el día despunte y el lucero de la mañana[b] aparezca en vuestros corazones. [a]*Sal. 119:105* [b]*Apoc. 22:16*

20 Pero ante todo sabed esto, que ninguna profecía[a] de la Escritura es *asunto* de interpretación personal, [a]*Rom. 12:6*

21 pues ninguna profecía fue dada jamás por un acto de voluntad humana[a], sino que hombres inspirados por el Espíritu Santo hablaron de parte de Dios. [a]*Jer. 23:26; 2 Tim. 3:16*

Profetas y maestros falsos

2 Pero se levantaron falsos profetas[a] entre el pueblo, así como habrá también falsos maestros entre vosotros, los cuales encubiertamente introducirán herejías destructoras, negando incluso al Señor que los compró, trayendo sobre sí una destrucción repentina. [a]*Deut. 13:1; Jer. 6:13*

2 Muchos seguirán su sensualidad[a], y por causa de ellos, el camino de la verdad será blasfemado[b]; [a]*Gén. 19:5* [b]*Rom. 2:24*

3 y en *su* avaricia[a] os explotarán con palabras falsas. El juicio de ellos, desde hace mucho tiempo no está ocioso[b], ni su perdición dormida. [a]*1 Tim. 6:5* [b]*Deut. 32:35*

4 Porque si Dios no perdonó a los ángeles cuando pecaron, sino que los arrojó al infierno[a] y los entregó a fosos de tinieblas, reservados para juicio; [a]*Jud. 6*

5 si no perdonó al mundo antiguo, sino que guardó a Noé, un predicador de justicia, con otros siete, cuando trajo el diluvio sobre el mundo de los impíos; [a]*Ezeq. 26:20; 2 Ped. 3:6*

6 si condenó a la destrucción las ciudades de Sodoma y Gomorra, reduciéndo*las* a cenizas[a],

poniéndo*las* de ejemplo para los que habrían de vivir impíamente después; [a]*Gén. 19:24; Jud. 7*

7 si rescató al justo Lot[a], abrumado por la conducta sensual de hombres libertinos [a]*Gén. 19:16, 29*

8 (porque *ese* justo[a], por lo que veía y oía mientras vivía entre ellos, diariamente sentía *su* alma justa atormentada por sus hechos inicuos), [a]*Heb. 11:4*

9 el Señor, *entonces,* sabe rescatar de tentación a los piadosos[a], y reservar a los injustos bajo castigo para el día del juicio, [a]*1 Cor. 10:13; Apoc. 3:10*

10 especialmente a los que andan tras la carne en *sus* deseos corrompidos y desprecian la autoridad. Atrevidos y obstinados[a], no tiemblan cuando blasfeman de las majestades angélicas, [a]*Tito 1:7*

11 cuando los ángeles, que son mayores en fuerza y en potencia, no pronuncian juicio injurioso contra ellos[a] delante del Señor. [a]*Jud. 9*

12 Pero éstos, como animales irracionales[a], nacidos como criaturas de instinto para ser capturados y destruidos, blasfemando de lo que ignoran, serán también destruidos con la destrucción de esas criaturas, [a]*Jud. 10*

13 sufriendo el mal como pago de *su* iniquidad. Cuentan por deleite andar en placeres disolutos durante el día[a]; son manchas e inmundicias, deleitándose en sus engaños mientras banquetean con vosotros. [a]*Rom. 13:13*

14 Tienen los ojos llenos de adulterio y nunca cesan de pecar; seducen a las almas inestables[a]; tienen un corazón ejercitado en la avaricia; *son* hijos de maldición. [a]*Sant. 1:8; 2 Ped. 3:16*

15 Abandonando el camino recto, se han extraviado[a], siguiendo el camino de Balaam, el *hijo* de Beor[b], quien amó el pago de la iniquidad, [a]*Hech. 13:10* [b]*Núm. 22:5, 7*

16 pero fue reprendido por su transgresión, *pues* una muda bestia de carga, hablando con voz humana, reprimió la locura del profeta[a]. [a]*Núm. 22:21, 23, 28, 30*

17 Estos son manantiales sin agua[a], bruma impulsada por una tormenta, para quienes está reservada la oscuridad de las tinieblas[b]. [a]*Jud. 12* [b]*Jud. 13*

18 Pues hablando con arrogancia[a] y vanidad, seducen mediante deseos carnales, por sensualidad, a los que hace poco escaparon de los que viven en el error. [a]*Jud. 16*

19 Les prometen libertad, mientras que ellos mismos son esclavos de la corrupción, pues uno es esclavo de aquello que le ha vencido[a]. [a]*Juan 8:34; Rom. 6:16*

20 Porque si después de haber escapado de las contaminaciones del mundo por el conocimiento de nuestro Señor y Salvador Jesucristo, de nuevo son enredados en ellas y

vencidos, su condición postrera viene a ser peor que la primera[a]. [a]*Mat. 12:45; Luc. 11:26*

21 Pues hubiera sido mejor para ellos no haber conocido el camino de la justicia, que habiéndolo conocido, apartarse[a] del santo mandamiento que les fue dado[b]. [a]*Ezeq. 18:24* [b]*Jud. 3*

22 Les ha sucedido a ellos según el proverbio verdadero: EL PERRO VUELVE A SU PROPIO VOMITO[a], y: La puerca lavada, *vuelve* a revolcarse en el cieno. [a]*Prov. 26:11*

La promesa de la venida del Señor

3 Amados, esta es ya la segunda carta que os escribo, en las cuales, como recordatorio, despierto en vosotros vuestro sincero entendimiento[a], [a]*2 Ped. 1:13*

2 para que recordéis las palabras dichas de antemano[a] por los santos profetas[b], y el mandamiento del Señor y Salvador *declarado* por vuestros apóstoles. [a]*Jud. 17* [b]*Luc. 1:70*

3 Ante todo, sabed esto: que en los últimos días[a] vendrán burladores[b], con *su* sarcasmo, siguiendo sus propias pasiones, [a]*1 Tim. 4:1* [b]*Jud. 18*

4 y diciendo: ¿Dónde está la promesa[a] de su venida? Porque desde que los padres durmieron[b], todo continúa tal como estaba desde el principio de la creación. [a]*Isa. 5:19* [b]*Hech. 7:60*

5 Pues cuando dicen esto, no se dan cuenta de que los cielos existían desde hace mucho tiempo, y también la tierra, surgida del agua y establecida entre las aguas[a] por la palabra de Dios, [a]*Sal. 24:2; 136:6*

6 por lo cual el mundo de entonces fue destruido, siendo inundado[a] con agua[b]; [a]*2 Ped. 2:5* [b]*Gén. 7:11, 12, 21, 22*

7 pero los cielos y la tierra actuales[a] están reservados por su palabra para el fuego[b], guardados para el día del juicio y de la destrucción de los impíos. [a]*2 Ped. 3:10, 12* [b]*Isa. 66:15*

El día del Señor

8 Pero, amados, no ignoréis esto: que para el Señor un día es como mil años, y mil años como un día[a]. [a]*Sal. 90:4*

9 El Señor no se tarda[a] *en cumplir* su promesa, según algunos entienden la tardanza, sino que es paciente para con vosotros, no queriendo que nadie perezca, sino que todos vengan al arrepentimiento[b]. [a]*Hab. 2:3* [b]*1 Tim. 2:4*

10 Pero el día del Señor[a] vendrá como ladrón[b], en el cual los cielos pasarán con gran estruendo, y los elementos serán destruidos con fuego intenso, y la tierra y las obras *que* hay en ella serán quemadas. [a]*1 Cor. 1:8* [b]*Mat. 24:43*

11 Puesto que todas estas cosas han de ser destruidas de esta manera, ¡qué clase de perso-

nas no debéis ser vosotros en santa conducta y en piedad,

12 esperando y apresurando la venida del día de Dios, en el cual los cielos serán destruidos por fuego[a] y los elementos se fundirán con intenso calor! [a]2 Ped. 3:7, 10

13 Pero, según su promesa[a], nosotros esperamos nuevos cielos y nueva tierra[b], en los cuales mora la justicia. [a]Isa. 65:17 [b]Rom. 8:21

Exhortación final

14 Por tanto, amados, puesto que aguardáis estas cosas, procurad con diligencia ser hallados por El en paz, sin mancha e irreprensibles[a], [a]Fil. 2:15; 1 Tes. 5:23

15 y considerad la paciencia[a] de nuestro Señor *como* salvación, tal como os escribió también nuestro amado hermano Pablo[b],

según la sabiduría que le fue dada. [a]2 Ped. 3:9 [b]Hech. 9:17

16 Asimismo en todas *sus* cartas habla en ellas de esto; en las cuales hay algunas cosas difíciles de entender[a], que los ignorantes e inestables tuercen—como también *tuercen* el resto de las Escrituras—para su propia perdición. [a]Heb. 5:11

17 Por tanto, amados, sabiendo esto de antemano, estad en guardia, no sea que arrastrados por el error[a] de hombres libertinos[b], caigáis de vuestra firmeza; [a]2 Ped. 2:18 [b]2 Ped. 2:7

18 antes bien, creced en la gracia y el conocimiento de nuestro Señor y Salvador Jesucristo[a]. A El *sea* la gloria ahora y hasta el día de la eternidad. Amén. [a]2 Ped. 1:11; 2:20

Primera Epístola del Apóstol
SAN JUAN

Asunto y propósito de la carta

1 Lo que existía desde el principio[a], lo que hemos oído, lo que hemos visto[b] con nuestros ojos, lo que hemos contemplado y lo que han palpado nuestras manos, acerca del Verbo de vida [a]Juan 1:1, 2 [b]Juan 19:35

2 (pues la vida fue manifestada[a], y nosotros *la* hemos visto y damos testimonio y os anunciamos la vida eterna[b], la cual estaba con el Padre y se nos manifestó[a]); [a]Juan 1:4 [b]Juan 10:28

3 lo que hemos visto y oído[a], os proclamamos también a vosotros, para que también vosotros tengáis comunión con nosotros; y en verdad nuestra comunión es con el Padre y con su Hijo Jesucristo[b]. [a]Hech. 4:20 [b]Juan 17:3, 21

4 Os escribimos estas cosas[a] para que nuestro gozo sea completo[b]. [a]1 Jn. 2:1 [b]Juan 3:29

Dios es luz

5 Y este es el mensaje que hemos oído de El y que os anunciamos: Dios es luz[a], y en El no hay tiniebla alguna. [a]1 Tim. 6:16; Sant. 1:17

6 Si decimos que tenemos comunión con El[a], pero andamos en tinieblas, mentimos[b] y no practicamos la verdad; [a]Juan 8:12 [b]Juan 8:55

7 mas si andamos en la luz[a], como El está en la luz[b], tenemos comunión los unos con los otros, y la sangre de Jesús su Hijo nos limpia de todo pecado. [a]Isa. 2:5 [b]1 Tim. 6:16

8 Si decimos que no tenemos pecado[a], nos engañamos a nosotros mismos y la verdad no está en nosotros[b]. [a]Job 15:14 [b]Juan 8:44

9 Si confesamos nuestros pecados[a], El es fiel y justo para perdonarnos los pecados y para limpiarnos de toda maldad. [a]Sal. 32:5; Prov. 28:13

10 Si decimos que no hemos pecado[a], le hacemos a El mentiroso[b] y su palabra no está en nosotros. [a]Job 15:14 [b]Juan 3:33

Cristo, nuestro abogado

2 Hijitos míos, os escribo estas cosas para que no pequéis. Y si alguno peca, Abogado tenemos[a] para con el Padre, a Jesucristo el justo[b]. [a]Rom. 8:34 [b]Juan 14:16

2 El mismo es la propiciación por nuestros pecados, y no sólo por los nuestros, sino también por *los* del mundo entero[a]. [a]Juan 4:42; 11:51, 52

3 Y en esto sabemos que hemos llegado a conocerle: si guardamos sus mandamientos[a]. [a]Juan 14:15; 15:10

4 El que dice: Yo he llegado a conocerle, y no guarda sus mandamientos, es un mentiroso[a] y la verdad no está en él[b]; [a]1 Jn. 1:6 [b]1 Jn. 1:8

5 pero el que guarda su palabra[a], en él verdaderamente el amor de Dios se ha perfeccionado[b]. En esto sabemos que estamos en El. [a]Juan 14:23 [b]1 Jn. 4:12

6 El que dice que permanece en El[a], debe andar como El anduvo. [a]Juan 15:4

Mandamiento sobre el amor fraternal

7 Amados, no os escribo un mandamiento nuevo, sino un mandamiento antiguo, que habéis tenido desde el principio[a]; el mandamiento antiguo es la palabra que habéis oído. [a]1 Jn. 2:24; 3:11

8 Por otra parte, os escribo un mandamiento nuevo, el cual es verdadero en El y en vosotros, porque las tinieblas van pasando, y la luz verdadera ya está alumbrando[b]. [a]Rom. 13:12 [b]Juan 1:9

9 El que dice que está en la luz, y aborrece[a] a su hermano, está aún en tinieblas. [a]1 Jn. 2:11; 3:15

10 El que ama a su hermano, permanece en la

luz y no hay causa de tropiezo en él[a].
[a]*Juan 11:9; 1 Jn. 2:10, 11*

11 Pero el que aborrece a su hermano, está en tinieblas y anda en tinieblas, y no sabe adónde va, porque las tinieblas han cegado sus ojos[a].
[a]*2 Cor. 4:4; 2 Ped. 1:9*

No améis lo que está en el mundo

12 Os escribo a vosotros, hijos, porque vuestros pecados os han sido perdonados por su nombre[a]. [a]*Hech. 13:38; 1 Cor. 6:11*

13 Os escribo a vosotros, padres, porque conocéis al que ha sido desde el principio. Os escribo a vosotros, jóvenes, porque habéis vencido[a] al maligno. Os he escrito a vosotros, niños, porque conocéis al Padre. [a]*Juan 16:33; 1 Jn. 2:14*

14 Os he escrito a vosotros, padres, porque conocéis al que ha sido desde el principio[a]. Os he escrito a vosotros, jóvenes, porque sois fuertes[b] y la palabra de Dios permanece en vosotros y habéis vencido al maligno. [a]*1 Jn. 1:1* [b]*Ef. 6:10*

15 No améis al mundo ni las cosas *que están* en el mundo. Si alguno ama al mundo, el amor del Padre no está en él[a]. [a]*Sant. 4:4*

16 Porque todo lo que hay en el mundo, la pasión de la carne[a], la pasión de los ojos y la arrogancia de la vida, no proviene del Padre, sino del mundo. [a]*Rom. 13:14; Ef. 2:3*

17 Y el mundo pasa[a], y *también* sus pasiones, pero el que hace la voluntad de Dios permanece para siempre. [a]*1 Cor. 7:31*

Advertencias contra el anticristo

18 Hijitos, es la última hora, y así como oísteis que el anticristo viene[a], también ahora han surgido muchos anticristos[b]; por eso sabemos que es la última hora. [a]*Mat. 24:5, 24* [b]*Mar. 13:22*

19 Salieron de nosotros[a], pero *en realidad* no eran de nosotros, porque si hubieran sido de nosotros, habrían permanecido con nosotros; pero *salieron,* a fin de que se manifestara que no todos son de nosotros. [a]*Hech. 20:30*

20 Pero vosotros tenéis unción[a] del Santo[b], y todos vosotros lo sabéis. [a]*2 Cor. 1:21* [b]*Mar. 1:24*

21 No os he escrito porque ignoréis la verdad, sino porque la conocéis[a] y porque ninguna mentira procede de la verdad[b]. [a]*Sant. 1:19* [b]*Juan 8:44*

22 ¿Quién es el mentiroso, sino el que niega que Jesús es el Cristo[a]? Este es el anticristo, el que niega al Padre y al Hijo. [a]*1 Jn. 4:3; 2 Jn. 7*

23 Todo aquel que niega al Hijo tampoco tiene al Padre[a]; el que confiesa al Hijo tiene también al Padre. [a]*Juan 8:19; 16:3*

24 En cuanto a vosotros, que permanezca en vosotros lo que oísteis desde el principio. Si lo que oísteis desde el principio permanece en vosotros, vosotros también permaneceréis en el Hijo y en el Padre[a]. [a]*Juan 14:23; 1 Jn. 1:3*

25 Y esta es la promesa que El mismo nos hizo: la vida eterna. [a]*Juan 3:15; 6:40*

26 Os he escrito estas cosas respecto a los que están tratando de engañaros[a]. [a]*1 Jn. 3:7; 2 Jn. 7*

27 Y en cuanto a vosotros, la unción que recibisteis de El permanece en vosotros, y no tenéis necesidad de que nadie os enseñe; pero así como su unción os enseña acerca de todas las cosas[a], y es verdadera y no mentira[b], y así como os ha enseñado, permanecéis en El. [a]*Juan 14:26* [b]*Juan 14:17*

28 Y ahora, hijos, permaneced en El, para que cuando se manifieste[a], tengamos confianza y no nos apartemos de El avergonzados[b] en su venida. [a]*Luc. 17:30* [b]*Mar. 8:38*

29 Si sabéis que El es justo[a], sabéis también que todo el que hace justicia es nacido de El. [a]*Juan 7:18; 1 Jn. 3:7*

Los hijos de Dios

3 Mirad cuán gran amor nos ha otorgado el Padre[a], para que seamos llamados hijos de Dios[b]; y *eso* somos. Por esto el mundo no nos conoce, porque no le conoció a El. [a]*Juan 3:16* [b]*Juan 1:12*

2 Amados, ahora somos hijos de Dios y aún no se ha manifestado lo que habremos de ser. *Pero* sabemos que cuando El se manifieste, seremos semejantes a El[a] porque le veremos como El es[b]. [a]*Rom. 8:29* [b]*Juan 17:24*

3 Y todo el que tiene esta esperanza *puesta* en El[a], se purifica, así como El es puro. [a]*Rom. 15:12; 1 Ped. 1:3*

4 Todo el que practica el pecado, practica también la infracción de la ley, pues el pecado es infracción de la ley[a]. [a]*Rom. 4:15; 1 Jn. 5:17*

5 Y vosotros sabéis que El se manifestó a fin de quitar los pecados[a], y en El no hay pecado[b]. [a]*Juan 1:29* [b]*1 Cor. 5:21*

6 Todo el que permanece en El, no peca[a]; todo el que peca, ni le ha visto ni le ha conocido. [a]*1 Jn. 3:9*

7 Hijos míos, que nadie os engañe[a]; el que practica la justicia es justo[b], así como El es justo. [a]*1 Jn. 2:26* [b]*1 Jn. 2:29*

8 El que practica el pecado es del diablo[a], porque el diablo ha pecado desde el principio. El Hijo de Dios se manifestó con este propósito: para destruir las obras del diablo. [a]*Mat. 13:38; Juan 8:44*

9 Ninguno que es nacido de Dios[a] practica el pecado, porque la simiente de Dios permanece en él; y no puede pecar, porque es nacido de Dios. [a]*Juan 1:13; 3:3*

10 En esto se reconocen los hijos de Dios[a] y los hijos del diablo: todo aquel que no practica la justicia, no es de Dios; tampoco aquel que no ama a su hermano[b]. [a]*Juan 1:12* [b]*1 Jn. 2:9*

11 Porque este es el mensaje que habéis oído

desde el principio: que nos amemos unos a otrosª; ªJuan 13:34, 35; 15:12

12 no como Caínª que era del malignoᵇ, y mató a su hermano. ¿Y por qué causa lo mató? Porque sus obras eran malas, y las de su hermano justas. ªGén. 4:8 ᵇMat. 5:37

Amemos de hecho, no de palabra

13 Hermanos, no os maravilléis si el mundo os odiaª. ªJuan 15:18; 17:14

14 Nosotros sabemos que hemos pasado de muerte a vidaª porque amamos a los hermanos. El que no ama permanece en muerte. ªJuan 5:24

15 Todo el que aborrece a su hermano es homicidaª, y vosotros sabéis que ningún homicida tiene vida eterna permanente en él. ªMat. 5:21, 22; Juan 8:44

16 En esto conocemos el amor: en que El puso su vida por nosotrosª; también nosotros debemos poner nuestras vidas por los hermanos. ªJuan 10:11; 15:13

17 Pero el que tiene bienes de este mundoª, y ve a su hermano en necesidad y cierra su corazón contra élᵇ, ¿cómo puede morar el amor de Dios en él? ªSant. 2:15, 16 ᵇDeut. 15:7

18 Hijos, no amemos de palabra ni de lengua, sino de hecho y en verdadª. ª2 Jn. 1; 3 Jn. 1

19 En esto sabremos que somos de la verdadª, y aseguraremos nuestros corazones delante de El ª1 Jn. 2:21

20 en cualquier cosa en que nuestro corazón nos condene; porque Dios es mayor que nuestro corazón y sabe todas las cosas.

21 Amados, si nuestro corazón no nos condena, confianza tenemos delante de Diosª; ª1 Jn. 2:28; 5:14

22 y todo lo que pidamos lo recibimos de El, porque guardamos sus mandamientosª y hacemos las cosas que son agradables delante de Elᵇ. ª1 Jn. 2:3 ᵇJuan 8:29

23 Y este es su mandamiento: que creamosª en el nombre de su Hijo Jesucristoᵇ, y que nos amemos unos a otros como El nos ha mandado. ªJuan 6:29 ᵇJuan 1:12

24 El que guarda sus mandamientosª permanece en El y Dios en él. Y en esto sabemos que El permanece en nosotrosᵇ: por el Espíritu que nos ha dado. ª1 Jn. 2:3 ᵇ1 Jn. 2:5

El espíritu de verdad y el espíritu de error

4 Amados, no creáis a todo espírituª, sino probad los espíritus para ver si son de Dios, porque muchos falsos profetas han salido al mundo. ªJer. 29:8; 1 Cor. 12:10

2 En esto conocéis el Espíritu de Dios: todo espírituª que confiesaᵇ que Jesucristo ha venido en carne, es de Dios; ª1 Cor. 12:3 ᵇ1 Jn. 2:23

3 y todo espíritu que no confiesa a Jesúsª, no es de Dios; y este es el espíritu del anticristo,

del cual habéis oído que viene, y que ahora ya está en el mundoᵇ. ª1 Jn. 2:22 ᵇ2 Tes. 2:3-7

4 Hijos míos, vosotros sois de Dios y los habéis vencidoª, porque mayor es el que está en vosotros que el que está en el mundoᵇ. ª1 Jn. 2:13 ᵇJuan 12:31

5 Ellos son del mundoª; por eso hablan de parte del mundo, y el mundo los oye. ªJuan 15:19; 17:14, 16

6 Nosotros somos de Dios; el que conoce a Dios, nos oye; el que no es de Dios, no nos oye. En esto conocemos el espíritu de la verdadª y el espíritu del errorᵇ. ªJuan 14:17 ᵇ1 Tim. 4:1

Dios es amor

7 Amados, amémonos unos a otrosª, porque el amor es de Dios, y todo el que ama es nacido de Dios y conoce a Dios. ª1 Jn. 3:11

8 El que no ama no conoce a Dios, porque Dios es amorª. ª1 Jn. 4:7, 16

9 En esto se manifestó el amor de Dios en nosotros: en que Dios ha enviado a su Hijo unigénito al mundo para que vivamos por medio de Elª. ªJuan 3:16, 17; 1 Jn. 4:10

10 En esto consiste el amor: no en que nosotros hayamos amado a Diosª, sino en que El nos amó a nosotros y envió a su Hijo como propiciación por nuestros pecadosᵇ. ªRom. 5:8, 10 ᵇ1 Jn. 2:2

11 Amados, si Dios así nos amó, también nosotros debemos amarnos unos a otrosª. ª1 Jn. 4:7

12 A Dios nadie le ha visto jamásª. Si nos amamos unos a otros, Dios permanece en nosotros y su amor se perfecciona en nosotros. ªJuan 1:18; 1 Tim. 6:16

13 En esto sabemos que permanecemos en El y El en nosotros: en que nos ha dado de su Espírituª. ªRom. 8:9; 1 Jn. 3:24

14 Y nosotros hemos visto y damos testimonio de que el Padre envió al Hijoª para ser el Salvador del mundo. ªJuan 3:17; 4:42

15 Todo aquel que confiesaª que Jesús es el Hijo de Dios, Dios permanece en él y él en Dios. ª1 Jn. 2:23

16 Y nosotros hemos llegado a conocerª y hemos creído el amor que Dios tiene para nosotros. Dios es amorᵇ, y el que permanece en amor permanece en Dios y Dios permanece en él. ªJuan 6:69 ᵇ1 Jn. 4:7, 8

17 En esto se perfecciona el amor en nosotros, para que tengamos confianzaª en el día del juicioᵇ, pues como El es, así somos también nosotros en este mundo. ª1 Jn. 2:28 ᵇMat. 10:15

18 En el amor no hay temor, sino que el perfecto amor echa fuera el temorª, porque el temor involucra castigo, y el que teme no es hecho perfecto en el amor. ªRom. 8:15

19 Nosotros amamos, porque El nos amó primero[a]. [a]*1 Jn. 4:10*

20 Si alguno dice: Yo amo a Dios, y aborrece a su hermano[a], es un mentiroso; porque el que no ama a su hermano, a quien ha visto, no puede amar a Dios a quien no ha visto. [a]*1 Jn. 2:9, 11*

21 Y este mandamiento tenemos de El[a]: que el que ama a Dios, ame también a su hermano. [a]*Lev. 19:18; Mat. 5:43, 44*

La fe que vence al mundo

5 Todo aquel que cree que Jesús es el Cristo[a], es nacido de Dios; y todo aquel que ama al Padre, ama al que ha nacido de El. [a]*1 Jn. 2:22, 23; 4:2, 15*

2 En esto sabemos que amamos a los hijos de Dios[a]: cuando amamos a Dios y guardamos sus mandamientos. [a]*1 Jn. 3:14*

3 Porque este es el amor de Dios[a]: que guardemos sus mandamientos, y sus mandamientos no son gravosos[b]. [a]*Juan 14:15* [b]*Mat. 11:30*

4 Porque todo lo que es nacido de Dios vence al mundo[a]; y esta es la victoria que ha vencido al mundo: nuestra fe. [a]*1 Jn. 2:13; 4:4*

5 ¿Y quién es el que vence al mundo, sino el que cree que Jesús es el Hijo de Dios[a]? [a]*1 Jn. 4:15; 5:1*

El testimonio acerca del Hijo

6 Este es el que vino mediante agua y sangre, Jesucristo; no sólo con agua, sino con agua y con sangre. Y el Espíritu es el que da testimonio[a], porque el Espíritu es la verdad. [a]*Mat. 3:16,17; Juan 15:26*

7 Porque tres son los que dan testimonio[a] en el cielo: el Padre, el Verbo y el Espíritu Santo, y estos tres son uno. Y tres son los que dan testimonio en la tierra: [a]*Mat. 18:16*

8 el Espíritu, el agua y la sangre, y los tres concuerdan.

9 Si recibimos el testimonio de los hombres[a], mayor es el testimonio de Dios; porque este es el testimonio de Dios: que El ha dado testimonio acerca de su Hijo. [a]*Juan 5:34, 37; 8:18*

10 El que cree en el Hijo de Dios tiene el testimonio en sí mismo[a]; el que no cree a Dios, ha hecho a Dios mentiroso, porque no ha creído en el testimonio que Dios ha dado respecto a su Hijo. [a]*Rom. 8:16; Gál. 4:6*

11 Y el testimonio es éste: que Dios nos ha dado vida eterna[a], y esta vida está en su Hijo[b]. [a]*Juan 3:36* [b]*Juan 1:4*

12 El que tiene al Hijo tiene la vida[a], y el que no tiene al Hijo de Dios, no tiene la vida. [a]*Juan 3:15, 16, 36*

El conocimiento de la vida eterna

13 Estas cosas[a] os he escrito a vosotros que creéis en el nombre del Hijo de Dios[b], para que sepáis que tenéis vida eterna. [a]*Juan 20:31* [b]*1 Jn. 3:23*

14 Y esta es la confianza que tenemos delante de El[a], que si pedimos cualquier cosa conforme a su voluntad, El nos oye. [a]*1 Jn. 2:28; 3:21, 22*

15 Y si sabemos que El nos oye *en* cualquier cosa que pidamos, sabemos que tenemos las peticiones que le hemos hecho[a]. [a]*1 Jn. 5:18-20*

16 Si alguno ve a su hermano cometiendo un pecado *que* no *lleva* a la muerte, pedirá, y por él *Dios* dará vida[a] a los que cometen pecado *que* no *lleva* a la muerte. Hay un pecado *que lleva* a la muerte; yo no digo que deba pedir por ése[b]. [a]*Sant. 5:15* [b]*Jer. 7:16*

17 Toda injusticia es pecado[a], y hay pecado *que* no *lleva* a la muerte. [a]*1 Jn. 3:4*

Declaraciones finales

18 Sabemos que todo el que ha nacido de Dios, no peca[a]; sino que aquel que nació de Dios le guarda y el maligno[b] no lo toca. [a]*1 Jn. 3:9* [b]*1 Jn. 2:13*

19 Sabemos que somos de Dios[a], y *que* todo el mundo yace bajo *el poder del* maligno. [a]*1 Jn. 4:6*

20 Y sabemos que el Hijo de Dios ha venido y nos ha dado entendimiento[a] a fin de que conozcamos al que es verdadero[b]; y nosotros estamos en aquel que es verdadero, en su Hijo Jesucristo. Este es el verdadero Dios y la vida eterna. [a]*Luc. 24:45* [b]*Juan 17:3*

21 Hijos, guardaos de los ídolos[a]. [a]*1 Cor. 10:7, 14; 1 Tes. 1:9*

Saludo

1 El anciano a la señora escogida y a sus hijos, a quienes amo en verdad, y no sólo yo, sino también todos los que conocen la verdad[a], *aJuan 8:32; 1 Tim. 2:4*

2 a causa de la verdad que permanece en nosotros y que estará con nosotros para siempre[a]: *aJuan 14:16*

3 Gracia, misericordia y paz serán con nosotros[a], de Dios Padre y de Jesucristo, Hijo del Padre, en verdad y amor. *aRom. 1:7; 1 Tim. 1:2*

Exhortaciones

4 Mucho me alegré al encontrar *algunos* de tus hijos andando en la verdad[a], tal como hemos recibido mandamiento del Padre. *a3 Jn. 3, 4*

5 Y ahora te ruego, señora, no como escribiéndote un nuevo mandamiento[a], sino el que hemos tenido desde el principio, que nos amemos unos a otros. *a1 Jn. 2:7*

6 Y este es el amor[a]: que andemos conforme a sus mandamientos. Este es el mandamiento tal como lo habéis oído desde el principio[b], para que andéis en él. *a1 Jn. 2:5 b1 Jn. 2:7*

7 Pues muchos engañadores[a] han salido al mundo[b] que no confiesan que Jesucristo ha venido en carne. Ese es el engañador[a] y el anticristo. *a1 Jn. 2:26 b1 Jn. 2:19*

8 Tened cuidado para que no perdáis lo que hemos logrado[a], sino que recibáis abundante recompensa. *a1 Cor. 3:8; Heb. 10:35*

9 Todo el que se desvía y no permanece en la enseñanza de Cristo[a], no tiene a Dios; el que permanece en la enseñanza tiene tanto al Padre como al Hijo. *aJuan 7:16; 8:31*

10 Si alguno viene a vosotros y no trae esta enseñanza, no lo recibáis en casa[a], ni lo saludéis, *a1 Rey. 13:16, 17; Rom. 16:17*

11 pues el que lo saluda participa en sus malas obras[a]. *aEf. 5:11; 1 Tim. 5:22*

Despedida

12 Aunque tengo muchas cosas que escribiros[a], no quiero *hacerlo* con papel y tinta, sino que espero ir a vosotros y hablar cara a cara, para que vuestro gozo sea completo. *a3 Jn. 13, 14*

13 Te saludan los hijos de tu hermana escogida[a]. *a2 Jn. 1*

Tercera Epístola del Apóstol
SAN JUAN

Saludo

1 El anciano al amado Gayo, a quien yo amo en verdad[a]. *a1 Jn. 3:18; 2 Jn. 1*

El buen testimonio de Gayo

2 Amado, ruego que seas prosperado en todo así como prospera tu alma, y que tengas buena salud.

3 Pues me alegré mucho[a] cuando *algunos* hermanos vinieron y dieron testimonio de tu verdad, *esto es,* de cómo andas en la verdad. *a2 Jn. 4*

4 No tengo mayor gozo que éste: oír que mis hijos andan en la verdad[a]. *a2 Jn. 4*

5 Amado, estás obrando fielmente en lo que haces por los hermanos, y sobre todo *cuando se trata de* extraños[a]; *aRom. 12:13; Heb. 13:2*

6 pues ellos dan testimonio de tu amor ante la iglesia. Harás bien en ayudarles a proseguir su viaje de una manera digna de Dios[a]. *aCol. 1:10; 1 Tes. 2:12*

7 Pues ellos salieron por amor al Nombre[a], no aceptando nada de los gentiles. *aJuan 15:21; Hech. 5:41*

8 Por tanto, debemos acoger a tales hombres, para que seamos colaboradores *en pro de* la verdad.

El mal testimonio de Diótrefes

9 Escribí algo a la iglesia, pero Diótrefes, a quien le gusta ser el primero entre ellos[a], no acepta lo que decimos. *a2 Jn. 9*

10 Por esta razón, si voy, llamaré la atención a las obras que hace, acusándonos injustamente con palabras maliciosas; y no satisfecho con esto, él mismo no recibe[a] a los hermanos, se lo prohíbe a los que quieren *hacerlo* y *los* expulsa de la iglesia[b]. *a2 Jn. 10 bJuan 9:34*

Elogio de Demetrio

11 Amado, no imites lo malo sino lo bueno[a]. El que hace lo bueno es de Dios; el que hace lo malo no ha visto a Dios. *aSal. 34:14; 37:27*

12 Demetrio tiene *buen* testimonio de parte de todos y de *parte de* la verdad misma; también nosotros damos testimonio y tú sabes que nuestro testimonio es verdadero[a]. *aJuan 19:35; 21:24*

Despedida

13 Tenía muchas cosas que escribirte[a], pero no quiero escribírte*las* con pluma y tinta, *a2 Jn. 12*

14 pues espero verte en breve y hablaremos cara a cara.

15 *La paz sea* contigo[a]. Los amigos te saludan. Saluda a los amigos, a cada uno por nombre. *aJuan 20:19, 21, 26*

La Epístola del Apóstol
SAN JUDAS

Saludo

1 Judas, siervo de Jesucristo y hermano de Jacobo, a los llamados[a], amados en Dios Padre y guardados para Jesucristo[b]: ᵃRom. 1:6, 7 ᵇJuan 17:11, 12

2 Misericordia, paz y amor os sean multiplicados[a]. ᵃ1 Ped. 1:2; 2 Ped. 1:2

Motivo de la carta

3 Amados, por el gran empeño que tenía en escribiros acerca de nuestra común salvación, he sentido la necesidad de escribiros exhortándoos a contender ardientemente[a] por la fe[b] que de una vez para siempre fue entregada a los santos. ᵃ1 Tim. 6:12 ᵇHech. 6:7

4 Pues algunos hombres se han infiltrado encubiertamente, los cuales desde mucho antes estaban marcados[a] para esta condenación, impíos que convierten la gracia de nuestro Dios en libertinaje, y niegan a nuestro único Soberano y Señor, Jesucristo[b]. ᵃ1 Ped. 2:8 ᵇ2 Tim. 2:12

Advertencias de la historia para los impíos

5 Ahora quiero recordaros, aunque ya definitivamente lo sepáis todo, que el Señor, habiendo salvado al pueblo de la tierra de Egipto[a], destruyó después a los que no creyeron. ᵃEx. 12:51; 1 Cor. 10:5-10

6 Y a los ángeles que no conservaron su señorío original[a], sino que abandonaron su morada legítima, los ha guardado en prisiones eternas[b], bajo tinieblas para el juicio del gran día. ᵃ2 Ped. 2:4 ᵇ2 Ped. 2:9

7 Así también Sodoma y Gomorra y las ciudades circunvecinas, a semejanza de aquéllos, puesto que ellas se corrompieron y siguieron carne extraña, son exhibidas como ejemplo al sufrir el castigo del fuego eterno[a]. ᵃMat. 25:41; 2 Tes. 1:8, 9

8 No obstante, de la misma manera también estos hombres, soñando, mancillan la carne, rechazan la autoridad y blasfeman de las majestades angélicas[a]. ᵃ2 Ped. 2:10

9 Pero cuando el arcángel Miguel[a] contendía con el diablo y disputaba acerca del cuerpo de Moisés, no se atrevió a proferir juicio de maldición contra él, sino que dijo: El Señor te reprenda[b]. ᵃDan. 10:13, 21 ᵇZac. 3:2

10 Mas éstos blasfeman las cosas que no entienden[a], y las cosas que como animales irracionales[a] conocen por instinto, por estas cosas son ellos destruidos. ᵃ2 Ped. 2:12

11 ¡Ay de ellos! Porque han seguido el camino de Caín, y por lucro se lanzaron al error de Balaam, y perecieron en la rebelión de Coré[b]. ᵃGén. 4:3-8 ᵇNúm. 16:1-3, 31-35

12 Estos son escollos ocultos en vuestros ága-

pes[a], cuando banquetean con vosotros sin temor, apacentándose a sí mismos; son nubes sin agua[b] llevadas por los vientos, árboles de otoño sin fruto, dos veces muertos y desarraigados; ᵃ1 Cor. 11:20 ᵇProv. 25:14

13 son olas furiosas del mar[a], que arrojan como espuma su propia vergüenza; estrellas errantes para quienes la oscuridad de las tinieblas ha sido reservada para siempre[b]. ᵃIsa. 57:20 ᵇ2 Ped. 2:17

14 De éstos también profetizó Enoc[a], en la séptima generación desde Adán, diciendo: He aquí, el Señor vino con muchos millares de sus santos, ᵃGén. 5:18, 21

15 para ejecutar juicio sobre todos, y para condenar a todos los impíos de todas sus obras de impiedad, que han hecho impíamente, y de todas las cosas ofensivas que pecadores impíos dijeron contra El[a]. ᵃ1 Tim. 1:9

16 Estos son murmuradores[a], quejumbrosos, que andan tras sus propias pasiones; hablan con arrogancia[b], adulando a la gente para obtener beneficio. ᵃNúm. 16:11, 41 ᵇ2 Ped. 2:18

Exhortaciones apostólicas a los fieles

17 Pero vosotros, amados, acordaos de las palabras que antes fueron dichas[a] por los apóstoles de nuestro Señor Jesucristo, ᵃ2 Ped. 3:2

18 quienes os decían: En los últimos tiempos habrá burladores[a] que irán tras sus propias pasiones impías. ᵃHech. 20:29; 1 Tim. 4:1

19 Estos son los que causan divisiones; individuos mundanos que no tienen el Espíritu[a]. ᵃ1 Cor. 2:14, 15; Sant. 3:15

20 Pero vosotros, amados, edificándoos[a] en vuestra santísima fe, orando en el Espíritu Santo, ᵃCol. 2:7; 1 Tes. 5:11

21 conservaos en el amor de Dios, esperando ansiosamente la misericordia de nuestro Señor Jesucristo para vida eterna[a]. ᵃTito 2:13; Heb. 9:28

22 Y tened misericordia de algunos que dudan;

23 a otros, salvad, arrebatándolos del fuego[a]; y de otros tened misericordia con temor, aborreciendo aun la ropa contaminada por la carne[b]. ᵃAmós 4:11 ᵇZac. 3:3, 4

Bendición

24 Y a aquel que es poderoso para guardaros sin caída y para presentaros sin mancha en presencia de su gloria[a] con gran alegría, ᵃ2 Cor. 4:14

25 al único[a] Dios nuestro Salvador[b], por medio de Jesucristo nuestro Señor, sea gloria, majestad, dominio y autoridad, antes de todo tiempo, y ahora y por todos los siglos. Amén. ᵃJuan 5:44 ᵇLuc. 1:47

EL APOCALIPSIS
de San Juan

La revelación de Jesucristo

1 La revelación de Jesucristo, que Dios[a] le dio, para mostrar a sus siervos[b] las cosas que deben suceder pronto; y *la* dio a conocer, enviándo*la* por medio de su ángel a su siervo Juan, ª*Juan 17:8* ᵇ*Apoc. 22:6*

2 el cual dio testimonio de la palabra de Dios[a], y del testimonio de Jesucristo, y de todo lo que vio. ª*1 Cor. 1:6; Apoc. 1:9*

3 Bienaventurado el que lee y los que oyen las palabras de la profecía[a] y guardan las cosas que están escritas en ella, porque el tiempo está cerca[b]. ª*Luc. 11:28* ᵇ*Rom. 13:11*

Saludo a las siete iglesias

4 Juan, a las siete iglesias que están en Asia[a]: Gracia a vosotros y paz, de aquel[b] que es y que era y que ha de venir, y de los siete Espíritus que están delante de su trono, ª*Hech. 2:9* ᵇ*Isa. 41:4*

5 y de Jesucristo, el testigo fiel[a], el primogénito de los muertos[b] y el soberano de los reyes de la tierra. Al que nos ama y nos libertó de nuestros pecados con su sangre, ª*Isa. 55:4* ᵇ*1 Cor. 15:20*

6 e hizo de nosotros un reino[a] y sacerdotes para su Dios y Padre[b], a El *sea* la gloria y el dominio por los siglos de los siglos. Amén. ª*Ex. 19:6* ᵇ*Rom. 15:6*

7 HE AQUI, VIENE CON LAS NUBES y todo ojo le verá, aun los que le traspasaron; y todas las tribus de la tierra harán lamentación por El; sí. Amén. ª*Dan. 7:13; Mat. 16:27, 24*

8 Yo soy el Alfa y la Omega[a]—dice el Señor Dios—el que es y que era y que ha de venir, el Todopoderoso. ª*Isa. 41:4; Apoc. 21:6*

Visión de Cristo

9 Yo, Juan, vuestro hermano y compañero[a] en la tribulación, en el reino y en la perseverancia[b] en Jesús, me encontraba en la isla llamada Patmos, a causa de la palabra de Dios y del testimonio de Jesús. ª*Mat. 20:23* ᵇ*2 Tes. 3:5*

10 Estaba yo en el Espíritu[a] en el día del Señor, y oí detrás de mí una gran voz, como *sonido* de trompeta[b]. ª*Mat. 22:43* ᵇ*Apoc. 4:1*

11 que decía: Escribe en un libro[a] lo que ves, y enví*alo* a las siete iglesias: a Efeso, Esmirna, Pérgamo, Tiatira, Sardis, Filadelfia y Laodicea. ª*Apoc. 1:2, 19*

12 Y me volví para ver *de quién era* la voz que hablaba conmigo. Y al volverme, vi siete candeleros de oro[a]; ª*Ex. 25:37; 37:23*

13 y en medio de los candeleros, *vi* a uno semejante al Hijo del Hombre[a], vestido con una túnica que le llegaba hasta los pies y ceñido por el pecho con un cinto de oro. ª*Ezeq. 1:26; Dan. 7:13*

14 Su cabeza y sus cabellos eran blancos como blanca lana, como nieve; sus ojos eran como llama de fuego[a]; ª*Dan. 7:9; 10:6*

15 sus pies semejantes al bronce bruñido[a] cuando se le ha hecho refulgir en el horno, y su voz como el ruido de muchas aguas[b]. ª*Ezeq. 1:7* ᵇ*Ezeq. 1:24*

16 En su mano derecha tenía siete estrellas, y de su boca salía una aguda espada de dos filos[a]; su rostro[b] era como el sol *cuando* brilla con *toda* su fuerza. ª*Isa. 49:2* ᵇ*Mat. 17:2*

17 Cuando lo vi, caí como muerto a sus pies[a]. Y El puso su mano derecha sobre mí, diciendo: No temas, yo soy el primero y el último[b], ª*Dan. 8:17* ᵇ*Isa. 41:4*

18 y el que vive[a], y estuve muerto[b]; y he aquí, estoy vivo por los siglos de los siglos, y tengo las llaves de la muerte y del Hades. ª*Luc. 24:5* ᵇ*Rom. 6:9*

19 Escribe, pues[a], las cosas que has visto, y las que son[b], y las que han de suceder después de éstas. ª*Apoc. 1:11* ᵇ*Apoc. 1:12-16*

20 En cuanto al misterio de las siete estrellas que viste en mi *mano* derecha y de los siete candeleros de oro: las siete estrellas son los ángeles de las siete iglesias[a], y los siete candeleros son las siete iglesias. ª*Apoc. 1:4, 11*

Mensaje a la iglesia de Efeso

2 Escribe al ángel de la iglesia en Efeso[a]: "El que tiene las siete estrellas en su *mano* derecha, el que anda entre los siete candeleros de oro, dice esto: ª*Apoc. 1:11*

2 'Yo conozco tus obras, tu fatiga y tu perseverancia, y que no puedes soportar a los malos, y has sometido a prueba[a] a los que se dicen ser apóstoles y no lo son, y los has hallado mentirosos. ª*Juan 6:6; 1 Jn. 4:1*

3 'Tienes perseverancia, y has sufrido por mi nombre[a] y no has desmayado. ª*Juan 15:21*

4 'Pero tengo *esto* contra ti: que has dejado tu primer amor[a]. ª*Jer. 2:2; Mat. 24:12*

5 'Recuerda, por tanto, de dónde has caído y arrepiéntete[a], y haz las obras que hiciste al principio[b]; si no, vendré a ti y quitaré tu candelero de su lugar, si no te arrepientes. ª*Apoc. 2:16, 22* ᵇ*Heb. 10:32*

6 'Sin embargo tienes esto, que aborreces las obras de los nicolaítas[a], las cuales yo también aborrezco. ª*Apoc. 2:15*

7 'El que tiene oído, oiga lo que el Espíritu dice a las iglesias. Al vencedor le daré a comer del árbol de la vida[a], que está en el paraíso de Dios.' " ª*Gén. 2:9* ᵇ*Ezeq. 28:13*

Mensaje a la iglesia de Esmirna

8 Y escribe al ángel de la iglesia en Esmirna:

"El primero y el último[a], el que estuvo muerto y ha vuelto a la vida[b], dice esto: [a]*Isa. 44:6* [b]*Apoc. 1:18*

9 'Yo conozco tu tribulación[a] y tu pobreza[b] (pero tú eres rico[b]), y la blasfemia de los que se dicen ser judíos y no lo son, sino que son sinagoga de Satanás. [a]*Apoc. 1:9* [b]*2 Cor. 6:10*

10 'No temas lo que estás por sufrir. He aquí, el diablo echará a algunos de vosotros en la cárcel para que seáis probados, y tendréis tribulación por diez días. Sé fiel hasta la muerte[a], y yo te daré la corona de la vida. [a]*Apoc. 2:13; 12:11*

11 'El que tiene oído, oiga lo que el Espíritu dice a las iglesias. El vencedor no sufrirá daño de la muerte segunda[a].' " [a]*Apoc. 20:6, 14; 21:8*

Mensaje a la iglesia de Pérgamo

12 Y escribe al ángel de la iglesia en Pérgamo:

"El que tiene la espada aguda de dos filos[a], dice esto: [a]*Apoc. 1:16; 2:16*

13 'Yo sé dónde moras, donde está el trono de Satanás. Guardas fielmente mi nombre y no has negado mi fe, aun en los días de Antipas, mi testigo[a], mi *siervo* fiel, que fue muerto entre vosotros, donde mora Satanás. [a]*Hech. 22:20; Apoc. 1:5*

14 'Pero tengo unas pocas cosas contra ti, porque tienes ahí a los que mantienen la doctrina de Balaam, que enseñaba a Balac a poner tropiezo ante los hijos de Israel, a comer cosas sacrificadas a los ídolos y a cometer *actos de inmoralidad*[a]. [a]*Núm. 25:1, 2; Hech. 15:29*

15 'Así tú también tienes algunos que de la misma manera mantienen la doctrina de los nicolaítas[a]. [a]*Apoc. 2:6*

16 'Por tanto, arrepiéntete[a]; si no, vendré a ti pronto y pelearé contra ellos con la espada de mi boca[b]. [a]*Apoc. 2:5* [b]*2 Tes. 2:8*

17 'El que tiene oído, oiga lo que el Espíritu dice a las iglesias. Al vencedor le daré del maná escondido y le daré una piedrecita blanca, y grabado en la piedrecita[a] un nombre nuevo, el cual nadie conoce sino aquel que lo recibe[b].' " [a]*Isa. 56:5* [b]*Apoc. 14:3*

Mensaje a la iglesia de Tiatira

18 Y escribe al ángel de la iglesia en Tiatira:

"El Hijo de Dios, que tiene ojos como llama de fuego[a], y cuyos pies son semejantes al bronce bruñido, dice esto: [a]*Apoc. 1:14, 15*

19 'Yo conozco tus obras[a], tu amor, tu fe, tu servicio y tu perseverancia[a], y que tus obras recientes son mayores que las primeras. [a]*Apoc. 2:2*

20 'Pero tengo *esto* contra ti: que toleras a esa mujer Jezabel[a], que se dice ser profetisa, y enseña y seduce a mis siervos a que cometan actos inmorales y coman cosas sacrificadas a los ídolos. [a]*1 Rey. 16:31; 21:25*

21 'Le he dado tiempo para arrepentirse[a], y no quiere arrepentirse de su inmoralidad[b]. [a]*Rom. 2:4* [b]*Rom. 2:5*

22 'Mira, la postraré en cama, y a los que cometen adulterio con ella[a] *los arrojaré* en gran tribulación, si no se arrepienten de las obras de ella. [a]*Apoc. 17:2; 18:9*

23 'Y a sus hijos mataré con pestilencia, y todas las iglesias sabrán que yo soy el que escudriña las mentes[a] y los corazones, y os daré a cada uno según vuestras obras. [a]*Sal. 7:9; 26:2*

24 'Pero a vosotros, a los demás que están en Tiatira, a cuantos no tienen esta doctrina, que no han conocido las cosas profundas de Satanás[a], como ellos *las* llaman, os digo: No os impongo otra carga[b]. [a]*1 Cor. 2:10* [b]*Hech. 15:28*

25 'No obstante, lo que tenéis[a], retenedlo hasta que yo venga. [a]*Apoc. 3:11*

26 'Y al vencedor, al que guarda mis obras hasta el fin, LE DARE AUTORIDAD SOBRE LAS NACIONES[a]; [a]*Sal. 2:8; Apoc. 3:21*

27 Y LAS REGIRA CON VARA DE HIERRO[a], COMO LOS VASOS DEL ALFARERO SON HECHOS PEDAZOS[b], como yo también he recibido *autoridad* de mi Padre; [a]*Apoc. 12:5* [b]*Sal. 2:9*

28 y le daré el lucero de la mañana[a]. [a]*1 Jn. 3:2; Apoc. 22:16*

29 'El que tiene oído[a], oiga lo que el Espíritu dice a las iglesias.' " [a]*Apoc. 2:7*

Mensaje a la iglesia de Sardis

3 Y escribe al ángel de la iglesia en Sardis: "El que tiene los siete Espíritus de Dios y las siete estrellas[a], dice esto: 'Yo conozco tus obras, que tienes nombre de que vives, pero estás muerto[b]. [a]*Apoc. 1:16* [b]*1 Tim. 5:6*

2 'Ponte en vela y afirma las cosas que quedan, que estaban a punto de morir, porque no he hallado completas tus obras delante de mi Dios.

3 'Acuérdate[a], pues, de lo que has recibido y oído; guárda*lo* y arrepiéntete[a]. Por tanto, si no velas, vendré como ladrón, y no sabrás a qué hora vendré sobre ti. [a]*Apoc. 2:5*

4 'Pero tienes unos pocos en Sardis que no han manchado sus vestiduras[a], y andarán conmigo *vestidos* de blanco[b], porque son dignos. [a]*Jud. 23* [b]*Ecl. 9:8*

5 'Así el vencedor será revestido de vestiduras blancas y no borraré su nombre del libro de la vida, y reconoceré su nombre delante de mi Padre[a] y delante de sus ángeles. [a]*Mat. 10:32; Luc. 12:8*

6 'El que tiene oído, oiga lo que el Espíritu dice a las iglesias.' " [a]*Apoc. 2:7*

Mensaje a la iglesia de Filadelfia

7 Y escribe al ángel de la iglesia en Filadelfia:

"El Santo, el Verdadero, el que tiene la

llave de David[a], el que abre y nadie cierra, y cierra y nadie abre, dice esto: [a]*Job 12:14; Isa. 22:22*

8 'Yo conozco tus obras. Mira, he puesto delante de ti una puerta abierta que nadie puede cerrar, porque tienes un poco de poder, has guardado mi palabra y no has negado mi nombre[b]. [a]*Hech. 14:27* [b]*Apoc. 2:13*

9 'He aquí, yo entregaré a *aquellos* de la sinagoga de Satanás[a] que se dicen ser judíos y no lo son, sino que mienten; he aquí, yo haré que vengan y se postren a tus pies[b], y sepan que yo te he amado. [a]*Apoc. 2:9* [b]*Isa. 45:14*

10 'Porque has guardado la palabra de mi perseverancia, yo también te guardaré de la hora de la prueba, esa *hora* que está por venir sobre todo el mundo[a] para probar a los que habitan sobre la tierra. [a]*Mat. 24:14; Apoc. 16:14*

11 'Vengo pronto; retén firme lo que tienes[a], para que nadie tome tu corona[b]. [a]*Apoc. 2:25* [b]*Apoc. 2:10*

12 'Al vencedor le haré una columna en el templo de mi Dios[a], y nunca más saldrá de allí; escribiré sobre él el nombre de mi Dios[b], y el nombre de la ciudad de mi Dios, la nueva Jerusalén, que desciende del cielo de mi Dios, y mi nombre nuevo. [a]*1 Rey. 7:21* [b]*Apoc. 14:1*

13 'El que tiene oído, oiga lo que el Espíritu dice a las iglesias[a].' " [a]*Apoc. 3:6*

Mensaje a la iglesia de Laodicea

14 Y escribe al ángel de la iglesia en Laodicea:

"El Amén[a], el Testigo fiel y verdadero[b], el Principio de la creación de Dios, dice esto: [a]*2 Cor. 1:20* [b]*Apoc. 1:5*

15 'Yo conozco tus obras[a], que ni eres frío ni caliente. ¡Ojalá fueras frío o caliente! [a]*Apoc. 3:1*

16 'Así, puesto que eres tibio, y no frío ni caliente, te vomitaré de mi boca.

17 'Porque dices: "Soy rico, me he enriquecido y de nada tengo necesidad"; y no sabes que eres un miserable y digno de lástima, y pobre, ciego y desnudo[a], [a]*Os. 12:8; Zac. 11:5*

18 te aconsejo que de mí compres[a] oro refinado por fuego para que te hagas rico, y vestiduras blancas para que te vistas y no se manifieste la vergüenza de tu desnudez, y colirio para ungir tus ojos para que puedas ver. [a]*Isa. 55:1; Mat. 13:44*

19 'Yo reprendo y disciplino a todos los que amo[a]; sé, pues, celoso y arrepiéntete. [a]*Prov. 3:12; 1 Cor. 11:32*

20 'He aquí, yo estoy a la puerta y llamo; si alguno oye mi voz y abre la puerta, entraré a él, y cenaré con él y él conmigo[a]. [a]*Juan 14:23*

21 'Al vencedor, le concederé sentarse conmigo en mi trono, como yo también vencí y me senté con mi Padre en su trono[a]. [a]*Juan 16:33; Apoc. 5:5*

22 'El que tiene oído, oiga lo que el Espíritu dice a las iglesias.' " [a]*Apoc. 2:7*

Visión del trono de Dios

4 Después de esto miré, y vi una puerta abierta en el cielo; y la primera voz que yo había oído, como *sonido* de trompeta[a] que hablaba conmigo, decía: Sube[b] acá y te mostraré las cosas que deben suceder después de éstas. [a]*Apoc. 1:10* [b]*Apoc. 11:12*

2 Al instante estaba yo en el Espíritu[a], y vi un trono colocado en el cielo[b], y a uno sentado en el trono. [a]*Apoc. 1:10* [b]*1 Rey. 22:19*

3 Y el que estaba sentado *era* de aspecto semejante a una piedra de jaspe y sardio, y alrededor del trono *había* un arco iris[a], de aspecto semejante a la esmeralda. [a]*Ezeq. 1:28; Apoc. 10:1*

4 Y alrededor del trono *había* veinticuatro tronos[a]; y sentados[b] en los tronos, veinticuatro ancianos vestidos de ropas blancas, con coronas de oro en la cabeza. [a]*Apoc. 11:16* [b]*Mat. 19:28*

5 Del trono salían relámpagos, voces y truenos; y delante del trono *había* siete lámparas[a] de fuego ardiendo, que son los siete Espíritus de Dios. [a]*Ex. 25:37; Zac. 4:2*

6 Delante del trono *había* como un mar transparente semejante al cristal; y en medio del trono y alrededor del trono, cuatro seres vivientes llenos de ojos por delante y por detrás[a]. [a]*Ezeq. 1:18; 10:12*

7 El primer ser viviente *era* semejante a un león; el segundo ser era semejante a un becerro; el tercer ser tenía el rostro como el de un hombre, y el cuarto ser *era* semejante a un águila volando[a]. [a]*Ezeq. 1:10; 10:14*

8 Y los cuatro seres vivientes, cada uno de ellos con seis alas, estaban llenos de ojos alrededor y por dentro, y día y noche no cesaban de decir:

Santo, Santo, Santo, *es* el Señor[a] Dios, el Todopoderoso, el que era, el que es y el que ha de venir. [a]*Isa. 6:3*

9 Y cada vez que los seres vivientes dan gloria, honor y acción de gracias al que está sentado en el trono[a], al que vive por los siglos de los siglos, [a]*Sal. 47:8; Isa. 6:1*

10 los veinticuatro ancianos se postran delante del[a] que está sentado en el trono, y adoran al que vive por los siglos de los siglos, y echan sus coronas delante del trono, diciendo: [a]*Apoc. 5:8, 14; 7:11*

11 Digno eres, Señor y Dios nuestro, de recibir la gloria y el honor y el poder, porque tú creaste todas las cosas[a], y por tu voluntad existen y fueron creadas. [a]*Hech. 14:15; Apoc. 10:6*

El Cordero y el libro de los siete sellos

5 Y vi en la *mano* derecha del que estaba sentado en el trono un libro escrito por

dentro y por fuera[a], sellado con siete sellos[b].
[a]Ezeq. 2:9, 10 [b]Isa. 29:11

2 Y vi a un ángel poderoso[a] que pregonaba a gran voz: ¿Quién es digno de abrir el libro y de desatar sus sellos? *[a]Apoc. 10:1; 18:21*

3 Y nadie, ni en el cielo ni en la tierra ni debajo de la tierra[a], podía abrir el libro ni mirar su contenido. *[a]Fil. 2:10; Apoc. 5:13*

4 Y yo lloraba mucho, porque nadie había sido hallado digno de abrir el libro ni de mirar su contenido.

5 Entonces uno de los ancianos me dijo*: No llores; mira, el León de la tribu de Judá[a], la Raíz de David[b], ha vencido para abrir el libro y sus siete sellos. *[a]Heb. 7:14 [b]Isa. 11:1, 10*

6 Miré, y vi entre el trono (con los cuatro seres vivientes) y los ancianos, a un Cordero, de pie, como inmolado, que tenía siete cuernos y siete ojos[a], que son los siete Espíritus de Dios enviados por toda la tierra. *[a]Zac. 3:9; 4:10*

7 Y vino, y tomó *el libro* de la *mano* derecha[a] del que estaba sentado en el trono. *[a]Apoc. 5:1*

8 Cuando tomó el libro, los cuatro seres vivientes y los veinticuatro ancianos se postraron delante del Cordero; cada uno tenía un arpa y copas de oro llenas de incienso, que son las oraciones de los santos[a]. *[a]Sal. 141:2; Apoc. 8:3, 4*

9 Y cantaban* un cántico nuevo, diciendo: Digno eres de tomar el libro y de abrir sus sellos, porque tú fuiste inmolado, y con tu sangre compraste para Dios[a] *a gente de* toda tribu[b], lengua, pueblo y nación. *[a]1 Cor. 6:20 [b]Dan. 3:4*

10 Y los has hecho un reino[a] y sacerdotes para nuestro Dios; y reinarán sobre la tierra[b]. *[a]Apoc. 1:6 [b]Apoc. 3:21*

11 Y miré, y oí la voz de muchos ángeles alrededor del trono y *de* los seres vivientes[a] y *de* los ancianos; y el número de ellos era miríadas de miríadas, y millares de millares[b]. *[a]Apoc. 4:6 [b]Dan. 7:10*

12 que decían a gran voz: El Cordero que fue inmolado[a] digno es de recibir el poder, las riquezas, la sabiduría, la fortaleza, el honor, la gloria y la alabanza. *[a]Juan 1:29; Apoc. 5:6, 13*

13 Y a toda cosa creada que está en el cielo, sobre la tierra, debajo de la tierra y en el mar, y a todas las cosas que en ellos *hay*, oí decir: Al que está sentado en el trono, y al Cordero, *sea* la alabanza, la honra, la gloria y el dominio por los siglos de los siglos[a]. *[a]Rom. 11:36; Apoc. 1:6*

14 Y los cuatro seres vivientes decían: Amén[a]. Y los ancianos se postraron y adoraron. *[a]1 Cor. 14:16; Apoc. 7:12*

Los primeros cuatro sellos

6 Vi cuando el Cordero abrió uno de los siete sellos[a], y oí a uno de los cuatro seres vivientes que decía, como con voz de trueno: Ven. *[a]Apoc. 5:1*

2 Miré, y he aquí, un caballo blanco; y el que estaba montado en él tenía un arco; se le dio una corona[a], y salió conquistando y para conquistar. *[a]Zac. 6:11; Apoc. 9:7*

3 Cuando abrió el segundo sello, oí al segundo ser viviente[a] que decía: Ven. *[a]Apoc. 4:7*

4 Entonces salió otro caballo, rojo[a]; y al que estaba montado en él se le concedió quitar la paz de la tierra[b] y que *los hombres* se mataran unos a otros; y se le dio una gran espada. *[a]Zac. 1:8 [b]Mat. 10:34*

5 Cuando abrió el tercer sello, oí al tercer ser viviente[a] que decía: Ven. Y miré, y he aquí, un caballo negro; y el que estaba montado en él tenía una balanza en la mano. *[a]Apoc. 4:7*

6 Y oí como una voz en medio de los cuatro seres vivientes[a] que decía: Un litro de trigo por un denario, y tres litros de cebada por un denario, y no dañes el aceite y el vino. *[a]Apoc. 4:6, 7*

7 Cuando abrió el cuarto sello, oí la voz del cuarto ser viviente[a] que decía: Ven. *[a]Apoc. 4:7*

8 Y miré, y he aquí, un caballo amarillento; y el que estaba montado en él se llamaba Muerte[a]; y el Hades lo seguía. Y se les dio autoridad sobre la cuarta parte de la tierra, para matar con espada, con hambre, con pestilencia y con las fieras de la tierra. *[a]Prov. 5:5; Os. 13:14*

El quinto sello

9 Cuando *el Cordero* abrió el quinto sello, vi debajo del altar las almas[a] de los que habían sido muertos a causa de la palabra de Dios[b] y del testimonio que habían mantenido; *[a]Apoc. 20:4 [b]Apoc. 1:2, 9*

10 y clamaban a gran voz, diciendo: ¿Hasta cuándo, oh Señor santo[a] y verdadero, esperarás para juzgar[b] y vengar nuestra sangre de los que moran en la tierra? *[a]Apoc. 3:7 [b]Deut. 32:43*

11 Y se les dio a cada uno una vestidura blanca[a]; y se les dijo que descansaran un poco más de tiempo, hasta que se completara también *el número*[b] *de* sus consiervos y *de* sus hermanos que habrían de ser muertos como ellos lo habían sido. *[a]Apoc. 3:4, 5 [b]Heb. 11:40*

El sexto sello

12 Vi cuando *el Cordero* abrió el sexto sello, y hubo un gran terremoto, y el sol se puso negro[a] como cilicio *hecho* de cerda, y la luna toda se volvió como sangre, *[a]Isa. 13:10; Joel 2:10, 31*

13 y las estrellas del cielo cayeron a la tierra[a], como la higuera deja caer sus higos verdes al

ser sacudida por un fuerte viento. ªMat. 24:29;
Mar. 13:25

14 Y el cielo desapareció como un pergamino
que se enrolla, y todo monte e isla fueron
removidos de su lugarª. ªNeh. 1:5; Isa. 54:10

15 Y los reyes de la tierraª, y los grandes, los
comandantes, los ricos, los poderosos, y todo
siervo y *todo* libre, se escondieron en las cuevas y entre las peñas de los montes; ªIsa. 2:10,
11, 19, 21; 24:21

16 y decían* a los montes y a las peñasª:
Caed sobre nosotros y escondednos de la presencia del que está sentado en el tronoᵇ y de la
ira del Cordero, ªOs. 10:8 ᵇApoc. 4:9

17 porque ha llegado el gran día de la ira de
ellosª, ¿y quién podrá sostenerseᵇ? ªIsa. 63:4
ᵇNah. 1:6

Los ciento cuarenta y cuatro mil sellados

7 Después de esto, vi a cuatro ángeles de pie
en los cuatro extremos de la tierra, dete-
niendo los cuatro vientos de la tierraª, para
que no soplara viento alguno, ni sobre la tierra
ni sobre el mar ni sobre ningún árbol.
ªJer. 49:36; Dan. 7:2

2 Y vi a otro ángel que subía de donde sale
el sol y que tenía el selloª del Dios vivoᵇ; y
gritó a gran voz a los cuatro ángeles a quienes
se les había concedido hacer daño a la tierra y
al mar, ªApoc. 7:3 ᵇMat. 16:16

3 diciendo: No hagáis daño, ni a la tierra ni
al mar ni a los árboles, hasta que hayamos
puesto un selloª en la frente a los siervos de
nuestro Diosᵇ. ªJuan 33:3 ᵇEzeq. 9:4, 6

4 Y oí el número de los que fueron sellados:
ciento cuarenta y cuatro mil selladosª de todas
las tribus de los hijos de Israel; ªApoc. 14:1, 3

5 de la tribu de Judá *fueron* sellados doce
mil; de la tribu de Rubén, doce mil; de la tribu
de Gad, doce mil;

6 de la tribu de Aser, doce mil; de la tribu de
Neftalí, doce mil; de la tribu de Manasés, doce
mil;

7 de la tribu de Simeón, doce mil; de la tribu
de Leví, doce mil; de la tribu de Isacar, doce
mil;

8 de la tribu de Zabulón, doce mil; de la
tribu de José, doce mil, y de la tribu de Benjamín *fueron* sellados doce mil.

Los redimidos de todas las naciones

9 Después de esto miré, y vi una gran multitud, que nadie podía contar, de todas las
naciones, tribus, pueblos y lenguasª, de pie
delante del trono y delante del Corderoᵇ, vestidos con vestiduras blancas y con palmas en las
manos. ªApoc. 5:9 ᵇApoc. 22:3

10 Y clamaban a gran voz, diciendo:

La salvación *pertenece* a nuestro Diosª
que está sentado en el trono, y al Cordero. ªSal. 3:8; Apoc. 12:10

11 Y todos los ángeles estaban de pie alrededor del tronoª y *alrededor* de los ancianosª y
de los cuatro seres vivientes, y cayeron sobre
sus rostros delante del trono, y adoraron a
Dios, ªApoc. 4:4

12 diciendo:

¡Amén! La bendiciónª, la gloria, la sabiduría, la acción de gracias, el honor,
el poder y la fortaleza, *sean* a nuestro
Dios por los siglos de los siglos.
Amén. ªApoc. 5:12

13 Y uno de los ancianos habló diciéndome:
Estos que están vestidos con vestiduras blan-
casª, ¿quiénes son y de dónde han venido?
ªApoc. 7:9

14 Y yo le respondí: Señor mío, tú lo sabes. Y
él me dijo: Estos son los que vienen de la gran
tribulación, y han lavado sus vestiduras y las
han emblanquecido en la sangre del Corderoª.
ªHeb. 9:14; 1 Jn. 1:7

15 Por eso están delante del trono de Diosª, y
le sirven día y noche en su templo; y el que
está sentado en el tronoᵇ extenderá su tabernáculo sobre ellos. ªApoc. 7:9 ᵇApoc. 4:9

16 Ya no tendrán hambre ni sed, ni el sol los
abatirá, ni calor algunoª, ªSal. 121:5, 6; Isa. 49:10

17 pues el Cordero en medio del trono los
pastorearáª y los guiará a manantiales de
aguas de vida, y Dios enjugará toda lágrima
de sus ojosᵇ. ªSal. 23:1, 2 ᵇIsa. 25:8

El séptimo sello

8 Cuando *el Cordero* abrió el séptimo selloª,
hubo silencio en el cielo como por media
hora. ªApoc. 5:1; 6:1, 3, 5, 7, 9, 12

2 Y vi a los siete ángelesª que están de pie
delante de Dios, y se les dieron siete trompe-
tas. ªApoc. 1:4; 8:6-13

3 Otro ángel vino y se paró ante el altarª con
un incensario de oro, y se le dio mucho
inciensoª para que *lo* añadiera a las oraciones
de todos los santosᵇ sobre el altar de oro que
estaba delante del trono. ªAmós 9:1 ᵇApoc. 5:8

4 Y de la mano del ángel subió ante Dios el
humo del incienso con las oraciones de los
santosª. ªSal. 141:2

5 Y el ángel tomó el incensario, lo llenó con
el fuego del altarª y lo arrojó a la tierra, y hubo
truenosᵇ, ruidos, relámpagos y un terremoto.
ªLev. 16:12 ᵇApoc. 4:5

Las primeras cuatro trompetas

6 Entonces los siete ángeles que tenían las
siete trompetasª se prepararon para tocarlas.
ªApoc. 8:2

7 El primero tocó la trompeta, y vino granizo y fuego mezclados con sangre, y fueron
arrojados a la tierra; y se quemó la tercera
parte de la tierra, se quemó la tercera parte de
los árboles y se quemó toda la hierba verde.
ªEx. 9:23; Isa. 28:2

8 El segundo ángel tocó la trompeta, y *algo* como una gran montaña ardiendo en llamas fue arrojado al mar, y la tercera parte del mar se convirtió en sangre[a]. [a]*Ex. 7:17; Apoc. 11:6*

9 Y murió la tercera parte de los seres que *estaban* en el mar y que tenían vida; y la tercera parte de los barcos fue destruida[a]. [a]*Isa. 2:16*

10 El tercer ángel tocó la trompeta, y cayó del cielo[a] una gran estrella, ardiendo como una antorcha, y cayó sobre la tercera parte de los ríos y sobre los manantiales de las aguas[b]. [a]*Isa. 14:12* [b]*Apoc. 14:7*

11 Y el nombre de la estrella es Ajenjo; y la tercera parte de las aguas se convirtió en ajenjo[a], y muchos hombres murieron por causa de las aguas, porque se habían vuelto amargas. [a]*Jer. 9:15; 23:15*

12 El cuarto ángel tocó la trompeta, y fue herida la tercera parte del sol[a], la tercera parte de la luna y la tercera parte de las estrellas[a], para que la tercera parte de ellos se oscureciera y el día no resplandeciera su tercera parte, y asimismo la noche. [a]*Ex. 10:21; Isa. 13:10*

13 Entonces miré, y oí volar a un águila en medio del cielo[a], que decía a gran voz: ¡Ay, ay, ay, de los que habitan en la tierra[b], a causa de los toques de trompeta que faltan, que los otros tres ángeles están para tocar! [a]*Apoc. 14:6* [b]*Apoc. 3:10*

La quinta trompeta

9 El quinto ángel tocó la trompeta, y vi una estrella que había caído del cielo a la tierra, y se le dio la llave del pozo del abismo[a]. [a]*Luc. 8:31; Apoc. 9:2, 11*

2 Cuando abrió el pozo del abismo, subió humo[a] del pozo como el humo de un gran horno, y el sol y el aire se oscurecieron por el humo del pozo. [a]*Gén. 19:28; Ex. 19:18*

3 Y del humo salieron langostas sobre la tierra[a], y se les dio poder como tienen poder los escorpiones de la tierra. [a]*Ex. 10:12-15; Apoc. 9:7*

4 Se les dijo que no dañaran la hierba de la tierra, ni ninguna cosa verde, ni ningún árbol, sino *sólo* a los hombres que no tienen el sello de Dios en la frente[a]. [a]*Ezeq. 9:4; Apoc. 7:2, 3*

5 No se les permitió matar a nadie, sino atormentar*los* por cinco meses; y su tormento era como el tormento de un escorpión cuando pica al hombre[a]. [a]*2 Crón. 10:11, 14; Ezeq. 2:6*

6 En aquellos días los hombres buscarán la muerte y no la hallarán[a]; y ansiarán morir, y la muerte huirá de ellos. [a]*Job 3:21; 7:15*

7 Y el aspecto de las langostas era semejante al de caballos dispuestos para la batalla[a], y sobre sus cabezas *tenían* como coronas que parecían de oro, y sus caras eran como rostros humanos. [a]*Joel 2:4*

8 Tenían cabellos como cabellos de mujer, y sus dientes eran como de leones[a]. [a]*Joel 1:6*

9 También tenían corazas como corazas de hierro; y el ruido de sus alas era como el estruendo de carros, de muchos caballos que se lanzan a la batalla[a]. [a]*Jer. 47:3; Joel 2:5*

10 Tienen colas parecidas a escorpiones, y aguijones; y en sus colas *está* su poder para hacer daño a los hombres[a] por cinco meses[b]. [a]*Apoc. 9:19* [b]*Apoc. 9:5*

11 Tienen sobre ellos por rey al ángel del abismo[a], cuyo nombre en hebreo es Abadón, y en griego se llama Apolión. [a]*Luc. 8:31; Apoc. 9:1, 2*

12 El primer ¡ay! ha pasado; he aquí, aún vienen dos ayes después de estas cosas. [a]*Apoc. 8:13; 11:14*

La sexta trompeta

13 El sexto ángel tocó la trompeta, y oí una voz que salía de los cuatro cuernos del altar de oro[a] que está delante de Dios, [a]*Apoc. 8:3*

14 y decía al sexto ángel que tenía la trompeta: Suelta a los cuatro ángeles que están atados junto al gran río Eufrates[a]. [a]*Gén. 15:18; Deut. 1:7*

15 Y fueron desatados los cuatro ángeles que habían sido preparados para la hora, el día, el mes y el año[a], para matar a la tercera parte de la humanidad. [a]*Apoc. 20:7*

16 Y el número de los ejércitos de los jinetes *era* de doscientos millones[a]; yo escuché su número. [a]*Apoc. 5:11*

17 Y así es como vi en la visión los caballos y a los que los montaban: *los jinetes* tenían corazas *color* de fuego, de jacinto y de azufre[a]; las cabezas de los caballos *eran* como cabezas de leones, y de sus bocas salía fuego[b], humo y azufre[a]. [a]*Apoc. 9:18* [b]*Apoc. 11:5*

18 La tercera parte[a] de la humanidad fue muerta por estas tres plagas: por el fuego, el humo y el azufre que salían de sus bocas. [a]*Apoc. 8:7; 9:15*

19 Porque el poder de los caballos está en su boca y en sus colas; pues sus colas son semejantes a serpientes, tienen cabezas y con ellas hacen daño.

20 Y el resto de la humanidad, los que no fueron muertos por estas plagas, no se arrepintieron[a] de las obras de sus manos ni dejaron de adorar a los demonios y a los ídolos de oro, de plata, de bronce, de piedra y de madera, que no pueden ver ni oír ni andar; [a]*Apoc. 2:21*

21 y no se arrepintieron de sus homicidios ni de sus hechicerías[a] ni de su inmoralidad ni de sus robos. [a]*Isa. 47:9, 12; Apoc. 18:23*

El ángel y el librito

10 Y vi a otro ángel poderoso que descendía del cielo, envuelto en una nube; y el arco iris *estaba* sobre su cabeza[a], y su rostro *era* como el sol[b], y sus pies como columnas de fuego; [a]*Apoc. 4:3* [b]*Mat. 17:2*

2 y tenía en su mano un librito[a] abierto. Y puso el pie derecho sobre el mar y el izquierdo sobre la tierra; [a]*Apoc. 5:1; 10:8-10*

3 y gritó a gran voz, como ruge un león[a]; y cuando gritó, los siete truenos emitieron sus voces. [a]*Isa. 31:4; Os. 11:10*

4 Después que los siete truenos hablaron, iba yo a escribir[a], cuando oí una voz del cielo que decía: Sella las cosas que los siete truenos han dicho y no las escribas. [a]*Apoc. 1:11, 19*

5 Entonces el ángel que yo había visto de pie sobre el mar y sobre la tierra, levantó su mano derecha al cielo[a], [a]*Dan. 12:7*

6 y juró por el que vive por los siglos de los siglos, QUIEN CREO EL CIELO Y LAS COSAS QUE EN EL *hay*, Y LA TIERRA Y LAS COSAS QUE EN ELLA *hay*, Y EL MAR Y LAS COSAS QUE EN EL *hay*, que ya no habrá dilación[a], [a]*Apoc. 6:11; 12:12*

7 sino que en los días de la voz del séptimo ángel[a], cuando esté para tocar la trompeta, entonces el misterio de Dios será consumado[b], como El lo anunció a sus siervos los profetas. [a]*Apoc. 11:15* [b]*Amós 3:7*

8 Y la voz que yo había oído del cielo[a], la *oí* de nuevo hablando conmigo, y diciendo: Ve, toma el libro que está abierto en la mano del ángel que está de pie sobre el mar y sobre la tierra[b]. [a]*Apoc. 10:4* [b]*Apoc. 10:2*

9 Entonces fui al ángel y le dije que me diera el librito. Y él me dijo*: Tóma*lo* y devóra*lo*[a]; te amargará las entrañas, pero en tu boca será dulce como la miel. [a]*Jer. 15:16; Ezeq. 2:8*

10 Tomé el librito de la mano del ángel y lo devoré, y fue en mi boca dulce como la miel; y cuando lo comí, me amargó las entrañas.

11 Y me dijeron*: Debes profetizar otra vez acerca de muchos pueblos, naciones, lenguas[a] y reyes[b]. [a]*Apoc. 5:9* [b]*Apoc. 17:10, 12*

Los dos testigos

11 Me fue dada una caña de medir semejante a una vara[a], y alguien dijo: Levántate y mide el templo de Dios y el altar, y a los que en él adoran. [a]*Ezeq. 40:3-42:20; Zac. 2:1*

2 Pero excluye el patio que está fuera del templo, no lo midas, porque ha sido entregado a las naciones[a], y *éstas* hollarán[a] la ciudad santa por cuarenta y dos meses[b]. [a]*Luc. 21:24* [b]*Dan. 7:25*

3 Y otorgaré *autoridad* a mis dos testigos, y ellos profetizarán por mil doscientos sesenta días, vestidos de cilicio[a]. [a]*Gén. 37:34; 2 Sam. 3:31*

4 Estos son los dos olivos[a] y los dos candeleros que están delante del Señor de la tierra. [a]*Sal. 52:8; Jer. 11:16*

5 Y si alguno quiere hacerles daño, de su boca sale fuego y devora a sus enemigos; así debe morir cualquiera que quisiera hacerles daño. [a]*2 Rey. 1:10-12; Jer. 5:14*

6 Estos tienen poder para cerrar el cielo[a] a fin de que no llueva durante los días en que ellos profeticen; y tienen poder sobre las aguas para convertirlas en sangre, y para herir la tierra con toda *suerte de* plagas todas las veces que quieran. [a]*Luc. 4:25*

7 Cuando hayan terminado *de dar* su testimonio, la bestia[a] que sube del abismo hará guerra contra ellos, los vencerá y los matará. [a]*Apoc. 13:1; 17:8*

8 Y sus cadáveres *yacerán* en la calle de la gran ciudad, que simbólicamente se llama Sodoma[a] y Egipto, donde también su Señor fue crucificado. [a]*Isa. 1:9, 10; 3:9*

9 Y *gente* de *todos* los pueblos, tribus, lenguas y naciones[a], contemplarán sus cadáveres por tres días y medio, y no permitirán que sus cadáveres sean sepultados. [a]*Apoc. 5:9; 10:11*

10 Y los que moran en la tierra[a] se regocijarán por ellos y se alegrarán, y se enviarán regalos unos a otros, porque estos dos profetas atormentaron a los que moran en la tierra[a]. [a]*Apoc. 3:10*

11 Pero después de los tres días y medio, el aliento de vida de parte de Dios vino a ellos[a] y se pusieron en pie, y gran temor cayó sobre quienes los contemplaban. [a]*Ezeq. 37:5, 9, 10, 14*

12 Entonces oyeron una gran voz del cielo que les decía: Subid acá[a]. Y subieron al cielo en la nube[b], y sus enemigos los vieron. [a]*Apoc. 4:1* [b]*2 Rey. 2:11*

13 En aquella misma hora hubo un gran terremoto[a] y la décima parte de la ciudad se derrumbó, y siete mil personas murieron en el terremoto, y los demás, aterrorizados, dieron gloria al Dios del cielo. [a]*Apoc. 6:12; 8:5*

14 El segundo ¡ay! ha pasado[a]; he aquí, el tercer ¡ay! viene pronto. [a]*Apoc. 8:13; 9:12*

La séptima trompeta

15 El séptimo ángel tocó la trompeta, y se levantaron grandes voces en el cielo, que decían:

El reino del mundo ha venido a ser *el reino* de nuestro Señor y de su Cristo; y El reinará por los siglos de los siglos[a]. [a]*Ex. 15:18; Dan. 2:44*

16 Y los veinticuatro ancianos que estaban sentados delante de Dios en sus tronos[a], se postraron sobre sus rostros y adoraron a Dios[b], [a]*Mat. 19:28* [b]*Apoc. 4:10*

17 diciendo:

Te damos gracias, oh Señor Dios Todopoderoso[a], el que eres y el que eras, porque has tomado tu gran poder y has comenzado a reinar[b]. [a]*Apoc. 1:8* [b]*Apoc. 19:6*

18 Y las naciones[a] se enfurecieron, y vino tu ira y *llegó* el tiempo de juzgar a los muertos y de dar la recompensa a tus siervos los profetas, a los santos y a los que temen tu nombre, a

los pequeños y a los grandes, y de destruir a los que destruyen la tierra. ªSal. 2:1

19 El templo de Diosª que está en el cielo fue abierto; y el arca de su pactoᵇ se veía en su templo, y hubo relámpagos, voces y truenos, y un terremoto y una fuerte granizada. ªApoc. 4:1 ᵇHeb. 9:4

La mujer, el dragón y el niño

12 Y una gran señalª apareció en el cielo: una mujer vestida del sol, con la luna debajo de sus pies, y una corona de doce estrellas sobre su cabeza; ªMat. 24:30; Apoc. 12:3

2 estaba encinta, y gritaba*ª, estando de parto y con dolores de alumbramiento. ªIsa. 26:17; 66:6-9

3 Entonces apareció otra señal en el cielo: he aquí, un gran dragón rojoª que tenía siete cabezas y diez cuernosᵇ, y sobre sus cabezas *había* siete diademas. ªIsa. 27:1 ᵇDan. 7:7, 20, 24

4 Su cola arrastró* la tercera parte de las estrellas del cieloª y las arrojó sobre la tierraᵇ. Y el dragón se paró delante de la mujer que estaba para dar a luz, a fin de devorar a su hijo cuando ella diera a luz. ªApoc. 8:7 ᵇDan. 8:10

5 Y ella dio a luz un hijo varón, que ha de regir a todas las naciones con vara de hierroª; y su hijo fue arrebatado hasta Dios y hasta su tronoᵇ. ªSal. 2:9 ᵇ2 Cor. 12:2

6 Y la mujer huyó al desierto, donde tenía* un lugar preparado por Dios, para ser sustentada allí, por mil doscientos sesenta díasª. ªApoc. 11:3; 13:5

7 *Entonces* hubo guerra en el cielo: Miguelª y sus ángeles combatieron contra el dragón. Y el dragón y sus ángeles lucharonᵇ, ªDan. 10:13, 21 ᵇMat. 25:41

8 pero no pudieron vencer, ni se halló ya lugar para ellos en el cielo.

9 Y fue arrojado el gran dragón, la serpiente antiguaª que se llama el Diablo y Satanás, el cual engaña al mundo entero; fue arrojado a la tierra y sus ángeles fueron arrojados con él. ªGén. 3:1; 2 Cor. 11:3

10 Y oí una gran voz en el cielo, que decía:

Ahora ha venido la salvación, el poder y el reino de nuestro Dios y la autoridad de su Cristo, porque el acusadorª de nuestros hermanos, el que los acusa delante de nuestro Dios día y noche, ha sido arrojado. ªJob 1:11; 2:5

11 Ellos lo vencieron por medio de la sangre del Corderoª y por la palabra del testimonio de ellos, y no amaron sus vidas, *llegando* hasta *sufrir* la muerte. ªApoc. 7:14

12 Por lo cual regocijaos, cielosª y los que moráis en ellos. ¡Ay de la tierra y del mar!, porque el diablo ha descendido a vosotros con gran furor, sabiendo que tiene poco tiempo. ªSal. 96:11; Isa. 44:23

13 Cuando el dragónª vio que había sido arro-

jado a la tierra, persiguió a la mujer que había dado a luz al *hijo* varón. ªApoc. 12:3

14 Y se le dieron a la mujer las dos alas de la gran águilaª a fin de que volara de la presencia de la serpiente al desierto, a su lugar, donde fue* sustentada por un tiempo, tiempos y medio tiempo. ªEx. 19:4; Deut. 32:11

15 Y la serpienteª arrojó de su boca, tras la mujer, agua como un río, para hacer que fuera arrastrada por la corriente. ªGén. 3:1; 2 Cor. 11:3

16 Pero la tierra ayudó a la mujer, y la tierra abrió su boca y tragó el río que el dragón había arrojado de su boca.

17 Entonces el dragón se enfureció contra la mujer, y salió para hacer guerraª contra el resto de la descendencia de ella, los que guardan los mandamientos de Dios y tienen el testimonio de Jesús. ªApoc. 11:7; 13:7

La bestia que sube del mar

13 El *dragón* se paró sobre la arena del mar.

Y vi que subía del mar una bestia que tenía diez cuernosª y siete cabezas; en sus cuernos *había* diez diademas, y en sus cabezas *había* nombres blasfemosᵇ. ªApoc. 12:3 ᵇDan. 7:8

2 La bestia que vi era semejante a un leopardoª, sus pies eran como los de un oso y su boca como la boca de un león. Y el dragón le dio su poder, su tronoᵇ y gran autoridad. ªDan. 7:6 ᵇApoc. 2:13

3 Y *vi* una de sus cabezas como herida de muerte, pero su herida mortalª fue sanada. Y la tierra entera se maravilló y *seguía* tras la bestia; ªApoc. 13:12, 14

4 y adoraron al dragón, porque había dado autoridadª a la bestia; y adoraron a la bestia, diciendo: ¿Quién es semejante a la bestia, y quién puede luchar contra ella? ªApoc. 12:3; 13:2, 12

5 Se le dio una boca que hablaba palabras arrogantesª y blasfemias, y se le dio autoridad para actuar durante cuarenta y dos meses. ªDan. 7:8, 11, 20, 25; 11:36

6 Y abrió su boca en blasfemias contra Dios, para blasfemar su nombre y su tabernáculo, *es decir, contra* los que moran en el cieloª. ªApoc. 7:15; 12:12

7 Se le concedió hacer guerra contra los santosª y vencerlos; y se le dio autoridad sobre toda tribu, pueblo, lengua y nación. ªDan. 7:21; Apoc. 11:7

8 Y la adorarán todos los que moran en la tierra, cuyos nombres no han sido escritos, desde la fundación del mundoª, en el libro de la vida del Cordero que fue inmolado. ªMat. 25:34; Apoc. 17:8

9 Si alguno tiene oído, que oigaª. ªApoc. 2:7

10 Si alguno es destinado a la cautividad, a la cautividad vaª; si alguno ha de morir a espada, a espada ha de morir. Aquí está la perseverancia y la fe de los santos. [a]*Isa. 33:1; Jer. 15:2*

La bestia que sube de la tierra

11 Y vi otra bestia[a] que subía de la tierra; tenía dos cuernos semejantes a los de un cordero y hablaba como un dragón. [a]*Apoc. 13:1, 14; 16:13*

12 Ejerce toda la autoridad de la primera bestia en su presencia[a], y hace que la tierra y los que moran en ella adoren a la primera bestia, cuya herida mortal fue sanada. [a]*Apoc. 13:14; 19:20*

13 También hace grandes señales[a], de tal manera que aun hace descender fuego del cielo[b] a la tierra en presencia de los hombres. [a]*Mat. 24:24* [b]*1 Rey. 18:38*

14 Además engaña a los que moran en la tierra a causa de las señales que se le concedió hacer[a] en presencia de la bestia, diciendo a los moradores de la tierra que hagan una imagen de la bestia que tenía* la herida de la espada[b] y que ha vuelto a vivir. [a]*2 Tes. 2:9, 10* [b]*Apoc. 13:3*

15 Se le concedió dar aliento a la imagen de la bestia, para que la imagen de la bestia también hablara e hiciera dar muerte a todos[a] los que no adoran la imagen de la bestia. [a]*Dan. 3:3*

16 Y hace que a todos, pequeños y grandes, ricos y pobres, libres y esclavos[a], se les dé una marca en la mano derecha o en la frente, [a]*Apoc. 11:18; 19:5, 18*

17 y que nadie pueda comprar ni vender, sino el que tenga la marca: el nombre de la bestia[a] o el número de su nombre[b]. [a]*Apoc. 14:11* [b]*Apoc. 15:2*

18 Aquí hay sabiduría[a]. El que tiene entendimiento, que calcule el número de la bestia, porque el número es el de un hombre, y su número es seiscientos sesenta y seis. [a]*Apoc. 17:9*

El Cordero y los ciento cuarenta y cuatro mil

14 Miré, y he aquí que el Cordero *estaba* de pie sobre el Monte Sion, y con Él ciento cuarenta y cuatro mil que tenían el nombre de Él[a] y el nombre de su Padre escrito en la frente. [a]*Apoc. 3:12*

2 Y oí una voz del cielo, como el estruendo de muchas aguas[a] y como el sonido de un gran trueno; y la voz que oí *era* como *el sonido* de arpistas tocando sus arpas. [a]*Apoc. 1:15*

3 Y cantaban* un cántico nuevo[a] delante del trono y delante de los cuatro seres vivientes y de los ancianos; y nadie podía aprender el cántico, sino los ciento cuarenta y cuatro mil[b] que habían sido rescatados de la tierra. [a]*Apoc. 5:9* [b]*Apoc. 7:4*

4 Estos son los que no se han contaminado con mujeres[a], pues son castos. Estos *son* los que siguen al Cordero[b] adondequiera que va.

Estos han sido rescatados de entre los hombres como primicias para Dios y para el Cordero. [a]*Mat. 19:12* [b]*Apoc. 3:4*

5 En su boca[a] no fue hallado engaño; están sin mancha. [a]*Sal. 32:2; Sof. 3:13*

El mensaje de los tres ángeles

6 Y vi volar en medio del cielo a otro ángel que tenía un evangelio eterno[a] para anunciar*lo* a los que moran en la tierra, y a toda nación, tribu, lengua y pueblo, [a]*1 Ped. 1:25; Apoc. 10:7*

7 diciendo a gran voz: Temed a Dios[a] y dadle gloria, porque la hora de su juicio ha llegado; adorad al que hizo el cielo y la tierra, el mar y las fuentes de las aguas. [a]*Apoc. 15:4*

8 Y *le* siguió otro ángel, el segundo, diciendo: ¡Cayó, cayó[a] la gran Babilonia!; la que ha hecho beber a todas las naciones[b] del vino de la pasión de su inmoralidad. [a]*Isa. 21:9* [b]*Jer. 51:7*

9 Entonces los siguió otro ángel, el tercero, diciendo a gran voz: Si alguno adora a la bestia[a] y a su imagen, y recibe una marca en su frente o en su mano, [a]*Apoc. 13:12; 14:11*

10 él también beberá del vino del furor de Dios[a], que está preparado puro en el cáliz de su ira[b]; y será atormentado con fuego y azufre delante de los santos ángeles y en presencia del Cordero. [a]*Isa. 51:17* [b]*Sal. 75:8*

11 Y el humo de su tormento asciende por los siglos de los siglos[a]; y no tienen reposo, ni de día ni de noche, los que adoran a la bestia y a su imagen, y cualquiera que reciba la marca de su nombre[b]. [a]*Isa. 34:8-10* [b]*Apoc. 13:17*

12 Aquí está la perseverancia de los santos[a] que guardan los mandamientos de Dios[b] y la fe de Jesús. [a]*Apoc. 13:10* [b]*Apoc. 12:17*

13 Y oí una voz del cielo que decía: Escribe: "Bienaventurados los muertos que de aquí en adelante mueren en el Señor[a]." Sí—dice el Espíritu—para que descansen de sus trabajos[b], porque sus obras van con ellos. [a]*1 Cor. 15:18* [b]*Heb. 4:9, 10*

La siega de la tierra

14 Y miré, y he aquí una nube blanca, y sentado en la nube *estaba* uno semejante a hijo de hombre[a], que tenía en la cabeza una corona de oro, y en la mano una hoz afilada. [a]*Dan. 7:13; Apoc. 1:13*

15 Entonces salió del templo otro ángel clamando a gran voz al que estaba sentado en la nube: Mete tu hoz y siega[a], porque la hora de segar ha llegado, pues la mies de la tierra está madura[b]. [a]*Joel 3:13* [b]*Jer. 51:33*

16 Y el que estaba sentado en la nube blandió su hoz sobre la tierra, y la tierra fue segada.

17 Salió otro ángel del templo que está en el cielo[a], que también tenía una hoz afilada. [a]*Apoc. 11:19; 14:15*

18 Y otro ángel, el que tiene poder sobre el fuego, salió del altarª; y llamó a gran voz al que tenía la hoz afilada, diciéndole: Mete tu hoz afilada y vendimia los racimos de la vid de la tierra, porque sus uvas están maduras. ªApoc. 6:9; 8:3

19 El ángel blandió su hoz sobre la tierra, y vendimió *los racimos de* la vid de la tierra y *los* echó en el gran lagar del furor de Diosª. ªIsa. 63:2, 3; Apoc. 19:15

20 Y el lagar fue pisado fuera de la ciudadª, y del lagar salió sangre *que subió* hasta los frenos de los caballos por una distancia como de trescientos veinte kilómetros. ªHeb. 13:12; Apoc. 11:8

Los siete ángeles con las siete plagas

15 Y vi otra señal en el cielo, grande y maravillosa: siete ángeles que tenían siete plagasª, las últimas, porque en ellas se ha consumado el furor de Dios. ªLev. 26:21

2 Vi también como un mar de cristalª mezclado con fuego, y a los que habían salido victoriososᵇ sobre la bestia, sobre su imagen y sobre el número de su nombre, en pie sobre el mar de cristalª, con arpas de Dios. ªApoc. 4:6 ᵇApoc. 12:11

3 Y cantaban* el cántico de Moisésª, siervo de Dios, y el cántico del Cordero, diciendo:

¡Grandes y maravillosas son tus obrasᵇ,
     oh Señor Dios, Todopoderoso!
¡Justos y verdaderos son tus caminos, oh
     Rey de las naciones! ªEx. 15:1
     ᵇDeut. 32:3, 4

4 ¡Oh Señor! ¿Quién no temerá y glorificará tu nombre?

Pues sólo tú eres santo;
porque TODAS LAS NACIONES VENDRAN
Y ADORARAN EN TU PRESENCIAª,
pues tus justos juicios han sido revelados. ªSal. 86:9; Isa. 66:23

5 Después de estas cosas miré, y se abrió el temploª del tabernáculo del testimonio en el cielo, ªApoc. 11:19

6 y salieron del temploª los siete ángeles que tenían las siete plagas, vestidos de lino puro y resplandeciente, y ceñidos alrededor del pecho con cintos de oro. ªApoc. 14:15

7 Entonces uno de los cuatro seres vivientesª dio a los siete ángeles siete copas de oro llenas del furor de Dios, que vive por los siglos de los siglos. ªApoc. 4:6

8 Y el templo se llenó con el humo de la gloria de Dios y de su poderª; y nadie podía entrar al templo hasta que se terminaran las siete plagas de los siete ángeles. ªEx. 19:18; 40:34, 35

Las siete copas de la ira de Dios

16 Y oí una gran voz que desde el temploª decía a los siete ángeles: Id y derramad en la tierra las siete copas del furor de Dios. ªApoc. 11:19

2 El primer *ángel* fue y derramó su copa en la tierra; y se produjo una llagaª repugnante y maligna en los hombres que tenían la marca de la bestia y que adoraban su imagen. ªEx. 9:9-11; Deut. 28:35

3 El segundo *ángel* derramó su copa en el marª, y se convirtió en sangre como de muerto; y murió todo ser viviente que *había* en el mar. ªEx. 7:17-21; Apoc. 8:8, 9

4 El tercer *ángel* derramó su copa en los ríos y en las fuentes de las aguasª, y se convirtieron en sangre. ªApoc. 8:10

5 Y oí al ángel de las aguas, que decía: Justo eres túª, el que eres, y el que erasᵇ, oh Santo, porque has juzgado estas cosas; ªJuan 17:25 ᵇApoc. 11:17

6 pues ellos derramaron sangre de santos y profetasª y tú les has dado a beber sangre; lo merecen. ªApoc. 17:6; 18:24

7 Y oí al altar, que decía: Sí, oh Señor Dios Todopoderoso, verdaderos y justos son tus juiciosª. ªApoc. 15:3; 19:2

8 El cuarto *ángel* derramó su copa sobre el solª; y *al sol* le fue dado quemar a los hombres con fuego. ªApoc. 6:12

9 Y los hombres fueron quemados con el intenso calor; y blasfemaron el nombre de Diosª que tiene poder sobre estas plagas, y no se arrepintieron para darle gloria.

ªApoc. 16:11, 21

10 El quinto *ángel* derramó su copa sobre el trono de la bestiaª; y su reino se quedó en tinieblas, y se mordían la lengua de dolor. ªApoc. 13:2

11 Y blasfemaron contra el Dios del cielo por causa de sus dolores y de sus llagasª, y no se arrepintieron de sus obras. ªApoc. 16:2

12 El sexto *ángel* derramó su copa sobre el gran río Eufratesª; y sus aguas se secaron para que fuera preparado el camino para los reyes del orienteᵇ. ªApoc. 9:14 ᵇApoc. 7:2

13 Y vi *salir* de la boca del dragón, de la boca de la bestia y de la boca del falso profeta, a tres espíritus inmundosª semejantes a ranasᵇ. ªApoc. 18:2 ᵇEx. 8:6

14 pues son espíritus de demoniosª que hacen señalesᵇ, los cuales van a los reyes de todo el mundo, a reunirlos para la batalla del gran día del Dios Todopoderoso. ª1 Tim. 4:1 ᵇApoc. 13:13

15 (He aquí, vengo como ladrónª. Bienaventurado el que vela y guarda sus ropas, no sea que ande desnudo y vean su vergüenza.) ªMat. 24:43, 44; Luc. 12:39, 40

16 Y los reunieronª en el lugar que en hebreo se llama Armagedónᵇ. ªApoc. 19:19 ᵇJue. 5:19

17 Y el séptimo *ángel* derramó su copa en el aire; y una gran voz salió del templo, del trono, que decía: Hecho estáª. ªApoc. 10:6; 21:6

18 Entonces hubo relámpagos, voces y truenos[a]; y hubo un gran terremoto tal como no lo había habido desde que el hombre está sobre la tierra; *fue* tan grande y poderoso terremoto. [a]*Apoc. 4:5*

19 La gran ciudad quedó dividida en tres partes, y las ciudades de las naciones cayeron. Y la gran Babilonia[a] fue recordada delante de Dios[b] para darle el cáliz del vino del furor de su ira. [a]*Apoc. 14:8* [b]*Apoc. 18:5*

20 Y toda isla huyó[a], y los montes no fueron hallados. [a]*Apoc. 6:14; 20:11*

21 Y enormes granizos, como de un talento cada uno, cayeron* sobre los hombres; y los hombres blasfemaron contra Dios por la plaga del granizo[a], porque su plaga fue* sumamente grande. [a]*Ex. 9:18-25*

La condenación de la gran ramera

17 Y uno de los siete ángeles que tenían las siete copas, vino y habló conmigo, diciendo: Ven; te mostraré el juicio de la gran ramera[a] que está sentada sobre muchas aguas[b]; [a]*Isa. 1:21* [b]*Jer. 51:13*

2 con ella los reyes de la tierra[a] cometieron *actos* inmorales, y los moradores de la tierra fueron embriagados con el vino de su inmoralidad. [a]*Apoc. 2:22; 18:3, 9*

3 Y me llevó[a] en el Espíritu a un desierto; y vi a una mujer sentada sobre una bestia escarlata, llena de nombres blasfemos, y que tenía siete cabezas y diez cuernos. [a]*Apoc. 21:10*

4 La mujer estaba vestida de púrpura y escarlata[a], y adornada con oro, piedras preciosas y perlas, y tenía en la mano una copa de oro llena de abominaciones[b] y de las inmundicias de su inmoralidad, [a]*Ezeq. 28:13* [b]*Jer. 51:7*

5 y sobre su frente *había* un nombre escrito, un misterio[a]: BABILONIA LA GRANDE, LA MADRE DE LAS RAMERAS Y DE LAS ABOMINACIONES DE LA TIERRA. [a]*2 Tes. 2:7; Apoc. 1:20*

6 Y vi a la mujer ebria de la sangre de los santos[a], y de la sangre de los testigos de Jesús. Y al verla, me asombré grandemente. [a]*Apoc. 16:6*

7 Y el ángel me dijo: ¿Por qué te has asombrado? Yo te diré el misterio de la mujer y de la bestia que la lleva, la que tiene las siete cabezas y los diez cuernos[a]. [a]*Apoc. 17:3*

8 La bestia que viste, era y no es, y está para subir[a] del abismo[b] e ir a la destrucción. Y los moradores de la tierra, cuyos nombres no se han escrito en el libro de la vida desde la fundación del mundo, se asombrarán al ver la bestia que era y no es, y *que* vendrá. [a]*Apoc. 11:7* [b]*Apoc. 9:1*

9 Aquí está la mente que tiene sabiduría. Las siete cabezas son siete montes[a] sobre los que se sienta la mujer; [a]*Apoc. 17:3*

10 y son siete reyes[a]; cinco han caído, uno es y el otro aún no ha venido; y cuando venga, es necesario que permanezca un poco de tiempo. [a]*Apoc. 10:11*

11 Y la bestia que era y no es[a], es el octavo *rey*, y es *uno* de los siete y va a la destrucción. [a]*Apoc. 13:3, 12; 17:8*

12 Y los diez cuernos que viste son diez reyes[a] que todavía no han recibido reino, pero que por una hora reciben autoridad como reyes con la bestia. [a]*Dan. 7:24; Apoc. 12:3*

13 Estos tienen un *mismo* propósito[a], y entregarán su poder y autoridad a la bestia. [a]*Apoc. 17:17*

14 Estos pelearán contra el Cordero[a], y el Cordero los vencerá, porque El es Señor de señores[b] y Rey de reyes, y los que están con El *son* llamados, escogidos y fieles. [a]*Apoc. 16:14* [b]*1 Tim. 6:15*

15 Y me dijo*: Las aguas que viste[a] donde se sienta la ramera, son pueblos, multitudes, naciones y lenguas. [a]*Isa. 8:7; Jer. 47:2*

16 Y los diez cuernos que viste[a] y la bestia, éstos odiarán a la ramera y la dejarán desolada y desnuda, y comerán sus carnes y la quemarán con fuego; [a]*Apoc. 17:12*

17 porque Dios ha puesto en sus corazones[a] el ejecutar su propósito: que tengan ellos un propósito unánime, y den su reino a la bestia hasta que las palabras de Dios se cumplan. [a]*2 Cor. 8:16*

18 Y la mujer que viste es la gran ciudad[a], que reina sobre los reyes de la tierra. [a]*Apoc. 11:8; 16:19*

La caída de Babilonia

18 Después de esto vi a otro ángel[a] descender del cielo, que tenía gran poder, y la tierra fue iluminada con su gloria. [a]*Apoc. 17:1, 7*

2 Y clamó con potente voz, diciendo: ¡Cayó, cayó la gran Babilonia[a]! Se ha convertido en habitación de demonios, en guarida de todo espíritu inmundo[b] y en guarida de toda ave inmunda y aborrecible. [a]*Isa. 21:9* [b]*Apoc. 16:13*

3 Porque todas las naciones han bebido del vino de la pasión de su inmoralidad[a], y los reyes de la tierra han cometido *actos* inmorales con ella, y los mercaderes de la tierra se han enriquecido con la riqueza de su sensualidad. [a]*Jer. 51:7; Apoc. 14:8*

4 Y oí otra voz del cielo que decía: Salid de ella, pueblo mío[a], para que no participéis de sus pecados y para que no recibáis de sus plagas; [a]*Isa. 52:11; Jer. 50:8*

5 porque sus pecados se han amontonado hasta el cielo[a], y Dios se ha acordado de sus iniquidades[b]. [a]*Jer. 51:9* [b]*Apoc. 16:19*

6 Pagadle tal como ella ha pagado[a], y devolved*le* doble según sus obras; en la copa que

ella ha preparado, preparad el doble para ella. ªSal. 137:8; Jer. 50:15, 29

7 Cuanto ella se glorificó a sí mismaª y vivió sensualmente, así dadle tormento y duelo, porque dice en su corazón: "Yo *estoy* SENTADA *como* REINAᵇ, Y NO SOY VIUDA y nunca veré duelo." ªEzeq. 28:2-8 ᵇIsa. 47:7, 8

8 Por eso, en un *solo* día, vendrán sus plagas: muerte, duelo y hambre, y será quemada con fuegoª; porque el Señor Dios que la juzga es poderosoᵇ. ªApoc. 17:16 ᵇJer. 50:34

9 Y los reyes de la tierraª que cometieron *actos de* inmoralidad y vivieron sensualmente con ella, llorarán y se lamentarán por ella cuando vean el humo de su incendio, ªApoc. 17:2; 18:3

10 *mirando* de pie desde lejosª por causa del temor de su tormento, y diciendo: "¡Ay, ayᵇ, la gran ciudad, Babilonia, la ciudad fuerte!, porque en una hora ha llegado tu juicio." ªApoc. 18:15, 17 ᵇApoc. 18:16, 19

11 Y los mercaderes de la tierra lloran y se lamentanª por ella, porque ya nadie compra sus mercaderías: ªEzeq. 27:27-34

12 cargamentos de oro, plata, piedras preciosas, perlas, lino fino, púrpura, seda y escarlataª; toda *clase de* maderas olorosas y todo objeto de marfil y todo objeto *hecho* de maderas preciosas, bronce, hierro y mármol; ªEzeq. 27:12-22; Apoc. 17:4

13 y canela, especias aromáticas, incienso, perfume, mirra, vino, aceite de oliva; y flor de harina, trigo, bestias, ovejas, caballos, carros, esclavos y vidas humanasª. ª1 Crón. 5:21; Ezeq. 27:13

14 Y el fruto que tanto has anhelado se ha apartado de ti, y todas las cosas que eran lujosas y espléndidas se han alejado de ti, y nunca más las hallarán.

15 Los mercaderesª de estas cosasᵇ que se enriquecieron a costa de ella, se pararán lejos a causa del temor de su tormento, llorando y lamentándose, ªApoc. 18:3 ᵇApoc. 18:12, 13

16 diciendo: "¡Ay, ayª, la gran ciudad, que estaba vestida de lino fino, púrpura y escarlata, y adornada de oro, piedras preciosas y perlas!, ªApoc. 18:10, 19

17 porque en una hora ha sido arrasadaª tanta riqueza." Y todos los capitanes, pasajeros y marineros, y todos los que viven del marᵇ, se pararon a lo lejos, ªApoc. 17:16 ᵇEzeq. 27:28, 29

18 y al ver el humo de su incendioª gritabanᵇ, diciendo: "¿Qué *ciudad* es semejante a la gran ciudad?" ªApoc. 18:9 ᵇEzeq. 27:30

19 Y echaron polvo sobre sus cabezasª, y gritaban, llorando y lamentándose, diciendo: "¡Ay, ayᵇ, la gran ciudad en la cual todos los que tenían naves en el mar se enriquecieron a costa de sus riquezas!, porque en una horaᵇ ha sido asolada." ªJos. 7:6 ᵇApoc. 18:10

20 Regocíjate sobre ellaª, cielo, y *también vosotros*, santos, apóstoles y profetas, porque Dios ha pronunciado juicio por vosotros contra ella. ªJer. 51:48; Apoc. 12:12

21 Entonces un ángel poderoso tomó una piedra, como una gran piedra de molinoª, y la arrojó al mar, diciendo: Así será derribada con violencia Babilonia, la gran ciudad, y nunca más será halladaᵇ. ªJer. 51:63, 64 ᵇEzeq. 26:21

22 Y el sonido de arpistas, de músicos, de flautistas y de trompeterosª no se oirá más en ti; artífice de oficio alguno no se hallará más en ti; ruido de molino no se oirá más en ti; ªIsa. 24:8; Ezeq. 26:13

23 luz de lámpara no alumbrará más en ti; y la voz del novio y de la noviaª no se oirá más en ti; porque tus mercaderesᵇ eran los grandes de la tierra, pues todas las naciones fueron engañadas por tus hechiceríasª. ªJer. 7:34 ᵇIsa. 23:8

24 Y en ella fue hallada la sangre de los profetas, de los santosª y de todos los que habían sido muertos sobre la tierraᵇ. ªApoc. 16:6 ᵇMat. 23:35

Alabanzas en el cielo

19 Después de esto oí como una gran vozª de una gran multitud en el cielo, que decía:

¡Aleluya!
La salvación y la gloria y el poder pertenecen a nuestro Dios, ªJer. 51:48; Apoc. 11:15

2 PORQUE SUS JUICIOS SON VERDADEROS Y JUSTOSª,
pues ha juzgado a la gran ramera
que corrompía la tierra con su inmoralidad,
Y HA VENGADO LA SANGRE DE SUS SIERVOS EN ELLA. ªSal. 19:9; Apoc. 16:7

3 Y dijeron por segunda vez:
¡Aleluya!
EL HUMO DE ELLA SUBE POR LOS SIGLOS DE LOS SIGLOSª. ªIsa. 34:10; Apoc. 14:11

4 Y los veinticuatro ancianosª y los cuatro seres vivientesᵇ se postraron y adoraron a Dios, que *está* sentado en el trono, y decían:
¡Amén! ¡Aleluya! ªApoc. 4:4, 10 ᵇApoc. 4:6

5 Y del trono salió una voz que decía:
Alabad a nuestro Dios todos sus siervos,
los que le teméisª, los pequeños y los grandes. ªApoc. 11:18

Anuncio de las bodas del Cordero

6 Y oí como la voz de una gran multitudª, como el estruendo de muchas aguas y como el sonido de fuertes truenos, que decía:
¡Aleluyaª!
Porque el Señor nuestro Dios Todopoderoso reina. ªEzeq. 1:24; Jer. 51:48

7 Regocijémonos y alegrémonos, y
démosle a El la gloria,
porque las bodas del Cordero^a han llegado y su esposa se ha preparado.
^a*Mat. 22:2; 25:10*

8 Y a ella le fue concedido vestirse de lino
fino^a, resplandeciente y limpio,
porque las acciones justas^b de los santos
son el lino fino. ^a*Apoc. 15:6* ^b*Apoc. 15:4*

9 Y el *ángel*^a me dijo*: Escribe^b: "Bienaventurados los que están invitados a la cena de las
bodas del Cordero." Y me dijo*: Estas son
palabras verdaderas de Dios. ^a*Apoc. 17:1*
^b*Apoc. 1:19*

10 Entonces caí a sus pies para adorarle^a. Y
me dijo*^b: No hagas eso; yo soy consiervo
tuyo y de tus hermanos que poseen el testimonio de Jesús; adora a Dios. Pues el testimonio
de Jesús es el espíritu de la profecía. ^a*Apoc. 22:8*
^b*Hech. 10:26*

El jinete del caballo blanco

11 Y vi el cielo abierto, y he aquí, un caballo
blanco; el que lo montaba se llama Fiel y Ver-
dadero^a, y con justicia juzga^b y hace la guerra.
^a*Apoc. 3:14* ^b*Sal. 96:13*

12 Sus ojos *son* una llama de fuego^a, y sobre
su cabeza *hay* muchas diademas, y tiene un
nombre escrito que nadie conoce sino El.
^a*Dan. 10:6; Apoc. 1:14*

13 Y *está* vestido de un manto empapado en
sangre, y su nombre es: El Verbo^a de Dios.
^a*Juan 1:1*

14 Y los ejércitos que están en los cielos, vestidos de lino fino, blanco y limpio^a, le seguían
sobre caballos blancos. ^a*Apoc. 3:4; 19:8*

15 De su boca sale una espada afilada para
herir con ella a las naciones, y las regirá con
vara de hierro^a; y El pisa el lagar del vino del
furor de la ira de Dios Todopoderoso. ^a*Sal. 2:9;*
Apoc. 2:27

16 Y en su manto y en su muslo tiene un
nombre escrito: REY DE REYES Y SEÑOR
DE SEÑORES^a. ^a*Apoc. 17:14*

17 Y vi a un ángel que estaba de pie en el sol.
Y clamó a gran voz, diciendo a todas las aves
que vuelan en medio del cielo: Venid, congre-
gaos^a para la gran cena de Dios, ^a*1 Sam. 17:44;*
Jer. 12:9

18 para que comáis carne de reyes, carne de
comandantes y carne de poderosos, carne de
caballos y de sus jinetes, y carne de todos *los*
hombres^a, libres y esclavos, pequeños y gran-
des^b. ^a*Ezeq. 39:18-20* ^b*Apoc. 11:18*

19 Entonces vi a la bestia^a, a los reyes de la
tierra y a sus ejércitos^b reunidos para hacer
guerra contra el que iba montado en el caballo
y contra su ejército. ^a*Apoc. 11:7* ^b*Apoc. 16:14, 16*

20 Y la bestia fue apresada, y con ella el falso
profeta que hacía señales en su presencia^a, con

las cuales engañaba a los que habían recibido
la marca de la bestia^b y a los que adoraban su
imagen; los dos fueron arrojados vivos al lago
de fuego que arde con azufre. ^a*Apoc. 13:12*
^b*Apoc. 13:16, 17*

21 Y los demás fueron muertos con la espada
que salía de la boca del que montaba el caba-
llo, y todas las aves se saciaron de sus carnes^a.
^a*Apoc. 19:17*

Satanás atado durante el milenio

20 Y vi a un ángel que descendía del cielo,
con la llave del abismo^a y una gran cadena en su mano. ^a*Apoc. 1:18; 9:1*

2 Prendió al dragón, la serpiente antigua,
que es el Diablo^a y Satanás, y lo ató por mil
años; ^a*Gén. 3:1; Apoc. 12:9*

3 y lo arrojó al abismo, y *lo* cerró y *lo* selló
sobre él^a, para que no engañara más a las
naciones, hasta que se cumplieran los mil
años; después de esto debe ser desatado por un
poco de tiempo. ^a*Dan. 6:17; Mat. 27:66*

4 También vi tronos^a, y se sentaron sobre
ellos^b, y se les concedió *autoridad para* juzgar. Y *vi* las almas de los que habían sido
decapitados por causa del testimonio de Jesús
y de la palabra de Dios, y a los que no habían
adorado a la bestia ni a su imagen, ni habían
recibido la marca sobre su frente ni sobre su
mano; y volvieron a la vida y reinaron con
Cristo por mil años. ^a*Dan. 7:9* ^b*Mat. 19:28*

5 Los demás muertos no volvieron a la vida
hasta que se cumplieron los mil años. Esta es
la primera resurrección^a. ^a*Luc. 14:14; Fil. 3:11*

6 Bienaventurado y santo es el que tiene
parte en la primera resurrección^a; la muerte
segunda no tiene poder sobre éstos sino que
serán sacerdotes de Dios y de Cristo, y reinarán con El por mil años. ^a*Apoc. 14:13*

La derrota de Satanás

7 Cuando los mil años se cumplan, Satanás
será soltado de su prisión^a, ^a*Apoc. 20:2, 3*

8 y saldrá a engañar a las naciones que están
en los cuatro extremos de la tierra, a Gog y a
Magog^a, a fin de reunirlas para la batalla; el
número de ellas es como la arena del mar.
^a*Ezeq. 38:2; 39:1, 6*

9 Y subieron sobre la anchura de la tierra^a,
rodearon el campamento de los santos y la
ciudad amada. Pero descendió fuego del cielo^b
y los devoró. ^a*Ezeq. 38:9, 16* ^b*Ezeq. 38:22*

10 Y el diablo que los engañaba fue arrojado
al lago de fuego y azufre^a, donde también
están la bestia^b y el falso profeta^b; y serán atormentados día y noche por los siglos de los
siglos. ^a*Apoc. 19:20* ^b*Apoc. 16:13*

El juicio ante el trono blanco

11 Y vi un gran trono blanco y al que *estaba*
sentado en él, de cuya presencia huyeron la

tierra y el cielo, y no se halló lugar para ellos[a].

[a]*Dan. 2:35; Apoc. 12:8*

12 Y vi a los muertos, grandes y pequeños[a], de pie delante del trono, y *los* libros fueron abiertos; y otro libro fue abierto, que es *el libro de la vida*, y los muertos fueron juzgados por lo que estaba escrito en los libros, según sus obras. [a]*Apoc. 11:18*

13 Y el mar entregó los muertos que estaban en él, y la Muerte y el Hades[a] entregaron a los muertos que estaban en ellos[b]; y fueron juzgados, cada uno según sus obras. [a]*1 Cor. 15:26* [b]*Isa. 26:19*

14 Y la Muerte y el Hades fueron arrojados al lago de fuego. Esta es la muerte segunda[a]: el lago de fuego. [a]*Apoc. 20:6*

15 Y el que no se encontraba inscrito en el libro de la vida[a] fue arrojado al lago de fuego.

[a]*Apoc. 3:5; 20:12*

Un cielo nuevo y una tierra nueva

21 Y vi un cielo nuevo y una tierra nueva[a], porque el primer cielo y la primera tierra pasaron, y el mar ya no existe. [a]*Isa. 65:17; 66:22*

2 Y vi la ciudad santa, la nueva Jerusalén[a], que descendía del cielo[b], de Dios, preparada como una novia ataviada para su esposo. [a]*Apoc. 3:12* [b]*Heb. 11:10, 16*

3 Entonces oí una gran voz que decía desde el trono: He aquí, el tabernáculo de Dios[a] está entre los hombres, y El habitará entre ellos[b] y ellos serán su pueblo, y Dios mismo estará entre ellos. [a]*Lev. 26:11, 12* [b]*Juan 14:23*

4 El enjugará toda lágrima de sus ojos[a], y ya no habrá muerte, ni habrá más duelo, ni clamor, ni dolor, porque las primeras cosas han pasado. [a]*Apoc. 7:17*

5 Y el que está sentado en el trono[a] dijo: He aquí, yo hago nuevas todas las cosas. Y añadió*: Escribe, porque estas palabras son fieles y verdaderas. [a]*Apoc. 4:9; 20:11*

6 También me dijo: Hecho está. Yo soy el Alfa y la Omega, el principio y el fin. Al que tiene sed, yo le daré gratuitamente de la fuente del agua de la vida. [a]*Isa. 55:1; Juan 4:10*

7 El vencedor heredará estas cosas[a], y yo seré su Dios[b] y él será mi hijo. [a]*Apoc. 2:7* [b]*2 Sam. 7:14*

8 Pero los cobardes, incrédulos, abominables, asesinos, inmorales, hechiceros, idólatras y todos los mentirosos[a] tendrán su herencia en el lago que arde con fuego y azufre, que es la muerte segunda. [a]*1 Cor. 6:9; Gál. 5:19-21*

La nueva Jerusalén

9 Y vino uno de los siete ángeles[a] que tenían las siete copas llenas de las últimas siete plagas, y habló conmigo, diciendo: Ven[b], te mostraré la novia, la esposa del Cordero. [a]*Apoc. 17:1* [b]*Apoc. 17:1*

10 Y me llevó[a] en el Espíritu a un monte grande y alto, y me mostró la ciudad santa[b], Jerusalén, que descendía del cielo, de Dios, [a]*Ezeq. 40:2* [b]*Apoc. 21:2*

11 y tenía la gloria de Dios. Su fulgor era semejante al de una piedra muy preciosa, como una piedra[a] de jaspe cristalino. [a]*Apoc. 4:3; 21:18, 19*

12 Tenía un muro grande y alto con doce[a] puertas, y en las puertas doce ángeles; y *en ellas había* nombres escritos, que son *los* de las doce tribus de los hijos de Israel. [a]*Ezeq. 48:31-34*

13 *Había* tres puertas al este, tres puertas al norte, tres puertas al sur y tres puertas al oeste.

14 El muro de la ciudad tenía doce cimientos[a], y en ellos *estaban* los doce nombres de los doce apóstoles[b] del Cordero. [a]*Heb. 11:10* [b]*Hech. 1:26*

15 Y el que hablaba conmigo tenía una vara de medir de oro, para medir la ciudad, sus puertas y su muro[a]. [a]*Apoc. 21:12, 25*

16 Y la ciudad está asentada en *forma de* cuadro, y su longitud es igual que su anchura. Y midió la ciudad con la vara, doce mil estadios; y su longitud, anchura y altura son iguales.

17 Y midió su muro, ciento cuarenta y cuatro codos, *según* medida humana[a], que es *también* de ángel. [a]*Deut. 3:11; Apoc. 13:18*

18 El material del muro era jaspe[a], y la ciudad era *de* oro puro[b] semejante al cristal puro. [a]*Apoc. 21:11* [b]*Apoc. 21:21*

19 Los cimientos[a] del muro de la ciudad estaban adornados con toda clase de piedras preciosas: el primer cimiento, jaspe; el segundo, zafiro; el tercero, ágata; el cuarto, esmeralda; [a]*Ex. 28:17-20; Isa. 54:11, 12*

20 el quinto, sardónice; el sexto, sardio[a]; el séptimo, crisólito; el octavo, berilo; el noveno, topacio; el décimo, crisopraso; el undécimo, jacinto; y el duodécimo, amatista. [a]*Apoc. 4:3*

21 Las doce puertas[a] eran doce perlas; cada una de las puertas era de una sola perla; y la calle de la ciudad era de oro puro, como cristal transparente. [a]*Apoc. 21:12, 15, 25*

22 Y no vi en ella templo alguno, porque su templo es el Señor, el Dios[a] Todopoderoso, y el Cordero[b]. [a]*Apoc. 1:8* [b]*Apoc. 5:6*

23 La ciudad no tiene necesidad de sol ni de luna que la iluminen[a], porque la gloria de Dios la ilumina, y el Cordero *es* su lumbrera. [a]*Isa. 24:23; 60:19, 20*

24 Y las naciones andarán a su luz[a], y los reyes de la tierra traerán a ella su gloria. [a]*Isa. 60:3, 5*

25 Sus puertas nunca se cerrarán de día (pues allí no habrá noche[a]); y[a] *Zac. 14:7; Apoc. 21:23*

26 y traerán a ella la gloria y el honor de las naciones[a]; [a]*Sal. 72:10, 11; Isa. 49:23*

27 y jamás entrará en ella[a] nada inmundo, ni

el que practica abominación y mentira, sino sólo aquellos cuyos nombres están escritos en el libro de la vida del Cordero[b]. [a]*Isa. 52:1*
[b]*Apoc. 3:5*

El río de la vida y el árbol de la vida

22 Y me mostró un río[a] de agua de vida, resplandeciente como cristal, que salía del trono de Dios y del Cordero, [a]*Sal. 46:4; Ezeq. 47:1*

2 en medio de la calle de la ciudad. Y a cada lado del río estaba el árbol de la vida[a], que produce doce *clases de* fruto, dando su fruto cada mes; y las hojas del árbol *eran* para sanidad de las naciones. [a]*Gén. 2:9; Apoc. 2:7*

3 Y ya no habrá más maldición[a]; y el trono de Dios y del Cordero estará allí, y sus siervos le servirán. [a]*Zac. 14:11*

4 Ellos verán su rostro[a], y su nombre *estará* en sus frentes. [a]*Sal. 17:15; 42:2*

5 Y ya no habrá más noche, y no tendrán necesidad de luz de lámpara[a] ni de luz del sol, porque el Señor Dios los iluminará, y reinarán por los siglos de los siglos. [a]*Isa. 60:19; Apoc. 21:23*

La venida de Cristo

6 Y me dijo: Estas palabras son fieles y verdaderas[a]; y el Señor, el Dios de los espíritus de los profetas, envió a su ángel para mostrar a sus siervos las cosas que pronto han de suceder. [a]*Apoc. 19:9; 21:5*

7 He aquí, yo vengo pronto. Bienaventurado el que guarda[a] las palabras de la profecía de este libro. [a]*Apoc. 1:3; 16:15*

8 Yo, Juan[a], *soy* el que oyó y vio estas cosas. Y cuando oí y vi, me postré para adorar a los pies del ángel[b] que me mostró estas cosas. [a]*Apoc. 1:1* [b]*Apoc. 19:10*

9 Y me dijo*: No hagas eso; yo soy consiervo tuyo y de tus hermanos los profetas y de los que guardan las palabras de este libro[a]. Adora a Dios. [a]*Apoc. 1:11; 22:10, 18, 19*

10 También me* dijo: No selles[a] las palabras de la profecía de este libro, porque el tiempo está cerca. [a]*Dan. 8:26; Apoc. 10:4*

11 Que el injusto siga haciendo injusticias[a], que el impuro siga siendo impuro, que el justo siga practicando la justicia, y que el que es santo siga guardándose santo. [a]*Ezeq. 3:27; Dan. 12:10*

12 He aquí, yo vengo pronto, y mi recompensa *está* conmigo[a] para recompensar a cada uno según sea su obra. [a]*Isa. 40:10; 62:11*

13 Yo soy el Alfa y la Omega, el primero y el último[a], el principio y el fin. [a]*Isa. 44:6; 48:12*

14 Bienaventurados los que lavan sus vestiduras[a] para tener derecho al árbol de la vida y para entrar[b] por las puertas a la ciudad. [a]*Apoc. 7:14* [b]*Apoc. 21:27*

15 Afuera[a] están los perros, los hechiceros, los inmorales, los asesinos, los idólatras y todo el que ama y practica la mentira. [a]*Mat. 8:12; 1 Cor. 6:9, 10*

Testimonio final

16 Yo, Jesús, he enviado a mi ángel[a] a fin de daros testimonio de estas cosas para las iglesias. Yo soy la raíz y la descendencia de David, el lucero resplandeciente de la mañana. [a]*Apoc. 1:1; 22:6*

Invitación final

17 Y el Espíritu[a] y la esposa dicen: Ven. Y el que oye, diga: Ven. Y el que tiene sed, venga; y el que desea, que tome gratuitamente del agua de la vida. [a]*Apoc. 2:7; 14:13*

Advertencia final

18 Yo testifico a todos los que oyen las palabras de la profecía de este libro: Si alguno añade[a] a ellas, Dios traerá sobre él las plagas que están escritas en este libro; [a]*Deut. 4:2; 12:32*

19 y si alguno quita de las palabras del libro de esta profecía, Dios quitará su parte del árbol de la vida y de la ciudad santa descritos en este libro[a]. [a]*Apoc. 21:10-22:5*

Oración final

20 El que testifica de estas cosas dice: Sí, vengo pronto[a]. Amén. Ven, Señor Jesús[b]. [a]*Apoc. 22:7* [b]*1 Cor. 16:22*

21 La gracia del Señor Jesús sea con todos[a]. Amén. [a]*Rom. 16:20*

Donde Encontrar Ayuda Si:

ANHELA SER CREYENTE	Juan 1:12 Juan 3:14-18 Hechos 16:30-31	LOS AMIGOS LE FALLAN	Lucas 17:3, 4 2 Timoteo 4:16-18
BUSCA TRABAJO	Colosenses 3:17, 23	NECESITA ORIENTACION	Romanos 12:1, 2
DESEA ORAR	Lucas 11:1-13 Juan 14:12-14 Santiago 5:13, 16 1 Juan 5:14, 15	NECESITA PAZ	Juan 14:27 Romanos 5:1-2 Filipenses 4:4-7
		NO TIENE TRABAJO	Filipenses 4:11-13
DESEA TESTIFICAR	Hechos 1:8 Hechos 22:15 1 Pedro 3:15, 16	PIENSA CASARSE	Mateo 19:4-6 Efesios 5:22-33 Hebreos 13:4
ESTA AGRADECIDO	2 Corintios 2:14 Efesios 5:18-20	PIENSA DIVORCIARSE	Marcos 10:1-12 Romanos 7:2-3
ESTA BAJO ATAQUE	Lucas 23:34	RECIEN SE RETIRO O JUBILO	Mateo 6:33, 34 Filipenses 4:12, 13
ESTA CONFRONTANDO LA MUERTE	Juan 3:16 Juan 14:1-3 El Apocalipsis 21:4	SE DESVELA	Mateo 11:28
		SE PREOCUPA	Mateo 6:25-34 Filipenses 4:6, 7
ESTA CONSCIENTE DE PECADO	Lucas 15:11-24 1 Juan 1:5-10	SE SIENTE EN SOLEDAD	El Apocalipsis 3:20
ESTA EN PELIGRO	Marcos 4:37-41 1 Pedro 3:13,14	SE SIENTE INSUFICIENTE	1 Corintios 1:25-31 2 Corintios 12:9, 1 Filipenses 4:12, 13
ESTA EN TENTACION A COMETER INMORALIDAD SEXUAL	1 Corintios 6:9,10,13-20 Gálatas 5:19-24 1 Tesalonicenses 4:3-7	SIENTE ANGUSTIA O TRIBULACION	Romanos 8:28-39 2 Corintios 4:8,9,16-18
ESTA EN TENTACION A COMETER SUICIDIO	1 Corintios 3:16, 17	SIENTE CANSANCIO	Mateo 11:28-30 2 Corintios 4:16-18 Gálatas 6:9
ESTA EN TENTACION A HURTAR	Romanos 13:9, 10 Efesios 4:28 Hebreos 13:5	SIENTE ENVIDIA	Gálatas 5:26 Filipenses 4:11 Santiago 3:14-18
ESTA EN TENTACION A MENTIR	Juan 8:44 Efesios 4:25 El Apocalipsis 21:8	SIENTE QUE ES VICTIMA	Hebreos 13:6
ESTA EN TENTACION A VENGARSE	Romanos 12:17-19 1 Tesalonicenses 5:15 1 Pedro 2:21-23	SIENTE TENTACION POR BEBIDAS ALCOHOLICAS	Efesios 5:18 1 Tes. 5:6-8
ESTA LEJOS DE CASA	Marcos 10:28-30 Lucas 15:11-32	SIENTE TENTACION POR DROGAS	Juan 8:34-36 1 Corintios 6:12, 19-20
ESTA LEJOS DE DIOS	Santiago 4:8 Lucas 19:10	SU FE ES DEBIL	Mateo 8:5-13 Marcos 9:23, 24 Lucas 12:22-31 Hebreos 11
ESTA TRISTE	1 Tesalonicenses 4:13-18 El Apocalipsis 21:3-5	TIENE DOLOR O ENFERMEDAD	2 Cor. 12:9, 10 Santiago 5:14-16
LE CRITICAN	Mateo 7:1-5 Romanos 14:10-13 1 Corintios 4:5	TIENE DUDAS	Marcos 9:23, 24 Juan 20:24-29
		TIENE TEMOR	Marcos 4:35-41
LE INSULTAN O AMENAZAN	1 Pedro 2:20-23	VA A DECIDIR UNA CARRERA	Romanos 12:1,2 Santiago 1:5-8
LE TRATAN MAL O ACUSAN INJUSTAMENTE	Lucas 6:27, 28 Hebreos 12:1-3 1 Pedro 2:19-24	VIENE EL FRACASO	Hebreos 4:14-16